U0554977

樊锦诗文集

COLLECTED WORKS OF
FAN JINSHI

樊锦诗 ——— 著

敦煌研究院 — 编

文物出版社

图书在版编目（ＣＩＰ）数据

樊锦诗文集 / 敦煌研究院编；樊锦诗著. -- 北京：
文物出版社, 2023.6
　ISBN 978-7-5010-8071-7

　Ⅰ.①樊… Ⅱ.①敦…②樊… Ⅲ.①敦煌学—文集
Ⅳ.① K870.6-53

中国国家版本馆CIP数据核字（2023）第099169号

樊锦诗文集

著　　者：樊锦诗
编　　者：敦煌研究院

责任编辑：许海意　王　媛　张晓曦　安艳娇
责任校对：李　薇　赵　宁　陈　婧　阮思晴　耿瑗洁
责任印制：张道奇

出版发行：文物出版社
社　　址：北京市东城区东直门内北小街2号楼
邮　　编：100007
网　　址：http://www.wenwu.com
经　　销：新华书店
制版印刷：天津图文方嘉印刷有限公司
开　　本：889mm×1194mm　1/16
印　　张：65　插页2
版　　次：2023年6月第1版
印　　次：2023年6月第1次印刷
书　　号：ISBN 978-7-5010-8071-7
定　　价：680.00元（全二册）

本书由中国敦煌石窟保护研究基金会资助出版

《樊锦诗文集》编辑委员会

◈ 序

　　樊锦诗先生自1963年到敦煌文物研究所工作,至今已整整六十年了。这六十年是敦煌事业各方面不断变化发展的六十年,敦煌莫高窟的保护研究从最初的手工作业到今天科技保护的巨大变化;敦煌学研究从落后于国外到今天飞速发展、成果累累;敦煌石窟艺术从当初不为世人了解到今天举世皆知。而这些巨大变化的背后,则是因为有以常书鸿、段文杰、樊锦诗为代表的时代领跑者们秉承"坚守大漠,甘于奉献,勇于担当,开拓进取"的莫高精神,不断推动文化遗产保护、研究、弘扬事业的发展,才赢得了今天敦煌事业的辉煌成就。

　　樊锦诗先生是学考古学专业的,1963年从北京大学毕业后奔赴敦煌,开始了敦煌石窟研究的生涯。1977年,樊锦诗任敦煌文物研究所副所长。1984年,敦煌文物研究所扩建为敦煌研究院,樊锦诗先后担任副院长、常务副院长,1998年任敦煌研究院院长,2007年被聘为中央文史研究馆馆员,2014年任敦煌研究院名誉院长;历任第八、九、十、十一、十二届全国政协委员,并先后在兰州大学、东华大学、浙江大学等高校担任兼职教授和博士生导师。樊锦诗先生把毕生的精力都贡献给了敦煌石窟保护和研究事业,她不仅在敦煌石窟考古和文化遗产管理方面取得重大的学术成就,而且率领敦煌研究院努力寻求文化遗产保护、管理与开放的原则和科学规律,为敦煌石窟的管理探索出了一条行之有效的道路。樊锦诗先后荣获"全国先进工作者""感动中国人物""改革先锋"等荣誉称号,2019年获"文物保护杰出贡献者"国家荣誉称号。

　　樊锦诗先生的主要学术成就体现在两个方面:一是对文化遗产的保护、管理与开放等方面的研究;二是对敦煌石窟考古学的研究。

一、文化遗产的保护、管理与开放的研究

敦煌文化遗产是一个相当复杂的存在，它体量大，占地广，历史悠久，构成复杂。除了石窟建筑、彩塑和壁画的本体外，还与周边的自然环境相关，牵涉到人文与生态等方面的问题。中国虽然有不少文物单位列入了世界文化遗产名录，但国内目前对如何保护和管理文化遗产还缺乏深入研究。长期以来，樊锦诗始终执着地思考着敦煌莫高窟这一人类文化遗产的保护管理问题，探索着应采取什么样的标准和模式进行保护、开放等。敦煌石窟的保护走过了近八十年的历程，20世纪40年代，敦煌艺术研究所成立之初，莫高窟由于长期无人管理，保存状况极差，工作人员不得不先清理洞窟内的大量积沙，修造围墙、木门以防止人为破坏，建造简单的台阶和栈道。但上层洞窟大多没有通道，靠临时搭梯子上下，保护工作极其艰苦。20世纪60年代，在中央人民政府的大力支持下，莫高窟进行了大规模的崖体保护工程，以花岗岩挡墙，对崖面做了抢救性的保护，洞窟安全得到了根本的保障，并使栈道连通到每一个洞窟。20世纪80年代以后，敦煌研究院开始与国内外的学术机构合作，引入先进理念和现代科学技术对壁画的病害进行修复治理工作。如今，敦煌石窟的保护工作已进入科学保护阶段。

樊锦诗先生并不是保护科学技术方面的专家，但是她能够从文化遗产保护理念、法规、原则和石窟保护的发展方向等方面提出很多指导性的意见，并形成新形势下文化遗产保护的科学理论，这些理论对于我国仍处于发展阶段的文化遗产保护工作具有重要的参考价值。

1997年，国家文物局与美国盖蒂研究所、澳大利亚遗产委员会合作，集中文物保护方面的专家，共同研究并制定了《中国文物古迹保护准则》（简称《准则》），这是首部按国际标准、结合中国国情、以科学理念进行文物古迹保护的法律性文件。樊锦诗先生既是参与《中国文物古迹保护准则》制定工作的文物专家，也是把《准则》积极应用于敦煌石窟保护工作的领导者和实践者。《敦煌莫高窟保护与管理总体规划（2006~2025）》就是全面贯彻《准则》精神、结合敦煌石窟具体情况而编制的一份保护与管理规划。它与普通工作规划的不同之处，就在于以敦煌石窟保护管理为中心，以科学的发展观，规范了敦煌石窟这一文化遗产的保护和利用，将敦煌石窟文物的保护与管理、敦煌学研究、旅游开放、基础设施建设、人才队伍建设等重要工作都置于有计划、有步骤的科学规划之中。她还主持制定并实施了一系列的规章制度，如洞窟开放参观制度、工作人员使用洞窟制度、院级科研课题制度、人才培养制度等，使各项工作都有章可循。敦煌研究院的工作，曾被党和国家领导人誉为"我国文物有效保护、合理利用和精心管理的典范"。樊锦诗在率领敦煌研究院的工作人员制定总体规划的过程中，不仅对敦煌石窟的"遗产构成"进行了深入调查分析，对价值和保存现状等方面进行了评估，提出了相应的对策体系，制定了短期、中期和长期的保护发展规划，而且对文化遗产保护与管理的理念进行了多方思考，得出了深入的

认识。这些体现在樊锦诗《〈敦煌莫高窟保护与管理总体规划〉的制定与收获》《〈中国文物古迹保护准则〉在莫高窟项目中的应用——以〈敦煌莫高窟保护总体规划〉和〈莫高窟第85窟保护研究〉为例》等文章中。这些文章是在大量管理工作实践基础上形成的，凝结着以樊锦诗为首的专家们对敦煌石窟保护管理的长期实践和科学思考，不仅对敦煌石窟这样的大文化遗址保护管理工作具有指导意义，而且对全国各地遗址的保护与管理也是有益的借鉴。

基于我国与西方发达国家在文物保护上存在的差距，从20世纪80年代中期以来，樊锦诗积极谋求敦煌石窟保护管理工作的国际合作，在选择合作伙伴、提出并议定合作项目方面付出了大量心血。她先后发表了《敦煌莫高窟的保护与国际合作概要》《开展国际合作，科技保护敦煌》《敦煌石窟的国际合作》《共同呵护人类遗产——敦煌莫高窟保护的国际合作模式》等文章。在她的主持下，敦煌研究院先后与日本、美国、澳大利亚、英国等国家的科研机构开展了一系列合作项目，如莫高窟壁画病害及治理、莫高窟环境监测与评价、莫高窟风沙治理、莫高窟壁画颜色退化的分析监测、敦煌壁画的计算机存贮与再现、莫高窟游客承载量研究等项目的合作研究取得了一批成果。其中与美国盖蒂保护研究所历时8年合作完成的"敦煌莫高窟第85窟保护修复研究"项目，不仅解决了第85窟的酥碱、空鼓病害壁画保护修复的技术难题，而且建立了壁画保护修复的科学程序和科学工作方法，获得2004年度国家文物局文物保护科学和技术创新二等奖。多年的国际合作保护，使敦煌研究院的保护和管理人员吸取了国际上关于文化遗产保护和管理的先进理念和经验；引进了国外先进的仪器设备，建起了一流的保护实验室；学到了国外先进的保护科学技术和工艺；培养了一批高素质的青年业务骨干。国际合作保护使敦煌研究院的保护研究逐步与国际接轨，达到一个新的高度，成为我国文化遗产保护国际合作的成功典型。

樊锦诗在长期的管理工作中，深刻认识到科学管理的重要性。她发表的《敦煌莫高窟的保护与管理》《依靠法制与科技，做好敦煌石窟的保护管理工作》《〈敦煌莫高窟保护与管理总体规划〉的制定与收获》等论文是她对如何科学地保护、管理敦煌石窟理性思考的成果。多年来，她带领全院职工，经过艰苦探索和不懈努力，把敦煌文化遗产的科学保护、管理推向了法治化和规范化的轨道。她发起并组织起草的《甘肃敦煌莫高窟保护条例》已由甘肃省第九届人大常委会第31次会议通过，并于2003年3月1日起施行。这是我国一部较早较好的世界文化遗产保护专项法规。

今天，文化遗产保护与管理所面临的一个重要问题，就是旅游开发与保护的矛盾。作为人类文化遗产，通过旅游开放等方式可以传播其文化价值、发挥其社会功能，使人们享受到古代文化艺术的成果，从中获得知识或艺术灵感等。但是，过量的游客又会破坏文化遗产原有的环境，从而对文化遗产本体造成不同程度的破坏。莫高窟的旅游开放就是一个典型的案例。樊锦诗先后发表了《敦煌莫高窟开放的对策》《敦煌莫高窟文物开放与游客管理之间的矛盾及其对策》《敦煌莫高窟旅游开放的效益、挑战与对策》等一系列文章，对保护与开放的问题进行探讨，强调

"在保护好的前提下开放，在开放中加强保护"，坚持可持续保护和可持续利用、保护和开放协调发展。

为处理好保护和开放的关系，樊锦诗先生联合部分政协委员在全国政协会议上提出了《关于建设敦煌莫高窟游客服务中心的建议》的提案，希望利用数字化手段让游客得到更为丰富的体验，同时减轻洞窟的压力。这一提案受到党和国家高度的重视。在中央和甘肃省领导的大力支持下，莫高窟数字展示中心于2014年正式建成，极大地缓解了因游客数量大增给保护带来的压力，同时形成了新的参观模式，较好地解决了文物保护和旅游开放的矛盾。樊锦诗先生立足于莫高窟保护管理的实践，提出很多富有前瞻性的看法，形成了严格依据相关法律法规进行遗产保护管理的思路，以预防保护为主，强调保护工作的长远规划和可持续性，引进国际合作机制，运用先进科技成果，为我国当前尚不完备的文化遗产理论提供了重要参考。

樊锦诗先生不断总结敦煌石窟保护、管理与开放的经验，目的就在于努力使敦煌石窟这样的世界文化遗产能够长期保存，在经济社会发展中发挥其文化价值。她在《为了敦煌的久远长存》等论文中回顾了敦煌石窟保护研究的历程，对未来的保护工作提出设想，其中"多学科综合性的保护"、"主动的预防性保护"以及积极开展国际合作、积极应对旅游开放等观点，都是基于对敦煌石窟的长期保护管理所总结出的重要经验。《建设世界一流的遗址博物馆》则从遗址博物馆的角度指出了敦煌研究院发展的远景目标，即具有世界一流的遗产收藏、世界一流的遗产保护、世界一流的遗产研究、世界一流的展示服务功能等，并提出了在人才培养和国际合作等诸方面的设想。

二、敦煌石窟考古学研究

用考古学的方法对每一个洞窟内壁画、彩塑等历史遗迹及其所蕴含的历史文化信息进行调查研究，从而确定其年代关系，是敦煌石窟考古学最基本的内容，也是十分艰巨的任务。20世纪60年代初，在工作条件、生活环境极其艰苦的条件下，樊锦诗与马世长、关友惠、刘玉权等合作，运用考古类型学等方法进行分期排年的研究，通过长期的努力，取得了一系列成果，20世纪80年代，先后发表的《敦煌莫高窟北朝洞窟的分期》《莫高窟隋代石窟分期》《莫高窟唐代前期洞窟分期》等论文，代表了以樊锦诗为首的研究小组在石窟考古研究方面的重要成果。

考古分期的研究决定着对敦煌石窟年代系统的基本认识。前人对于敦煌石窟时代的认识，大多依靠艺术风格特点的分析，可以说是粗线条的分析，而且带有很大的主观性。樊锦诗的研究小组对早期30多个洞窟进行长期的调查分析，采用考古类型学与风格分析相结合的办法，以部分有明确纪年的洞窟为标尺，通过对洞窟形制、彩塑特征、壁画主题和表现形式，包括图案流行的特征等方面进行分析，对现存早期洞窟的时代做了科学的判定。《敦煌莫高窟北朝洞窟的分期》一文把敦煌莫高窟早期石窟分为四个时期，大体与北凉、北魏、西魏、北周四个朝代相对应，不仅确认了每一个洞窟的时代，也为我们明确了敦煌石窟早期发展演变的历史。在此基础上，樊锦诗等学者继续对隋唐时期的300多个洞窟进行深入调查，通过考古分期排年的研究，完成了《莫高窟隋代石窟分期》《敦煌莫高窟唐前期洞窟分期》等论文。虽然在对北朝石窟分期研究时积累了一定的经验，形成了一些时代排年的方法，但面对隋唐时代的洞窟，仍然有许多新问题要解决。早期石窟时代特征相对较明显，随着时代的更替往往会有新风格产生。而在隋唐时期，风格的变化往往与朝代更替无关，不同的风格却会交叉出现。如隋朝在短短30多年时间就营建洞窟100余座，其窟形、彩塑与壁画内容丰富，形式多样，风格纷呈，使类型分析工作难度极大。樊锦诗等先生不仅对洞窟内容做了详尽的调查与分析，还深入查阅了相关的佛教与历史文献，从宗教及历史背景方面探讨一个时代的文化特征，从而能够较为准确把握佛教石窟中出现的新样式、新风格，并通过这些样式、类型的特征来分析其年代问题，使隋唐时期数百座洞窟的营建年代系列呈现在我们面前。樊锦诗等学者长期艰苦的研究，使我们对敦煌北朝到唐代石窟的年代序列有了清晰的认识。

严谨的考古分期排年，不仅为敦煌石窟的时代判断提供了依据，而且在方法论上形成了石窟分期的研究体系，如对洞窟形制的比较分析，对彩塑样式的分析，以及对壁画的内容分布、表现形式等方面细微变化的类型学分析，如此综合多方面类型与样式分析的结果，并深入挖掘宗教与历史文化的深层背景，把石窟的类型、样式变迁与当时的历史大背景相结合，从而得出令人信服的结论。樊锦诗等学者的考古分期研究，为中国石窟考古研究提供了重要的参考，为其他各地的石窟分期研究者所借鉴。

20世纪60年代，中国的石窟考古研究刚刚起步。北京大学考古学家宿白先生敏锐地看到了石窟考古的重要性，对樊锦诗等年轻学者寄予了厚望。在宿白先生的指导和众多学者的参与下，敦煌文物研究所拟定了一个长远的考古计划，预计出版100册考古报告，涵盖敦煌的所有洞窟。由于"文化大革命"，这一计划一直未能付诸实施。直到20世纪90年代，在樊锦诗的主持下，考古报告的工作才重新提上日程。

从保护和研究的需要出发，考古报告要求必须全面、完整、客观地获取并保存敦煌石窟遗址和遗物资料，就是要对敦煌石窟每个洞窟从其建筑结构、彩塑和壁画的特征和内容，包括彩塑和壁画使用的制作材料和颜料，以及它们有无重建、重塑、重画，有无残毁坍塌、修缮等资料和信息，并整理、编写成考古报告。为使敦煌石窟考古报告具有系统性、科学性，同时还要为这项长期的工程能可持续地进行下去，樊锦诗从"洞窟开凿的早晚和它的排列顺序有极密切的关系"这一认识出发，参照以往的考古规划，依据多年来对崖面遗迹的考察和断代分期研究成果，经过反复思考和推敲，确定以洞窟开凿时代的早晚作为脉络、兼顾洞窟排列布局形成的现状为敦煌石窟考古报告编写规划工作的原则，编制了多卷本《敦煌石窟全集》考古报告分卷规划，也就是将敦煌石窟数百个洞窟科学合理地编排出多卷本考古报告的各个分卷，对各分卷的洞窟组合、各分卷洞窟编排的序列、各分卷考古报告的撰写编辑体例等进行统筹规划，确定了全部敦煌石窟共编写100册考古报告的规划。这一举措纠正了以往考古报告计划的粗疏之处，具有相当的前瞻性。

通过十余年的不懈努力，《敦煌石窟全集》第一卷《莫高窟第266~275窟考古报告》于2011年正式出版。这卷考古报告，通过多学科结合，以文字、测绘图和摄影图版等多种方法，完整、科学、系统地记录了莫高窟第266~275窟共11个编号洞窟的全部遗迹。这是敦煌石窟的第一本考古报告，不仅对相关洞窟内容做了详尽而客观的记录，而且在敦煌石窟考古研究上具有多方面的突破。第一，通过敦煌早期三窟的主题内容——坐禅修行与弥勒信仰之密切关系，确认这种单纯的弥勒信仰源自犍陀罗传来的佛像体系。第二，通过比对早期三窟窟形、龛形、塑像、壁画内容、故事画构图、凹凸画法等特征，确认早期三窟明显受到西域的影响；并通过阙形方龛和阙形建筑的考察，揭示了第275窟的阙形方龛体现出敦煌及河西走廊的本地因素。第三，确认第275窟为北凉原建，又经隋、五代重建和重绘。第四，确认第266等窟现有的塑像、壁画是隋代完成，早期开窟隋代补绘的可能性。第五，揭示了北凉、隋至五代时期从起稿、敷色、晕染、线描的全过程及其特点，比过去的敦煌艺术研究更加细致，阐述更加明确。《莫高窟第266~275窟考古报告》的特色还在于采用先进的测量技术和绘图方法完成石窟测绘图，这是石窟考古测绘的重大突破，在我国考古学界处于领先地位，为我国考古学界测绘技术提供了示范。《敦煌石窟全集》第一卷《莫高窟第266~275窟考古报告》一经出版便引起了学术界的高度重视，敦煌学大家饶宗颐先生称赞道："既真且确，精致绝伦，敦煌学又进一境，佩服之至。"2017年，此书荣获第七届"吴玉章人文社会科学奖优秀奖"。

除了在考古报告的撰写和石窟分期排年两方面取得了重大成就外，樊锦诗先生还对敦煌壁画图像内容做了深入的考释研究。如对早期洞窟中部分本生因缘故事的考证，都是前人未能定名，而她经过调查，从佛经中找出了相应的经典内容。对莫高窟第290窟佛教故事画的考释，不仅查实了所依据的佛经，而且根据壁画对经典的选择，结合当时的历史背景，揭示了北周时代在敦煌流行的佛教思想。此外，通过对唐代壁画的调查，梳理了玄奘译经与敦煌壁画之关系。莫高窟第61窟佛传故事的研究，虽然前人已做过相关的考证，但樊锦诗发现了敦煌文献P.3317号内容与第61窟壁画榜题的关系，并对其内容进行了精审的比勘，从而确定P.3317号文书为第61窟佛传故事构图之文字稿，发前人所未发，称得上是敦煌文献与敦煌壁画相结合研究的典范，体现了樊锦诗先生的深厚学养和敏锐的洞察力。《从莫高窟历史遗迹探讨莫高窟崖体的稳定性》一文则是把考古学与相关的自然科学结合起来，综合解决石窟的历史和考古问题，反映了先生独特的思路。此外，樊锦诗先生还对莫高窟周边出土的文物进行了调查研究，如《莫高窟发现的唐代丝织物及其他》等论文，体现了严谨而细致的考古学精神。

除了以上两个方面的学术成果外，樊锦诗先生数十年来还有大量其他著述，其中如对敦煌石窟的综述性文章，往往能从文化遗产的价值体系方面阐明敦煌石窟所体现的中国传统文化精神所在；对敦煌石窟保护研究历程的回顾和总结、对部分与敦煌相关的学者的回忆文章等，都是敦煌学术史的珍贵资料。

为庆祝樊锦诗先生从事敦煌文物事业六十周年，敦煌研究院决定编选出版《樊锦诗文集》，希望把樊锦诗先生在考古学研究、文化遗产保护管理研究等方面的重要成果汇集起来，以飨广大读者。文集分上、下两册，主要包括樊锦诗先生在敦煌石窟保护、管理与开放、敦煌石窟考古等方面的重要论文，同时还收入了部分纪念文、序、讲座的记录等，同样体现了作者的重要学术思想与成果。文集编成，樊锦诗先生嘱我写序，颇为忐忑，也深感先生对我的鼓励与信任。作为晚辈，数十年来在樊先生指导下，参与敦煌研究院的诸多工作，一直得到先生呵护与鞭策，并深受先生考古研究与保护研究弘扬思想的影响，希望本书的出版能够进一步推动中国文物和文化遗产事业的不断深入发展，在建设中国特色社会主义文化事业中发挥应有的作用。

赵声良

2023 年 5 月 12 日

◆ 自序

　　我与敦煌结缘始于毕业实习。1962年是我大学生活的最后一个学年，按照北大历史系考古专业的惯例，毕业班学生要参加毕业专题实习。对我而言，敦煌是格外向往的地方，因为中学时曾读到过一篇关于莫高窟的课文，从此成为我心中挥之不去的记忆。考入北大念了考古专业之后，凡是有关敦煌的信息和事情我都格外关注。毕业专题实习，我如愿到了敦煌。想象中的敦煌，是一个超然世外的桃花源，谁知到敦煌一看，除了令人震撼的石窟艺术，走出洞窟，竟是满目荒凉，周围是戈壁沙漠，交通不便，环境闭塞，无电无水，喝苦咸水，伙食不好，生活艰苦。由于水土不服，我实习只进行到一半就离开了敦煌。没想到第二年毕业分配，又把我分到了敦煌。这一来，我竟然在敦煌工作生活了六十年。

　　从1963年参加工作到1966年"文革"开始前，我主要做了两件事情：一是参加了两次"社教"；二是配合敦煌莫高窟南区危崖加固工程，我和几位从事考古的同事参加了莫高窟南区窟前遗址考古发掘清理工作，试写了莫高窟北魏第248窟的考古报告。由于自己学习不够，对石窟的了解不深，试写的报告仍停留在毕业实习时的水平。

　　1966年春夏，"文化大革命"开始，敦煌文物研究所的职工也不例外，虽然也搞派系互斗，但对保护莫高窟文物，大家都毫不含糊，达成共识，没有发生过任何破坏莫高窟文物的事件。"文革"开始后，所有的业务工作都被放下了。"文革"后期，我配合敦煌地方参加了一些古墓葬的考古发掘工作。1972年我担任考古组负责人之后，和老同学马世长合写了两篇有关考古的文章，还与马世长、关友惠、何鄂等同事开展了敦煌莫高窟北朝洞窟分期断代工作。回顾这段历史，尽管也搞了一点业务，但最可惜的就是大量时间都荒废了，没有用于学术研究和业务工作。

1975年，我被甘肃省革委会任命为敦煌文物研究所革委会副主任，分管业务。1977年，我又被甘肃省政府任为敦煌文物研究所副所长。我从只管自己的业务，开始步入陌生的管理。

"文革"结束后，我与很多同事一样，都急切地希望能将荒废的时间追回来，尽快恢复业务工作。可是有四五年时间不知何去何从，无工作可做。我这个副所长想到了一件不能不做的工作：莫高窟1961年被国务院批准公布为全国重点文物保护单位，却一直没有做"四有"中的"科学记录档案"。1978年，我建议并主持开展敦煌莫高窟"科学记录档案"工作。虽然没有做过档案工作，但我是学考古的，认为若要反映莫高窟全部洞窟的基本状况，就必须为莫高窟每个洞窟建立简明完备的"科学记录档案"。当时莫高窟北区洞窟尚未开展考古工作，南区有492个洞窟，就要做492本档案。每本洞窟档案，都要有简单的洞窟平面、剖面图，有简明的文字，说明洞窟的基本结构和内容、保存和保护现状、有无损坏和病害，还要有洞窟照片。这项工作前后用了近十年时间。

党的十一届三中全会之后的80年代初，敦煌文物研究所迎来了科学的春天，莫高窟的保护、研究、弘扬工作走上了正轨，发表了一批敦煌学研究学术成果，其中包括我和同事合作撰写的《敦煌莫高窟北朝洞窟的分期》《莫高窟隋代石窟分期》。

1984年，甘肃省委、省政府指出敦煌莫高窟是珍贵的文化艺术宝库，在国内外具有极大的影响，保护、研究、弘扬工作任务繁重。可是敦煌文物研究所作为莫高窟的保管机构，格局太小、人才缺乏，工作条件差，设施落后，生活艰苦。为了适应社会发展的需要，推动敦煌事业前进，甘肃省委、省政府作出决定，将敦煌文物研究所扩建为敦煌研究院。扩建后的敦煌研究院增加职能、增设部门、扩大编制、汇聚人才、增加经费，极大地改善了工作和生活条件。之后，我先后任副院长、常务副院长、院长，从分管保护与旅游开放，逐渐到全面管理，管理工作越来越重，成为我的工作职责和重心。

于管理而言，我是门外汉，为了做好莫高窟的管理，只有边干边学。在干管理和学管理的过程中，我体会到管理是很复杂的事情，会遇到各种问题，只有找准问题、解决问题，才能把管理工作做好。这就要求我不断地学习，并在学习中深入思考，既要学习实践，又要不断总结成败，逐渐提升管理水平，从而有能力担负起管理这项职责。我已40多岁，既要搞管理，还要做业务，业务管理双肩挑。

担任副院长后，我碰到的第一件大事就是"申遗"。1986年，国家文物局决定将莫高窟申报为世界文化遗产，我负责撰写莫高窟的"申遗"材料。"申遗"材料涉及面广，要求高，于我是一次很好的学习机会。在撰写材料过程中，我学习了《保护世界文化和自然遗产公约》《威尼斯

宪章》等国际上保护世界文化遗产的文献，又重新学习了《中华人民共和国文物保护法》，知道
了保护的理念、保护的原则以及国际上的保护状况，也看到了莫高窟保护和管理的不足与差距，
认识到保护与管理的重要性，这对我做好科学保护和科学管理起到了重要的指导作用，促使我
从此坚持学习关于文化遗产保护的法律、法规和文件，思考和探索如何做好莫高窟的保护和
管理工作。

改革开放与敦煌研究院扩建的大好形势，激励了莫高窟人努力奋进，实现了莫高窟保护、研
究、弘扬和管理事业的跨越式发展。我深深意识到不能再停留在过去的保护理念、保护措施与保
护技术上，被动地跟着病害文物做修复，无法达到对石窟的有效保护。要做好莫高窟的保护，离
不开科学技术。20 世纪 80 年代，我推动敦煌研究院与国内科研机构横向合作，申请国家拨专款
购买科学仪器和现代化设施，那时的研究院已有了做材料分析的 X 光衍射仪，安装了现代化监测
系统。与此同时，1986 年与日本国立东京文化财研究所、1988 年与美国洛杉矶盖蒂保护研究所
开始合作科学保护，并合作培养科技保护人才。在合作中逐步建立和完善保护科学实验室，配
备仪器设备，增添科技保护的专业技术人员。合作双方以"不改变原状、最低限度干预"的保护
原则为指导，对莫高窟病害壁画和彩塑的制作材料、壁画颜料成分和胶结材料进行分析研究；掌
握了泥质壁画地仗层的组成结构及物理化学性质，掌握了壁画多种病害的机理和原因；并研究筛
选了针对不同病害修复的材料和工艺，建立起石窟壁画抢救性科学保护技术体系。随着科学保护
的深入，我提出了更高要求，推动了以风险管理理论为指导，采用传感器和网络技术，对莫高窟
遗址的大泉河水文变化、崖顶沙尘动态、崖体和洞窟振动、地震、开放洞窟微环境变化和游客流
量、壁画病害等方面监测的关键技术研发和应用，并通过监测数据分析，为遗址保护、风险控制
和管理提供依据和指导，建立起莫高窟监测和风险预控体系。敦煌石窟的保护工作由此进入预防
性保护。

20 世纪七八十年代，我曾做过莫高窟"科学记录档案"工作，在建档案和查旧档时对比照
片，深知敦煌石窟文物在不断地衰变、退化，也深深忧虑这种持续衰变、退化会导致最终的消
亡。20 世纪 80 年代末，我到北京出差，偶然看到了在电脑上展示图像，得知图像数字化后储存
在计算机后可以永远不变的信息。进一步咨询后，建议在莫高窟尝试利用计算机图形图像技术实
现文物信息的永久保存。通过与国内外科研机构合作，敦煌研究院探索形成了一整套集图像采
集、数据加工、安全存储和科学管理为主要内容的壁画数字化关键技术与流程规范，开展了敦煌
石窟数字档案工程。我认为敦煌石窟数字化不仅要永远保存敦煌石窟文物的历史信息，而且还要
充分利用数字资源成果支撑保护、研究、弘扬工作。于是，我提出了"永久保存、永续利用"的
想法。这项工作是重要的预防性保护，成为敦煌研究院文物科技保护未来长期的使命和职责。目

前，敦煌研究院已经建成了"数字敦煌"资源库平台，并将30个典型洞窟的高清数据在互联网平台向全球共享。

莫高窟自1979年正式向社会开放，这是我们以前没做过的工作。为应对旅游开放，我负责组建了专门接待游客的部门，招聘培养专职讲解员，根据观众需求，精选典型的洞窟、壁画和彩塑，由讲解员带领游客进洞参观，通过深入浅出的讲解，让游客看好看懂深奥难懂的敦煌艺术，满足了观众需求。

1998年，我刚接受了敦煌研究院院长的任命，就意识到了一件不能不做的大事，还遇到了不少石窟保护和旅游开放方面的棘手难题。

莫高窟的保护、研究、弘扬和管理是一个复杂的系统工程，要立足长远和全盘统筹谋划部署，我认识到只有制定规划，才能保障莫高窟长远、全面、健康发展。我和有关同事代表敦煌研究院，联合中国建筑研究院历史建筑研究所、美国盖蒂保护研究所、澳大利亚遗产委员会，三国四方人员密切合作，吸取国际保护世界文化遗产先进理念、先进原则，起草了《敦煌莫高窟保护总体规划（2006～2025）》。经过国家文物局审定，甘肃省人民政府正式颁布实施。《总体规划》的制定和颁布，为全面做好莫高窟的各项工作的管理，提供了具有专业性、权威性和指导性的依据和规范，提高了莫高窟保护管理工作水平。

世纪之交，我国经济社会快速发展，社会上有些人误解了经济，认为什么都可以交易。在他们看来，文化遗产也可以投资、入股、上市。还有人来游说我、动员我，让莫高窟参与投资，入股、上市，来势汹汹。为了顶住这种歪风邪气，我只有寻求法律法规的支持，执笔起草了《保护条例》的草稿，提请甘肃省人大常委会制定、颁布《甘肃敦煌莫高窟保护条例》专项法规，明确了莫高窟保护对象、范围，规定了敦煌研究院的职责，及其保护、利用、管理工作应遵循的方针和原则；也明确规定了政府部门的职责。这部专项法规的制定和颁布，对莫高窟的保护管理起到了积极作用。

同样是90年代末，我们发现社会上出现滥用和盗用莫高窟文物资料开发售卖商品、恶意抢注敦煌文物商标等不良现象。我带领相关同事很快采取了维权措施。同时还意识到构建敦煌文化遗产知识产权保护体系刻不容缓，应在商标、著作权、专利等知识产权所涉及的诸多领域进行全方位的保护。2000年9月，在全国人大常委会科教文委修改《文物保护法》调研组座谈会上，我代表敦煌研究院发言，提出了文物保护一定要明确知识产权保护的建议。2003年颁布实施的《甘肃敦煌莫高窟保护条例》明确规定："敦煌莫高窟保护管理机构对敦煌莫高窟文物和科学保护技术的研究成果，以及由其提供资料制作的出版物、音像制品等，享有法律、法规规定的知识产权。"

　　进入新世纪，适遇西部大开发，旅游大发展，莫高窟的游客超速递增，给莫高窟的保护和管理带来了极大的挑战和压力。如何平衡石窟保护和旅游开放，这是我遇到的又一大难题。经过反复思考和探索，我认为绝对不能为了旅游牺牲文物，也不能因为保护将游客拒之门外。一定要做到在保护好的前提下合理利用，在合理利用中做好文物保护。要本着对文物和游客同样高度负责的态度，突破以往旅客只是单一参观洞窟的旅游开放老思路，做好文物保护和旅游开放的平衡发展。为此开展对莫高窟日游客承载量研究，对开放洞窟的游客数量、流量和窟内微环境变化常年实时监测，确定莫高窟日游客最大承载量的科学依据。实施"总量控制、网上预约、数字展示、实地看洞"的旅游开放新模式。为提升游客参观体验，建设了莫高窟数字展示中心，既保障了洞窟文物安全，又满足了游客参观的需求。

　　我是双肩挑的干部，前后做了四十年的文化遗产保护管理工作，因工作需要，也写了一些这方面的文章。除了管理，也不能放弃业务。没有大块的时间和精力专心做业务，只能挤时间，利用难得的周末和业余时间考察洞窟，看书，查资料。我写的敦煌学的文章不多，主要写了一些石窟分期断代、壁画内容考证的文章。但最让我揪心的还是多卷本敦煌石窟考古报告，这是我来敦煌工作时苏秉琦和宿白先生嘱咐我的主要工作，也是我不能忘记和不可推卸的责任。但考古工作不是一个人能完成的，需要一个有力的团队，而研究所当时人员匮乏，不具备编写石窟考古报告的条件，加之石窟寺考古报告并无先例可参考。当然这些只是客观原因，其实最核心的问题是，很长一段时间以来，尽管我做过不少思考，但并没有真正想明白这个报告该怎么做。虽然大学毕业后已工作多年，觉得自己仍没有把宿白先生教授的学问吃透。于是，我又多次学习了宿白先生的《敦煌七讲》，在宿白先生中国石窟寺考古学理论和方法的指导下，经过反复考察敦煌莫高窟崖面和洞窟特征，阅读参考了一些非石窟寺的考古报告，反复思考和探索究竟如何编写敦煌石窟考古报告，编订了多卷本《敦煌石窟全集》考古报告分卷规划，突破了传统石窟考古学方法和手段，实行多学科融合，不断增强团队力量，邀请了文物出版社资深编审加盟。我带领团队，采用三维激光扫描测绘技术、文物数字化、计算机绘图等方法，解决了石窟建筑结构极不规整、彩塑造型极为复杂情况下的信息采集与表征等难题，准确表达了洞窟结构、遗迹空间分布、壁画彩塑制作工艺和时代关系等，实现了石窟考古测绘的突破；采用碳十四测年和多种无损/微损分析技术，准确给出了壁画绘制年代，获取了传统考古方法无法揭示的大量微观信息，在石窟内容和艺术特点方面提出了一点新见解。2011 年，由我主持编写的多卷本记录性考古报告《敦煌石窟全集》第一卷《莫高窟第 266~275 窟考古报告》正式出版。第一卷考古报告的出版，为敦煌研究院今后继续编写各分卷奠定了基础，第二卷《莫高窟第 256、257、259 窟考古报告》也即将出版。敦煌石窟考古报告的编写出版是一项重要而艰巨的工程，我有生之年仍要为此继续努力。未来，《敦煌石窟全集》将作为敦煌研究院的"世纪工程"，不间断地、坚持不懈地一卷一卷做下去。

敦煌莫高窟的保护、研究、弘扬和管理工作，不是几代人、几十年就能完成的，它需要一代一代"莫高窟人"不断坚守，持续传承、努力和开拓。它是一项艰巨、复杂、富有挑战性且永续的伟大事业，我有幸成为这项事业的亲历者。从事业务和管理六十年，回头看这几十年写的文章，钻研不深，水平不高。由于缺少积累，才疏学浅，文集中收录的一些篇目谈不上是什么治学，有些只是粗浅的感悟、思考和介绍而已，希望能给诸君留下一些可供参考的资料，恳请给予批评指正。

樊锦诗

2023 年 6 月 9 日

◈ 总目录

◆ 上册目录

叁 · 敦煌石窟的保护、管理与开放

伍·序文

壹·敦煌文化的价值

I

The Value
of Dunhuang
Culture

灿烂的敦煌石窟艺术

敦煌，是位于甘肃省河西走廊最西端的城市，北有北山（马鬃山），南有南山（祁连山），是一个冲积而成的绿洲，由南山流来的古氏置水（今党河）泛滥所造成，绿洲周围多戈壁和沙丘。它的地理位置十分重要，东接中原，西邻新疆。自汉代以来，敦煌一直是中原通西域交通要道的"咽喉之地"，是著名的丝绸之路上的重镇。由敦煌出发，向东通过河西走廊去古都长安、洛阳。敦煌西去阳关，沿昆仑山北麓，经鄯善（若羌）、且末、于阗（和田），至莎车，逾葱岭（帕米尔高原）进入大月氏、安息等国，是为丝路南道；由敦煌出玉门关北行，沿天山南麓，经车师前王庭（吐鲁番）、焉耆、龟兹（库车），到疏勒（喀什），越葱岭，进入大宛、康居、大夏，是为丝路北道。敦煌总扼两关，控制着东来西往的商旅。位于丝绸之路上的敦煌，成为东西方贸易的中心和中转站。史书称敦煌是"华戎所交，一大都会"，西域胡商与中原汉族商客在这里从事中原的丝绸和瓷器、西域的珍宝、北方的驼马与当地粮食的交易。与此同时，自汉代中西交通畅通以来，中原文化不断传播到敦煌，在这里深深扎了根。地接西域的敦煌，较早地就接受了发源于印度的佛教文化。西亚、中亚文化随着印度佛教文化的东传，也不断传到了敦煌。中西不同的文化都在这里汇聚、碰撞、交融。著名的敦煌学者季羡林先生指出："世界上历史悠久、地域广阔、自成体系、影响深远的文化体系只有四个：中国、印度、希腊、伊斯兰，再没有第五个；而这四个文化体系汇流的地方只有一个，就是中国的敦煌和新疆地区，再没有第二个。"季先生的论说充分说明敦煌在世界文化史上的重要地位。

敦煌距今已有两千多年的历史。秦汉之前，居住着月氏、乌孙等少数民族。西汉初，漠北匈奴赶走月氏，占领敦煌。元狩二年（前121年）西汉军队打败河西匈奴，敦煌与河西走廊归入西汉王朝版图。元鼎六年（前111年）在敦煌设郡，与酒泉、张掖、武威并称河西四郡。在敦煌之北修筑了长城，在西部设立了阳关、玉门关，敦煌成为西域进入河西走廊与中原的门户和军事重镇。为了巩固敦煌的战略要地，从内地移民来此定居，调遣士兵屯田戍守。西汉王朝对敦煌的经营与开发，确立了敦煌在历史上的重要地位。经过东汉王朝与曹魏政权的继续经营与开发，敦煌在较长时期内保持相对稳定，成为丝绸之路上一处重要的商品交易中心和粮食生产基地。中原文化在这里生根和发展，儒家经典在这里得到传播。产生于印度的佛教文化也传到了敦煌，西晋时号称"敦煌菩萨"的译经大师竺法护及其弟子在此译经传教。

十六国时期，先后由前凉、前秦、后凉、西凉、北凉五个政权统治敦煌。此时中原大乱，战乱频繁。唯敦煌相对平安，人口增加，中原与河西走廊的百姓避乱在此，中原汉晋文化在敦煌与河西走廊得以保存和延续。敦煌出现一批著名儒家学者，他们设馆讲学，著书立说。中原传统文化在敦煌已十分成熟。与此同时，西行求法与东来传教的佛教僧人都经过敦煌，促进了敦煌佛教的发展。《魏书·释老志》说："敦煌地接西域，道俗交得，其旧式村坞相属，多有塔寺。"敦煌莫高窟应运而生。据唐代圣历元年（698年）《李克让修莫高窟佛龛碑》记载："莫高窟者，厥初秦建元二年有沙门乐僔，戒行清虚，执心恬静，尝杖锡林野，行至此山，忽见金光，状有千佛……造窟一龛。次有法良禅师，从东届此，又于僔师窟侧更即营建，伽蓝之起，滥觞于二僧。"

此后，北魏宗室东阳王元荣、北周贵族建平公于义先后出任瓜州（敦煌）刺史，信奉佛教，莫高窟的开窟造像活动逐渐发展兴盛起来。

隋代统一南北，击败西北的突厥和吐谷浑，保持丝路畅通，商贸繁盛。文帝和炀帝倡导佛教，令天下各州建造舍利塔，瓜州也在崇教寺（莫高窟）起塔，宫廷写经也传至敦煌。短暂的隋代，在敦煌大兴开窟之风。唐王朝前期扼制了西域最大的威胁西突厥的进犯，在西域设立安西都护和安西四镇。为加强军事防卫，在敦煌和河西走廊设立豆卢军、墨离军、玉门军、赤水军、建康军等河西十军，使敦煌经济得到稳步发展，丝绸之路全线畅通，"伊吾之西，波斯以东，朝贡不绝，商旅相继"。中西经济文化交流频繁。敦煌石窟的营造达到了极盛，敦煌文化进一步凝聚了来自中原的汉文化，以及来自印度、西亚、中亚的文化。

唐天宝十四载（755年），发生安史之乱，唐王朝由盛而衰，吐蕃乘机攻占陇右、河西。建中二年（781年）吐蕃占领沙州，推行吐蕃行政、经济制度和习俗，同时，大力扶植佛教，佛教势力迅速膨胀，推动了莫高窟继续兴建。

唐会昌二年（842年），吐蕃内乱，势力大衰。大中二年（848年）沙州张议潮乘机率兵起义，陆续收复伊、西、瓜、肃、甘、凉等11州，并遣使奉表归唐，被唐王朝册封为归义军节度使，从此开始了归义军长达200多年的统治时期。张氏归义军政权恢复唐制，推行汉化，使敦煌的政局得到了稳定。佛教在张氏归义军政权的保护下，继续兴建寺院和石窟。后梁乾化四年（914

年），曹议金接替张承奉政权在瓜沙二州六镇地区重建归义军政权，一直保持与中原王朝的密切来往，接受中原王朝封号，奉中原为正朔，利用旧日唐朝在各族人民中的声威，以求在西北各民族中树立自己的地位，又以和亲的方式，东与甘州回鹘，西与西州回鹘、于阗政权结好。曹氏政权与中原王朝及周围少数民族政权建立的良好关系，不仅保持境内相对稳定的局面，且共保丝路畅通，促进了敦煌与中原和西域佛教文化的交流，为敦煌佛教艺术继续发展创造了条件。

北宋景祐三年（1036年）和南宋宝庆三年（1227年），敦煌先后为党项羌和蒙古占领。西夏和元朝统治者笃信佛教，敦煌莫高窟作为佛教要地，依然受到重视，仍有建造。但随着海上丝绸之路的发展、陆上丝绸之路的衰落、元朝疆域的扩大，敦煌失去了中西交通中转站与西域门户的重要地位。莫高窟也逐渐落。

元代以后，敦煌停止开窟，逐渐被冷落荒废。明嘉靖七年（1528年）封闭嘉峪关，使敦煌成为边塞游牧之地。清康熙五十七年（1718年）平定新疆，雍正元年（1723年）在敦煌设沙州所，雍正三年（1725年）改沙州卫，从甘肃各州移民敦煌屯田，重修沙州城。乾隆二十五年（1760年）改沙州卫为敦煌县，敦煌经济开始恢复。莫高窟开始被人们注意。清光绪二十六年（1900年）发现了震惊世界的藏经洞。不幸的是，在晚清政府腐败无能、西方列强侵略中国的特定历史背景下，藏经洞文物发现后不久，英国人斯坦因、法国人伯希和、日本人橘瑞超、俄国人奥登堡等西方探险家接踵而至敦煌，以不公正的手段，从王道士手中骗取大量藏经洞文物，致使藏经洞文物惨遭劫掠，绝大部分不幸流散，分藏于英、法、俄、日等国的众多公私收藏机构，仅有少部分保存在国内，造成中国文化史上的空前浩劫。

一、灿烂的敦煌石窟艺术

敦煌石窟，是敦煌地区石窟之总称，包括敦煌市的莫高窟、西千佛洞，瓜州榆林窟、东千佛洞，肃北五个庙石窟。这些石窟虽规模悬殊，但同在古敦煌郡境内，它们地域相近，内容相同，风格相似，同属敦煌石窟艺术范畴，人们通常将它们统称为敦煌石窟。现共有洞窟812个，分别为莫高窟735个、西千佛洞22个、榆林窟42个、东千佛洞7个、五个庙石窟6个。

敦煌石窟中首推世界文化遗产——莫高窟〔图1〕。它位于敦煌市东南25千米的鸣沙山东麓，前临宕泉，东向祁连山支脉三危山。4～14世纪，连续开窟造像不止，形成南北长1680米的石窟群。现存历代营建的洞窟共735个，鳞次栉比地分布于高15～30米的断崖上，上下分布1～4层不等。分为南北两区，其中南区的492个洞窟为礼佛活动的场所，拥有彩塑2000多身，壁画45000多平方米，木构窟檐5座；北区的243个洞窟（另有5个洞窟已编号），为僧侣修行、居住、瘗埋的场所，内有修行和生活设施土炕、灶坑、烟道、壁龛、灯台等，但多无彩塑和壁画。

敦煌石窟开凿于石质疏松的砾岩之上，无法精雕细刻，便采用泥塑彩绘和壁画的艺术形式。彩塑以人工制作的木架为骨，束以苇草、外敷草泥，通过塑造和描绘的结合，表现人体的肌肤、面部的表情、须发的蓬松、服饰的质地。壁画在整治过的石壁上，涂抹二至三层草泥，通过布局定位、起稿、涂色、定形，完成壁画形象的绘画。敦煌石窟艺术是集建筑、彩塑、壁画于一体的综合艺术。石窟建筑形制根据内容、功能之不同而定。彩塑是石窟艺术的主体，崇拜的主要偶像，置于石窟佛龛，或中心塔柱龛，或佛坛的显著位置，并与周围的壁画内容相连，色彩和谐。壁画是敦煌石窟艺术的重要组成部分，适于表现复杂的场面和丰富的内容。石窟的佛龛、四壁和窟顶，布满了色彩缤纷的壁画，与居于主体位置的彩塑互相辉映，相得益彰，共同构成完整的石窟艺术。

〔图 1〕
莫高窟九层楼

敦煌石窟艺术，是在传统的汉晋艺术基础上，吸收融合外来艺术的营养，创造的具有中国风格的民族民间佛教艺术。因其历史悠久、规模宏大、内涵深邃、艺术精美、保存完好而享誉国内外，是我国乃至世界佛教艺术的瑰宝，在中国文化史以至世界文化史上，具有重要的地位。

（一）十六国、北朝时期石窟艺术

十六国、北朝时期石窟艺术，包括北凉、北魏、西魏、北周四个时代，是敦煌早期石窟艺术。无论石窟建筑形制、彩塑艺术或壁画艺术的思想内容和形式风格，都明显地受到西域佛教艺术的深刻影响。但在中原文化扎根很深的敦煌，这种西域佛教艺术，自开始就具有浓厚的中原魏晋艺术的特点。至北朝后

〔图2〕
莫高窟第285窟 禅窟
西魏

期随着中原艺术影响的西来，敦煌石窟出现了中国式的佛教艺术。

1. 石窟建筑形制

禅窟　供僧人禅行的洞窟。此类洞窟由印度毗诃罗窟发展变化而成，禅窟主室为长方形或方形，正壁开龛塑像，供修行者（坐禅者）观像之用，左右两侧壁各开两个或四个仅能容身的斗室，修行者在内坐禅修行。窟顶有平顶，或覆斗顶（其形如同倒置的量米之斗）。最初禅窟内素壁无画，后来窟内壁面与窟顶均绘壁画，如第268（包括第267、269、270、271窟）、285窟〔图2〕。

中心塔柱窟　又叫中心柱窟、塔庙窟。是这个时期流行的主要洞窟形式。来源于印度支提窟，即在石窟中供奉佛塔。其形式主室平面长方形，中央偏后凿出连接窟顶与地面的方形塔柱，柱的四面开龛塑像，以供修行者绕塔观像与礼佛。中心塔柱之前的窟顶为仿汉式建筑的中间起脊两面斜坡的人字披顶。塔柱周围窟顶为平顶。如第254、288、428窟〔图3〕。

图3

图4

　　殿堂窟　为修行者礼佛的场所。其形式受到中国传统殿堂建筑的影响，主室平面方形，正壁开龛塑像，或仅塑像而无龛，洞窟的其余三壁大都绘壁画，也有个别洞窟在两侧壁上部开龛塑像，窟顶为覆斗顶或人字披顶。如第275、249窟〔图4〕。

　　2. 彩塑

　　北朝时期彩塑有主体性圆雕和附属性影塑。主体性造像都是身体紧贴墙面的高浮雕，有佛、菩萨、弟子像。佛像有弥勒佛像、释迦佛像、释迦与多宝并坐佛像。释迦佛像按其事态之不同，又可分为禅定像〔图5〕、苦修像、说法像、成道像、思惟像。前期佛像两侧仅有侍从菩萨像〔图6〕，后期佛像两侧又增加了迦叶、阿难侍从弟子像。

　　附属性影塑〔图7〕，有供养菩萨、飞天、千佛等。以泥制模具翻制的影塑，粘贴于中心塔柱或四壁上部，相当于凸于壁面的浮雕，用以陪衬主体性造像。北朝前期，佛像的服饰或袒裸右臂的偏袒袈裟，或圆领通肩袈裟。菩萨高髻宝冠，辫发垂肩，上身袒裸或斜披络腋，下身着羊肠裙，衣裙上装饰着密集的衣纹。人物面相丰圆，造型雄健厚重，肩宽胸平，姿态端庄，动态朴拙，神情宁静、沉稳、含蓄。此时彩塑艺术和风格以中原汉晋艺术为基础，较充分地融合了来自于西域佛教艺术的营养。北朝后期的西魏时期，中原汉式衣冠传到敦煌，南朝"秀骨清像"艺术风格盛行。此时彩塑身着高领大袖襦服，胸前系小结，外罩对襟式袈裟。人物面相方瘦，身躯扁平。北朝后期的北周时期，彩塑进一步民族化。

〔图3〕
莫高窟第428窟
中心塔柱窟
北周

〔图4〕
莫高窟第249窟
覆斗顶窟
西魏

图5　　　　　　　　　　　　　　　　　　图6　　　　　　　　　　　　　　　　　　图7

〔图5〕
莫高窟第259窟北壁
禅定佛
北魏

〔图6〕
莫高窟第432窟中心
柱东向龛外北侧菩萨
西魏

〔图7〕
莫高窟第248窟影塑
北魏

3. 壁画

北朝时期的壁画，在石窟内大致有固定布局：四壁上部为绕窟一周的天宫伎乐；中部为壁画的主要部分，或满壁千佛，或佛说法图和千佛，或佛说法图和千佛及释迦本生、因缘、佛传故事画；下部为绕窟一周金刚力士，或装饰图案。北朝前期的窟顶均绘装饰图案，后期的窟顶在覆斗顶与人字披顶增绘本生、佛传故事画、千佛等。按壁画内容可分为五类：

尊像画　表现佛教诸神。有构图严谨的佛说法图；有既千篇一律又色彩缤纷的十方诸佛，即千佛；有排列有序、舞姿婀娜、作群舞的供养菩萨；有高居天宫楼阁欢畅地奏乐歌舞的伎乐天；有浓眉怒目、健壮有力、驱逐魔鬼的护法神——金刚力士。

本生、因缘、佛传故事画　本生故事画表现释迦牟尼佛在过去世中为菩萨时行种种善行，救度众生事，此类题材有毗楞竭梨王身钉千钉、虔阇尼婆梨王身燃千灯、尸毗王割肉贸鸽、月光王施头、快目王施眼、九色鹿王（行忍辱）拯救溺人、摩诃萨埵太子舍身饲虎〔图8〕、雪山大士施身闻偈、须达拏太子以子妻施婆罗门、独角仙人为淫女所骑、须阇提太子割肉事亲复国、善事太子入海求珠、睒子孝养盲亲等。因缘故事画表现释迦牟尼成佛后说法教化众生、度化外道的各种事迹，有须摩提女请佛、沙弥守戒自杀、五百盲贼得眼皈依、微妙比丘尼现身说法等。佛传故事画描绘释迦牟尼一生或某些主要事迹的故事，主题思想大多为坚持出家修行，强调布施、忍辱、持戒的修行方法，宣传惩恶

扬善、因果报应、佛法威力的佛教思想。至北朝晚期的佛传故事画逐渐地民族化，渗透进中国传统的忠君、孝悌、仁爱、和顺、父子恩等儒家思想。佛传故事画的结构形式多样，主要有：主体式单幅画，以一个画面表现故事的一个典型情节；异时同图单幅画，一个画面上表现故事不同时间、不同地点的若干个情节；多幅连环画，多个画面表现有时间、地点、完整情节的故事。

〔图8〕
莫高窟第428窟 东壁
南部 萨埵太子本生
北周

　　神话人物画　为佛教传入之前，中原汉地流行的道教神话人物形象。此类画出现于北朝后期，传自于中原，有乘坐龙车、凤辇的东王公、西王母〔图9〕，蛇身人面的伏羲氏、女娲氏，昂首飞腾的东方之神——青龙，振翼奔腾的西方之神——白虎，展翅欲飞的南方之神——朱雀，龟蛇相交的北方之神——玄武，两耳竖过头顶、臂生羽毛、长生不死的羽人，兽头人身、振臂运转连鼓的雷神，兽头人身、手执铁钻敲击的霹电，等等。

　　供养人画像　出资开窟造像的功德主及其眷属为祈福求愿，在窟内所绘的礼佛画像。多绘于主要壁画的下方，形象较小，高不及尺，男女分列成行，僧尼为首，世俗人物随后，有王公贵族和侍从像，有少数民族人物形象。服饰有中原汉装、西域胡装、汉胡混合装。

　　装饰图案　装饰石窟建筑、彩塑和壁画的纹样。北朝时期是以表现石窟建筑形式为特征的建筑装饰图案。图案分布于中心塔柱窟人字披顶两披的望板、椽、枋、斗拱及平顶，殿堂窟的覆斗顶，以及不同类型洞窟的佛龛龛楣、彩塑背光、四壁壁带等处。平顶饰平棋图案〔图10〕，均为三层方井叠套，井心绘大莲花，错叠的井角绘火焰、飞天、忍冬等纹样。覆斗顶正中饰华盖式藻井，井

图9

图10

〔图9〕
莫高窟第249窟窟顶
南披 西王母
西魏

〔图10〕
莫高窟第431窟窟顶
平棋图案
北魏

心垂大莲花，四边饰忍冬纹、云气纹、火焰纹，井外饰垂幔、彩铃。人字披顶的椽间望板、壁带边饰、龛楣的主要纹样有莲荷纹、忍冬纹、祥禽瑞兽纹、云气纹、几何纹等等。

　　前期壁画以土红为底色，人物造型健壮，比例适度，着西域式衣冠服饰，面部与肢体晕染采用西域表现明暗的凹凸法，以表现人物面部和肢体的立体感，此时色彩质朴厚重，线描细劲有力。这是中原传统艺术和西域艺术的结合。后期壁画为两种风格：一种风格大体继承前期特征，传自西域的晕染法，又有新的发展；另一种风格的壁画，以白色为底色，人物身材修长，相貌清瘦，眉目疏朗，神情潇洒，风骨飘逸，穿汉式方领深衣大袍，面部以民族传统晕染法在面颊涂红色，此时色彩清新明快，线条秀劲洒脱，运笔疾速，富于韵律感。这种风格是传自于中原的新风。

〔图11〕
莫高窟第217窟内景
盛唐

（二）隋、唐时期石窟艺术

佛教与佛教艺术传入后，在其漫长、曲折的传播进程中，经过与中国汉晋文化艺术的不断碰撞、融合，至隋唐时期得到了极大的发展，形成了中国式的佛教宗派、佛教思想、佛教信仰、佛教艺术。隋唐时期的敦煌石窟艺术发展到了最辉煌的巅峰。石窟建筑、彩塑、壁画所表现的世俗化、大众化、多样化，都是佛教艺术中国化的体现。

1. 石窟建筑形制

殿堂窟 呈现多样化、民族化、世俗化趋势。殿堂窟数量最多，长盛不衰，且不断变化发展。窟内佛龛加深加大，形式早晚不同：隋代为内、外两层龛。唐前期为内小外大之敞口龛，如第217窟〔图11〕；唐后期为仿照世俗床帐形式的盝顶帐形龛，龛内设马蹄形佛坛，坛上置彩塑像，如第329、384窟。殿堂窟还出现一种主室正壁和两侧壁均开佛龛，龛内造像的形式，用以表现三世佛或三身佛，此类洞窟数量虽不多，但隋唐两代均有之，如第420窟。佛坛窟是新出现的窟形。隋至唐前期主室正壁凿长方形或马蹄形佛坛，唐后期大型洞窟主室中央凿出方形佛坛，坛后部有一道连接覆斗顶的背屏。坛前有阶陛，彩塑群像高踞于佛坛之上，信徒可围绕佛坛右旋环通、礼佛观像，此类洞窟应

[图 12]
莫高窟第 158 窟
涅槃窟
中唐

是殿堂窟之一种。其形式与寺庙佛殿，乃至世俗宫室殿堂格局相类似，如第196窟。

涅槃窟、七佛窟　因涅槃像和七佛像而得名，其实亦为佛坛之一种。主室横长方形，正壁有横贯全窟的佛床，上塑佛涅槃像，如盛唐第148窟、中唐第158窟〔图12〕，或塑七佛并坐像，如中唐第365窟，窟顶为盝顶或券顶。

大像窟　因窟中巨大的弥勒佛坐像而得名，如莫高窟初唐第96窟、盛唐第130窟、榆林窟唐代第6窟。大像窟洞窟高耸，主室平面呈方形，上小下大，贴正壁造石胎泥塑大像，佛座后凿出供信徒巡礼用的马蹄形通道。前壁上、中部各开一大型明窗，以供采光之用。窟顶为覆斗形或圆穹形，窟外建多层木构窟檐。中心塔柱窟数量极少，趋于衰落。由于修行简化和佛教世俗化，中心塔柱作为塔的功能逐渐减弱，而与殿堂窟佛龛形式靠近。

崖面留存遗迹与文字记载说明，隋唐时代各窟前室外，均有木构窟檐。这些窟檐"上下云矗，构以飞阁，南北霞连"。各窟又有木构栈道相通，蔚为壮观。

图13

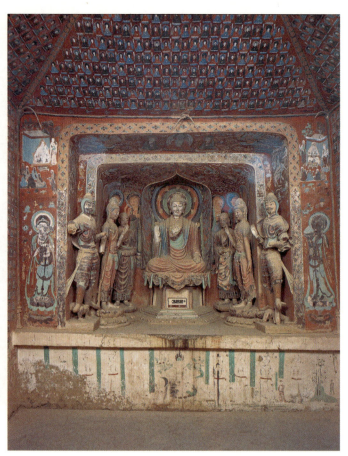

图14

2. 彩塑

有隋一代，历时短暂，上承北朝，下启唐代，彩塑艺术取得了重要成就，但其形象尚存在头大、肩宽、腿短、动态单调、人物留有类型化痕迹等不足〔图13〕。

在隋代艺术基础上，经过继续探索和创造，吸收西域佛教艺术的营养，唐代彩塑艺术臻于成熟与完美。唐代艺术匠师以高超的写实技巧，卓越的创造才能，绘塑技法的巧妙结合，通过对人物形象、衣冠服饰、体态动作、外部特征、面部表情细致入微的刻画，成功地塑造了许多比例准确、衣饰华丽、造型健美、色彩灿烂、神态逼真、个性鲜明的完美艺术形象，成为具有永恒艺术魅力、经久传世的典范性不朽之作。

置于佛龛和佛坛上的彩塑像，均为圆雕，已完全离开墙壁，充分发挥彩塑的主体性、独立性的特长。随着佛教思想的发展，塑造最精的群像，数量与内容均有较大变化发展，少则三身，多则十一身，大多七身一组或九身一组〔图14〕。主像隋代出现了过去、现在、未来三世佛，法身、应身、报身三身佛。

〔图13〕
莫高窟第419窟 西壁龛内 北侧 菩萨与迦叶
隋

〔图14〕
莫高窟第322窟
西壁龛内 彩塑一铺
初唐

隋唐两代主像流行释迦牟尼佛、阿弥陀佛、弥勒佛。隋至初唐，在前室增加了天王和力士的护法像，由盛唐始，护法像进入主室，与佛、菩萨、弟子像组合在一起〔图15〕。佛像居中，佛的两侧依次侍立迦叶、阿难两弟子，观音、势至两大菩萨或立或坐，南、北则为两大天王和金刚力士。有的群像中还有胡跪合十礼佛的小供养菩萨。佛国世界不同职守的代表人物按等级差别有序地汇聚于一堂，展示了立体的佛界说法会之场景。

数量最多、规模最大的群像当为佛涅槃像和举哀者组成的群像。如盛唐第148窟主室的主像为释迦牟尼佛，长14.8米，右胁而卧，绕佛塑有高约1米的菩萨、弟子、护法、国王、大臣举哀的群像72身。中唐第158窟规模与第148窟相当，以绘塑结合的手法表现群像。围绕释迦牟尼涅槃像的众举哀者绘于三面壁面，通过细腻表现群像举哀，更好地衬托出释迦牟尼恬静自然、涅槃为乐的神情。

莫高窟最引人注目的乃是建于唐代武则天证圣元年（695年）的第96窟北大像和唐玄宗开元九年（721年）至天宝年间（742～756年）的第130窟南大像〔图16〕，前者高35.5米，后者高26米，均是石胎泥塑，先凿出身体的轮廓大形，然后敷泥，最后塑造彩绘而成。其题材是两腿下垂的善跏坐弥勒说法像。造大像与武则天登位称帝有关，武氏欲取代李唐，命僧人造《大云经疏》，称武则天是弥勒下世。南大像保存完好，造型雄伟高大，神情庄严慈祥。

3. 壁画

隋代前期，壁画布局大致继承北朝上、中、下三段式特点。隋后期开始至唐前期，改为上下两部分：上部安排说法图，或千佛图，或经变图；下部为供养人。作为盛世的唐代前期也往往通壁安排一幅大型经变。随着佛教艺术世俗化，唐后期的洞窟格局发生了变化，传统的屏风画进入洞窟与佛龛。洞窟内通壁安排2至4铺经变不等，各种经变的说法会在上部，经变的情节性故事内容安排于下部的屏风画。供养人像列分布在由前室通向主室的甬道或主室正壁与前壁下部。

按壁画内容可分为五类:

尊像画 除说法图外,随着佛教信仰的多样化,出现了较多的单身尊像,如药师佛、卢舍那佛、观音、势至、地藏以及密教题材的菩萨像。

经变画 广义而言,凡依据佛经变成绘制之图画,均可称为"变"。狭义而言,指将某部佛经的内容变成一幅首尾完整有情节铺陈的大画。据统计,敦煌石窟有经变30余种。有表现不同净土思想的阿弥陀经变、无量寿经变、观无量寿经变〔图17〕、弥勒经变〔图18〕、东方药师变、西方净土变;有表现天台最高圆满的大乘佛法,一切众生都能成佛思想的法华经变;有宣扬人人都有佛性的涅槃经变,有表现大乘般若性空思想、众生成佛的维摩诘经

图16

〔图16〕
莫高窟第130窟 大佛
盛唐

〔图17〕
莫高窟第217窟北壁
观无量寿经变
盛唐

〔图18〕
榆林窟第25窟北壁
弥勒经变
中唐

变;有反映禅宗思想的天请问经变、思益梵天请问经变、金刚经变、楞伽经变等;有宣传密教持咒诵经祈福禳灾的千手千眼观音经变、不空羂索观音经变、如意轮观音经变等等。通常经变画总是以说法会为中心,佛在中央,两侧分列大菩萨、天龙八部,还刻画生动活泼的飞天、载歌载舞的乐舞伎形象。不同的经变画有各自不同的佛经内容。阿弥陀经变,在凭台上以坐于莲花座上说法的阿弥陀佛与两侧的观世音、大势至菩萨,即所谓的西方三圣为主体,周围围有众多的听法菩萨,凭台后与两侧矗立着宫殿楼阁,凭台前有舞伎起舞和乐队伴奏,凭台下面绿色的七宝池,八功德水,池水莲花盛开,化生童子嬉戏,佛上空飞舞的天乐不鼓自鸣。整个画面表现了西方佛国净土世界。弥勒经变以弥勒佛说法为中心,穿插描绘山喷香气、地涌甜泉,庄稼一种七收,树上生衣、随意取用,路不拾遗、夜不闭户,龙王洒水、罗刹扫地,人寿八万四千岁,寿终老人自入坟墓,女人五百岁婚嫁等,展示弥勒世界美妙景象。不同的经变有不同的构图形式。阿弥陀经变、弥勒经变为主体式构图,以佛和菩萨说法会为中心,四周穿插净土世界的各种场景与情节,画面浑然一体。观无量寿经变、东

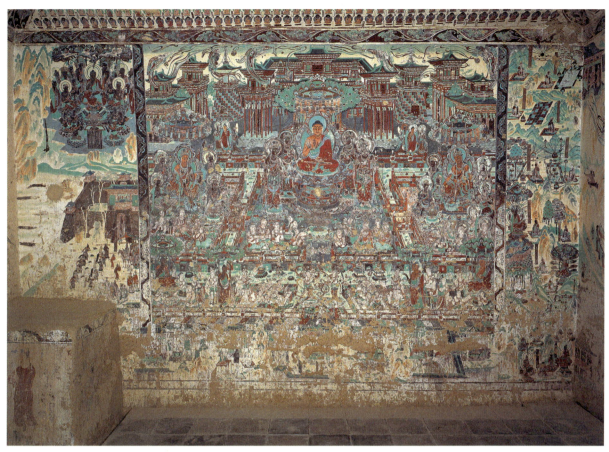

图17

图18

方药师经变，中间以净土世界说法会为主体，两侧以对联形式的立轴画分别表现佛经中的故事。观无量寿经变分别绘画未生怨、十六观；东方药师经变分别绘画九横死、十二大愿。这样的画面主次分明，故事画作为经变画的一部分，为装饰的需要形成了较为规整的连环画形式。又如维摩诘经变表现维摩居士与文殊菩萨共论佛法，劳度叉斗圣变表现外道劳度叉和佛弟子舍利弗神变斗法，两经变的画面都分成左右，使其各成主体，围绕两方主体人物，交织各种神变故事，内容丰富，引人入胜。经变画这种佛教艺术形式是中国佛教艺术的独创，体现了中国古代艺术家驾驭复杂题材、创作大型经变等鸿篇巨制的杰出水平。画家善于通过雄伟壮观的宫殿楼阁，绮丽多姿的山水景致来创造辽阔的境界，同时善于应用丰富灿烂的色彩，渲染成一种金碧辉煌的效果，以此来表现佛国净土的美妙世界。在雄伟壮阔的场景中又注意细致入微地刻画不同的人物。

佛教东传故事画　又名佛教史迹画。始于隋、初唐，盛于唐后期。为传自天竺（今印度）、尼婆罗（今尼泊尔）、犍陀罗（今巴基斯坦白沙瓦一带）、西域于阗（今中国新疆和田）和中国本土的佛教传说。题材多达数十种，大抵分为佛教感应化现的传说，弘扬佛教的高僧和使臣的神异故事，显示神灵、表征吉凶的佛教瑞像图，佛教圣地和圣迹的传说。如释迦晒衣石、善断吉凶的佛图澄、张骞出使西域求佛名号〔图19〕、犍陀罗国释迦双头瑞像、于阗毗沙门天王与舍利弗决海、中国四大佛教灵山之一的五台山及其胜迹与化现传说。这些看似神奇的传说故事，反映佛教的东传，中国与印度、中亚的文化交流，佛教的中国化。

供养人画像　有僧官、僧尼，当地达官贵人、文武官僚、工匠、牧人、行客、侍从、奴婢和善男信女，唐后期张氏归义军政权兴建洞窟中的供养人画像，一家三代，姻亲眷族都依次排列在一起，此时的洞窟成了光耀门庭的家庙。特别是晚唐第156窟场面宏大，结构严谨的河西节度使张议潮统军出行图〔图20〕与宋国河内郡夫人宋氏出行图乃重要的历史画卷。隋唐时期供养人像逐渐增大，盛唐开始一些大窟中出现等身大像，供养人的形象与服饰描绘得细致而讲究。

装饰图案　隋代图案是北朝"建筑装饰图案"向唐代"织物图案"的过渡形式，以"藻井图案"〔图21〕为其代表，纹样形式多样。唐代是敦煌图案发展的高峰，以藻井图案为代表，装饰多仿绫、锦、绢、绣织物上的纹样，繁缛多样，井内主花纹样有莲花、三兔莲花、交杵莲花、灵鸟莲花、莲花飞天、团

〔图19〕
莫高窟第323窟 北壁
张骞出使西域故事
初唐

〔图20〕
莫高窟第156窟 南壁
张议潮出行图
晚唐

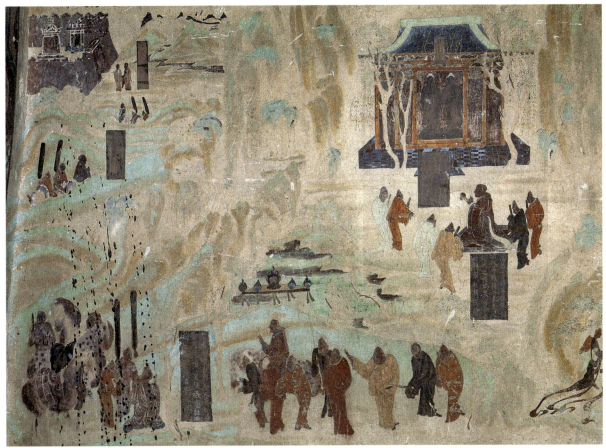

图19

图20

〔图21〕
莫高窟第329窟窟顶
藻井图案
初唐

花、云头团花、葡萄石榴、宝相花、茶花等等。井外边饰图案主要纹样有卷草纹、灵鸟石榴卷草纹、百花蔓草纹、半团花纹、团花纹，各种几何纹如回纹、菱格纹等，造型丰满，结构严整，色彩华丽。

壁画艺术经过隋代的探索，唐代臻于娴熟精湛。唐前期人物丰腴，肌胜于骨，色彩富丽，线描采用自由豪放的兰叶描，绘画呈现一派雄浑健康、生机勃勃的气派。吐蕃占领时期，色彩明快清雅，线描精细柔丽，人物性格刻画细腻，构图严密紧凑，形成精致淡雅的风格。晚唐人物题材的壁画出现公式化的趋向，开始缺少意境和情趣。

（三）五代、宋、西夏、元时期石窟艺术

晚唐武宗、后周世宗两次灭佛使佛教遭到沉重打击，佛教各宗派已日趋衰落；唐中叶以后，经济重心开始南移，海上丝绸之路兴起，陆上丝绸之路渐趋衰弱。上述诸多因素影响下，敦煌石窟佛教艺术也呈衰退趋势。但五代、宋时期统治瓜（今瓜州）、沙（今敦煌市）的曹氏归义军政权经济、政治、外交，举措得当，宗奉佛教，设置画院与伎术院，形成了院派特色，石窟佛教艺术仍显繁荣景象。西夏、元时期受到中原绘画艺术与藏传密教艺术的影响，也不乏精品佳作。

1．洞窟建筑形制

继承晚唐旧式，主要流行主室正壁开龛和中心设方形佛坛的殿堂窟，五代、宋时期的中心佛坛窟规模超过前代〔图22〕。此时还保存了宋代开宝二年（969年）、开宝八年（975年）、太平兴国五年（980年）等纪年的木构窟檐 4 座，它们是第 427、431、444、437 窟。西夏、元时期，殿堂窟出现了多层圆形佛坛的形式，如莫高窟第 465 窟、榆林窟第 3 窟等。

2．彩塑

多遭严重破坏，仅存五代第 261 窟、宋代第 55 窟〔图23〕、西夏第 246 数窟彩塑。塑像题材与风格承唐代之余绪，但已缺乏唐塑之神。第 55 窟主像塑弥勒佛像三身，表现"弥勒三会"，西夏第 491 窟塑供养天女，都是新题材。

3．壁画

经变画　五代、宋时期仍以大幅经变为主，题材内容大多一如前代，随着洞窟规模扩大，有的洞窟经变规模之大，入画内容之多，超过前代。第 220 窟后唐绘新样文殊，第 76 窟宋代绘千手千眼观世音菩萨广大圆满无碍大悲心陀罗尼经变、八大灵塔变等，都是新题材。但经变种类数量渐趋减少，画面格式化现象日益严重，画面榜题增多，几乎每个画面的内容，均插以墨书榜题，借助榜题文字来说明所绘内容。至西夏、元时期，大部分传统题材经变的种类进

图23

图24

一步减少，有的已绝迹，画面更趋格式化。受中原两宋画风之影响，榆林窟第2、3、29窟所绘水月观音〔图24〕、文殊变〔图25〕、普贤变，无论从人物造型、山石云气，还是从线描赋色、结构布局、意境神韵上看，都是不可多得的艺术佳作。与此同时，受藏传密教艺术的影响，曼陀罗、五方佛、明王、金刚等藏传佛教题材增多，出现藏密绘画艺术的新因素、新技法。

佛教东传故事画 五代、宋、西夏时期进一步发展，共有40多个洞窟绘画。瑞像画以单幅大画绘于洞窟前室通向主室的甬道顶部，如莫高窟第98、454窟牛头山瑞像及大型圣迹图。还出现经变式故事画，与其他经变同绘于一壁，如五代莫高窟第72窟的大型刘萨诃和尚因缘变相图，组合30多个内容，描述了北魏圣僧刘萨诃一生的神异事迹；又如五代第61窟五台山化现图，为莫高窟最大的佛教圣迹图。以五峰为主体，组合五台山数百里内灵异化现，佛教圣迹及城市、关隘、店铺、道路共190余处于一壁，自上而下描绘了天界、神和人交接界、人间现实世界，是一幅独特的以现实与想象结合的画图，内容丰富，意境深远，也是一幅难得的山水画。

〔图23〕
莫高窟第55窟中心佛坛上南侧佛座旁金刚力士
宋

〔图24〕
榆林窟第2窟西壁北侧水月观音
西夏

图25

图26

尊像画 五代、宋时期出现了大幅四大天王、天龙八部、八大龙王、毗沙门天王赴哪吒会等护法题材，另有宋、西夏时期大型供养菩萨行列和十六罗汉图。

本生、因缘、佛传故事画 数量虽不多，却都是鸿篇巨制，绘于五代、宋的一些大型洞窟壁面下部，以大面积连屏表现。

供养人画像 五代、宋时期，供养人像数量进一步增加，形象更为高大。曹氏归义军政权一门五代及其姻亲、显官、属吏，还有与曹氏联姻的于阗国王、王后、甘州回鹘公主，均与入壁。如五代第98窟供养人像达160多身，组成宏大的队伍，显赫其身份，于阗国王像高达2.92米。至西夏、元时期，出现了党项族、回鹘族、蒙古族供养人像，有国师〔图26〕、贵族、官员，体格魁梧，身材高大，身着不同民族的服饰。

图案艺术 已趋式微，纹样规整但过于程式化。五代图案继承唐代余风，多绘团龙藻井，井心莲花中多绘团龙，井外多卷草纹、回纹边饰。宋与西夏浮塑施金的团龙藻井，有一龙、二龙、四龙、五龙。还有团花藻井，花中画交杵和法轮，井外边饰以回纹、卷草纹、白珠纹为主，元代除沿袭西夏遗风，还有

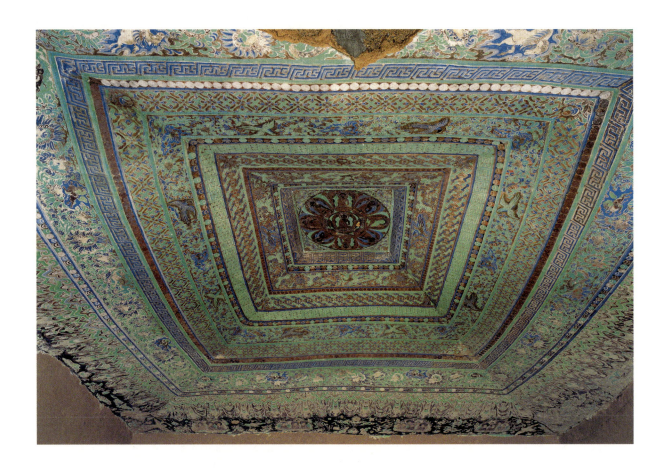

井心绘六字真言、大日如来〔图27〕等图案艺术，也反映了世俗对佛教艺术甚至藏传密教的影响。

　　五代至宋初，即曹氏政权前期的壁画艺术，犹存唐代余风。山水画、故事画、肖像画，巨幅壁画有独特成就，在画院画师或画行画匠的带领下，使公式化的经变形成了统一风格。壁画人物肌肉丰腴、设色热烈、线描豪放有变化，但失之粗糙简率。至宋代，即曹氏政权后期，经变内容更趋贫乏空洞，人物神情呆板，千篇一律，色彩单调贫乏，线条柔弱无力，缺乏艺术生命力。

　　西夏初期，继承曹氏画院规范，后来在进一步汉化基础上，产生了兼有中原风格和党项民族特征的人物造型。

　　元代艺术为迥异的两种风格：一种以莫高窟第3窟〔图28〕千手千眼观音、第61窟炽盛光佛为代表，用铁线描、折芦描、游丝描、钉头鼠尾描等多种线描造型，设色清淡典雅，这是中原传入的汉密风格；另一种以莫高窟第465窟萨迦派壁画为代表，人物形象有印度、尼泊尔人特征，铁线描挺拔秀劲，色彩多用青、白、绿等色，敷色厚重，这种线描和色彩并重，神秘、怖畏、冷艳的风格，来自藏传密教。

〔图27〕
榆林窟第10窟窟顶藻井及四披图案
元

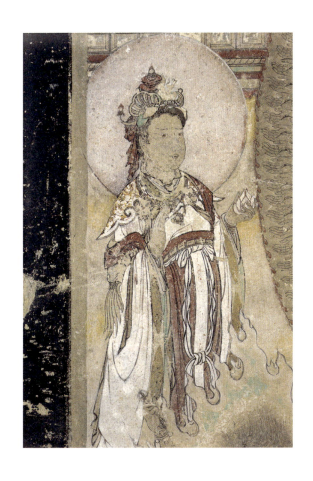

[图28]
莫高窟第3窟北壁
吉祥天女
元

（四）敦煌石窟艺术的珍贵价值

敦煌石窟艺术，大多以佛教经典为依据，但佛国世界的创造，与现实生活发生密切关系，要摄取现实生活为素材，佛国世界只是现实世界的反射。历经1000余年创造的敦煌石窟艺术，某种意义上表现了1000余年古代社会的生活，展示了1000余年内涵丰富的文化。所以敦煌石窟不仅是辉煌灿烂的艺术宝库，而且也是极其珍贵的文化宝库。我们从历史、艺术、科技三个方面简述敦煌石窟的珍贵价值。

1. 历史价值

敦煌石窟营造及其历史过程，敦煌的悠久历史，当地有影响的世族与大姓，以及敦煌同周围民族与西域的关系，在历史中没有或很少记载。敦煌石窟有成千上万幅供养人画像，其中有一千多幅还保存题名结衔。供养人像和题记，生动、丰富、真实地提供了许多历史状况和历史线索，使我们得以了解与敦煌历史、敦煌石窟营建史有密切关系的阴、索、李、翟、张、曹等各世家大族的史事，他们相互间盘根错节的关系，他们与周围各少数民族政权的复杂关系，他们营造敦煌石窟的史实，都是研究张、曹归义军统治时期敦煌历史的珍贵资料。这使我们得以了解不同历史时期，拓跋鲜卑、吐蕃、吐谷浑、回鹘、党项羌、蒙古等少数民族政权在敦煌的活动，各民族间错综复杂的关系及他们的文化艺术，反映了唐代的仪卫制度、奴婢制度、吐蕃官制、归义军政权的官制等。

本生、佛传、福田经变、弥勒经变、宝雨经变、楞伽经变及供养人题记，可帮助我们了解古代经济生活的状况。如农牧业方面，有耕作、收获、捕鱼、家畜饲养、狩猎。庄园收获图和寺院收获图，告诉了我们唐代庄园与寺院经济的信息。手工业方面有锻铁、酿酒、制陶、纺线、织褐、皮匠、制鞋、画匠、伎匠、塑匠、纸匠、木匠、石匠、打窟人、金银匠、弓匠、踏碓师。商业方面有屠房、肉坊、酒肆、旅店、金银行、木行、弓行等。据藏经洞文献记载，称"匠"者有20余种。将壁画与藏经洞文献结合研究，可反映出古代敦煌地区手工业和商业的面貌。

法华经变、涅槃经变提供了古代军队操练、出征、征伐、攻守的作战图，以及兵器装备的宝贵形象资料。

敦煌壁画中保存了体育方面的资料，如骑射、射靶、马技、跃马、相扑、角力、举重（举象、举钟）、弈棋、投壶、武术、游泳、马毬、蹴鞠等。

敦煌是丝绸之路的"咽喉之地"，过往胡商汉贾必经之地，也是从事丝绸贸易与中转之地。壁画中描绘了中原与西域商人在丝绸之路上东来西往、相望于道的景象。如北周第296窟福田经变，一边是高鼻深目的胡商，牵着载有货物的骆驼；另一边是骑马的中国商人，赶着满载货物的毛驴，他们相遇在桥上。同时也透出了古丝绸之路经商贸易艰难险阻的信息。如隋代第420窟法华经变，商队赶着满载丝绸的骆驼和毛驴，路遇大批武装的强盗，商队的财货被抢劫一空；唐代第45窟观音经变，一群胡商赶着毛驴，载着丝绸在山谷中遇到了强盗。

丝绸之路既是贸易之路，也是外交往来、文化交流之路。敦煌壁画也有图像记载，如唐代第323窟描绘了出使西域的西汉使臣张骞；五代、宋时期的第98、454窟描绘了出使印度的唐代使臣王玄策；中唐、五代、宋时期的第231、237、98、61、72窟描绘了西行求法和活跃于河西走廊的名僧刘萨诃；莫高窟第126窟，榆林窟第2、3、29窟刻画了唐僧玄奘西天取经的事迹；东来传教的著名僧人安世高、康僧会、佛图澄，在唐宋时期的第323、9、108、454窟也有描绘。

古代社会生活的衣食住行、生老病死、婚丧嫁娶等民情风俗场景在壁画中无处不见。盛唐到西夏时期的弥勒经变普遍绘画了嫁娶图，表现了佛经所言弥勒世界人寿八万四千岁、"女人年五百岁，尔乃行嫁"的内容。图中表现了唐宋时期敦煌地区广泛流行两种不同的婚俗，一种是受汉人传统文化的影响，男方行聘娶婚，即男方行聘，迎娶新娘，回家成婚。另一种是西域民族风俗，男就女家行礼，行入夫婚。壁画中的嫁娶图细致地表现了婚礼场面的设置：在庭院搭设宴请宾客的帐篷礼席，围设新婚夫妇拜堂的帐帷和新婚夫妇居住的青庐。还表现了婚礼仪式的全过程：新郎迎亲、乐舞助兴、拜堂成礼、莫雁之礼、共入青庐，举行洞房同牢合卺之礼。又如自北周至宋代的故事画微妙比丘尼、善事太子入海品、佛传、涅槃经变，表现了古代的丧葬习俗，描绘停棺为亡人举哀、出殡送葬、殡葬的丧葬过程；还描绘了行后土之祭，构置坟茔（修筑坟墓四周围墙）、设圹埋葬、地面起坟（堆土堆）的土葬埋葬方式。

敦煌石窟的彩塑和壁画，大多是佛教内容，如彩塑和壁画的尊像，释迦牟尼的本生、因缘、佛传故事画，各类经变画，众多的佛教东传故事画，神话人物画等，每一类都有大量、丰富、系统的材料。还涉及印度、西亚、中亚、我国新疆等地区，可帮助我们了解古代敦煌以及河西走廊的佛教思想、宗派、信仰、传播，佛教与中国传统文化的融合，佛教中国化的过程等等，对研究敦煌地区佛教史和中国佛教史都是极其宝贵的资料。

2. 艺术价值

敦煌石窟营建的1000余年历程，时值中国历史上两汉以后长期分裂割据，走向民族融合、南北统一，臻于大唐之鼎盛，又由巅峰而式微的重要发展时期。在此期间，正是中国艺术的程式、流派、门类、理论的形成与发展时期，也是佛教与佛教艺术传入后，建立和发展了中国的佛教理论与佛教宗派，佛教美术艺术成为中国美术艺术的重要门类，最终完成了中国化的时期。敦煌石窟艺术，绵延千年，内容丰富，数量巨大，其艺术形式既继承了本土汉晋艺术传统，吸收南北朝和唐宋美术艺术流派的风格，又不断接受、改造、融合域外印度、中亚、西亚的艺术风格，向人们展示了一部佛教美术艺术史及其中国化的渐进历程。同时又是中国艺术与西域艺术往来交流的历史记载，对研究中国美术史和世界美术史都有重要的意义。

从中国美术的门类角度看，敦煌石窟壁画中的人物画、山水画、动物画、装饰图案画都有千年历史、自成体系、数量众多的特点，都可成为独立的人物画史、山水画史、动物画史、装饰图案画史。特别是保存了中国宋代以前，即10世纪以前如此丰富的人物画、山水画、动物画、装饰图案的实例，这是世界各国博物馆藏品所未见的。

敦煌壁画中有音乐题材洞窟200多个，绘有众多乐队、乐伎及乐器。据统计不同类型乐队有500多组，吹、打、拉、弹各类乐器40余种，共4500多件。敦煌藏经洞文献中也有曲谱和其他音乐资料。丰富的音乐图像资料，展现了近千年连续不断的中国音乐文化发展变化的面貌，为研究中国音乐史、中西音乐交流史提供了珍贵资料。

敦煌石窟大多数洞窟的壁画中几乎都有舞蹈形象。有反映人间社会生活、风俗习尚的舞乐场面和舞蹈形象，如西域乐舞、民间宴饮和嫁娶舞乐；有经变中反映的宫廷和贵族燕乐歌舞场景；有天宫仙界的舞蹈形象，如飞天的舞蹈形象、供养伎乐等。还有藏经洞保存的舞谱及相关资料。舞蹈艺术是无法保留的时空艺术，古代的舞蹈形象，我们现代人已知之甚少，就敦煌石窟舞蹈形象的珍藏而言，堪称舞蹈艺术的博物馆，保存了无数高超的舞蹈技巧和完美的舞蹈艺术形象，代表了各时代舞蹈发展的面貌及发展历程。

敦煌石窟艺术中有十分丰富的建筑史资料。敦煌壁画自十六国至西夏描绘了成千上万座计的不同类型的建筑画，有佛寺、城垣、宫殿、阙、草庵、穹庐、帐、帷、客栈、酒店、屠房、烽火台、桥梁、监狱、坟茔等等，这些建筑有已成院落布局的组群建筑，有单体建筑。壁画中还留下了丰富的建筑部件和装饰，如斗拱、柱枋、门窗，以及建筑施工图等。长达千年的建筑形象资料，向我们展示了一部中国建筑史。可贵的是，敦煌建筑资料的精华，反映了北朝至隋唐400年间建筑的面貌，填补了南北朝至盛唐建筑资料缺乏的空白。此外，不同时期、不同形制的800余座洞窟建筑，5座唐宋木构窟檐，以及石窟寺的舍利塔群，都是古代留存至今的宝贵建筑实物资料。

3. 科技价值

本生、佛传故事画、弥勒经变、法华经变，有许多耕获图，表现一种七收的内容。图中展现了北周到西夏600多年间敦煌地区农业生产的面貌，使我们了解了当时农业生产的全过程：农夫一牛拉犁、二牛拉犁（二牛抬杠）耕地，妇女持装籽种的篮子播种，头戴笠帽、手持镰刀的农夫收割成熟的庄稼，男子抢连枷打场，男子以木杈、木锨，女子用簸箕、扬篮扬场等。壁画中还逼真地描绘了各种农业生产工具，除上述提到的工具之外，还有直辕犁、曲辕犁、三脚耧犁、铁铧、耱、耙、锄、铁锨、扁担、秤、斛、斗、升，特别是盛唐第445窟弥勒经变中出现的能调节耕作深度的曲辕犁形象，为我们提供了当时最先进的农耕工具的唯一的珍贵图像资料。

敦煌作为中西交通的枢纽，在壁画上不仅留下了商旅交往的活动情景，还留下了宝贵的交通工具的形象资料。它们有牛、马、驼、骡、驴、象、舟、船、车、轿等。常用的交通工具车辆类型各异，牛车有"通幰牛车""偏幰牛车"、敞棚牛车，马车有驷车、骆车，还有骆驼车、童车、独轮车等，特别是保存了在世界交通工具史具有独特价值的独轮车、马套挽具（胸戴挽具和肩套挽具）、马镫、马蹄钉掌等珍贵的图像资料。

西魏第285窟、北周第296窟五百盲贼得眼皈依故事画，表现了骑着战马的骑兵与身穿裤褶的步兵（强盗）作战的场面。画面上画出了马铠，它是保护战马的防护装备，古称具装，或具装铠。第285窟马铠的形制齐全，从保护马头的"面帘"，到保护马鞍后尻部的"寄生"一应俱全，反映了汉代已有的具装，到北朝时期已发展为完备成熟的保护装备。马铠的产生和发展，是中国军事装备的独有贡献。敦煌也保留了珍贵的图像资料。

隋至西夏的尊像画，药师经变中的佛、菩萨、弟子手中及供桌上绘画了玻璃器皿，有碗、杯、钵、瓶、盘等，它们呈透明、浅蓝、浅绿、浅棕色，器形、颜色与纹饰表现出西亚萨珊风格或罗马风格，说明了这些玻璃器皿是从西亚进口的。壁画不仅反映了古代玻璃工艺的特点，还反映了中西的玻璃贸易往来。

二、百科全书式的敦煌藏经洞文献

1900年6月22日（清光绪二十六年五月二十六日），敦煌莫高窟下寺道士王圆箓在清理今编第16窟的积沙时，于无意间偶然发现了藏经洞（即今第17窟），从中出土了4~11世纪的佛教经卷、社会文书、刺绣、绢画、法器等文物5万余件。这一震惊世界的发现，为研究中国及中亚古代历史、地理、宗教、经济、政治、民族、语言、文学、艺术、科技提供了数量极其巨大、内容极为丰富的珍贵资料，被誉为"中古时代的百科全书""古代学术的海洋"。

敦煌文献中，大约90%是佛教文献。现存敦煌佛经中最早的写卷是日本中村不折所藏的《譬喻经》，经末题记云："甘露元年三月十七日于酒泉城内斋丛中写讫。""甘露元年"，即前秦甘露元年（359年），这也是藏经洞敦煌文献的最早纪年。佛教经典中，经、律、论三类经典应有尽有，而最有价值的则是禅宗经典和三阶教经典。敦煌文献中还发现了迄今为止最早的《六祖坛经》，对于研究慧能禅宗思想的形成十分重要，与宋代以后的《坛经》多有不同。敦煌文献中也保存了不少三阶教经典，如《三阶佛法》《三阶佛法密记》《佛说示所犯者法镜经》《三界佛法发愿法》等，为佛教研究增添了新的内容〔图29、30〕。

敦煌佛经还有不少藏外佚经（即《大藏经》中未收佛经），不仅可补宋代以来各版大藏经的不足，还为佛教经典和佛教史的研究打开了新的门径。敦煌佛经中还有不少被认为是中国人假托佛说而撰述的经典，即所谓"伪经"，这些疑伪经反映了中国佛教的特点，是研究中国佛教史的宝贵资料。敦煌文献中的梵文、古藏文、回鹘文、于阗文、吐火罗文及与汉文对照的佛经，对摸清汉译佛经的来源以及考证佛经原文意义作用很大。敦煌文献中各类佛经的目录也不少。此外，敦煌佛经，尤其是隋唐时期的写经，由于校勘精良、错讹较少，对校勘唐以后的印本佛典也大有裨益。

敦煌文献中还有一批寺院文书，其中包括寺院财产账目、僧尼名籍、事务公文、法事记录、施入疏、斋文、愿文、燃灯文、临圹文等，是研究敦煌地区佛教社会生活不可多得的材料。

敦煌是古代佛教圣地，道教的发展远不如佛教，但在唐朝前期，由于统治者推崇老子，道教一度兴盛起来。因而，在敦煌文献中也保存了为数不少的道教典籍。敦煌文献中的道教经卷有500号左右，主要为初唐至盛唐的写本。纸质优良、书法工整、品式考究则是敦煌道教文献的一大特色。

除佛教、道教文献外，敦煌文献中还保存了有关摩尼教、景教文献，为我们了解古代中西文化交流提供了重要历史证据。

敦煌文献中的历史地理著作、公私文书等，是我们研究中古社会的第一手资料。以史籍而言，敦煌文献中除保存了部分现存史书的古书残卷外，还保存了不少已佚古史书，这些史籍不仅可补充历史记载的不足，而且可订正史籍记载的讹误。敦煌文献中的一批地理著作，也十分引人注目，这些已亡佚的古地志残卷，是研究唐代地理的重要资料。敦煌文献中还有关于西北地区，特别是敦煌的几种方志，更为史籍所不载，如《沙州都督府图经》《沙州伊州地志残卷》《寿昌县地境》《沙州地志》等，对敦煌乃至西北历史地理的研究十分重要，每一件都是弥足珍贵的史料。

关于归义军统治敦煌的历史，在《旧唐书》《新唐书》《资治通鉴》，以及《旧五代史》《新五代史》《宋史》等正史中记载都非常简略，且错误很多，人们对这段历史的情况只有零星的了解。敦煌文献中有关这段历史的资料在百种以上，数十年来，学者们根据这些资料，基本搞清了这段历史，从而使这段历史有年可稽，有事足纪，千载坠史，终被填补。

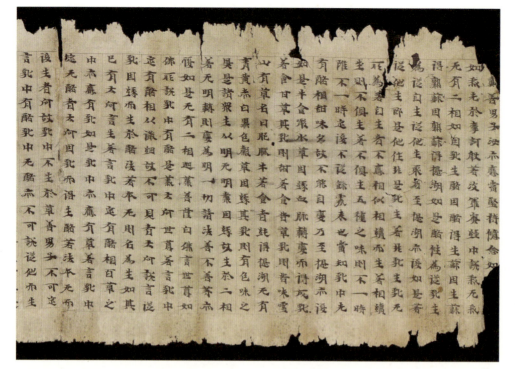

图29

图30

敦煌文献中还保存了大量中古时期的公私文书，这些未加任何雕琢的公私文书，是我们研究中古时期社会历史的第一手资料。这些公私文书，都是当时人记当时之事，完全保存了原貌，使我们对中古社会的细节有了更深入的了解，对研究中古社会历史至关重要。

敦煌文献中保存的大量珍贵文献资料更为引人注目。它包括《诗经》《尚

〔图29〕
敦煌研究院藏第227号经卷《大般涅槃经第八·如来性品第四之五》
六朝

〔图30〕
敦煌研究院藏第670号经卷《添品妙法莲华经·观音普门品》
西夏

书》《论语》等儒家经典及诗、歌辞、变文、小说、俗赋等，文学作品除文人作品和某些专集、选集的残卷外，大多都是民间文学作品。

敦煌文献中的儒家经典，最具学术价值的是它对今本儒学典籍的校勘价值。其中《古文尚书》是我们今日所见到的最早的版本，东汉经学大师郑玄所著《论语郑氏注》更是失而复得的可贵资料，郑玄注《毛诗故训传》、南朝徐邈《毛诗音》则最为诗经研究者所重视。

敦煌文献中保存的诗歌数量很多，其中尤以唐五代时期为最多，大致包括佚存的唐代诗人之作、敦煌本地诗人之作、释氏佛徒之作、敦煌民间诗歌几个方面。敦煌佚存的唐代诗人之作，最著名的是韦庄的《秦妇吟》和王梵志的诗。敦煌歌辞，过去一般称为曲子词，除少数文人作品外，大多数来自民间，作者几乎渗透于社会的各个阶层。在这些歌辞中，值得一说的是《云谣集杂曲子》的发现，这个集子编选了 30 首作品，从时间上看，明显早于传世的《花间集》《尊前集》，为研究词的起源、形式及内容，提供了宝贵的材料。敦煌歌辞因其作者的广泛性，使题材内容丰富多样，艺术风格多姿多彩。另外，一些民间小唱如《五更转》《十二时》《十二月》《百岁篇》《十恩德》等，也属于敦煌歌辞这一范畴。变文是敦煌文学中最引人注目的一部分。所谓变文，是一种韵文和散文混合在一起用于说唱的通俗文学体裁。变文作为一种新的文学体裁，过去竟不为世人所知，幸赖敦煌变文的发现，才使这一问题水落石出，从而解决了中国文学史上许多悬而未决的问题。敦煌文献中的话本小说主要有《唐太宗入冥记》《秋胡小说》《韩擒虎话本》《庐山远公话》等，为后世白话小说的发展开拓了道路。敦煌俗赋有《韩朋赋》《晏子赋》《燕子赋》《丑妇赋》等，是古代辞赋通俗化的产物，和文人赋有明显区别。此外，还有如讲经文、因缘、押座文、佛赞、偈颂等文体的作品中，也有不少文学性很强的佳作。

敦煌文献中还保存了一些重要的语言学资料，如《玉篇》《切韵》《一切经音义》《毛诗音》《楚辞音》《正名要录》《字宝》《俗务要名林》等。

敦煌文献中的科技史料，则是中国科技史上的一枝奇葩。科技资料主要有数学、天文学、医药学、造纸术和印刷术等方面的内容。数学方面有《九九乘法歌》《算经》《立成算经》等，这些都是我国现存算术中最早的写本，是研究中国数学史的重要史料。天文学方面，有《二十八宿次位经和三家星经》《全天星图》《紫微垣星图》等，表明我国天文学在当时已处于世界领先水平，同时也为我国天文学和天文学研究提供了不可多得的资料。古代，天文和历法是密不可分的，敦煌历日大部分是由敦煌人自己编制的，其中《宋雍熙三年丙戌岁具注历日并序》已引用了西方基督教的星期制。医学类的文献，目前所知，至少在 60 卷以上，如果再加上佛经中的医学内容，则有近百卷，大致可分为医经、针灸、本草、医方四类。这些不仅为传世医书的校勘提供了较为古老的版本，同时还保存了一些久已失传的诊法、方药，不仅对医学史研究有意义，而且对现代临床医学也有一定参考价值。敦煌文献保存了 4～11 世纪连续不断的纸张样本，是研究造纸术的活材料。敦煌文献中的唐咸通九年（868年）《金刚般若波罗蜜经》，是现存最早的雕版印刷品，也是中国发明印刷术的实证。这些科技史料的发现，再次向世人证明中国科学技术在古代相关领域居于世界领先地位。

敦煌文献中除大量汉文文献外，还有相当数量的非汉文文献，如古藏文、回鹘文、于阗文、粟特文、龟兹文、梵文、突厥文等，这些多民族语言文献的发现，对研究古代西域中亚历史和中西文化交流有不可估量的作用。

敦煌文献还保存了一些音乐、舞蹈资料，如琴谱、乐谱、曲谱、舞谱等，这不仅使我们能够恢复唐代音乐与舞蹈的本来面目，而且将进一步推动中国音乐史、舞蹈史的研究。

敦煌石窟和敦煌文献的丰富内涵和珍贵价值，不仅受到中国学者的极大重视，还吸引了世界许多国家的众多学者竞相致力研究，遂在20世纪形成了一门国际显学 —— 敦煌学，在国际人文社会科学领域内大放异彩。

（原载于敦煌研究院编《中国敦煌》，江苏美术出版社，2000年）

◈ 丝绸之路与敦煌莫高窟

著名世界文化遗产——敦煌莫高窟坐落在甘肃省河西走廊西端的敦煌，至今已有两千多年的历史。它以精美的壁画和彩塑艺术，以及藏经洞发现的珍贵文物闻名于世。

一、敦煌在丝绸之路上的重要历史地位

公元前111年，西汉朝廷在敦煌设郡，与酒泉、张掖、武威并称河西四郡。西汉王朝牢固地掌控了河西走廊这一通向西域的战略要地和交通要道。这个时期，由敦煌向东穿越河西走廊可到达长安、洛阳；由敦煌向西出阳关南行，沿昆仑山北麓经鄯善、且末、于阗，至莎车，逾葱岭进入大月氏、安息等国，此为南道；由敦煌向西出玉门关北行，沿天山南麓经车师前王庭、焉耆、龟兹到疏勒，越葱岭进入大宛、康居、大夏，此为北道。到了隋代又增加了中道，自敦煌出发，经伊吾、高昌、鄯善，而达中亚、欧洲。因此，敦煌成为汉唐之时丝绸之路上联结欧亚非三洲的枢纽，是中国通往各国的门户，被称为总缩中西交通的"咽喉之地"。敦煌重要的地理位置使它在古代中西文化交往史上具有重要的历史地位。

汉唐时期，西域胡商与中原汉商在敦煌从事中原的丝绸和瓷器，西方的贵金属、珍宝、玉石、香料、药材，北方的驼马与当地粮食的交易，敦煌成为东西方贸易的中转站，同时也是宗教、文化和知识的交汇处。汉唐使节前往印度和中亚各国，中亚和西域各国使者在丝绸之路上往来不绝，他们大多途经敦煌。东来传教的西域僧侣和西行求法的汉地僧侣相望于道，敦煌是东西方僧人的必经之地。中原文化经敦煌西传，来自西域和中亚、南亚、西亚文化的经敦煌东传中原。史书称敦煌是"华戎所交，一大都会"。

二、莫高窟的营建和主要内容

在中西文化的不断碰撞与融合下，敦煌莫高窟应运而生，前秦建元二年（366年），沙门乐僔由东而来，看到三危山金光万道，状似千佛，于是在此开凿了第一个洞窟，接着又有法良禅师开了第二个洞窟，莫高窟营建由此二僧开端。此后，连续10个世纪延续营建不断，到14世纪的元代，随着海上丝绸之路的发展，陆上丝绸之路的逐渐衰落，元朝疆域的扩大，敦煌逐渐失去了陆上丝绸之路的重要地位。元代以后莫高窟停止了建窟，逐渐冷落荒废，被人遗忘。到了20世纪，它再度为世人所瞩目，这与敦煌莫高窟藏经洞的发现有极大关系。

敦煌莫高窟迄今保存了735个洞窟、45000平方米壁画、2000多身彩塑。此外，1900年在莫高窟藏经洞出土50000多件文献和绢画。敦煌莫高窟及其藏经洞，以其绵长的历史、丰厚的资源、巨量的信息、丰富的内涵、精湛的艺术、完好的保护、珍贵的价值，成为我国乃至世界著名的佛教艺术瑰宝，在中国文化史以至世界文化史上，具有重要的地位，是中华民族优秀传统文化艺术的代表和象征。

莫高窟是由建筑、彩塑和壁画组成的综合艺术。洞窟建筑因功能不同而采用多种形制；动人的彩塑是敦煌艺术的主体，置于窟内显著的位置；灿烂的壁画布满全窟，表现了丰富细致的内容和复杂宏大的场面。三者互相呼应，交相辉映，体现着古代艺术家的智慧。

（一）石窟建筑形制

禅窟　受印度毗诃罗窟影响。正壁开龛塑像，左右两侧壁各开两个或四个仅能容身的斗室，供修行者在内坐禅修行。如第268（包括第267、269、270、271窟）、285窟。

中心塔柱窟　来源于印度支提窟。在洞窟中间凿出连地接顶的方柱，柱的四面开龛塑像，象征佛塔，供修行者入窟绕塔观像与礼佛。如第254、288、428窟。

殿堂窟　其形式受到中国传统殿堂建筑的影响，平面呈方形，正壁开龛塑像，其余壁面和窟顶都绘壁画。为修行者礼佛的场所。如第275、249窟。

佛坛窟　其形式与中原寺庙佛殿，乃至世俗宫室殿堂格局相类似。大型洞窟主室中央凿出方形佛坛。彩塑群像高踞于佛坛之上，信徒可围绕佛坛右旋环通、礼佛观像。如第196窟。

大像窟　因窟中巨大的弥勒佛坐像而得名。大像窟洞窟高耸，主室平面呈方形，上小下大，贴正壁造石胎泥塑大像，佛座后凿出供信徒巡礼用的马蹄形通道。前壁上、中部各开一大型明窗，以供采光之用。窟外建多层木构窟檐。

古代通常在窟前建立木结构窟檐。据唐代文献记载，当时莫高窟"前流长河，波映重阁"，蔚为壮观。至今还有5座唐宋时代的木结构窟檐。

（二）彩塑

佛像、菩萨像、弟子像、天王像、力士像，是洞窟内的主体内容。

北朝前期彩塑，人物面相丰圆，造型雄健厚重，肩宽胸平，姿态端庄，动态朴拙，神情宁静沉稳、含蓄。此时彩塑艺术风格以中原汉晋艺术为基础，较充分地融合了来自西域佛教艺术的营养。北朝后期（西魏时期）的彩塑，盛行南朝"秀骨清像"艺术风格。此时，人物面相方瘦，身躯扁平。

隋唐时期，塑造最精美的是与人等身高的七身或九身一组的群像。如莫高窟第419、45、328窟的塑像。

数量最多、规模最大的群像当为佛涅槃像和举哀者组成的群像。如盛唐第148窟、中唐第158窟。特别是第158窟以绘塑结合的手法，细腻地表现群像举哀，以衬托出释迦牟尼恬静自然，涅槃为乐的神情。

莫高窟最引人注目的乃是建于唐代武则天延载二年（695年）的第96窟北大像和唐玄宗开元九年（721年）至天宝年间（742～755年）的第130窟南大像，前者高35.5米，后者高26米，均是石胎泥塑，先凿出身体的轮廓大形，然后敷泥，最后施彩绘而成。其题材是两腿下垂的善跏坐弥勒说法像。其中南大像保存完好，造型雄伟高大，神情庄严慈祥。

隋代彩塑艺术取得了重要成就，但其形象尚存在头大、肩宽、腿短、动态单调、人物留有类型化痕迹等不足。唐代彩塑艺术臻于成熟与完美，融合了中外艺术风格，形成了具有中国特色的佛教造像。艺术匠师成功地塑造了许多比例准确、衣饰华丽、造型健美、色彩灿烂、神态逼真、个性鲜明的完美艺术形象，成为具有永恒艺术魅力，经久传世的典范性不朽之作。

晚期塑像题材与风格承唐代之余绪，但已缺乏唐塑之神韵。

（三）壁画

敦煌莫高窟的壁画共有七类。

尊像画　表现大彻大悟、大智大勇的佛，慈悲为怀、普度众生的菩萨，虔诚修行、以求自我解脱的弟子，威武勇猛、守护佛法的天王和力士，轻歌曼舞的伎乐飞天等佛教众神。

佛教故事画　表现释迦牟尼生平的佛传故事画；表现释迦牟尼前生做菩萨时为救度众生而忍辱、施舍、牺牲等种种善行的本生故事画；表现释迦牟尼成佛后说法、教化的因缘故事画。如佛传故事画描绘释迦牟尼今生诞生宫廷、犬马声色的太子生活，出家修行、降魔成道、教化众生的传奇故事。本生故事画有尸毗王割肉贸鸽和九色鹿王拯救溺人的故事等。因缘故事画有沙弥守戒自杀、须摩提女请佛等故事。

佛教史迹画　描绘佛教史上的一些佛教圣地、佛教历史故事或传说故事。

传统神怪画 主要描绘中国古代传说中的神怪形象，如东王公、西王母、伏羲、女娲、风神、雷神、电神、雨神等。

经变画 "就是将佛经中故事譬喻演绘成图"，这是隋唐时期中国艺术家自己创造的佛教艺术。据统计敦煌石窟有经变30余种，如阿弥陀经变、弥勒经变、东方药师变、法华经变等等。经变画，通常以说法会为中心，佛在中央，两侧分列大菩萨、天龙八部，还有生动活泼的飞天、载歌载舞的乐舞伎形象。不同的经变表现各自不同的佛经内容，不同的经变有不同的构图形式。如弥勒经变以弥勒佛说法为中心，穿插描绘山喷香气、地涌甜泉，庄稼一种七收，树上生衣、随意取用、路不拾遗、夜不闭户、龙王洒水、罗刹扫地，人寿八万四千岁，寿终老人自入坟墓，女人五百岁婚嫁等等，展示弥勒世界美妙景象。经变画这种佛教艺术形式体现了中国古代艺术家驾驭复杂题材，创作大型壁画的杰出水平。画家既注意细致入微地刻画不同性格的人物，又善于通过雄伟壮观的宫殿楼阁，绮丽多姿的山水景致来创造辽阔的境界，丰富灿烂的色彩营造成金碧辉煌的华贵气氛，形象地表现了佛经描绘的理想佛国世界的宏伟壮丽、气象万千的意境，展现了大唐的恢宏气象。

在佛教兴盛的古代，新创的佛教经变画，风靡神州大地，影响社会民众。隋唐敦煌石窟的经变画来源于两京长安、洛阳和中原地区。今天，唐代两京和中原的佛教寺庙及其壁画已不复存在，敦煌石窟保存了大量不同时代精美的隋唐经变画真迹，一定程度上，可以说是中国佛教绘画艺术的优秀代表。

供养人画像 指为祈福禳灾而出资开窟造像的功德主及其眷属的礼佛画像。供养人身份复杂，主要有世家大族、文武官僚、商人、僧官、僧尼、工匠、牧人、行客、侍从、奴婢和善男信女等。北朝时期，多绘于主题壁画的下方，形象较小，高不及尺。隋唐时期供养人像逐渐增大，盛唐开始一些大窟中出现等身大像。唐后期和五代、宋时期，归义军政权兴建洞窟中的供养人像，一家三代，甚至五代，以及姻亲、眷族、属吏都绘画在同一窟中，如五代第98窟供养人像多达160身，此时的洞窟成了光耀门庭的家庙。晚唐第156窟场面宏大、结构严谨的河西节度使张议潮统军出行图与宋国河内郡夫人宋氏出行图，乃重要的历史画卷。至西夏、元时期，出现了体格魁梧、身材高大、身着不同民族服饰的党项、回鹘、蒙古族等供养人像。

装饰图案画 用于装饰洞窟建筑、佛龛、彩塑和分隔不同壁画的图案纹样。

三、莫高窟藏经洞的发现，文物的流散和主要内容

1900年6月22日（清光绪二十六年五月二十六日），敦煌莫高窟下寺道士王圆箓在清理今编第16窟积沙时，于无意间发现了藏经洞（即今第17窟），从中出土了4~11世纪的佛教经卷、社

会文书、刺绣、绢画、法器等文物 5 万余件。敦煌藏经洞文物的出土，是 20 世纪人类文化史上的重大发现。遗憾的是，在清朝末年的黑暗年代里得不到保护，几乎被西方列强洗劫一空，流散于英、法、俄、日、印等 10 余个国家的 30 多家博物馆、图书馆，国内 30 多家博物馆、图书馆仅有少量收藏。

敦煌文献中，大约 90 % 是佛教文献。此外，有中国的道教文献，还有西域传入的摩尼教、景教、祆教经典，为了解古代中西文化交流提供了历史证据。

社会文献中有历史、地理著作，公私文书、经济文书等，是研究中古社会的第一手资料。

敦煌文献中保存的大量古典文学资料，更为引人注目。它包括《诗经》《尚书》《论语》等儒家经典以及诗、歌辞、变文、小说、俗赋等，文学作品除文人作品和某些专集、选集的残卷外，大多都是民间文学作品。

敦煌文献中还保存了数学、天文学、医药学、造纸术和印刷术等方面的科技史料，是中国科技史上的一枝奇葩。

敦煌文献中除大量汉文文献外，还有相当数量的非汉文文献，如古藏文、回鹘文、于阗文、粟特文、龟兹文、梵文、叙利亚文等。这些文献对研究西北民族史和中外文化有不可估量的作用。

藏经洞文物流散于世界各地，它丰富的内涵和珍贵价值，不仅受到中国学者的重视，而且吸引了世界许多国家的众多学者竞相致力于对它的研究，遂在 20 世纪形成一门国际显学 —— 敦煌学，在国际人文社会科学领域大放异彩。敦煌文物所映射的博大精深的中国古代文明引起世界各国的广泛关注，在世界范围内产生了巨大影响。

四、丰富的文化宝藏

伟大的革命家毛泽东主席、著名佛学大师赵朴初、著名科学家钱学森都认为宗教是文化。他们的认识很有道理。敦煌佛教艺术被人们称誉为"世界最长的画廊""墙壁上的博物馆""百科全书式、独一无二的文化宝藏"等等，说明敦煌莫高窟，不仅艺术精湛优美，而且文化博大精深。莫高窟在一千年连续不断的创造过程中，虽然要通过造型艺术去表现佛教经典和佛教思想，但是宗教是需要宗教的人创造的，宗教艺术必然要反映人类社会，故敦煌壁画直接或间接地反映人类历史中创造的丰富的物质文化和精神文化毫不奇怪。壁画中反映的物质文化，如建筑、家具、用具、服饰、首饰、丝绸、织物，金银器、玻璃器等等；反映的精神文化，如佛教为主的各种宗教经典和思想（道教、景教、摩尼教、祆教）、儒教经典和思想、语言、文学、科技、绘画（壁画、绢画、版画）、音乐、舞蹈，还有属于体育属性的资料等等。敦煌文化博大精深，无法一一列举，有的在前面已经提到，下面简单就交通工具、清洁、学堂、恋爱、结婚、舞乐、图案纹样、飞天等略做介绍。

为了迎接即将在深圳开幕的第26届世界大学生夏季运动会，在此介绍一些敦煌壁画中关于体育属性的画面。

"体育"这一名词，是近百年来才从国外引进的。但可以纳入"体育"这一范畴、涉及人类肢体锻炼及某种独特的脑力锻炼（益智）的各类活动，在中国古代漫长的历史长河中早已存在。

早在远古的采集和渔猎时代，原始人类在为了生存的劳动和斗争中，要进行走、跑、跳、投掷、攀越、游泳等各种活动。虽然当时这些活动是为了生存，而不是为了健康而有意为之，但是，这些活动的内容和方式，却是早期体育的源头。

进入文明社会以后，这种体育萌芽有了进一步发展，西周学校设置的六艺"礼、乐、射、御、书、数"课程中"射"即射箭、"御"即驾车，都带有体育性质。在战国秦汉时期，中国早已有了可以称之为体育的射箭、角力、游泳、相搏、围棋、剑术、击鞠，"百戏"中的戴竿、扛鼎、骑术、角抵等体育性质项目（百戏是中国古代文化、艺术、体育的综合表现形式）。下面简单介绍敦煌壁画中竞技、博弈、武术、游戏等古代体育项目。

（一）敦煌的竞技体育

狩猎和骑射　古代敦煌地区曾经居住过很多民族，他们以游牧和狩猎为生。敦煌壁画从北朝开始到宋代有较多的狩猎、骑射的场面，作战射箭的场面，弓、剑、弩等狩猎的工具。

马戏　现代体育称之为马术，是人、马结合的表演项目。人在奔驰的马上完成许多复杂而惊险的平衡、腾越、跳跃等带有审美意识的高难度动作。

相扑　"角抵"是一种以力气见长的表演或竞技，主要指角力、相扑、摔跤之类的项目。敦煌壁画和藏经洞出土的绢画中有不少北朝到唐代相扑的场面。画面上的相扑是两人进行摔、打、跌、扑的竞技。

嬉水　现在叫游泳或游水。古代水师（即现在的海军）重视对水兵的游泳训练。

扛鼎　就是用单手或者双手把鼎举起，是古代军队训练士兵力量的一个项目。到了宋元明清的时候，举重成为选取武举人的重要考核项目。壁画中有举象、举钟等画面。

投掷　就是现在投掷标枪、铁饼之类的运动。第249窟一幅狩猎图，描绘一位狩猎骑士双手持标枪引身向后，追逐着猎物准备投掷的情景。在第61窟西壁佛传故事里悉达多太子右手举象，掷向城外，越七重墙，度七重堑，象坠地，地即成大坑。

橦技　实际上就是戴竿、顶竿。戴竿者有用手擎的，用肩扛的，用额顶的。戴竿者身体较壮实，必须具有较好的力量和控制橦的稳定和平衡，能随时调整竿上表演者的身体重心，表演者要在长竿上做倒、挂、腾、旋、舞等技巧动作。

倒立　就是过去说的"拿大顶""竖蜻蜓"，现在体育称之为手倒立。它是以双臂或单臂支撑，头朝下两脚向上的平衡技术。

叠罗汉　是一项双人或多人，以身强力壮的人做底人，其他人可在底人的头、肩、背、腿等部位作站立、倒立、水平支撑等造型表演。

击鞠　鞠即马毬，又称"波罗球"。就是人骑在马上持毬杖击毬的运动。据说马毬开始于波斯。藏经洞出土的文书有不少反映敦煌开展马毬活动的歌辞文字描述，说明古代敦煌马毬运动的盛行。

（二）敦煌的博弈戏

博戏，是一种碰运气的游戏，比如掷骰、双陆。弈戏，是种脑力游戏，比如围棋、象棋等。

掷骰子　即以掷骰聚博（赌博）为乐。

双陆　即双陆棋，简称"双陆"或"双六"，又有"波罗塞戏"等别名。其起源地可能是印度，我国三国时期开始出现双陆。一套双陆包括棋盘和黑、白棋子各15枚及骰子2枚。棋盘上刻有对等的12条直线，骰子呈六面体，分别刻一至六的数字。新疆阿斯塔那墓葬出土的螺钿双陆棋盘和日本正仓院藏紫檀木双陆棋盘，是了解双陆形制的珍贵实物。敦煌壁画维摩诘经变中多画有双陆博戏。

围棋　古代称为"弈"，下围棋称为"对弈"。围棋就是用棋盘跟棋子做包围与反包围的棋种。据文献记载，可能早在4000多年前中国就有围棋。考古发现最早的围棋实物资料是西汉时期。南北朝时期对弈之风盛行，设立棋官，建立"九品"棋品制度，现代将下围棋者分为"九段"，即源于此。敦煌壁画中有多处表现古代围棋艺术的画面。如榆林窟第32窟的弈棋，画面棋盘上棋格分明，两人对坐两侧，正手执棋，全神贯注在棋局上。藏经洞敦煌文献中还有6世纪的棋谱——《棋经》，记载围棋原理和原则，战略和战术，棋法规则和术语，围棋图谱和围棋史料。我国的围棋唐代东传朝鲜半岛和日本。

（三）敦煌的武术

武术　敦煌莫高窟的壁画中绘有大量的金刚与药叉的图像，表现出马步、弓步、扑步等步型，架掌、压掌、推掌等手型以及各种拳势的造型，充分显示出武术的痕迹。

剑术　就是舞剑之术，敦煌壁画有舞剑、习剑、持剑搏杀的场面。

（四）敦煌的娱乐

投壶　最早的投壶是以短矢向宴会中的酒壶投去，后来发展成特制的矢和壶具。就是用酒壶当作箭靶，用荆棘类的材料制作的矢投入壶中，投中者为胜者。这是文人、贵族、士大夫的游戏。

竹马　是古代儿童跨根竹竿，模仿大人骑马的游戏。这也是唐代诗人李白在其《长干行》中所描述的"郎骑竹马来，绕床弄青梅。同居长干里，两小无嫌猜"的形象写照。

以上是敦煌壁画中体育属性的画面，是研究体育的珍贵材料。虽有些画面可能有夸张的成分，但总体还应是古代体育场面的真实写照。画面反映了古代体育的种类丰富多样，兼收融汇中西的特点，反映了体育竞技中充满文化气息和健康向上的精神，也反映了与现代体育的关系。

（原载于《第十二届埃德加·斯诺研讨会文集》，中国国际友人研究会、美国埃德加·斯诺纪念基金会，2006年；2011年7月21日在深圳关山月美术馆的讲座文稿）

◈ 莫高窟告诉我们什么

解放日报报业集团邀请我来参加第六届"文化讲坛"，接到这个任务以后，我是既高兴又为难。高兴的是，我自己就从事文化工作，对文化工作的发展，尤其是如今在市场经济的大潮中，文化发展所面临的挑战和困难，有不少困惑和疑虑。那么，能有这个机会，聆听大家的真知灼见，我想这是一件幸事。再加上从私心来说，我是从上海出去的，能回来看看父老乡亲，也特别高兴，心情也特别激动。为难的是，虽然说自己长期从事文化工作，但是实质上，准确地说，自己是做文物工作的，这只不过是文化中小小的一个分支，难以有比较深刻的思考。那么，我就说三点感受吧。

莫高窟是我国乃至世界上延续历史最悠久、规模最宏大、保存最完好、艺术最精美、内容最丰富的佛教文化艺术的遗址。这是不是有点王婆卖瓜了？莫高窟虽然是以佛教为主体的壁画、彩塑、建筑艺术，但实际上，不仅仅是壁画、彩塑跟它的建筑。它告诉我们的，是一千年的形象的佛教史，它又是一千年的绘画史，它还是一千年的雕塑史、一千年的中西文化交流史。总之，它是一部千年的形象历史。

我到敦煌40多年了，年年月月与莫高窟朝夕相伴，感受当然很多。莫高窟苍凉的环境、厚重的历史、精美的壁画、博大的内涵，给人以无限的遐想。

一、敦煌的"和"与"化"：世界文化体系的唯一汇流处

第一个感受，就是想说说敦煌莫高窟佛教文化艺术对外来文化的"和"与"化"。就是说说莫高窟佛教文化艺术，是如何在中国汉晋传统文化艺术基础上，吸收外来文化艺术的营养，创

造出中国化的民族、民间佛教文化艺术的。公元前111年，汉武帝在这个地方设立了敦煌郡的建制，相当于我们现在的地级市。原来这里居住的都是游牧少数民族，建制以后，从内地移民戍边，从中原带来了先进的农耕技术，也带来传统的儒家文化。经过了400多年，当莫高窟开窟的时候，传统文化在敦煌已经深深扎了根。这是一个方面的背景。另外一个方面呢，敦煌从汉武帝以来，一直是中原通往西域交通的咽喉之地，是著名的丝绸之路上的重镇，是东西方贸易的中心、中转站，是文化的集散地。在中原文化不断传播到敦煌，敦煌的汉文化不断发展的同时，西亚的文化、中亚的文化以及南亚、印度的佛教文化艺术，也不断传到敦煌，中外不同文化艺术都在这儿汇聚、碰撞、交融。著名的学者季羡林先生指出，世界上历史悠久、地域广阔、自成体系、影响深远的文化体系只有四个。哪四个呢？中国、希腊、伊斯兰、印度。而这四个文化体系汇流的地方，只有一个，这就是中国的敦煌和新疆地区，再没有第二个。季羡林先生就是这么来看待敦煌的重要位置、重要性、重要历史地位的。

四个文化体系汇流的结晶，就是在敦煌莫高窟的文化艺术殿堂之中。这种汇流与融合，有三个特征。

第一个特征，是敦煌莫高窟佛教文化艺术博采众长、兼收并蓄，一千年的营建过程是自始至终不断吸收外来文化艺术营养的过程。莫高窟的主题是佛教，但是我们通过宗教的表象，不仅能看到深藏其中的中原汉文化，而且从其中的人物造型、建筑风格、衣冠服饰、家具器具、音乐舞蹈、风俗习惯、绘画技法、装饰纹样等等，随处可见外来文化艺术的影响。大家知道的《丝路花雨》，这部舞剧充满着异域的风情，它的舞蹈、服饰、音乐的材料是从哪儿来的？通通是从敦煌壁画里面来的。经过音乐、舞蹈专家的研究，在舞剧里的乐器，比如箜篌、胡琴、各类打击鼓、琵琶，还有舞蹈，例如胡腾舞、胡旋舞等，都来自中亚和西域各国。

第二个特征，就是这种对待外来文化的态度，始终是以我为主，既有吸收、吸纳，又有改造、扬弃。比如敦煌莫高窟早期石窟里面，有一种叫"中心塔柱窟"的洞窟，就是窟里面一个方方的柱子顶起来。这种石窟的形式来源于印度的支提窟。印度的支提窟，它的窟顶是圆拱形的，塔并不大，是覆钵式的，像倒扣的一个碗。敦煌莫高窟的中心塔柱窟即来源于支提窟，但并不等同。敦煌莫高窟的中心塔柱的窟顶是平顶以及两面斜坡的，而且还有斗拱。窟的塔是呈上、下层的方塔，在塔的四面开龛造像，类似中国传统的多层密檐式方塔。所以莫高窟是既保留了印度建筑的基本特征，又利用中国式的建筑形式加以改造。再比如在人物造型的审美方面，印度乃至西域，他们表现佛教菩萨的形象，往往夸大女性的特点，即丰乳、细腰、大臀。而敦煌莫高窟最早出现的菩萨形象是什么样呢？尽管她穿的衣服也是很裸露的，但是她胸部扁平，体态端直，完全淡化了女性"性"的特征。我想这大概是受到中国儒家文化的影响，从而扬弃了那些不符合儒家礼教思想的表现形式。这种影响，不仅仅表现在艺术表现手法上，而且表现在佛教的题材内容上。6世纪莫高窟的洞里面画了一个故事，叫阿阇世太子的故事。他很孝敬父母，他的国家快不行了，他跟他的父母去搬救兵，走错路了，最后弹尽粮绝。怎么办？就让父母吃他的肉。当然最后是很圆满的结局。就是这么个故事，表现的是佛教题材，可是你去看它的本质是什么？是地地道道的中国儒家的忠、孝思想，它赞扬了一种忠君报国、孝顺父母的精神。它外表是佛教的，实质是中国儒家的。

第三个特征，敦煌莫高窟佛教文化艺术长期不断地吸收外来文化艺术，在这个过程中，逐渐地将外来文化艺术融合，甚至融化在本土的佛教文化艺术里面，进而创造了中国化的佛教艺术。比如隋唐开始盛行的敦煌莫高窟的经变画。什么叫经变画？就是把大乘的佛教文字经典、教义和复杂的内容，用绘画的形式来表现的一种佛教艺术形式。中国创造的这个经变画还传到了日本、朝鲜半岛。这种经变画的艺术形式在印度、中亚是绝对没有的，是中国艺术家独创的中国化的佛教艺术，体现了中国古代艺术家的创造精神。经变画充分表现了中国式的构图、中国式的透视、中国式的建筑、中国式的山水、中国式的风景和中国艺术的恢宏气派。

这里，我讲一下透视。西方的透视是焦点透视，就是一个点，而我们的画是尺幅，天上地下亭台楼阁，它是散点透视，就像我们看花盆一样，你通过仰视、平视、俯视，通通都能看清楚。这就是中国人的聪明，一览无余。以经变画为例的中国化的佛教艺术，不仅是对外来佛教艺术的重大发展，而且是对中国佛教艺术的创新。同时，它为中国古代绘画艺术的发展做出了重要贡献。这里，我想引用圣雄甘地的一句话，他说："我希望我的房子四周没有墙围着，窗子没有东西堵着，愿各国的文化之风自由地吹拂着它。但是我不会被任何风所吹倒。"这句话，我觉得恰到好处地说明了，在敦煌莫高窟佛教文化艺术创造的过程中，对待外来文化艺术的态度。是什么态度呢？即不加排斥、不加抵制，而是积极地欢迎开放；但是也决不盲从、决不照搬，而是积极地吸收和消化外来优秀文化艺术中的营养，并将其融合和融化到我们自己的艺术中间，最终创造出有世界影响的中国样式、中国思想、中国气派的民族民间文化艺术。这是我说的第一个感受。

二、每一个线条、每一个画面，都跃动着对信仰的无私奉献

第二个感受，是想说信念的力量，说一说灿烂的敦煌莫高窟佛教文化艺术的创造者和保护者的故事。我们经常看到这种现象：来自四面八方的游人，面对庞大的石窟群，面对悠长的历史，面对五彩缤纷的壁画，面对栩栩如生的彩塑，都会情不自禁地发问或者来问我们，"这些让我们取之不尽、用之不竭的文化艺术财富，这些让我们中国人感到很自豪的东西，是谁创造的？"我们说，不知道，不知道是谁创造的。其实据我们史料查证，这个艺术的创造者，大多数是地位低下、生活穷困潦倒，没有留下名字的塑匠、画匠、泥匠、木匠、石匠等。这些物质生活艰苦、社

会地位低下的工匠，为什么能以如此坚韧的毅力和沉静的心情，一年又一年、一代又一代连续坚持一千年，不断地开窟、造像、画画、写经呢？大家都知道玄奘，玄奘的中心境界是舍身求法。莫高窟的壁画也是，它寄托着人们对佛国世界的向往与追求，这种精神活动属于文化的范畴。所以我们看到的这些壁画的背后是什么？就是表达了一种至高无上的信仰，甚至高于自己的生命。在这样坚定信念的驱使下，每一个线条、每一个画面，都跃动着对信仰的无私奉献。所以，莫高窟带给人们的震撼，不仅是我们看到的美丽动人的壁画和彩塑，更是一种信念的力量、文化的力量、文化的震撼。

60多年前，在常书鸿先生的带领下，一群有志于东方文化艺术的年轻人，面对着极其艰苦的物质生活，面对着苍茫戈壁的寂寞，大家都毫无怨言，始终没有动摇过对敦煌艺术的追求。60多年来，一代又一代莫高窟人就是带着这种信念，在大漠戈壁的深处，在艰苦环境中，披星戴月、开拓进取、求实创新，使今天的敦煌研究院发展成为世界文化遗产遗址博物馆、国家的敦煌壁画保护研究中心和敦煌学研究的最大实体。有很多人曾经问我，你们在这样的地方一待几十年，究竟是为了什么？我想，我和我的前辈们、同仁们一样，都是为了履行保护祖国文化遗产的职责。我认为这就是信念的力量，理想的力量，文化的力量。

三、把传统文化丢了，我们的经济发展就会失去灵魂

最后一个感受，我想说，文物工作者要担当起保护、研究、传播传统文化的重任。我经常接待国际友人，时常有老外问我、向我表达，中华文化非常了不起，莫高窟的文化艺术也非常了不起。那么在今天中国经济高速发展的同时，我认为中国的文化也会得到相应的发展。社会是非常复杂的，光会开机器搞经济治不了社会，也搞不了文化。我们如果没有文化，我们如果把传统的文化丢了，那我们的经济发展就会失去灵魂。要发展中国现代文化，我们必须将中华文明传承下去。为什么？因为它是我们国家的根，我们民族的根，是我们文化发展的根基。如果把根基丢了，我们今后怎么发展？文物跟别的不一样，文物作为一个物，作为一个物质的文化遗产，它是文明的载体。要继承和传承传统文化，就必须保护好承载传统文化的这个物，也就是文物。所以我想，首先必须要保护好承载传统文化的物。文物遭受破坏，也就是传统文化遭到了破坏。做好文物的保护工作，就需要我们采取法律的、行政的、管理的以及技术的一切手段，完整、真实、可持续地保护好文物，并能把它传给子孙后代。现在那种只强调申报世界文化遗产，只想到利用、开发、弄钱，而轻视保护，轻视管理，我觉得是极不可取的。传承中华文化的基础，我认为还有一个，是研究。我们作为传统文化的传承者，我们的责任就是要去研究，研究是做好传承的根本和基础。如果没有深透的研究，传承也就无从谈起。你自己都没有弄懂，怎么去传呢？所以

我认为只有持续不断地提高我们自己的研究水平，文化传承的发展才能得到保证。我们保护和研究的目的，就是为了传承中华文化。

前一段时间，中央电视台《百家讲坛》电视节目，易中天"品三国"、阎崇年讲评清十二帝、刘心武讲《红楼梦》等，很受大家欢迎。他们把深邃的专业学术成果给观众做了通俗易懂的解读和诠释，深受广大人民群众的欢迎。这说明什么呢？说明人民群众不是不喜欢传统文化，而是非常喜欢传统文化，迫切希望了解传统文化。我从中看出了这点。那这告诉我们什么呢？就是要探索创造不同的方式和多种形式，向人民群众展示和诠释文化的内涵和珍贵价值。如果把传统文化放在象牙塔里，只做学院式的研究，那么传统文化是无法传承的。传统文化只有为广大人民群众所理解和掌握，它才具有生命力，才能使传统文化真正做到代代相传。所以评判传统文化的传承工作，最高评判标准是人民群众对你这种传播工作是否满意，而不是我们今天来了多少人，我们收了多少门票。那种只重视经济利益不重视传播民族文化的行为，实际上是对民族文化传承的不负责任，是对人民群众和对历史的不负责任。我想我们必须要负责任地做好民族文化的传承工作，让人民群众满意，让中华文化得到继承和发扬。

（本文为在2006年上海解放日报报业集团第六届"文化讲坛"上的讲稿）

◆ 丝绸之路沿线石窟寺总体价值评估的思考

一、丝绸之路及佛教艺术的产生与传播

早在希腊—马其顿国王亚历山大公元前334年东征之前，希腊的钱币已经在巴克特利亚（以锡尔河和阿姆河为中心的中亚地区）流通，说明这个时期从东地中海到兴都库什山之间有可能开展长途商贸活动，这条路线连通中亚和南亚次大陆，实际上成为未来的丝绸之路西段。公元前334年亚历山大东征，将原来波斯帝国的版图占为己有，而且有所扩大，使希腊文化成为凌驾于当地文化之上的强势文化。希腊化世界的形成，大大便利和促进了各希腊化王国之间以及与周边地区的交往。当时与西方商路的北路，南可连接印度、北可连接黑海与巴克特利亚。其中尤其以巴克特利亚为中心的中亚地区与丝绸之路的开通密切有关。在张骞公元前2世纪中后期到达中亚之前，后来丝绸之路的西段（自帕米尔以西地区）实际上已经畅通，只是缺了从中亚通往丝绸产地中国的路段，也就是缺了帕米尔高原到河西走廊这一段。由于巴克特利亚希腊文化艺术流派的影响，这时犍陀罗佛教艺术有可能已在这里萌芽。

张骞曾两次出使西域，第一次在公元前139到前126年，第二次是在公元前119到前115年，他曾经到过大宛（乌兹别克斯坦、塔吉克斯坦、吉尔吉斯斯坦三国交界的费尔干纳及其周边地区）、康居（古撒马尔罕城、哈萨克斯坦南部及锡尔河流域之间的地区）、大月氏（世居敦煌、祁连间，后西迁，定居于阿姆河之北）、大夏（原居新疆和田，后西迁阿姆河以北地区，又迁阿姆河流域以南至兴都库什山地区）、安息（古波斯，今伊朗地区）、条支（今伊拉克）、身毒（今印度）。其中的大宛、安息、大夏、条支以及身毒的一部分（印度西北部）都是深受希腊文化影响的地区。张骞回国向汉武帝报告时提到，他在大夏见到了来自中国西南地区的邛竹杖和蜀布，这

证明了以中亚巴克特利亚为中心连接西亚、南亚、东亚地区的商贸网络的存在。张骞之行标志着"丝绸之路"的全线贯通。西域的信息也随之传到了内地中原。那么具有希腊化风格的犍陀罗佛教艺术也自然随着丝绸之路的贯通逐渐传到了中原内地。

公元前6世纪末，释迦牟尼在古印度创建了佛教。公元前3世纪中叶，印度孔雀王朝阿育王（前273～前232年）大力推广佛教，随着佛教的传播，出现了最早的雕刻和绘画艺术形式的佛教艺术，这时的佛教雕刻中还没有出现佛陀本人的形象，只是采用印度传统的民间崇拜物，如窣堵波（塔）、圣树、轮子、莲花、宝座、华盖等，作为标志来暗示佛陀的存在。例如公元前2世纪中叶的巴尔胡特窣堵波和公元前1世纪初的桑奇大塔上的佛陀本生和传记的雕刻片断，以及后来阿玛拉瓦提等地，也有类似的本生和佛传雕刻。这时通常用象征手法表现佛陀一生的大事，如用莲花表示佛的"诞生"，用菩提树暗示佛的"觉悟成道"，用法轮表示佛的"初次说法"，用窣堵波象征佛的"涅槃"。简而言之，2世纪以前的佛教艺术没有佛陀的形象。

公元前1世纪末，贵霜王朝在印度西北部兴起，这一地区早在公元前334年希腊—马其顿国王亚历山大东征时，曾经占领过这个地区，并在这个地区形成了希腊化文化。贵霜王朝受希腊文化的影响，开始制作佛像，逐渐在印度西北部的犍陀罗（巴基斯坦白沙瓦地区），产生独具风格的佛教雕刻艺术，被称之为犍陀罗艺术。犍陀罗艺术深受希腊雕像传统影响，佛陀雕像脸形椭圆，卷发螺髻，眉细长，眼窝略陷，鼻子从额头笔直伸出，鼻梁高挺，唇薄，衣着厚重，表情冷漠，人体比例粗矮，仅有头顶上之肉髻，眉间的白毫和头后的圆光表明了佛陀的印度身份。

与此同时，在印度新德里附近的秣菟罗地区形成秣菟罗艺术，这种艺术形式较之犍陀罗艺术，保留了更多印度本土风格，更加崇尚肉感表现的艺术形式。秣菟罗艺术的佛陀雕像身体健壮，面形方圆，眉毛隆起，嘴唇较厚，衣着轻薄贴体。

4世纪初，笈多王朝建立，统一了印度北部和中部地区，佛教和佛教艺术在国家的支持下进一步发展和传播。此时，是佛教在印度的最兴盛时期，这一时期犍陀罗与秣菟罗艺术逐渐互相借鉴和融合，完成了希腊式佛像向印度式佛像的过渡，实现了印度本土传统和外来影响的完美结合，这被称之为笈多佛教艺术，迎来了印度佛教艺术的黄金时代。

关于佛教的传入，中国古籍中有很多记载，学术界一般认为是西汉末、东汉初传入中国。根据南梁慧皎《高僧传》的记载，东汉明帝永平年间（58～75年）感梦遣使臣蔡愔往天竺寻访佛法，蔡愔在西域获得佛经的同时也得到了佛倚座像，这是关于佛教艺术传入最早的记载。

西域地区（今中国新疆）接近丝绸之路西段的中亚地区，公元1世纪佛教传入了西域地区。于阗（今和田）、龟兹（今库车）、疏勒（今喀什）、鄯善等地都保存有3～4世纪的早期佛教遗迹和遗物。内地的内蒙古、山东、江苏、四川等地也发现了东汉魏晋时期许多的佛教艺术的遗迹和遗物。众所周知，丝绸之路除了我们这些石窟寺所在的这条路线外，还有北方草原丝绸之路、南方海上丝绸之路。一些印度、西亚的僧人是从海上丝绸之路到中国传播佛教。这也是我们研究佛教艺术应该注意的。

佛教艺术种类很多，有寺塔、石窟、各种材质的雕像、绘画在不同质地上的佛画、佛教文学、佛教音乐、舞蹈，不只是不可移动的佛教石窟寺。

二、丝绸之路文化交流传播的认识和思考

丝绸之路是中西交通往来之路、是经商贸易之路，是文化传播交流之路，也是宗教传播之路。

此次丝绸之路申遗的石窟寺遗址地域同在丝绸之路沿线，历史背景大致相同（主要指中原北方地区），石窟寺都属同类佛教性质，同类形式的文化遗产，都开凿石窟、造像、绘画，因此必然有紧密联系，在文化上势必会互相交流、互相影响。

此次丝绸之路申遗的石窟寺都在丝路沿线，下面我简单介绍一下各石窟寺在丝绸之路所处的位置。新疆古龟兹地区中今拜城境内的克孜尔石窟，库车境内的库木吐喇石窟和森木塞姆石窟；古高昌地区（即今吐鲁番附近）的吐峪沟石窟和柏孜克里克石窟都分布在自喀什向东的塔里木盆地的北沿路线上，也就是出敦煌西行的丝绸之路北线。甘肃古敦煌郡境内的瓜州（原安西县）榆林窟和（今张掖）古甘州境内马蹄寺石窟群中的金塔寺和千佛洞位于东向中原和西接西域、新疆必经之地的河西走廊。甘肃永靖炳灵寺石窟位于古河州境内，黄河从窟前流过，地处河西与陇右（兰州黄河以东至陇山以西的甘肃东部地区）之间的重要位置。麦积山石窟所在的天水地区古称秦州，是丝绸之路东段南道上的重镇，地理位置十分重要，东近三秦，西接河西走廊，南到四川巴蜀，北通大漠。水帘洞石窟群所在的甘肃武山地区古称渭州，自北魏至宋代（6～12世纪）都属秦州军事系统管辖。559年，开凿水帘洞石窟群中拉梢寺的北周秦州刺史大都督尉迟迥统领的十四州军事中就包括渭州。水帘洞石窟群中的拉梢寺石窟与麦积山石窟同处于渭河流域河谷，是东西道路上重要的一站。固原须弥山石窟地处宁夏回族自治区南部，古称原州，是北方重要的军镇之一。它雄踞关中西北，南连泾州、秦州、长安，西近凉州、西域，自古是屯兵守边的战略要地，素有"关中咽喉"之称。彬县大佛寺石窟所在的彬县位于长安的西面，是古丝绸之路的必经之地。巩县石窟位于河南省洛阳之东，南据嵩高北麓，北控邙山，是捍卫京都洛阳的要冲，也是通往关中的必经之地。

丝绸之路上中原北方地区石窟寺前后大致历经十六国、北朝时期的北魏，北魏分裂后东部的东魏、北齐，西部的西魏、北周，全国大一统的隋唐，唐之后的宋、辽、金、元等朝代。除了北魏太武帝太平真君七年（446年），北周武帝建德三年（574年），唐武宗会昌五年（845年），后

[图 1]
克孜尔石窟

周世宗显德二年（955 年）短暂的灭法，大多数朝代的统治者都崇信佛教。一是东来西往交流的僧侣，最高统治者大都敬奉高僧为上宾，如有后赵的佛图澄、后秦的鸠摩罗什、西秦的昙无毗、北凉的昙无谶、隋代的智𫖮、唐代的玄奘等。二是建立译场，翻译佛经，如昙无谶在凉州译经、鸠摩罗什在长安译经，唐太宗为玄奘组织译场等。三是开窟造像、修建寺庙，如吐峪沟石窟为麹氏高昌时期的王家寺院，柏孜克里克石窟是回鹘高昌王家贵族寺院，敦煌莫高窟的发展与北魏皇族东阳王元荣和北周贵族建平公于义直接有关，马蹄寺石窟群的金塔寺和千佛洞可能是北凉王沮渠蒙逊开凿南山凉州石窟的一个部分，水帘洞石窟-拉梢寺由北周大都督尉迟迥所建，麦积山石窟第 127 窟由西魏文帝文皇后乙弗氏所建，北周大都督李允信在麦积山为亡父造七佛龛，巩县石窟是 6 世纪上半叶北魏晚期皇家所开的石窟等。四是大量超度僧尼。

下面举例介绍一些丝绸之路沿线石窟寺的特点及其互相交流、互相影响的情况。

克孜尔石窟 [图1] 所在的古龟兹地区经济文化非常发达，作为丝绸之路北道上的要冲，西域同中国之间的来往多经过龟兹。公元 1 世纪佛教传入中国西域地区，龟兹受其影响，佛教盛行。3世纪末4世纪初，克孜尔石窟开始兴建。早期的洞窟深受印度石窟影响，壁画在表现手法上，显现出很多印度和波斯的艺术风格。形制以中心塔柱窟为主，这种形式来源于印度的支提窟。壁画题材以表现小乘信仰的本生、佛传以及佛陀的教化事迹为主，也表现出犍陀罗艺术的影响。石窟中的男供养人的佩剑以及衣服的式样和装饰都采用了古波斯的式样。丰乳细腰大臀，夸张地表现女性肉体的隆起感和形体的丰满感，娇柔扭曲的姿态，这种风格来源于印度，可能是受秣菟罗佛教艺术风格的影响。从5世纪初到6世纪，克孜尔石窟进入了极盛时期，洞窟数量增加，规模宏大。这一阶段出现了方形窟，各类洞窟成组合形式排列。立佛像成为主要题材。中心柱窟的壁画出现了很多新题材，如须摩提女因缘故事画、降魔和初转法轮等佛传题材。此时本生题材的减少，以及千佛新题材的出现，说明龟兹地区已接受大乘佛教思想。极盛期的克孜尔石窟，其艺术风格具有极鲜明的民族和地域特色。人物圆脸、小眼，五官集中于面部中央，多种多样的菱形画格，一图一故事，富于装饰性的大色块对比，都是龟兹佛教艺术的特点，也体现了龟兹本土人民在艺术上的创造。龟兹石窟的这种特点，又影响了河西走廊石窟的佛教艺术。库车的库木吐喇石窟和森木塞姆石窟的开凿略晚于克孜尔石窟，其风格与克孜尔石窟相近，值得注意的是它们后期的石窟受到中原石窟的影响，出现了中原地区流行的经变画这种佛教艺术形式。

吐峪沟石窟〔图2〕是吐鲁番地区现存最古老的一处石窟群，开凿于5世纪麹氏高昌时期。现存46个洞窟，其中仅有9个洞窟残留壁画。其洞窟形制、壁画内容和绘画技法都与龟兹石窟相似，部分有本地特点，如中心柱窟外还有中心塔和一些纵券顶长方形窟；壁画题材内容有佛、菩萨像，本生、佛传和因缘故事画，还有坐禅的比丘；使用粗细相当的铁线描式的线条和平图晕染相结合的技巧。其中第44窟藻井中心采用浮雕与绘画形式相结合，组成一朵倒置的莲花，周围辐射形条幅分层绘立佛和坐佛像，藻井外绘环形分布的千佛。四壁壁画分三层：上部绘千佛，各壁中间插绘一幅一佛二菩萨式说法图；中层绘本生、因缘故事；下层绘三角纹等几何图案。值得关注的是吐峪沟石窟第44窟以赭红作底色，呈现强烈的暖色调子，采用凹凸法晕染人物，年久色变，面部形成白鼻梁、白眼睛，即所谓"小字脸"，这些显著特征与敦煌莫高窟北凉时期的第275窟相近，而且题材和布局也非常接近。总的来说，吐峪沟石窟在吸收龟兹石窟佛教艺术特征的同时，又吸收了敦煌北凉时期的艺术特征，反映了5~6世纪麹氏高昌时期的吐峪沟石窟和北凉绘画艺术的结合。

柏孜克里克石窟〔图3〕开凿于9世纪的回鹘高昌时期，以柏孜克里克石窟为代表的回鹘高昌佛教艺术，一方面受到龟兹、于阗佛教艺术的某些影响，另一方面又与敦煌石窟晚唐至宋代壁画有某些相同点，创造了独具回鹘民族特色的精美回鹘佛教艺术，是消失的回鹘文明的见证。它的早期洞窟方形中心柱窟与龟兹式洞窟接近，特点是中心柱两侧开甬道，后面凿隧道。窟顶绘画

图2

图3

〔图2〕　　　　　　〔图3〕

吐峪沟石窟　　　　柏孜克里克石窟

〔图4〕
敦煌莫高窟

图案，侧壁为千佛。后来，出现了以大型立佛为中心的佛本行经变画，面积大、数量多。这种具有本民族特殊风格的绘画技艺的特点：一是人物造型表现出回鹘人圆浑健美的形象，长圆形面孔丰腴莹润，修长的眉毛稍稍挑起，柳叶形的眼睛，黑色的眸子，鼻梁高直，嘴小；二是重视线条的使用和表现力，大量使用铁线描，也使用粗细相间莼菜条式的兰叶描，以密集的线条表现衣服的襞褶，这样既有衣服的质感，又显出了人体的健壮，用来表现佛、菩萨的优美表象；三是喜欢赭色、红色、茜色、黄色等热烈的色泽，大量使用暖色，大部分洞窟用赭色打底，佛、菩萨、国王的服饰往往是红色为主，在暖色中又以石绿、白色相间，又加之金色的头光、身光和璎珞、臂钏、头饰等相衬映，显得绚丽多彩、富丽堂皇；四是喜欢各种图案，忍冬、蔓草、宝相花纹、云纹都被图案化了，增加了画面的韵律感。另外，由于许多洞窟是回鹘国王、王室贵族以及侍从施舍的洞窟，其中的供养人形象真实地反映了古代回鹘王国中国王和王后、贵族及其夫人、国王侍者、僧尼等回鹘式的衣冠服饰。

敦煌莫高窟〔图4〕始建于前秦建元二年（366年），始建者是"西游至此"禅僧乐僔和"从东届此"禅师法良，这说明莫高窟是由东边来的和尚创建的。莫高窟现存最早的北凉石窟既有犍陀罗艺术风格特征，又具有东方中原的艺术特

〔图 5〕
瓜州榆林窟

征。北凉和北魏前期石窟，多出现常见于犍陀罗艺术和龟兹早期石窟中的本生、因缘故事画以及交脚弥勒像。这时的人物造型朴拙，具有明显西域特征的衣冠服饰，表现人物立体感的凹凸画法和以土红色为主的暖色调风格，明显受到了以克孜尔石窟为主体的龟兹石窟的影响。到了北魏晚期和西魏时期，敦煌莫高窟出现了面貌清瘦、眉目开朗、褒衣博带、秀骨清像式的人物形象，题材出现了东王公、西王母、伏羲、女娲等中国本土的传统神话内容，而且还出现了印度教诸神的形象和受希腊影响的日天、月天形象。由此看来，敦煌莫高窟虽然是由东边而来的和尚开凿的，但是北凉和北魏前期主要受西域的影响，北魏晚期和西魏主要受东西两面的影响。隋唐时期大一统帝国的建立，逐渐形成了以中原为中心的统一的佛教艺术风格。此一时期，敦煌莫高窟在主要学习中原风格的同时，也接收了外来艺术的影响，主要是受到了笈多艺术风格的影响。到了唐以后的五代、宋、西夏、元时期，敦煌莫高窟的佛教艺术主要表现了敦煌地方政权与丝绸之路上各民族政权之间的密切关系。

　　瓜州榆林窟〔图 5〕开凿于唐代，洞窟形制、题材内容、艺术风格都与敦煌莫高窟相近，它们同属敦煌石窟的范畴。其中，第 25 窟精美的经变画不仅是敦煌石窟，也是中国石窟寺唐后期壁画的上乘之作。西夏时期绘画的水月观音、文殊变、普贤变继承再现了中原五代、宋的优秀绘画传统。更为可贵的是，榆林窟保存了较多的西夏佛教艺术绘画，为已经消失的西夏文明提供了重要见证，其中第29窟的壁画从内容到形式体现出典型的西夏风格，是西夏壁画艺术的精品。西夏、元时期的第3、4、29窟保存了较多的藏传密教题材，它们都是通过丝绸之路河南道由西藏传来，是藏传密教中的上乘之作。上述这些榆林窟晚期壁画艺术的佳作代表了中国石窟寺晚期壁画的精华。榆林窟五代、宋时期的于阗公主供养像，慕容氏出行图以及回鹘公主供养像反映了这一时期沙州（敦煌）、瓜州地方政权与丝绸之路上的于阗（和田）、西州（吐鲁番）回鹘、甘州（张掖）回鹘和吐谷浑等各民族政权往来的密切关系。

马蹄寺石窟群中的金塔寺可能是古代凉州石窟的一部分。据《集神州三宝感通录》记载，北凉王沮渠蒙逊在凉州南山兴凿凉州石窟，"州南百里，连崖绵亘，东西不测，就而斫窟，安设尊仪，或石或塑，千变万化"。有的学者认为凉州石窟是距马蹄寺石窟群不远的天梯山石窟，也有学者根据这个记载分析，凉州石窟不仅专指天梯山石窟，还应包括距它不远的马蹄寺石窟群。马蹄寺石窟群中的金塔寺石窟，为中心柱窟，中心柱四面分上中下三层开龛造像，上层龛为千佛与菩萨，中层龛塑交脚弥勒等三世佛，下层龛塑坐佛。洞窟现仅存的三壁，每壁中部均画说法图，周围画千佛。金塔寺石窟中主佛列像以及释迦、交脚弥勒、思惟菩萨的小乘题材以及千佛的大乘题材是来源于新疆；上下分层的三层开龛造像的中心塔柱形式受到了中原佛塔建筑因素的影响；佛和菩萨虽然面相浑圆，深目高鼻，身躯健壮，但有的佛像头上的肉髻不像犍陀罗式的作卷曲状，而是作磨光高肉髻；佛与菩萨造型虽然高大雄健，但不是简单地模仿西域人的体形，而是充分体现了我国北方民族体形的特点，造像庄重大方，古朴雄健符合我国民族传统的审美习惯；石窟中的飞天多用凌空悬塑，似从天而降，服饰与发型多变，这都体现了金塔寺在吸收新疆佛教艺术的基础上的新创造。总之，马蹄寺石窟群中的金塔寺石窟和千佛洞石窟是在接受西域佛教艺术特征的基础上而形成的"凉州模式"的佛教艺术样式，这种模式又影响了北魏平城（今山西大同）云冈石窟和其他石窟的建造。

炳灵寺石窟〔图6〕第169窟建于西秦建弘元年（420年）的造像龛以及此窟相当数量的西秦北朝时期的造像和壁画，是炳灵寺石窟最早的佛教艺术。建弘元年的题记是中国石窟寺的最早纪年，为研究十六国时期的佛教遗迹提供了重要的标尺。炳灵寺第169窟的西秦造像，其特征是眼长、唇厚、鼻梁高直、形体健硕，着通肩或半披肩袈裟，从中既可以看出西来的某些犍陀罗艺术因素，也与麦积山第78、74窟等早期偏袒右肩造像之间有某些相同之处；东晋佛教艺术常见的维摩诘问疾品、无量寿佛等题材出现在第169窟的壁画中，反映了炳灵寺石窟在接受西来影响的同时，也与来自内地的佛教艺术发生了反应。浑厚恬逸的西秦塑像之后，北魏晚期出现了褒衣博带、秀骨清像的风格，这可能是受云冈、龙门、麦积山石窟的影响，同时也反映了内地中原佛教

〔图6〕
炳灵寺石窟

艺术的发展，促进了佛教样式的变革，而且炳灵寺石窟又将这种风格西传，影响了凉州石窟以及敦煌石窟。炳灵寺唐代造像风格和中原已基本一样，造像雕造的刀法简洁，而刻画精致，即便是菩萨像，也是在较粗犷的雕造中显示其端严柔丽。如第64龛的菩萨，高髻云鬟，长眉凤眼，容颜端丽，就是这种风格的典型，而这种风格很有可能是受巩县石窟佛教艺术风格的影响。

　　麦积山石窟〔图7〕开凿最早的第74、78、76等窟佛像面相丰颐、高鼻大眼、躯体健壮，与炳灵寺石窟第169窟的造型相近；之后的北魏、西魏、北周、隋、唐等时期的造像则更多地受到了东来文化的影响，已接近于中原文化，这个时期，创造了丰富多样、生动传神、形神兼备的彩塑杰作。麦积山石窟是中国泥塑造像最多的石窟寺，它代表了中国石窟寺北朝雕塑艺术的杰出创造，并影响了它周围的炳灵寺、水帘洞石窟-拉梢寺、须弥山石窟，甚至影响到了河西走廊最西端的敦煌莫高窟隋代石窟。麦积山石窟中模仿民族传统木结构建筑形式雕作的窟内外建筑物，以及壁画中绘制的建筑物是中原建筑风格的表现。敦煌莫高窟某些隋代洞窟的建筑形制就受到了麦积山石窟建筑形制的影响。麦积山石窟北魏、西魏、北周时期绘画的西方净土变、维摩诘经变、涅槃经变等题材的经变画，要比敦煌莫高窟最早的隋代经变画早得多，是中国石窟寺壁画中现存时代最早的经变画艺术形式，这种精致、细腻、华丽、成熟的本土化经

〔图7〕
麦积山石窟

变，可能是已消失的中原长安寺庙经变画风格特征的反映，说明中国早在北朝时期已突破了印度佛教绘画风格的影响，创造了中国式的具有高度艺术水平的佛教绘画。总之，麦积山石窟的建筑、造像和壁画，代表着中国石窟寺北朝时期佛教艺术的杰出创造。

水帘洞石窟-拉梢寺与麦积山毗邻，二者关系密切。建于北周的拉梢寺一佛二菩萨说法图，是高、宽各约60米的罕见的摩崖浮塑，此说法图主尊，肉髻低平，形体敦厚，穿圆领通肩袈裟，面形丰圆，与麦积山北周造像相近；飞天的装饰、动势与麦积山第76窟顶部的飞天十分相近；说法图中方形高佛座中浮塑成排的卧狮、卧鹿、立象的艺术形象，由于当地和中原地区都没有狮子和大象，这些动物又与佛教思想有关，推测它受到了外来佛教艺术的影响，这种影响可能来自印度。

固原须弥山石窟〔图8〕北魏、西魏初时期，多为方形中心柱窟，中心柱上下分三层，窟顶覆斗式或穹庐式，四壁不开龛，这是受凉州模式因素的影响；还有一种洞窟，中心柱以楼阁式分层，有的雕三角垂帐，窟内有弥勒菩萨和思惟菩萨，门两侧各雕一力士像，造像面相清瘦，这是受云冈平城模式的影响；造像使用密集平行阴刻线表现衣纹，技法稚拙，这是本地黄土高原因素，如第24窟。西魏末、北周时期，在窟龛形制、题材内容、造像特点方面发生了显

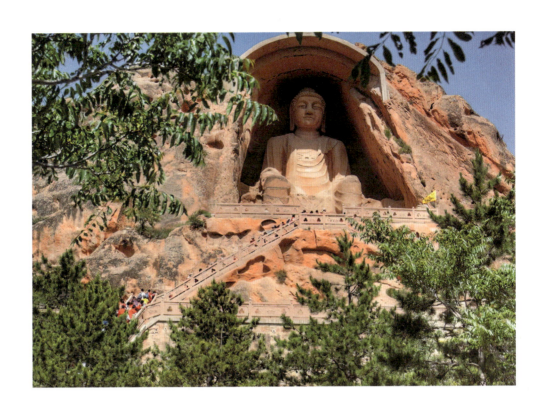

〔图8〕
固原须弥山石窟

著变化，直接吸收了长安新兴造像的特点，形成了北周的独特风格。如第51窟主尊，肉髻低平、面形浑圆、身躯丰健敦厚，为其代表作品。在佛殿窟、中心柱窟内流行仿木结构的雕作，这是受麦积山石窟雕作窟内建筑物的影响；中心柱不再分层，为单层龛，出现繁缛的帐幔形龛，中心柱基座上布设供养人行列、伎乐、神王像，如第44、45窟，可与巩县1号窟、洛阳龙门宾阳中洞比较，这是受巩县石窟因素的影响。到隋唐时期，造像丰满端庄、温和圆润、身体略呈"S"形，开始出现净土信仰；唐代武则天以后，成熟简练的风格逐渐形成，菩萨发髻高耸、体态丰满多姿、装饰雍容华贵、衣着轻薄贴体，是当时现实女性的真实写照。同时，建造大像窟以及三壁起坛的佛殿窟，这是受龙门石窟的影响。

彬县大佛寺石窟是当时京右之大刹，除个别窟为北周时期外，均为唐代洞窟，隋至初唐时期，佛座下部繁缛的衣着，以及佛的坐式、手印都有中原的遗风，应该是受巩县的影响。初唐时期艺术风格与中原地区一致，第一窟主佛形象高大，佛及菩萨的姿态、手印、服饰等完全是初唐所特有的样式，具有鲜明的艺术个性，体现出无比的庄重与威严，完全是一副帝王的面孔，被认为是带有强烈民族性的佛与菩萨的理想偶像。武周时期，造像风格明显地向丰腴肥胖发展，雍容大度、贵妇人形象的菩萨成为当时造像的时尚，菩萨体形呈"S"

形，具有曲线美，装饰华丽。这一时期的佛教造像进入了统一的稳定风格阶段，地域性的风格消失了，长安寺院、洛阳洞窟的造像成为中原模式，受到了全国的关注与模仿。由于长安寺院已经毁灭殆尽，所以长安附近保存下来的彬县大佛寺石窟的造像可以说是中原模式的杰出范例。

北魏后期开凿的巩县石窟〔图9〕，窟内和窟外做了统一的整体构图布局。如第1窟外立面门两侧对称地布置金刚力士和左右佛龛各一个，窟内中心方柱四面开龛，龛内塑一佛二菩萨二弟子像，左右壁和后壁各开四龛，龛内造像，东壁下部雕帝后礼佛图，上部雕千佛，这是受龙门宾阳中洞布局的影响。同时它还影响了之后的北齐、隋代时期的其他石窟，如河北邯郸响堂山石窟。巩县石窟最具特色的是，中心方柱四面开单层龛，佛龛上部雕刻华丽的莲花化生、山纹和彩铃组成的垂幔纹，龛沿装饰帐幔纹。这种特点影响了须弥山石窟的中心柱窟。在巩县石窟出现的坐佛像衣裾垂覆于座前的形式，以及富于装饰性的衣纹图案，始见于龙门宾阳中洞的主尊，但巩县石窟进一步发展了丰富多彩的装饰性衣纹图案，成为东魏、西魏、北朝后期造像的重要特征，这种风格影响较广，甚至波及了敦煌北周洞窟的造像。有的菩萨像简化了衣纹雕饰，使造像减少了复杂线条装饰的干扰，这种高度概括的艺术手法着意于突出造像身躯体形的感觉。这种简化的雕刻是北魏以后东魏、西魏、北齐、北周时期雕刻风格的主要表现，影响了敦煌隋代的造像风格，如隋代莫高窟第416窟也有这种风格。云冈、龙门、巩县石窟寺都是北魏皇家开凿的石窟。仅有5个洞窟的巩县石窟寺既继承了其以前龙门宾阳洞的造像风格，又为北朝后期到隋唐的造像艺术继续发展开了先河，其造像风格影响所及不仅限于中原，而且影响到甘肃西端的敦煌莫高窟，甚至还影响到日本的佛教造像，是佛教艺术中国化风格的杰出创造，也是6世纪上半叶中国北方地区佛教艺术最高水准的代表。它的帝后礼佛图，雕刻精美、题材稀少，属于上乘之作，十分珍贵。

综上所述，通过对新疆、甘肃、陕西、宁夏、河南等地丝绸之路沿线石窟寺的介绍，说明文化传播和交流的模式都是以本土、本地原有文化为基础，吸收和改造外来文化，并进行再创造，形成本土、本地不同于文化源头以及其他被传播和吸收之地的文化。这是各地经济状况、文化传统和生活习俗的差异所造成的，因此会呈现出不同的地方特征。而且各地创造的文化可能会进一步地再传播和再交流。

此外，漫长的丝绸之路文化传播受交通、历史环境、传播条件的制约，文化传播交流的过程和状况十分复杂。古丝绸之路的石窟寺佛教艺术的传播与交流是一种互动的关系。佛教及佛教艺术由印度北传，又由西域东渐，经过河西走廊吸收、改造和创造，东传中原，中原地区东方化、民族化的佛教艺术又西传，经过河西走廊影响了各地，甚至传到了西域的新疆。各石窟寺之间呈现互为影响、互相交融的态势。

石窟寺佛教艺术的传播与交流总的趋势是早期吸收西域的因素较多，后来逐渐东方化、民族化，但在东方化、民族化的过程中仍在进一步吸收外来的和民族的优秀文化因素。

〔图9〕
巩县石窟

三、对丝绸之路沿线相关石窟寺整体价值评估的思考

第一，丝绸之路沿线众多石窟寺的洞窟建筑、造像、壁画及其可移动文物是中西文化和多民族文化交流融合的重要见证。

第二，丝绸之路沿线的众多石窟寺代表了3～16世纪佛教艺术的杰出创造和高度成就，是不可多得的文化资源，保存了大量的重要历史、文化、艺术信息，是中国古代艺术不可或缺的组成部分。如龟兹地区的石窟代表了一种吸收外来艺术的创造；河西石窟代表了西域与中原因素互动后产生新的样式的一种创造；巩县石窟代表使佛教艺术东方化的一种创造。

第三，丝绸之路沿线众多石窟寺的实物，反映了佛教艺术从印度传到中国后，中国对佛教艺术与佛教思想的进一步发展和创造。这种创造传播到各地乃至与中国相邻的东亚国家，对古代中国和东亚国家产生了深远的影响，为佛教和佛教艺术的传播和发展做出了重大贡献。

第四，丝绸之路沿线的众多石窟寺在一定时间内对区域文化产生过重大影响。比如龟兹石窟（不同于印度风格，也不同于中原风格，但3～6世纪龟兹石窟的窟形和题材等都深深影响了河西石窟、中原石窟等佛教艺术，柏孜克里克9世纪的洞窟的窟形仍受到了其影响）、凉州石窟（5世纪上半叶吸收了西域佛教艺术特征和东方中原佛教艺术因素而形成的"凉州模式",在其成熟后影响了山西大同云冈石窟)、巩县石窟(北魏末期紧接龙门石窟而开凿的巩县石窟,继承了龙门宾阳中洞佛教艺术风格,同时在洞窟形制、造像风格、衣纹装饰等方面为隋唐的佛教艺术开了先河,影响很广,不但影响了河西走廊最西端的敦煌石窟,甚至影响到了日本的佛教艺术)都是一种杰出代表。

第五,丝绸之路沿线某些石窟寺的文化遗存为消失的文明提供了特殊的见证,比如榆林窟西夏时期的壁画代表了西夏民族特有的佛教艺术的精华;柏孜克里克石窟代表了消失的高昌回鹘时期的高昌回鹘民族艺术精华。

第六,丝绸之路沿线石窟寺展示了不同的景观和风光。如西部的大漠风光,炳灵寺石窟险峻雄奇的黄河三峡风光,麦积山石窟奇特的山形、秀丽的景色。

四、对价值评估的粗浅理解

首先,价值是保护文化遗产的根本和依据。价值评估不宜泛泛而谈,必须以研究为基础,只有通过对文化遗产的全面调查,充分占有和掌握资料,深入探讨和研究,才能比较准确明了该处文化遗产特有的多方面价值。关键是要找出该处文化遗产不同于别处文化遗产的自身特有的每一条价值。但不能牵强附会,生造吹嘘,无中生有,要做到实事求是。研究越深入,对文化遗产的价值认识把握也越准确,所以价值评估是一件长期持续要做的研究工作,不能满足于一次的评估,需多次反复深入研讨。

其次,价值评估是准确了解、把握文化遗产的首要步骤。关于此次丝绸之路石窟寺申遗价值评估,我的理解是,因为丝绸之路的文化遗产申遗,我们要以丝绸之路为背景,对准备申遗的每一处文化遗产做出其自身特有、罕见的价值评估。形成的评估材料条文可能比较多,还要按照世界文化遗产的六条标准进行提炼,正因为是丝绸之路的世界文化遗产申遗,所以评估中必须与丝绸之路联系在一起,也就是放在丝路宏观的位置中去评估,不是孤立的就某一处来说某一处的价值,这样就要与丝路其他石窟寺或相关的文化遗产作比较,在比较中就能显现出该处遗产的特点所在。

最后,作为一个国家的申遗,必然要做好丝路石窟寺的整体申报,必然要做丝绸之路石窟寺的整体价值评估。不可能将一处一处的石窟寺文化遗产去申报,但国家对丝绸之路石窟寺整体价值评估是以每一处文化遗产准确的价值评估为基础的。另外,申遗过程中教科文组织世界遗产委员会官员或专家必然要对申遗的每一处文化遗产做实地踏勘和调查,所以每一处文化遗产,不管从整体申报或者是接受专家调查,都应做好自身价值的准确评估。

（本文为2007年10月28日在国家文物局"西安：丝绸之路申遗培训班"的讲稿）

◈ 敦煌莫高窟的世界文化遗产价值

一、敦煌和莫高窟概况

敦煌，位于中国甘肃省河西走廊西端，作为古代丝绸之路的重镇，迄今已有2000多年的历史。它是总绾中西交通的"咽喉之地"，地当南北要冲。由敦煌出发，向东经河西走廊，可至汉唐古都长安、洛阳；向西经过西域（现我国新疆地区），可入中亚、西亚及南亚诸国，还可远达欧洲的罗马；向北翻过马鬃山，便是北方草原丝绸之路；向南越过阿尔金山，可接唐蕃古道，经中国青海、西藏，到达尼泊尔、印度、缅甸等国。敦煌重要的地理位置，使它在欧亚文明互动、中原民族和少数民族文化交融的历史进程中占有重要的地位。古敦煌郡地区当时受到印度和中亚佛教和佛教艺术传播的影响，4～14世纪，古代艺术家们在此建造了敦煌莫高窟、西千佛洞、肃北五个庙石窟、瓜州榆林窟、东千佛洞等一批石窟，统称为敦煌石窟，其中尤以世界文化遗产莫高窟最为典型。

莫高窟石窟群建于4～14世纪，规模庞大，全长1700余米，包括不同建筑形制的735个洞窟及洞窟内精美绝伦的45000平方米壁画和2000多身彩塑、5座唐宋木构窟檐，还有窟前的舍利塔群和清代所修建的3座寺庙以及藏经洞发现的50000多件文献和艺术品。敦煌莫高窟处于被戈壁沙漠包围的小绿洲之中，背靠浩瀚的鸣沙山，面对高耸的三危山，前有大泉河流过，窟前绿树成荫、流水潺潺，具有戈壁沙漠间绿洲的环境特征。莫高窟是我国绵延最久、内涵丰富、艺术精湛、保存良好、影响最大的石窟群。因为莫高窟符合世界文化遗产的全部六条标准，1987年被联合国教科文组织世界遗产委员会批准入选世界遗产名录。

二、敦煌莫高窟世界文化遗产价值的理由

标准Ⅰ：创造精神的代表作（创造价值）。

敦煌莫高窟在4～14世纪以汉地文化为基础，融汇吸收了印度等西域佛教艺术和文化以及藏传佛教艺术和多民族文化，创造了系统的、绵延时间最久的中国式佛教艺术的典型，这在现存的佛教遗址和遗迹中是不多见的。

标准Ⅱ：在一段时期内或世界某一文化区域内，对建筑、技术、古迹艺术、城镇规划或景观设计的发展产生过重大影响（传播和影响价值）。

莫高窟的开凿，影响了周边石窟的开凿，如西千佛洞、榆林窟、东千佛洞等；莫高窟形成的人文景观，为古代敦煌的文学创作提供了丰富的题材。如著名的《敦煌廿咏》中就有专门的《莫高窟咏》："雪岭千汉青，云楼架碧空。重开千佛刹，旁出四天宫。瑞鸟含珠影，灵花吐惠聚。洗心游胜境，从此去蒙尘。"又如《李克让重修莫高窟佛龛记》，描写唐代的莫高窟景色称："西连九陇坂，鸣沙飞井擅其名；东接三危峰，滋露翔云滕其美；左右形胜，前后显敞，川原丽，物色新。""珍木嘉卉生其谷，绚花叶而千光。""前流长河，波映重阁。"1900年莫高窟藏经洞的发现，使敦煌藏经洞和莫高窟名声大噪，在国内外产生极大影响；在世界人文学科领域兴起了以博大精深的藏经洞出土文献和莫高窟石窟内容和艺术为研究对象的"敦煌学"，至今成为长盛不衰的"显学"；给绘画、舞蹈、戏剧、造型装饰等艺术的创作以极大启发；东亚日本法隆寺壁画，东大寺戒坛院雕塑，唐招提寺、药师寺建筑等与莫高窟隋唐时期的壁画、彩塑、建筑十分相似，莫高窟佛教艺术为中国佛教艺术影响东亚国家佛教艺术提供了实例；是国内外著名的旅游景点，并带动了地方经济的发展。

标准Ⅲ：能为已消逝的文明或文化传统提供独特的或至少是特殊的见证（见证价值）。

莫高窟壁画和藏经洞文献记载了许多古老民族在敦煌留下的历史文化足迹，特别是数量丰富的回鹘和西夏的供养人画像，以及佛教绘画、民族文字和题记，为消逝的沙州回鹘和西夏王国文明提供了实物见证。

标准Ⅳ：是一种建筑、建筑整体、技术整体景观的杰出范例，展现历史上一个（或几个）重要阶段（范例价值和历史上重要阶段价值）。

莫高窟由数百个不同功能的洞窟组成庞大的石窟群和洞窟内的许多壁画、彩塑精品及其戈壁沙漠中的绿洲环境，是中国石窟建筑的杰出范例。莫高窟佛教艺术的形成、发展、衰落的全过程，代表了中国十六国、北朝、隋、唐、五代、宋、回鹘、西夏、元等时期佛教艺术的辉煌成就。

　　标准Ⅴ：是传统人类居住地、土地使用或海洋开发的杰出范例，代表一种（或几种）文化或者人类与环境的相互作用，特别是由于不可逆变化的影响下变得易于损坏（文化相互作用价值）。

　　莫高窟佛教艺术和藏经洞文物表现了丝绸之路沿线中原汉地与印度、波斯、粟特、于阗、吐蕃、甘州回鹘、西州回鹘、吐谷浑、西夏党项羌、蒙古等各民族文化交流和相互作用。

　　标准Ⅵ：与具有突出的普遍意义的事件、传统、观点、信仰、艺术作品、文学作品有直接或实质的联系（精神和文化价值）。

　　4~14世纪营建的莫高窟及藏经洞与宗教、历史地理、语言文学、古代科技、文化艺术、经济、民俗、民族有着直接的联系，这是其他佛教遗址和遗迹无法相比的，充分反映了莫高窟文化遗产的博大精深。

　　藏经洞出土的宗教经典数量最多，其中佛教经典的经、律、论三藏为大宗，还有儒家经典如《周易》《诗经》《古文尚书》《论语》《孝经》等等，还有道教、基督教、摩尼教、祆教等宗教经典。

　　历史有通史性的史书，如《史记》《汉书》《三国志》《晋书》等，特别可贵的是保存了敦煌的历史资料，地理著作有全国的地理文献，也有敦煌及周边地区的方志，如《沙州图经》（即《沙州都督府图经》）《敦煌录》《西州图经》，地理行记有玄奘《大唐西域记》、慧超《往五天竺国传》。

　　语言和文学方面，语言有汉语音韵、训诂、文字，如《玉篇》《切韵》《一切经音义》《毛诗音》《字宝》，文学有俗文学作品，有讲经文、变文、曲子词、话本、通俗诗等等。

　　古代科学技术有农业、医药、天文、数学、交通、印刷等成果的珍贵材料，农业方面如第445窟的曲辕犁，医学方面有医经、针灸（灸法图）《新修本草》《食疗本草》、医方等，天文方面有《全天星图》《紫微垣星图》，数学方面有《九九乘法歌》《算书》《立成算经》，交通方面有舟船、车辆、舆辇等，印刷方面有唐咸通九年（868年）《金刚般若波罗蜜经》是现存最早的雕版印刷品。

　　文化艺术方面，音乐有吹、拉、弹、打各种乐器及乐队和乐谱，舞蹈有宫廷舞、民间舞、民族舞及舞谱，体育有游泳、马术、射箭、杂技、武术等等，绘画种类除壁画外，还有绢画、版画，绘画类别有人物画、山水画、装饰图案画、建筑艺术等，中国传统的书法艺术。

　　民俗信仰方面展示了婚嫁、丧葬、佛儒融合的孝道思想、传统神鬼思想和佛教地狱思想结合的冥报地狱思想等等。

　　经济方面有"手实"（每户每年呈报自家的人口、土地数字，并保证情况属实）、"户籍"（以户为单位，记录户主及身份、户内口数和丁中情况、土地多少和四至）、"计帐"（乡、县、州有不同级别的"计帐"，汇总所属民户的人口与土地情况，并上报中央政府）。

　　各民族和西域的非汉文文献，有古藏文、回鹘文、于阗文、粟特文、龟兹文、梵文、吐火罗文、突厥文等。

总之，莫高窟建筑、彩塑和壁画的综合艺术，表现了中国式佛教艺术的独特创造、绘画艺术的杰出成就和丰富的文化内涵，并产生了重要影响。藏经洞出土文物，为中古时代的百科全书，表现了博大精深的学术内涵，具有突出的世界普遍价值。

（本文为2008年11月在美国斯坦福大学的演讲稿）

中华文明对世界文明的开放、吸纳和贡献
——以敦煌石窟为例

中国数千年的文明进程中，对外来文明的接触、吸纳和融合，促进了中华文明创新和发展，为世界文明的发展做出了巨大的贡献，这是中华文明史的一个重要特点[1]。位于丝绸之路"咽喉之地"的敦煌，融汇中外文化，创造了辉煌的佛教石窟艺术，代表了4~14世纪中国佛教艺术的杰出成就，是中华优秀传统文化的典范。本文以敦煌石窟为例，阐述中华文明对世界文明的吸纳与贡献。

一、丝绸之路的开通和敦煌重要的历史地位

（一）丝绸之路的开通与敦煌的地位

公元前2世纪中期以前，帕米尔高原以西欧亚地区的交通干道早已畅通，相互间开展着商贸活动和文化交往。但中国与这些地区没有直接的联系。公元前140年，汉武帝继位后，想联合西迁的大月氏、乌孙以反击匈奴。为此，于公元前138年、前119年两次派张骞出使西域。虽然张骞两次西域之行都没有达到军事上的目的，但他与他的副使到达了乌孙、大宛、康居、大月氏、大夏、安息、身毒（印度、巴基斯坦）等地，这些国家的使者都随汉使来到长安[2]。从此，西汉王朝与中亚、西亚、南亚的主要国家或地区建立了直接的联系，丝绸之路也全线开通。

公元前111年，西汉朝廷在敦煌设郡，与酒泉、张掖、武威并称河西四郡。西汉王朝牢固地

---

1 袁行霈等主编：《中华文明史》第一卷"总绪论"，北京：北京大学出版社，2006年，第13页。

2 《汉书》卷六一《张骞传》。

掌控了河西走廊这一通向西域的战略要地和交通要道。这一时期，由敦煌向东穿越河西走廊可到达长安、洛阳；由敦煌向西出阳关南行，沿昆仑山北麓经鄯善、且末、于阗，至莎车，逾葱岭进入大月氏、安息等国，此为南道；由敦煌向西出玉门关北行，沿天山南麓经车师前王庭、焉耆、龟兹，到疏勒，越葱岭进入大宛、康居、大夏，此为北道[3]。到了隋代又增加了中道，自敦煌出发，经伊吾、高昌、鄯善，而达中亚、欧洲。因此，敦煌是中国通往西方各国的门户，被称为总绾中西交通的"咽喉之地"[4]。敦煌重要的地理位置使它在古代中西文化交往史上具有重要的历史地位。

（二）汉唐中央王朝对西域和丝绸之路的经营

两汉王朝在西域设置西域都护府，驻兵屯田，将长城从兰州附近延伸至敦煌，而后又继续延伸至西域的盐泽，长城沿途设置烽燧、邮驿，保证了丝绸之路通行。

魏晋南北朝时期中原战乱频繁，河西走廊和敦煌两地社会相对安定，与西域、中亚仍然保持商贸往来。

隋炀帝将发展丝路贸易定为国策。609年，隋炀帝亲自西巡河西，在张掖举行了由27国参加的商品交易会，促进了丝绸之路贸易的繁荣。

唐王朝在658年，将安西都护府迁到龟兹，设立了龟兹、于阗、焉耆、疏勒四镇。662年，又将丝路南道上的两个重镇 —— 石城镇（若羌）和播仙镇（且末）划归敦煌直接管辖，在河西走廊还设置了十军，极大地提高了敦煌在经营西域方面的重要作用。

安史之乱后，尽管全国均处于藩镇割据的状态下，9世纪下半叶至11世纪上叶，晚唐归义军节度使统治下的敦煌政权仍然与周边少数民族政权保持了友好关系，继续保障丝绸之路顺畅通行。

（三）充满汉晋文化底蕴的敦煌，成为华戎所交一大都会

西汉王朝在敦煌设郡之后，至366年莫高窟创建的400多年间，敦煌得到了充分发展。一方面，由于中原王朝加强对河西走廊和敦煌的经营，受到来自中原汉文化的深刻影响，主要有：设置郡县制；敦煌从原来以游牧业为主改变为以农业为主的经济方式；施行中原王朝的官制、法制、田制、赋税制、兵制；学校教育开设儒家的《易》《书》《诗》《礼》《春秋》等五经课程；魏晋南北朝时期，中原大乱，而敦煌和河西走廊却相对安定，因此保存了汉晋以来的儒家文化传

---

3 关于汉代丝绸之路的走向，见《史记·大宛列传》和《汉书》卷九六《西域传》。

4 《隋书》卷六十七《裴矩传》。

统。这说明敦煌和河西走廊经过中原王朝数百年的经营，已建立起深厚的汉晋文化根基。另一方面，丝绸之路的开通，敦煌又受到来自西域和中亚、南亚、西亚文化的影响。西域胡商与中原汉商在敦煌从事中原的丝绸和瓷器，西方的贵金属、珍宝、玉石、香料、药材，北方的驼马与当地粮食的交易，使敦煌成为东西方贸易的中心和中转站。汉唐使节前往印度和中亚各国，中亚和西域各国使者在丝绸之路上往来不绝，他们大多途经敦煌。东来传教的西域僧侣和西行求法的汉地僧侣相望于道，敦煌是东西方僧人的必经之地。史书称敦煌是"华戎所交一大都会"[5]。

二、敦煌石窟的创建与对世界文明的广泛吸纳

（一）敦煌石窟的创建

近年，在汉代敦煌悬泉置遗址出土的汉简有"小浮屠里"的记载，浮屠即佛塔、佛教寺院之意。推测早在东汉时期佛教已传入敦煌[6]。西晋时高僧竺法护和法乘"西到敦煌，立寺延学，忘身为道，诲而不倦"[7]。366年，乐僔和尚在敦煌三危山对面的鸣沙山东麓断崖上开了第一个洞窟。从此连续千年凿窟造像不止。至今在全长1700余米的崖体上保存了不同建筑形制的洞窟735个、精美绝伦的壁画45000平方米和彩塑2000多身、唐宋木构窟檐5座，以及藏经洞发现的50000多件文献和艺术品。受莫高窟建窟的影响，古代敦煌地区又连续兴建了敦煌西千佛洞，瓜州榆林窟、东千佛洞、肃北五个庙等石窟，它们与莫高窟地缘相近、石窟内容相同、艺术风格一致，统称为敦煌石窟。敦煌重要的地理位置，使以莫高窟为代表的敦煌石窟在历史上成为中外文明荟萃之地。

（二）敦煌石窟反映了中华文明对世界文明的广泛吸纳

4～14世纪敦煌石窟的文化艺术及其藏经洞文物在汉晋文化艺术的基础上，以开放的姿态，广泛地吸纳西方多种文化。首先，敦煌石窟本体所包括的建筑、彩塑、壁画均受到外来文明的影响。其早期禅窟（供僧侣们坐禅修行的处所）和中心柱窟（又称塔庙窟，供信众绕塔观像和礼拜的处所）的建筑形制，分别受印度"毗诃罗窟""支提窟"的影响；穹隆龛、圆拱龛受到印度、中亚建筑艺术的影响。壁画中还有描绘中亚和西亚风格的城堡，以及圆拱形门窗等建筑形式、希腊建筑的爱奥尼亚柱式等等。

5 《后汉书·郡国志》注引《耆旧记》。

6 郝树声、张德芳：《悬泉汉简研究》，兰州：甘肃文化出版社，2009年，第193页。

7 《高僧传》卷四《竺法乘传》。

　　早期石窟的彩塑佛、菩萨、弟子、金刚力士像的造型均受到印度秣菟罗、犍陀罗佛教艺术造像的影响。古代的犍陀罗地区曾受古希腊罗马文化的强烈影响，其雕刻艺术有明显的希腊风格。从敦煌早期彩塑中也可间接地看到古希腊艺术的痕迹。隋代以后的彩塑还可看到印度笈多艺术的特色。

　　早期石窟壁画中，人物画法受印度和中亚绘画技法的影响，上身裸露、比例适度，以凹凸画法表现人体的立体感；早期壁画中以一图一景、一图多景的构图形式来表现佛教故事，都可以看到来自犍陀罗、中亚等地佛教艺术的影响；中晚唐石窟表现释迦牟尼瑞像图的内容，多据印度、尼泊尔、犍陀罗的佛教传说绘制；中晚期壁画的密教题材壁画也是由印度经过吐蕃传来的内容和表现手法。

　　从壁画人物形象中，可以看到国王、王后、太子、使臣、长者、侍者及供养人等不同人物穿戴的中亚、东亚、南亚、西亚波斯等形形色色的衣冠服饰；从衣饰面料及装饰的表现上，还可看到联珠狩猎纹、联珠对兽纹、联珠对鸟纹等波斯萨珊风格的纺织物图像；壁画中有的菩萨和佛弟子手所持的玻璃器皿以及各种金属装饰物，大多是来自西亚和地中海地区的工艺品，还有波斯特征的金银器；有西域家具胡床等等。从藏经洞发现的文献中还有关于敦煌以西建"兴胡泊"，专门接待胡商的记载；唐、五代的官府文书中记录了高档织物、金银器、宝石、香料、珍稀药材等许多西方的舶来品。敦煌文献中还有古藏文、回鹘文、于阗文、粟特文、龟兹文、梵文、吐火罗文、突厥文等文献，表明敦煌与西方诸国的交往。

　　音乐舞蹈，也表现出中国对外来文明的吸纳，壁画中出现大量的乐器，打击乐器中的腰鼓、羯鼓，弹拨乐器中的箜篌、琵琶，吹奏乐器中的海螺、筚篥，拉弦乐器中的胡琴等，为外来的乐器图像；中亚流行的胡腾舞、胡旋舞也在壁画中随处可见，表明当时这些外来的音乐舞蹈已在民间广泛流行。

　　对外来宗教的吸收，除了佛教以外，敦煌壁画中还可见印度教神祇的图像；壁画中的日神、月神图像，既有印度和中亚粟特艺术的因素，又有希腊和波斯艺术的影响，是多元文明相互对话、相互影响的结晶。藏经洞文献中90％左右为佛教文献；此外，还保存有景教（古代基督教中的一派）的《大秦景教三威蒙度赞》《尊经》《志玄安乐经》等经典和景教画像；莫高窟北区出土了叙利亚文《圣经·旧约》和铜十字架；有摩尼教的《摩尼光佛教法仪略》《摩尼教残经》等经典；也有祆教女神图像等等。文献中还记载了粟特人聚族居住敦煌的从化乡，城东建有祆祠，并有赛祆活动。

　　由上可见，敦煌石窟吸纳和汇聚外来文明是多元、多方面、广泛的，成为敦煌石窟绵延千年的传统，也使敦煌石窟成为汇聚人类多种文明的宝库。有深厚汉晋文化基础的敦煌石窟的开放，广泛吸纳不同文明，将进一步促进东西文明的交融、创造更灿烂文明。

三、敦煌石窟反映了中华文明对世界文明的贡献

（一）敦煌艺术

以本民族悠久文化传统为根基，吸纳印度等外来文化艺术营养，中外文化经过不断交融，促进了隋唐佛教艺术的创新、繁荣和发展。一千年间的敦煌石窟常建常新，不断产生新的题材内容、新的艺术形式，创造出了与印度佛教艺术不同，更富于中国民族精神和民族气派的佛教艺术。

作为建筑艺术，北朝中心柱窟（又称塔庙窟）虽受到印度支提窟的影响，但改变了原来印度覆钵式圆形塔的形式，成为方形楼阁式的塔形，窟顶改变了印度圆拱顶的形式，成为两面斜坡的人字披形式，体现了中国传统建筑的精神。隋唐以后敦煌石窟流行覆斗顶形窟、佛坛窟，这是以中国传统的斗帐形式和殿堂形式对佛教石窟的改造。

经过北朝和隋代对具有浓厚印度和西域样式雕塑的消化吸收，及与中国本土雕塑艺术进行了长期的融合，逐渐创造出了富有中国审美精神，其动态、神韵具有民族化特征的彩塑，唐代彩塑成为经典性的传世之作。

壁画中表现最多的是佛教人物。北朝人物画多模仿外来佛教艺术人物画的形式，隋唐的人物画吸取了外来艺术中人物造型准确、比例适度、凹凸法晕染的长处，同时与中国讲究线描和神韵的传统绘画技法相结合，创造出新的佛教人物形象，丰富提高了佛教人物画的表现力，成为能充分表现中国审美、中国神韵的佛教人物。

进入隋唐时期，中国的佛教绘画艺术已高度成熟。在长安、洛阳首先创造出了具有中国本土特色的佛教经变画，由丝绸之路传到敦煌后，成为唐代及以后各时代石窟长盛不衰的绘画样式。经变，"也就是将佛经中故事譬喻演绘成图"[8]。敦煌石窟共有30多类经变画，如弥勒经变、阿弥陀经变、法华经变、维摩诘经变、华严经变等等，它们形式多样，各骋奇思妙想，表现了形形色色的佛国世界。经变画以丰富的想象力，用印度原来的说法图为基本形式，将已高度成熟的中国传统的人物画、山水画、宫观台阁的建筑画、花鸟树木风景画，以及现实生活中各种美好的风情元素融汇起来，运用中国式远近的空间构成法，以佛说法场面为中心，佛的周围描绘雄伟壮观的宫殿楼阁和宝池平台，或者描绘绮丽多姿的山水景致，以丰富灿烂的色彩营造金碧辉煌的华贵气氛。画面既展示了具有鲜明性格的人物，展示了山川和建筑之美，又使佛经故事和佛教人物与丰富的景物融为一体，通过景物体现了宏大壮阔而具有深邃空间的氛围，形象地表现了佛经描绘的理想佛国世界的宏伟壮丽、气象万千的意境，展现了大唐的恢宏气象。中国创立的经变画，丰富

8 赵朴初：《佛教常识答问》，北京：北京出版社，2009年，第154页。

了佛教绘画的表现样式，推动了中国绘画的发展。在佛教兴盛的古代，新创的佛教经变画，风靡神州大地，影响社会民众。隋唐敦煌石窟的经变画来源于两京长安、洛阳和中原地区。今天，唐代两京和中原的佛教寺庙及其壁画已不复存在，敦煌石窟保存大量精美的隋唐经变画真迹，一定程度上，可以说是中国佛教绘画艺术的优秀代表。

至今，在日本奈良时期建造或绘制的唐招提寺和药师寺建筑、东大寺戒坛院雕塑、法隆寺壁画、当麻寺收藏经变画等，都能看到与敦煌石窟佛教建筑、彩塑、壁画佛教人物、经变画等相似的作品。敦煌石窟佛教艺术，与日本佛教艺术有一定的相似性，这为中国佛教艺术影响东亚国家佛教艺术提供了实例。

（二）敦煌文学

古代向民众普及佛教教义，除了采用上述经变画形象地描绘佛教教义外，还将"盛行于古代的歌呗产生一种特殊的文学——变文，这就是把佛经内容演变为便于说唱的通俗文辞。敦煌石窟（藏经洞）发现的各种变文，都是文辞酣畅、想象力都非常丰富的大众化的文艺作品"[9]。敦煌变文包括讲唱佛经故事和世俗故事两类作品，如《降魔变文》《八相变》《大目乾连冥间救母变文》《舜子至孝变文》《汉八年楚灭汉兴王陵变》等。这些变文的内容既传播了因果报应等佛教教义，又宣扬了儒家的忠君孝悌的思想。敦煌藏经洞发现失传千年之久的变文，是中国文学史上的一件大事。从敦煌的变文"作品中，可以看出后来的平话、小说、戏曲等中国俗文学的渊源所自"[10]。

（三）敦煌藏经洞佛教宗派文献

在印度佛教走向衰落之际，隋唐时期的中国佛教进入了黄金时期。最早，佛教经典或直接从印度传入中国，或经中亚、西域地区传入中国，被翻译、弘传。当时的中国僧人按各自不同的理解，对佛教经典进行判别与整理，先是在南北朝时期产生了众多的经论学派。进入隋唐以后，政治上的大一统为文化和思想的统合提供了条件，佛教的各种经论学派也进一步融合，终至创立了中国特色的佛教宗派，主要有天台、华严、唯识、三论、净土、禅宗、律宗、密宗等八大宗派。中国佛教宗派的形成过程，实际上也就是中华文明不断地吸收、消化外来佛教文化，并加以创造、发展的过程。敦煌藏经洞出土的佛教文献，内容涵盖了隋唐时期中国佛教的各个主要宗派的思想理论，许多经典还弥补了传世经典的空白，真实地反映了中古时期敦煌乃至中国社会各个阶层的佛教信仰实际，是在思想理论上对世界佛教的贡献。以下举数例加以说明。

9 赵朴初：《佛教常识答问》，北京：北京出版社，2009年，第152页。

10 赵朴初：《佛教常识答问》，北京：北京出版社，2009年，第152页。

禅宗是隋唐时期中国佛教独创的具有重要影响的三大宗派之一，其中心思想是佛性存在于众生的内心中，主张禅修和内省达到开悟境界，即"教外别传，不立文字，直指人心，见性成佛"[11]。敦煌文献中有大量禅宗典籍，既有记载初期禅宗思想的语录《六祖坛经》和《菩提达摩南宗定是非论》等，又有反映禅宗传法历史的"灯史"文献《传法宝记》《楞伽师资记》等。这些文献对研究中国禅宗历史及其思想有重大价值。中唐以后，禅宗分化为临济宗、曹洞宗等"五家七宗"。"南宋以来，日本禅僧来华参学和宋僧渡日弘传禅学十分频繁。"[12]日本镰仓时代的来华僧人荣西归国后在日本正式创立了临济宗，其再传弟子道元来华参禅归国后又创立了日本的曹洞宗。

天台宗主张一切事物都是法性真如的显现，以"三谛圆融、一念三千"的观点解释世界，主张止观双修。其奉《法华经》为最高经典。《法华经》是敦煌佛教文献中单本数量最多者，有五千多号，多数为隋唐及以后写本。同时，敦煌文献中还保存有天台宗经典如《法华玄义》《天台分门图》《天台四教仪》《天台四戒分门》《天台智教大师发愿文》等，对研究天台历史传承及其教义具有重要意义。在中国以至日本、朝鲜半岛都有着深远的影响。天台教义对日本专奉汉译《法华经》的日莲宗有很大影响。

唯识宗又名法相宗。经唐代玄奘传译、倡导而形成。主张修习唯识观行，以成就解脱、菩萨二果。其重要经典如《华严经》《密严经》《入楞伽经》《大乘阿毗达磨经》《瑜伽师地论》《成唯识论》和《中论》等在敦煌藏经洞皆有发现。唯识宗是一个偏重哲理思辨的宗派，敦煌文献中大量留存了它的经典，敦煌还有众多的信众和高僧。唐代"会昌法难"（845年）后，敦煌保存的唯识宗经典回流至长安。

净土信仰是佛教的基本信仰，净土宗以专修往生阿弥陀佛极乐净土的念佛法门得名，是中国佛教中流行时间最长、信众最广的宗派之一。该宗的主要经典"净土三经"《佛说无量寿经》《佛说观无量寿经》《佛说阿弥陀经》以及由中国人撰写的《佛说无量寿宗要经》在敦煌文献中都有发现。敦煌文献中还保存了反映"净土五会念佛"法门的《净土五会念佛诵经观行仪》和《净土五会念佛略法事仪赞》约60件。日本也保存有《净土五会念佛略法事仪赞》经典，说明中国"净土五会念佛"法门对日本净土信仰的影响。

---

11 《大正藏》第四十七册，第495页。

12 方立天：《中国佛教与传统文化》，北京：中国人民大学出版社，2010年，第302、303页。

四、结语

敦煌石窟艺术，是中华文明对以印度佛教文明为主的外来多元文明的吸纳、消化和融会，及在此基础上创新和发展的缩影。敦煌石窟的建筑、壁画、彩塑，以及藏经洞发现的文献，共同构成了灿烂辉煌、博大深厚的佛教文化艺术宝库。敦煌石窟的建造延续一千年之久，系统地反映了4~14世纪中国文化艺术取得的重要成就，成为中华传统文化的一个杰出代表。至今仍然对现代学术、艺术、旅游和经济产生着重大影响。如以敦煌石窟和藏经洞文献为研究对象的"敦煌学"，是世界人文学科领域长盛不衰的"显学"；给中国和世界绘画、舞蹈、戏剧、文学、造型装饰等艺术创作以极大启示；作为世界文化遗产的敦煌石窟是国内外著名的旅游胜地，成为世界人民了解、认识和研究中华文明的重要遗址博物馆；它还带动了地方经济的发展。因此，无论从历史还是从现代角度来看，这座宝库本身，就是中华文明对人类历史、世界文明的重大贡献。

敦煌石窟艺术的创造和发展，代表了中华民族文化生生不息、不断发展的传统，也是保持敦煌石窟艺术千年生机的生命源泉。任何民族的文化，既要继承本民族优秀的传统文化，又要不断吸收其他民族的优秀文化，兼容并蓄，不断加以创新，才能使本民族的文化不断得到发展。这就是敦煌石窟文化艺术遗产给当代中国和世界文化发展的宝贵启示。

当今时代，我们应该继续发扬中华民族兼收并蓄、海纳百川的优良传统，尊重世界各国、各民族文化的多元性和多样性。在广泛吸收外来文化的同时，不断丰富发展自己的文化，为世界文明的发展做出新的贡献。

（原载于太湖文化论坛编《世界和谐的通途：太湖文化论坛首届年会"加强文明对话与合作，促进世界和谐与发展"论文集》，新华出版社，2013年）

保护传承敦煌文化　增强中华文化自信

2019年8月19日下午，习近平总书记到敦煌研究院视察莫高窟，察看珍藏文物和学术成果展示，了解文物保护和弘扬传承敦煌文化艺术情况，同敦煌研究院的专家、学者和文化单位代表座谈并发表重要讲话。作为一名毕生从事敦煌莫高窟保护研究的文物工作者，我亲耳聆听习近平总书记对敦煌文化保护传承工作的重要讲话，备感振奋。习近平总书记的讲话是我们做好文物工作的重要指针，激励我们铸就中华文化新辉煌。

一、敦煌文化是各种文明长期交流融汇的结晶

习近平总书记在讲话中深刻指出，敦煌文化是各种文明长期交流融汇的结晶。我国自汉代以来两千多年的历史长河中，敦煌始终以中华传统文明为根基，不断吸纳着来自其他地域和民族的文明成果。多元一体的敦煌文化始终传承着中华传统文化的精华，同时又闪耀着古代印度文明、波斯文明、希腊文明的璀璨光芒，成为举世瞩目、特色鲜明的地域文化。

敦煌，地处河西走廊西端，西邻西域。丝绸之路开通后，自"西海"（地中海、里海）东行经西域门户伊吾、高昌、鄯善三道，总凑敦煌。作为汉王朝的西部边陲，敦煌所具有的控扼东西交通的特殊地理位置，使它成为汉王朝经略西域的桥头堡，奠定了敦煌文化的基础。

早在公元前2000年前后，青铜时代的四坝文化火烧沟类型的先民，就已经开始开发敦煌地区。公元前121年，汉武帝开疆扩土，敦煌地区正式纳入汉王朝版图，为西域的经营拉开了序幕，中西交流成为汉王朝的国家行为。公元前111年设敦煌郡以后，不少内地的世家大族迁入敦煌定居，所带来的中原文化与当地少量原居民所积淀的与西域千丝万缕的文化因素，共同构成坚实的汉晋敦

煌文化土壤。而这种以移民为主体的居民，以及在新迁地域共克时艰的开发经历，使他们较少拘泥于区域的异同，而更富于相互理解和包容，终于形成这一地区自觉的包容并蓄的文化基因。这样就使汉族与月氏、匈奴遗绪及以后与鲜卑、粟特、吐蕃、回鹘、党项、蒙古等少数民族的和平共处成为常态。

汉代悬泉置遗址出土的西汉昭帝（前86~前74年）以后的简牍〔图1〕表明，悬泉置驿站的一个重要职能是接待西域诸国来汉廷的使节，曾接待过来往于汉廷和西域之间的大月氏、康居、龟兹、罽宾、大宛、乌孙、于阗、精绝等29国使节。敦煌在东汉明帝（58~75年）时期就将"浮屠"这一具有特定文化内涵的外来词语用作地名，可见敦煌作为汉王朝西陲郡治，已成为我们了解异域文明的窗口和文化交融的首善之区。汉末三国期间来华的著名译经高僧或居士安世高、安玄、支楼迦谶、支谦、康巨、康孟详、康僧会、白延等，正分别来自西域的安息、大月氏、康居、龟兹等国。三国两晋至十六国时期，佛教在敦煌逐渐扎根，与中国传统的儒家文化、道教文化并存并进，发展成为当地的主要宗教之一。始凿于前秦建元二年（366年）的莫高窟〔图2〕，则是敦煌佛教文化发展的最显著标志。

中国现存四大石窟中，云冈、龙门石窟皆因北魏诸帝尤其是孝文帝所置，虽均地处京都，但因人置废，故都具有很强的时段性。麦积山石窟最得山水地利灵秀，自是禅僧遁世隐修的不二之选。而敦煌是河西诸绿洲中为戈壁环绕的最小绿洲，其经济实力与帝都及开发较早的甘肃东部相较，差距之大不可以道里计。但又是什么原因使从东而来的乐僔和法良独独垂青于此呢？

撩开乐僔"忽见金光，状有千佛"及法良所见"诸多神异"的神化面纱，真实的答案只能是适宜的自然和文化生态环境。可以说，正是敦煌地区这样特定的连接东西、沟通中外的文化窗口功能及三百多年佛教文化的浸润所积淀的丰沃的佛教文化乐土，促使乐僔、法良肇始于此"架空镌岩"。尽管敦煌地区此后亦屡罹兵燹，最终仍然造就了一千余年各朝开窟不辍、历代造像迭新的特殊佛教圣地，遗存了以大量中古文书为代表的各类文物构成的优秀人类文化遗产。

伴随着20世纪初敦煌石窟藏经洞文献的发现、流散和传播，在中华文化的谱系中催生了举世瞩目的"敦煌学"，使敦煌走向世界。王国维先生将殷墟甲骨文、敦煌塞上及西域的汉晋木简、敦煌石窟藏经洞的六朝及唐人写本、北京内阁大库的元明以来书籍档册称作19世纪末至20世纪初中国学术史上的四大发现，而敦煌一地所出便占其二。其中敦煌塞上木简是指斯坦因在敦煌长城遗址采集的数百枚木简。20世纪90年代初，敦煌悬泉置遗址考古发掘又获汉晋木简数万枚。这些科学发掘的木简资料极大地充实了敦煌文化的内涵。

敦煌文化的内涵非常广泛，作为以地冠名的地域文化，其核心无疑应以敦煌木简和敦煌石窟群（敦煌莫高窟、西千佛洞，瓜州榆林窟、东千佛洞及肃北五个庙石窟等）的石窟考古、石窟艺术以及藏经洞文献的综合研究为标志。

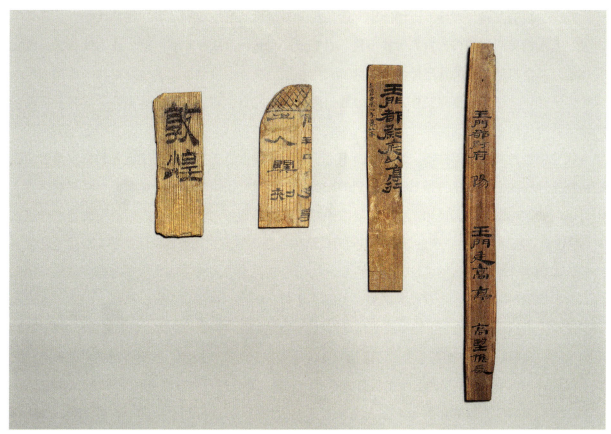

图1

图2

〔图1〕
敦煌悬泉置出土汉简

〔图2〕
敦煌莫高窟

敦煌佛教的发展与兴盛，历代世家大族，甚至皇室贵族是主要推动者。在莫高窟，凡是规模宏大、艺术精美的洞窟多为世家大族所建，且形成一种传统：往往一家一窟，或一族数窟，或父子相继，甚至祖创孙修的营建传统。在世家大族和皇室贵族的带动下，下级官吏和一般世庶民众也热衷于开窟造像。除莫高窟外，在敦煌西千佛洞、肃北五个庙、瓜州榆林窟等，都留下了大量的僧俗各阶层民众开凿的洞窟。

揭开佛教教义的神秘帷幔，敦煌壁画丰富多彩的佛国世界正是当时现实世界的真实折射。我们从繁盛神秘的宗教文化背景下，所看到的当时生产生活、民俗节庆、婚丧嫁娶、喜怒哀乐等人生百态，如农作图中的满足和亲切、嫁娶图中的喜悦和热烈等，就不再有时间的距离而可以直接对话；建筑、服饰、用具、工具等具有不同时代烙印的物质造型，如普通民居的朴实可信、帝都崇楼的天国蓝本，则似乎触手可及、可感可知，从而构成敦煌中古时期活灵活现的社会文化发展图谱。敦煌壁画所包涵和直接反映的历史、民族、文化、教育、经济、建筑、科技、民俗、生产生活、医疗卫生、东西交流、汉晋传统文化与佛教文化的关系、寺院、宗教、宗教流派、参禅仪轨、石窟形制、石窟（壁画、雕塑）艺术、世族关系、供养方式等丰富内涵，就不再是抽象的概念。它们不仅是取之不尽用之不竭的东西文明交融的文化宝藏，而且还具有古代文明的博物馆功能。

在敦煌文献中，仅藏经洞〔图3〕出土文献就达5万多件，目前可知有明确纪年者上起西晋永兴二年（305年），下至北宋咸平五年（1002年），加上敦煌石窟北区近年考古发掘出土的西夏文、回鹘文、藏文、蒙文（含八思巴文）、梵文（含婆罗迷文）的元代佛教典籍以及叙利亚文《圣经》摘录等文献，它的起止上下限与敦煌石窟的开凿基本同步，也历时千年。这些文献以多种文字的写本为主，还有少量印本。约占90％的佛教典藏著作不仅充分展示了敦煌地区活跃的佛教文化背景和诸家争鸣、并存的良好文化氛围，佛教文献本身还具有极为难得的拾遗补阙和校勘的历史文化价值。而道教、景教（基督教）、摩尼教典籍和古藏文、粟特文、于阗文、回鹘文、梵文佛教典籍，从侧面反映多元文化交流的面貌。其他文献虽总量不大，内容却极为丰富，涉及政治、经济、军事、地理、民族、语言、文学、教育、天文、历法、算学、医学、科技、美术、音乐、舞蹈、体育等，几乎包含了中古时期社会文化的各个方面，而且文化内涵远远突破了敦煌本身的地域局限，足以代表中华文明及与西方文明的文化交流背景，因而堪称中国中古时期的百科全书。

由于敦煌地区多民族、多种宗教、多种文化长期并存，致使社会生活的各个方面都体现出鲜明的地域文化特点。如特定地理条件下发达的商业经济生活形态、复杂的城市居住布局、独特的饮食结构和形式、华美多姿的服饰装扮、具有浓郁佛教氛围的岁时节令、不弃传统善融新俗的嫁娶丧葬等，其社会生活的丰富多彩，令人目不暇接。

当中国的丝绸、陶瓷、纸张等通过丝绸之路源源不断地传到西方时，西方人也同时带来了中国过去所没有的葡萄、苜蓿、郁金香等植物，狮子、豹及西域名马等，还有精美工艺品，如金属

工艺、琉璃和玻璃、呢绒、毛毯及各种装饰物等。许多外来的物品在敦煌壁画
中留下了大量的形象资料，如初唐莫高窟第209、329等窟的藻井图案中的纹
样装饰。敦煌壁画受印度和西域的影响，其中的狮子和大象等形象，也描绘
得比较真实。

　　南北朝到隋唐时期，波斯的工艺品通过丝绸之路大量传入中国，如狩猎形
象是古代波斯最流行的主题，表现狩猎形象的银盘就曾在中国北方多有发现。
波斯萨珊王朝（3～5世纪）正是罗马帝国强盛的时代，欧洲的罗马文化、西亚
的波斯文化与中国文化在从中亚到西亚的辽阔地域相碰撞，处处留下了文明交
汇的印痕。西魏莫高窟第249窟窟顶壁画中就有波斯风格的狩猎图。隋到初唐
时期敦煌彩塑与壁画菩萨的服饰中，出现大量的波斯纹饰，如联珠对鸟纹、联
珠对兽纹、菱格狮凤纹等。

　　玻璃、琉璃最初传入中国时，只有帝王和一些贵族能够拥有。在隋唐敦
煌壁画中，如莫高窟第401窟初唐时所绘的菩萨手持玻璃碗，碗边还镶嵌着
宝珠，第199窟中唐时所绘的菩萨也手捧一玻璃杯，杯中插花。类似的玻璃器
皿，在不少洞窟壁画中均有出现，反映了当时玻璃器皿的流行。香炉作为礼佛
的供器，往往借鉴外国样式进行制作。

　　敦煌，作为海上丝绸之路开通前国际交往的通都要邑，多元文明的荟萃交

融在敦煌石窟和敦煌文献中均得到充分体现。在中国古代传统文化传承发展的主脉中，同时蕴涵着古代印度文明、希腊文明、波斯文明和中亚地区诸多民族的文化元素。因此，博大精深的敦煌文化是各种文明长期交流融汇的结晶。

二、敦煌文化展现了中华民族的文化精神、
文化胸怀和文化自信

习近平总书记在敦煌研究院的讲话中深刻指出，研究和弘扬敦煌文化，既要深入挖掘敦煌文化和历史遗存背后蕴含的哲学思想、人文精神、价值理念、道德规范等，推动中华优秀传统文化创造性转化、创新性发展，更要揭示蕴含其中的中华民族的文化精神、文化胸怀和文化自信。

大量的各类历史文物遗存，启示我们去认识敦煌文化内涵的博大精深。在相当长的历史时期内，佛教在古代敦煌宗教文化中始终占据着主要地位。佛教文化的昌盛，不仅体现为中国大乘佛教的各个主要思想宗派的相互促进和发展，传译、抄写佛经以及开窟造像、举行法会等正统的宗教活动的频繁和规模，也体现为敦煌古代人民的日常生活、岁时节庆和娱乐活动中所反映的几乎无时、无处不在的佛教文化印迹。同时，道教作为土生土长的中国宗教，也以它所特有的根深蒂固的多神崇拜的思想方法存在于古代敦煌。另外，其他外来宗教如袄教、摩尼教、景教和伊斯兰教等，也在特定的民族文化圈内畅行其道。敦煌文化这一现象的价值在于不同文化价值体系的和睦相处。

敦煌佛教洞窟的兴建，历代世家大族，甚至皇室贵族是主要推动者〔图4〕。壁画反映了当时人们的现实生活和人生百态。

敦煌文献中还有大量非汉语文献，许多是已经消失的"死语言"，如回鹘文〔图5〕、于阗文和粟特文等。这些文献对于相关民族的历史文化研究的价值和意义自不待言，其与汉文文献以及多种宗教的共处、交流本身，即展示了敦煌文化的自信、自由、开放和包容并蓄。在这样文化基础上的文化昌盛和博大精深，是文化发展的必然结果。这种文化昌盛的因果逻辑，对于我们今天的文化建设和价值取向，应该具有很强的启示意义。

作为丝绸之路上的贸易和商业都市，敦煌的商业文化很兴盛。敦煌文献中有不少反映商业活动和纠纷的文书。如《塑匠都料赵僧子典儿契》是一份私人间订立的契约文书，内容为塑匠赵僧子因缺少劳作工具，将自己儿子典给亲家。这些文书，其实也反映了敦煌商业文化的一个重要特征——契约精神。

古代敦煌文化表明文化与教育始终紧密结合在一起，充分发扬以文化人的职能。文化学术方面的建树主要体现在对传统儒家经典的研究、阐释，以及史书、地志、地理典籍的撰修等方面。自敦煌开郡伊始，就设立学校教书育人，使敦煌文人代出、雅士不绝，在这种文化教育氛围中

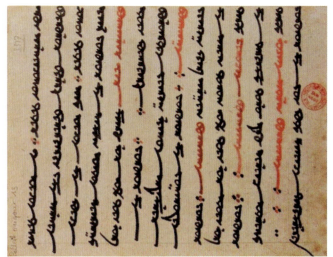

图4

图5

的敦煌文学与艺术也别具风采。敦煌文学作品可分为两类：一类是传世文人诗文的抄本，属传统的文人士大夫的正统文学作品；一类是以讲经文、变文、词文、话本、缘起故事、俗赋、曲子词、白话诗等为代表的俗文学作品。特定意义上的"敦煌文学"显然是指敦煌特有的俗文学，它鲜活、明快，具有浓郁的宗教、生活气息。鸿篇巨制《维摩诘经讲经文》，已经孕育了后代章回体白话小说的雏形。藏经洞所出敦煌讲唱文学作品近200个写卷，包括近80篇作品。敦煌文学作品真实呈现出多姿多彩的唐五代民间文学面貌及发展演化脉络，其体制形式和语言风格对宋元话本、元杂剧、明清章回小说等都产生了巨大的影响，极大地丰富了我们对中国文学史的认识。

莫高窟第285窟〔图6〕有西魏大统四年（538年）、五年（539年）的题记，是莫高窟最早有明确纪年的洞窟。这一洞窟带有明显的中原风格特征，窟顶都有飞动的彩云和各种传说中的神怪，其中还有中国的神仙，反映了外来佛教与中国本土文化的融合。

敦煌的文学艺术体现着兼收并蓄、自信创新的恢宏气度。敦煌壁画题材极为丰富，壁画绘制积极汲取相应时代最先进的绘画技法和理念，于线条和色彩的腾转挪移中紧扣时代脉搏，深涵经义意蕴，致使画作美不胜收。主要有佛像画、佛经故事画（包括本生故事、佛传故事、因缘故事）、中国传统神话画、佛教史迹故事画、经变画、供养人画像、装饰图案画等。在两晋南北朝至隋唐时代中原画家作品大都失传的今天，敦煌壁画就成为我们认识中古时代中国绘画史的重要依据。在南北朝时期，传自西域的画法逐渐被中国的画家所吸收，

画史记载北齐画家曹仲达画人物衣纹稠叠如出水之状，被称为"曹衣出水"。南朝张僧繇曾采用"凹凸法"在南京一乘寺绘制壁画。曹、张的画法正是传自印度和西域的画法，在敦煌莫高窟早期壁画中十分流行，如北凉第275窟、北魏第254窟等壁画中，描绘人物通常沿人体轮廓线用重色晕染，中央部位则较淡，体现出立体感。这一技法与印度阿旃陀石窟第2窟、第17窟等窟中的壁画人物完全一致，说明是来自印度的画法。在新疆的克孜尔石窟也采用了同样的技法，也称"西域式晕染法"。

盛唐时代，被称为画圣的吴道子把中国人物画艺术推向了高峰。吴道子的大量绘画作品绘于长安和洛阳的寺院，随着这些寺院的湮灭，壁画也就不存在了。莫高窟第103窟东壁维摩诘经变中，以劲健的线描，略施淡彩，勾勒出一个气宇轩昂、雄辩滔滔的维摩诘形象；第158窟南、北壁表现涅槃经变中的弟子及各国王子，人物神态生动，线描流畅而遒劲，色彩相对简淡，正是吴道子一派的人物画风格。唐代第39窟、172窟、321窟、320窟〔图7〕等众多洞窟中的壁画飞天形象，表现飞天轻盈的体态，流畅而飘举的衣饰飘带，也体现着"吴带当风"的气韵。从南北朝到宋元时期，敦煌绘画虽然也具有本土的特点，

〔图6〕
莫高窟第285窟内景
西魏

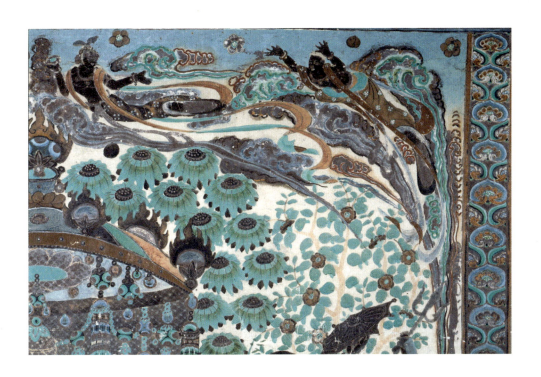

但从艺术发展的大趋势来看，始终受到中原地区绘画发展的强烈影响，中原出现的新画风，总会迅速传到敦煌。因此，敦煌艺术的发展从某种意义上看，就是中国美术史的一个缩影。

敦煌石窟几乎每窟都有乐舞形象，壁壁尽是曼妙舞姿。难得的是图像与相关敦煌文献互为印证，为了解中国古代音乐舞蹈的发展提供了生动翔实的资料。其所表现的音乐内容，展示了一个从早期对印度、西域风格的模仿，到隋唐以后中国民族音乐逐步形成的历史过程。舞蹈也经历了类似的过程，早期舞蹈较多体现出印度、西域及北方游牧民族风格，隋唐在融合基础上题材、类型不断丰富，形成气势恢宏的民族化新风尚，迎来了大唐盛世舞蹈艺术的黄金时代。其中展现的中华民族的文化精神、文化胸怀和文化自信，为我们铸就中华文化新辉煌提供了丰富的精神支撑。

三、铸牢中华民族共同体意识

习近平总书记在敦煌研究院的讲话中强调，要加强对少数民族历史文化的研究，铸牢中华民族共同体意识。

自汉以来，地处丝绸之路交通要道的敦煌就是多民族杂居的地方，中古时期的敦煌及周边地区长期存在着吐蕃、回鹘、党项等少数民族政权，这些民族在一定程度上又影响着敦煌的居民，形成了汉民族与周边各民族和谐相处、文化交融的状况。因此，敦煌文化具有多民族文化并存的显著特点。

敦煌壁画不仅展示了中古时期汉民族服装演变的历史，而且保存了古代西北多个民族的珍贵服饰资料，可称为中国服饰文化的宝库。除了北朝时期的鲜卑族外，中唐时期出现了吐蕃人物形象，如莫高窟第159窟〔图8〕的吐蕃赞普头戴朝霞冠（指红毡高帽），辫发束髻于耳侧，颈饰瑟瑟珠，身披大翻领的左衽长袖缺袴衫，腰束革带，长�靿乌靴。北宋末期，回鹘势力在敦煌一带强大起来，壁画中出现了不少回鹘人供养像，如莫高窟第409窟有回鹘王及王妃形象，回鹘王戴桃形高冠，身着团龙纹的圆领窄袖袍，腰系蹀躞带。回鹘王妃则头戴桃形凤冠，耳坠大耳环，身着大交领的窄袖长袍，这是典型的回鹘服装。

11世纪，西夏统治敦煌以后，壁画中也留下了西夏党项族的服装。如榆林窟第29窟西夏武官供养像〔图9〕，人物头戴云缕冠，身着圆领窄袖袍，腰间有护髀，束长带，足蹬乌皮靴。女供养人像，头戴高髻小团冠，身穿交领窄袖衫，百褶裙，弓履。小孩形象是头顶秃发，也与文献记载相符。西夏服装，可说是汉、夏混合装。元代壁画中有蒙古族人物的形象，如榆林窟第6窟明窗壁画中有4铺夫妇二人供养像，男子头戴宝顶莲花冠，垂辫髻，着质孙（蒙古民族的袍式一色服），足蹬六合长鞨靴。女子头戴顾姑冠，身穿交领窄袖长袍。

"异族婚姻"也是敦煌地区婚姻关系的一大特色。不同民族的人们在长期相处、共同生活的过程中，不断加强交流和相互了解，以至于打破民族和国家的界限，相互通婚。敦煌文书《杂抄》中有"慈到郡，处平割中，无有阿党。胡女嫁汉，汉女嫁胡，两家为亲，更不相夺"的记载，说的是早在三国时仓慈任敦煌太守时就有胡汉通婚的情况。唐宋时期敦煌石窟壁画绘有胡汉通婚的图像，如榆林窟第38窟西壁的婚礼图，分别着回鹘装和汉装的男女来宾围桌而坐，围幔内新人正在行礼，新郎头戴幞头，着汉式袍服，正在弯腰行礼，旁边站立着头戴桃形冠，颈饰瑟瑟珠的回鹘新娘，画面生动地反映了汉族与回鹘族之间通婚的场景。

近年来，随着藏经洞所出非汉语文献的破译与解读，少数民族文学也引起了广泛的关注，如吐蕃文、回鹘文的文学作品。吐蕃文文学作品最引人注目的是印度著名长篇史诗《罗摩衍那》的译本，此类写卷有6件，可能为吐蕃时期传入。将敦煌出土的吐蕃文本与梵文精校本《罗摩衍那》比对，发现无论内容还是篇幅，精校本的梵文本恐怕都迟于吐蕃文本，从而揭示出敦煌吐蕃文本的重要价值。古代藏族人还翻译了不少古代汉语文学、史学名著，如《尚书》《春秋后语》及《孔子项托相问书》等，上述吐蕃文写卷在敦煌藏经洞中也都有发现。

回鹘文作品如讲唱文学《善恶两王子的故事》，这个故事汉文本采用的是对话形式，回鹘文本被改为陈述式。此外，还有回鹘语韵文体《观音经相应譬喻谭》作品。在一个回鹘文佛教诗集残卷中，我们还可看到必兰纳识里根据汉文佛典而创作的回鹘文诗歌《普贤行愿赞》。

图 8

图 9

　　敦煌文献中保存了古藏文的《火灸疗法》《杂疗方》等，代表了藏医学的成就。《医理精华》本是印度很有影响的古典医学的代表著作，藏经洞保存了译自梵文的于阗文《医理精华》。汉、藏、印等不同文化系统不同语言文字医学文献的共处，展示了不同医学文化在敦煌地区的交流和相互借鉴。

　　今天的敦煌文化研究要在以往历史学、考古学研究的基础上加强对丝绸之路历史文化的研究，尤其是加强中国西部少数民族文化研究，加强中亚、西亚以及南亚印度文化与中国古代文化交流的历史研究。古代于阗文、吐火罗文、粟特文、回鹘文、梵文、西夏文等民族文字研究被称为"冷门"和"绝学"，但这些"冷门"和"绝学"往往可以为我们认识古代历史打开新的窗口，成为中国古代历史、中西文化交流史研究的突破口，为铸牢中华民族共同体意识提供历史的借鉴。

四、保护传承文化遗产　彰显中国特色社会主义文化自信

习近平总书记在敦煌研究院的讲话中，对敦煌文化保护研究工作表示肯定。要求我们加强对国粹传承和非物质文化遗产保护的支持和扶持。特别强调，把莫高窟保护好，把敦煌文化传承好，是中华民族为世界文明进步应负的责任。要求我们努力把敦煌研究院建设成为世界文化遗产保护的典范和敦煌学研究的高地。

回望敦煌研究院数十载风雨历程，一代又一代莫高窟的坚守者正是在党和国家文物工作方针政策的指引下，以保护传承中华优秀传统文化的高度自觉，以"坚守大漠、甘于奉献、勇于担当、开拓进取"的莫高精神，彰显了中国特色社会主义文化自信，使千年古老遗产重新焕发出熠熠光彩。

16世纪中叶，随着陆上丝绸之路衰落，嘉峪关封关，莫高窟长期无人管理，任人破坏偷盗，神圣的佛教艺术殿堂几成废墟。敦煌藏经洞文物的浩劫，被中国学者称为我国学术史上一大伤心事。为了改变"敦煌在中国，敦煌学在国外"的局面，几代中国学者顽强奋斗，为中华民族学术自信做出了巨大的努力，成为中国学术自信的一个典范。

1944年，国立敦煌艺术研究所成立，以常书鸿为代表的一批志士仁人、青年学子，身赴大漠戈壁，艰苦奋斗，初创基业。中华人民共和国成立后，更名为敦煌文物研究所，莫高窟得到党和国家的高度重视，开展了抢救性保护。20世纪80年代，敦煌文物研究所扩建为敦煌研究院，扩大编制、增加部门、汇聚人才，莫高窟事业迈入了国际合作、科学保护、弘扬传播的崭新阶段，迎来了生机勃勃的春天。

2003年，《甘肃敦煌莫高窟保护条例》经甘肃省人大常委会制定颁布实施。《条例》颁布后，我们进一步制定了莫高窟保护、旅游开放洞窟标准和游客预约管理等规章制度。在文化遗产保护范围内，无论旅游基础设施或办公设施，严禁破坏莫高窟的本体和环境风貌，严禁建设违规商业设施。《条例》为莫高窟的保护、利用与管理提供了强有力的法律支撑和保障。

莫高窟的保护是一项艰巨而复杂的系统工程，敦煌研究院与国内外科研机构合作制定了《敦煌莫高窟保护总体规划（2006～2025）》。《规划》在对莫高窟文物本体及其环境的保护、保存、利

用、管理和研究分别做出系统科学评估的基础上，制定出总体规划的目标、原则和实施细则。为保护、利用和管理莫高窟提供了专业性、权威性、指导性的依据。至今已有效实施了10多年。

敦煌研究院遵照《保护世界文化和自然遗产公约》及其《操作指南》确定的真实、完整、可延续地保护世界文化遗产的最高理念，不仅保护莫高窟本体各个时代的所有洞窟、壁画和彩塑，而且还保护历史留存的所有的人文和自然环境，因为历史遗留下来的人文和自然环境是文化遗产不可或缺的组成部分。我们不仅着眼于当代的保护，而且努力做到完完整整、原汁原味地将莫高窟的全部价值和历史信息传给子孙后代。

敦煌研究院多年来始终遵循"不改变原状"的文物保护要义，采取多种保护技术措施，实施莫高窟崖体和洞窟加固，抢救了许多洞窟精美的壁画和彩塑；针对莫高窟壁画和彩塑逐渐退化的情况，采用数字化技术，逐步实施莫高窟全部文物的数字化储存；为提高莫高窟保护的主动性和预见性，以风险管理理论为指导，进一步开启了预防性保护，建立了莫高窟安全技术防范系统等，防患于未然。这些措施都体现了文物本体及其环境"不改变原状"的保护精髓，真正让莫高窟得到真实、完整的有效保护，让莫高窟"延年益寿"。

敦煌研究院在保护好文物的前提下，科学合理地为旅游开放创造条件。为充分发挥莫高窟的教育弘扬传承功能，精心挑选了不同时代、不同窟型的典型彩塑和壁画等代表性敦煌艺术向游客开放，使游客在短时间的观赏中能看到洞窟的精华。为方便游客深度观赏，还在莫高窟建设了博物馆和藏经洞陈列馆，进一步解读莫高窟的文化价值。敦煌研究院还通过数字敦煌使莫高窟文化艺术走出洞窟、走出敦煌、走出甘肃、走出国门，多次在国内外举办敦煌艺术展览、敦煌壁画艺术精品高校公益巡展，走近大众。通过数字网站中英文版上线，使全球可以在线共享"数字敦煌资源库"30个洞窟高清数字图像和虚拟漫游节目，运用新媒体平台讲好"敦煌故事"，让辉煌灿烂的中华优秀传统文化的世界影响力越来越大，积极推动敦煌文化研究服务共建"一带一路"。

莫高窟自1979年正式开放以来，敦煌研究院始终坚持负责任旅游的原则，将保护贯穿于旅游开放的全过程。随着莫高窟的游客数量迅猛攀升，为了妥善解决文物保护和旅游开放之间的矛盾，我们建成了"莫高窟数字展示中心"〔图10〕，利用数字敦煌档案资源，将洞窟壁画、彩塑制作成数字电影。让游客先观看4K超高清宽银幕电影《千年莫高》和8K超高清球幕电影《梦幻佛宫》，在对敦煌艺术有了初步体验后，再到莫高窟实体适度观赏洞窟，做到石窟文物保护和旅游开放双赢。

敦煌研究院与国内外的高等院校、科研院所持续多年开展合作，共同对莫高窟的保护、传承和管理进行了探索研究，吸收了国内外的先进保护理念和成功管理经验，学习了先进的保护方法和工艺，使古代壁画保护在国内居于领先地位，并逐渐与国际接轨。敦煌研究院还采用多种办法，培养不同层次人才，充分借助国内外合作的有利条件，选送中青年专业人员到国内外高等院

校、科研院所进修学习。现已建成一支多学科的专业人才队伍，为莫高窟的保
护传承事业提供了坚实的人才支撑。

〔图 10〕
莫高窟数字展示中心

敦煌研究院对莫高窟的有效保护、合理利用和严格管理，获得了国内外广
泛认同和赞许。2010 年在巴西召开的世界遗产委员会第 34 届会议，将敦煌莫
高窟的保护管理、旅游开放经验作为典型案例，向各国世界遗产地传播供大家
分享。会议文件指出："莫高窟以非凡的远见，展示了有效的遗产地旅游管理
方法，以保护遗产地的价值，树立了一个极具意义的典范形象。"

（原载于《求是》2020 年第 4 期）

◈ 感悟中华文化　坚定文化自信

——在2020年文化和自然遗产日主场城市活动"文物赋彩全面小康"
论坛的发言

各位领导、各位嘉宾：

大家好！

非常高兴在这草木生长的美好时节，与大家相聚在钟灵毓秀的桂林，共同参加"2020年文化和自然遗产日主场城市活动"。

中国是历史悠久、文化灿烂的古老国度，中华大地上星罗棋布、灿若星辰的文化遗产就是最好的见证。无论是雄伟壮观的万里长城，还是叹为观止的兵马俑；无论是博大精深的莫高窟，还是气度非凡的云冈石窟；无论是恢宏大气的明清故宫，还是巧夺天工的苏州古典园林等等，都是中华文化的宝贵财富。今天我们所在的桂林就是闻名遐迩的历史文化名城，除了名甲天下的"桂林山水"，桂林的世界灌溉工程遗产灵渠，制陶技术的起源地之一甑皮岩等等文化遗产，都是展现中华优秀传统文化的"金色名片"。

千百年来，一代又一代先辈将生产生活实践镌刻成悠久历史，积淀成深厚文明，为我们留下了精湛深邃的文化艺术瑰宝。这些文化遗产凝聚着中国人民的非凡智慧和精神追求，见证着中华民族的生生不息、传承发展，承载着中华文化蕴含的哲学思想、厚重的人文精神和高尚的道德理念，是新时代中华文化传承创新、永续发展的源头活水，是对新时期建设小康社会、持续满足人民美好生活需求、增强人民文化自信的深厚滋养。

我在敦煌工作了近60年，在与敦煌石窟相伴的半个多世纪中，敦煌石窟精美绝伦的壁画彩塑艺术，博大精深的文化价值蕴藏，影响着我，滋养着我，伴之愈久，研究之愈深，愈让我深深感悟到其价值的无与伦比，领悟到其承载和蕴涵的深厚中华文化精髓，敦煌石窟是当之无愧的中华优秀传统文化的典范。

一、多元共存、兼收并蓄的文化宝藏

敦煌，地处甘肃西陲，河西走廊的西端，位于古代丝绸之路的"咽喉之地"。从敦煌出发，向东可通往中原的长安、洛阳，继续东延，可到朝鲜半岛和日本列岛；向西经过西域（今新疆地区）可到中亚、南亚、西亚，乃至地中海的北非和南欧。敦煌特殊的位置，扮演着古代中国通往西域的"门户"，来自南亚的印度、中亚、西亚的波斯、南欧的希腊等国家和地区的文化，经过西域在此汇聚交融。故称"华戎所交，一大都会"。古代丝绸之路的繁荣兴盛，带来了佛教东传，催生了4~14世纪敦煌莫高窟的千年营建，为全人类留存了多元文明交融荟萃的文化艺术宝库。

敦煌莫高窟集壁画、彩塑、建筑为一体，早期石窟的禅窟和中心塔柱窟，受到印度毗诃罗窟和支提窟的影响；彩塑衣服贴体或有凸起条纹是受印度秣菟罗、犍陀罗佛教雕刻的影响；壁画流行释迦牟尼本生、佛传故事，佛教菩萨上身裸露，下着长裙，画面人物多以凹凸画法晕染肌体，均是来自印度的影响；壁画绘画的服饰、冠饰、马铠、玻璃器、联珠纹样等，可以看到是来自波斯萨珊王朝文化的影响。从一些日神、月神、忍冬纹、葡萄纹、建筑构件等，又可看到古希腊文化的影响。丰富的乐器、胡旋舞，则是来自中亚文化影响。1900年，在莫高窟发现藏经洞，出土了各类文物近6万件。宗教典籍涉及佛教文献，中国的道教经典，西方传入的景教、摩尼教等宗教文献，还保存有古藏文、回鹘文、于阗文、粟特文、突厥文、梵文、希伯来文等少数民族文字资料。充分体现了多元文明、多民族文化在敦煌地区的交流互鉴和共存共荣。

敦煌文化是多元文化交流融汇的结晶，始终传承着中华传统文化的精华，同时又闪耀着古代印度文明、波斯文明、希腊文明的璀璨光芒，处处体现着中华文化广阔开放的胸怀，博采众长的气度。

二、开放自信、蕴藏丰富的百科全书

敦煌石窟的诞生、营建与佛教文化的发展兴盛密不可分，但敦煌地区多民族、多种宗教、多种文化长期并存使其表现出鲜明独特、丰富多彩的社会生活。

揭开敦煌石窟佛教教义的神秘面纱，透过敦煌壁画和彩塑构成的恢宏庄严佛国世界，展现在我们眼前的是生动真实、丰富多彩的中古社会生活。敦煌壁画形象描绘了古代生动热烈的生产生活、往来不绝的商旅贸易、喜悦热闹的婚姻嫁娶、华美多姿的服饰装扮、独特趣味的时令节庆、曼妙多姿的音乐舞蹈等社会生活场景，活灵活现再现了古代社会文化的演变发展，其丰富内涵，是取之不尽、用之不竭的文化艺术宝藏。

敦煌藏经洞大量非宗教文献，包括历史、地理著作，官私文书、经济文书、史书、政书、地志、书仪、蒙童读物，有数学、天文学、医药学、造纸术、印刷术等科技史料，有诗、词、曲、赋及变文等文学资料等等，记录了古代社会生活的方方面面，可谓"中古时代的百科全书""古代学术的海洋"，是研究中国及中亚、东亚、南亚相关历史、地理、宗教、政治、经济、哲学、艺术、文学、语言文字、科技等不可多得的宝贵资料。

敦煌石窟和敦煌藏经洞文献蕴含的文化内涵远远突破了敦煌本身的地域局限，充分反映了中华文化的开放、自信、自由、丰富，在这样文化基础上的文化昌盛和博大精深是文化发展的必然结果。

三、传承有绪、自成体系的艺术瑰宝

敦煌莫高窟，在千年的创作过程中，融汇了中国和外国、汉族和少数民族艺术风格而留存的数以万计的敦煌壁画艺术，代表了4～14世纪中国美术的重要成就，从某种意义上看，可谓中国美术史的缩影。

中国传世的绘画，唐及唐以前的作品留世数量极少。从六朝到唐代正是中国绘画艺术从发展走向辉煌的重要阶段，敦煌壁画为我们保存了这个时期的历史真迹，中国画家推崇的顾、陆、张、吴四大绘画家的风格，都可从敦煌壁画找到踪迹。北周时期面短而艳、人物体型健硕，正是张僧繇一派的画风；西魏壁画"秀骨清像""褒衣博带"的形象，正是陆探微一派的风格；唐代壁画衣服飘举、笔法豪放的人物画，是吴道子一派"吴带当风"的特色；青绿为主、绚丽灿烂的山水画则为我们了解李思训一派山水画原貌，提供了真实依据。

敦煌壁画还保存了大量丰富而珍贵的建筑资料、音乐舞蹈等资料，我们可以从中看到古代城垣、寺庙、宫殿、住宅、佛塔、酒肆、客栈等建筑形象，填补了现存唐及唐以前建筑实例的缺失；敦煌壁画形象定格了古代横笛、笙簧、排箫、腰鼓、箜篌、琵琶、琴瑟等各类乐器，还有胡旋舞、琵琶舞、巾舞等曼妙多姿的舞蹈形象等，充分展现了中华文化艺术的丰富多彩、传承发展、源远流长。

莫高窟及藏经洞以超越时空的非凡魅力，成为丝绸之路上一颗璀璨耀眼的明珠，成为中华优秀传统文化的代表。自1944年成立研究所以来，一代又一代莫高人以"坚守大漠、甘于奉献、勇于担当、开拓进取"的莫高精神，以高度的使命感，肩负起把敦煌石窟保护好、研究好，把敦煌文化传承好、弘扬好的重要责任，使古老文化遗产在新时期绽放新光彩。我们通过构建起抢救性保护与预防性保护并重的文化遗产科学保护管理体系，真实、完整地保护了莫高窟本体及其赋存环境；我们通过持续地研究、挖掘、阐释莫高窟的价值和内涵，使得敦煌石窟价值可以为世人所认知、所知晓；我们坚持负责任的文化旅游，选择优美的洞窟、彩塑和壁画，精彩的故事和内容惠及前来参观的中外游客；通过在国内外举办敦煌艺术展览，让敦煌文化艺术走出洞窟、走出国门、走向世界；通过上线"数字敦煌"，运用新媒体平台讲好敦煌故事，让全球观众足不出户体验灿烂的敦煌文化艺术等等。

我们所做的这一切，就是为了让更多人民大众认识到敦煌石窟的珍贵价值，能够通过观赏敦煌石窟，获取敦煌文化艺术知识，感悟中华文明的璀璨精深，自发守护国之瑰宝，自觉增强民族自豪感，自发坚定中华文化自信，自愿做新时代中华文化的继承者、创新者、传播者。

人类发展史是一部多元文明共生并进的历史，几千年来，古埃及文明、两河文明、古希腊文明、印度河文明、中华文明、玛雅文明、印加文明群星璀璨，交相辉映。中华文明正是以海纳百川的广阔胸襟，以兼收并蓄的态度汲取其他文明的养分，在持续的交流互鉴、传承发展中积淀成为辉煌灿烂的文明，成为世界上延绵数千年而未中断的伟大文明之一，当我们今天依然讲汉语、写汉字、练书法、画书画，当我们欣赏丰富多彩的文物，目睹无与伦比的文化遗产时，我们有足够的底气对祖国的文化充满自豪，充满自信。

2019年8月19日，习近平总书记在敦煌研究院座谈会上指出："研究和弘扬敦煌文化，既要深入挖掘敦煌文化和历史遗存背后蕴含的哲学思想、人文精神、价值理念、道德规范等，推动中华优秀传统文化创造性转化、创新性发展，更要揭示蕴含其中的中华民族的文化精神、文化胸怀和文化自信，为新时代坚持和发展中国特色社会主义提供精神支撑。要加强对国粹传承和非物质文化遗产保护的支持和扶持，加强对少数民族历史文化的研究，铸牢中华民族共同体意识。"近期，习近平总书记在莅临云冈石窟视察时又强调："云冈石窟体现了中华文化的特色和中外文化交流历史，这是人类文明的瑰宝，要坚持保护第一，在保护的基础上研究利用好。"

我想习近平总书记的指示不仅仅是针对敦煌石窟、云冈石窟的保护管理者，而是对整个文物行业的殷殷重托。作为新时代的文物工作者、文化工作者，我想我们应该携手共进，在先辈们铸就的光辉成就的基础上，承担起共同保护历史文化遗产的使命责任，使其代代守护、薪火相传、与时偕行、相生相长；我们应该萃取优秀传统文化的精髓，汲取传统文化的营养，把文化遗产跨越时空、富有永恒魅力、具有当代价值的人文品质和文化精神发扬起来，使其推陈出新、创新发展，让古老文明在新时代焕发出蓬勃生机与活力，为中华民族的伟大复兴，中华民族文化的繁荣兴盛做出更大贡献。

谢谢大家！

（本文为2020年6月13日在文化和自然遗产日主场城市活动"文物赋彩全面小康"论坛上的发言稿）

守护文化之根　弘扬莫高精神

——团结一心把敦煌研究院建设成为世界文化遗产保护的典范和敦煌学研究的高地

2019 年 8 月 19 日，习近平总书记视察敦煌莫高窟，并在敦煌研究院座谈时发表了重要讲话。习近平总书记从历史和文化的高度，对敦煌研究院的事业目标、道路方向和发展建设等各个方面作出了高屋建瓴的总结和全面具体的指示，给我们提出了关于石窟寺保护、研究和弘扬的新的历史要求。

这个历史要求归结起来就是：石窟保护、研究和弘扬事业是一项人民的事业，是一项关乎中华民族灵魂的事业。石窟寺文化遗产承载并延续着国家和民族的精神血脉，需要薪火相传、代代守护，也需要与时俱进，推陈出新。在新时代，敦煌研究院的使命担当就是—守护文化之根，弘扬莫高精神，力争"把敦煌研究院建设成为世界文化遗产保护的典范和敦煌学研究的高地"。

习近平总书记指出："文化是一个国家、一个民族的灵魂。"

莫高窟开窟和造像的历史，是一部贯通东西文化交流的历史，也是一部反映中华民族谋求发展和繁荣的历史。西汉王朝的张骞出使西域全线打通了中国与欧亚大陆之间的交通，此后这条陆上丝绸之路繁荣千年之久。伴随着汉唐时期丝绸之路的繁荣，从 4 世纪到 14 世纪，我们勤劳智慧的先民，凭借着虔诚的信仰和智慧的创造，造就了莫高窟这一中华民族的文化艺术宝库。

敦煌莫高窟的命运是和国家的命运紧紧相连的。清朝末年国运的衰弱，留下了一段中华民族难以抹去的伤心史。尽管 1944 年成立了敦煌艺术研究所，但是无法解决莫高窟保护中存在的种种困难和问题。中华人民共和国成立 70 年来，莫高窟受到历届党和国家领导人的亲切关怀和精心指导，才从根本上改变了莫高窟残破不堪的面貌；有了党和国家的高度重视和大力支持，才使敦煌莫高窟文化遗产的保护、研究和弘扬事业取得了令世人瞩目的成就。

习近平总书记指出："中华文明 5000 多年绵延不断、经久不衰，在长期演进过程中，形成了中国人看待世界、看待社会、看待人生的独特价值体系、文化内涵和精神品质，这是我们区别于其他国家和民族的根本特征。"我想敦煌莫高窟就是这样一个具有丰富的文化内涵和精神品质的独特的价值体系。我们保护、研究和弘扬敦煌莫高窟，其实质就是保护、研究和弘扬这个独特的、独一无二的价值体系。

那么，我们如何来保护、研究并弘扬这一独特的价值体系呢？

要回答这一问题，意味着我们要对中华文化的形成、发展和延续做出正确回答；意味着我们要对统一的多样性文化以及统一的多民族国家的形成和发展做出正确回答；意味着我们要对中华民族之所以生生不息、绵延发展的文化根源做出正确回答；意味着我们必须对物质文化史所包含的中国人的精神史和心灵史做出正确回答；更意味着我们必须努力将中华文化的价值意义植入人心并将守护的责任交给下一代。

以在敦煌研究院 57 年的工作经验，我认为要回答清楚这些问题，最重要的是要落实三个方面的工作。

第一，要坚定依靠科学的、体系化的研究。研究是文物保护、弘扬和管理的基础。没有研究，保护就会不得法；没有研究，弘扬就会流于肤浅；没有研究，管理就会有偏差。研究是文物保护、弘扬和管理等各项工作的灵魂。

原有的研究主要有几个层面：一是基础研究。考古研究、美术研究、文献研究等都是基础研究；二是应用研究。文物保护管理研究、文物数字化研究、文物展览陈列研究等都是应用研究。未来在以往研究的基础上应进一步加强比较研究和跨学科研究。比较研究就是要通过比较国内外其他遗产遗址保护管理的理念、方法、经验和教训，形成自己行之有效的保护管理理念和方法。跨学科研究就是把石窟文化艺术的研究和历史学、哲学、美学、艺术学等其他人文学科结合起来，拓宽敦煌莫高窟研究的空间，多角度、多层次地对敦煌文化艺术作出新的阐释。我想，这也就是习近平总书记提出的"深入挖掘敦煌文化和历史遗存背后蕴含的哲学思想、人文精神、价值理念、道德规范等，推动中华优秀传统文化创造性转化、创新性发展，更要揭示蕴含其中的中华民族的文化精神、文化胸怀和文化自信，为新时代坚持和发展中国特色社会主义提供精神支撑"。

灿烂瑰丽、博大精深的敦煌莫高窟佛教文化艺术，是中西文化和多民族文化交融荟萃的结晶，是中华优秀传统文化的杰出代表，是当代中国精神文明传承创新的重要资源，也是不同文明之间和平共处、相互交融、和谐发展的历史见证。我们有责任"做新时代中华文化的继承者、创新者和传播者"。

百年来的敦煌文献和敦煌石窟研究，已经为我国古代历史、经济、政治、科技、文化、中外交流等方面的研究提供了大量珍贵的资料，丰富和更新了许多关于古代社会历史的认识。但敦煌文献和敦煌石窟的研究还远未开发完，还有很多未知的领域需要去探索。今后还要从以下几个方面加强研究：①继续从不同的单一学科整理敦煌文献和敦煌石窟文物，挖掘资料，深入阐释其内涵；②跨学科研究，从多学科角度深入揭示敦煌文献和敦煌石窟的价值和意义；③深入拓展对敦煌石窟以及丝绸之路沿线石窟和文化遗产在艺术史方面的研究；④要在以往历史学、考古学研究的基础上加强对丝绸之路历史文化的研究，尤其是加强中国西部古代民族文化研究，中亚、西亚及南亚古代文化与中国古代文化交流的历史研究；⑤推进和深入"冷门"和"绝学"的研究，冷门和绝学的研究往往可以为我们认识古代历史打开新的窗口，成为中国古代史、中西文化交流史研究的突破点；⑥挖掘利用敦煌石窟文化遗产资源，促进丝绸之路沿线国家的民心相通。促进中外文化交流，做好"人类命运共同体"的研究、阐释和传播。

第二，文物保护、研究、弘扬和管理事业可持续发展的保障是人才，人才是一切工作的核心。研究需要人才，文物保护事业要发展，就必须培养人才、发现人才、珍惜人才、凝聚人才。培养或引进多学科的保护、研究、弘扬和管理人才，逐步形成世界文化遗产地自己的一支基本专业队伍。

习近平总书记在去年敦煌研究院座谈时的重要讲话中指出："要关心爱护我们的科研工作者，完善人才激励机制，支持和鼓励更多优秀专业人才从事这项工作"；"要持续加大投入，运用先进技术加强文物保护和研究，不断改善工作生活条件，为科研工作者开展研究、学习深造、研修交流搭建更好平台，提高科研队伍专业化水平"；特别强调"要继续加强基层文物保护和研究队伍建设"。

人才是一切工作的关键。没有一代又一代莫高窟人的坚守和奋斗，就不会有今天的敦煌莫高窟。为了保护莫高窟这座人类绝无仅有的文化遗产，多少莫高窟人献出了自己的一生。也正是因为积极培养保护人才，我们才能逐步建立起自己的保护科研队伍和实验室，我们才能从壁画的抢救性保护走向科学保护、从科学保护走向预防性保护、从局部保护走向本体和环境的整体保护，开创了莫高窟保护弘扬的新局面。敦煌文物事业之所以能取得一些成就，最重要的就是我们的前辈坚持培养一支高水平的专业人员队伍，才为敦煌研究院今天的发展打下了坚实的基础。敦煌石窟的保护、研究涉及多种专业、多个学科，要做好敦煌石窟保护和敦煌学研究，取得优秀成果，最重要的就是人才！

要确保稳定的保护、研究、弘扬和管理的人才队伍，鼓励拔尖人才的培养，就必须要有长远的人才队伍建设规划和机制保障，以及吸引、培养、使用人才的措施和制度。

我们应该把一流人才的培养，多学科专业人才队伍的建设，健全的学术生态与学术土壤的养护置于战略高度的地位来对待。我们有责任为敦煌莫高窟事业的发展留住人才，我们有责任为敦煌莫高窟的未来培养人才。

第三，敦煌莫高窟文化艺术的保护和传承，应该从物质层面的传承上升到心灵层面的传承。把世界文化遗产完好地交给下一代固然重要，但是最高境界的传承不只是物质的传承，而是心灵的传承。世界文化遗产地不应该仅仅是旅游地，而应该是中国人的文化朝圣之地，国民教育的学校。

我的老师苏秉琦先生曾说："我们要对人类的文明生活有所贡献，就需要好好地保护我们先民留给我们的这份珍贵遗产，从这里边去吸取经验，看他们如何发明和改进了农业和陶业，征服了森林，驯养了家畜，发明了文字、指南针、印刷术、火药，以及笔墨纸砚，看他们又是如何由活剥生吃到煎炒烹调，由山洞土窑到楼台亭榭，从树叶兽皮到锦绣衣冠，由轮子的发明到机械的使用，然后我们再看这一切物质生活方面的发明和改进对于当时经济和社会、政治和意识形态种种方面所发生的影响，这就是研究中国物质文化史的任务。"

习近平总书记指示："让收藏在博物馆里的文物、陈列在广阔大地上的遗产、书写在古籍里的文字都活起来。"文物活起来最有意义的目标，就是让文物所承载的内涵和精神深入民心，这样才能铸牢中华民族共同体意识。也就是说，我们所从事的文物事业，不仅是文物工作者的事业，而是全体中国人民的事业。我们要为人民做好这项事业，也要让这项事业涵养我们的人民。

我理解，为莫高窟专设的保管机构及其管理者，应该团结一心、恪尽职守，为国家、为社会、为民族、为人类真实、完整地保存并延续敦煌莫高窟的全部价值和历史信息，把敦煌研究院建设成为世界文化遗产保护的典范和敦煌学研究的高地，将莫高窟建成发扬光大敦煌文化艺术的世界级遗产博物馆。这既是敦煌莫高窟"保护、研究、弘扬、管理"的四大任务，也是国家赋予我们的重大使命，也是习近平总书记在讲话中要求我们"为世界文明进步应负的责任"。

担当如此重大的使命，不是一句空话，要有实际行动，要以常书鸿、段文杰等前辈为榜样，薪火相传，继续发扬"坚守大漠、甘于奉献、勇于担当、开拓进取"的莫高精神。

敦煌莫高窟的保护和管理，需要紧紧围绕莫高窟存在的突出问题，知难而上，通过科学技术和科学管理，想尽一切办法克服困难、解决问题。唯有如此，才能谈得上担当了使命，履行了责任。因此我们的管理者必须直面问题，不能回避问题，只能做好，不能做坏，否则就是失职，对不起前辈、对不起祖宗、对不起国家。

守护莫高窟是值得奉献一生的高尚的事业，是必然要奉献一生的艰苦的事业，也是需要一代又一代人为之奉献的永恒的事业。我们要进一步学习习近平总书记关于文物研究、保护和弘扬的重要讲话，深入贯彻落实习近平总书记关于文物保护、研究和弘扬的指示精神，继续秉承前辈们创立的莫高精神，开拓进取、不断攀登、继续创新，争取为敦煌莫高窟的保护、研究和弘扬事业做出更大的贡献！

借此机会，我也呼吁从事文物事业的同志们要团结一心，砥砺前行，为中华民族守护好民族的文化之根，为子孙后代守护好民族的精神血脉，为世界守护好人类历史中神圣的文明之光。

（原载于《敦煌研究》2020年第6期）

贰·敦煌石窟保护研究的历程

II

The Course of
Conservation and
Research of
Dunhuang
Grottoes

◈ 敦煌莫高窟的保存、维修和展望

古代敦煌是中西交通的咽喉之地，又是中西文化的交汇之处，举世瞩目的敦煌莫高窟，位于中国甘肃省敦煌市东南25千米的鸣沙山下。据唐代圣历元年（698年）的碑文记载，莫高窟自前秦建元二年（366年）开凿，至镌碑时已有窟龛1000余个，此后历代续建，亦有塌毁。至今在长1680米的山崖上，遗存4~14世纪10个世纪的洞窟735个。其中的492个洞窟内共存壁画4.5万余平方米，彩塑2000多身。规模宏大的莫高窟，不仅蕴藏着丰富的艺术珍品，而且包含了中国乃至西域的中世纪传统文化的丰富内容。由于其壁画艺术的宏富辉煌和内容的博大精深，故得到"世界艺术画廊""墙壁上的博物馆""世界艺术宝库"的誉称。敦煌莫高窟具有珍贵的艺术、历史、科学价值，1961年被国务院定为第一批全国重点文物保护单位，1987年又被联合国教科文组织遗产委员会批准列入世界文化遗产名录。

敦煌莫高窟开创至今已有1600多年。历史留给我们丰富而珍贵的文化遗产，同时也赋予我们不容推卸的保护重任。我们今天应尽全力保护好它，使它能世代相传下去。敦煌研究院和它的前身国立敦煌艺术研究所、敦煌文物研究所的研究人员，为了敦煌石窟的今天和明天，展开了艰难而卓有成效的保护工作。本文拟从三个方面阐述敦煌莫高窟的保护工作。

一、敦煌莫高窟的保存

千百年来敦煌莫高窟是怎么保存下来的呢？这是现在和今后保护工作首先要弄清的问题。

（一）自然因素

敦煌莫高窟是建筑、壁画、彩塑三者结合的综合性艺术。每个洞窟按壁画和彩塑所表现的题材内容，构筑成一定的建筑形式。各种建筑形式的洞窟，一般均由主室（后室）、甬道、前室、窟外木窟檐构成。壁画的结构和制作方法由三个部分组成：①开凿洞窟的石壁作为壁画的支撑结构；②在打平的石壁上涂1～2层掺和草与砂的粗泥层，再敷一层较薄而掺和棉、毛或麻的细泥层，作为绘制壁画的地仗层；③在压平晒干的细泥层上，涂刷一层石灰、石膏之类的白粉，用颜料和黑色描线。这是壁画的主要层位——画面层（颜料层）。绘画前在地仗层上刷几道胶矾水，以固着颜料。彩塑的结构和制作方法是以木料搭制骨架，外用芨芨草或芦苇捆扎出大体结构，然后依次敷抹泥层和颜料层，与壁画的结构基本相同，只是材料成分和制作工艺与壁画稍有不同。

经分析洞窟地层为酒泉砾石层，为砂泥质及钙质胶结。在窟内干燥的条件下，石质比较牢固，与壁画粘接效果较好。崖面遗留痕迹表明，原来几乎每个洞窟窟外都构造过木窟檐，由于窟檐进深较大，筑有檐墙和窟门，对于防止风沙、雨雪、光照，甚至保持窟内小气候都起了保护作用。

经分析壁画和彩塑的地仗层所采用的材料，洞窟内为麦草泥、麻泥、棉花泥，露天壁画则为白灰泥。麦草泥用土多是窟前的一般黏土，含沙较多。麻泥和棉花泥多用河里沉积的澄板土，含沙较少。泥土中拌和的麦草、麻、棉花、蒲绒、芨芨草、芦苇等纤维材料取之于当地麦草泥，用于地仗层底层，与崖壁黏合强度较高，麻泥、棉花泥铺于地仗表层，不仅拉力强、韧性好、延展性好、收缩小，而且表面光滑，是绘画的好材料。

经分析壁画和彩塑的颜料层所用材料，大多为天然矿物颜料，主要有朱砂、土红、雄黄、石绿、氯铜矿、石青、青金、白垩（又名方解石）、高岭土、滑石、石膏、云母、墨（又名炭黑）等。此外，还有人造颜料银朱、铅白、铅丹、植物颜料藤黄、胭脂。众所周知，天然矿物颜料性质比较稳定。

敦煌莫高窟地处戈壁沙漠腹地，空气干燥，雨量稀少，温度变化剧烈，是典型的大陆性气候。据记载，年平均降雨量仅30毫米左右，而年蒸发量却高达4200毫米。窟外最高气温为44.1℃，最低气温为零下27.6℃。在最干燥的时候，常有空气相对湿度为零的纪录。但洞窟内的气象环境却表现出完全不同的特点：温度、湿度具有相当的稳定性。据近年来具有代表性的中型唐代洞窟第335窟的监测数据统计，窟内全年温度变化在5℃～20℃之间，年平均温度为12℃，全年相对湿度变化在6%～40%之间，年平均相对湿度为18.3%。据1990年二三月份8天中第194窟窟内外的温、湿度记录，可以看出昼夜之间，窟外温度有14℃左右，相对湿度有18%左右的较大变化，但窟内的温度和湿度却非常恒定，其日变化值分别小于1.0℃和3%。

莫高窟这种干燥的气候和洞窟内稳定的小气候环境，为壁画和彩塑的保存，提供了良好的自然条件。我们知道，壁画和彩塑颜料层所施的天然矿物颜料本身比较稳定，在干燥和稳定的环境里，一般不易发生化学变化，不易变色和褪色。因此使一些壁画千百年来一直保持鲜艳的色彩。地仗层含有的麦草、麻、棉花、芨芨草、芦苇等有机物质，在干燥的气候条件下，不易腐烂变质，不易霉变，随之使地仗层在稳定的小气候环境里，物理应变力比较小，不易脱落，保持了壁画和彩塑的牢固性。总之，壁画和彩塑材料本身的稳定，气候干燥，小气候环境的相对稳定，使许多洞窟的壁画和彩塑能比较好地得以保存。

（二）社会因素

除了上述良好的自然因素外，历史上较好的社会因素，也是敦煌莫高窟得以保存的重要原因。

首先根据文献记载，4～14世纪莫高窟连续开窟造像的10个世纪中，敦煌及河西地区尽管朝代几经更替，兵戈逆乱迭起，但与中原地区相比，相对地说还是比较安全；无论外族屡次入侵，如北魏柔然围困，隋为突厥、吐谷浑侵扰，唐代吐蕃、突厥进犯，后梁甘州回鹘兵逼沙州，宋代党项族入主等等；还是北周城民李保起事，隋末李轨举兵称王，唐代张护、李通谋反，张议潮起义等等，内战都是些局部性的战乱或骚扰，没有造成全局性灾难性的战事破坏。莫高窟一直处在稳定的社会环境之中。

其次，4～14世纪，敦煌地区的历代统治阶层中多为笃信佛教者，如北朝东阳王元荣，建平公于义，隋唐五代宋的索、李、阴、翟、张、曹氏等世家大族，以至西夏党项族当政者、元蒙西宁王速来蛮等等，在他们的倡导下，莫高窟开窟造像之风久盛不衰。尽管历史上发生了北魏太武帝太平真君七年（446年）、北周武帝建德三年（574年）、唐武宗会昌五年（845年）、后周世宗显德二年（955年）四次灭佛，沉重地打击了中原地区的佛教教势，并抑制了佛教艺术的发展，但灭佛的劫难未能波及西北边陲的敦煌，莫高窟的佛教活动仍在继续进行，佛教艺术仍在发展，不断地开窟造像绘制壁画。

最后，4～14世纪，莫高窟与他地众多的佛寺一样，长期得到僧人和信徒的保护和修缮。遗迹表明，莫高窟部分北朝洞窟的壁面已被隋代壁画覆盖。唐代亦重视修缮。如《张淮深碑》记载建于唐延载二年（695年）的第96窟及其窟檐，唐乾符五年至中和五年（878～885年）又重行修缮；又《唐宗子陇西李氏再修功德记》载，唐乾宁六年（894年）河西节度使凉州司马检校国子祭酒兼御史中承上柱国李明振，重修其祖李太宾于唐大历十一年（776年）建造的第148窟。晚唐（848～906年）对前代洞窟进行重修的现象较为普遍。至五代、宋时期，可能因晚唐、五代有一次较大的地震而进行了一次颇为壮观的全面修缮，在崖面上绘制了大面积的露天壁画；建筑了窟外木窟檐，整修了窟前栈道，于今还保存着5座木构窟檐，下层洞窟前建造了一批窟前殿堂；在许多前代洞窟内局部或全部地重新绘制了壁画。西夏天祐民安五年（1094年）的《凉州重修护国寺感应塔碑铭》云："至于释教，尤所崇奉，近自畿甸，远及荒要，山林溪谷，村落坊聚，佛宇遗址，只椽片瓦，但仿佛有存者，无不必葺。"西夏当政者对佛寺遗址保护维修表现在莫高窟，经西夏重修的洞窟达70余个。元至正十一年（1351年）所立《重修皇庆寺记》碑载："速来蛮西宁王崇尚释教，施金帛彩色、米粮、水植，命工匠重修之。"此处的皇庆寺，泛指整个莫高窟。

二、四十多年来敦煌莫高窟的维修和保护

（一）敦煌莫高窟的病害

敦煌莫高窟在千百年漫长岁月之后，石窟及其壁画彩塑所处环境的影响作用，都会破坏这些文物的稳定性。特别需要指出的是：15世纪以后明朝政府封闭嘉峪关，敦煌遂成为边处荒芜之地，千年佛教圣地莫高窟也被弃而人迹罕见，任其自然坍塌，风沙侵蚀，日晒雨淋，偶有偷盗掠夺，时有烟熏毁坏。1944年设立国立敦煌艺术研究所时，莫高窟已是荒凉破败，满目疮痍，石窟文物病害累累。其病害可概括为11种。

第一，石窟崖体的横向崖边裂隙和纵向垂直裂隙，加之地震，洞窟重叠密集，致使洞窟崩塌。下层局部坍塌的洞窟，又形成上层洞窟的悬空险象，有导致再崩塌的危险。

第二，崖壁裂隙，地仗层与崖壁失去黏结，地仗层各泥层间的脱离，本身的重层壁画，均会导致壁画局部空鼓，有的造成大面积脱落，甚至整壁坠毁。

第三，下层洞窟和上层薄顶洞窟因潮湿、通风不良和可溶性盐类运动而使壁画地仗层酥碱，乃至粉化，严重者连同颜料层一起掉落。

第四，颜料施色过程中用胶不当，使颜料层龟裂，状似鳞甲，甚至起片卷翘脱落，画面出现了无画素面空白。

第五，用胶过少，因潮湿或光照而使胶失去黏结作用，进而使颜料层的颜料逐渐粉化脱落。

第六，光照、潮湿或颜料间的相互作用，致使色彩变色或褪色，故而画面色调晦暗，形象模糊，一些壁画作品因此而失去了艺术魅力。

第七，偶然因素引起的局部潮湿而使某些洞窟的壁画生长霉菌，进而使画面产生污点霉斑，改变了画面的原始面貌。

第八，人为的烟火熏燎形成的烟锈，污染画面，甚至使画面完全变黑，无法辨认其内容。

第九，游人涂写和刻划，机械性地损伤画面，破坏壁画艺术形象的完整性。

第十，游人和旅游车辆增多，于是废气、废料随着逐渐增多，如任其发展，大有可能改变莫高窟固有的较好的保护环境，对壁画和彩塑将会形成潜在的破坏作用。

第十一，彩塑除地仗层酥碱、颜料层龟裂起甲、颜料粉化脱落、变色和褪色等病害与壁画病害相同外，由于木质骨架的变质乃至糟朽，导致彩塑松动倾斜，甚至解体、四肢断折等病害，严重者坠毁。

（二）莫高窟的维修保护

40多年来，我们同国内外科研单位和专家合作，不断进行了逐步改进，对敦煌莫高窟进行了以下五个方面的保护维修工作。

1. 石窟危崖加固

石窟崖体纵横裂隙和历史上的地震，造成部分洞窟局部崩塌，又使另一部分洞窟悬空，将有继续崩塌的危险；部分洞窟暴露在外，长期受日光、雨雪、风沙侵蚀。这些都严重危及石窟的安全。经过勘察，采用工程构筑附加构造物的方法进行加固修缮，工程主要措施：①以梁柱结构支顶悬空的石窟；②以石砌体挡墙支撑有裂隙的崖壁；③清除崖壁顶部边沿的悬崖危石。这项工作持续进行的时间较长。最初，20世纪50年代，选择了早期洞窟集中且险情严重的区段进行局部试点。取得经验后，60年代，国家开始巨额投资，对有严重险情的7个区段进行了全面加固修缮。进入80年代，危崖加固工程还在继续，迄今为止，莫高窟壁面和彩塑精华所在的南区大部分崖壁和406个洞窟都得到妥善加固，崖壁和洞窟崩塌的危险得以解除，保证了石窟群的安全，暴露在外的洞窟有了挡墙而免于日光、雨雪、风沙的侵蚀。过去由于崖壁和洞窟崩塌而难于登临的洞窟，现在铺设了栈道和上下通道而畅通无阻，石窟外貌朴实自然，与外部环境风貌融为一体。这项工作今后还将继续进行下去。

2. 病害壁画和彩塑的修复

据调查，莫高窟有各类病害的壁画总计4000多平方米，占壁画总面积的10%；有病害的彩塑共100多身，占彩塑总数的5%；有病害的洞窟共250多个，占有壁画和彩塑洞窟总数的50%以上。大量的病害壁画和彩塑有待修复治理，不然珍贵的艺术品就有毁灭的危险。

首先，抢修了一批行将坠毁的大面积脱落的壁画。对边沿脱离崖壁的壁画，进行了边沿填塞加固；对中部空鼓而边沿未脱离崖壁的壁画灌浆粘贴加固；对大面积空鼓壁画，采用灌浆粘贴和铆钉加固结合的方法来加固。已修缮的大面积脱落壁画共600多平方米，抢救了第445、444、130、194、159、196、366等窟的精美壁画。

其次，选择了聚乙烯醇和聚醋酸乙烯乳液作为加固材料。为了修缮最严重的起甲和酥碱的病害壁画，对加固的黏结材料和修复工艺进行了反复试验，在众多的合成树脂材料中，选择了聚乙烯醇和聚醋酸乙烯乳液作为加固材料。这两种材料，在敦煌气候干燥的条件下，具有多种优点，固结性能良好，不仅能达到加固和修复壁画的目的，而且能保持壁画的原貌，自60年代以来，使用上述两种加固材料先后对第161、285、404、159、321、331、361、98、85等数十个洞窟的壁画进行了修复。其中修复起甲壁画1000多平方米，酥碱壁画200多平方米。

再次，筛选弱碱盐碳酸钠作为清洗剂，清洁烟熏病害。莫高窟有烟熏病害的洞窟29个，壁画1110多平方米，彩塑39身。为使精美的艺术作品再现于今天，筛选弱碱盐碳酸钠作为清洗剂，在实验室试验的基础上，对唐代修建的第71窟烟火熏黑的10多平方米壁面和3身彩塑做了试验性清洗，使已无法辨认的壁面形象和彩塑色彩焕然清晰。经过10多年的观察，清洗试验后的壁画没有异常变化。今后对烟熏壁画的清洗拟作进一步的探讨，并进行大面积的清洗。

最后，采用扶正加固和脱胎换骨的工艺加固整修。20世纪60年代以来，对彩塑进行了普遍的检查和修缮，病害与壁画相同的彩塑，其修复也与壁画相同，为了抢修已经松动倾斜和躯体解体的2米以上的大型彩塑，分别采用扶正加固和脱胎换骨的工艺措施，经加固整修的第427、412、55窟等一些大型彩塑免于坠毁。

3. 壁画和彩塑颜料剖析

对莫高窟壁画和彩塑颜料的剖析工作，自20世纪30年代以来已进行过多次。然而采用较先进的手段，较全面系统地剖析颜料是在80年代开始的。我们首先通过X射线的衍射分析和荧光分析等方法，对白色、红色、蓝色、绿色、黑色、棕黑色种颜料的几百个样品进行了剖析。剖析结果表明莫高窟颜料大多为无机矿物颜料。

白色颜料有：白垩（又名方解石）$[CaCO_3]$、高岭土$[Al_2Si_2O_5(OH)_4]$、滑石$[Mg_3Si_4O_{10}(OH)_2]$、石膏$[CaSO_4 \cdot 2H_2O]$、云母$[KAl_2Si_3AlO_{10}(OH)_2]$；

红色颜料有：朱砂（又名辰砂）$[HgS]$、土红$[Fe_2O_3]$、雄黄$[AsS]$；

蓝色颜料有：石青$[2CuCO_3 \cdot Cu(OH)_2]$、青金石$[(Na,Ca)_8(AlSiO_4)_6(SO_4,S,Cl)_2]$；

绿色颜料有：石绿（又名孔雀石）$[CuCO_3 \cdot Cu(OH)_2]$、氯铜矿（又名碱式氯化铜）$[Cu_2(OH)_3Cl]$；

黑色颜料有：墨（又名炭黑）$[C]$、铁黑$[Fe_3O_4]$；

棕黑色颜料有：变色颜料二氧化铅$[PbO_2]$，颜料变为棕黑色，是铅白和铅丹在一定条件下变成二氧化铅；

此外，还有人造颜料；银朱$[HgS]$、铅白$[2PbCO_3 \cdot Pb(OH)_2]$、铅丹$[Pb_3O_4]$等。可能还有植物颜料。

壁画和彩塑的颜料层是壁画和彩塑的主要部分，精华所在，通过系统地剖析颜料，初步弄清了莫高窟颜料的物相组成及变色颜料的成分，这无疑对进一步研究壁画和彩塑变色和褪色的原因是有益的。

其次，为了防止壁画继续变色，在弄清变色颜料成分的基础上，开始对铅白、铅丹、土红、朱砂、铅黄（PbO）的变色原因进行了试验性研究。做了X射线的衍射分析、红外光谱、扫描电镜分析，从不同光源的辐射、有害气体的影响、不同湿度的作用、颜料之间相互作用、胶结材料老化等方面，探索了壁画变色的机理。当然壁画颜料变色是个十分复杂的问题，有待进一步深入研究。

最后，最近在一些洞窟中采用色度计测定的色差值△E的变化，来判断颜料的色相（颜色）和色调（颜色深浅），可以比较准确而及时地掌握壁画颜料的变色情况，有助于我们研究并采取措施防止壁画颜料的再变色。

4. 环境监测

环境因素对石窟保护至关重要。20世纪60年代曾做过一个时期的气象监测工作。1985年以来，采用科学的手段监测了气象、大气环境质量、水质、风沙等。莫高窟气象监测，包括大气环境和小气候环境。前者测定窟区的气候环境，测定的内容有空气温度、空气湿度、地表温度、光照、风向、风速、降沙量、沙粒度、雨量等。使用全自动监测装置，进行数据的记录，读取处理，测定数据准确，测定时间间距短，可较准确地掌握窟区气象的微小变化，这是一项常年性的监测工作，将继续进行下去。小气候环境监测是测定洞窟内的小环境，这对保护洞窟内的壁画和彩塑是十分重要的。洞窟内的温度、湿度、光照、气流等往往因各个洞窟的大小、进深、位置、有无窟门等而异，情况比较复杂。采用自动和半自动装置进行监测，监测的洞窟选择不同，位置大小不一，进深有别，有无窟门，参观与不参观的各种类型，洞窟分别作长期和短期的监测；这些测定资料为具体研究各个特定洞窟的小环境与该窟壁画和彩塑病害的关系提供了依据。

再次，运用我国统一颁布的环境监测分析方法，对莫高窟窟区大气中的二氧化硫（SO_2）、硫化氢（H_2S）、臭氧（O_3）、氮氧化合物（NOx）进行了监测，初步摸清了窟区环境中不同季节各种污染物含量变化的规律，并找到了有害污染物的污染源，为保护莫高窟及其环境提供了环境方面的科学依据。

同时，对莫高窟窟区地表水和崖体岩石的化学成分进行了系统分析。分析结果表明，莫高窟窟区地表水水质差，硬度大，含有可溶性盐类较多。崖体岩石中含有铁、铝、钙、镁、钾、钠等多种金属的氧化物。这些都是探讨壁画、彩塑病害与制作材料关系的首要的基础资料。

5. 预防性保护措施

在40多年工作实践中不断探索，在莫高窟采取了一系列的预防性保护措施，以防止石窟文物的再破坏。

控制洞窟小气候环境，是保护壁画和彩塑的重要措施。但洞窟不能关闭，要向国内外学者、游人开放，供他们考察、研究、欣赏。为此，制定了严格的开放参观制度：划分一般参观与专业参观的区域；严格控制参观线路；限定开放洞窟的数量；轮流开放洞窟；供一般参观的洞窟尽可能地挑选大型洞窟；严格控制入窟参观人数；全部洞窟安装了既能流通空气，又能避光的铝合金窟门，洞窟不开放时及时关闭窟门。

为防止开放过程中人为地破坏壁面，在开放参观的洞窟内安装玻璃屏风。为防止污染莫高窟窟区的大气环境，控制窟区内汽车的行驶和停放。定期检查洞窟，以便及时发现和修复壁画和彩塑的病害。

三、将来的保护计划

回顾40多年来敦煌莫高窟的保护工作，我们大体经历了看管不丢的守成阶段、全面修缮的抢救阶段和开展研究保护的科学保护阶段。在保护实践过程中，我们探索积累了经验，促进了保护技术的发展，从最初的没有多少办法到有了一些办法，直到采用现代先进科学方法进行保护。与此同时，深化了我们对莫高窟保护工作意义和规律的认识。敦煌莫高窟不仅是中华民族优秀历史文化的结晶，也是全人类共同的文化财富，还是为社会和社会发展提供研究、教育、游览的重要场所，它的价值和作用是永恒的。因此，妥善地进行保护并使之尽可能长久地传给子孙后代，这是我们保护工作者的神圣职责。包括石窟保护在内的文物保护科学是一门多学科交叉的综合性边缘学科。莫高窟的洞窟、壁画、彩塑有其特定的制作材料和制作工艺，而且各个时代亦不相同，它们所处特定环境的各种因素比较复杂，造成各种病害的原因更是错综复杂的。所以说莫高窟的科学保护是一项繁复、细致、严密的综合性工作。在现有工作基础上，针对莫高窟的特点制定长远保护规划是必要的，也是可能的，也是能够付诸实践的。这个规划的总的目标是：按照莫高窟自身的特点和所处的特定环境，研究石窟变化的原因（各种病害的成因），研究防止石窟自然损坏的方法，找到各种病害壁画和彩塑的科学修复治理方法，创造一个适于石窟文物长期保存的最佳环境。

将来的保护计划主要有以下六项：

（一）石窟环境监测与治理

莫高窟环境因素是研究石窟病害、探索治理方法、制订保护措施的重要依据。开展莫高窟环境因素的监测记录工作，并对它进行研究，是一项极其重要的基础性工作。这方面的工作有：

第一，继续监测和收集与保护研究有关的各种气象资料，通过监测对环境做出科学评价，找出文物保存的最佳环境。

第二，对大气环境质量进一步的调查监测和研究，为治理大气环境提供依据。

第三，选择典型洞窟，监测记录游人在洞窟中呼出的二氧化碳、水蒸气和释放的热量及带入的其他有害气体和菌种，并且研究游人参观对洞窟壁画和彩塑所造成的影响。

第四，对莫高窟的水文地质和工程地质进行系统勘察和调查，为治理病害和工程加固提供基础资料。

第五，采用科学手段，对洞窟崖体裂隙位移、加固工程附加建筑物稳定性进行长期监测，并对敦煌地区地震和各类交通工具振动而影响、作用于洞窟的情况亦进行长期监测和记录。

第六，监测并研究风沙活动规律和特点强度，同时进行防治流沙的科学实验。此外，全面研究各种环境因素之间的交互而共同形成的综合作用对石窟文物保护所产生的影响。

（二）石窟崖体、石窟加固和加固工程附加建筑物稳定性的研究

千余年的不断开凿，莫高窟布满洞窟的崖面已"状若蜂巢"。由于开窟没有统一布局，部分区段的洞窟非常密集，有的甚至凿通两窟间的隔壁；崖体上有几条纵贯洞窟的大裂隙，崖体表面风化严重。上述几种因素构成错综的力学关系，一定影响石窟的稳定性。针对洞窟的崩塌和裂隙，已通过工程做了加固。工程附加构造物在石窟是否牢固，对裂隙能否有效控制，加固后地震等外力震动的破坏性如何，都是关系到莫高窟安全的问题。这方面的工作有：

第一，对崖体裂隙进行长期监测，调查裂隙位移情况。

第二，对密集洞窟的相互关系及变化进行研究和监测，并研究石窟结构的平衡状况。

第三，对现有加固工程附加构筑物的加固作用和自身位移进行监测，并做出综合评价，以指导今后进行的加固工程。

第四，继续完成未加固区段的加固工程。

第五，为防止崖体裂隙延展，对裂隙进行灌浆加固。

（三）壁画和彩塑的保护研究

莫高窟壁画和彩塑发生的大面积脱落、酥碱、起甲、粉化、变色和褪色、发霉、虫害、烟熏等等，都是破坏性很大的严重病害。40多年来，有些病害经过治理，已得到控制。但是原无病害的壁画和彩塑却又发生病害。对各种病害的机理逐个进行探讨与防治研究是十分必要的。拟在原有研究工作基础上进一步开展下列课题研究：

第一，研究壁画和彩塑酥碱、起甲、粉化病害的机理及预防措施。

第二，研究壁画和彩塑颜料变色和褪色机理及防治措施。

第三，以壁画和彩塑分类研究年代和不同病害的关系，系统地研究地仗材料和制作工艺及其与产生病害的影响。

第四，研究壁画和彩塑颜料的胶结材料老化及其对病害的影响。

第五，建立壁画和彩塑颜料资料库，为保护研究提供基础资料。

第六，对已清洗的烟熏壁画和彩塑进行监测，同时进一步研究新的清洗剂和清洗工艺。

第七，调查研究壁画和彩塑的微生物和虫害及预防措施。

（四）酥碱、起甲、粉化壁画和彩塑的修复加固

酥碱、起甲、粉化壁画和彩塑的修复加固，能否达到有效治理，取决于修复材料和修复工

艺。拟在原有修复材料和修复工艺基础上，开展以下工作：

第一，筛选修复酥碱、起甲、粉化壁画和彩塑的材料。

第二，研究修复酥碱、起甲、粉化壁画和彩塑的工艺。

第三，研究壁画修复的其他新技术。

第四，开发彩塑内部结构监测技术，研究彩塑加固新工艺。

（五）石窟资料的制作和保存

莫高窟和许多文物一样，处于自身不断变化和外界各种因素不断影响作用下。如保护措施得当，也仅能做到尽可能长久地保存，却不能永久地保存。所以，保护莫高窟这样珍贵的历史文化遗产，也必须包括采用最先进的手段，全面、完整、准确、永久地保存石窟的全部资料。这方面的工作有：

第一，用文字图表、照相、录像、电影等诸种方式建立石窟档案，并进行电子计算机处理。

第二，采用近景摄影等先进方法，完成莫高窟全部洞窟的测绘工作，将其结果储存于电子计算机内。

第三，用电子计算机对全部壁画的画面和色彩进行摄录，并储存和复制，完善图像再现和软件管理系统。

（六）保护性措施

第一，根据游人参观洞窟的情况，进一步完善现行石窟开放管理制度。

第二，莫高窟附近建立陈列馆，陈展典型洞窟模型，尽可能减少游人进入洞窟。

第三，装置现代化技术防范设施，防止失盗。

（原载于《第33届亚洲与北非研究国际学术会议论文集》,《敦煌研究文集·石窟保护篇》，甘肃民族出版社，1993年）

敦煌石窟保护五十年

敦煌石窟包括敦煌莫高窟、西千佛洞、瓜州榆林窟。它与中国许许多多的石窟一样，是开凿于河畔山崖的佛教寺庙。石窟前有河流流过。石窟的建筑开凿于酒泉系砾岩层上，因石质疏松，不宜精雕细刻，故采用壁画与泥塑彩绘的艺术形式，表现佛教的思想内容。每个洞窟都是彩塑、壁画和建筑的综合艺术。4～14世纪，这里开凿造像千年经久不衰，一直是弘扬佛教的圣地，迄今，三处石窟共保存有壁画和彩塑的洞窟549个，以规模宏大的世界文化遗产敦煌莫高窟尤为著称。由于历史和自然的原因，15世纪以后，敦煌石窟几经蹂躏，由盛而衰，逐渐被湮；至20世纪，神圣的艺术殿堂已有洞窟坍塌、崖体裂隙、塑像倾倒、壁画脱落，起甲、酥碱等多种病害。

1944年，正式设立了专门的保管和研究机构——国立敦煌艺术研究所。古老的遗址翻开了新的历史篇章。从此，洞窟开始得到保管，50年代以后，又进行全面抢救整修，发展到科学保护。

一、艰苦创业时期（1943～1950年）

50年前，正值烽火连天的抗日战争时期。关山阻隔的西北边陲敦煌，全所10余人，在首任所长常书鸿先生带领下，在荒凉寂寞、风沙弥漫、交通不便、经费拮据、器材缺乏的艰辛条件下，开拓了敦煌石窟的保护工作，做了他们力所能及的保管工作。在莫高窟修筑了约1000米的围墙，部分洞窟得到通联，300多个洞窟清除积沙，凡过去洞窟内白俄残匪搭建的土炕被全部拆除，并做了初步整修，少量洞窟还安装了木质门窗，初步阻挡了人为的破坏和风沙侵蚀。在清理中还发现了6个洞窟和300多件藏经。管理工作方面，在前人编号的基础上，补充疏漏进行洞窟重新编号，做了内容调查统计，撰写了洞窟说明，举办展览，设置导游工作，设警卫负责洞窟安全工作。上述这些工作，大体形成了现在的保护、研究、弘扬的雏形。当时保护设施尽管十分简陋，但毕竟结束了不断的洗劫，阻止了人为破坏。前辈们8年的含辛茹苦，使泯灭已久的宝库重现光彩，向世人展示了她的珍贵价值。

二、全面整修时期（1950～1980年）

艰苦创业时期，尽管做了力所能及的工作，但受到条件的局限，历史上的自然破坏和人为破坏形成了各种病害，仍无力治理。危崖、壁画、彩塑、窟檐仍处于不断损坏的危险状态。

1950年，敦煌艺术研究所改组为敦煌文物研究所，设立最初的专门保管机构——保管组，负责石窟的保护和管理工作。保管工作首先由专家进行石窟的综合勘察，对石窟所处的自然环境及对石窟的影响、石窟及其所在崖体的原貌和损坏现状、石窟建筑物特征、石窟附属木构窟檐的结构及其残破状况等做了全面的调查和评估，根据勘察，针对石窟现状和严重的病害，展开了全面整修工作。

中华人民共和国成立之初，百废待兴的条件下，整修工作主要采用传统技术和工艺对石窟损坏的部分进行修缮或修复，如运用抽换构件，更换新料，落架复原技术，整修了莫高窟第427、431、435、444窟等五座宋代木构窟檐，使其保持原状，对倾倒的彩塑和骨架腐朽的彩塑，运用扶正和脱胎的技术做了加固，对大量剥离石壁、即将脱落的壁画，采用边缘抹泥黏结加固、铆钉固定和灌浆黏结加固，有效地控制了大量壁画的塌毁。1956年进行的试验性加固工作，以石柱墩和木构栈道加固了莫高窟南区中段第232～260窟长达200米的石窟。继而1963～1966年进行的危崖加固工程，采用支墩与重力挡墙，支顶石窟崖体顶的悬岩，拦挡因裂隙可能导致的岩体坍塌，此项工作对莫高窟南区长570多米的崖体，358个洞窟进行加固，也同时解决了上下层洞窟和同层洞窟间的交通连接问题，使一些难以登临的洞窟都能达到，外观上保持朴素无华。这项耗资百万的工程，在当时的技术条件下，最大限度地使莫高窟南区得到有效的加固。

与此同时，保护工作开始注意吸收当时最新的科学技术成果。如经过筛选，试验用高分子材料聚乙烯醇、聚醋酸乙烯作为黏合材料，对过去束手无策治理的壁画和彩塑起甲、酥碱病害进行修复。为了防止风沙对文物的腐蚀，采用草方格和挡沙栅做试验，进行治理沙害的探索。

此外，对壁画揭取工艺进行探索，并摸索出了壁画整体揭取、搬迁的技术。

为了长期保护石窟避免自然因素的破坏，为了既使用洞窟又避免因使用洞窟而带来的人为破坏，采取了一些在当时条件下力所能及的对策：

第一，根据古代敦煌石窟在洞窟前装窟门、窟内铺花砖的特点，安装了部分窟门，地面铺上水泥，以避免风沙、日光、尘土、人为破坏。

第二，清扫窟前的积沙和窟内的沙尘，以防尘土入窟损坏壁画。

第三，设立莫高窟温度气象站，用以观察莫高窟环境规律。

第四，设置讲解员、编写参观说明词、树立说明标志、制定参观规则，为观众参观作导游讲解服务，并引导观众的行为，避免人为破坏。

第五，定期检查洞窟，观察洞窟中有无自然或人为破坏，以便对有病害的洞窟及时进行抢救。

20世纪60年代前期，国家制定、颁发了包括石窟寺在内的多项古遗址保护的法律、法规。如《文物保护管理暂行条例》《国务院关于公布第一批全国重点文物保护单位名单的通知》《文物单位保护管理暂行办法》《革命纪念建筑、古建筑、石窟寺修缮管理暂行办法》等等。依照文物法规，敦煌莫高窟（含西千佛洞）、安西（今瓜州）榆林窟均被列为全国重点文物保护单位，法律的公布，不仅提高了敦煌石窟的声誉，使之更受到社会的重视，而且有了法律的保障，法律促进保护工作，帮助保护工作。

这个时期的全面整修，是事实上的全面抢救，使濒临坍塌、损毁的石窟、壁画和彩塑脱离了险境，人类的文化遗产得以保存和保护。我们通过这一阶段的保护实践，对各种病害有了初步的认识，判明了病害的种类。在无现成经验可循的情况下，摸索出了一些行之有效的保护办法，积累了保护和管理工作的经验，制定了在当时社会条件下可行的管理制度。这一切，都为我们的保护工作进入科学保护阶段打下了良好基础。

三、科学保护时期（1980年至今）

前一阶段面对影响石窟及其文物安危的严重病害，抢救是必要的。在当时科技条件下，采取的保护举措也基本得当。如不及时抢救，敦煌石窟可能遭到严重损失。但整修或加固措施，只能用于处于危险状态不得不抢救的文物，如稍有不慎，会对文物的保护产生副作用，造成对文物的保护性破坏。这样的例子国内外不胜枚举。诚然，敦煌石窟的长治久安，不能仅局限于采取整修或加固的措施，应以预防为主的科学保护为重点，采取多种措施，广泛、深入、科学地开展工作。

为此，这一时期我们制定了科学保护的长远规划，培养了科学保护的技术人才，充实了保护的科学手段，引进了先进技术，扩大了国内外的合作，调整充实了保护管理机构，使整个保护工作比前一个时期有了较大的发展。这一时期工作的主要特点是：第一，注重多种学科的交叉和先进科技手段的应用；第二，注重对病害机理和修复技术的科学研究；第三，从局部微观的保护发展到注重全局宏观的保护。

这一时期大体从石窟遗址的自然状况和开放管理两个方面开展工作。

（一）石窟遗址和自然环境的监测与研究

敦煌石窟遗址规模宏大，年代久远，病害较多，所处自然环境复杂。因此，这个时期，我们从总体上探讨了石窟遗址本身和它所处自然环境的特点，以及它们的相互关系，并对石窟遗址、彩塑和壁画的病害及其治理进行了探讨。

1. 石窟遗址和其自然环境现状的监测

石窟遗址及其洞窟内的彩塑和壁画的现状比较复杂，其保管和保护受着环境因素的影响。故我们采用多种科学手段，从多方面对遗址本身和窟内文物及其自然环境进行了监测：

（1）在莫高窟区设置了全自动气象站，进行空气温度、湿度、地面温度、风向、风速、光照、降雨量的监测，至今已取得四个年度的准确数据，初步掌握了窟区气象要素变化的基本特点，也为洞窟小环境与病害原因提供了科学数据。

（2）采用半自动和自动装置，选择大小不一、深浅有别、层位不同、有门无门、开放不开放的不同类型洞窟，做洞窟小环境的长期和短期监测，已得监测数据，为研究洞窟壁画和彩塑的保存、病害原因，观众参观对洞窟的影响，洞窟最佳小环境的探讨，提供了科学的数据。

（3）水文地质方面，对莫高窟地表水和崖体岩石的化学成分进行了系统分析。结果表明，莫高窟地区地表水硬度大，有多种可溶性盐类；对莫高窟下层洞窟由于园林浇水，其渗水通过毛细作用运移到达洞底，引起洞窟潮湿，导致壁画产生的病害进行了调查；对莫高窟上层洞窟由于大气降水向下入渗的渗透压力，岩石水平岩层的策略作用，使洞窟窟顶岩石层和壁画层垮落形成薄顶洞窟的状况进行了调查。

（4）工程地质方面。对莫高窟崖体的地层形成和构造特征及其形成的病害做了进一步的调查；对洞窟围岩的物理和力学特性进行了监测；根据构造地震分析及近年地震部门预测，河西走廊地区今后一段时期有发生 6.5~7 级地震的背景，因此采用组合机械式混凝土应变仪，记录地震波，对石窟崖体和附加构筑物（加固工程挡墙）进行抗震稳定性分析研究；对莫高窟地区地震危险性进行评估。

（5）利用环境气象资料和监测仪器，对风向、风速变化、崖顶风沙流、沙物质输送量，做连续观测。

（6）壁画和彩塑的材料分析。我们逐一分析壁画和彩塑的支撑层、地仗层、颜料层，以及调在颜料层中的胶类的材料、结构、性能，并对它们做出科学评估。支撑层为崖体的岩石层，由多种矿物质组成，存在对支撑层、地仗层稳定性不利的矿物质、盐类、蒙脱石成分，钙质胶结物中也含有可溶性盐。地仗层材料，洞窟内为麦草泥、麻泥、棉花泥，露天壁画为石灰泥。麦草泥用土为含沙较多的黏土，麻泥和棉花泥用土取自大泉河沉积的澄板泥，含沙较少。泥土中拌和的纤维材料有麦草、麻、棉花、芨芨草、芦苇等。材料均就地取材。麦草泥用于制作地仗层底层，与崖壁黏合强度较高，麻泥、棉花泥用于制作地仗层表层，拉力强、韧性好、延展性好、收缩力小、表面光滑，是绘制壁画的好材料。颜料层中的白色、红色、蓝色、绿色、黑色、黄色、调和色等原料的化学成分，大多为无机矿物颜料，故性质稳定能保存至今。变色颜料为朱砂、铅白等，变色的生成物质为二氧化铅，呈棕褐色。但有的颜料没有检出，可能为有机颜料，有待进一步分析。壁画颜料中调和的胶结材料为牛皮类动物胶，性质完全稳定。

2. 病害原因探索和治理

石窟遗址的多种病害是保护工作中的棘手问题。我们在各种病害中，首先探索了危害较为严重的沙害、壁画酥碱、壁画变色等病害的原因和根源，做病害治理试验。探索预防和治理措施。

（1）病害原因的探索。沙害的危害很大，大量的沙尘进入窟区，每年达3000立方米的大量积沙，不仅污损环境，影响景观，而且淘蚀崖壁，造成崖体危石，威胁洞窟安全。沙粒、沙土污染腐蚀壁画和彩塑，轻者使颜料部分脱落，失去光彩，影响艺术视觉效果，重者颜料全部脱落。近年监测探明，在莫高窟西南方向的鸣沙山，是千万沙害的主要沙源。莫高窟属多风和多风向地区，其中偏西风是造成窟区沙害的主要风向，虽频率小，但风速大，搬运沙物质能力大，这种风带着鸣沙山的沙物质，以戈壁风的流沙形式，向窟区方向运移输送，沿窟区陡崖泄流而下，堆积于窟区甚至进入洞窟。

壁画地仗酥碱是一种常见的主要病害，可使壁画破碎、酥松直至脱落，如莫高窟下层洞窟第53窟，是患有严重酥碱病害的典型洞窟。通过综合分析该窟地质结构、地仗层的化学成分、小环境的监测资料，探知其酥碱病害原因为地下水活动而渗入洞窟，提高洞窟湿度，溶解岩体的可溶性盐类，经过运移蒸发活动，在崖体表层、地仗层、颜料层中呈结晶状态，造成壁画破碎乃至脱落。

壁画颜料变色普遍存在于各个时期的洞窟，尤以隋唐时期多见。对壁画颜料变色的现状和变化以及变色原因，做了两方面工作。一方面，选择若干洞窟，用色度仪做一年两次的颜色监测，既做了壁画颜料颜色现状的科学记录，又持续做壁画颜料变褪色的定量监测，这些科学数据又是衡量壁画保护措施得当与否的标准。另一方面，在过去调查分析颜料及变色颜料化学成分的基础上，着重对红色颜料中的铅丹、朱砂、土红等颜料及其变色原因、机理进行了反复研究。研究表明，土红性质特点稳定、耐湿、耐温、耐候性很强；朱砂在一定量的光照下会发生变色，出现结晶状态变化，但不生成变色产物；铅丹在高温度环境、强碱性（生石灰）基质条件下，产生中间生成物变色物铅白，再由铅白继续在高湿度条件下，进一步产生中间生成物变色物质一氧化铅，最终生成变色物质二氧化铅。

此外壁画疱疹病害，会引起颜料层脱落，也做了病害原因的初步探讨。

（2）修复材料的研究。大面积壁画颜料层起甲，地仗层酥碱需要治理。探讨理想黏合材料至关重要。20世纪60年代筛选出的聚乙烯醇乳液、聚醋酸乙烯乳液两种高分子材料，已修复过大量起甲、酥碱壁画，当时限于研究手段，只做过一些现场试验。

事过30年以后的今天，利用新的科学手段，对其实际效果进行科学评价和总结，为开拓上述两种高分子材料的新用途和开发新材料进行多方面研究。如做过热氧化老化试验、紫外光老化试验，做过修复的应用研究。对壁画修复后这两种高分子材料老化的化学结构变化分析，对这两种高分子材料修复的壁画色彩变化研究。还做过特殊环境老化试验，探讨这两种高分子材料在大量氮气或二氧化碳气体中化学结构变化，测定其抗氧化、抗酸能力、考查这两种高分子材料对变色颜料的保护作用，以及颜料对修复材料的反作用。这些试验证明，这两种高分子材料适宜于敦煌气候的壁画修复材料，今后还准备对此两种材料做进一步的理化试验。

（3）病害的科学治理试验。许多严重病害，如壁画起甲、地仗层酥碱；风沙对莫高窟崖体和石窟文物的破坏；上层薄顶洞窟的渗漏；榆林窟岩体裂隙成洞窟垮塌，大气降水作用形成的崖体冲沟、冲槽以及壁画脱落等病害，亟待及时治理。如不治理，有可能进一步损坏。我们以确保文物安全和"修旧如旧"为治理的准则，治理工作按以下两个原则进行：其一，经过多年应用证明行之有效，现已做了多次试验评估的修复材料和工艺，仍继续沿用，如聚乙烯醇、聚醋酸乙烯乳液这两种材料，继续运用它们修复壁画起甲、地仗酥碱病害；其二，在对判定原因做出科学监测和调查的基础上，按照不同病害，请不同专业如治沙、结构、地质的专家参与制定方案，经反复论证和试验，进行治理试验。如治理莫高窟沙害，根据崖体风向、风速、风沙流运动的规律和特征，试验建立"以固为主，阻固结合"的防护体系，综合应用工程、化学、植物三项措施，用三角形结构尼龙网栅栏，防止多风向及防沙、导沙；利用化学固沙，以防止崖体斜坡风蚀，种植本地的五种沙生植物，以防止鸣沙山沙源的沙物质搬运；窟门安装滤沙网，以防止沙尘进入窟内。又如治理上层薄顶洞窟，对防渗材料、加固材料和施工工艺分别做了实验和现场模拟试验，并选择莫高窟第460窟窟顶做防渗防漏现场的加固试验。又如榆林窟危崖病害的治理，经过与莫高窟崖体做比较，与莫高窟加固挡墙工程、麦积山锚固工程做比较，在深入调查、反复试验论证基础上，采用锚索技术，对石窟崖体进行加固，对裂隙则采用灌浆、充填和坡面防护技术。采用上述两项技术，使破碎的崖体连为整体，确保在发生6级地震的情况下窟区岩体的稳定，外貌基本保持原状，并防止窟内已有病害的继续发展。

（二）开放和管理

莫高窟丰富的文化资源，敦煌地区交通条件的改善，我国旅游业的发展，吸引着我国和世界各地越来越多的旅游者，石窟遗址的开放程度正在逐年扩大。开放利用使遗址面貌和环境发生很大的变化。积极的变化是，由于开放，使遗址的知名度明显提高，引起人们前所未有的重视和珍惜，人们越来越关心敦煌，保护工作得到了极大的推动；与此同时，因观众文化层次的差别，对参观要求的多样，促进了我们研究、弘扬工作的开展。消极的变化是，由于到遗址游玩和进窟参观的旅游者，停放窟区的车辆逐渐增多，废弃的垃圾、污水、车辆和锅炉排放的废气、废渣也相应地增多；开放洞窟内的温度、湿度、二氧化碳值升高，影响洞窟小环境的稳定；旅游者与车辆活动带来的环境震动的影响；缺乏修养者有意或无意的损伤，甚至偷盗文物等等，凡此种种，都是损害乃至危及遗址和文物保存和保护的因素。

显然，逐年增长的旅游开放，使保护文物与利用文物存在着明显的矛盾。假如我们只用不保，最终必然使文物遭到破坏无疑；反之，只保而不用，不仅违背保护文物是为了充分利用文物、发挥文物作用的根本宗旨，而且也不利于文物保护，不利于推动文物保护工作。我们的职责是：通过探索，确定参观开放的科学管理思想、原则、方法、制度，解决好保护文物与利用文物矛盾中的许多具体问题，做到既保护好文物，又利用好文物。我们对莫高窟这样具有珍贵价值的遗址开放的指导思想为"保护为主，积极利用"，开放的原则为在保护文物绝对安全、保护文物原状的前提下，充分地科学地开放利用。根据上述思想和原则，做以下几方面的工作。

1. 充分满足观众要求

大多观众不远万里而来，渴望一睹敦煌艺术的风采。我们应充分理解观众的愿望，满足观众的愿望。观众的愿望通过参观得到了满足，反过来会促使观众自觉地珍惜和爱护文物。为了满足国内外不同专业、不同层次、不同语言的观众了解博大精深的敦煌艺术，我们长期对讲解员进行专业培训、外语培训，不断提高讲解员的讲解水平，现已拥有掌握一门外语又能做专业讲解的讲解员40余人。此外，还为观众提供了参观要览、通俗介绍、学术专著、各类画册、幻灯片、纪念品等。

2. 合理约束观众行为

为避免观众在参观中由于缺乏文物保护知识，损害或破坏文物，我们采取了分区开放，洞窟轮流开放，限制开放数量，限制进窟参观人数，提高票价制约参观人数，制作禁止（如抽烟、照相）标志，修改完善参观规则等措施。

3. 采取科学防范措施

安装半自动、全自动装置，监测开放参观洞窟内的温度、湿度、壁面温度、二氧化碳，以了解开放参观对洞窟小环境的影响；采用质点速度量测系统，分别监测游人、车辆、飞机对石窟的震动影响；对莫高窟大气环境质量进行多项指标的监测，以调查窟区环境的污染；设置窟区栅栏，安装铝合金窟门和玻璃保护屏风、灭火设施，安装声控、微波、磁性开关报警装置，以避免各种破坏及至偷盗。

4．增加景点保护原貌

洞窟有限的容量和脆弱的壁画，无法承受不断扩大的开放，也无法不加限制地接纳旅游者进窟。为了减轻开放参观给洞窟保护带来的压力，又满足旅游者了解敦煌艺术的要求，制定了适当增加莫高窟参观景点的规划，要求景点的内容是敦煌艺术的组成部分，景点的建设必须保持莫高窟区原貌不变。如正在建设中的"敦煌石窟文物保护研究陈列中心"就是一例。

5．建立健全保护档案

对石窟遗址每个彩塑、壁画、建筑的内容和病害的现状，以文字、照相、示意图做了记录档案。通过定期检查洞窟，记载文物和病害的变化情况。以此为基础，又陆续开展了录像、测绘、近景摄影的档案记录工作，并开始了壁画计算机存储的课题研究，探索以科学手段记录文物的现状信息，达到保护文物珍贵价值的目的。

6．严格石窟管理制度

对管理洞窟和包括讲解在内的各种洞窟使用，制定了严格的制度，如石窟管理职责与制度、洞窟钥匙领取借用管理制度、洞窟设施管理制度、洞窟定期检查制度、窟区卫生制度、窟区用电管理制度、窟区用水管理制度、洞窟使用登记制度、洞窟参观规则、讲解员规则、讲解员工作守则等，这些制度在实践中作不断补充和修改。

（原载于 *CONSERVATION OF ANCIENT SITES ON THE SILK ROAD*，美国盖蒂保护研究所，1993 年）

中国石窟遗址保护的里程碑

——评"丝绸之路古遗址保护国际学术会议"的学术特点

由敦煌研究院、美国盖蒂保护研究所和中国文物研究所联合主办的"丝绸之路古遗址保护国际学术会议"于1993年10月3～8日在敦煌莫高窟举行。来自19个国家和地区的150多位代表出席了这次会议，其中中国代表60多人。与会代表大部分是来自古遗址保护第一线的专家、学者和管理人员，也有一部分是来自与古遗址保护密切合作的其他学科的研究人员。他们共向大会提交了100余篇论文，其中有57篇在会上进行了宣讲。这些论文涉及的内容大致可分为以下五个方面：①石窟遗址管理；②保护原则和实践；③遗址保护中的工程地质问题；④环境及其分析研究；⑤壁画颜料及黏合剂。

论文研究对象涉及中国、印度、尼泊尔、阿富汗、斯里兰卡、印度尼西亚、巴基斯坦、缅甸、老挝、柬埔寨、日本、美国、法国、英国和意大利等国的数十个石窟遗址和诸如大英博物馆、伯明翰艺术博物馆、费城艺术博物馆、福格艺术博物馆等世界著名博物馆的珍贵收藏品。就中国来说，古丝绸之路上的一些重要石窟遗址和其他文物遗址也都有研究成果发表。如此众多的代表出席这次会议，如此广泛地区的保护经验被交流以及如此丰富的研究内容被探讨，在形式上，不仅是我国古遗址保护史上的第一次，即便在世界古遗址保护史上也是一次令人瞩目的、有深远意义的盛会。

特别有意义的是，各国、各地区的古遗址保护同行们聚集一堂，各抒己见，交流讨论，使石窟遗址保护这门年轻的学科，不论在策略性的观念上还是在具体的保护修复技术上，都将上升到一个新的水平。尤其是对起步不久的中国文物保护队伍来说，了解世界古遗址保护的动态，借鉴他人的管理经验，学习同行的先进理论和技术，正确看待自己的成绩和水平，这都是一次绝好的机会。事实上，我们也正是在这些方面获得了许多启发性的新认识。

一、石窟遗址科学管理的概念

石窟遗址是古代人类精神生活的重要场所，它大都集宗教、艺术、历史为一体，是先辈留下来的文化内涵极深的珍品。从这个意义上讲，它是向现代人进行历史文化教育的课堂。事实上，近年来有越来越多的人涌向本国和他国的石窟遗址观光、旅游、学习、研究。但由于漫长的岁月和近代自然、社会环境的显著改变，几乎所有这些石窟遗址都面临着被破坏的危险。大量游客的到来，更增添了许多不利于文物保存的因素。在这种情况下，出于保护目的所能做的较理想的事，就是不向公众开放。这两个趋势，成为一对很尖锐的矛盾，正确处理这一矛盾，成为石窟管理的第一条，也是最重要的一条原则。关于这一点，来自各地的管理者提供了成功的经验。保护是第一位的，开放要服从于保护；但保护又要服务于开放，为开放创造条件。从保护到开放一般应经历以下的科学过程：①组织多学科专家对古遗址进行全面调查；②在调查的基础上建立古遗址保存现状的档案；③详细分析调查资料，评价古遗址的人文科学价值和保护修复中的各类自然科学问题；④实施必要的修复措施和科学保护措施；⑤制定长远的遗址管理规划，健全管理机构，通过具体的管理制度引导和教育游客。从大会上发表的论文来看，凡是管理成功的地方，大都经历了以上几个阶段。应该说，联合国教科文组织在世界各地举办的"古遗址培训班"在推广普及以上科学方法的过程中，起到了良好的作用。

古遗址的科学管理作为学术问题在大会上被讨论、交流，成为古遗址保护的重要话题，并被大家取得了共识，是这次大会的一个重要特色。

二、石窟保护的初级阶段

大会发表的近60篇论文，涉及极为广泛的学科，从学科的分类上来讲，包括工程、地质、水文、气象、生物、物理、化学、古建筑、电脑、材料等，研究的对象更是各不相同。我们获得的一个总体印象是不同的研究对象和手段发展很不平衡。对于像大英博物馆、美国费城艺术博物馆、伯明翰艺术馆等这些历史悠久的机构来说，由于经验丰富、技术先进，保护的对象又很有限，所以一般来说研究水平处于一个较高的层次。而对于大量分布于荒郊野外的石窟遗址的现场来说，则处于一个相对较低的水准。我们看到，大部分现场石窟遗址，目前主要做的是这几件事：①前期调查；②抢救性修复，例如裂隙加固、防水排水施工、遗址修补、壁画黏结、清洗等；③环境监测。这些工作的必要性、重要性不容置疑，但从保护研究的进程上讲，都属于前期工作。一些研究也进入中级阶段，如颜料分析、颜料变色机理研究、颜色监测等。但这些研究如何与保护相结合、如何为修复服务，仍是一个有待解决的问题。由此，从整体上讲，石窟和遗址的保护和研究工作处于初级阶段，恐怕不算过分。清醒地认识到这一点，也许对激发我们这些石窟遗址保护工作者任重而道远的使命感和紧迫感会有一些好处。

三、国际合作的作用和成效

通过国际合作，引进先进国家的技术和设备，弥补第三世界国家的技术不足，推动不发达地区的石窟保护事业，也是本次大会令人注目的一个特点。会上发表的论文中，有三分之一左右涉及国际合作的内容。其中包括澳大利亚与老挝的合作、联合国教科文组织与斯里兰卡的合作。美国与印度的合作和美国、日本、德国与中国的合作等。这些国际合作，由于发挥了取长补短的作用，使这些地区的石窟遗址保护和研究工作上升到一个较高的水平。例如在敦煌，美国和日本的专家与本地保护工作者一起，在三年多的时间里，开展了环境气象监测、洞窟气候监测、壁画病害调查、壁画颜色监测、地质水文调查、裂隙位移监测、崖体加固试验、流沙治理等多项科学研究和治理，出了一大批研究成果，实现了老一辈文物保护工作者多年来想做而做不到的事。国际合作还促进了所在地保护队伍的迅速成长，使他们通过与国外先进技术的接触，逐渐建立了较强的独立工作能力。以中国的情况为例，大范围开展国际合作的敦煌（与美国、日本合作）、西安（与德国合作）、云冈（与美国合作）三地，在大会上发表的论文分别占国内所有发表论文的48%、18%、15%。其中不乏当前国际一流水平的论文。

四、多种学科的渗入和结合

文物保护科学作为一门新兴的运用学科，在面对它自己特殊的研究对象的同时，一个很重要的内容就是不断吸收引进其他学科的先进技术，逐渐完善自身。在这次大会上，我们高兴地看到，又有一批新技术成为我们自己的手段。

由中国科学院沙漠研究所凌裕泉高级工程师设计的莫高窟崖顶防沙工程，能直接控制偏西风向洞窟方向搬运沙量的95%左右，使窟前夜间积沙减少80%以上；中国铁道科学院钟世航高级工程师使用新型的药包式水泥砂浆锚杆锚固剂，成功地进行了龙门石窟的加固和栈道梁的建造；中国科学院岩土力学研究所的葛修润教授利用电子计算机建立三维有限元（数学模型）的方法，对石质文物内应力状况进行调查，为该文物的修复加固提供了最翔实可靠的基础数据等。这些本来与文物毫不相干的专家，把他们的技术提供给石窟保护事业，不仅使与会代表们耳目一新，而且切切实实地开拓了一条保护石窟的新路。

另外，一批本来属于高精技术的设备，渐渐开始普及。如像傅里叶红外光谱、质谱仪、X线衍射仪、液相色谱仪、扫描电镜等，已被作为正常手段普遍使用。可以预期，这些技术的广泛使用，必将促使保护研究向深入发展。

五、中国的保护状况和水平

作为中国的石窟保护工作者，我们尤其注意自己在世界同行中的位置。

第一，这次大会上，我国各地代表的发言，基本构成了对我国石窟保护工作的一个全面总结。用一句话来说，就是在艰苦的条件下，做了大量的工作。包括管理方面和修复保护方面。成绩是巨大的，其中很多是很感人的，也是令各国同行敬佩和赞叹的。经过数十年的努力，尤其是近十年的努力，我国的石窟保护整体水平与世界先进水平相距不远，其中有的已居领先地位。这一点，已被大会充分肯定。

第二，但是我国的石窟保护工作开展很不平衡。这从这次会议上看得很清楚。有的石窟遗址已有较雄厚的保护和管理队伍，也有许多成果发表；有的石窟则刚刚开始起步，正在摸索经验，从事基础性工作；而有的却还处在静止状态。不管出于什么原因，总之是形成了鲜明的反差，开展很不平衡。

第三，详细剖析我国现有保护队伍的组成和历年来所做的工作，我们能看到其中的明显变化。十几年、二十年以前，这支队伍力量很薄弱，知识层次也较低，主要在现场从事一些最紧迫的维修工作。偶尔由个别的专家在某个方面做些理论的总结。从20世纪70年代开始，保护科学渐渐被重视起来，队伍的知识结构也开始发生变化。从事的研究工作，主要是与外单位搞协作，研究成果一般联名发表，实际上仍由对方担任主角。近十年，这种情况有了显著的变化。随着保护队伍的扩增和知识层次的提高，这支队伍渐渐走到了保护科学的第一线，充当起主力军的作用。他们的成绩，在这次大会上受到了一次检阅。他们用辛勤劳动证明：这支队伍成熟起来了。这是我们在这次会上感到最喜悦的一点。

为期近一周的"丝绸之路古遗址保护国际学术会议"结束了，各国各地的代表都已归去，给我们留下的是手里的一本论文集和记忆中的新技术、新观念。接下来就应该认真考虑下一步如何做好自己的工作了。

（原载于《敦煌研究》1994年第1期）

◆ 我们为什么保护敦煌

以莫高窟为代表的敦煌石窟，是历史留给全人类的珍贵文化遗产。保护它，尽可能延续它的生命，弘扬它的文化，使子孙后代更加珍惜它的价值，既是我们所有敦煌文物工作者的一种荣幸，也是我们义不容辞的责任。

敦煌石窟艺术，是我国先人在中原传统的汉晋文化艺术基础上，充分吸收、融合外来营养所创造的具有多彩风格的庞大艺术体系，因其历史悠久、规模宏大、内涵深邃、形象精美、保存完好而享誉国内外，是我国乃至世界罕见的文化艺术瑰宝。

由于历史和自然的原因，15世纪以后，敦煌石窟由盛而衰。至20世纪，神圣的艺术殿堂呈现出一派萧条破败的景象，流沙掩埋，崖体坍塌，塑像倾倒，壁画脱落、起甲、酥碱等多种病害不断滋生。更为不幸的是，百余年前，在藏经洞发现之后，伴随着对文献的劫掠，壁画、塑像也难逃厄运。莫高窟遭遇了自然和人为的双重破坏。

这种现象，引发有识之士大声疾呼。1944年，国民政府成立国立敦煌艺术研究所，委任艺术造诣高深的常书鸿先生担任首任所长，莫高窟从此结束了长期无人管理及屡遭破坏的历史。在敦煌辉煌艺术和常先生人格魅力的感召下，一批仁人志士汇聚莫高窟，在十分艰难的条件下，开始了对石窟的初步保护〔图1〕。

中华人民共和国成立后，敦煌石窟保护得到党和政府的高度重视。国家制定、颁布了一系列保护敦煌石窟的法律、法规。敦煌艺术研究所先改组为敦煌文物研究所，后又升格为敦煌研究院。在遭遇严重困难的60年代初，国务院仍然拨出巨款，对莫高窟危崖进行了全面加固。甚至在"十年浩劫"中，敦煌也得到了国家和人民的有力呵护，免遭劫难。

改革开放迎来了敦煌石窟的春天。1984年扩编成立的敦煌研究院，在段文杰先生的领导下，

不仅规模扩大、机构齐备，更获得了国内外众多科研单位的全力支持、合作。敦煌石窟的保护，由抢救性的修复、加固，进入综合、全面、科学的保护时期。从1998年开始，段先生因年事已高，退居二线，组织上把院长一职委我担任。我虽是文物专业出身，但面对如此艰巨的使命，诚惶诚恐，夙夜不敢稍息。幸好有常书鸿、段文杰等前辈多年筚路蓝缕艰苦奋斗奠定的基础，又有诸多同事、国内外友人的帮助、协力，我才敢义无反顾，大胆向前。

可以这样说，从常先生开创敦煌研究所至今这60年来，我们所做的每一件事，都是为了让前人的光辉永不泯灭、让经典的艺术流芳百世。许多先辈为此付出了毕生精力，甚至做出了难以想象的巨大牺牲。聊以自慰的是，经过研究院同仁的不懈努力，已探索出一条石窟文化遗址保护的成功之路，取得了一批研究成果。

——初步形成了一整套遗址管理的制度，有效地阻止了人为的破坏；

——加固了濒临坍塌的洞窟崖体，提高了洞窟崖体的稳定性及抗地震能

〔图 1〕
20世纪50年代在条件十分艰苦的情况下，老一辈艺术家们仍在汽灯下为临摹壁画的画稿着色

力，探索并形成了一整套砂砾岩石窟崖体裂隙、危崖及防风化加固的技术和工艺；

——探讨了壁画主要病害产生的机理；壁画修复技术不断改进，实验筛选出一批新的修复材料；

——治沙工作取得了显著的成效，初步建立起一个工程阻沙、化学治沙、生物固沙的综合治沙防护系统；

——通过环境监测与研究，对莫高窟窟区大环境及洞窟小环境做出了科学的质量评价；

——通过国际合作，引进了先进的技术和设备，培养了一支专业素质较高的保护科技队伍，为持续保护敦煌石窟奠定了有力基础。

石窟得到了有效的保护，敦煌的保护工作得到了国际国内的肯定。1987年，莫高窟被列入世界文化遗产名录；1997年，我院获得了"世界文化遗产管理先进单位"称号。

在努力保护莫高窟世界遗产的同时，我们没有忘记宣传敦煌石窟艺术经典，弘扬敦煌文化。我们临摹了大量敦煌壁画，复制了一批塑像和洞窟，进行了"数字敦煌"的初步探索，通过在世界各地的展出和网络传播，让更多的人知道了敦煌。

我们还尽了最大努力做好旅游接待工作。从1979年正式对游客开放以来，小小莫高窟，已接纳了300多万游客，既弘扬了祖国传统文化，又为促进地方经济发展做出了积极的贡献。

然而，敦煌"石窟保卫战"仍在进行。敦煌石窟长期处于不良的大环境之中，早已历尽沧桑。加上洞窟壁画属土质文物，本身十分脆弱。目前，壁画衰变情况相当严重。各种病害时有发生，不断危害着壁画的安全。一些洞窟内起甲、酥碱壁画，稍有风吹草动，就有脱落下来的危险。年迈的敦煌石窟已经不起哪怕是轻微的磕碰了。

这还仅仅是石窟本身的问题。来自旅游方面的压力，更加令人担忧。洞窟内狭小的空间（最小的仅几平方米，一般的二三十平方米），很难容纳日益增多的游客。由于游客及来往车辆急剧增多，石窟周围大环境和开放洞窟内的小环境，都处于长期的压力之下。如何妥善解决文物保护与开放旅游之间的矛盾，已成为摆在敦煌石窟保护工作者面前的新课题。

目前，敦煌研究院已经制定了《敦煌莫高窟保护与管理总体规划》，而且还将制定更细致的保护与利用计划，使保护工作再上一级新台阶。其核心内容是，严格执行联合国教科文组织世界遗产保护委员会和《中华人民共和国文物保护法》的方针、政策、原则，对莫高窟这一不能再生、不可替代的人类文化遗产，切实加强保护。这是一个任何时候都不能动摇的原则：只有在保护好的前提下，才可能考虑"合理地利用"，以满足观众参观的需求。

在这个原则前提下，我们准备采取三个重点措施：

第一，在科学控制进窟人数的同时，努力采取各种方法，挖掘潜力，增加景点，分流参观人员。譬如，我们已将莫高窟下寺辟为"藏经洞文物陈列馆"；正在修复、开发莫高窟上寺和中寺，开辟为专题博物馆；还将逐步修葺、开放莫高窟北区洞窟参观景点。

第二，我们将和旅游部门合作，尽快进行旅游淡旺季均衡分流，"淡化旺季，开发淡季"，在不增加洞窟负担、不危及壁画健康的前提下，安排尽可能多的旅游者实现"进洞看宝"的美好愿望。

第三，我们还将采用数字摄影测量技术及先进的计算机存储与图像处理技术，制作一批虚拟洞窟，使游客在计算机屏幕上更自如地观看敦煌石窟，甚至可以身临其境地"触摸"经典。

我们相信，在相继实施了这些措施之后，可以大幅度降低在旅游旺季游客大量涌入洞窟给石窟宝藏造成的巨大压力，使敦煌文物得到更有力的保护。而且，我们恳切希望，我们的这些苦衷和某些不得不采取的措施，都能够得到海内外旅游者的理解和支持。

在全国政协开会发言的时候，我曾经说过：作为一个献身敦煌的文物保护工作者，倘若敦煌石窟在我们手中得不到保护，我们就会成为千古罪人，如果我们有效地保护了它，让它世代延续，我们就无愧于中华民族，无愧于子孙后代。

（原载于《人与自然》2004年第12期）

为了敦煌的久远长存
——敦煌石窟保护的探索历程

一、世界的敦煌

敦煌，位于我国甘肃省河西走廊西端，作为古代"丝绸之路"的重镇，迄今已有2000多年的历史。它总绾中西交通的"咽喉之地"，地当南北要冲。由敦煌出发，向东经河西走廊，可至汉唐古都长安、洛阳；向西经过西域，可入中亚、西亚及南亚诸国，还可远达欧洲的罗马；向北翻过马鬃山，便是北方草原丝绸之路；向南越过阿尔金山，可接唐蕃古道。敦煌重要的地理位置，使它在欧亚文明互动、中原民族和少数民族文化交融的历史进程中占有重要的地位。4～14世纪，古敦煌郡地区受到佛教和佛教艺术传播的影响，古代艺术家们在此建造了敦煌莫高窟、西千佛洞、肃北五个庙石窟、安西榆林窟、东千佛洞等一批石窟，我们统称为敦煌石窟。其中尤以莫高窟最为典型。

莫高窟至今保存了735个石窟，其中包括4.5万平方米壁画和2000多身彩塑，以及藏经洞出土的5万多件文物。敦煌莫高窟和藏经洞出土文物具有丰富性、多元性和世界性，不仅记录了中古时期敦煌、河西走廊和西域地方的历史，还涉及当时的佛教、道教、摩尼教、景教等宗教信仰，保存了丰富生动的中外艺术形象，展示了中古时期广阔的经济、文化、科技等社会生活场景，反映了一千多年间艺术的流传及演变。她更是中国古代多民族文化及欧亚文化一千年间汇集和交融的结晶，既有中原汉族文化，也有鲜卑、吐蕃、回鹘、羌、蒙古、吐谷浑等北方各民族的文化，既有中亚粟特、南亚印度、西亚波斯、伊斯兰文化，也有欧洲希腊、罗马文化。总之，敦煌莫高窟以其绵长的历史、丰厚的遗产、巨大的信息、珍贵的价值，使她在中国和世界产生了重大的影响，成为中华民族优秀传统文化艺术的表征，因而被国务院公布为第一批全国重点文物保护单位，又被联合国教科文组织列入中国首批世界文化遗产名录。

二、不平凡的保护历程

敦煌研究院是由国家设立的从事敦煌莫高窟、西千佛洞和安西县榆林窟保护和管理的专门机构。从成立至今已有60个春秋，其前身是1944年设立的国立敦煌艺术研究所，1950年改组为敦煌文物研究所，1984年扩建为敦煌研究院。在敦煌研究院成立之前，这座艺术宝库长期无人管理，任人破坏偷盗，甚至连藏经洞的重大发现都无人过问，以致造成外国盗宝者乘虚而入，将藏经洞文物洗劫一空的耻辱。遂使神圣的佛教艺术殿堂，变成了一座破败不堪、满目疮痍、病害频生的废墟。以常书鸿、段文杰为代表的一代又一代的有志者，离开了繁华的城市和温暖的家园，从祖国各地来到了人烟稀少的大漠深处，为了保护和研究祖国的稀世瑰宝，甘愿过着清贫的生活，奉献自己的青春甚至自己的一生。几代人薪火相传，恪尽职守，不懈奋斗，开拓探索，为敦煌石窟的保护做出了自己应有的贡献。经过几代人的艰苦奋斗，现在的敦煌研究院已有中、高级研究人员和硕士、博士为骨干的近500名职工，有研究、业务、管理等十几个部门，成为集自然科学和人文社会科学多种学科门类的综合性保护研究机构。

1943年，敦煌研究院的创始人、敦煌保护事业的开拓者、奠基人常书鸿先生带领10多位青年学子，首先来到敦煌。他们不顾环境恶劣、生活艰苦、经费匮乏，白手起家，克服了常人难以想象的各种困难，竭尽全力做了当时所能做的一切保护工作，如清除积沙、治理环境、保护洞窟、砌筑围墙、制定制度等。与此同时，为了认识和了解敦煌莫高窟的内涵和价值，开始了石窟内容的调查及壁画和彩塑的临摹，使保护文物和探索文物价值的工作相结合。敦煌艺术研究所的成立，及其所做的艰苦卓绝的开拓性工作，标志着莫高窟长期无人管理、任人破坏偷盗历史的结束和有效保护历史的开始。

敦煌文物研究所（1950~1984年）是敦煌研究院的第二个阶段。敦煌莫高窟的保护受到了新中国的高度重视，国家派出专家对莫高窟的石窟本体和周围环境作了调查和评估，找出了病害。针对崖体裂隙可能导致洞窟坍塌等严重病害，在20世纪60年代初国家经济较困难情况下，周恩来总理亲自批准，国家投入巨资进行了抢救性加固和整修。同时开始了莫高窟历史、艺术和内容的研究。这个时期的保护和研究工作，使莫高窟的危崖得到了及时抢救，防止了石窟的坍塌，同时深化了对莫高窟价值的认识。可惜，"文化大革命"中断了莫高窟的所有工作。但敦煌文物研究所的大多数职工仍坚守在莫高窟，以防范打、砸、抢可能造成的破坏。

20世纪80年代，我们国家进入了改革开放的新时期。莫高窟的保护工作从极"左"思潮的阴影下摆脱出来，再次受到国家的高度重视。党和国家领导人先后来莫高窟视察，给我们的保护工作以极大的鼓舞。1984年，甘肃省委、省政府为使莫高窟得到更好的保护和敦煌事业有更大的发展，做出了扩大敦煌文物研究所的建制，更名为敦煌研究院的决定。又加这时迎来了对外开放的大好形势，为莫高窟保护的发展创造了前所未有的良好环境。

这个时期，敦煌研究院在著名的敦煌学者段文杰先生的领导下，扩大建制，引进人才，充实保护手段，与国内外科研机构合作，引进先进的保护理念和先进的科学技术，莫高窟的保护跨上了新的台阶。经过多年探索，我们认识到，对莫高窟特点及其保护功能进行准确定位，是做好保护工作的前提。对这一前提的准确把握，使莫高窟保护工作从必然王国走向自由王国。莫高窟作为大型文化遗产，既有石窟本体的建筑、壁画和彩塑及周围环境的山岭、沙漠、河流、树木的复杂构成，体量巨大，时间绵长，材质复杂而脆弱的特点，又有文化内涵丰富，信息量巨大，多元的珍贵价值的特点。莫高窟的这些特点，决定了其保护功能应有以下几个方面：①莫高窟不只需要保护，而且还需要研究和弘扬；②保护不是仅限于保护石窟本体，还包括保护与她共存的环境；③保护不只限于技术层面，而是还有科学管理；④因其构成和材质的复杂性，保护技术不是单项学科所能承担的，还需要多项学科交叉支撑；⑤保护不只是加固和修复，而且还有日常维护和预防。莫高窟及保护工作的特点，反映了其保护工作的艰巨性、复杂性，因此必须采取多学科结合，技术保护与科学管理结合，保护和利用结合的思路，对莫高窟进行宏观、综合、科学的保护。依据这样的思路，这个时期主要做了以下几项大的工作：制定莫高窟保护总体规划，全面规划保护、研究和利用等方面的工作；配合甘肃省人大制定《甘肃敦煌莫高窟保护条例》专项法规，并制定保护和管理的制度；进行多学科结合的保护科技研究和敦煌学的研究；在研究的基础上做好了敦煌石窟危崖的加固和壁画、彩塑病害修复；在保护好的前提下，向游人充分开放，在开放中做好保护。这些保护措施均取得了显著的成绩。

三、多学科的综合性科学保护

科学和技术是做好文化遗产保护工作的基础，是最大限度延缓文化遗产寿命的必要条件。敦煌研究院针对莫高窟具有丰富信息和珍贵价值的独特性，及石窟和环境复杂构成的特点，长期坚持自然科学和人文社会科学的综合研究。一方面，通过人文社会科学的多种学科结合，开展敦煌石窟和敦煌文献的研究，对其所承载的信息和价值进行调查、整理、考证、解读。经过数十年的不懈努力，对敦煌和莫高窟历史、地理、艺术、内容、文化和佛教史进行了全方位的研究，取得了丰硕的成果。通过出版180多种专著、2600多篇论文，对莫高窟的历史、艺术、科技、社会等多元价值进行了全面揭示，为"敦煌学"研究和弘扬民族优秀传统文化做出了突出贡献，改变了"敦煌在中国，研究在外国"的局面。另一方面，通过自然科学多学科的结合和多层面的工作，开展对莫高窟及其环境的调查、分析、研究，主要有石窟窟区环境与洞窟内微环境的监测研究、砂砾岩风化机理研究、风沙危害和防治研究、壁画材质分析研究、壁画病害机理研究、壁画修复材料和砂砾岩石窟岩体裂隙灌浆材料筛选研究、土遗址保护研究等等，取得了一大批科研成果。这些成果逐步解决了石窟本体和其赋存环境的依存关系，以及石窟本体为什么有病害，病害机理是什么，应采用什么材料和技术加固和修复保护等一系列长期困扰敦煌石窟保护的难题。由于加强了科研，石质文物和土质文物的保护理论和实践都有了重大突破，深化了石窟和周围环境及其现状和病害的认识，对疑难壁画病害的形成原因和机理研究取得了重要进展，创造性地研制出石质文物和土质文物的加固材料，初步探索出石质文物和土质文物的加固技术和工艺，从而使莫高窟和榆林窟的岩体加固，壁画和彩塑修复取得了较好的成效，使敦煌石窟及其环境得到了很好的保护，焕发了古老石窟昔日的光彩，并逐步形成以环境监测和保护、壁画分析和修复、石窟加固、石窟档案为内容的科技保护体系，使敦煌研究院在壁画和土遗址保护领域达到了国内领先水平，已成为我国石窟和土遗址文物保护的基地，并发挥了积极的辐射作用。

四、主动的预防性保护

由于时序的单一方向性，象征着某个阶段人类文明活动的文物，其本身就具有唯一性和不可再造性，现代文明社会的快速发展又严重加剧了文物毁坏的程度，我们面临的难题是文物的不可替代性和其本身不可抗拒被毁坏的特质。而文物保护的目的就是延缓文物的衰老过程。因此，预防文物病害的发生就成了文物保护科学研究的更高目标。敦煌研究院通过20年的艰苦探索和实践，使敦煌石窟的保护工作从原来的抢救性保护过渡到科学保护阶段。在这一过程中，我们深切体会到要真正扭转文物保护的被动局面，变被动为主动，必须在大量保护科研成果的基础上向全面、规范的预防性保护转化。预防性保护是国际文物保护的发展方向，是延长文物寿命所必需，是更主动、更积极的保护。为此，我们开展了预防性的保护项目，如"洞窟游客承载量"的综合研究项目，这个项目的提出是为了应对逐步升温的旅游压力、切实处理好文物保护与旅游发展的关系、预防不适当的开放给文物带来的破坏，采取缓解游客对洞窟造成压力的措施提供科学依据。又如为了抢救敦煌石窟珍贵的文物信息，使之得到永久真实的保存，国家科技部、国家文物局和甘肃省科委先后立项，将日新月异的计算机技术和数字技术应用到敦煌石窟文物保护工作中来，开展壁画图像数字化存贮与再现技术的科技攻关，美国梅隆基金会和美国西北大学也参与了该项目的合作研究，目前项目已取得突破性进展并付诸实施。敦煌石窟壁画彩塑的数字化，不仅永久保存了文物信息，还可为敦煌学研究提供准确和详细的信息资料，并可制作虚拟洞窟供游客参观欣赏，为缓解石窟开放的压力，保护壁画提供了技术保障。此外，我们还开展了"敦煌莫高窟环境演化与石窟保护研究""敦煌莫高窟及周边地区环境演化科普教育"，我们希望通过这些项目把认识文物赋存环境对文物保护的重要性提升到一个新的高度，同时也希望唤起全社会树立保护环境、保护人类珍贵遗产的意识。

五、开拓国际合作保护的路子

目前，我国的经济状况还不足以完全满足文物保护所需的巨额经费，我们的专业技术人才还相对缺乏，对国际上先进的保护理论和保护技术知之不多，科研设备也相对落后。要快速提高我们的文物保护水平，壮大文物保护力量，走"以我为主，为我所用"的国际合作路子是一条重要途径。十多年来，在上级政府主管部门的支持下，我们充分利用改革开放的大好时机，利用莫高窟高知名度的有利条件，先后与日本东京文化财研究所、美国盖蒂保护研究所、澳大利亚遗产委员会、美国梅隆基金会、美国西北大学、日本东京艺术大学、日本大阪大学等保护机构和大学开展合作。

合作保护中，我们充分发挥自己的长处，选择莫高窟保护中带有代表性和挑战性的研究课题，与国外专家联合攻关。通过合作研究，不仅研究解决了我们保护中的难题，而且还引进了先进的保护科学和技术，引进了先进的保护理念和管理方法，提高了我们的保护科学技术水平，加强对莫高窟遗址的科学管理。如与国际上著名的美国盖蒂保护研究所合作开展的莫高窟第85窟壁画保护研究，就是一个很好的实例。此窟是莫高窟一个代表性的大型洞窟，建于9世纪中叶，壁画具有珍贵的价值。这个洞窟几乎包含了莫高窟所有类型的壁画病害，曾两次实施过较大规模的修复，病害依然反复发生，它的保护是一个难题。这一难题的解决将会对敦煌石窟乃至整个西部地区的壁画保护提供借鉴。中美双方在第85窟合作研究过程中，从资料收集、调查、评估价值和现状入手，采取化学、物理、地学等多学科相结合，将壁画病害产生的原因和形成的机理，及其相关的地质水文和空气环境结合，进行综合分析研究，整个合作研究过程严格按照《中国文物古迹保护准则》（下简称《准则》）规定的原则、程序和要求实施（《准则》由中国国家文物局与美国盖蒂保护研究所、澳大利亚遗产委员会合作制定，是对文物古迹保护工作进行指导的行业规则和评价保护工作成果的主要标准，即将公布）。经过几年的共同努力，莫高窟第85窟的合作研究保护，不仅在壁画保护技术上取得了一系列突破性成果，而且通过科学技术与严格的保护程序相结合的实践，培养了一种保护和管理的科学工作理念，使我们的科研和管理工作人员从思想上明确了我们的保护工作需要科学保护，如何进行科学保护，为我们培养了既掌握先进技术，又具有科学理念思维的人才，同时也推动了莫高窟的保护和管理工作向规范化、科学化迈进，逐步与国际先进的保护技术和保护理念接轨。

六、利用和保护的新思路

由于文物稀有珍贵，不可再生，不可替代，所以必须处理好文物保护与利用的关系。我们首先要完整地、真实地保护好文物，使她完好地传给子孙后代，并使这些表征国家身份与民族精神的文物能永远地屹立于祖国大地上。在保护好的前提下，则应积极地使文物为学术研究、创造先进文化、振奋民族精神、进行爱国主义教育和旅游休闲发挥重要作用。诚然，文物利用应是符合不同文物自身特点的利用，而不是破坏文物、竭泽而渔式的恣意攫取。

辉煌的敦煌艺术宝库，珍贵的精神财富，不仅是我们伟大的中华民族优秀文化的象征，也是全人类共同的文化财富。敦煌应敞开胸怀，向全国、全世界展示她那丰富博大的内涵，富丽堂皇的艺术，穿透时空的魅力，独特珍贵的价值。为了服务于这个宗旨，敦煌研究院十分重视莫高窟的开放与展示，在"保护为主、抢救第一、合理利用、加强管理"的文物工作方针指导下，自1979年开放以来，通过组建接待部门，培养既熟悉业务又懂得外语的高素质讲解队伍，出版通俗读物，改善旅游开放的基础设施，营造整洁优雅的环境，制定和完善开放洞窟保护的规章制度等一系列措施，出色地完成了接待80多个国家和地区的近400万人次的游客。与此同时，还多次到香港、台湾、北京、上海等地和日本、法国、印度、美国等国家举办敦煌艺术展览，取得了既保护石窟又向世界弘扬敦煌文化和展示其珍贵价值，拉动地方经济发展的良好效益。

随着经济发展，旅游业持续升温，人民日益增长的对文化遗产享用的需求，交通条件的改善，到莫高窟的游客不断攀升，保护与开放的矛盾日趋突出。莫高窟虽规模宏大，洞窟众多，但每个洞窟的空间极其有限，其中85%以上洞窟的面积均小于25平方米，窟内的彩塑和壁画都是使用泥土、木材、麦草等脆弱的材料制成。历史上的每个洞窟都是供奉佛陀的神圣殿堂，为某个家族建造拥有，进入窟内的人十分稀少，所以洞窟内的小环境长期处于恒定的状态，又加敦煌地区社会相对稳定，气候干燥，所以莫高窟得以保存至今。但随着岁月推移，由于自然因素作用和人为破坏，莫高窟的彩塑和壁画产生了多种病害，并在缓慢地退化。我们采取各种保护措施，是为了使莫高窟减少病害，延缓衰退，延年益寿。如每日游客持续不断地大量进入洞窟，将使窟内温度、湿度、二氧化碳反复循环升降，导致窟内原有稳定的小环境被打破。众所周知，二氧化碳长时间滞留窟内，窟内空气湿度增高，温度上升，都会侵蚀壁画，加速病害的发展。这将对洞窟内十分脆弱的彩塑和壁画的保存带来严重的潜在威胁。我们一项模拟实验证明，窟内相对湿度持续的高低循环是导致壁画病害发生的主要原因。这从科学的角度说明为了保护珍贵的文物，就不能过度地开放。

我们不能以牺牲珍贵文物为代价换取旅游业发展，但我们也不能因为要保护而拒游客于门外，而是要在切实保护和管理好文物的前提下，充分发挥文化遗产地的重要作用。敦煌研究院解决莫高窟保护与开放日益突出的矛盾的思路是，将有效保护与合理利用结合起来。一方面，加强建立在科学和技术基础上的保护和管理，把开放给文物带来的破坏降到最低程度；另一方面，做好传播知识、传播价值为基础的文物保护。后者是将文物的保护和传播弘扬行动结合起来，积极做好诠释和弘扬的工作，使人们在观赏中得到知识，得到美的熏陶，充分认识文物的意义和价值，从而唤起全社会保护文物的意识，使更多的人能自觉地去保护文物。根据这一思路，再吸收国际文化遗产保护利用方面的先进经验，我们制定了以下具体对策：①开展游客承载量试验研究，通过这项研究，找出莫高窟可以接纳的科学合理的游客承载量；②增加参观景点，以疏导游客，减轻洞窟的压力；③加强开放接待管理，实施参观预约制度，以控制参观人数；④加大保护和利用基础设施建设，建设具有综合功能的莫高窟数字展示中心，中心内充分利用当代信息技术和展示手段，设置演播厅、洞窟虚拟漫游厅等设施，游客将在这个中心全面了解敦煌和莫高窟的历史文化背景，在虚拟漫游厅身临其境地欣赏典型洞窟和丰富的敦煌文化，又适度结合参观洞窟实景，这样既使游客获得更多、更清晰的敦煌文化信息，又可提高接待能力，极大地缓解游客给莫高窟保护带来的压力。

七、未来保护的展望

60年来，敦煌研究院几代人薪火相传，为保护敦煌石窟，研究和弘扬敦煌文化，所付出的辛勤劳动，取得的良好成就，得到了党和国家的充分肯定。2000年7月，李岚清同志在致敦煌藏经洞暨敦煌学百年纪念座谈会的信中指出："经过近百年尤其是近二十年的不懈努力……敦煌文物得到了中央政府的妥善保护和合理利用。经过几代学者和文物工作者的艰苦努力和无私奉献，在文物安全、壁画和塑像修复、环境监测、治沙固沙、石窟科学管理和对外开放等方面取得了显著成绩，成为我国文物有效保护、合理利用和精心管理的典范。"

尽管敦煌研究院在保护敦煌石窟的各项工作中取得了一定的成绩，但是，我们清醒地认识到，我们面临的任务还很繁重，前面的道路还很漫长。无论是人员的素质结构，还是管理水平和技术装备，都远不能适应敦煌石窟保护和管理工作的艰巨任务。我们一定要站在时代的高度，紧跟科技发展的进程，与时俱进，开拓创新，在以下几个方面做出积极探索：

第一，逐步建立符合世界遗产保护要求的标准化、规范化的科学保护管理模式，使敦煌石窟的保护管理工作与国际接轨。

第二，全面开展敦煌石窟的预防性保护科研和实践，加大主动保护的力度，使石窟文物的衰退降到最低程度。

第三，逐步把敦煌石窟建成世界一流的遗址博物馆。敦煌研究院必应拥有世界一流水平的学术研究成果。以敦煌研究院在国际敦煌学研究中的地位，这种"世界一流的遗产研究"应当体现在以下四个方面：①开拓新的研究领域；②开辟新的研究方向；③在现有研究领域中进行概念与方法创新；④学术研究应能对已有的知识体系推陈出新，贡献新的见解。

第四，进一步加强国际国内的交流与合作，尤其是国际层面的合作，对于敦煌研究院的发展显得尤为重要。在未来，国内外合作应有新的思路和内容，要全方位、多层次地开展合作。不仅在保护科学领域，而且要在敦煌石窟的管理、敦煌学的研究方面加大合作力度。特别要把人才培养作为国内外合作的重要内容。我们将为青年专业技术人才出国学习及参与国内外交流与合作创造条件，使其逐渐成为具有国际视野的复合型人才和项目专家乃至项目科学家。我们也将继续聘请在文物保护和敦煌学研究领域卓有建树的国内外专家参与敦煌研究院的决策咨询，承担重大研究项目等。

我们相信，在党和政府的大力支持和有识之士的无私帮助下，通过敦煌研究院全体职工的不懈努力，敦煌石窟的保护、研究和弘扬工作将迈上一个新台阶，祖先留给我们的举世无双的敦煌石窟文物也将会比较完整而又长久地保存下去。

（原载于《敦煌研究》2004年第3期）

◈ 在敦煌研究院成立70周年座谈会上的讲话

尊敬的国家文物局局长励小捷先生，

尊敬的甘肃省委常委、宣传部部长连辑先生，

各位领导、各位嘉宾、各位同仁、女士们、先生们、朋友们：

今天，我们欢聚在这里，庆贺敦煌研究院创建70周年，分享莫高窟人的欢乐与光荣。请允许我代表敦煌研究院，向关心支持我院发展的各位领导、嘉宾，向为敦煌事业发展贡献力量的国内外合作机构、合作伙伴、各界人士，向各个时期为敦煌研究院竭诚奉献的诸位同仁表示热烈的欢迎和由衷的感谢！

敦煌研究院诞生于抗日战争的艰难时期，成长于万象更新的新中国发展之时，壮大于日新月异的改革开放之后。1944年国立敦煌艺术研究所成立，一批志士仁人、青年学子远离城市，来到大漠戈壁，艰苦奋斗，初创基业。1950年，改组为敦煌文物研究所，得到党和国家领导人的高度重视，中央文化部确定"保护、研究、弘扬"的办所方针，国家在财政困难时拨出巨款妥善修护濒危的莫高窟，敦煌石窟各项事业迈开步伐。1984年，甘肃省委、省政府高瞻远瞩，扩建敦煌研究院，编制扩大、部门增加、人才汇聚、条件改善，敦煌事业迎来发展春天，迈入国际合作、科学保护、成果竞秀、弘扬传播的崭新阶段。

光河速走，斗转星移，七秩艰辛，莫高窟人以智慧和汗水积淀了坚守大漠、甘于奉献、勇于担当、开拓进取的莫高精神，成为敦煌研究院七十载薪火相传、生生不息的不竭源泉和强大动力。

坚守大漠、舍身饲虎的节操。初创国立敦煌艺术研究所的前辈在荒芜凋敝、飞沙扬砾、物资匮乏、交通不便、陋屋斗室、无水无电的艰苦条件下，筚路蓝缕，开基创业。研究、保护和传承工作初现端倪。在特殊历史时期，一些人曾遭受不公正待遇，历经艰辛坎坷，却始终矢志不渝，

是"打不走的莫高窟人"。

20世纪80年代，改革开放春风化雨，为砥砺成长起来的敦煌研究院带来全新气象。虽然莫高窟艰苦单调的生活并无多大改变，但仍有不少风华正茂的青年学子从祖国四面八方，"自投罗网"，来此大漠深处，顾大家、舍小家，弃享受、耐寂寞，刻苦钻研，在诸多领域卓有建树。而今，社会发展，经济繁荣，仍有莘莘学子，淡泊明志，投身敦煌，弦歌不辍，将前辈开创的事业发扬光大。

甘于奉献，潜心治学的抱负。长期以来，莫高窟人坚持"寓保护于研究之中"，在探寻学术发展的道路上，孜孜不倦，殚精竭虑，形成了身居大漠，志存高远的学术研究传统。

刻苦严谨的研究风气。不管是煤油灯下，埋首勤学，靠镜面折射，借光临摹，踩"蜈蚣梯"，考察洞窟；还是不厌其烦，开展石窟数字化，分析壁画病害机理，建设敦煌学信息资源库。道路虽艰，但研究人员乐此不疲，心血有成。

多学科并存的研究局面。初创事业的十多名志士大都从事绘画、艺术专业。发展至今，艺术、文史、理工、管理等多学科专家，既各擅其美，并行不悖，又兼容并包，交融共进。

国际化的研究视野。改革开放以来，偏居西北一隅的敦煌研究院大胆外引内联，请进来，走出去，通过国内外合作，开阔视野，更新理念，增长才干，充实提高。走上了以科研为中心，以合作促发展的道路。

勇于担当、爱国尽责的情怀。敦煌研究院自诞生之日起就自觉以保护、研究、弘扬中华民族优秀传统文化为自己的崇高责任。

无愧祖先、无悔后人，让莫高窟重现青春。从百废待兴，抢救文物到面向世界，科学保护；从制定法规，精心管理到探索"数字敦煌"，永久保存敦煌瑰宝。敦煌研究院在为国宝重现光芒的道路上勇于担当，探索奋进，成为我国文化遗产保护领域的生力军。

让敦煌学研究在故土生辉。敦煌研究院的专家学者在敦煌石窟美术临摹和研究、敦煌石窟考古、敦煌史地、敦煌文献、敦煌文化等包罗万象的敦煌学各个领域，几十年笔耕不辍、潜心研究、不懈进取，取得卓著成绩，敦煌研究院已成为国际敦煌学研究的重要基地和最大实体。

以传承弘扬传统优秀文化为己任。敦煌研究院以人为本，坚持建设高素质知识型的讲解员队伍，长期开展游客需求和承载量研究，完善游客服务设施，提高服务质量，负责任的文化旅游惠及众人；先后举办70多次大型展览，让敦煌艺术走出石窟，走出国门，走向世界。敦煌研究院数十年矢志笃行传承弘扬民族灿烂文化，成为文化遗产地旅游管理的典范。

在保护研究弘扬的行列中，还有众多的安全保卫者和后勤保障者，他们心怀大局、默默耕耘、任劳任怨，与科研人员、管理人员精诚合作，把敦煌研究院建成环境优雅、平安祥和的大漠乐土。

开拓进取、求实创新的品格。无论是国内文物系统首个国家级工程中心的建立，还是第一个文物出土现场保护移动实验室的研发；无论是创办大陆第一家敦煌学专业学术期刊《敦煌研究》，还是编撰出版《敦煌石窟全集·莫高窟第266~275窟考古报告》等敦煌学研究的优秀论著；无论是在全国文物单位率先运用数字技术，开展敦煌文物大规模存储，还是创作播映首部展现文化遗产的实景超高清球幕电影；无论是首创原大、原状整窟临摹，还是"敦煌重彩"新壁画创作；无论是在全国文博界首次开展游客最大承载量研究，还是实施世界文化遗产地科学管理……几代莫高窟人敢为人先、开拓进取，使敦煌研究院在全国文物领域科学保护、学术研究，文化弘扬发展中填补了一个又一个空白，结出了一个又一个硕果，令千年莫高越发熠熠生辉。

"七十而从心所欲不逾矩"。70年的成就，是敦煌研究院发展壮大的基础，也是迈向"志于学"的历史新起点。当今时代，国家实施社会主义文化强国战略，提出"一带一路"构想，建设甘肃省华夏文明传承创新区，为我们带来新的历史机遇与挑战。

我们将继续坚持和传承莫高精神，把莫高精神的精髓内化在培育和践行社会主义核心价值观的行动中，渗透在未来发展的方方面面，使其永葆活力，激励我们不断向前奋进。

我们将继续开展国际和国内合作，充分吸收先进技术、先进经验、先进理念，不断提高自身科研能力、管理能力、创新能力，建设国际一流科研机构。

我们将继续加强人才培养，塑造高层次专业人才，培养高素质业务骨干，为敦煌事业长远发展提供人力支撑和智力资源。

我们将继续开拓创新，以国际化的视野，本土化的行动，研发更多原创性成果，不断追求卓越，攀登高峰。

各位领导、各位嘉宾、各位同仁、女士们、先生们、朋友们：

建设社会主义文化是我们的职责，科学发展是我们前进发展的核心理念，以人为本是我们一切工作的出发点和落脚点。面向未来，任重道远，敦煌研究院一定不辱使命，继往开来，在人类文化遗产保护、研究和传承方面发挥更加积极作用，再创新的辉煌！

谢谢大家！

（本文为2014年9月9日在敦煌研究院成立70周年座谈会上的讲话稿）

◈ 守护敦煌艺术宝藏，传承人类文化遗产

——敦煌研究院七十年

　　联合国教科文组织世界遗产委员会对敦煌莫高窟的评价："莫高窟地处丝绸之路的一个战略要点。它不仅是东西方贸易的中转站，同时也是宗教、文化和知识的交汇处。莫高窟的492个小石窟和洞穴庙宇，以其雕像和壁画闻名于世，展示了延续千年的佛教艺术。"又在批准莫高窟为世界文化遗产的文件中指出："莫高窟符合世界文化遗产的第Ⅰ、Ⅱ、Ⅲ、Ⅳ、Ⅴ、Ⅵ全部六类标准。"[1] 以上教科文组织的评价足以说明敦煌莫高窟无与伦比的价值。

　　创建于4~14世纪的敦煌莫高窟，伴随着丝绸之路的兴盛在中国历史上繁荣了一千年，演成中西文明交融荟萃的结晶，诚为中国古代文化艺术宝藏。元明以降数百年来，随着丝绸之路的衰落沉寂，嘉峪关的封闭，莫高窟长期处于无人管理，任由自然损毁、人为破坏，甚至偷盗的境地，使光辉的艺术丰碑黯然失色。为了保护濒危的莫高窟宝藏，在20世纪40年代初抗日战争的艰难岁月中，民国政府决定创立国立敦煌艺术研究所，开创了莫高窟研究保管的历史。中华人民共和国成立后，在国家的大力扶持下，这一机构不断发展、壮大，曾先后更名为敦煌文物研究所和敦煌研究院。特别是20世纪80年代改革开放以来，为守护敦煌艺术宝藏，传承人类文化遗产做出了举世瞩目的成绩。下面，分为三个时期简单介绍敦煌研究院70年来保护、研究和弘扬敦煌文物所做的主要工作。

一、国立敦煌艺术研究所时期（1944~1949年）

　　1942年，民国政府决定将莫高窟收归国有，第二年成立国立敦煌艺术研究所筹备委员会，做了人员、资金和业务的各项筹措，1944年国立敦煌艺术研究所正式创立。根据于右任先生提出的"寓保护于研究之中"的倡议，以保管研究莫高窟为主，也兼及敦煌西千佛洞、安西（今瓜州）

---

1 《世界遗产委员会主席团会议简报》（87教科常字280号）。

榆林窟的一些保管工作。以上三处石窟统称为敦煌石窟，有时也称莫高窟为敦煌石窟。其职能专门从事敦煌石窟的研究、保管工作。首任所长、著名画家常书鸿先生和他带领的10多名有志青年，从大城市来到风沙呼啸、荒凉寂寞、交通不便、生活艰苦的西北边陲敦煌，面对的是破败不堪的石窟，他们克服了无房、无电、无自来水、无交通工具、经费拮据、缺少人手、孩子不能上学等各种困难，在当时极其困难的条件下，清除了数百年堆积在300多个洞窟内的积沙，拆除了窟内俄国人搭建的全部土炕土灶，对石窟做了力所能及的初步整修，还募款为部分重点洞窟装了窟门，修建了长1000余米的围墙，有效地阻挡了人为破坏和偷盗。

与此同时，开始敦煌壁画临摹、洞窟内容调查和编号；设置陈列室，展示文物；到南京、上海、重庆等地举办敦煌艺术展览；制定了进窟工作和参观的办法，撰写洞窟说明。

国立敦煌艺术研究所的创立，标志敦煌石窟结束了约400年无人管理、任凭损毁、破坏和偷盗的历史，翻开了保护、研究和弘扬的历史新篇章。前辈们筚路蓝缕、含辛茹苦所做的各项开创性工作，为今后敦煌石窟事业的继续发展奠定了坚实的基础。

二、敦煌文物研究所时期（1950～1984年）

中华人民共和国各级政府高度重视敦煌石窟的保护。中央文化部将国立敦煌艺术研究所改组为敦煌文物研究所，任命常书鸿为所长；制定了"保护、研究、弘扬"的工作方针；派来了文物、考古和古建专家，对莫高窟做了全面综合勘察，提出了保护和研究方案；修缮了五座残破的唐宋木构窟檐。这时明确了敦煌西千佛洞、安西榆林窟，也由敦煌文物研究所负责管理的职能。1961年，敦煌莫高窟、西千佛洞和安西（今瓜州）榆林窟被国务院批准公布为第一批全国重点文物保护单位。

这个时期，敦煌文物研究所的生活和工作环境稳定，而艰苦的日常生活和简陋的工作条件并无多大变化，员工们过着清苦的生活，坚守着自己的责任，即使在"文化大革命"时期，虽业务停顿，但全体职工对保护敦煌艺术宝藏的认识和态度完全一致，依然共同坚守和保护着敦煌艺术宝藏，敦煌石窟文物未受到丝毫破坏。

这个时期，针对壁画和彩塑病害频发、崖体风化和坍塌、风沙侵蚀等严重的问题，首次实施了全面的大规模的抢救性保护：倾倒的塑像被扶正加固；濒将脱落的壁画，做了边缘抹泥加固，或铆钉固定和灌浆黏结加固；对起甲、酥碱病害的壁画，与国外专家一道试验采用新的修复材料和工艺方法做了修复；特别是20世纪60年代初，在周恩来总理的关心下，国家拨巨款，以"支""顶""挡""刷"的技术，对裂隙纵横的莫高窟南区崖体和石窟实施了全面大规模的危崖加固工程，解决了石窟的稳定性问题，经过加固的莫高窟能承受7级烈度的地震，使濒临坍塌的洞窟，脱离了险境，得到了妥善保护。为了防止风沙对壁画和塑像的磨蚀，还在崖顶做了铺设草方格的挡沙栅栏试验。

这个时期，也是敦煌艺术临摹的黄金时期，完成的敦煌壁画和彩塑临本数量多、质量高、内容丰富；还首创原大、原状整窟临摹；根据多年的临摹实践，总结、归纳出三种临摹方法，对今后临摹有重要指导意义；通过临摹对敦煌壁画艺术各个时期风格特征进行了探索研究；并尝试创作新壁画；不仅在国内的北京、上海和郑州等大城市，而且到波兰、捷克、印度、日本等国举办敦煌艺术展览。

这个时期，敦煌学研究主要做了基础性的整理研究。经过长期调查研究，基本搞清了敦煌石窟壁画图像、彩塑的内容，出版了多年调查研究的成果《敦煌石窟内容总录》《敦煌莫高窟供养人题记》，这是研究敦煌石窟必备的基本资料；还对本院收藏的藏经洞出土文献开展整理研究；配合莫高窟南区危崖加固工程，对莫高窟南区窟前遗址开展大规模考古发掘清理，完成了《莫高窟窟前殿堂遗址》考古报告；协助武威天梯山石窟搬迁保护，完成了《武威天梯山石窟》考古报告；开始了对敦煌石窟艺术和内容的研究。

三、敦煌研究院时期（1984年以来）

1984年，甘肃省政府决定将敦煌文物研究所扩建为敦煌研究院，增加了职能、扩大了编制、增添了员工、增设了部门；敦煌研究院利用改革开放的大好时机，与国际和国内高端的科研机构和大专院校合作，合作中开阔了视野和思路，引进了先进的理念和技术，迅速提高了我院专业人员的能力和水平；采取送出去、引进来等多种方法培养人才，形成了一支文理兼有的多学科专业人才队伍；建造和不断完善基础设施，从根本上改善了员工的生活和工作条件，基本改变了以往的艰苦和闭塞状态。

随着改革开放的不断深入，敦煌研究院担负的职能随之不断扩大，科学保护和敦煌学研究的任务日显繁重，又增加了上个时期所没有的敦煌石窟旅游开放，及石窟管理的繁重任务。这个时期正值莫高窟申报世界文化遗产，敦煌研究院与国内外科研机构合作，全方位探索世界文化遗产——莫高窟的科学保护、研究、传承和管理问题，并采取了与敦煌石窟职能相应的法律法规、科学技术、人文学科研究、合理利用、科学管理等综合措施。这时的敦煌研究院是保护、研究、弘扬和管理的综合性科研和保管机构。

（一）制定法律法规和规划

1. 制定和颁布专项法规

2003年，经甘肃省人民代表大会常务委员会通过并颁布实施的《甘肃敦煌莫高窟保护条例》，明确了莫高窟保护对象、范围，规定了文物保护管理机构的职责，及其保护、利用、管理工作应遵循的方针和原则；也明确规定了政府机关、社会团体和公民在保护莫高窟方面的权利、义务和应遵循的行为准则和责任。这项专项法规颁布，为莫高窟的保护、利用和管理提供了强有力的法律支撑和法律保障。

2. 制定和颁布保护规划

1998～2004年，制定了《敦煌莫高窟保护总体规划（2006～2025）》（下简称《规划》）。对莫高窟价值及其本体和环境的保护、保存、利用、管理和研究进行了系统而全面、科学的评估，制定总体规划的目标、原则和实施细则；又按照保护、研究、利用和管理四个方面制订分项规划的目标与对策，编制主要措施与分期实施计划；最后提出规划实施的支撑体系。自《规划》制定和甘肃省政府颁布以来，敦煌研究院始终以《规划》为指导和依据，开展莫高窟的保护、利用、研究和管理各项工作。

（二）敦煌石窟本体和环境的科学保护

1. 施行保护和修复的科学技术研究

通过科学研究，确定了石窟壁画颜料的成分及其颜料中胶结材料的性质和类别；掌握了泥质壁画地仗层的组成结构及物理化学性质；掌握了壁画多种病害的机理；研究并确定了针对不同病害修复的材料和工艺。

2. 采用数字技术永久保存敦煌石窟文物信息

为永久保存、永续利用敦煌石窟文物信息，经过多年探索和研究，形成了一整套先进的数字影像拍摄、色彩校正、数字图片拼接和存贮等敦煌壁画数字化保存技术，实施了建立全部敦煌石窟数字影像档案的工程。这些成果已应用于石窟保护、学术研究、美术临摹等领域，并在国内外多次展览中为观众提供了丰富逼真的敦煌艺术视觉体验。

3. 建立莫高窟安全防范监控系统

安装了包括入侵报警、视频监控、音频复核、在线电子巡查、周界报警、安全照明、安防通讯等多个子系统的安防设施，对所有布防区域可进行全面有效监控。

4. 保护莫高窟人文和自然景观

拆除窟区近现代添加物；迁出窟区的工作和生活用房；完整地保护莫高窟窟区前历史形成的舍利塔群和寺庙等人文景观，以及山岭、沙漠、河流、树木林带等自然景观，使莫高窟保持了庄重、古朴、幽静的文化氛围。

5. 治理莫高窟风沙

在莫高窟崖顶建立了长6000米的高立式阻沙栅栏，以疏导来自主风向的沙害；崖顶沙源所在的沙山铺设了100多万平方米草方格固沙；种植10万平方米沙生植物固沙林带；铺设了160多万平方米砾石压沙带，形成了以固为主，固、阻、输、导结合的综合防治风沙体系。使莫高窟的风沙减少了75%左右，极大地减缓了风沙对敦煌壁画和彩塑的磨蚀。

6. 建立莫高窟监测和风险预控体系

采用风险管理理论、现代传感器技术和网络技术，对莫高窟遗址的大泉河水文变化、崖顶沙尘、崖体和洞窟振动、地震、开放洞窟微环境变化和游客流量、壁画病害等方面监测的关键技术研发和应用，并通过监测数据分析，为遗址保护、风险控制和管理提供依据和指导，建立了国内首个以"物联网"为基础的遗址监测和风险预控体系。

这个时期保护和修复的科学技术，与国际接轨，取得长足进步，在中国古代壁画和土遗址保护研究领域居于领先地位，得到国家科技部的认可，被批准为文物系统唯一的国家古代壁画保护工程技术研究中心，不仅保护本院管理的敦煌石窟，而且为西北乃至全国的石窟寺和土遗址保护开展服务。

（三）敦煌艺术和敦煌学研究

1. 敦煌石窟研究领域的发展与开拓

敦煌美术研究方面，对敦煌石窟各时期各类型的美术作品风格、技法与美学特征做了总结性的研究，还在建筑、图案、飞天、山水画等专题研究方面取得了重要成果。在此基础上，近年来从美术史的角度，按时代发展的顺序，开展了敦煌石窟美术史的研究，现已出版《敦煌石窟美术史·十六国北朝卷》。

敦煌壁画图像研究方面，一方面发现并考证出一批以前未知的佛教故事和经变等题材内容，另一方面对佛教故事、经变等在全面深入解析的基础上，进行系统性、总结性的研究，产生了《敦煌石窟全集》（专题分类26卷本）一系列成果。

石窟考古研究方面，对十六国、北朝、隋代、唐代前期至中期和西夏时期石窟进行了考古分期研究。另外，制订了多卷本《敦煌石窟全集》考古报告的编辑出版计划；按照计划，采用多学科结合的方法，出版了第一卷考古报告，全面、准确、科学地记录了本卷洞窟的全部遗迹，并探索出石窟考古报告编写的科学方法。对莫高窟北区洞窟实施全面清理发掘，弄清了北区洞窟的数量、功能、性质，还出土了一批珍贵的文物，出版了莫高窟北区石窟三卷考古报告。北区石窟的考古成果还带动了一些领域的研究。

敦煌文献研究方面，不仅对院藏敦煌文献进行系统整理，而且由我院主持对甘肃省藏敦煌文献做了全面调查与整理，出版了六卷本《甘肃藏敦煌文献》。同时，对敦煌学研究的基本工具书《敦煌遗书总目索引》进行全面修订，出版了《敦煌遗书总目索引新编》。近年，又开展了甘肃省藏敦煌藏文文献的全面调查与整理工作，现正在研发敦煌遗书数据库。

除以上几个方面外，针对敦煌壁画多元文化的特点，还在以下几个方面开辟了敦煌学研究的新领域：①社会生活方面的民俗、科技、交通、服饰的研究；②音乐、舞蹈的研究，特别是对敦煌乐器的研究复原取得突出成果；③敦煌石窟西夏时期密教图像的深入研究；④供养人画像与世家大族的研究，对供养人的身份、家族、佛教供养活动，以及供养人画像的服饰化妆探讨研究；⑤吐蕃时期石窟图像和相关藏文文献研究；⑥回鹘时期的回鹘民族及其历史、文化、艺术、宗教研究；⑦敦煌与丝绸之路上多元文化汇流之间关系的研究；⑧单个洞窟研究；⑨佛教文学研究。

2．敦煌石窟临摹

经过几代人的临摹研究，已总结出一套临摹技法和规范，并对各时期壁画的绘制技法有了深入的认识。近二三十年间，完成了 10 多个代表洞窟的原大整窟临摹复制，并结合数字摄影技术，在准确性、色彩还原等方面取得了良好的效果。还进行了部分壁画的复原临摹研究。

3．创办《敦煌研究》

自 1981 年试刊，1983 年创刊，至今已出版 145 期，属国家期刊、核心期刊，刊物坚持学术性、开放性，发表了大量国内外学者有关敦煌学、佛教石窟考古、佛教艺术研究等方面的高水平论文，在国内外学术界享有广泛而良好的声誉，成为国际敦煌学研究的主要学术刊物。

4．图书和信息建设

经过 70 年的积累、发展，我院搜集了 15 万册有关敦煌和丝绸之路上的历史、文化、宗教、民族、艺术等方面的专业图书和文献；充分利用信息技术，与学术数据库制作商合作，初步建成了"敦煌学信息资源数据库"，已开始运行。

5．举办"敦煌论坛"

我院连续举办 10 多届有关敦煌学研究、丝绸之路古遗址保护的国际学术会议，取得了良好的效果，成为国际敦煌学、古遗址保护研究的重要的国际性学术论坛。

这个时期完成了包括国家级、省级、院内重大课题在内的一批敦煌学研究新成果，敦煌研究院已经成为国际上敦煌学研究的一个重要基地和最大实体。

（四）传承弘扬和遗址管理

1．满足游客的文化享受

为满足国内外广大游客充分欣赏敦煌石窟的丰富内容、精湛艺术和珍贵价值，选择开放不同时代、不同内容和优秀艺术的洞窟；坚持每年严格培训讲解员，将敦煌学研究的新成果及时转换为讲解内容；培养熟悉业务、通晓一门外语、高素质的讲解员队伍，为游客提供良好的讲解。还出版通俗读物、制作影视作品、提供网络信息，并不断改善游客服务设施。

2. 建设莫高窟游客中心

莫高窟虽价值无与伦比，但洞窟狭小、文物材质脆弱、病害频发，为了解决保护文物和开放利用的突出矛盾，建设了游客中心，在中心将放映数字电影《千年莫高》和球幕电影《梦幻佛宫》，后者是世界上第一部以文化遗产为题材的敦煌莫高窟实景超高清球幕电影，使游客对敦煌艺术获得更好的欣赏和全新的视觉体验，达到文物保护和开放利用的双赢。

3. 让敦煌艺术走出敦煌石窟

我院数十次在国内外举办不同类型、不同规模的敦煌艺术展览，所到之处，无不在当地引起轰动，取得了良好效果。

4. 敦煌美术创新

美术工作者在多年学习和临摹敦煌壁画的基础上，吸取敦煌艺术的营养，融入他们对长期生活的大西北山水风情的理解和感情，探索敦煌壁画艺术的创新，创作了具有敦煌技法、敦煌色彩、敦煌风格特色的敦煌重彩，以试图创造有古代敦煌艺术神韵，又表现时代气息的新敦煌美术形式。

5. 莫高窟日游客承载量研究和石窟开放管理

按照"在保护的前提下坚持合理利用，在利用中坚持保护"的理念，为加强旅游开放过程中莫高窟保护和游客参观的体验，开展了日游客承载量研究，根据洞窟空间容量、相对湿度和二氧化碳含量标准、病害、观赏性、环境因素、游客数量、游客流量、停留时间等多种因素，确定了莫高窟日游客最大承载量，根据游客承载量的研究结果，制定洞窟开放标准、洞窟开放制度、旺季预约预报制度、编制旺季参观游线等游客管理的各项措施。

我院负责的莫高窟遗址旅游开放与管理工作，被联合国教科文组织世界遗产委员会评选为世界遗产旅游管理的最佳案例和国际上践行《保护世界文化和自然遗产公约》的最佳案例。

四、结语

回顾敦煌研究院艰苦卓绝的70年奋斗历史，经过莫高窟一代又一代传人的坚守，为敦煌文化遗产的永久保存，发扬光大，坚持和传承"艰苦奋斗、甘于奉献、爱岗敬业、开拓进取"的莫高精神，使敦煌石窟的保护、研究、弘扬事业持续不断地向前推进，做出了举世瞩目的成就，从当年的举步维艰到今天的蓬勃发展，走出甘肃，走出国门，走向世界。今后的敦煌研究院应面向未来，继承发扬老一辈创造的莫高精神，继续加强人才培养以及国际和国内合作，充分学习吸收国内外的先进经验、先进理念、先进技术，不断提高自身的科研能力、管理能力、创新能力，更有效地发挥敦煌研究院在人类文化遗产保护、研究和传承方面的积极作用。

（原载于《敦煌研究》2014年第3期）

叁 • 敦煌石窟的保护、管理与开放

III

Conservation,
Management and
Opening of
Dunhuang
Grottoes

◆ 敦煌石窟保护的世纪思考

　　以莫高窟为代表的敦煌石窟，是历史留给我们的丰富而珍贵的文化遗产，保护好它，使它能世代相传，是我们文物工作者义不容辞的责任。在21世纪到来之际，回顾半个多世纪敦煌石窟保护的历程，展望未来敦煌石窟的保护，我们仍感到使命的神圣和责任的重大。

　　由于历史和自然的原因，15世纪以后，敦煌石窟由盛而衰。至20世纪，神圣的艺术殿堂呈现出一派萧条破败的景象，流沙掩埋，崖体坍塌、塑像倾倒、壁画脱落、起甲、酥碱等多种病害不断滋生。更为不幸的是，100年前，在藏经洞发现之初，伴随着对文献掠夺，莫高窟壁画也难逃厄运。1920年，驻扎在莫高窟的白俄匪军，在洞窟内埋锅做饭，烟熏火燎，在壁画上恣意写上斯拉夫人的下流话。1925年，美国人华尔纳又在洞窟内盗割了不少精美的壁画。莫高窟遭遇了自然和人为的双重破坏。

　　在有识之士痛心疾首、大声疾呼中，1944年，国民政府在莫高窟成立了国立敦煌艺术研究所，它标志着莫高窟结束了长期无人管理及屡遭破坏的历史，开始了对石窟的初步保护。中华人民共和国成立后，敦煌石窟保护得到党和政府的高度重视。1950年，国立敦煌艺术研究所改组为敦煌文物研究所。1951年，文化部委托清华大学、北京大学、古代建筑修整所的古建和考古专家，综合考察莫高窟，制定保护规划，开始针对壁画和窟檐濒于坠毁的危险状态，开始了重点抢救。60年代初，国务院又拨出巨款，对莫高窟有可能坍塌的危崖进行全面的加固。这一时期，国家制定、颁布了包括石窟寺在内的多项古遗址保护的法律、法规。敦煌莫高窟、安西（今瓜州）榆林窟均被列为全国重点文物保护单位。敦煌石窟不仅得到有效的保护，而且有了法律的保障。

　　不幸中常常包含着万幸，在"十年浩劫"中，敦煌文物研究所的全体员工和敦煌人民一道，保护敦煌石窟免遭劫难，又一次诠释了福祸相依的古训。

改革开放迎来了科学的春天，敦煌石窟的保护也由抢救性修复加固进入综合、全面、科学的保护时期。

1984年，甘肃省政府决定在敦煌文物研究所的基础上，扩大编制，增加经费，成立敦煌研究院。这不仅仅是规格的提高，更重要的是规模的扩大。敦煌研究院下设了保护研究所，与国内外科研单位合作，运用先进的科学技术，保护古老的历史文化遗址。

20多年来，经过科研人员的不懈努力，探索出一条遗址保护的成功之路，取得了一批研究成果，积累了宝贵经验。概言之，主要有以下几个方面的成果。

在管理上形成了一整套遗址管理的制度，有效地阻止了人为的破坏；加固了濒临坍塌的洞窟崖体，提高了洞窟崖体的稳定性及抗地震能力，使洞窟崖体免除了坍塌的危险；壁画修复技术不断改进，对所采用修复材料的耐老化性能做了进一步的实验论证，同时又实验筛选了几种新的修复材料；治沙工作取得了显著的成效，并继续向纵深发展。一个工程阻沙、化学治沙、生物固沙的综合治沙防护系统已初步形成；通过环境监测与研究，已对莫高窟窟区大环境及洞窟小环境做出了科学的质量评价；探讨了几种主要壁画病害产生的机理，为今后的保护工作提供了基础资料和科学数据；通过多年的实践，形成了一整套砂砾岩石窟崖体裂隙、危崖及防风化加固的技术和工艺，有些技术从材料到施工工艺均为我院独创，并获得国家级科学奖励。通过国内外合作，引进了先进的技术和设备，培养了一支专业素质较高的保护科技队伍。20多年来，我们所做的每一件事，都是为了让前人的创造流芳百世。

我们的工作得到了国际国内的好评，石窟得到了有效的保护。1987年，莫高窟被列入世界文化遗产名录，1997年，我院获"世界文化遗产管理先进单位"荣誉称号。20多年来，在完成繁重保护任务的同时，我们尽最大努力做好旅游接待工作，莫高窟已接纳300多万游客，为弘扬祖国优秀的传统文化，促进地方经济的发展做出了积极的贡献，取得了显著的社会效益和经济效益。

然而，敦煌石窟的保护还在不断遇到新的挑战，敦煌石窟保护中潜在的隐患，时时刻刻牵动着每一个文保工作者的心。西北地区恶劣的气候、频繁的风沙，使石窟长期处于不良的环境之中。历尽沧桑的洞窟内，已有1000多年历史的壁画不断在衰变，我们拿出1908年、20世纪40年代的照片和现在的洞窟文物比较，壁画衰变令我院工作了几十年的老专家也感到惊讶。又如莫高窟第156窟（唐代）前室北壁的墨书《莫高窟记》，60年代工作人员抄录时清晰可见，现在也已消失。第3窟东壁"施财观音"图像，三四十年代依然清楚，现在却漫漶不清。壁画属土质文物，本身十分脆弱，加上各种病害时有发生，不断危害着壁画的安全。一些洞窟内起甲、酥碱壁画，稍有风吹草动，就有脱落下来的危险。年迈的敦煌石窟已经经不起哪怕是轻微的磕碰了。

这仅仅是石窟本身的问题。来自旅游方面的压力，也令学者们担忧。洞窟内狭小的空间（最小的仅几平方米，一般的二三十平方米），很难容纳日益增多的游客。由于游客及停放窟区的车辆逐渐增多，垃圾、污水、车辆排放的尾气也相应增加，石窟周围的大气环境、开放洞窟内的温度、湿度、二氧化碳浓度升高，影响洞窟小环境的稳定；游人、车辆的震动，对石窟也有影响。解决保护文物与开放利用之间的矛盾，成为 21 世纪敦煌石窟保护工作者面临的新课题。

国家开发西部的决策，给西部经济的腾飞和文化的发展带来新的机遇，也给文物保护事业的发展带来了机遇。西部各省抓住机遇，都在把旅游业作为支柱产业来抓，无疑是十分正确的，敦煌莫高窟作为旅游业的排头兵，理应为西部大开发做出更大的贡献。如何正确处理和协调西部大开发中文物保护和开放利用之间的关系，需要我们进行深入的探讨和研究，制定出切实可行的科学对策。我们的思路是：

第一，进一步做好敦煌石窟保护与利用的规划和论证。1999 年，我院开始编制了《敦煌莫高窟保护总体规划》，为使这一规划付诸实施，我们将制定更细致和具体的保护与利用计划，使保护工作再上一新台阶。

第二，严格执行《文物保护法》和国家制定的文物工作的方针、政策、原则。文物的生命如同人的生命一样，具有不可替代性，一旦破坏，便不可再生。文物的利用，要走科学、健康、可持续发展的道路，不能为了经济利益而采取竭泽而渔、杀鸡取卵的办法。要按照"保护为主、抢救第一"的文物工作方针和"有效保护、合理利用、加强管理"的文物工作原则，严格依照《文物保护法》办事，遵循文物自身的规律，有效做好保护工作，在保护好的前提下，尽可能充分合理地利用，以满足观众参观的需求。如果失去了保护的前提，利用就会成为无源之水，无本之木。

第三，科学控制进窟人数。国发〔1987〕101 号文件明确指出："像敦煌壁画这类易于损坏的稀世珍宝，不能作为一般性的旅游开放点，必须严格控制参观人数，并采取有效的保护措施。"控制进窟人数是保护敦煌壁画的一项有效措施。1991 年 5 月 2 日，我院科研人员就观众对洞窟环境的影响做了如下实验：由 40 名学生在中型开放洞窟第 323 窟内滞留 37 分钟，该窟主室体积为 143.1 立方米。实验采用了最现代的微环境监测技术，可以同时测量空气的温度、湿度、墙表温度、二氧化碳浓度、观众人数及进出时间等。实验结果表明：观众离开洞窟后呼出的水汽有67%、二氧化碳约 52.3% 被留在窟内。窟内空气温度、相对湿度和二氧化碳浓度的半衰期分别是0.25 小时、1 小时和 3 小时，它们的比例为 1∶4∶12。由于二氧化碳浓度的衰减几乎完全依靠空气交换，其半衰期长，说明内外空气交换条件差，特别是旅游旺季，洞窟将处于长时间不能恢复的"疲劳"状态。且二氧化碳浓度的增大，必然引起空气中酸性成分的增加，它们和壁画颜料中的某些矿物质产生化学反应，就会给壁画带来病害。可见，超量游客涌入窟内，对石窟的保护是十分不利的。敦煌石窟也需要一个稳定的小环境，需要给它一个喘息的机会。为此，我们将加大投入，对洞窟的游客接待量进行科学监测，掌握准确数据，制定出日控制进窟最高人数的科学方案。

第四，增加景点，分流人员。在有效保护的前提下科学地控制进窟人数，并不意味着阻止观众参观。为了更好地保护石窟，我们认为有效的办法就是在遵照文物工作原则的基础上，增加景点，分流人员。目前，我们在原有"敦煌石窟保护研究陈列中心"的基础上，已将莫高窟下寺辟为"藏经洞文物陈列馆"。还打算开发莫高窟北区洞窟参观景点，落架修复莫高窟上寺和中寺，开辟为专题博物馆；将根据科学监测的数据，和旅游部门合作，进行淡旺季均衡分流，使旺季变淡，淡季变旺。还将采用数字摄影测量技术及先进的计算机存储与图像处理技术，制作一批虚拟洞窟，使游客在计算机屏幕上观看敦煌石窟时，有身临其境的感受，从而减少直接进入洞窟参观的压力。这些措施的实施，必将对进窟人数的控制起到良好疏导作用。

与此相适应，我们还将开发一批有深度的文物复仿制品、文物工艺品，开发出一批具有敦煌特色的旅游纪念品，满足游人旅游纪念的需求，作为人员分流的辅助和补充。

第五，造就一批有奉献精神、高素质且掌握现代文物管理经验和保护技术的复合型人才。做好敦煌石窟保护与开放的科学管理工作。

第六，进一步做好开放的接待讲解工作，培训一批高水平的讲解员，以高品位的讲解，使旅游者领略敦煌艺术的风采和敦煌文化的博大精深。

敦煌石窟在我们手中得不到保护，我们就会成为千古罪人；我们有效地保护了它，让它世代延续，我们就无愧于中华民族，无愧于子孙后代。

◈ 敦煌莫高窟的保护与管理

举世闻名的敦煌莫高窟，位于古丝绸之路历史文化名城敦煌市东南25千米的鸣沙山东麓。始建于前秦建元二年（366年），至今已有1600多年的历史，虽经千余年的风风雨雨，现仍保存有十六国后期到北魏、北周、隋、唐、五代、宋、西夏、元等时代的洞窟492个，内有壁画45000多平方米，彩塑2000余身，是当今世界上现存规模宏大、内容丰富、保存完好、艺术精湛的佛教艺术宝库，在中国文化史和世界文化史上占有重要的地位。1961年被国务院公布为全国重点文物保护单位，1987年被联合国教科文组织列入世界文化遗产名录。

一、敦煌莫高窟的保存现状

敦煌石窟已经过了千百年漫长岁月，由于受到了自然营力和人类活动的长期作用，使石窟崖体及壁画和彩塑遭到了不同程度的破坏。特别是明朝后期封闭嘉峪关后，敦煌便成为边荒之地，千年佛教圣地敦煌石窟为人遗忘，长达500年之久无人问津。任凭自然坍塌、风沙侵蚀、河水入渗、偷盗破坏和烟熏火燎。截至20世纪40年代初，敦煌石窟已是一派荒凉破败、病害累累，遭到严重破坏。仅就石窟病害而言，可分为以下几类：

1. 崩塌

石窟所在崖体结构不稳定，产生的横向崖边裂隙和纵向垂直裂隙，造成石窟崖体错落失稳，裂隙还为水分入渗与盐分运移提供通道，危及文物。

2. 风蚀

莫高窟位于鸣沙山东麓的崖壁上，由于西北、东北、西南多风向的作用，鸣沙山大量的沙物质进入窟区，造成每年达近3000立方米积沙，污染环境，影响景观；风沙掏蚀崖壁，造成崖壁危石，威胁洞窟安全；污染磨蚀壁画和彩塑，使表面颜料脱落，失去光彩，影响视觉效果。

3. 渗水

雨水冲刷崖壁，形成冲沟；大气降水从石窟上层薄顶洞窟裂隙入渗。在20世纪40年代以前，由于长期无人管理，莫高窟大部分下层洞窟埋在沙中，上面的雨水和对面河水灌入有积沙的洞内，使下层洞窟长期处于饱水沙的浸泡之中。水的渗入，导致岩体中可溶盐类运移，危及壁画。

4. 退化

各种原因使壁画和彩塑产生病害，造成其退化。主要有：

（1）崖壁裂隙或其他原因使壁画地仗层与崖壁失去黏结，导致壁画局部空鼓，有的造成大面积脱落，甚至坠毁。

（2）水分入渗，造成岩体中可溶性盐类的运移，使壁画地仗层酥碱，严重者壁画完全毁坏。

（3）颜料用胶不当，导致壁画颜料层龟裂，状似鳞甲，甚至起片卷翘脱落，画面成了空白。

（4）光照潮湿或颜料间的相互作用，致使壁画某些颜料变色，影响艺术魅力。

（5）壁画颜料层的颜料颗粒逐渐脱落减少，造成画面色调晦暗，形象模糊，一些壁画作品失去了艺术魅力。

（6）壁画生长霉菌，昆虫碰撞和遗留在壁画表面的排泄物，污染壁画颜料层，改变了壁画的原有面貌。

（7）彩塑木质骨架的变质或者糟朽，导致四肢断折、肢体松动、倾斜甚至解体，严重者坠毁。

5. 人为破坏

（1）烟火熏燎形成的烟炱，污染画面甚至使画面完全变黑，无法辨认。

（2）涂写刻划，损伤画面，破坏了壁画艺术的完整性。

二、敦煌莫高窟的保护

1944年，国立敦煌艺术研究所成立，在常书鸿先生的带领下，开始了敦煌莫高窟的保护工作。修筑了约1000米的围墙，连接了部分无法达到的洞窟；清除了300多个洞窟的积沙，拆除了白俄匪兵在洞窟内搭建的土炕、土灶；对洞窟作了初步整理，少量洞窟还安装了门窗；设警卫股负责洞窟安全警卫。此外，还进行洞窟编号，开始调查洞窟内容，撰写洞窟说明，带领游人参观讲解等。当时所做的各项工作，大体形成了现在的保护、研究、弘扬的基础。

敦煌研究院建立之初，没有车辆，只有徒步进城，若有毛驴代步则是最豪华的交通工具；没有燃料，要自己到戈壁捡取柴薪；没有可口的饮水，饮用的是窟前宕泉流淌的咸涩之水；没有通道，上高层洞窟，要系绳从崖顶悬挂而下才能登临；没有电灯，要靠照射在白纸上阳光反射的一点光线才能在洞窟内工作；经费匮乏，无力购置保护设施。当时在莫高窟工作的 10 多位职工，面对着破败的石窟，战胜了恶劣环境和艰苦生活的挑战，做了他们力所不能及的工作，成为敦煌莫高窟保护工作的开拓者。

进入 20 世纪 50 年代以后，国之重宝的莫高窟，受到国家的特别关爱，被列为第一批全国重点保护单位，国家屡次组织专家全面综合考察，根据现状和存在的严重病害，制定计划，拨出专款，展开全面抢救性修复。

1950～1980 年间所做的保护性工作有：原状恢复了五座行将倒塌的唐宋木构窟檐；扶正和加固修复了倾倒或骨架腐朽的彩塑；采用边缘抹泥粘接加固、铆钉和灌浆粘接加固，抢救了大量空鼓有脱落危险的壁画；1956 年及 1963～1966 年进行了两次危崖加固工程，特别是后者的大规模加固，使莫高窟南区长 570 米的崖体、358 个洞窟得到了有效的保护，防止了岩体和洞窟的坍塌。

与此同时，吸取了当时新的科技成果，采用高分子材料聚乙烯醇和聚醋酸乙烯乳液作为修复材料，修复了过去无法治理的起甲、酥碱壁画和彩塑。制定了防止人为破坏的办法和管理制度。经过这个时期的全面抢救性修复，使濒临倒塌的洞窟、损坏的壁画和彩塑脱离了险境，得到了妥善保护。

进入 20 世纪 80 年代后，实行了更有效的保护，在重视抢救修复的同时，也重视常规的保养维护；在重视保护莫高窟遗址的同时，也重视遗址环境的保护；在重视科学技术保护的同时，也重视通过实施管理措施的保护。

这个时期，制定了莫高窟科学保护的长远规划，培养了科学保护的技术人才，充实了保护的科学手段，扩大了国内外的合作保护，加强了保护管理机构，采取了多项保护管理措施。

这个时期，随着国家重视科技及科学技术的不断进步，莫高窟的保护工作也步入了一个新的发展阶段——科学保护时期。与此同时，适逢与美国盖蒂保护研究所和日本东京国立文化财研究所开展国际合作保护的契机，对促进保护人才的成长，引进先进的技术和设备，推进科学保护工作，起了重要作用。这个阶段先后进行了工程阻沙、化学固沙、生物固沙相结合的综合治沙实验；全自动的气象环境监测与洞窟环境监测；壁画颜色无损监测；薄顶洞窟与破损崖体的观测与加固；壁画颜料变色机理探讨；壁画胶结材料的分析；壁画修复材料的评估；风化石质文物加固材料的应用；裂隙位移监测；石窟崖体与附加建筑物稳定性的研究；莫高窟窟区地震危险性分析；榆林窟危岩铆索加固与裂隙灌浆；壁画图像数字化处理及计算机存贮等。上述工作表明，保护工作进入 20 世纪 80 年代以来，保护已不限于抢救性修复，而是从遗址现状的全局着眼，以预防为主为原则，开展多学科综合研究。

三、保护研究成果

回顾半个多世纪的莫高窟保护工作，经过几代人的不懈努力，探索了一条遗址保护的成功之路，获取了一批研究成果和宝贵的经验。取得的主要成果有：

第一，形成了一整套遗址管理的制度，有效地阻止了人为的破坏。

第二，加固了濒临坍塌的洞窟崖体，大大提高了洞窟崖体的稳定性及抗地震能力，使洞窟崖体免除了坍塌的危险。

第三，壁画修复技术不断改进，对所采用修复材料的理化性质有了进一步的认识。实验考察了几种新的修复材料。

第四，治沙工作取得了显著的成效，并继续向纵深发展。一个结合工程治沙、生物治沙、化学固沙的综合治沙系统已初步形成。

第五，已准确掌握了石窟大环境及洞窟小环境状况，弄清了多种壁画病害产生的机理，为今后的保护工作提供了准确的基础资料。

第六，通过多年的实践，形成了一整套石窟崖体裂隙加固围岩及防风化加固的技术，这些技术从材料到施工工艺均为我院独创，并获得国家级科学奖励。

第七，为保障顺利开放与游人参观，有效制止开放带来的人为破坏，装置了窟前防护栅栏，洞窟安装了铝合金窟门、玻璃保护屏风、监控报警安全防范措施及灭火消防设施。

四、几点体会

半个多世纪以来，敦煌研究院的几代人为莫高窟的保护倾注了许多心血，积累了宝贵的保护遗址的经验，为将来莫高窟的保护工作打下了坚实的基础。同时，我们在莫高窟日常管理和保护工作的实践当中，对文物保护有了更加深入的认识：

第一，加强遗址的管理工作，制定一套科学切实可行的遗址管理规划。文物由于其不可再生性这一特点，特别是遗址除本身具有多种价值外，还具有多种功能，如作为爱国主义教育基地，供游人参观访问，弘扬民族文化等。这就要求遗址的管理者充分考虑到文物遗址的多功能性，解决好文物保护与发挥文物功能间的矛盾。早在20世纪60年代，世界上一些发达国家针对遗址的特殊性，联合制定了著名的《威尼斯宪章》；后来，澳大利亚遗产委员会又颁布了《巴拉宪章》，这两部《宪章》的颁布实施，标志着文物遗址的管理纳入了科学的范畴，统一了文物管理与文物保护间的关系：文物管理为保护规定了基本原则，保护工作的不断进步，又为管理水平的提高提供了科学保证。国家文物局与美国盖蒂保护所进行的第三期合作，将制定《中国文物保护准则》

（下简称《准则》）。在《准则》制定过程中，把莫高窟的保护作为《准则》实施和检验的一个典型范例。为此，我院经过长时间的酝酿，于1999年制定出了《敦煌莫高窟保护与管理总体规划》，我们相信《规划》的实施将使我院的管理与保护工作进入一个新的阶段。

第二，加强遗址的日常维护工作。文物保护的目的是将遗址的退化减小到最低程度。许多遗址保护的成功经验表明，遗址日常维护工作的规范化和科学化，是延缓文物衰退的最好方法。在日常的维护工作中应尽量减少对实物的干预，采取有效的预防措施，去防止和减少重大病害的发生。

第三，进一步扩大与国内外一些文物保护科研机构的合作。1988年，我院与日本东京国立文化财研究所、美国盖蒂保护研究所，先后开始了敦煌莫高窟的合作科学保护研究。合作中按照"以我为主、对我有利、为我所用"的原则，经过双方人员的共同努力，取得了可喜的成果，在保护文物、治理病害方面收到了显著的成效，并增添了保护设施，掌握了先进的保护技术，吸收了先进的保护经验，提高了保护人员的水平，开阔了眼界和思路，增强了文物保护的意识。

第四，在保护文物的同时，应重视文物环境的保护。文物环境包括自然环境和人文环境两部分，文物所在的自然环境是文物赖以生存的基本条件，是文物的载体，而人文环境是文物遗址不可缺少的组成部分。近年来，由于文物自然环境质量的急剧恶化，加剧文物的劣化速度，甚至对文物造成毁坏的例子屡见不鲜。因此，文物保护工作者应密切注意文物周围的环境质量，学会应用相关的法律来保护文物的生存环境。近年来，随着旅游业的不断发展，游客人数的逐年增加，需要对文物周围景观进行部分的调整和改造，以适应发展的需要。在对文物周围的景观进行改造时，要慎之又慎，以不破坏或增加文物的价值为准则。我们在对莫高窟周围景观进行改造时，多方征询专家的意见，制定了《莫高窟景观规划》。同时我们还必须对莫高窟的游客容量及开放对策进行研究，以应对与日俱增的游客给石窟文物带来的压力。

第五，培养一批有奉献精神、高素质、掌握现代文物管理经验和保护技术的复合型人才是做好遗址保护工作的根本保证。当前文物保护已发展到研究文物的变质老化过程，并认识这些过程相互之间错综复杂的影响的阶段，这说明保护工作已涉及或衍射到多种学科。这种发展趋势要求每一个文物保护技术人员不仅要精通本专业的知识，还要不断学习其他学科的专业知识，成为一个掌握多项技术、懂得多种专业知识的复合型人才。

第六，未来的遗址保护工作要求遗址的管理者与文物保护技术人员密切配合，解决遗址在发展过程中出现的问题。同时，提高大众的文物保护意识也是遗址的管理者和文物保护工作者所义不容辞的责任和义务。美国盖蒂保护研究所阿格纽先生在为1993年《丝绸之路古遗址保护国际学术会议》论文集出版作的序言中写道："文物保护是科学、是艺术。除此以外，保护作为我们生活方式的一部分需要不断促进和改善；保护是文化遗产生存所凭借的重要条件，也为文化遗产的现在和未来规划出具体的蓝图。"在21世纪到来之际，随着全社会重视文物保护文物意识的不断提高，我们的文物保护事业必将兴旺发达。

（原载于《敦煌研究》2000年第1期）

肩负历史重任　探索科技保护

位于丝绸之路战略要冲和贸易、宗教及文化传播交汇点的敦煌莫高窟，以它宏大的石窟群及其洞窟中跨越千年的精美彩塑和壁画而闻名于世。敦煌莫高窟和藏经洞出土文物，记录了中古时期敦煌及周边地区 1000 年的历史，展示了四种文化和六种宗教融合的结晶，代表了中华民族优秀文化艺术的杰出成就，具有多方面珍贵的文化价值。

我国政府高度重视敦煌莫高窟的保护。1944 年就在此设立了保管机构，开始了保护工作，结束了无人管理的状态。1950 年，中华人民共和国成立之初，百废待兴，中央文化部派来了考古与古建专家，对敦煌莫高窟作了全面勘察和评估，修整了将要倾倒的五座唐宋时期的木构窟檐。通过 1956 年的试验性加固和 1963～1966 年的危崖加固工程，使莫高窟及其崖体得到有效保护，以免坍塌。与此同时，还修复了大量濒危的壁画和彩塑。在当时的经济和技术条件下，国家投入了大量的资金，大规模地修复和加固，保护措施基本得当，富有成效，使濒危的敦煌莫高窟文物得到了及时抢救，及时保护，免于毁灭之灾。

20 世纪五六十年代的保护工作不仅有效地保护了莫高窟，而且是科学保护的开端，为进一步做好莫高窟的科学保护，做了思想和技术准备，积累了经验。进入 80 年代改革开放的大好时期，迎来了文物科学保护的春天，在各级政府的高度重视和支持下，敦煌研究院与国内外的科研机构，通过数十个科研项目的合作，提高了对科技保护的认识，培养了保护队伍，引进了先进保护技术和手段，取得了科技保护的丰硕成果。

回顾和总结 20 年来敦煌莫高窟科技保护的历程，主要做了以下几个方面的工作。

一、为完成神圣的职责，开拓进取，探索科技保护

敦煌研究院的几代文物工作者，数十年如一日，以石窟为家，艰苦奋斗，努力进取，始终以为民族、国家、人类完成长久地保护珍贵稀有的敦煌莫高窟文化遗产，并使之完整真实地传给子孙后代的神圣职责为己任。我们既以能为历史悠久、规模宏大、艺术精湛、价值珍贵的敦煌莫高窟工作而骄傲，又为莫高窟文物之脆弱、病害之多、环境之复杂、保护总量之巨大而忧虑。通过多年的保护实践，我们深深认识到，停留在过去的保护措施、保护技术，被动地跟着濒危文物做修复，而不去加大监测、分析、研究，不加强日常维护和管理，已无法达到石窟的有效保护。敦煌莫高窟的保护，必须实施完整意义上的保护，即保护文物主体及其环境所进行的全部活动。具体而言，应该保护敦煌莫高窟的石窟群中的所有洞窟、壁画和彩塑及其所在的崖体，以及莫高窟所处的自然、社会、人文环境。为此，要对它进行全面、综合、科学的保护，必须采取多学科、多角度、多层面一切有效的保护措施。这是一项长期、艰巨、繁重、复杂的系统工程。

敦煌研究院的文物工作者，以对敦煌莫高窟的深刻认识、执着感情和崇高责任感，利用改革开放创造的大好机遇，为敦煌莫高窟的科学保护奔走呼号、争取项目、争取资金，扎实工作，不断探索，走出了一条科学保护的路子。

二、运用科技手段，准确了解敦煌莫高窟及其崖体的现状

由于文物不可再生的特点，采取任何保护措施之前，都应准确地了解作为文物主体自身的一切现状和变化，这是实施正确的保存和保护、避免发生不得当的破坏性干预所必需的首要步骤，也是保护工作的一项重要基础工作。敦煌莫高窟文物主体，即敦煌莫高窟石窟群中的洞窟与洞窟中的壁画和彩塑。它们是文物信息和珍贵价值的载体，其制作材料的结构、性能变化是反映文物保存状况与文物有无病害的关键所在；千百年来，由于石窟壁画受诸多环境因素和制作材料及其结构等因素的影响，发生了许多病害。要防治病害，必须首先了解并研究病害；敦煌莫高窟所在崖体承载着所有的洞窟及精美的壁画和彩塑，但裸露在大自然中的崖体，经历了千余年的风沙侵袭、烈日照射、雨雪渗漏，其稳定与否直接影响着石窟的安危。要了解和研究石窟，也应同时了解和研究崖体。

20世纪80年代以前，我们虽然对敦煌莫高窟及其所在崖体的现状有所了解，但有的依据视觉目测，有的限于当时技术和设备，无法准确深入地反映客观现状，所以其评估结论不科学、不准确。进入80年代以后，通过若干项科研项目，不懈努力钻研，在对敦煌莫高窟及其崖体的现状与变化的调查了解上有了突破，表现在：一是对石窟及其中壁画和彩塑的制作材料的支撑层

（岩石层）、地仗层（草泥层）、颜料层、胶结材料的结构、性能、成分逐一进行分析，做出了科学评估；二是结合文物的制作材料与文物所处环境对酥碱、起甲、变褪色、烟熏、霉变、污染等严重难治的病害做了分析，找出了过去所不知的病状、病因，对病害发展的复杂机理有了较深的认识；三是对石窟崖体的地层形成和构造特征及其形成的病害做了进一步的调查，对洞窟地层的物理力学性质做了测试，对崖体主要裂隙设置观测点定时观测裂隙位移的发展，对石窟崖体和附加构筑物进行抗震稳定性分析研究，并对莫高窟场地的地震危险性做出评估。

三、运用科技手段，调查敦煌莫高窟环境

无数研究证明，文物能否妥善保护，除文物自身因素外，与其所处环境因素有密切关系。洁净、稳定的环境，使文物处于稳定状态之中，得以长期保存；污浊、不稳定的环境，将导致文物变质，乃至遭到破坏。由于文物的环境直接影响文物的寿命和安危，因此，调查和研究文物的环境至关重要。敦煌莫高窟处于沙漠戈壁的特殊环境之中，准确地了解这种环境因素特点及其对石窟保护的影响，是石窟科学保护的重要依据，也是又一项石窟保护的必不可少的基础工作。

石窟的环境因素很复杂。敦煌研究院紧紧围绕影响石窟保护的自然、社会、景观的不同环境因素做了监测、分析。主要工作有：

（一）气象、风沙、水文等自然因素的监测

气候为基本的自然因素，在莫高窟窟区和窟前分别建立了全自动气象站，长期进行气象观测，至今已积累了窟区七种气象要素共10年的监测数据，并掌握了气象变化的基本特征，又运用了半自动、全自动环境监测装置，先后在大小不一、层位不同、有病害的洞窟做了洞窟小环境的长期或短期监测。除了监测洞窟的温、湿度以外，为搞清洞窟壁画的病因还监测了壁画表面的温、湿度，岩体内不同深度的温、湿度，以及洞窟微气流的特征，掌握了洞窟小环境、小气候变化的基本规律。

风沙是造成石窟崖体风化、风蚀，壁画和彩塑磨损的主要原因，通过10年的连续监测，探明了莫高窟风向、风速的变化特征和沙害的源头，以及风沙流的运动规律。

敦煌莫高窟虽处气候异常干燥地区，但大气降水与地表水通过崖体裂隙或园林浇灌入渗，是使壁画和彩塑产生病害的关键因素。敦煌研究院对地表水的成分，裂隙入渗水与崖体中可溶性盐接触、溶解、运移的复杂活动过程和对壁画造成的危害进行长期监测分析。同时对大泉河洪水进行了预测。

（二）社会环境因素的监测

影响文物保护的社会环境因素，是指人类各种活动对文物古迹所产生的各种不利影响。敦煌莫高窟是开放单位，职工的燃煤锅炉、游人参观带来的垃圾、废气、废水等都是一些对文物保护不利的因素。

振动防护是石窟文物保护中的重要问题。我们采用质点加速度量测系统分别监测游人、车辆、飞机所产生的振动对石窟的影响，并对各种因素的振动做出了可靠的评估。

空气质量是石窟文物保护中的又一重要问题。我们在开放洞窟中做了观众对洞窟小环境影响的监测试验，监测内容有二氧化碳、空气温度、相对湿度、墙体温度。此外还对莫高窟大气环境质量做过氧化氮、二氧化硫、硫化氢、臭氧、二氧化碳等多项指标的大气采样分析测试、模拟试验，较科学地做出了莫高窟空气质量评价，并提出了防护措施。

（三）景观因素的调查

环境风貌是影响文物文化价值的景观因素。敦煌研究院对敦煌莫高窟主体和石窟的附属建筑物及其他建筑物做了全面的调查、评估，并做出了景观规划。

四、实施科技保护

近20年来，在运用科技手段对敦煌莫高窟和崖体及其环境进行全面系统的监测和调查并取得可靠的科学资料的基础上，运用科技手段直接保护敦煌莫高窟取得了可喜的成果，主要表现在：

（一）保护材料的研究、筛选和运用

针对各种壁画病害产生的原因，筛选出适合修复敦煌莫高窟壁画病害的黏结材料是关键。20世纪60年代初，在中国文物研究所胡继高先生的指导下，筛选出聚乙烯醇乳液、聚醋酸乙烯乳液两种黏结材料，并用它修复了敦煌莫高窟3000多平方米龟裂、起甲、脱落、酥碱病害的壁画。但限于当时的条件，未对这两种材料做出准确的评价。进入80年代后期，运用新的科技手段对上述两种黏结材料做了热氧化老化试验、紫外光老化试验和用此材料修复壁画的分析试验等多方面的研究，从而对应用这两种黏结材料修复保护的实际效果进行了科学评价和总结，证明了上述两种材料是适宜于修复敦煌干燥环境下病害壁画的黏结材料。敦煌研究院的保护技术人员继续应用行之有效、又经过科学评估的这两种材料修复了大量龟裂起甲、空鼓脱落病害的壁画，取得了明显的成效。但用于修复酥碱病害的壁画仍达不到理想的效果。

砂砾岩岩体裂隙和风化的病害用什么材料加固、治理，是长期没有解决的难题。敦煌研究院

的专家针对砂砾岩岩性干燥、孔隙率大、松散、力学强度低等特性，经过多年室内和现场的反复试验与比较，研制发明了适合于砂砾岩石窟岩体裂隙的灌浆材料及防风化加固材料，即PS系列材料。其中PS-F灌浆材料，强度适当，有耐高温、耐冻融、耐酸碱、抗崩解的优点，且岩体裂隙灌浆密实，浆液与岩体裂隙两壁黏合牢固，灌浆效果理想，有效地保护了破碎和风化的砂砾岩石窟岩体，是保障干燥地区砂砾岩石窟性能良好的有效加固材料。

（二）薄顶洞窟的加固

莫高窟上层洞窟的窟顶不同程度地普遍存在着薄顶、渗漏甚至局部坍塌的问题。通过全面调查莫高窟上层薄顶洞窟的现状，拟定了加固试验的方案，经反复模拟试验，筛选出合适的加固材料——土工薄膜和加固工艺，对薄顶洞窟进行了成功的加固试验，取得了令人满意的加固效果，为加固上层薄顶洞窟取得了经验。

（三）榆林窟的加固

榆林窟所在崖体存在的纵横裂隙，一方面将岩体切割成许多条块，形成危岩体，稍有外力，岩体可能发生大规模崩塌，将会导致洞窟毁灭性的破坏；另一方面，大气降水沿岩体裂隙入渗，导致壁画剥落与岩体下错的灾难性破坏。经过反复论证与现场试验比较，首次采用了先进的锚索技术，加固榆林窟的危岩；采用专门为榆林窟砂砾岩裂隙研制的PS-F灌浆材料，灌浆充填纵横裂隙；还用PS材料加固风化崖面。这些工程措施既有效保护了危岩和洞窟文物，使其能承受七级烈度地震的破坏和大气降水入渗对洞窟文物的威胁，又真正做到了修旧如旧，很好地保持了原来的自然风貌和人文景观，标志着我国石窟岩体加固技术提高到了一个崭新的高度，是石窟岩体加固工程的成功范例。

（四）莫高窟的风沙治理

经过10年的不断努力，根据莫高窟崖顶风向、风速、风沙流的运动规律和特征，建立"以固为主，固阻结合"的防护体系，综合应用工程、化学、植物三项措施进行治理。首先用3300多米长的三角形结构尼龙网栅栏，以阻挡多风向吹送的沙物质，并可导沙；在尼龙网栅栏的前面，喷洒PS材料固沙，以防止崖体斜坡风蚀；在尼龙网栅栏的后面，即在沙害源头的鸣沙山山根，种植长2000米、宽20米的五种耐旱的沙生植物，用以固沙，防止鸣沙山沙源沙物质的搬运。经过治理，由崖顶下泻窟前的流沙量减少了70%，取得了明显的治理效果。为了有效治理风沙，今后对已形成的林带还将继续加长和拓宽。

（五）景观环境的治理改造

文物古迹的景观是文物的重要组成部分，保护文物的同时也必须保护好文物的景观，破坏了文物的景观就是破坏了文物的文化价值，等于破坏了文物。敦煌研究院一贯在重视敦煌莫高窟保护的同时也重视敦煌莫高窟景观的保护，曾多次制定景观规划，始终以保护石窟的历史文化风貌特点，保持石窟及其附属建筑物的布局与环境空间不受破坏为规划的指导思想。

20世纪80年代前期，为了保护莫高窟的主体景观风貌，又考虑敦煌事业发展及机构与人员增加的实际需要，敦煌研究院将办公、生活区迁出莫高窟窟区，在对岸隐蔽的山沟中另辟新区。新区修建的办公和生活的新建筑也要求与莫高窟主体景观相协调，严格控制体量、形式、高度、色调。随着对保护文物认识的进一步提高，90年代以来，按照国家文物局批准的景观规划，大力整治了莫高窟窟区环境，拆除了不协调的建筑物、构筑物，清理了杂乱的商业摊点，拓宽了标志性建筑九层楼前的开阔地，以突出莫高窟的主体景观，改善窟区绿化环境，强化窟区防风林带的建设，配合旅游开放，加强了窟区的交通、水电、卫生、停车场等基础设施建设。经过近20年的治理，形成了莫高窟目前庄重、质朴、宽敞、洁净的石窟景观环境。

五、加强科学管理

文物保护工作是一项政策性、专业性很强的工作。通过运用科技手段有效保护敦煌莫高窟，是一项复杂的系统工程，必须通过严格的科学管理，并根据发展变化的情况不断改进管理，才能完成有效保护的任务。有人说只要有了钱谁都能做到，我们认为这种说法不全面，只有加强科学管理才能管好钱，用好钱；有了钱而没有科学管理，不仅不会保护好文物，还会对文物造成保护性破坏、建设性破坏，这种教训的实例已有不少。我们从两个方面做保护、管理工作：一方面，严格遵循文物保护的方针、原则、法律、法令、规则，学习国内外文物保护、管理的先进经验进行严格管理；另一方面，利用改革开放的大好机遇，开拓进取，引进项目与技术，为推动敦煌莫高窟科学保护的发展创造条件。

（一）制定保护规划

文物保护既有复杂的专业技术问题，又有复杂的开放利用的社会问题。为了克服保护工作中的盲目性、随意性、片面性，避免保护性破坏的发生，确保文物珍贵的文化价值，处理好保护和利用的关系，按照"有效保护、合理利用、加强管理"的原则，制定好保护的规划，通过规划的制定，管理好保护的各项工作。

莫高窟第一个科学保护规划，是20世纪80年代末，在总结多年保护工作和调查研究基础上制定的。这个规划，有文物现状、保护工作现状、近期和远期的目标，以及要实施的项目。这个规划经过专家论证，得到了上级批准，对做好90年代文物保护工作起了重要的指导作用。但这个规划较粗疏，欠规范，调查评估不够充分，偏重于技术保护，遗漏了与保护密切相关的利用、展陈、景观、研究、日常维护、基础设施、管理等内容。

近年来，通过学习国家文物局正在拟定的《中国文物古迹保护准则（草案）》，及在合作保护中国内外的先进管理经验，敦煌研究院与美国盖蒂保护研究所按照《准则》的要求，在原有保护规划基础上，制定了《莫高窟总体规划（提纲）》。这个规划的内容包括莫高窟各个方面文化价值的评估；文物现状评估；文物管理现状评估（包括日常维护、保养和监测、景观环境现状、基础设施和设备现状、游客管理、展陈教育）；实现规划的总目标；2000～2010年分项目标等。这个规划对莫高窟进行了全面、科学的评估，又加之按照科学的工作顺序，为做好全面规划提供了充分和科学的依据，既有总体目标，又有分项目标和分步实施的对策和要求，不仅注重技术保护，而且也包括全面保护与管理。因此，这是一个科学、规范、可行的规划，为指导今后10年莫高窟的保护和管理提供了重要依据。我们将继续对它进行修改和完善。

（二）培养人才

没有高素质的保护人才队伍，就没有高水平的保护工作，也无法完成复杂艰巨的保护任务。几十年的实践使我们认识到，敦煌事业在艰苦的条件下能持续发展，除了党和国家的重视、社会各界的支持外，重要的一条是有一支学有专长、爱岗敬业、思进图强、艰苦奋斗、无私奉献的队伍。人才是事业发展的重要资源，也是事业成功的关键。但敦煌莫高窟地处戈壁沙漠、远离城市，不利的地理位置，艰苦单调的生活条件，市场经济发展的诱惑，给我们引进人才、留住人才带来了许多困难。敦煌事业的持续发展，不仅非常需要人才，而且特别需要热爱敦煌、甘于寂寞、勇于奉献、安得下心、留得住的人才。敦煌研究院始终把培养和建立一支德才兼备、高素质的队伍放在战略高度，坚持长抓不懈，并根据社会发展的实际情况，利用改革开放的大好机遇，花大力气，创造条件，为吸引人才、培养人才、留住人才，采取了以下措施：

1. 抓好全院职工的素质教育

为了提高职工的素质，敦煌研究院开办了多种形式的培训班，比如外语学习班、计算机培训班等。通过培训及专业人员讲课，逐步提高了职工的综合素质。敦煌研究院还鼓励支持职工参加成人教育，为他们参加自学考试创造条件。1995年以来，有31名职工通过了成人教育考试，取得了大专毕业文凭。这一做法不仅提高了全院职工的综合素质，而且为培养人才创造了良好的氛围。

2. 加大智力投资、培养高级人才

20世纪80年代以来，敦煌研究院把举办展览的收入拿出一部分作为人才培养的基金，专款专用。近年又给考上在职硕士研究生、博士研究生的专业人员提供一定的培养费，还设立了助学金。凡报考国内高等院校，被正式录取为硕士研究生、博士研究生的专业人员，在校努力学习，成绩优良，保证毕业后返院工作的，对其一律发给助学金。这些优惠政策，极大地激发了他们的学习积极性，并表示学成后回来为敦煌事业作贡献。目前我院有15名硕士、3名博士，其中有8名硕士和3名博士都由我院选送培养。未来两年，我院的博士可达到10名，其中文物保护专业的博士就有4名。经过继续深造，他们的科研能力、学术功底都有明显的提高，不少人现在已成为我院的业务骨干，并在各自的研究领域做出了成绩，是我院学术队伍的一支生力军。

3. 争取国外资金，选派专业人员出国深造

改革开放以来，我们利用国际组织、国际友人对敦煌文物的关心和重视，争取他们支持和帮助我们培养人才，先后有日本国际交流基金、鹿岛美术基金、日本文化财保护振兴财团、日本经济新闻社、日本文化厅、美国盖蒂基金会、印度的社团、加拿大的社团提供资金，派遣专业人员赴日本、印度、加拿大、美国留学或进修。据统计，派遣国外长期学习的共有42人，短期培训的共20多人，涉及保护研究、保护修复、美术、历史、文献、语言等专业。专业人员出国学习后，大都提高了外语水平，了解并掌握了国际学术最新动态和研究方法，开阔了眼界，激发了新的思想，提高了业务能力，回国后发挥了业务骨干的作用。另据统计，国外提供培养人才的资金约折合人民币1000多万元。

4. 联合办学，培养高层次人才

1998年，敦煌研究院和兰州大学联合申请并获得批准在兰州大学建立了历史文献学（含敦煌学）博士点；1999年，敦煌学博士点又被国家教育部确立为第一批全国重点人文社会科学研究基地。这种联合办学的方式为我院培养高层次人才提供了有利条件。

5. 建立激励机制，鼓励人才脱颖而出

敦煌研究院专门拨出一些资金，设立院级科研经费，在科研项目立项、经费资助方面，向中青年业务人员倾斜；还设立了出版基金，为科研成果出版提供资助；对确有才能、学历受限者实行低职高聘，鼓励冒尖人才脱颖而出；近年建立了"敦煌研究院中青年优秀学术成果奖"，奖金高于甘肃省社会科学最高奖，鼓励中青年专业人员多出成果，出好成果，尽快挑起敦煌事业跨世纪的重任，首届评奖结果公布后，院内引起了很大反响，推动了我院学术研究。

6. 争取项目，引进项目，用事业留人

近20年来，引进各级、各类保护科研项目共30多项。我们让年轻人挑大梁，担重任，承担其中一些大题、重题、富有挑战性的课题，让他们在实践中施展才能，得到锻炼，有的30多岁的青年人，已成为学科或项目的带头人，青年人也在实践中逐步培养了对敦煌的感情，产生了对敦煌事业的热爱。

7. 改善生活条件

20世纪90年代，在敦煌市内盖起了宽敞、明亮、舒适的新住宅楼，极大地改善了长年居住敦煌职工的生活条件；最近在莫高窟修建了一栋单身公寓，内配备有各种设施，较好地改善了单身职工的生活和工作条件；为了吸引人才到敦煌工作，在兰州建立了分院，并修建住宅楼作为生活基地，以解决引进人才的后顾之忧。

上述这些措施收到了较好的效果，我们不仅留住了人才，而且吸引了人才来敦煌工作。

（三）通过合作项目，引进保护技术和保护设备

20世纪80年代以来，改革开放的大好机遇，促进了敦煌研究院与国内外的交流，使比较闭塞的敦煌研究院开始接触外部世界，打开了眼界，了解了国内外文物保护技术先进、设备优良的长处，也看到了自身与国内外先进的保护技术的差距。我们利用各种机会和敦煌莫高窟在国内外的重大影响，主动介绍敦煌莫高窟的价值、意义、地位和现状，以及科学保护的迫切性与重要性，促使越来越多的国外友好人士和机构关注莫高窟及其保护工作。特别是1987年，莫高窟被联合国教科文组织批准列入世界文化遗产名录后，进一步受到了高度重视和密切关注。80年代以来，敦煌研究院除与国内的大专院校、科研院所合作以外，开始了与国外的科研机构、民间团体的合作，引进了合作保护项目。通过与国内外合作保护，极大地推动了科学保护的发展，不仅使敦煌莫高窟的保护取得了令人满意的成效，而且还引进了先进的保护技术和保护设备，使我们的保护技术人员学到了气象、风沙、地质、水文、环境等各种监测技术，学会了使用各种先进仪器，学到了对壁画制作材料和壁画病害机理分析的技术、先进的修复工艺等，目前还正在学习运用计算机存贮处理与再现壁画的技术。与此同时，合作中还先后从美国、日本引进了一批先进的仪器设备，如高精度的环境监测系统、分析仪器，计算机数据处理系统，色度监测仪，先进的修复工具等。先进保护技术和先进设备的引进强化了我们的保护手段，建立起了保护实验室，为我们做好敦煌莫高窟的保护工作发挥了重要作用，使敦煌莫高窟保护工作出现了科学保护的新局面，也为今后开展更深层、更广泛的保护研究工作奠定了良好的物质基础。保护技术人员通过学习先进的保护技术和先进仪器的使用，不仅提高了保护技术水平和保护工作的能力，而且提高了自身的业务素质。所有这些措施，为今后的保护工作培养了一批业务骨干。

（四）正确处理保护与利用的关系

敦煌莫高窟自1979年对外开放以来，共接待国内外观众300多万人次，其中来自80多个国家和地区的观众达30多万人次。与此同时，还在国内外举办了10多次以敦煌艺术为主题的展览，为弘扬祖国优秀的传统文化，发挥社会教育功能，促进地方经济的发展做出了积极贡献，取得了显著的社会效益和经济效益。

20世纪80年代以来，敦煌研究院按照"有效保护、合理利用、加强管理"的原则，始终坚持利用与保护相结合，在保护好的前提下合理适度地利用。为了发挥敦煌莫高窟在两个文明建设中的重要作用，我们以积极的态度，增加了开放管理与接待机构，充实了管理与讲解人员，严格培训，不断提高讲解服务质量，还采取了洞窟轮换开放、控制洞窟开放数量、控制进窟参观人数等措施，既保证了洞窟的开放利用，又缓解了洞窟压力，对洞窟的文物保护起到了积极作用。近年来，随着旅游业的迅猛发展和观众的大量增加，如何解决好文物保护与开放利用日益突出的矛盾，成为我们面临的新挑战，需要我们进行深入的探讨和研究，根据发展变化的状况，制定出切实可行的对策。对此，我们严格执行《文物保护法》和文物工作的方针、原则，坚持走科学、健康、可持续发展的利用之路。在保护好文物的前提下，尽可能充分、合理地利用，以满足观众的要求。我们的思路是：①讲解是积极的保护措施，继续提高讲解水平，提高讲解内容的文化品位，改善参观条件，提供优质服务；②严格控制开放洞窟数量，合理调整开放洞窟和参观路线；③科学控制进窟人数，运用仪器监测进窟参观人数的承载量，制定出日进窟人数临界线的数据，为合理开放利用提供科学依据；④和旅游部门合作，做好淡、旺季均衡分流工作，使旺季变淡、淡季变旺；⑤增加景点和复制洞窟，积极疏导分流观众，减轻洞窟压力，使观众参观给石窟带来的不利影响减少到最低程度；⑥建立开放洞窟的导视系统，制作一批虚拟洞窟，使观众通过计算机屏幕能清晰地看到洞窟的内容，减少观众直接进洞的压力。

（五）用科技手段做好记录档案

根据国务院1961年3月4日公布的《文物保护管理暂行条例》中有关全国重点文物保护单位建立"四有"的规定，敦煌研究院从20世纪70年代中开始建立敦煌莫高窟的石窟记录档案。档案以洞窟为单位，运用文字记录、照片、示意图或实测图记录每个洞窟的原建时代、重修时代、洞窟形制、彩塑和壁画的内容与分布、保存现状与病害，并将每年定期检查的变化状况及修复加固的保护工作也记入档案。一个洞窟立一个案卷，所有洞窟无一遗漏，全部立卷建档。

事物发展规律告诉我们，敦煌莫高窟文物逐渐缓慢的衰变趋势最终无法阻挡。记录档案是一项重要的基础工作，也是一项长期延续、不断搜集补充资料的过程，那么，敦煌莫高窟的记录档案采取先进科学手段，将珍贵的敦煌壁画和彩塑资料完整、真实、准确地记录下来，并永远地保存下去，就显得十分重要。基于这种认识，我们曾对十几个代表性洞窟制作资料性录像带。后来随着计算机技术的不断发展，在国家科委和甘肃省科委的重视和支持下，将《敦煌壁画的计算机存贮与管理系统》课题列入甘肃省和国家的"八五""九五"重大攻关项目。近年在美国安德鲁·W·梅隆基金会资助下，与美国西北大学合作，用更先进的计算机技术，制作敦煌壁画的电子档案。即应用现代近景摄影技术和计算机技术，建立一套完整、先进、可操作的壁画计算机存贮管理系统，对敦煌壁画进行数字化、高精度、永久性保存。

（六）采取科学防范措施

既保证文物、又保证游人的安全，是文物保护工作中的一项重要工作。敦煌研究院在莫高窟的参观区与游览区之间装置防范栅栏，在洞窟壁画前装置玻璃屏风，有效地防止无关人员任意进入洞窟和阻止观众触摸壁画，还安装灭火装置，用以防止火灾发生。20世纪90年代初，安装声控、微波、磁性开关等报警装置，用以防止各种破坏及偷盗行为。现在，按文物一级风险防范单位的要求，必须增强敦煌莫高窟文物的安全防范系数。为确保文物安全，我们计划进一步加强防范的科技含量，对防范目标安装三种以上不同类型的报警装置，并配以电视监控、监听，作为监控的复合手段，在重要部位还要增加周界防范措施，以进一步完善监控功能，增强防范效能。

（七）建立管理机构，严格石窟管理制度

20世纪80年代开始，为处理好敦煌莫高窟保护和利用的关系，敦煌研究院加强了文物保护、游人和景观的管理，将原有的保护组增加技术人员，扩大为保护研究所，又新增了接待部、敦煌石窟文物保护研究陈列中心、藏经洞陈列馆、保卫处、石窟管理科、园林卫生科等部门。这些部门分工合作，负责对石窟技术保护，石窟开放，观众服务，展陈、设计、布展，窟区景观的治理和维护等工作的管理。与此同时，加强了规章制度的建设，制定了石窟管理职责与制度、洞窟钥匙使用管理制度、洞窟设施管理制度、洞窟定期检查制度、窟区卫生制度、窟区用电管理制度、窟区用水管理制度、使用洞窟登记制度、洞窟参观规则、讲解员工作守则等等。这些制度随着管理工作的发展，及时地进行补充和修改。通过管理机构的建立和规章制度的制定，理顺了保护和利用的关系，既使洞窟的文物得到了保护，又保证了洞窟的开放利用。

以上是近20年探索科技保护的汇报。如果说我们在科技保护上做了一点工作，取得了一点成绩，也是敦煌研究院近60年几代人努力的结果，也是同中央和甘肃省各级党政领导的高度重视和大力支持分不开的。同时还得到了有关大专院校、科研院所和他们的专家学者的热情指导和帮助，得到了世界各国的友好人士、民间团体、科研保护机构以至政府的热情赞助和无偿支援。

虽然我们在敦煌莫高窟的保护上做了一点工作，但仍面临着许多挑战，如壁画保护、崖体稳定、崖体渗水、风沙危害、保护与利用的尖锐矛盾、自身管理水平不高等，离完整意义上的保护还有很大的距离。我们将一如既往，不忘历史责任，不辜负领导和专家对我们的期望，在新的世纪，为敦煌莫高窟的科学保护继续探索、不断进取。

（本文为2000年11月在"全国文物科技工作会议"上的发言稿）

◈ 精心保护世界遗产　合理利用多作贡献

敦煌研究院既担负着世界文化遗产敦煌莫高窟的保护任务，同时又承担对外开放、接待各国游人参观考察的任务。多年来，无论是文物保护还是对外开放，都取得了良好的成就，得到了党和政府的充分肯定。2000年7月，李岚清副总理在致敦煌藏经洞发现暨敦煌学百年纪念座谈会的信中指出："经过近百年尤其是近20年的不懈努力……敦煌文物得到了中央和地方政府的妥善保护和合理利用，经过几代学者和文物工作者的艰苦努力和无私奉献，在文物安全、壁画和塑像修复、环境监测、治沙固沙、石窟科学管理和对外开放等方面取得了显著成绩，成为我国文物有效保护、合理利用和精心管理的典范。"

敦煌文物的保护与利用，之所以取得显著成绩，我们认为主要有以下几方面的原因。

一、敦煌研究院几代人努力工作而形成的敦煌精神，
是我们做好石窟保护工作的动力

敦煌莫高窟是世界上现存规模最大、保存完好、历史悠久、内容丰富、艺术精美的佛教石窟遗址，是享誉世界的历史文化遗产，是中华民族优秀传统文化的代表。这使得敦煌文物具有了超越时空的价值，吸引着不同地域、不同民族、不同信仰的人们的广泛关注，保护好它，使它传之久远，是每一个敦煌文物保护工作者义不容辞的责任。

早在20世纪40年代，以常书鸿、段文杰为代表的一批前辈专家，满怀对敦煌艺术的向往来到敦煌。伴着大漠戈壁，土屋油灯，在莫高窟扎下根来，开始了保护、研究敦煌石窟的工作。中华人民共和国成立后的五六十年代，又有一批年轻人响应祖国号召，从四面八方来到莫高窟。和

常书鸿、段文杰一样，他们来到莫高窟就再也没有离开。漫漫黄沙，掩不住他们探索敦煌石窟的热情；大泉苦水，冲不走他们保护敦煌石窟的决心。他们克服了常人难以想象的困难，忍受着和家人分居两地、子女无法接受正常教育的痛苦，默默无闻地守护着祖国的瑰宝，"衣带渐宽终不悔，为伊消得人憔悴"。即使在"十年浩劫"中受到极不公正的待遇，他们也无怨无悔地守护着敦煌石窟，被称为"打不走的莫高窟人"。是什么使他们魂牵梦绕？是敦煌石窟的博大精深吸引着他们，是敦煌石窟的保护期待着他们。正是这种精神，感染并影响着一批又一批青年，踩着先辈的脚印，投入敦煌石窟的保护事业。

老一辈学者不仅无私奉献了他们的青春年华，而且在极其艰苦的条件下，白手起家，开创了敦煌石窟保护、研究事业。经过几代人的不断努力，我们的研究从最初的壁画临摹发展到资料整理，最终形成全面研究的局面；我们的保护工作也从传统的保护方式发展到科技保护的新阶段；敦煌研究院也从小到大，发展成为在国内外有影响力的文物保护研究单位。可以毫不夸张地说，如果没有几代人开拓进取的精神，没有经过几代人奋力拼搏开创的敦煌石窟保护研究事业，就没有敦煌研究院今日的辉煌。

长江后浪推前浪，老一辈的精神薪火相传，一批批青年学子相继来到敦煌。诚然，在改革开放的大环境里，他们有着更多的选择，更好的机遇，但他们还是选择了敦煌。是敦煌的事业吸引着他们，是前辈的精神感召着他们。尽管他们失去了很多，有许许多多的遗憾，但是，在敦煌，他们发现了事业的支点，找到了人生的坐标。现在，他们作为敦煌研究院的中坚力量，正活跃在敦煌石窟保护研究的第一线。

半个多世纪以来，敦煌研究院的三代人，牢记人民的嘱托，以强烈的责任感和使命感，呵护着他们心中的圣地；以严谨求实、团结拼搏、扎实工作和无私奉献的精神，在极其艰苦的条件下，扎根沙漠，努力工作，为保护敦煌石窟做出了贡献。可以说，保护敦煌文物的责任感和使命感，是我们做好保护工作的根本动力。

二、改变传统石窟保护方式，走科技保护之路

改革开放前，敦煌石窟的保护主要是抢救性保护。尽管已经注意到科技保护，但保护工作中的科技含量仍然有限。同时，我们还面临着缺乏科技手段、人才、资金等重重困难，尤其是对国外先进的保护技术、管理手段知之甚少。这种状况与敦煌石窟亟待科学保护的需要极不适应。

改革开放给敦煌文物的科学保护带来了大好机遇。我们在保护工作中逐渐认识到，要使敦煌石窟长久保存，必须走科技保护之路。20余年来，经过不懈努力，我们探索出了一条依靠现代科学技术保护敦煌石窟的成功之路，取得了一批研究成果，积累了宝贵经验。归纳起来，主要有

以下几个方面：一是确立科学保护的理念；二是制定科技保护的长远规划；三是在充分发挥本院科技力量的基础上，扩大同国内大专院校、科研单位的合作；四是积极开展国际合作；五是培养科学保护的技术人才；六是不断充实科学的保护手段，引进先进技术；七是调整充实保护管理机构，做好石窟管理。通过实施科技保护，改变了过去传统的保护方式，使敦煌石窟的保护进入一个新的领域、一个新的发展时期。

敦煌石窟的保护，是一项系统工程，涉及自然科学和人文科学的诸多领域，如工程、地质、水文、气象、生物、物理、化学、计算机、古建筑及历史、文化、艺术等。在实施科技保护之初，我们既无可资借鉴的成熟理论，又无可供参考的现成模式。我们与国内外合作，经过艰苦探索和不懈努力，初步形成了一些石窟科学保护的理论与方法：在管理上，形成一整套遗址管理制度，有效地阻止了人为因素对石窟的破坏；通过环境监测与研究，对莫高窟窟区大环境及洞窟小环境做出了科学的质量评价；治沙工作取得显著成效，一个工程阻沙、化学治沙、生物固沙的综合治沙防护系统已初步形成；通过多年实践，形成了一套砂砾岩石窟崖体裂隙、危崖及防风化加固的技术和工艺，有些技术从材料到施工工艺均为我院独创；探讨了壁画病害产生的机理，为保护工作提供了基础资料和科学数据；不断改进壁画修复技术，实验筛选了几种新的修复材料；通过与国内外合作，在利用计算机技术进行敦煌壁画的信息存贮与再现方面取得重大突破，等等。经过多年的探索与实践，我们逐步形成了以环境监测、壁画修复、崖面防风化加固、石窟档案为内容的科技保护体系，取得了一批重要的科研成果，也为进一步与国际水平接轨，创造了有利条件。

三、积极开展国际合作，开创敦煌科技保护的新局面

敦煌莫高窟是人类珍贵的文化遗产，保护莫高窟是人类的共同责任。通过国际合作保护敦煌石窟，争取国际力量和境外资金的支持，是我们进行文物保护的一条有效途径。

第一，我们要充分认识到，敦煌本身的知名度、敦煌文物的珍贵价值以及国际上对它的重视，世界各地友好人士对敦煌文物的关心和热爱，都是我们进行国际合作的有利因素。从20世纪80年代以来，我们充分利用这一有利条件，在对外交往中，利用各种机会，主动宣传和介绍莫高窟的价值、意义和地位，宣传我们的保护工作，宣传我们保护文物的意图和目的，宣传我们保护工作的成就和现状以及科学保护的迫切性与重要性，得到了国际上各种机构和友好人士的理解、支持，引起了他们的共鸣、共识，积极为保护文物或慷慨解囊、提供设备，或穿针引线、联系项目，使我们的保护工作顺利地走上国际合作轨道。

第二，积极寻求国际合作，引进国际先进的保护理念和保护技术。从20世纪80年代末开

始，敦煌研究院先后与日本东京国立文化财研究所、美国盖蒂保护研究所等国际文物保护研究机构以及美国梅隆基金会等社会团体进行了合作保护研究项目，引进了多项保护技术。在合作中，我们坚持以科技保护为国际合作的核心，坚持"以我为主、对我有利、为我所用"的原则，坚持平等协商、互惠互得、互相尊重、互相信任的原则，实现了与外方的良好合作。通过国际合作，在莫高窟环境监测与质量评价、莫高窟风沙治理、莫高窟壁画颜料监测分析、莫高窟岩体裂隙移位监测、莫高窟壁画病害及治理、敦煌壁画的计算机存贮与再现等方面，取得了一系列研究成果，使我们的文物保护研究逐步同国际文物保护研究接轨，把敦煌研究院的文物保护工作推向一个新的高度。

通过国际合作，我们引进了国外先进的设备，建起了国内一流的保护实验室，学到了先进的保护技术，培养了一批高素质的业务骨干。在合作过程中，我们不仅学到了如何按照国际保护的理念、方式保护莫高窟，而且掌握了保护的科学模式；国外保护遗址的管理办法，不仅为我们的科技保护提供了经验，而且也为我们正确处理保护与利用的关系，提供了可资借鉴的模式。特别需要指出的是，中美合作保护莫高窟第85窟的研究项目，是与国家文物局、敦煌研究院、美国盖蒂保护研究所合作制定《中国文物古迹保护准则》的项目同时进行的。莫高窟第85窟合作项目正是根据《中国文物古迹保护准则》所规定的步骤，按照"背景资料—意义评估—状况评估—管理评估—确定保护政策—选择保护策略"的具体步骤实施的。可以说，第85窟的保护项目作为《中国文物古迹保护准则》实施的一个成功范例，将使我们的科技保护和管理水平在21世纪迈上一个新台阶。

在进行国际合作的同时，我们还争取国际力量为敦煌文物保护研究提供资金援助。20世纪80年代以来，我们先后得到日本国立东京文化财研究所、日本文化财保护振兴财团、日本经济新闻社、美国盖蒂保护研究所、美国梅隆基金会，以及印度、加拿大等国的科研机构和社会团体，还有日本著名画家平山郁夫等个人所提供的各种援助。据不完全统计，改革开放以来，我们争取国际力量为敦煌文物保护研究的投资折合人民币达1.5亿元。这些援助，极大地改善了我院保护研究的条件，有力地推动了敦煌莫高窟保护事业的发展。

四、积极处理好保护和利用的关系，为甘肃社会经济的发展作贡献

由于我们的努力，敦煌石窟得到了有效保护，从而为开放和合理利用创造了条件。多年来，我们以"有效保护、合理利用、加强管理"的原则为指导，认真解决保护与利用矛盾中的许多具体问题，做到在保证文物绝对安全、保护文物原状的前提下，充分地、科学地开放利用，有效地解决了保护和利用之间的矛盾，取得了有效保护和合理利用的双丰收。

搞好石窟管理，为开放利用提供便利，是正确处理保护和利用关系的重要手段。我们设立了专门的石窟管理科，负责洞窟的日常维护，包括洞窟的定期检查，洞窟钥匙的发放，窟区设施、窟区卫生的管理等；采取科学的防范措施，保证游人有序参观。我们在莫高窟、榆林窟及西千佛洞等窟区安装了铝合金窟门，在莫高窟窟区设置栅栏，以防止游人随意进入洞窟；在开放的洞窟内安装玻璃屏风，隔绝游人与壁画、塑像直接接触；对开放的洞窟实行轮流开放的办法；对参观线路进行精心合理的安排；采取有效的安全技术防范措施，增加警力，保证洞窟及游客安全。这些管理手段，在有效保护洞窟的同时，使游客得到合理疏导，充分满足了人们参观的愿望。

对窟区环境的改造，既是保护的需要，也是开放的需要。我们本着庄重、朴素、整洁、宁静、和谐及保存自然历史文化特点的原则，制定了《敦煌石窟窟区环境景观规划》，对莫高窟窟区环境进行了有计划、有步骤地改造。我们按照布局合理、风格一致、远离遗址的原则，将办公、生活区从窟区撤出，在窟区1千米外新建了办公、生活区；对窟区林带、建筑等进行了统一规划，在隔离林带外统一修建了古朴、典雅、隐蔽在树林中的商业用房，将原窟区的活动摊点，全部纳入其中，淡化了窟区的商业气氛，恢复了窟区宁静、庄严的历史风貌，也为游客提供了购买纪念品的良好环境；改造了窟区环状人行干道，修建了标准化的水冲厕所，制作了国际通用标志，修建了残疾人专用道路及其他设施。

经过整治的莫高窟窟区，掩映在苍翠碧绿之中，树林荫翳，鲜花盛开，林间小径上新颖别致的石凳、石桌，是游人歇脚小憩之地，建筑设施便利、整洁，与洞窟浑然一体。徜徉其间，观众在惊叹石窟无与伦比的艺术之美的同时，也为窟前赏心悦目、幽雅怡人的环境所陶醉。

为了既减轻开放参观给洞窟保护带来的压力，又满足观众了解敦煌艺术的需求，按照景点内容必须是敦煌石窟艺术的有机组成部分、景点建设必须不改变窟区原貌的原则，1994年建立了敦煌石窟文物保护研究陈列中心，复制了8个最具代表性的洞窟及其他历史文化陈列，供人们参观。2000年，我们又落架修复了莫高窟下寺，辟为藏经洞文物陈列馆，供人们了解藏经洞文物的价值及其发现、流散的历史。我们还准备开发莫高窟北区参观景点，落架修复莫高窟上寺和中寺，建成专题博物馆。还将采用数字摄影测量技术及先进计算机存贮与图像处理技术，制作一批虚拟洞窟，使游客在计算机屏幕上观看敦煌石窟时，有身临其境的感受。这些做法可以最大限度地接纳不断增加的游客，既满足了他们乘兴而来一睹石窟风采的愿望，又减轻了直接进入洞窟的压力，使疲惫的洞窟得到休整，对保护洞窟十分有利。

做好开放的接待讲解工作，培训一批高水平的讲解员，以高品位的讲解，让旅游者领略到敦煌艺术的风采和敦煌文化的博大精深，是我们为开放利用做出的又一贡献。敦煌石窟是以佛教为内容的石窟，由于其年代久远，对现代观众来说，若不加以讲解，许多人很难了解洞窟内容。同时，我们的讲解不是向观众宣传宗教，而是引导人们从历史文化的角度，感受我们先人非凡的想象力和创造力，理解敦煌文物之美和艺术之精。通过对不同时代、不同内容、不同类型、不同特点的有代表性的洞窟的讲解，在较短时间内给观众较大的信息量，使他们真正感到敦煌石窟有价值、有内容、有看头，不虚此行。为了提高讲解员的讲解水平，除了送他们去高等院校培训外，每年旅游淡季，我们都要进行专门培训，请研究人员给他们讲课，提高他们的专业水平和综合素质。为了接待外国友人参观考察，我们还培训了英语、日语、法语、德语、韩语等不同语种的讲解员。现在，一个好的讲解员，不仅能为一般观众讲解，也可以为专业人员讲解，不仅能做短时间的讲解，而且可以做长时间甚至连续几天的讲解。通过高品位的讲解，既满足了旅游者的需求，也避免了因无人讲解而造成的无序和盲目流动，以及因无法了解洞窟内容而引起的失望和不满。从这个意义上说，讲解既是一种弘扬，也是一种有效的保护措施。

在搞好石窟本身开放的同时，我们还进一步扩大宣传，主动地、有意识、有计划地在国内外举办敦煌石窟艺术展览，以此吸引更多人到敦煌参观旅游。自1982年以来，我院先后在日本、法国、印度、美国等国家和我国台湾、香港地区举办了14次敦煌石窟艺术展，在北京、上海、广州、郑州、兰州等地也举办了展览。所到之处，参观者络绎不绝，在国内外各地产生了广泛影响。特别是2000年为纪念敦煌藏经洞发现100周年在北京举办的"敦煌艺术大展"更是大获成功。通过举办展览，不仅使参观者为中国古代灿烂的文明所倾倒，而且更加激发了他们到敦煌实地参观的欲望，每年到莫高窟参观的游客中，有不少就是在看过展览后慕名来到敦煌的。通过举办展览，也使国际上加深了对甘肃的了解，提高了甘肃在国际上的知名度，为甘肃旅游经济的发展创造了有利条件。

为了满足人们了解敦煌文化以及购买旅游纪念品的需求，我们还编辑出版了反映敦煌历史文化、石窟艺术的画册、通俗读物、VCD光盘等，做好敦煌文化的普及工作。同时，我们还进行了旅游产品的深度开发，先后开发了一批具有敦煌特点的旅游纪念品，如铜像、丝巾、文化衫、文化伞及其他工艺品，由于这些纪念品特色鲜明，造型精美，工艺精湛，深受旅游者喜爱，成为发展旅游经济的新亮点。

2000年是敦煌藏经洞发现100周年，由于藏经洞的发现而形成的敦煌学也将走过百年历程。为了纪念20世纪人类文化史上的这一重大发现，我们起初仅打算举办国际学术会议以示纪念，在筹备过程中，党中央做出了西部大开发的重大决策，我们认识到有责任借此机会加大力度，宣传敦煌，宣传甘肃。我们的方案得到省委、省政府的高度重视，最后，在省委、省政府的领导下，我们成功地举办了一系列纪念活动。这也是敦煌石窟首次大规模、大范围、大力度的纪念活动，在全国乃至世界范围内产生了重大影响，仅敦煌一地的旅游人数就突破了有史以来的最高纪录。2000年各项纪念活动的成功举办，是我们对西部大开发，实现甘肃省委、省政府"打敦煌牌"的战略所尽的一份绵薄之力。

由于我们在搞好保护的同时，科学合理地开放利用，敦煌莫高窟自开放以来，参观旅游的人数逐年增加，由初期的几千人，增加到几万、十几万、二十几万。据初步统计，截至目前，仅莫高窟一处，已接待国内外游客300多万人，其中有来自世界各地80多个国家和地区的参观者40余万人，国内外各种展览参观人数达200多万。不仅为弘扬中华优秀传统文化，发展甘肃的社会经济做出了贡献，而且使敦煌成为一个对外联系的纽带，成为世界了解中国、了解甘肃的窗口，极大地宣传了甘肃，提高了甘肃在国际上的知名度。

五、大力吸引和培养人才

敦煌研究院半个世纪的历程使我们认识到，事业的发展，人才是最重要的资源，是各项事业发展的根本因素。十年树木，百年树人，人才网罗不易，使其成才更非一蹴而就，需要长期努力，因此，必须把人才培养放在战略高度，常抓不懈。敦煌文物的保护、研究有其自身的特色，涉及多种专业、多种学科，是一项复杂的系统工程。敦煌文物的博大精深，敦煌石窟保护的复杂艰巨，都要求必须有一批高素质的专业技术人才。另一方面，敦煌地方偏远，条件艰苦，生活单调，对个人生活、家庭都有这样或那样的影响，这使得许多人望而却步，不愿来敦煌工作。特别是对于生活在市场经济下的现代都市青年来说，去敦煌工作，无疑面临着一场挑战。所以，我们不仅非常需要人才，而且迫切需要热爱敦煌、甘于寂寞、勇于奉献、安下心、留得住的人才。这也是我们人才工作的特殊处。

为了吸引人才，造就一支高水平的专业队伍，我们采取了一系列政策措施。为了解决专业人员在生活上的后顾之忧，我们在兰州建立分院的同时，在市中心地区修建了住宅楼，作为生活基地，安排部分职工家庭迁往兰州。同时，留出空房，吸引有志于敦煌研究的人才在兰州安家，到敦煌工作。在敦煌，不仅住家职工有了宽敞明亮的楼房，而且单身职工的居住条件也得到了根本改善。这一措施的实行，我们不仅留住已有人才，而且也吸引了一批人才来敦煌工作。为了进一步提高科研人员的专业水平，根据专业研究的需要，我们陆续选送一批品学兼优的中青年专业人员到国内高等院校、科研单位继续深造，并在经济上给予支持，保证他们离岗后个人收入不受损失。同时，我们利用国际组织和外国友人提供的资金，选派专业人员出国深造。他们学成回来后，学术功底、科研能力都有了明显提高，不少人现已成为研究院保护研究的业务骨干，并在各自的研究领域做出了成绩。在科研经费和科研项目的立项上，我们每年划拨专门的保护经费，为项目的承担者提供足够的科研经费。在科研项目的立项、资助方面，向中青年科研人员倾斜。在同国内外进行的合作项目中，也注意让中青年主持项目，鼓励他们挑大梁，负责项目的实施，使他们在实践中得到锻炼。为了鼓励科研人员多出成果，出好成果，我院制定了《中青年优秀学术成果奖励办法》，并打破职称评审中的条条框框，实行低职高聘，激励冒尖人才脱颖而出。

总之，改革开放以来，由于我们认识明确，政策得当，培养了一支专业的科学保护技术队伍。这首先得益于敦煌本身的吸引力，得益于敦煌石窟的保护事业，是事业留人。当然也与我们以待遇留人、以感情留人的各项政策有关。也正是有了一支专业的保护技术队伍，有了专业的科技保护人才，我们才在科技保护敦煌石窟的工作中做出了成就。没有这一点，敦煌石窟的保护就是一句空话。

在21世纪到来之际，国家做出了开发大西北的战略决策。这一重大决策的实施，必将给21世纪的敦煌文物保护事业带来新的机遇。我们将继续遵循国家的文物工作方针和文物工作原则，严格依照《文物保护法》办事，做好敦煌文物保护的规划，按照《中国文物古迹保护准则》，为实现完整意义上的文物保护而努力工作。同时，我们还要正确处理和协调西部大开发中文物保护和开放利用之间的关系，在搞好文物保护的前提下，充分发挥敦煌在甘肃旅游业中的带头作用，发挥敦煌在扩大对外开放中的纽带作用，为甘肃社会经济的发展贡献我们的力量。

坚持国家保护为主的管理体制　坚持文物保护的方针和原则　推动21世纪的文物保护工作

　　以国家保护为主的文物管理体制，是中华人民共和国成立以来在文物保护工作中逐步形成的符合中国国情的文物保护体制。"保护为主、抢救第一"的文物工作方针和"有效保护、合理利用、加强管理"的文物保护原则，是总结中华人民共和国成立以来文物保护工作的实践和经验而形成的方针和原则，对我国的文物保护事业起到了十分有效的推动作用，也是21世纪文物保护必须坚持的体制和原则。随着我国市场经济体制的逐步建立以及中央西部大开发战略的实施，文物保护也面临着新的问题与挑战，需要我们从理论和决策上加以解决，因此，我想借此研讨会的机会，谈谈个人的看法。

一、文物的特点

（一）作为物质的文物特性

　文物作为历史的物质遗存具有独特的、不可替代的、巨大的文化价值；

　文物的不可再生性；

　文物作为历史的物质遗存都具有脆弱性，并还在逐渐地衰退；

　要使文物延年益寿，必须从技术上和管理上长期地、连续不断地加以维护；

　文物材质的多样性和内涵的丰富性以及文物衰退原因的复杂性，决定了文物保护的艰巨、困难、复杂。

（二）文物本身的巨大价值与文物事业的特点，在建设有中国特色社会主义事业中具有特殊地位和作用

1. 文物在中国特色的社会主义事业建设中的特殊优势

众多的历史文物和革命文物，是一部物化了的中华民族的生存史、奋斗史和发展史。文物作为历史的物质遗存，具有直观、形象、具体的特点，以及真实、直接、生动的感染力和说服力。五千年来，中华民族在创造高度文明的同时，也留下了丰富的文物古迹，这些文物古迹是中华民族不可再生、不能替代的宝贵财富，是我们历史悠久、文化灿烂这一基本国情的重要物证，同时也是我们进行社会主义物质文明建设和精神文明建设的珍贵资源和特殊优势。

文物不仅代表着一个民族的灵魂，同时也是一个国家综合国力的标志之一。在这一点上，我们不能局限于传统观念上的文化意义，而是要把文化看作经济和社会发展的动力和源泉之一。文化遗产保护不仅是精神文明的体现，而且能提高一个地区公众的生活质量，代表着一个地区的文明形象。我们必须承认，文化遗产是一个地区经济和社会发展的有机组成部分，在为当地经济活动创造良好环境的同时，也同样可以为当地发展带来财政收入。

2. 文物在社会主义精神文明建设中的重要作用

文物和文化遗产不仅是科学研究的对象和阵地，而且是学习文化科学知识的课堂、爱国主义教育的基地、对外开放的重要窗口。科学利用文物的珍贵资源和特殊优势展示中华民族在漫长的历史进程中所拥有的强大凝聚力、创造力和生命力，帮助人民群众认识自己的悠久历史和优良传统，增强民族自信心，激发爱国热情，提高思想道德素质和科学文化水平，丰富人民的精神文化生活，建设社会主义的物质文明和精神文明。

3. 文物在我国经济发展中所发挥的重要作用

第一，作为世界上四大文明古国之一，文物旅游已经成为旅游经济的重要支柱，中国旅游资源中有很大部分是以文物为核心内容的各类博物馆、纪念馆和古迹。利用文物资源吸引海内外游客，是发展我国旅游业的一大特色和优势。许多文物丰富的地区，都是依靠得天独厚的文物资源，发展了当地经济，提高了人民的生活水平。我们无法想象，如果没有了故宫、八达岭、颐和园等古迹，每年还会有成百上千万的游客从世界各地赶到北京吗？即使我们还缺乏具体的统计数字，但仍然可以肯定地说，在国家旅游业所产生的经济效益中，文物旅游收益应该占了相当大的比重。

第二，文化遗产是国有资产，如果以经济价值来衡量，一定是一个天文数字。参照近年来国内外文物拍卖市场上中国文物的成交价格，仅文物部门管理的45000多件馆藏一级文物就无法计算，如果再加上其他级别和其他部门管理的文物，以及不可移动文物，特别是目前750处全国重点文物保护单位的文物价值、固定资产和无形资产等，其经济价值就更不可估量。

第三，文物保护有力地促进了地方的经济发展，所带来的无形资产效应更是不可忽视，全国许多地方在依托文物资源大力发展地方经济事业的同时，更看重的是文物所带来的无形资产效应。正是西安帝王陵寝、敦煌莫高窟等著名文物景观，带动了当地交通、商贸等乃至第三产业的发展，扩大了就业门路、增加了财政税收、改善了人民生活状况，为当地经济和社会的协调发展做出了自己的贡献。

第四，保护文物遗产就是保护生产力。有关经济文化的最新研究成果表明，文化也是生产力，保护文化遗产的目的之一是提高人们的思想道德素质，丰富人们的精神文化生活，从这一点上看，保护文化遗产也是促进生产力提高的重要内容。特别是在当前国际社会普遍关注资源生态和环境建设这一关系到人类生存条件的重大问题的情况下，维护文化生态平衡、保护文化遗产，对丰富人们的精神生活，保持社会的稳定，促进生产力发展，保证经济持续稳定增长，至关重要。

基于文物的上述特点，我们主张要遵循文物工作的基本规律，按照既定的文物保护的方针和原则，处理好文物保护与利用的辩证关系，在有效保护好的前提下使文物得到合理、科学的利用，不能以牺牲文化遗产、损害文物资源为代价，进行掠夺式的、破坏式的利用；保护的目的是要利用，在合理、科学利用文物的前提下，应为社会主义物质文明和精神文明的建设多作贡献，并促进文物的保护。

二、我国文物保护的现状及现行管理模式

我国文物保护的现状可以概括为三个方面。一是文物多。仅全国重点文物保护单位就有 750 处，文物部门管理的馆藏一级文物 45000 多件；二是我国属发展中国家，国家对文物保护的投入有限；三是在管理水平、管理手段、管理技术方面与国际文物保护的水准还有一定的距离。

中华人民共和国成立以来，我们逐步形成了以国家保护为主的文物保护管理模式，这一模式主要包括以下几方面的内容：①《文物保护法》所规定的文物属国家所有；②国家文化行政管理部门主管全国文物保护，地方各级政府代表国家行使文物保护权力；③文物按级别划分、按级别管理（县级、省级、全国）；④形成了以《文物保护法》为准绳的法律法规体系；⑤我国成为三大国际组织（世界贸易组织、联合国、亚太经合组织）的会员国和四个国际公约（《国际古迹保护与修复宪章》《保护世界文化和自然遗产公约》《武装冲突情况下保护文物财产公约》《水下文化财产保护公约》）的缔约国。

我国文物保护的管理模式，长期以来，特别是改革开放 20 年的保护实践，证明是完全符合我国国情并行之有效的。

三、市场经济条件下我国文物保护的新问题

随着我国市场经济体制的逐步确立及中央西部大开发战略的实施，我国文物保护也遇到一些新情况、新问题，必须从理论和对策上加以解决。

（一）文物保护和经济建设的关系

这一问题主要体现在城市建设和重点工程（如铁路、公路、水利工程等）建设中违反文物保护的法律法规，损害文物。如某古镇，在申报世界文化遗产的同时，还计划修建穿过这个小镇的一条高速公路，后由于联合国教科文组织的制止，才停止这项计划。

（二）文物保护的社会效益与经济效益的关系

按照文物保护的方针和原则，保护必须坚持把社会效益放在首位。但近些年来，一些地方片面追求经济效益，把文物古迹作为增加经济收入的重要手段。表现在：文物古迹保护地点商业化、城市化现象很浓；在文物古迹任意建造新的建筑物；旅游业扩大后，在文物古迹参观游览的人数超过了文物的承载量。

（三）市场经济下文物管理体制问题

近些年来，在所谓"所有权和经营权分离"的名义下，有些地方擅自改变文物保护单位的管理体制，将所谓经营权转移到旅游企业开发经营，甚至将文物的开发经营权向国内进行招标。如某地发生的严重文物毁坏事件。我们认为，这种做法是非常错误的。第一，《文物保护法》对文物管理权的规定是十分明确的，要求各级政府的文物保护管理机构负责管理本行政区内的文物工作。所谓文物的经营权，不过是用经济领域中的经营概念置换文物工作中的管理概念，实际上不是将经营权从所有权中剥离出来，而是将文物管理部门的管理权剥夺到旅游企业去经营。这在国际上也是没有先例的，同我国政府签署的有关文化遗产保护的国际公约也是相悖的。第二，文物保护工作遵循的是"保护为主、抢救第一"的方针和"有效保护、合理利用、加强管理"的原则，必须坚持把社会效益放在首位。将文物保护单位交由旅游企业经营，很容易导致把经济效益作为追求的终极目标和唯一目的，从而最大限度地榨取文物保护单位中的经济成分，进而实现利润的最大化。要求以获取最大利润为目的的企业保护文物并永续利用的想法是好的，但只能寄希望于经营者的知识结构、道德水准和对文物保护重要性的认识程度，而制度上的弊病是无可回避的。第三，文物的所有权性质决定了文物的国有资产性质。国家已有明确规定，因文物向社会开放所产生的经济效益只能用于文物保护本身，将文物保护单位交由企业经营的结果，必然是经营者获取经营

所得，使本来属于国家的这部分收益流失到企业经营者的腰包，导致又一种形式的国有资产流失，使本来十分有限的文物保护资金更加捉襟见肘。第四，管理体制的变化决定其管理方法和管理模式随之发生变化。从而有悖文物工作的自身规律，受到损失的无疑是文物或者是文物工作本身。第五，一些地方片面理解旅游经济，将旅游经济等同于"门票收入"，认为掌握了景点的经营权，甚至掌握了门票收入就掌握了地方的旅游经济。然而，现代化的旅游经济是由众多因素构成的，一般可包括吃、住、行、游、购、娱、疗养、通讯和金融服务等多个方面，门票在旅游收入中所占的比重很小，单纯依靠门票收入来拉动地方旅游经济增长是不可能的。同时文物景点的门票价格并不完全由市场进行调节，那些试图通过门票来提高当地旅游经济的做法在理论上站不住脚，在实践中也是行不通的。第六，由各级人民政府文物行政管理部门根据《文物保护法》，代表政府对文物实施保护管理的体制，长期以来，特别是改革开放20多年的保护实践，证明是完全符合我国国情并行之有效的。文物经营权的易手，将会使多年形成的全国文物保护系统消弭于无形，文物行政管理机构代表国家施行对文物的保护管理将不复存在，最终将使文物事业几十年的成果毁于一旦，其后果和所造成的国际影响将不堪设想。因此，我们坚决反对在所谓"旅游资源所有权和经营权分离"的名义下，将文物管理权转移为旅游企业经营权的做法。

（四）西部大开发中的文物保护

西部大开发是党中央、中央政府为实现21世纪西部地区社会经济的腾飞而作出的重大战略决策，西部大开发战略的实施，也给新世纪的文物保护带来了机遇和挑战。我们认为，西部地区具有得天独厚的历史文化资源优势和民族文化资源优势，在西部开发中如果不重视对这些资源的涵养、抢救、保护和合理利用，一味追求经济效益而过度开发，势必造成西部大开发中的文物大破坏。我们在实施西部大开发伊始，就应该保持清醒和自觉，遵循文物自身的规律，遵循文物工作的基本规律，坚持文物工作的基本方针和原则。只有有效地、最大限度地保护文物，才能谈到文物的合理利用和适度开发；只有在加强文物保护的同时，积极研究、探索文物合理利用的最佳途径，才能保证旅游开发的可持续发展；只有充分认识到文物在旅游业发展中的重要作用，增强保护文物的自觉性和积极性，加大对文物资源的保护与投入，才能促进旅游业的发展与繁荣。

四、若干对策和建议

如何解决21世纪文物保护中出现的问题，我们认为最根本的是要坚持国家保护为主的管理体制，坚持"保护为主、抢救第一"的文物工作方针及"有效保护、合理利用、加强管理"的原则，具体说来，有以下几点：

首先，有效地、最大限度地保护文物。要做好文物的有效保护，必须按照有关的理论和原则进行。

第一，保护是为指保存文物古迹实物遗存及其历史环境进行的全部活动。保护的目的是真实、全面地保存并延续其历史信息及全部价值。保护的任务是通过技术的和管理的措施，修缮自然力和人为造成的损伤，制止新的破坏。所有保护措施都必须遵守不改变文物原状的原则。

第二，保护必须按程序进行。文物古迹的保护工作总体上分为六步，依次是文物调查、评估、确定各级保护单位、制定保护规划、实施保护规划、定期检查规划。原则上所有文物古迹保护工作都应当按照此程序进行。

第三，文物保护必须遵循以下原则。①必须原址保护；②尽可能减少干预；③定期实施日常保护；④保护现存实物原状与历史信息；⑤按照保护要求使用保护技术；⑥正确把握审美标准（文物的审美价值表现为历史真实性、不能追求完整、华丽而改变其原状）等等。

文物的有效保护是一切工作的基础，只有文物古迹得到有效保护，才能保证其在市场经济条件下健康、持续、稳定发展，才能在东西方文化相互激荡的条件下保护和弘扬民族文化，才能在两个文明建设中发挥作用。

其次，保护文物的目的在于合理利用，但什么是合理利用，怎样才能合理利用，过去的研究还很不够。按照我们的理解，应包括以下内容：①保证在文物管理体制不变的情况下利用（不同价值的文物由不同级别的文物管理部门管理）；②利用必须符合文物的特质和文物的承载量；③必须可持续利用；④合理、科学的利用，应充分解读文物所蕴含的信息和挖掘文物的巨大价值并进行传播；⑤必须提高合理利用的水平；⑥利用应处理好有效保护与合理利用的关系。

最后，在文物保护的管理方面，我们则有如下对策和设想：

第一，必须坚持由各级人民政府的文物行政管理部门根据《中华人民共和国文物保护法》，代表政府依法对文物实施保护管理的体制，而不能由任何其他部门随意管理；

第二，建议国务院成立专门的文物工作委员会，以协调全国范围内的文物保护与利用的关系；

第三，把文物保护纳入当地经济和社会发展计划，纳入城乡建设计划，纳入财政预算，纳入体制改革，纳入各级领导责任制，是21世纪文物保护新体制的核心内容；

第四，尽快修改《中华人民共和国文物保护法》，公布实施《中国文物古迹保护准则》，以便依法管理、规范保护行为；

第五，大型文化遗产应单独立法；

第六，加强文物自身规律和保护工作自身规律的研究；

第七，文物保护应加强与国外的合作，吸取国外的先进技术与经验。

（本文为2001年6月22日在"21世纪初中国面临的重大理论与对策问题"历史学学科选题研讨会上的发言稿）

◈ 建设世界一流的遗址博物馆

一、敦煌在世界文化遗产中的地位

敦煌在世界文化遗产宝库中，具有地位独特而辉煌的一席。这是因为敦煌遗产具有以下特点。

1. 绵延1400余年的历史文化积累

敦煌有记载的人类聚居史可以追溯到中国夏代（前2100~前1600年）。自公元前121年敦煌归入西汉王朝以后，由于敦煌地处连接中国与中亚、西亚、南亚乃至欧非国家的丝绸之路的关键性枢纽位置[1]，因此一直是东西方之间的商品贸易中心，并进而成为文化交流中心。在敦煌，设馆授学的传统，写经的传统，开窟造像的传统，得到长期坚持。即使中原战乱，但偏于边隅的敦煌不乱；即使敦煌数度由少数民族主政，但上述传统，尤其是写经与开窟造像的传统，甚至得到更有力的提倡。敦煌是自元朝（1271~1368年）海上丝绸之路的发展而逐渐衰落的。最终使历史上辉煌的敦煌成为辉煌的历史遗产。在世界文化遗产中，像敦煌这样有着绵延1400多年兴盛繁荣历史的文化遗产，是少见的。

2. 世界四大文化体系交汇、六种宗教交融、数十民族共创的产物

敦煌的地理优势造就了敦煌的文化优势。季羡林教授指出，世界上历史悠久、地域广阔、自成体系、影响深远的文化体系只有四个，即中国、印度、希腊、伊斯兰，再没有第五个；而这四

1　夏鼐著，中国社会科学院考古研究所辑：《夏鼐文集》，北京：社会科学文献出版社，2000年，第307页。

种文化体系汇流的地方只有一个，即中国敦煌与新疆地区，再没有第二个[2]。宗教是敦煌文化的主体。中原的儒教与道教、印度的佛教、波斯的摩尼教、粟特人的祆教，以及西方早期基督教中的景教，都先后进入敦煌，历经了长期的融汇过程。敦煌文化又是多民族共创的。羌戎、乌孙、月氏、匈奴、鲜卑、吐谷浑、吐蕃、回鹘、粟特、于阗、党项、蒙古、汉等数十个民族，先后在敦煌聚居。在世界文化遗产中，像敦煌这样反映世界性文化交汇与多民族共创特点的遗产，是少见的。

3. 丰富、多样、系统、全面的文化遗产

敦煌遗产可以概括为两类：敦煌石窟与敦煌文献。敦煌石窟是世界上现存规模最大、连续营造时间最长、内容最丰富的佛教石窟群。仅就作为敦煌石窟主体的莫高窟而言，窟群南北长1680米，营建石窟735个，彩塑2000余尊，壁画4.5万平方米。壁画的内容包括尊像画、故事画、经变画、佛教史迹画、神话传说画、供养人画、装饰图案等7类。以敦煌藏经洞出土为主的敦煌文献，是敦煌遗产的另一主要组成部分，计有5万余件5000余种。其中，90％为宗教文书，10％为非宗教文书。后者的内容包括官私文书、四部书、社会经济文书、星图、云图、文学作品、启蒙读物。文书除汉语写本外，还有吐蕃文、于阗文、梵文、回鹘文、粟特文、突厥文、龟兹文、叙利亚文、希伯来文等写本。此外还有一批木版画、绢画、麻布画、粉本、丝织品、剪纸等作品。敦煌遗产的发现，是20世纪中国最重要的文化遗产发现，也是20世纪世界最重要的文化遗产发现之一。在世界文化遗产中，像敦煌这样内容浩繁的历史遗存，是少见的。

4. 从敦煌遗产到敦煌学

敦煌遗产在时间上绵延1400余年，在空间上囊括中原、西域、中亚、南亚，乃至欧洲、非洲，在内容上涵盖宗教信仰和世俗生活的各个方面，在语言上包括古代中亚地区的多种民族语言，这使它为宗教学、历史地理学、民族学、文化人类学、语言学、中国史、边疆史、中亚史、中外交往史、思想史、吏制史、民俗史、文学史、艺术音乐史、科技史等学科提供了珍贵资料。可见，敦煌遗产所蕴含的知识信息是百科全书式的，对敦煌遗产的研究形成了百科全书式的敦煌学。敦煌学的意义，不只在于可对中国的历史和文化记录起补史证史、校补典籍的作用，更重要的是它对上述诸学科研究有着重大的开拓性意义。在世界文化遗产中，像敦煌学这样百科全书式的，开拓了诸多学科的新领域、新方向的并拥有广泛国际关注的遗产学研究，是少见的。

认识到敦煌在世界文化遗产中的上述独特地位，将有利于认识敦煌研究院的意义、使命与目标。

2　季羡林：《佛教与中印文化交流》，南昌：江西人民出版社，1993年，第148页。

二、敦煌研究院发展史与新的目标定位

敦煌遗产的发现是以劫难的方式开始的。自王圆箓道士于1900年6月22日发现藏经洞后，出土的文献先后被英国人斯坦因、法国人伯希和、日本人吉川小一郎、俄国人奥登堡等骗购国外。即使流落到晚清官僚李盛铎之流手中的文书，最终也售卖给外国人。此后，美国人华尔纳更以粘剥割取的野蛮手段，盗取石窟的壁画与彩塑。

敦煌遗产的上述劫难，震惊与唤醒了中国学者。自20世纪20~40年代，中国学者同时对流失海外的敦煌文献与尚存的敦煌石窟进行考察研究。在文献的重要性得到公认后，敦煌石窟艺术的重要价值被重新发现。在有识之士的呼吁下，1944年国立敦煌艺术研究所成立，这标志敦煌遗产保护历史的开始。

国立敦煌艺术研究所的成立，同时标志着对敦煌遗产的研究已由最初立足于敦煌文献的文史性研究，扩展为立足于敦煌石窟研究。自此，文献研究与石窟研究并行不悖，相互交叉，相互促进。中华人民共和国成立后，1950年国立敦煌艺术研究所改组为敦煌文物研究所，确立了"保护、研究、弘扬"的工作方针。由于敦煌遗产所包含的中国西部与中亚的中古社会的历史、宗教、社会、艺术、科技等诸多领域的信息受到国际学术界的广泛关注，在国内外学者的不懈努力下，敦煌学已发展成为一门国际显学。为了适应敦煌石窟保护和敦煌学发展的需要，1984年敦煌文物研究所扩展为敦煌研究院。这是敦煌文物保护研究事业发展史的又一个里程碑。她为敦煌文物研究事业开辟了更加广阔的发展空间，并取得了一大批研究成果。

几代敦煌人用自己的智慧和汗水，为中国敦煌学走向世界做出了贡献，并赢得了海内外有志之士的肯定。但是，在知识全球化、信息化的新形势和大趋势下，作为当今世界上最大的敦煌学研究实体，我们敦煌研究院应该如何应对，如何才能成为世界一流的遗产研究机构？早在20世纪30年代陈寅恪先生首先提出"敦煌学"概念时，曾说过："一时代之学术，必有其新材料与新问题。取用此材料，以研求新问题，则为此时代学术之新潮流。""敦煌学者，今日学术之新潮流也。"[3] 今天重温陈先生这些具有远见卓识的话语时，又一次深刻地感受到这位具有世界性视野的学者对于国际敦煌学发展趋势的把握。就今天而言，所谓"新材料"与"新问题"，就是指学术资料的信息化以及研究方向、研究手段的更新与发展。这正是21世纪敦煌学发展的必然要求。

同时，中国和全球社会经济的发展也向21世纪敦煌学提出了新的课题。一方面，中国西部大开发意味着中国古老西部地区的社会、经济和文化的全面发展。另一方面，面对经济全球化和文化全球化，发生于公元前121年至公元1500年期间以敦煌为枢纽的东西方经济、文化交往，其

---

3 陈寅恪：《敦煌劫余录序》，载氏著《金明馆丛稿二编》，上海：上海古籍出版社，1980年，第236页。

成功、其曲折，均可为当代社会提供启示，会使当代人对"全球化""区域化"等概念获得一种植根于历史感悟的理解。同时，随着人类社会经济的发展，人们对生活质量的追求日益指向文化与精神方向，文化与精神消费正日益成为人类社会的主流消费之一。以文化和自然遗产为资源的遗产产业正是提供这些消费的最重要的文化产业之一。

如果说20世纪敦煌学的发展在相当大程度上是纯学术性的话，那么21世纪对敦煌学的关注将具有更大的现实意义。

俄罗斯敦煌学家孟列夫曾说："世界敦煌学将踏入新的敦煌学发展的阶段……中国将当然成为敦煌学研究的最重要的中心。"[4]这个"最重要的中心"的责任中相当大一部分应落在敦煌研究院肩上。这不仅因为她是敦煌遗产的故乡，至今仍完整地保存着敦煌遗产中的石窟部分，而且她是国家设立的从事敦煌遗产保护与研究的唯一专职机构。因此，敦煌研究院先天性地承担着敦煌学发展的重任。为了推动21世纪敦煌学的发展，敦煌研究院有责任成为世界一流的国际敦煌学研究重镇。敦煌研究院无需改变自己"保护、研究、弘扬"的工作方针，但应为这一方针赋予新的内容与目标。这就是"世界一流的遗产收藏，世界一流的遗产保护，世界一流的遗产研究，世界一流的遗产展示与服务功能"。

三、世界一流的遗产收藏

传统上，敦煌遗产被视为包括石窟与文献两大部分。就此而言，敦煌研究院已完整地拥有了前者，也收藏着后者中极少的一部分。然而，敦煌研究院要达到世界一流的遗产收藏目标，还有许多工作要做。

首先，应当确定明确的遗产收藏目标。由于敦煌遗产的内容涉及丝绸之路的广大地区和国家，还有着间接影响的广大地域（东到日本、韩国，西至欧非），以及敦煌学内容的综合性、边缘性和民间性，因此，敦煌研究院的遗产收藏，在传统的收藏方向的基础上，要扩展收藏品类型和收藏品来源。新的收藏方向应包括以下五个方面：①流失海外的敦煌文物；②散失在中国民间的敦煌文物；③敦煌地区的考古发掘文物；④丝绸之路国家与敦煌有关的文物；⑤反映敦煌遗产保护与敦煌学研究的新文物。

遗产收藏的另一方面内容是遗产管理。从未来的敦煌学发展着眼，敦煌研究院的遗产管理应包括三个方面的工作：①敦煌遗产的登录；②新的可移动文物的安置；③与敦煌学研究有关的遗址网建设。首先是敦煌遗产的登录。这里的问题不是敦煌研究院现有文物的登录，它主要涉及流

4　（俄）孟列夫：《俄罗斯敦煌研究的成果与展望》，后收入《敦煌研究》2000年特刊，第60页。

散于敦煌以外并已知下落的敦煌文物的登录；其次是新的可移动文物的安置问题。或许这一问题的紧迫性，现在尚不突出。但随着敦煌研究院的发展，随着由于敦煌研究院的感召力而回归的文物的增多，敦煌研究院必须对上述可移动文物的安置制定一个有远见的规划，而且应将这一安置规划作为一项具有永远意义的"新文物"工程来处理；第三是与敦煌学研究有关的遗址网问题。这样的遗址，远不止是敦煌。从狭义讲，还有丝绸之路的中国国内的其他遗迹与中亚诸国的有关遗址；从广义讲，则有能体现敦煌影响的非丝绸之路国家的遗产。

四、世界一流的遗产保护

半个世纪以来，敦煌研究院在敦煌文物的保护方面付出了巨大的努力。从20世纪80年代起，在国内率先使用现代分析技术首次全面地对莫高窟壁画彩塑颜料进行了科学分析，标志着莫高窟的保护进入了科学保护的新阶段。经过近20年的不懈努力，研究院在风沙整治、壁画病害机理的研究、窟区环境和窟内微环境的全自动监测、新的壁画修复材料和空鼓壁画灌浆加固材料的开发筛选、崖体的裂隙加固和土遗址加固等方面，取得了一系列举世瞩目的科研成果，并且实施了洞窟壁画数字化储存、壁画色彩的计算机复原以及以计算机为基础的修复档案系统等项目，为计算机技术在文物保护方面和洞窟研究等的多方面应用奠定了基础。

但是，与发达国家相比，我国的文物保护科学还正处在发展的阶段，莫高窟的科技保护才仅仅有20年的历史。而作为主要保护对象的莫高窟文物之脆弱、病害之多、环境之复杂、保护总量之巨大在遗址保护方面并不多见。因此，研究院要达到能与世界遗产相适应的文物保护水平，目前还有一定的差距。

另一方面，中国的经济状况也不能完全满足文物保护所需的巨额经费，专业技术人才还相对缺乏，科研设备也相对落后。以往的经验证明，在中国要快速提高文物保护发展水平，壮大保护力量，走"以我为主，国际合作"之路是唯一途径。在这方面敦煌研究院已积累了丰富的经验。一方面研究院以发达国家的研究水平和技术设备条件作为自己的发展目标，另一方面，又充分发挥自己的长处，与国外合作，做具有代表性的研究课题。研究院与美国盖蒂保护研究所合作进行的具有挑战性的莫高窟第85窟壁画保护项目，就是一个良好的范例。

敦煌莫高窟的保护已从原来的抢救性保护阶段过渡到科学化保护阶段，最终将在大量保护科研成果的基础上向全面的、规范化的预防性保护转化。预防性保护是现代世界文物保护的发展方向。由于时序的单一方向性，表征着某个阶段人类文明活动的文物，其本身具有唯一性和不可再造性，而现代文明社会的快速发展又严重加剧了文物毁坏的过程，由此面临的难题是文物的不可替代性和其本身被毁坏的不可抗拒性。文物保护的目的就是延缓文物的衰老过程。因此，预防文物病害的发生，成为文物保护科学研究的更高目标。

为了解决敦煌石窟保护中不断出现的新问题，要求保护工作必须进一步深化和提高。敦煌研究院将建立敦煌石窟保护研究中心。这一新机构将是学科门类齐备、仪器设备齐全、科学人才荟萃的世界一流的国际保护中心。它将与世界文物保护技术接轨与交流，并确保使莫高窟这一世界遗产得以全面、妥善的保护。

五、世界一流的遗产研究

世界一流的遗址博物馆的重要标志之一，就是具有世界一流水平的学术研究。作为以敦煌文物为主要研究对象的专门学科，敦煌学从其诞生起，就带有显著的世界性和国际性。"敦煌在中国，敦煌学在世界"。经过世界各国学者100年的不懈努力，敦煌学已成为一门国际性的"显学"。敦煌研究院在石窟考古和石窟艺术方面形成了自己的研究特色。她在石窟的断代分期研究、石窟内容考证和艺术风格研究等方面，产生了一批具有国际影响力的学术成果，为中国敦煌学走向世界做出了贡献。敦煌研究院也因此成为当今国际敦煌学界一支令人瞩目的重要力量。

但客观地讲，目前研究院的总体水平还不能说已经居于国际敦煌学的前沿，与研究院所处的地位以及对她的学术期望相比，更有相当距离。为实现建成世界一流的遗址博物馆的目标，研究院必须争创世界一流研究水平。那么，应如何标定敦煌研究院的"世界一流的遗产研究"呢？以敦煌研究院在国际敦煌学研究中的地位，这种"世界一流的遗产研究"应当体现在以下四个方面：①应具有开拓新领域的性质；②应具有开辟新方向的性质；③应能在现有研究领域中进行概念与方法创新；④应能对已有的知识体系推陈出新，贡献新的见解。

这就是说，无论是鸿篇巨制还是具体的考证，都能运用最新发现的材料，吸收当前学术研究的最新成果，反映最新的研究信息，其结论具有原创性、创新性，能开拓新的学科领域，发现新问题，能直接或间接解决当前国际学术界普遍关心的焦点问题、热点问题；或者其研究方法具有新的独特视角，能开创一代新学派、新学风。这样的研究成果，才能在国际上具有很强的影响力和竞争力，才能成为世界一流。为了实现上述目标，敦煌研究院根据自身的现时资源优势与传统研究优势，制定以下四个方面研究发展战略。

第一，走跨学科性、跨时空性、跨素材性的学科交叉之路。

在过去的敦煌学研究中，石窟研究与文献研究总是或多或少地、自觉或不自觉地分成两个区域。从敦煌学的百年历史看，这种"画地为牢"式的研究极大地限制和束缚了研究思路，阻碍着对一些重大问题进行深入探讨。因此，在未来的研究中，学科交叉是必由之路。具体来讲，它主要体现在两个方面：一是将石窟研究与文献研究结合起来；二是把自然科学的研究手段引入人文科学、艺术科学、社会科学研究中来，走文理并举、学科交叉之路。

第二，重视敦煌学研究的现实意义。

敦煌学研究的现实重要性，是敦煌学有别于其他遗产研究的一大优势，也是敦煌研究院由于地缘和资源条件而有别于其他研究机构的一大优势。敦煌研究院应从敦煌学研究的现实意义出发，开拓新的研究领域与研究方向，设置新的课题。在国内，一方面可以设置一些与西部开发相关的敦煌学课题，欢迎并接纳其他部门（科技部门以及其他社会科学部门）的研究者参加；另一方面应勇于参与可能与敦煌学有关的其他部门的课题（如民族问题、社会发展问题、文化发展问题、旅游问题、生态与环境保护问题，等等）。在国际上，可创设有关丝绸之路国家的敦煌学课题。这样做既可开拓新的研究领域，又可培养新的国际研究队伍。

第三，优先组织实施能够带动全局的、需要大兵团作战的研究项目。

这样的项目，应对敦煌研究院的学术历程具有里程碑意义：①项目本身应有极端重要性；②它有助于逐步开辟和建立敦煌研究院在这一领域的主导地位；③它有助于培养敦煌研究院规划和组织（超）大型项目的能力，并同时带起一支高水平、多领域的研究队伍；④它有助于与国内和国际上主要的敦煌学研究机构和个人建立起更密切的学术关系。

同时，为促进上述目标的实现，还必须在机构上进行创新。具体而言，为了适应与推进未来敦煌学的发展，敦煌研究院应着手成立三个新机构，即"敦煌学信息国际中心""敦煌学国际出版中心"和"敦煌学研究国际基金"。

"敦煌学信息国际中心"的功能和意义是不言自明的。它既服务于国内，又能向国际开放。对这个中心来说，拥有所有的敦煌学文献信息与敦煌学研究信息，是易于做到的。更为重要的是，这些信息应易于被使用者查询，易于调用，易于向国内外敦煌学研究提供最好的服务。"敦煌学国际出版中心"将负责出版敦煌学研究的国际期刊与学术著作。这将是推动国际敦煌学研究极为重要的平台。"敦煌学研究国际基金"的目标，是用来支持有前途的学者从事与敦煌学有关的开拓性研究。这一"基金"将接受国家、非政府机构、企业、个人的资助而建立，并按此类基金管理的国际规范，建立相应的管理系统和程序。

六、世界一流的展示服务功能

展示是任何文化遗产必须自觉承担的重要社会功能。敦煌研究院继承与一直坚持的工作方针，主要就是通过"展示"来实现的。当敦煌研究院以"世界一流的展示服务"为目标时，它所面临的问题是：如何使遗址具备博物馆的功能；如何为展示提供最有效的技术支持；如何规划展示内容；如何最有效地经营展示。

1. 如何使遗址成为博物馆

严格地说，遗址与人为建造的博物馆是不同的。那些博物馆从设计开始，就将"展示"作为它的一个主要目标。在那里，一切建筑组分无不与展示有关。然而，就遗址而言，它的原初功能并不是"展示"。从这一点看，遗址不是博物馆。如果简单化地将遗址作为博物馆来办理，既不能使游客享受到最好的展示服务，又很不利于遗产的保护。这样，当遗址需要具有博物馆那样的展示功能时，它必须采取与通常博物馆不同的措施。

就敦煌而言，其最有吸引力的展品是石窟艺术。如直接"展示"，将有以下局限性：①石窟空间较小，难以一次性接纳大量游客；②由于石窟中的器物是不可移动的，加之照明条件的限制，因此游客对塑绘艺术的精细部分不能清晰地观赏；③艺术欣赏是以理解为前提的，在没有知识准备的情况下，盲目的直接观赏会因缺乏理解而不能获得真正的观赏效果；④石窟艺术的保护需要严格的窟内小气候条件，过多的游客和过长的逗留时间会改变这种窟内气候环境，从而造成遗产的慢性消失。为了解决上述直接的石窟展示存在的问题，敦煌正在从展示技术与展示内容上寻找一种使遗址具有博物馆展示功能的新路。

2. 遗址展示的技术支持：数字化虚拟成像技术及其他

敦煌研究院为使石窟艺术得到既有效又安全的展示，将整个展示活动分为两个部分，并分别配备相应的技术支持。其一，对石窟艺术的知识性观赏，其技术支持是数字化虚拟成像技术；其二，对石窟艺术的现场观赏，其技术支持是窟内环境监测与调控技术。

对石窟艺术的知识性观赏，是在窟外进行的。借助于遗产数字化的虚拟成像技术，游客可以预先认识观赏对象。这种了解可以是最整体的、最精细和深藏隐秘的、立体性的、多角度的。其效果是直接观赏不能达到的。并且，在讲解员的引导下以及与讲解员的讨论中，游客可以逐步进入对石窟艺术知识性理解的境界。

对石窟艺术的现场观赏，是在窟内进行的。它主要是观赏作为石窟艺术重要组成部分的窟外景观与窟内布局，体验和领略窟内特有的艺术氛围，确证事先所了解的观赏对象的艺术精华部分，察看其他具有历史和文化价值的印记等。这样的现场观赏，时间虽短但有效，对窟内小气候等环境条件的干扰小而且还得到环境监测、控制、调节设施的保障。

3. 遗址展示的方案设计

作为主要展示对象的敦煌石窟艺术，分布广阔，类型众多，数量巨大，绝非一天或数天能够完全领略的。为了不使观赏成为"走马观花，过眼即忘"，研究院为游客准备多种展示方案使他们能从有限的观赏中真正获益。这种多样化展示方案的优点是：①丰富了敦煌遗产展示多样性；②最大限度并有效地满足游客的观赏需求；③扩大了敦煌遗产的展示接待能力。

4. 展示的经营：游客服务中心

由于当代社会经济的发展，对文化与自然遗产的观赏，已不只是专业性、职业性、精英性的少数人需求，而是一种全民性的社会需求。这种需求主要是以旅游方式实现的。敦煌研究院成立的"游客服务中心"正是为着这一目的。游客服务中心主要负责三项工作：

第一，游客在观赏期间的事务安排。一是观赏登记与接待，如观赏方案的选择，观赏行程与日程；二是观赏期间的食宿、交通等问题。前者应由游客服务中心解决；后者应由游客服务中心与地方政府和企业协调解决。

第二，遗产商品的开发。这是一个需求量极大的市场，可从发达国家著名博物馆的经营收入中得到证明。敦煌有着极为丰富、精美的遗产，又有高水平的艺术人才，因此在开发新的遗产商品方面是具有先天优势的。

第三，发展博物馆间的联营。作为世界文化遗产的敦煌，应与世界上同类的遗址博物馆和著名的综合性博物馆建立联营关系。这既有利于彼此开发遗址旅游业市场，又为遗址旅游爱好者提供了实际方便。

七、人才培养和国际合作

1. 人才培养

敦煌研究院近60年的发展历程使我们认识到，人才是最重要的资源，是事业发展的根本因素。办好一流的敦煌研究院，必须培养一流的人才，拥有一流的人才。敦煌石窟的保护、研究、弘扬工作涉及人文科学和自然科学的多种专业，要拥有和培养能担负敦煌石窟各方面专业工作的专业学科完备的各类高级专业技术人才，培养既懂专业，又具有现代化管理知识的复合型高级人才。这些人才具有国际性视野，能掌握国际学术动态的最新信息，具有创新思维、原创性和开拓新的专业方向的能力。他们所取得的学术成果在国际上具有领先的地位，并有一定的国际影响，得到国际学术界的公认，他们带领和代表的学科、他们的创新，在国际上具有一定的地位。

因此，我们必须长期坚持把一流人才的培养置于战略高度的地位来对待。我们将按照我们的目标和使命，制定人才发展和培养的规划，采取多种培养人才的积极措施，为人才的脱颖而出创造条件。敦煌研究院已有10多年国内与国际合作的经历，在国际合作的实践中，我们逐渐体会到：长期的国际合作研究是培养高素质人才的最佳形式之一，通过合作，尤其是国际合作，培养人才。事实证明，这种合作对人才能力的培养是多方面的：掌握国际学术最新动态，迅速进入专业领域前沿，开阔眼界，拓宽思路，丰富与提高国际学术交往的能力，将自己的研究成果提升到国际承认的水平。因此，我们要进一步吸取现有国际合作的经验，在所有的国际合作项目中，把人才培养列为合作的重要内容，使参加者通过合作得到锻炼和提高。同时，我们将为青年专业技术人才出国学习及参与国际交流和合作创造条件，让他们活跃在国际学术舞台上，吸取国际学术界先进的思想和营养，逐渐成为具有国际视野的复合型人才。

当然，现有人才的培养是一个长期过程。对于敦煌学迅速发展的需求来说，仅此途径远远不够，必须再辟新途，即引入外来人才。敦煌研究院应有这样的气魄，使得在她所选择的重点发展领域上，都有世界一流专家为她服务。目前，敦煌研究院聘请有30多位国内外兼职研究员，他们都是各领域的佼佼者，参与研究院的决策咨询、承担研究院的重大研究项目、承接研究院内的重大事务等。可以预言，随着敦煌研究院的发展，随着外来人才对敦煌研究院信心的增强，随着外来人才与研究院合作成效的显现，一些外来人才很可能会自愿成为敦煌研究院的一部分。

2. 国际合作

科研合作，尤其是国际层面的合作，对于敦煌研究的发展极为重要。自20世纪90年代以来，敦煌研究院在遗产保护技术和管理制度方面取得的进展和成就，无一不是国际合作的产物。这种国际合作已经产生了明显的效果：提高了研究院的研究和管理水平，获得了额外的研究和保护资金，更好地培养了研究和管理人才，提高了研究院的国际学术地位。

在未来，国际合作将具有新的内容与新的意义。

第一，敦煌研究院为推动国际敦煌学研究而设置新的机构，即"敦煌学信息国际中心""敦煌学国际出版中心""敦煌学研究国际基金"。这些机构的组建如果没有国外的具有代表性的一流敦煌学研究者的参与，是不可能成功的。

第二，敦煌研究院将要推动的重大国际性研究项目，必须有国外研究者的加入，这不仅因为他们掌握着相当重要（甚至可以说"主要"）的敦煌文献资源，同时，他们在相当多方面的研究水平是国内不及的。

第三，未来敦煌学的新领域与新方向的开拓（如敦煌学研究的现实意义。敦煌学与丝绸之路地区中古史等）在很大程度上，必须有外国（或是所在国，或是所在国历史上的宗主国）参加。没有他们的参加，新领域与新方向的开拓不可能是全面的、充分的、意义深远的。

第四，以上的规划设想，必然需要庞大的资金支持。这种支持只能是国际性的，包括多国政府、多种国际组织、非政府基金机构、企业、个人。国际资助的惯例是，如果一个国际性项目的国际实施体制不能真正落实，那么上述国际资助是不可能的。

第五，未来敦煌研究院对外部人才的需求不仅数量多，而且需要各种层次的人才，这是过去不能相比的。这些人才中相当大一部分是国外学者。他们将以顾问、项目合作者、讲学、客座研究等方式，为敦煌做出知识与智力贡献。

3. 知识产权

在未来敦煌研究院的国际合作中，有一个既可妨碍也可促进国际合作的问题，必须事先有所准备。这就是"知识产权"问题。可以肯定，未来的国际合作的性质和层次将与过去有很大不同。过去的合作基本上是以援助方式进行的，敦煌研究院基本上是受援者，但并非最尖端、最具商业价值的。然而，今后的合作项目将会具有很大的创新性与很高的商业价值。这样，"知识产权"问题将是影响合作成败与能否持续的关键。这种问题，过去我国学界很少经历。但随着敦煌研究院研究水平和研究项目层次和价值的提高，这一问题将会逐渐凸显出来。敦煌研究院应当对此有认真的思考与妥当的处理。

（原载于徐嵩龄主编《文化遗产的保护与经营 —— 中国实践与理论进展》，社会科学文献出版社，2003年）

关于将我国的世界文化遗产纳入省级管理的提案

（2007年3月全国政协十届五次会议提案第3291号）

案由：关于将我国的世界文化遗产纳入省级管理的提案

主办：中编办研究办理

会办：国家文物局会同办理

提案形式：联名

第一提案人：樊锦诗

联名提案人：单霁翔、安家瑶、陈漱渝、刘庆柱、谭小亭等17人

内容：

一、1972年11月16日联合国教科文组织第17届会议通过了《保护世界文化和自然遗产公约》，规定将具有全世界突出的普遍价值的文化和自然遗产列入世界遗产名录，并对其实施有效保护和管理。我国于1985年11月加入《保护世界文化和自然遗产公约》，承诺履行规定的义务和责任。至今我国已拥有世界遗产33处，其中文化遗产24处，自然遗产5处，文化和自然双遗产4处，中国已成为世界遗产的第三大国。

胡锦涛主席在写给2004年第18届世界遗产委员会大会的致辞中向国际社会郑重承诺："中国政府高度重视保护文化和自然遗产……保证文化和自然遗产的充分保护和适度利用。"多年来，我国政府在保护管理世界文化遗产方面做了大量工作，也取得了明显进步，但与《保护世界文化和自然遗产公约》的要求仍然存在较大差距。如在2003年的第27届世界遗产委员会会议上，有7处中国世界遗产的保护状况引起世界遗产中心的关注。这与我国作为一个负责任的大国的国际地位是不相称的。

二、我国世界文化遗产保护管理方面存在的突出问题是管理理念落后、经费投入短缺、人才队伍匮乏、保护手段落后，其根本原因在于管理体制的混乱。由于受行政区划和历史条件等因素的制约和影响，我国世界文化遗产形成了国家级、省级、市级、县级四种不同管理级别，而以属

地直接管理的县级管理体制为多数。这种管理体制意味着把中央政府应承担的国际公约的责任和义务全部交由县一级人民政府去履行，对后者而言，在人力、物力、财力、技术到管理等各个方面都是勉为其难，由此产生的种种矛盾和弊端也就难以避免。如何改变我国世界文化遗产保护管理的落后状态，克服管理中的体制矛盾，构建与我国和谐社会发展相适应的我国世界文化遗产的保护管理体制，已经引起了国家有关部门和许多有识之士的关注。

三、近年来，为了加强我国的世界文化遗产的保护管理工作，中央颁布了一系列文件。2004年2月，国务院办公厅向各地转发了文化部、建设部、国家文物局等九部委《关于加强我国世界文化遗产保护管理工作的意见》，要求各地提高认识，强化责任，全面推进世界文化遗产的保护管理工作。2005年12月，《国务院关于加强文化遗产保护的通知》中再次强调，要"构建科学有效的文化遗产保护体系"，并提出了"到2010年，初步建立比较完备的文化遗产保护制度，文化遗产保护现状总体得到明显改善"的总体目标。2006年11月，经文化部部务会议审议通过，《世界文化遗产保护管理办法》公布实施。据我们了解，这些纲领性文件的精神和相关规定在贯彻过程中，并不一帆风顺，尤其是地方保护主义的利益纷争，更凸显出现有管理体制的矛盾已成为加强和改善世界文化遗产保护管理工作的主要障碍。为此，2006年12月召开的全国世界文化遗产工作会议明确提出了"以世界一流的管理保护好世界一流的遗产"的要求。

因此我们认为，世界文化遗产地的管理机构由省级人民政府领导管理，是完全有必要的。

《关于加强我国世界文化遗产保护管理工作的意见》指出："目前由县级人民政府管理的世界文化遗产保护管理机构，对其中贯彻执行国家法律法规不力，管理混乱并造成文化遗产损坏的，可由省级人民政府指定的机构负责实施管理。"这一规定无疑是正确的，但也有显而易见的局限性，难以改变目前多层管理、多头管理的混乱状况。

建立省级管理世界文化遗产地的体制，主要基于以下方面的理由：

1. 提高世界文化遗产地的管理层次和水平

世界文化遗产的保护和管理是一项公益性、社会性的事业，保护管理工作具有较强的专业性、科学性。我国现有世界文化遗产多数由县级人民政府管理，一些地方甚至把世界文化遗产交由公司承包经营，总体上管理层次偏低，难以承担管理保护世界文化遗产的责任和义务。

世界文化遗产地由省级管理，有利于科学发展观的贯彻落实，有利于协调和调动遗产所在地和相关部门的积极性，从根本上改变文化遗产地名义上、理论上属于国家，而实质上由地方和眼前利益驱动决定归属，以及受经济发展水平、认识程度和实际能力的影响，针对文化遗产重申报、轻管理，重开发、轻保护的状况，实现对一流遗产的一流管理。

2. 提高世界文化遗产保护管理的科技水平

现阶段，我国世界文化遗产保护管理的科学技术含量不高，保护、监测、管理的手段与国际先进水平差距较大。充分重视高新技术在保护管理工作中的作用，利用现代科技，提高世界文化遗产保护管理的科技含量，是促进遗产保护管理工作的当务之急。

提高遗产地保护管理科技水平的关键在于人才。世界文化遗产的保护管理工作，需要大量掌握科学技术、具有奉献精神和专业造诣、并能持之以恒的保护管理人员。世界文化遗产地的保护管理人员应当具有较高的专业素养，相当的法律知识和一定的科学管理能力。在我国世界文化遗产的现行管理体制下，以县为主的行政保护管理级别，很难集中、吸引和培养高素质的专业人才，无法形成有实力的科研管理力量，提高科学管理水平。

实行世界文化遗产地省级管理体制就有可能在一省范围内统筹兼顾，集一省的科研人员和科技实力，较为便利地实现国际、国内科技文化交流合作，迅速提高世界文化遗产地保护管理的科技水平和管理水平，形成以世界文化遗产地为龙头，带动和辐射一个省其他文物保护单位科学保护和管理水平的共同进步。

3. 提高世界文化遗产地的资金扶持力度和资金使用效益

我国存在较大的地区间贫富差距，我国的世界文化遗产多数分布在经济欠发达地区，保护管理经费严重不足。受经济发展水平制约，世界文化遗产保护尚未设立专项财政资金，国家无力为遗产保护拨付足额的资金，地方财政用于这方面的支出也极有限。因此，遗产旅游业正被贫困地区视为当地经济和社会发展的先导产业，一些地方不惜投入巨资申报的出发点就是为了拿到世界文化遗产这一金字招牌，之后便采取掠夺性开发经营。

实行世界文化遗产地省级管理体制，改县财政支付为省财政管理，就可能从根本上改变一些地方受经济利益驱动，对世界文化遗产过度利用，盲目开发，破坏遗产原始风貌和环境，甚至将遗产"出租"给商业公司的无序开发经营现象。

我国历史悠久，幅员辽阔，文化遗产数量众多，但国家整体上仍处在社会主义初级阶段，如像世界上一些发达国家一样实行世界文化遗产的国家级管理，短期内难以做到，而将由县级管理的世界文化遗产纳入省级管理，是符合国情，也是可以做到的。这样做，有利于科学发展观的贯彻落实，有利于国家政令的畅通，有利于调动中央和省一级两个积极性，有利于集中有限的资源和力量在短期内办成几件大事，也有利于各项保护管理目标的落实，有利于保护管理与开发利用矛盾的处理，有利于建立高标准的中国世界文化遗产管理制度和体系。形成在国务院统一领导下，各省目标一致，竞争互补，共同履行《保护世界文化和自然遗产公约》责任和义务的局面，保证我国的世界文化遗产保护管理工作的健康发展。

四、建议

1. 世界文化遗产地的保护管理全部收归省级人民政府领导。

2. 对现有世界文化遗产保护管理状况进行摸底调查。

◈ 敦煌莫高窟文物保护的现在与未来

一、敦煌莫高窟的突出价值

　　敦煌，位于中国甘肃省河西走廊西端，作为古代"丝绸之路"的重镇，迄今已有2000多年的历史。它总绾中西交通的"咽喉之地"，地当南北要冲。由敦煌出发，向东经河西走廊，可至汉唐古都长安、洛阳；向西经过西域，可入中亚、西亚及南亚诸国，还可远达欧洲的罗马；向北翻过马鬃山，便是北方草原丝绸之路；向南越过阿尔金山，可接唐蕃古道，经中国青海、西藏，到达尼泊尔、印度、缅甸等国。敦煌重要的地理位置，使它在欧亚文明互动、中原民族和少数民族文化交融的历史进程中占有重要的地位。古敦煌郡地区当时受到印度和中亚佛教和佛教艺术传播的影响，4~14世纪，古代艺术家们在此建造了敦煌莫高窟、西千佛洞，肃北五个庙石窟，瓜州榆林窟、东千佛洞等一批石窟，统称为敦煌石窟，其中尤以莫高窟最为典型。

　　莫高窟至今保存了735个洞窟，其中包括4.5万平方米壁画和2000多身彩塑，以及藏经洞出土的5万余件文物。敦煌石窟和藏经洞文物记录了中原的儒教与道教、印度的佛教、波斯的摩尼教、粟特人的祆教，以及西方早期基督教中的景教等六种宗教。在表现宗教题材的同时，展示了中古时期敦煌、河西走廊和西域地区的历史，展示了中古时期广阔的经济、文化、科技等社会生活场景，反映了1000多年间建筑艺术、彩塑艺术、壁画艺术的流传及演变。敦煌地区先后有羌戎、乌孙、月氏、匈奴、汉族、鲜卑、吐谷浑、吐蕃、回鹘、粟特、于阗、党项、蒙古等民族在此聚居，敦煌文化既有中原汉族文化，也有各少数民族文化，又汇聚了中亚粟特、南亚印度、西亚波斯伊斯兰和欧洲希腊罗马文化。所以，敦煌佛教艺术是中国古代多民族文化及欧亚文化长期汇集和交融的结晶。鉴于敦煌莫高窟突出而珍贵的价值，1961年被国务院公布为第一批全国重点文物保护单位。1987年11月，联合国教科文组织世界遗产委员会审议认为"莫高窟符合世界文化遗产的第Ⅰ、Ⅱ、Ⅲ、Ⅳ、Ⅴ、Ⅵ全部六类标准"，批准莫高窟列入世界文化遗产保护名录。

二、敦煌莫高窟的保存现状与问题

莫高窟不仅有本体的洞窟建筑、彩塑、壁画，而且有其周边与之相伴相生的山林、沙漠、河流、植被、寺庙、塔群等环境。这些自然、人文和景观环境成为莫高窟整体中不可或缺的部分。1600多年的历史沧桑，在自然因素和人为因素的作用下，莫高窟本体已有洞窟坍塌，塑像倾倒、壁画空鼓、起甲、酥碱、霉变、烟熏等多种病害；其周围环境有莫高窟本体所依附的崖体结构不稳定（指裂隙、地震、自然坍塌）、莫高窟背靠的沙山形成的风沙危害（崖顶积沙，崖体风蚀造成薄顶洞窟，沙尘对洞窟壁画、彩塑的磨蚀）以及大气降水从岩体裂隙下渗引起岩体内可溶盐向壁画运移，造成壁画的多种病害；显然，莫高窟周边环境崖体的裂隙、风沙、水的入渗等问题，直接影响到莫高窟本体的洞窟建筑、彩塑、壁画的保存。1944年国立敦煌艺术研究所成立之前，由于无人管理，造成烟熏、刻划、霉变等人为破坏。今天上述人为破坏已不复存在，现在的问题是日益增多的游客进入洞窟，导致温度、相对湿度、二氧化碳浓度显著上升，对已经十分脆弱和患有多种病害壁画的保护构成了威胁。

三、莫高窟保护的重要性与保护原则

1. 莫高窟保护的重要性

《实施保护世界文化和自然遗产公约的操作指南》第4条指出："无论对各国，还是对全人类而言，文化和自然遗产都是无可估价和无法替代的财产。这些最珍贵的财富，一旦遭受任何破坏或消失，都是对世界各族人民遗产的一次浩劫。这些遗产的一部分，具有独一无二的特性，可以认为具有'突出的普遍价值'，因而需加以特殊的保护，以消除日益威胁这些遗产的危险。"

第53条指出："呈送委员会的申报应该表明该缔约国在其力所能及的范围内将全力以赴保存该项遗产。这种承诺应该体现在建议和采纳合适的政策、法律、科学、技术、管理和财政措施，保护该项遗产以及遗产的突出的普遍价值。"

上述条文指明了世界文化遗产保护的重要性和应采取的保护措施，这同样适用于世界文化遗产敦煌莫高窟的保护。

2. 保护原则

为了国家和全人类的利益，我们要真实地、完整地、并可延续地保护敦煌莫高窟突出的珍贵价值，根据莫高窟的自身特点及其保存状况，保护要遵循以下原则。

（1）本体首先应该得到保护，但由于莫高窟本体与环境不可分割的共存关系，所以保护本体的同时，也应该保护好其赋存的环境，这样也有利于莫高窟本体的保护，所以我们要坚持保护本体与保护环境相结合的原则。

（2）根据莫高窟突出的珍贵价值和丰富内涵，按照《保护世界文化和自然遗产公约》第4条和第27条的规定，莫高窟应具有教育和宣传的功能。《中华人民共和国文物保护法》指出文物工作应该遵循"保护为主、抢救第一、合理利用、加强管理"的方针，所以敦煌莫高窟不仅需要保护，而且需要研究和弘扬，我们应将两者结合，应该在保护好的前提下科学适度地利用，为此，我们应坚持科学保护与合理利用相结合的原则。

（3）文物具有唯一性和不可再生性及其本身不可抗拒被毁坏的特质。文物保护的目的就是延缓文物的衰老过程。因此，预防文物病害的发生就成了文物保护的更高目标。对濒临危险的文物进行抢救修复虽然是十分必要的，但最基本和最重要的保护手段是定期实施日常保养，认真做好日常的保养、维护和监测，及时排除不安全因素和轻微损伤，避免更多干预是做好保护工作的根本保障。所以，我们要坚持文物的抢救修复与日常维护相结合的原则。

四、敦煌莫高窟保护的现在

1. 法律措施

对敦煌莫高窟的保护，我们要遵循《保护世界文化与自然遗产公约》《国际古迹保护与修复宪章》(《威尼斯宪章》)等国际法规，同时遵循《中华人民共和国宪法》《中华人民共和国文物保护法》及其《实施细则》等国家的法律法规，我们还遵循甘肃省人民代表大会常务委员会于2003年3月颁布实施的《甘肃敦煌莫高窟保护条例》专项法规，国际古迹遗址理事会中国国家委员会制定的《中国文物古迹保护准则》行业规范。特别是甘肃省的地方专项法规《甘肃敦煌莫高窟保护条例》，明确了莫高窟保护对象、范围，保护工作应遵循的方针和原则，明确规定了文物保护管理机构的职责，也明确规定了政府机关、社会团体和公民在保护莫高窟方面的权利、义务和应遵循的行为准则和责任，这为莫高窟的保护与管理提供了强有力的法律支撑和法律保障。

敦煌莫高窟的保护是一项艰巨而复杂的系统工程，要有明确的保护方向、保护目标、保护原则、保护措施，才能使它得到妥善保护。为此敦煌研究院与美国盖蒂保护研究所、澳大利亚遗产委员会、中国建筑设计研究院建筑历史研究所三国四方共同合作，根据《保护世界文化和自然遗产公约》和《中华人民共和国文物保护法》的要求，以及《中国文物古迹保护准则》的规定，针对莫高窟的价值及其保存保护现状，制定出具有权威性、强制性和约束力的《敦煌莫高窟保护总体规划（2006~2025）》，从而对莫高窟的保护、研究、利用和管理做出了全面的部署，以保证珍贵而独特的世界文化遗产敦煌莫高窟真实、完整地传给子孙后代。

2. 科学技术措施

科学和技术是做好文化遗产保护工作的基础，是最大限度延长文化遗产寿命的必要条件。我们针对莫高窟及其保存环境的特点，通过与自然科学等多学科的结合和多层面的工作，开展对莫高窟及其环境的调查、分析、研究和保护。

在莫高窟窟区和洞窟内设置全自动气象装置，高精度温、湿度监测探头，对窟区环境和洞窟内的微环境进行长期的监测研究；采用组合机械式混凝土应变仪，选择莫高窟崖体的主要裂隙设置观测点，定期观测裂隙危崖的发展；安装地震记录仪，记录地震波，对石窟崖体和附加构筑物（加固工程挡墙）进行抗震稳定性分析研究，对莫高窟地区地震危险性进行评估；利用环境气象资料和监测仪器，对风向、风速变化、崖顶风沙流，沙物质输送量，作连续观测，基本掌握了莫高窟风沙活动的规律；通过高密度电阻率仪探查、石窟围岩透水试验、石窟周边地质环境调查等手段来分析和研究莫高窟的水环境特征，探讨洞窟围岩内水汽的运移规律及壁画盐害的产生机理等。通过这些研究，深化了对石窟和周围环境及其现状和病害的认识。

在西北严酷恶劣的自然环境条件下，莫高窟北区洞窟遭受了严重的破坏，存在崖体失稳坍塌、裂隙发育、风蚀、雨蚀、洪水冲蚀等病害。为此，我们采取了锚固和灌浆技术加固莫高窟北区危岩、崖体裂隙和破碎岩体，用PS加固材料加固风化岩体，确保了石窟崖体的稳定，又很好地保持了崖面的原貌。

20世纪80年代后期开始，我院与美国盖蒂保护研究所合作开展了莫高窟崖顶风沙综合治理项目。根据莫高窟风沙活动规律，从最初的防沙障阻沙开始，逐步发展到建立化学固沙、沙生植物林带挡沙、草方格固沙和砾石压沙的综合防沙、治沙体系。据监测，该项目的实施使莫高窟的风沙流量减少了70%左右。

针对敦煌莫高窟洞窟壁画和彩塑存在的空鼓、起甲、酥碱等多种病害，我们开展了壁画材质分析研究、壁画病害机理研究、壁画修复材料研究，并选择具有上述典型病害的莫高窟第85窟作为与美国盖蒂保护研究所合作攻关的研究项目。双方对此窟开展现状调查、价值评估、环境监测、岩体成分、壁画制作材料和制作工艺及病害成因分析等多项科学系统的研究工作，科学地解释了酥碱、空鼓等典型壁画病害成因。通过壁画修复材料筛选、灌浆工艺等研究，筛选出治理空鼓壁画的灌浆材料，创立了科学的灌浆工艺和脱盐技术，并利用上述研究成果，完成了莫高窟第85窟的病害治理，同时建立了修复后的科学监测措施。第85窟壁画病害的有效治理，为今后治理莫高窟同类壁画病害找到了科学有效的保护方法。

上述措施是尽可能地延长莫高窟文化遗产的寿命，为了永久地保存莫高窟的全部信息和突出珍贵价值，我院与中国科学院计算技术研究所、浙江大学，美国西北大学、梅隆基金会等机构合作，开始尝试利用当代先进的摄影技术、数字技术，研究敦煌石窟艺术的存储与再现。经过多年的试验，我们已经开始了逐窟建筑、彩塑、壁画的数字化记录，形成莫高窟数字档案。

上述科学技术保护措施的实施，与我院20多年来长期坚持国际合作是分不开的，在与日本东京文化财研究所、大阪大学，美国盖蒂保护研究所、梅隆基金会、西北大学，澳大利亚遗产委员会，英国伦敦大学考陶尔德艺术学院等科研机构和高校开展的合作中，引进先进保护理念、先进保护技术、新的科学信息、先进的管理理念，提高了我们的保护科技水平，并培养了一批年青的科学保护和管理人才。

3. 管理措施

我们主要从以下几个方面开展了莫高窟文化遗产的保护管理工作。

（1）石窟安全管理。建立健全石窟管理职责与制度：洞窟钥匙领取借用管理制度；洞窟设施管理制度；窟区卫生管理制度；窟区用电、用水管理制度；洞窟使用登记制度等。洞窟管理措施：对石窟建立24小时的人力值勤，设置窟区栅栏，安装铝合金窟门和玻璃保护屏风、灭火设施，安装声控、微波、磁性开关报警装置，以避免各种破坏及偷盗。

（2）石窟开放管理。建立展示开放洞窟的标准，开放20平方米以上以及基本无病害的洞窟，限制那些小于20平方米和有病害洞窟的开放，雨天停止开放；控制进窟参观游客人数；实施展示洞窟每年轮换开放制度，使展示洞窟轮流得到"休息"；坚持不懈地狠抓讲解队伍的讲解服务质量，要求讲解员不断提高综合素质，学习敦煌艺术和保护专业知识，掌握一门外语并具有高度责任感，以出色的讲解使游客认识世界文化遗产——敦煌莫高窟的重要性和保护的必要性；实施门票价格淡旺季浮动措施，以调节淡旺季的游客数量；实行参观预约和预报制度，做到分时段、有计划地接纳游客；旅游旺季合理编排多条参观路线，以疏导分流过度集中的游客，减轻展示洞窟的压力；陆续新增三个陈列馆，通过陈列馆展陈，丰富游客的参观内容，缓解展示洞窟压力；改善游客参观的环境和基础设施；为了开放洞窟得到妥善保护，我院与美国盖蒂保护研究所合作开展了洞窟游客承载量调查研究，以求得出合理的洞窟游客承载量。

（3）日常监测。莫高窟的日常监测主要包括窟区气象环境监测，水、风沙、崖体裂隙的监测，窟内壁画定点定期的拍照记录监测和小环境监测（二氧化碳浓度、温度、相对湿度等），每年的洞窟检查等。

（4）保护项目的管理。严格遵循从保护研究到保护实践的科学程序，即现状调查评估、价值评估、管理评估、病害机理研究、保护材料和工艺的筛选、保护修复实施和长期跟踪监测。

五、敦煌莫高窟保护的未来

1. 执行《甘肃敦煌莫高窟保护条例》和实施《敦煌莫高窟保护总体规划（2006～2025）》

按照《甘肃敦煌莫高窟保护条例》的规定，严格整治莫高窟周边和保护范围内的环境；根据《敦煌莫高窟保护总体规划（2006～2025）》，分别制定保护、研究、利用和管理专项规划，全面开展莫高窟的保护、研究、利用和管理工作。

2. 主动的预防性保护

对莫高窟的环境和本体进行全面系统的监测，及时消除隐患，以防患于未然；全面开展对莫高窟全部洞窟的建筑、彩塑、壁画实施数字化存储，这是一项巨大的工程，需要大量的资金和技术投入；引进文物材料先进分析检测技术，逐步实现文物材质的无损检测；开展洞窟环境的实时监测和数据的无线传输，指导洞窟的开放；开展洞窟照明的试验研究，选择既对壁画彩塑无损害，又能改善洞窟光照效果的照明系统。

3. 建设保护利用设施

从长远来看，为了做到在有效保护的前提下，全面展示莫高窟的价值，为游客提供更多的莫高窟的信息，我们计划建设具有综合功能的游客服务中心。该中心将充分利用当代数字技术和展示手段，设置主题电影演播厅、洞窟实景漫游厅，同时配备游客购物、餐饮等服务的设施。游客将在这个中心全面了解敦煌和莫高窟的历史文化背景，身临其境地观赏典型洞窟和丰富的敦煌文化，然后再适度参观洞窟。该中心建成后，将会使游客获得更多、更清晰的敦煌文化信息，又可主动控制游客总量，减少洞窟的讲解时间，极大地缓解旅游给展示洞窟保护带来的压力。

4. 人才培养

人才是石窟保护研究管理的根本。我们将一如既往地坚持"送出去，引进来"的人才培养模式，与国内外高等院校和科研机构联合培养敦煌学、石窟保护、遗产管理方面的多层次专业人才。

5. 国内外合作保护研究

我们将在做好现有的国内外合作的基础上，继续拓展合作领域，开展全方位的国内外合作保护与研究，把国内外相关领域的最新研究成果和最新理念及时引入莫高窟的保护中。与此同时，还可将我们的合作研究成果推广应用到其他遗址的保护中。

（本文为2007年在"美国普林斯顿敦煌学学术讨论会"上提交的论文）

敦煌文化遗产保护工作应在"新"字上求发展

近五年来,《甘肃敦煌莫高窟保护条例》颁布实施,《敦煌莫高窟保护总体规划(2006～2025)》编制完成并通过国家文物局的审定,敦煌文物的管理、保护、研究、利用工作走上了法治化和规范化轨道。

——"敦煌莫高窟第85窟壁画保护项目""西藏空鼓壁画灌浆加固研究"分获国家文物局文物保护科技创新二等奖,国家文物局古代壁画保护重点科研基地在我院挂牌成立,敦煌文物的科学保护上了一个新台阶。

——集敦煌研究院几代学者60年研究成果的26卷大型专题丛书《敦煌石窟全集》出版并获甘肃省第十届社会科学优秀成果奖一等奖,完成了《莫高窟北区报告》(共三卷)等一批富有创新价值的研究论著,《敦煌研究》入选国家期刊奖百种重点期刊,敦煌学的研究领域得以拓宽与丰富。

——敦煌研究院改进参观旅游设施,加强洞窟开放管理,努力提高讲解员和石窟服务管理人员的业务水平和职业素养,开辟了新的参观景点,从以人为本出发尽可能做到满足游客观赏敦煌艺术的需求。莫高窟5年中共接待中外游客230余万人次,同时还在国内外举办了10余次较大规模的敦煌艺术展览,为甘肃旅游经济和社会发展做出了贡献。

——国际文化交流和国内文化合作更加广泛,与国内外科研教学机构开展了多项科学研究与人才培养项目,先后举办和应邀参加了多次国际学术会议,实现了与国外教学机构合办研究生班和为国外培养留学人员的突破。

——与中央电视台等国内外主流媒体合作,开展了《敦煌再发现》大型电视直播等多项宣传活动,弘扬了敦煌文化,提高了甘肃在国内外的知名度。

——建立了敦煌研究院网站、电子阅览室,装备了一批高科技试验仪器,实现了图书馆的数字化管理，科研手段和科研条件显著改善。

——一批高素质的专业技术人才锻炼成长，工作条件和生活条件逐步优化，形成了一支包括自然科学、艺术、人文社会科学等多学科的年轻化专业人员队伍。

2007年，敦煌研究院被国家人事部、国家文物局授予"全国文物工作先进单位"光荣称号。

敦煌研究院5年来的发展见证了党的十六大以来文化工作所取得的前所未有的进步，证明了我们党从立党之本、执政之基、力量之源的政治高度推动社会主义文化建设的远见卓识。在我国改革发展的关键阶段，党的十七大与时俱进，又发出了"推动社会主义文化大发展大繁荣"的号召，这昭示着文化工作又迎来了一个繁荣兴旺的良好机遇。同时，这也是对我们工作的挑战和考验。社会主义文化的发展，必须以科学发展观为指导，是高质量的、和谐的发展，必须以人为本，是使人民基本文化权益得到更好保障的发展。因此，必须要有新的发展理念、发展方式、发展目标，才能抓住机遇应对挑战。

敦煌研究院虽然已经有60年的历史，面对前所未有的大好机遇和新形势的挑战，也必须与时俱进，为社会主义文化的大发展新繁荣做出自己的贡献。

（一）以新的视角和途径，正确把握和处理保护和开放的关系，保障人民群众基本文化权益的实现

改革开放以来，特别是西部大开发以来，人民生活水平逐年提高，敦煌铁路的运营和敦煌航空口岸的扩建，使敦煌的交通更加便捷。来敦煌莫高窟参观的游客人数逐年上升，2006年达到55万人次，2007年有可能突破60万人次。令人可喜的是，越来越多的人受到了中华民族优秀文化的熏陶，为甘肃旅游业及地方经济的发展带来了繁荣；可令人担忧的是，游人的增多使狭小的洞窟二氧化碳浓度超标，相对湿度和温度显著上升，可能给洞窟文物的保护构成潜在威胁。

如何满足人民日益增长的文化需求，同时保护好不可再生的文物，是一个两难的问题。能不能在两难中找到双赢的办法，需要以新的视角、新的途径审视解决。我们的认识是，一定要把文物保护好，同时一定要让观众参观好，具体做到两点：一是开展科学监测和研究，确定洞窟合理的游客承载量，据此安排进洞窟参观游客流量和时间。目前，我们已经实行了游客参观预约制度，对游客集中进入的洞窟小环境的相关指标实时监测，如有超标，立即调整游线，使超标洞窟得以"休息"。游客合理承载量研究课题完成后，我们将向社会公布每天进入洞窟参观的合理人数，以保证文物的长久保存和可持续开放。二是利用高科技手段，更为翔实、生动地向观众展示敦煌艺术，是我们目前和今后几年内所要完成的重要工作。这项以"敦煌莫高窟保护利用工程"命名的项目，其核心内容就是以数字技术和计算机技术为基础，利用现代展示手段，全面展示莫高窟的自然历史背景，身临其境地在球幕影院等演示场所清晰地参观洞窟实景，之后再适度实地参观洞窟。这样既使游客获得更多、更清晰的敦煌文化信息，又可以极大地缓解旅游热潮给敦煌文物保护带来的压力，达到保护和利用的双赢。

（二）挖掘自身潜力，整合资源，以新的特色和优势为高质量的发展积蓄力量

60多年来，敦煌研究院在壁画和土遗址保护、敦煌学研究、古遗址管理方面都取得了一定的成绩，积累了一定的经验，形成了相应的人才队伍。这是我院的优势，但与面临的任务相比，我们的力量还相对薄弱。这就需要我们挖掘潜力，整合资源，形成新的优势，使文物保护研究工作更好、更快地发展。

第一，壁画和土遗址保护是我院的强项。这几年我们以此承担了宁夏西夏王陵、西藏三大寺壁画修复工程、新疆交河故城抢险加固工程等项目的设计和施工。从国内外发展趋势及国内文物保护的需求看，我院的壁画和土遗址保护技术大有可为。根据这个趋势我们拟申报成立相应的工程技术研究中心。这个中心将建成壁画与土遗址保护材料和工艺创新平台。以实现产业化为目标，吸引国内外科研院所、高等院校、相关企业及专家参与，实现科技资源整合、重组和技术创新，提高甘肃省在壁画和土遗址保护领域的科技创新，使我们的已有优势再提高、再扩大、再发展。

第二，改革开放以来，敦煌研究院的学者们厚积薄发，发表了一系列高水平的敦煌学研究论著，与国内其他敦煌学研究工作者，共同改变了"敦煌在中国，敦煌学在国外"的状况。经过20年的努力，敦煌研究院在石窟考古研究、石窟美术研究、敦煌文献研究、敦煌民族宗教研究等方面都取得了一系列成果，成为国内外最大的敦煌学研究机构。为保持这个良好势头，我们将采取课题倾斜和鼓励办法，打破学科界限，容纳各自之长，扶持带有前瞻性、创新性、引领性方向的课题研究，鼓励课题中标者、学术带头人发挥聪明才智。在充分调动我院专业人员积极性的同时，我们将进一步加强与国内外的交流合作，搭建多样化的学术交流平台，互惠互利地进行人才培养和交流，提高《敦煌研究》的质量及影响力、覆盖面，形成"敦煌在中国，敦煌学在世界"的学术繁荣局面。

第三，大力发展文化产业。敦煌艺术凝集了中华民族艺术创造和审美结晶，敦煌壁画中的经典艺术形象已深入到大众心目当中，到莫高窟参观之后，能携带独具敦煌特色的工艺品馈赠亲友、留作纪念，也是众多游客的共同需求。莫高窟现存4.5万平方米精美绝伦的壁画，是工艺品设计制造者取之不尽、用之不竭的创作源泉。近几年来，我们陆续研发了一些带有敦煌特色的旅游纪念品，受到了游客的欢迎，但总的来看思路还不够宽，制作还不够精，对游客的鉴赏心理把握得还不够准，市场占有率也相应较低。社会主义市场经济的建立和发展为我们发展文化产品和文化产业提供了有利条件，我们将以敦煌文化资源为依托，吸引国内外工艺品设计、制造、销售单位和企业，开发有敦煌艺术特色的、高质量的、为广大游客喜爱的旅游纪念品，为敦煌艺术的弘扬开辟新的途径。

（三）发扬莫高精神，以新姿态、新奉献，为社会主义文化建设新高潮做贡献

2007年8月，甘肃省人民政府和国家文物局授予敦煌研究院名誉院长段文杰先生"敦煌文物和艺术终身奖"，这是对老一代文物工作者的褒奖，也是对敦煌研究院全体职工的激励和鞭策。省政府、国家文物局给予段先生这个荣誉更重要的，就在于表彰段文杰本人以及敦煌研究院全体职工在保护、研究、弘扬敦煌文物的长期实践中所创造的"坚守大漠、甘于奉献、勇于担当、开拓进取"，也就是艰苦奋斗、不怕困难、崇尚实干、不甘落后、坚韧不拔、顽强拼搏、锲而不舍、奋发有为、包容创新的"甘肃精神"的具体体现。继承和发扬这种精神，是激励我们前进的重要动力。

我们要继承先辈的忧患意识，百倍地珍惜中华民族的优秀文化遗产。认真贯彻好《甘肃敦煌莫高窟保护条例》，严格遵循《敦煌莫高窟保护总体规划（2006~2025）》，开展广泛的宣传教育工作，努力做到保护为了人民、保护依靠人民、保护成果由人民共享，殚精竭虑地把敦煌文物保护好、管理好，永续利用。

我们要树立以国家利益、民族利益为重的大局意识。今年1月，我们将在中国美术馆举办规模空前的"敦煌艺术大展"，迎接奥运盛会；2010年我们还将在上海举办同样的展览，迎接"上海世博会"的到来；大型电视纪录片《敦煌》将在今年与国内外观众见面；与日本铁木真电视公司合作拍摄的《中国石窟鉴赏 ——敦煌莫高窟》电视专题节目也将在今年上映。

我们要紧跟时代发展步伐，不断提高科技意识，努力提高科技管理水平和保护能力。加强与国内外的交流合作，探索和总结大型文化遗址保护管理的有效途径；认真研究文物保护的新技术、新材料、新工艺；积极探索"负责任的文化旅游"在莫高窟的具体实践，力争提高石窟保护、管理和开放的科学水平，为人民群众长久享用文化遗产奠定基础。

我们要与时俱进，牢固树立创新意识。敦煌研究院虽然取得了一定成绩，但面临的任务还很繁重。我们一定要开拓创新，逐步建立符合世界文化遗产保护要求的标准化、规范化的科学保护模式，使敦煌石窟的保护管理工作与世界接轨；要瞄准国内外敦煌学研究的最新成果，取长补短，不断开辟新的研究领域、研究方向，创新研究理论和方法，不断贡献新的见解；要以人为本，不断改善服务质量，以生动的方式传播中华民族创造文明、追求进步、生生不息、团结奋进的爱国精神，满足人民群众丰富精神文化生活的热切愿望。

（原载于《发展》2008年第1期）

基于世界文化遗产价值的世界文化遗产地的管理与监测

◆

—— 以敦煌莫高窟为例

一、世界文化遗产莫高窟的珍贵价值和保护

1987年12月11日，联合国教科文组织世界遗产委员会根据世界文化遗产遴选标准认定莫高窟符合 I、II、III、IV、V、VI 六条标准而入选世界文化遗产名录。在世界范围内符合世界文化遗产全部六条标准的世界文化遗产仅有三处，敦煌莫高窟是其中之一，另外两处是我国山东泰山和意大利威尼斯，足以证明敦煌莫高窟具有无与伦比的重要价值。敦煌莫高窟建于4～14世纪，由735个洞窟、4.5万平方米壁画、2000多身彩塑、5座唐宋木构窟檐、窟前寺塔以及藏经洞发现的5万多件文献和艺术品组成，具有戈壁沙漠间绿洲的环境特征，是我国绵延最久、内涵丰富、艺术精湛、保存良好、影响最大的石窟群。莫高窟符合世界文化遗产六条标准的理由如下。

标准 I：创造精神的代表作。

敦煌莫高窟在4～14世纪以汉地文化为基础，融汇吸收了印度等西域佛教艺术、文化，以及藏传佛教艺术、多民族文化，创造了系统的、绵延时间最久的中国式佛教艺术的典型，这在现存的佛教遗址和遗迹中是不多见的。

标准 II：在一段时期内或世界某一文化区域内，对建筑、技术、古迹艺术、城镇规划或景观设计的发展产生过重大的影响。

莫高窟的开凿，影响了周边石窟的开凿，如西千佛洞、榆林窟、东千佛洞等；莫高窟形成的人文景观，为古代敦煌的文学创作提供了丰富的题材。1900年莫高窟藏经洞的发现，使敦煌藏经洞和莫高窟名声大噪，在国内外产生极大的影响；在世界人文学科领域兴起了以博大精深的藏经洞出土文献和莫高窟石窟内容、艺术为研究对象的敦煌学，至今成为长盛不衰的显学；给绘画、

舞蹈、戏剧、造型装饰等艺术的创作以极大的启发；东亚日本法隆寺壁画、东大寺戒坛院雕塑、唐招提寺、药师寺建筑等，都与莫高窟隋唐时期的壁画、彩塑、建筑十分相似，莫高窟佛教艺术为中国佛教艺术影响东亚国家佛教艺术提供了实例；是国内外著名的旅游景点，并带动了地方经济的发展。

标准Ⅲ：能为已消逝的文明或文化传统提供独特的或至少是特殊的见证。

莫高窟壁画和藏经洞文献，记载了许多古老民族在敦煌留下的历史文化足迹，特别是数量丰富的回鹘和西夏的供养人画像、佛教绘画，以及民族文字、题记，为消逝的沙州回鹘和西夏王国文明提供了实物见证。

标准Ⅳ：是一种建筑、建筑整体、技术整体景观的杰出范例，展现历史上一个或几个重要阶段。

莫高窟由数百个不同功能的洞窟组成庞大的石窟群及其许多壁画、彩塑精品和戈壁沙漠中的绿洲环境，是中国石窟建筑的杰出范例，莫高窟佛教艺术形成、发展、衰落的全过程，代表了中国十六国、北朝、隋、唐、五代、宋、回鹘、西夏、元等时期佛教艺术的辉煌成就。

标准Ⅴ：是传统人类居住地、土地使用或海洋开发的杰出范例，代表一种（或几种）文化或者人类与环境的相互作用，特别是由于不可逆变化的影响下变得易于损坏。

莫高窟佛教艺术和藏经洞文物，表现了丝绸之路沿线中原汉地与印度、波斯、中亚粟特、西域、于阗、吐蕃、甘州回鹘、西州回鹘、吐谷浑、西夏党项羌、蒙古等多民族的文化交流和相互作用。

标准Ⅵ：与具有突出的普遍意义的事件或传统、观点、信仰、艺术作品或文学作品有直接或实质的联系。

莫高窟及藏经洞与宗教、历史地理、语言文学、古代科技、文化艺术、经济、民俗、民族有着直接的联系，这是其他佛教遗址和遗迹无法相比的，充分反映了莫高窟文化遗产的博大精深。

莫高窟建筑、彩塑和壁画的综合艺术，表现了中国式佛教艺术的独特创造和绘画艺术的杰出成就以及丰富的文化内涵，并产生了重要影响；藏经洞出土文物，为中古时代的百科全书，表现了博大精深的学术内涵，具有突出的世界普遍价值。

联合国教科文组织总干事费德里克·马约尔签发的莫高窟世界文化遗产证书上写道："世界遗产委员会已将莫高窟列入世界遗产名录，凡被列入此名录的文化和自然遗产，均证明其具有特殊的和全球性的价值，为了全人类的利益，需加以保护。"这段文字不仅强调了凡列入世界文化遗产名录的世界文化遗产都具有特殊的和全球性的价值，而且明确提出保护世界遗产就是保护全人类的利益，将世界文化遗产的保护提到了前所未有的高度。显然，只有加以保护，世界文化遗产特殊的和全球性价值才能得以保存，才会惠及包括中国人民在内的全人类利益。反之，不加以保护，它们的价值得不到保存，将会损害包括中国人民在内的全人类利益。文化遗产的价值是当今社会对人类历史上创造的文明和智慧结晶的高度精神总结，同时也是启迪未来，反映人类对美好境界和事物的追求以及情感寄托的表现方式。文化遗产本体以及周围环境是文化遗产多方面价值的物质载体，在其产生过程中，融入了人类对美、对信仰等精神文化的追求以及科学技术的进步。因此，对文化遗产本体以及所赋存环境的精心保护就是保护文化遗产价值的具体行为。

要保护文化遗产的价值，就必须准确地找到影响其价值保护的各种因素，针对这些因素和原因，探索要做什么保护工作，以及怎样做保护工作。那么，如何保护呢?《中国文物古迹保护准则》第2条"保护是指为保存文物古迹实物遗存及其历史环境进行的全部活动。保护的目的是真实、全面地保存并延续其历史信息及全部价值。保护的任务是通过技术的和管理的措施，修缮自然力和人为造成的损伤，制止新的破坏"之条文，明确地阐明了保护的属性、保护的目的、保护的终极目标和保护的具体任务。

以敦煌莫高窟为例，遗产具有庞大的体量和规模，它的环境处于被戈壁沙漠包围的小绿洲之中，背靠浩瀚的鸣沙山，面对高耸的三危山，前有大泉河流过，窟前绿树成荫，流水潺潺，周围还矗立着古代遗存的舍利塔群和清代所修建的3座寺庙。正如前文所述，莫高窟的本体及其与本体共存的人文、自然、生态、景观环境和山形水系，都具有珍贵的价值，所以我们要加倍地保护。而莫高窟本体及其周围环境存在的不少病害却直接影响其价值的保护。这些病害主要来自历史上洞窟围岩的地层活动、风沙侵蚀、降水入渗等自然因素，以及过去无人管理时期窟内烤火、做饭、进水等人为因素破坏所致。现在，自然因素的破坏仍呈渐进式发展，而莫高窟洞窟开放后日益增多的游客参观又对石窟保护产生了新的威胁；经济建设、社会建设、过度开放和利用与文化遗产保护的矛盾也构成了潜在的威胁；就莫高窟管理机构内部而言，由于职工对遗产的价值和意义认识不足，素质与能力离完成目标的要求还有一定距离，不利于科学保护。《中国文物古迹保护准则》第17条规定："日常管理贯穿于保护全过程。管理者的主要职责是及时消除隐患，保护文物古迹不受损伤。"作为一个负责任的遗产地的保管机构，应采取技术和管理的手段，主动制止影响价值保护的各种因素的发展，尽可能延长文化遗产的寿命，减缓文物的衰退，使文化遗产的全部信息和珍贵价值得到真实、全面的保存和延续。

敦煌研究院作为莫高窟的保管机构，为了实现这个根本目标：一方面，通过管理做到深谙文化遗产的价值，深知文化遗产的意义，直面文化遗产的问题，根据存在的问题，进行科学决策，制定和落实各项措施，以保障目标的实现；另一方面，通过技术保护，如调查、监测、分析、日常保养、修复、修缮、防护加固等，实现保护目标。日常保养与监测是最根本和最基础的保护手段，制定日常管理制度，做好日常保养和定期监测，以及时排除不安全因素和轻微的损伤，为制定科学保护方案和科学决策提供科学依据。

二、莫高窟的管理

要确保莫高窟本体及其环境真实、完整地保护并延续其历史信息及全部价值，需依法制定法规，编制规划，做好价值评估、维修保护、防护加固、环境治理、日常监测保养、展示陈列等等一系列工作。要做好文化遗产各方面的工作，只有通过科学严格的组织管理才能保障得以实施。下面介绍几项我们所做的管理工作。

1. 制定《甘肃敦煌莫高窟保护条例》和规章制度，使敦煌莫高窟的价值保护进一步法制化、制度化

保护世界文化遗产的价值需要一系列规章制度的保障。法律是做好文化遗产保护的最强有力的武器，我院积极配合甘肃省人大制定了《甘肃敦煌莫高窟保护条例》（下简称《条例》），并于2003年3月1日颁布实施。《条例》进一步重申了"保护为主、抢救第一、加强管理、合理利用"的文物保护方针，明确了莫高窟的保护对象和保护范围，分清了政府、社会和保护机构的职责，规范了保护机构及其职工的保护、管理与利用的行为。《条例》的颁布保障了敦煌莫高窟的保护、利用与管理等各项工作的顺利开展。但是仅有《条例》还不够，需要制度去落实。为此我们制定了《敦煌研究院国有资产管理办法》《敦煌研究院财务管理暂行办法》《敦煌研究院进出入莫高窟登记制度》《敦煌研究院内部使用洞窟制度》《职工年度考核管理办法》等制度，同时也针对壁画保护修复制定了相关的规范和管理办法，做到依法决策，依法保护。

2. 编制《敦煌莫高窟保护总体规划（2006～2025）》，使敦煌莫高窟的价值保护进一步科学化、规范化

凡事"预则立，不预则废"，莫高窟的价值保护是一项长期、复杂而艰巨的任务，涉及多方面、多层次的工作，如果没有长远的目标、没有全盘的统筹安排、没有合理的实施计划，遗产的价值保护难以实施，科学保护与科学管理则无从谈起。为了使敦煌莫高窟的保护更加科学化、规范化，我院与美国盖蒂保护研究所、澳大利亚遗产委员会、中国建筑设计研究院建筑历史研究所合作编制了《敦煌莫高窟保护总体规划（2006～2025）》（下简称《规划》），并于2005年6月通过国家文物局组织的专家论证。《规划》通过全面评估，对敦煌莫高窟的保护、研究、利用、管理各项工作，作了全面、科学的统筹规划，以保障莫高窟遗产的本体及其环境价值获得真实、完整的保护和延续。制定的《规划》已成为我们实施保护、研究、利用、管理工作的依据。

3. 利用数字化存储，保存敦煌莫高窟的历史信息与全部价值

为了永久保存莫高窟历史信息和全部价值，我院与美国梅隆基金会、美国西北大学成功地合作开展了敦煌壁画数字化储存关键技术的研究和数字档案储存，开拓了保护和保存敦煌壁画历史信息和全部价值的新途径。目前已经完成敦煌莫高窟70多个洞窟的数字化存储，未来将完成敦

煌莫高窟全部洞窟的数字化存储。

4. 通过管理手段，保护敦煌莫高窟的良好环境

科学保护敦煌莫高窟艺术的珍贵价值，不仅要通过技术的手段保护莫高窟文化遗产本体的壁画、彩塑、建筑等文物，而且要通过管理的手段保护其历史环境。敦煌研究院及其职工经过长期的努力，逐步拆除了莫高窟前工作和生活的建筑物、构筑物，将办公区和生活区迁至重点保护范围之外，恢复历史上莫高窟文化遗产所处的环境面貌（20世纪40年代初），同时为游客营造了舒适整洁的参观环境。

5. 加强洞窟开放管理，为游客参观提供良好的服务

为了做好利用开放工作，建立了开放洞窟标准；不断改进和完善洞窟开放管理办法与制度；长期不懈地狠抓讲解队伍建设和讲解服务质量；建立旅游旺季参观预约制度；对开放洞窟实施微环境监测；开展洞窟最大游客承载量研究；赠送《莫高窟导览》手册，让游客获得敦煌石窟内容、文物保护知识和景区服务的基本信息；为游客提供免费存包、医疗等服务；安装人性化服务设施。上述措施，为游客提供了良好的服务和参观环境。

6. 充分展示敦煌莫高窟艺术，保护其本体和环境的价值，提出建设游客中心的构想

敦煌莫高窟是全人类的共同财富，不但属于今天，更属于未来。因此，将它们真实、完整地保存并传给子孙后代，是我们的职责；同时弘扬和传播敦煌艺术，向人类充分展示其丰富内涵与珍贵价值，也是我们的社会责任。为了处理好科学保护与合理利用之间的关系，我院长期坚持在保护好的前提下做好开放，在开放中加强保护。

为了避免游客过多造成莫高窟价值受损，我们提出了建设游客中心的构想。游客中心将利用数字展示技术，建设洞窟三维实景漫游厅、数字主题电影播放厅和多媒体展示厅，向游客展示高清晰度、高分辨率的洞窟三维实景漫游、数字主题电影和多媒体展示节目。游客中心的建成在充分满足游客参观文化遗产敦煌莫高窟的需求的同时，将极大地缓解莫高窟洞窟开放的压力，有利于敦煌莫高窟价值的保护。

7. 采取一系列培养和激励措施，建设高层次人才队伍

要实现保存世界文化遗产价值的目标，就必须要拥有一支具有大视野，掌握先进的保护理念和技术，懂得保护、研究和管理的人才队伍。多年来，我院采取与国内大专院校合作，与国际合作，以及鼓励和支持专业技术人员申报各级、各类课题，主持和参与科研项目，通过科研实践等办法培养人才；还建立了从科研经费、工资待遇、住房等方面给予倾斜，制定岗位津贴发放办法，制定"敦煌研究院中青年优秀科研成果奖"评奖办法，打破职称晋升名额的限制，对一些专业骨干实行低职高聘等激励机制，鼓励中青年专业人员多出成果，出优秀成果。经过20多年努力，培养了一批了解国际文物保护与管理发展方向、掌握国际文物保护先进技术、具有国际文物

保护先进思想和理念的科学保护和管理专业人才，其中培养博士14人（包括博士后2人），硕士22人。他们承担了国家重点文物保护工程项目、科技部国家科技支撑课题和国家社科基金课题。

三、莫高窟的监测

莫高窟的监测经历了一个从无到有、从简单到复杂、从直觉判断到使用仪器、从被动到主动的过程。监测的内容包括对敦煌莫高窟环境监测、洞窟文物本体监测、莫高窟安全防范监测、游客调查与监测等内容。科学的监测结果为莫高窟的保护、管理起到了积极的推进作用。

1. 莫高窟环境监测

早在20世纪60年代初，在莫高窟崖顶首次建立了气象观测站，监测窟区的气温、相对湿度、降雨量、日照、风速、风向和积沙等。经过气象监测，对莫高窟地区的气象环境做出了初步的评价，首次为这一时期的治沙和壁画保护提供了依据。监测结果还为莫高窟崖体加固工程提供了一定的参考依据。

20世纪80年代中期至今，在与外方的国际合作项目中，对莫高窟区域大环境及洞窟小环境进行长期监测。开展了莫高窟窟区环境监测及评价、莫高窟周边风沙运动规律监测及流沙治理研究、洞窟环境监测及其评价、岩体裂隙位移监测、洞窟岩体内水汽运移监测、莫高窟区域地质调查等项目。例如对莫高窟不同层位、不同大小、开放与不开放洞窟小环境做出了科学评价，监测结果对研究这些洞窟的病害壁画形成机理，以及进行壁画保护修复提供了科学依据。

风沙对莫高窟崖体和壁画的磨蚀，是保护中的一个难题。从20世纪80年代后期开始，我院与美国盖蒂保护研究所合作开展了莫高窟崖顶风沙综合治理项目，通过系统的气象监测，掌握了莫高窟风沙活动的规律，随着监测工作的不断深入，我们从最初建立防沙障阻沙开始，逐步发展到化学固沙、沙生植物林带挡沙、草方格固沙和砾石压沙的综合防沙、治沙体系。该项目的实施使莫高窟的风沙流量减少了70％左右，有效地解决了长期困扰莫高窟的风沙危害问题，既保护了莫高窟的崖体与壁画，也改善了游客参观的环境。

游客参观对洞窟小环境影响的实时监测项目，是采用无线传感环境监测分析系统，从洞窟内采集温度、相对湿度、二氧化碳浓度等信息，系统将收集到的数据信息实时传输至洞窟开放管理部门，直观地反映在监视器上，使得洞窟开放管理部门能够迅速了解洞窟环境现状，为洞窟开放管理提供了决策依据。

近年来，遗产地的环境保护越来越受到重视。我们利用不同时期的卫星图片进行比对，监测莫高窟保护范围内植被、人为建设活动的变化，以求为保护莫高窟生态提供依据，控制人为建设活动。大泉河流量、水质监测，莫高窟崖顶生物固沙林带及窟前林带灌溉水监测，莫高窟土壤水分监测，为全面保护莫高窟的自然环境做出了积极的探索。

2. 文物的本体监测

洞窟壁画病害监测、洞窟壁画颜色监测、壁画盐分分析与监测是莫高窟本体保护监测的主要任务。通过长期的洞窟壁画年度检查，壁画的病害监测和壁画盐分的分析、监测，能及时发现壁画病害的发展状况，及时采取修复和保护措施，同时也为洞窟的开放强度提供基础资料。

中美合作保护莫高窟第85窟项目，就是通过对壁画的空鼓、酥碱病害进行有效的监测和准确的盐分分析，并依据结论制定有针对性的保护修复措施，为第85窟壁画修复的顺利完成打下了良好的基础。在壁画修复后的连续监测中，再没有发现壁画发生病害的现象。

3. 莫高窟的安全防范监测

莫高窟的安全防范监测系统建立于20世纪80年代末，之前仅是人工监测看守。莫高窟的洞窟数量众多，保护范围大，保护范围内的单体文物多且位置分散。建立的一套人机结合的防范系统对莫高窟文物安全发挥了积极作用，制止了几起文物盗窃和保护区内的违法案件，为游客管理提供了良好的秩序，也为游客提供了方便。

4. 莫高窟游客调查与监测

莫高窟的开放接待始于20世纪70年代末。近年来莫高窟游客数量增长呈加速态势，游客参观呈一年中季节性强、一天中时段性强的特点，莫高窟面临着保护和利用的双重压力。如何既有效保护文化遗产，又能最大限度地满足游客的需求，这就要求我们在提高文物保护水平的同时，做好对游客需求的监测和调查。为此，我们开展了莫高窟游客承载量的研究。通过游客常规调查、游客专项调查、预约制的建立，准确、及时地掌握了游客市场的变化以及游客组成的动态信息，为做出合理的游客管理措施提供了可靠的依据；此外，游客的反馈意见及建议，成为了解游客需求、提升服务质量、改善硬件服务设施的依据。

在多次专项问卷调查的基础上，我们建立了人工和网络相结合的预约制。预约制的实施，不仅有利于洞窟的保护和开放管理，也有利于改善游客参观环境、提升参观质量，这种方式逐渐得到了游客和旅游部门的认可。通过预约使游客高峰时段明显缓解，游客流量分布趋于均衡，参观秩序得到改善。如在预约前日游客超过3000人次时，我们不得不采取讲解员守洞窟向游客讲解的方式，实行预约制后，当游客人数达到5000人次时，我们仍然采取讲解员带领游客参观的正常参观方式。预约制的优势得到了充分的体现。

四、存在问题和今后打算

我们在遗产管理的许多方面比较粗放，规划执行、队伍管理、研究管理等还没有纳入到莫高窟监测体系中来。在监测方面，还没有真正建立一套完善系统的监测体系；注重监测而对监测数据分析不够；应用监测数据做好莫高窟的保护和管理工作方面还显得不足；监测的项目在部门间缺乏协调配合，信息不能得到及时交流和沟通；与实现世界文化遗产敦煌莫高窟的价值保护存在差距。

今后我们要按照《保护世界自然与文化遗产公约》《中华人民共和国文物保护法》和相关法律法规的规定，吸收国内外先进的遗产管理经验，建立一套适合于莫高窟的遗产管理模式；逐步完善遗产监测体系，重视监测数据的分析与应用；建立协调机制，使管理层及时掌握监测结果，做出科学决策。

［本文为2008年6月10日在杭州"世界遗产保护·杭州论坛暨2008国际古迹遗址理事会（ICOMOS）亚太地区会议"上的发言稿；后发表于《敦煌研究》2008年第6期］

◈ 敦煌莫高窟的保护与利用

一、核心价值概述

 莫高窟位于甘肃省敦煌市东南25千米处的鸣沙山东麓断崖上，始建于366年，连续建造1000年，经历了十六国、北魏、西魏、北周、隋、唐、五代、宋、西夏等朝代，至14世纪的元代才停止开窟。现存洞窟735个，分布在全长1680米的崖壁上，分为南、北两区。莫高窟保护范围分重点保护区（1423万平方米）、一般保护区（21969万平方米），以及建设控制地带（21230万平方米）。此外，在保护区和建设控制地带外围，还划定了环境控制区（85046万平方米）。南区492个洞窟，主要有禅窟、中心塔柱窟、殿堂窟、佛坛窟、大像窟等窟形，在窟内显著位置安置彩塑，其余四壁、佛龛、窟顶和甬道均绘制壁画。彩塑有佛像、菩萨像、弟子像、天王像、力士像等，共有2000多身。壁画有尊像画、释迦牟尼故事画、中国传统神仙画、佛教史迹画、经变画、供养人画像、装饰图案画等，共有4.5万多平方米。南区洞窟乃是开窟的施主及其眷属供佛和礼佛的殿堂。北区经过考古发掘，共清理出243个洞窟，有禅窟、僧房窟、瘗窟、仓廪窟，窟内无壁画和彩塑，有土炕或土灶、烟道的遗迹，并发现了一些重要文物，该区是僧侣修行、生活和瘗埋的场所。窟前有唐、五代、宋、西夏、元的舍利塔群，清代又在窟前修建了三座寺庙。1900年，无意间发现的藏经洞，从中出土了5~11世纪初的宗教经卷、社会文书、刺绣、绢画、法器等文物5万余件。

 联合国教科文组织世界遗产委员会对敦煌莫高窟给予这样的评价："莫高窟地处丝绸之路的一个战略要点，它不仅是东西方贸易的中转站，同时也是宗教、文化和知识的交汇处。莫高窟的492个小石窟和洞穴庙宇，以其雕像和壁画闻名于世，展示了延续千年的佛教艺术。"

 1987年11月，联合国教科文组织世界遗产委员会主席团第十一届会议审议批准莫高窟列入世界文化遗产名录，在其批准的文件中指出："莫高窟符合世界文化遗产的全部六类标准"。

标准Ⅰ：莫高窟的石窟群包括在空间上分5层开凿于崖壁的492个窟龛，还有石窟中雕刻并敷泥上彩的2000多身雕塑和约4.5万平方米壁画，这些都显示了绝无仅有的艺术成就。其中许多是中华艺术之瑰宝。

标准Ⅱ：从北魏（386～534年）到元代（1276～1368年）的1000多年间，莫高窟在中国与中亚和印度的艺术交流中扮演着至关重要的角色。

标准Ⅲ：莫高窟的绘画艺术是古代中国隋、唐、宋三代文明独一无二的见证。隋代第302窟内呈现了关于丝绸之路上文化交流的一幅古老而生动的画面，壁画描绘的是一匹骆驼拉着一部车行进；唐代第23窟描绘了劳作的人们，第156窟描绘了一列士兵；五代第61窟所绘的五台山著名风景是制图学的早期范本，展现了该地的全景，其中山脉、河流、城市、寺院、道路及车队等一览无遗。

标准Ⅳ：千佛洞是杰出的佛教石窟艺术圣殿。

标准Ⅴ：19世纪末到1930年，莫高窟石窟群还有佛教僧侣居住。后来，莫高窟由敦煌文物研究所管理，其中保存了僧侣住所的场所。

标准Ⅵ：这些洞窟与大陆间的交流史和佛教在亚洲的传播史紧密相关。敦煌及附近地区是丝绸之路南北两道的交汇处，也是各种经济交往和思想文化交流之地。这一点已被洞窟中所发现的汉、藏、粟特、于阗、回鹘甚至希伯来的文献所证实。

真实性和完整性：莫高窟本体由洞窟建筑、壁画、彩塑、窟前舍利塔群和可移动文物以及周围的人文景观和自然环境组成。它们的设计与材料、传统与技术、精神与感受，呈现了不同时代石窟及其窟内彩塑和壁画的真实特征。遗产区和缓冲区内保存有表达莫高窟遗产价值的所有元素，可说明遗产本体及周围环境的完整性。

二、保护与管理现状

莫高窟不仅有本体的洞窟建筑、彩塑、壁画，而且还有其周边与之相伴相生的塔群、寺庙、山林、沙漠、河流、植被等人文景观和自然环境。这些人文景观和自然环境是莫高窟整体中不可或缺的部分。莫高窟保护与管理的根本目的是要保护莫高窟保存至今的全部历史信息及其多方面的文化价值，采取多种技术和管理的综合措施，延缓自然力的破坏，制止开放利用中的人为损伤和破坏，确保莫高窟的文物得到长久保存；在保护好的前提下，进行合理的利用，满足人民精神文化的需求；对莫高窟丰富的内容，进行深入的探讨研究，推动敦煌学的发展，弘扬优秀的敦煌文化。

2003年甘肃省人民代表大会常务委员会通过并颁布实施《甘肃敦煌莫高窟保护条例》。

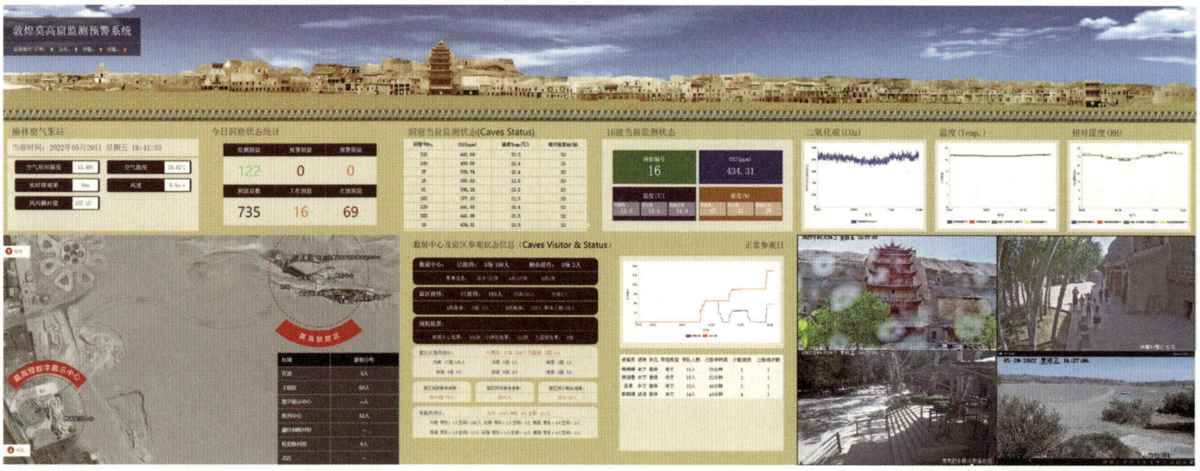

图1

1998～2004年制定了《敦煌莫高窟保护总体规划（2006～2025）》，这一规划对莫高窟价值及其本体和环境的保护、保存、利用、管理和研究进行了系统、全面、科学的评估，制定了总体规划的目标、原则和实施细则，按照保护、研究、利用和管理四个方面制定分项规划的目标与对策，编制主要措施与分期实施计划，最后提出规划实施的支撑体系。

1. 壁画和彩塑本体的科学保护

20世纪80年代，敦煌莫高窟开始与国内外科研机构合作，开展敦煌壁画的颜料以及制作材料分析、洞窟微环境监测、病害发生机理研究等科学保护工作。1997年，敦煌莫高窟和美国盖蒂保护研究所合作，选择病害严重的敦煌莫高窟第85窟为研究对象，针对壁画空鼓、酥碱等病害，从价值评估、现状调查、环境监测、材质和病害分析，展开了系统的科学研究，独创了灌浆回贴加固和壁画脱盐工艺，突破了莫高窟盐害壁画治理的难题，形成了一整套壁画保护的科学技术和程序。之后，敦煌莫高窟应用这套技术和程序，对各种病害壁画进行了持续的抢救性修复，完成近千平方米病害壁画的修复，使许多洞窟的精美壁画重现艺术魅力。

2. 崖体加固和栈道改造

20世纪60年代完成的以"支""顶""挡""刷"为主要措施的莫高窟南区危崖加固工程，解决了莫高窟南区绝大部分崖体稳定性的问题，对于稳定莫高窟起到了极为重要的保护作用。21世纪初，石窟崖面风化日益严重，石窟顶部崖体减薄、雨水入渗顶层洞窟引起壁画产生酥碱、疱疹等病害，同时刮风下雨时造成崖面落石、流沙下泻，存在着威胁游客安全的隐患，影响了莫高窟的

〔图1〕
莫高窟监测中心
展示屏

〔图2〕
壁画数字化自动采集
工作现场

〔图3〕
2011年3月进行的
莫高窟第98窟区段
崖体加固

图2

图3

图4

图5

正常开放。为解决上述问题，敦煌研究院对崖体进行了详细勘查，采用研发的技术措施对莫高窟南区崖体进行了全面加固，加固了薄顶洞窟，使石窟崖面的风化得到明显遏制，崖体稳定性进一步增强。

〔图4～5〕
莫高窟第85窟壁画修复现场

　　莫高窟在20世纪60年代崖体加固工程中修建的栈道至今已使用了50年，栈道栏杆与地面均有不同程度的损坏，且栈道栏杆高度偏低，部分栈道狭窄，游客参观时容易发生通道拥堵，存在游客安全风险。为此，2011年起莫高窟开展了栈道改造项目。按照不改变莫高窟遗产现有风貌的原则，确定了简朴、适合于莫高窟环境特点的材料和栏杆设计。施工过程中，因地制宜，根据石窟不规则的外貌，逐段改造，完成后的栈道保持了莫高窟原有风貌，消除游客参观过程中的安全隐患。

　　3. 风沙综合治理

　　地处沙漠边缘的敦煌莫高窟，千百年来长期受到风沙的严重威胁。风沙流不仅吹蚀、磨蚀露天壁画及洞窟围岩，而且磨蚀洞窟壁画和彩塑，甚至造成岩体坍塌。积沙又造成窟前环境污染，经常需要清理、拉运。20世纪80年代以前，每年要从窟区清除积沙约3000～4000立方米，耗费巨大的人力和财力。20世纪80年代后期，敦煌研究院与国内外科研机构合作，实施莫高窟崖顶风沙危害综合防治试验研究，逐步确立以固为主，固、阻、输、导相结合的防护原则，建立了一个由工程、生物等措施组成的多层次、多功能的综合防护体系。

　　经过研究观测，先在莫高窟崖顶建立了长达6000米的高立式阻沙栅栏，以疏导来自主风向的沙害；在石窟崖顶西南方向的沙源表面，采用麦草方格方法固沙，铺设了100多万平方米的草方格；草方格前方种植了植物固沙林带10万平方米；采用砾石压沙的方法，在植物固沙林带和阻沙栅栏之间铺设了160多万平方米的砾石铺压带。目前，形成了防沙障阻沙、沙生植物林带挡沙、麦草方格沙障固沙和砾石压沙的综合防沙、治沙体系。据监测，该项目的实施使莫高窟的风沙减少了75％左右，极大地降低了风沙对敦煌壁画和塑像的危害。

4. 以物联网为基础的风险监测预控体系

从2005年起，针对遗产监测、洞窟风险预报、游客管理以及洞窟本体病害发展状况等一系列保护和管理需要，莫高窟逐步构建遗产监测和风险预控体系。该体系以风险管理理论为指导、以预防性保护为目标，采用现代传感器技术和网络技术，建设国内首个以"物联网"为基础的遗产监测和风险预控体系。

现已建立了覆盖全部遗产的无线网络，在所有60个开放洞窟安装了可实时传输温度、相对湿度和二氧化碳浓度的传感器，实时监测洞窟的微环境变化情况。根据游客承载量研究结果，规定了洞窟微环境各项指标的上限，一旦出现环境超过规定标准，系统可自动报警，管理部门可及时调整参观路线和洞窟。同时系统可对莫高窟洞窟外部环境、洞窟微环境变化数据及相关性实时自动分析，总结洞窟微环境变化规律。系统还可向游客推送莫高窟各种旅游和洞窟价值等相关信息，提升游客体验。

敦煌莫高窟正在继续开展其他风险因素的监测技术研发和应用，将最终建成莫高窟全部风险感知、风险分析、风险预报、风险处理的现代监测预控体系。

5. 建立完备的安全防范系统

2011年11月底，莫高窟建设完成了高标准的安防系统，达到了国家规定的文物系统一级风险防护要求。新建成的莫高窟安防系统包括入侵报警、视频监控、音频复核、在线电子巡查、周界报警、安全照明、安防通讯等多个子系统。监控系统全面覆盖了莫高窟所有洞窟和窟区要害部位及馆藏文物，可对布防区域进行全面有效监控。

6. 数字化技术永久保存文物

为永久保存、永续利用莫高窟文物，从20世纪90年代开始，敦煌莫高窟试验采用数字化技术保存敦煌壁画的方法，通过与国内外科研机构合作研究，逐步克服了形状畸变、色彩偏差、图像拼接等技术难题，形成了一整套数字影像拍摄、色彩校正、数字图片拼接和存贮等敦煌壁画数字化保存技术。这种先进的摄影技术抓住了石窟艺术的许多精妙细节，包括在自然光中看不清楚的细节。通过摄影和拼接过程中所运用的技术，使我们能够看到洞窟内被背屏或中心柱等建筑遮挡部位的壁画。另外，对相机移动的准确控制，提高了图像的质量和清晰度。敦煌莫高窟已经完成了近60余个精美洞窟高清数字影像拍摄和拼接，建立了敦煌莫高窟数字影像档案。

三、利用与发展探索

1. 游客承载量研究与游客管理措施

莫高窟的洞窟是古代施主建造供佛、礼佛的家庙，洞窟空间普遍狭小。面积在100平方米以上的大型洞窟仅18个，50~100平方米的洞窟21个，25~50平方米的洞窟41个，10~25平方米的洞窟123个。而10平方米以下的洞窟达289个，占洞窟总数58.7%。近10年来莫高窟旅游观光的游客逐年增加。如2012年和2014年，游客人数都已达到创纪录的年80万人次，给保护和管理带来巨大的压力和挑战。

从2001年起，为了更好地做好洞窟的预防性保护和合理科学开放，将游客可能给洞窟带来的影响降到最低程度，敦煌莫高窟和美国盖蒂研究所合作开展了"莫高窟游客承载量研究"项目。莫高窟游客承载量因素较多，涉及洞窟空间容量、可观赏性、壁画和彩塑病害、环境因素、游客数量、游客流量、停留时间等问题。经过长期调查和研究，现已完成这个项目。根据洞窟的空间容量、可欣赏性、壁画和彩塑病害、窟内微环境等因素，确定了莫高窟日游客最大承载量不能超过3000人次，为洞窟合理旅游开放提供了科学依据。

面对保护和旅游的矛盾，敦煌莫高窟坚持在保护好的前提下合理利用，在利用中坚持保护的原则。一方面，为满足游客能看懂、看好，能充分欣赏敦煌艺术的珍贵价值，精选优秀洞窟开放，建设通晓外语、知识型高素质的讲解员队伍，完善游客服务设施，不断提高服务质量；另一方面通过游客承载量的研究结果，制定了游客管理的各项措施。主要措施包括：

规定了开放洞窟的标准：洞窟要大于15平方米以上，给游客提供一定的参观空间，保持空气清新；洞窟中的壁画和彩塑没有重大病害，不能在开放中使文物遭到任何损失；保证将有观赏价值的典型洞窟向游客展示。

制定实施洞窟轮流开放制度，使开放洞窟轮流得到休息，并规定每批进窟参观人数不超过25人。

实行旅游旺季的预约预报制度，做到分时段、有计划地接待游客。逐步从手工预约、电话预约到网上预约、短信覆盖，并设立专门的预约中心。针对自驾游散客越来越多的现象，探讨更适合的预约方法。通过预约参观、错峰参观，保证游客的参观质量。

在旅游旺季编排多条参观路线，通过逐年调整改进，使游线的编排更加顺畅合理。在旅游旺季，特别是对大客流量的控制，有效发挥了疏导分流游客，减轻洞窟压力的作用。

开展游客调查项目。准确地了解游客的综合信息和参观感受，为改进游客管理，提高游客参观质量提供依据。

2. 旅游管理的最佳案例

随着我国旅游业的快速发展，越来越多的游客选择莫高窟观光旅游，原来单一进窟参观的模式已无法满足游客的需求。为充分满足游客的文化需求，同时保护好莫高窟文物，使莫高窟真正"活起来"，敦煌研究院建议国家建设莫高窟数字展示中心，采用数字展示技术，让莫高窟内的敦煌艺术搬到莫高窟外面给游客展示。这个建议得到国家和甘肃省领导的高度重视。国家发改委批准立项后，敦煌研究院和国内外热心关注敦煌石窟的许多机构和各界人士共同努力，经过数年施工建设和数字节目创新制作，2014年正式竣工启用。

敦煌研究院对莫高窟负责任的旅游开放与管理工作，被联合国教科文组织世界遗产委员会评选为世界遗产旅游管理的最佳案例和国际上践行《保护世界文化和自然遗产公约》的最佳案例。

（本文原题为《敦煌莫高窟》，载于《世界遗产》2015年第1、2月合刊）

坚持敦煌莫高窟文物管理体制不动摇

莫高窟是举世瞩目的千年文化瑰宝。1987年12月，联合国教科文组织世界遗产委员会主席团第十一届会议审议认定莫高窟符合世界文化遗产全部六类标准，批准列入世界文化遗产名录，并给予这样的评价："莫高窟地处丝绸之路的一个战略要点，它不仅是东西方贸易的中转站，同时也是宗教、文化和知识的交汇处。莫高窟的492个小洞窟和洞穴庙宇，以其塑像和壁画闻名于世，展示了延续千年的佛教艺术。"这说明莫高窟是具有突出普遍价值的文化遗产。

独具魅力的莫高窟受到太多人的青睐，一年多于一年的游客竞相来此欣赏敦煌艺术之美。21世纪以来，每隔两三年，到莫高窟的游客人数便增长10万人次，2014年达到年度游客的最高数量81万人次。近些年旅游旺季游客蜂拥而来，时常单日游客数量或五六千人次，或七八千人次，甚至超过一万人次，特别是2013年、2014年的国庆黄金周的一些单日游客数量达到或超过2万人次。随着旅游业的迅速发展，预计未来莫高窟游客的数量将会不断增加。

面对日益高涨的旅游热，如何遵守国家的法律法规，加大对国家文化资源的保护力度，尊重文物不可再生的特性，履行文化旅游应负的责任？如何避免因一味追求莫高窟无限度地接纳游客而伤害已十分脆弱的文物？如何在旅游开放中坚持文物单位的管理体制？是亟须重视并加以讨论的问题。

一、文物保护贯穿于旅游开放的全过程

众所周知，莫高窟的每个洞窟，是由古代施主出资建造，在窟内凿龛、塑像、画满壁画，是用来供家族礼佛的家庙，并非公众活动的场所，所以洞窟普遍比较狭小，84%以上洞窟面积小于25平方米，甚至小到仅有几平方米。精美的彩塑和壁画由泥土、麦草、木料和颜料等十分脆弱的材料制作而成。历经千年沧桑的彩塑和壁画，已程度不同地发生了褪变，还经常有病害发生。

作为敦煌莫高窟的保护管理机构——敦煌研究院，一方面向社会公众开放文化资源，供游客旅游参观，热诚地欢迎国内外游客来敦煌莫高窟欣赏它无与伦比的艺术，感受它博大精深的内涵，担负起应有的职责。另一方面，莫高窟洞窟整窟的彩塑、壁画，均不可移动，不能改造，不能像一般博物馆那样挑选文物、布置展览。游客进入莫高窟的洞窟参观，触手可及的是绵延千年的稀世珍宝——彩塑和壁画，等同进入博物馆珍藏精品的"文物库房"。世界上鲜有博物馆将文物库房对外开放，而敦煌研究院将"文物库房"式的洞窟作为博物馆向游客开放，存在着文物被破坏的潜在危险，承担着很大的风险。莫高窟的旅游开放和保护管理对保管机构是极大的挑战。

因此，敦煌研究院坚持贯彻国际和国家法律法规不能变，保护文物的职责不能变，世界文化遗产的性质不能变，为游客弘扬民族优秀传统文化的目的不能变，在此前提下，围绕旅游开放做了大量工作。首先，严格遵守《威尼斯宪章》《保护世界文化和自然遗产公约》《国际文化旅游宪章》以及《中华人民共和国文物保护法》《中华人民共和国旅游法》等公约、法律。世界文化遗产地必须优先保护好文物，在保护的同时，文物应用于展示、教育、研究、旅游，并科学地处理好保护和利用的关系。

莫高窟自1979年正式向游客开放以来，始终在保护好的前提下合理利用，在利用中坚持保护，没有为了开放去牺牲文物，也没有为了保护而闭门谢客。我们遵照法律确定了又保护又弘扬的目标。同时，把文物保护贯穿于旅游开放的全过程。为在旅游开放过程中，既保证洞窟文物的安全，又为游客创造安全舒适的环境，敦煌研究院在做好安全技术防范之外，面对莫高窟大部分开放洞窟空间狭小、文物材质脆弱并存在多种病害的现状，想方设法减轻游客进洞参观引起洞窟微环境改变可能诱发壁画病害的发生，在所有开放洞窟安装了传感器，对窟内的温度、相对湿度、二氧化碳浓度和进窟参观的游客数量实时监测，并通过监控中心，将监测数据传送给接待和管理部门，为洞窟保护和合理开放提供依据。

多年监测数据的分析结果表明，开放洞窟微环境变化比非开放洞窟幅度大，洞窟微环境起伏变化大，很可能会导致洞窟文物产生新的病害。为此，保护部门又展开了针对性的游客进洞数量与洞窟微环境变化，以及洞窟微环境变化与壁画病害的相互关系的研究，并对可能产生的问题进行了模拟试验。经过长时间观测、分析、实验发现，过量游客进入洞窟所引起的洞窟微环境持续变化，会诱发壁画病害的进一步发展。

为进一步确定诱发壁画病害发展的洞窟相对湿度、二氧化碳浓度等指标的临界值，保护部门又开展了莫高窟游客最大承载量研究，经过反复调查评估和模拟实验，发现洞窟的相对湿度超过62％，会诱发壁画可溶盐活动，可能导致壁画产生新的病害；二氧化碳浓度超过1500体积浓度，会使窟内空气质量降低，超过人体正常承受能力，可能导致游客产生不适的反应。

保护部门还通过对人均参观占地面积、每批游客参观时间、参观洞窟数量等指标测算，得出：开放洞窟不能小于13平方米、每批游客不能超过25人、莫高窟的单日游客最大承载量为3000人次，洞窟微环境各项指标才不会超过临界值，这样才可能既保护洞窟文物，又保证游客舒适参观。

二、实现文物保护与开放利用的双赢

敦煌研究院高度重视旅游开放中的管理工作。通过多年实践，敦煌研究院认识到在莫高窟保护管理方面，游客管理与保护工作同样重要。

为此，敦煌研究院起草，并经甘肃省人民代表大会常务委员会制定通过《甘肃敦煌莫高窟保护条例》（下简称《条例》），明确了莫高窟旅游发展必须遵守文物保护工作的方针；规定了莫高窟保护管理机构应当科学确定莫高窟旅游环境容量、限制游客数量；还制定了目的明确的短期和长期的游客管理规划。

此外，敦煌研究院还根据《中华人民共和国文物保护法》（下简称《文物保护法》）、《甘肃敦煌莫高窟保护条例》及《敦煌莫高窟保护总体规划（2006～2025）》，制定了有利于保护洞窟文物和游客观赏的洞窟开放标准、洞窟开放使用管理制度、洞窟轮流开放制度、洞窟监控办法。

针对旅游旺季游客不断增加的情况，敦煌研究院制定了有效控制游客数量的游客参观线路和预约制度。为了让游客满意，敦煌研究院长期坚持做好讲解员每年的专业、外语、服务等方面的培训和考核，不断将敦煌学者最新研究成果融汇到讲解词中，使深奥难懂的中古时期的佛教艺术、人文历史，在讲解员准确优美、深入浅出的讲解中带给游客舒适愉悦的体验。

敦煌研究院还定期通过游客问卷调查，收集游客类型、游客满意度、游客预期值、游客行为观察等信息。从调查收集到的信息中发现旅游开放工作存在的问题和游客的建议，以提升游客管理服务质量和游客满意度。

用高科技手段提供新的高质量的观赏模式，是敦煌研究院进行的成功探索。保护管理部门多年对游客参观调查和开放洞窟微环境监测、分析、研究的结果显示，莫高窟的旅游开放必须控制进洞窟的游客数量，必须控制洞窟微环境。如若不控制，洞窟文物会逐渐受损，甚至受到破坏，游客参观质量和感受也会降低。针对这一情况，改变过去游客单一进洞参观的方式，创建新的观赏方式是唯一出路。

这种新的观赏方式，必须能与进洞参观相结合，必须能真正实现控制进洞的游客数量、控制洞窟微环境、保护洞窟文物价值，还要保障游客观赏的感受不会降低，还有提升。经过冥思苦想，正在制作的敦煌壁画数字档案给人以启示。为永久保存、永续利用珍贵的敦煌莫高窟文物信息，多年前敦煌研究院就开始采用数字技术制作敦煌壁画数字档案。完成的壁画数字档案证明窟内的敦煌艺术可以搬到窟外观看，由此启示可否利用敦煌数字档案做成敦煌数字电影，使敦煌艺术观赏空间得以极大地拓展。

在这样思考的基础上，敦煌研究院对石窟外观赏数字电影可否实现、采用什么样的数字放映技术、放映什么内容的数字电影等问题进行了长时间的反复调查、论证、实验。根据实验的结果，决定采用4K超高清影视技术、8K超高清球幕电影技术，分别展示莫高窟千年历史文化背景、莫高窟的精彩洞窟艺术，并建设放映数字电影的场馆——莫高窟数字展示中心，使游客通过观看数字电影，对敦煌艺术有初步的观赏体验，然后到莫高窟实地适度观赏洞窟，以进一步提升游客观赏体验和感受。

数字展示中心建成后，游客原来用两个小时只是单一参观洞窟的方式，改变为观赏45分钟数字电影与参观75分钟莫高窟洞窟相结合的方式。游客参观洞窟时间的减少，使莫高窟单日游客最大承载量从3000人次可提升到6000人次。敦煌研究院将6000人次的单日游客最大承载量标准上报文物主管部门核准通过，并严格按照这个标准执行，将单日游客数量控制在合理范围之内。这样既减轻了洞窟压力，使洞窟文物得到了保护，又丰富了游客的观赏体验，充实了文化艺术知识，实现了文物保护与开放利用的双赢。

随着参观方式的改变，莫高窟旅游开放的管理方式也做出相应的改变。原来只需对莫高窟的旅游开放进行管理，现在要将观看数字电影和参观莫高窟联系起来，综合统一管理。

为此，敦煌研究院在数字展示中心和莫高窟游客接待中心设置了游客调度指挥平台，用高新技术手段进行科学管理，实现游客网上预约、自选场次、线上支付、自动取票、准时观影，在结束观影后可顺利方便地乘坐车辆去莫高窟继续参观。这个平台还可使展示中心工作人员及时掌握莫高窟游客参观信息，与莫高窟窟区调度指挥平台保持沟通，做好参观各个环节的协调，为游客提供热情周到的人性化服务，保障游客满意地完成莫高窟文化之旅。根据发放的游客调查表统计，97.3%游客对莫高窟旅游开放新模式表示赞同，意味着新的参观模式是成功的、有效的。

三、文物管理体制不能改变

敦煌研究院为莫高窟的保护管理、旅游开放所做的努力，不仅获得了社会广泛认可，而且通过不断潜心探索研究、长期实践形成的莫高窟有效保护、合理开放的工作方式，亦得到国内外同行的承认和赞同。

2010年在巴西召开的世界遗产委员会第34届会议，将敦煌莫高窟的保护管理、旅游开放经验作为典型案例，向世界各国世界遗产地传播和大家分享。会议形成的大会文件附件文本指出："莫高窟以非凡的远见展示了有效的遗产地旅游管理方法以保护遗产地的价值，树立了一个极具意义的典范形象。"

面对旅游开放热给遗产地带来的挑战，敦煌研究院的探索和实践之所以成功，一个重要的因素就在于莫高窟的管理体制始终未变：有一个依法设立的保管机构；能够履行法律赋予的职责和义务；能够制定并实施长远的发展规划不动摇；能够聚集协调国内外多学科专家为文物保护和旅游开放的提升、进步做出贡献。

旅游热方兴未艾，文物保护任重道远。敦煌研究院强烈地意识到价值无比珍贵、文物极其脆弱的莫高窟的保护和利用是一项专业性极强，需要人文、理工、艺术和管理多学科结合的综合性、长期性系统工程。只有依靠不同学科的有机结合、强力支撑才能保障洞窟文物的安全，也才能使游客得到高质量、高品位的文化享受和体验。

同时，莫高窟的保护和利用又是一项政策性极强的工作，"保护为主、抢救第一、合理利用、加强管理"，是处理好文化遗产保护和利用关系所必须遵守的国家文物工作方针。敦煌研究院不折不扣地执行这一方针，在确保文物安全的情况下，合理开放利用，绝不允许过度旅游开发、对文物造成不可挽回损失的局面发生。而且，像莫高窟这样的世界遗产承载着丰厚的历史文化信息，不同于一般的风景名胜区，硬性地照搬风景名胜区的建设、开发方式，对莫高窟本体及其周边环境的任意改变，意味着对文化遗产及其价值的践踏和破坏，只能是竭泽而渔。

因此，在遗产地区域内开展的任何旅游开放活动都应在保证文化遗产真实性、完整性的前提下进行，离开文化遗产的真实性、完整性，旅游开放只能是无源之水、无本之木。

敦煌莫高窟从70年前无人管理、一片破败，到今天保护、开放和管理工作得到国内外广泛的认可和赞扬，这是因为70年前就成立了国立的专门保管机构，吸引了一批又一批志士仁人、青年学子到此工作。几代莫高窟人薪火相传，热爱敦煌石窟，忠诚自己所从事的事业，发扬"坚守大漠、甘于奉献、勇于担当、开拓进取"的莫高精神，坚持不懈地努力探索和实践，才取得今天的成绩。

如果改变莫高窟的管理体制，将莫高窟的旅游开放管理权抵押、租赁给企业去经营，变成企业追逐利益的"唐僧肉""摇钱树"，想方设法用尽耗竭，这样珍贵脆弱的文化遗产将很快被破坏，多年辛苦聚集起来的人才队伍也将流失殆尽，前途令人担忧。

《中华人民共和国文物保护法》第十五条明确规定：各级文物保护单位，应分别设置专门机构或者专人负责管理。敦煌研究院负责敦煌莫高窟的保护管理，是法律赋予的毋庸置疑的职责。

敦煌研究院始终在国家法律规定框架之内，尽心竭力地坚守自己的职责，才取得了今天的成绩。所以，继续保持并发展敦煌研究院的保护管理方式——实践已经验证了的成功模式，是履行保护好世界文化遗产的国家责任和传承人类文明神圣使命的法定保障。

（原载于《瞭望》周刊2015年第24期；《敦煌研究》2015年第4期）

◆ 永远的敦煌

2016年5月17日，我作为一名毕生从事敦煌莫高窟保护研究的文物工作者，能够参加习近平总书记主持召开的哲学社会科学工作座谈会并发言，倍感荣幸。党的十八大以来，习近平总书记多次对保护文物作出重要指示和批示，指出"文物承载灿烂文明，传承历史文化，维系民族精神，是老祖宗留给我们的宝贵遗产，是加强社会主义精神文明建设的深厚滋养"，强调"保护文物功在当代、利在千秋"。回望敦煌研究院数十载风雨历程，一代又一代莫高窟的坚守者正是在党和国家文物工作方针政策的指引下，以保护传承中华优秀传统文化的高度自觉，彰显中国特色社会主义文化自信，勇于担当，不懈创新，使千年古老遗产重新焕发出熠熠光彩。

一、敦煌莫高窟是世界艺术的杰出宝藏

敦煌，位于今甘肃省河西走廊西端，至今已有2000多年历史。汉武帝时张骞出使西域，打通了中国与欧亚大陆之间的中西交通（即丝绸之路）。史书称敦煌是中西交通的"咽喉之地"。汉代敦煌，向东，可达长安、洛阳，继续东走，可至朝鲜半岛、日本列岛；向西，经过西域的南北两道，越葱岭可通向中亚、南亚印度、西亚波斯，乃至地中海的古希腊和古埃及；向北，越戈壁沙漠，沿天山北麓西行，进入草原丝绸之路。位于西部边陲的敦煌，处于丝绸之路的战略要冲，既是东西方贸易的中转站，又是宗教、文化和知识的交汇处。古人谓敦煌"华戎所交，一都会也"，莫高窟就是古代中西文化在敦煌交汇交融的璀璨结晶。

莫高窟艺术的成就，是世界上留存至今的任何佛教遗址所无法比拟的。进入洞窟，庄重的佛陀、仁慈的菩萨、灵动的飞天、壮美的佛国、动人的故事、有趣的生活、富丽的纹饰进入眼帘，在人们面前展现的是领域异常广泛、内容无限丰富、美不胜收的中华民族引以为傲的文化艺术宝

藏——世界文化遗产敦煌莫高窟。它建造于4~14世纪，以佛教为主题的洞窟、塑像、壁画闻名于世，是我国也是世界中古时期艺术的杰出宝藏。千年的莫高窟佛教艺术，通过生动的壁画和彩塑艺术，形象地反映了千年佛教和佛教思想的发展和演变；它保存的2000多尊彩塑，真实地反映了千年彩塑发展创新的成就和脉络；它保存的45000平方米壁画真迹，真实地再现了千年已失传的诸多绘画名家的人物画、建筑画、山水画、花鸟画等不同画种发展创新的成就和脉络；它在壁画中描绘了千年间农耕狩猎、婚丧嫁娶、生老病死、衣食住行、音乐舞蹈、体育百戏等充满情趣的社会生活和民情风俗。站在世界文明的角度来看，莫高窟代表了世界多种文明之一的中华文明艺术的杰出成就，是世界多种文明融合的结晶，是千年中外文化艺术和我国多民族文化艺术交流的见证。

16世纪中叶，随着陆上丝绸之路衰落，嘉峪关封关，莫高窟长期无人管理，任人破坏偷盗，神圣的佛教艺术殿堂几成废墟。直到1944年收归国有，才开始得到保护和管理。1944年国立敦煌艺术研究所成立，以常书鸿为代表的一批志士仁人、青年学子，身赴大漠戈壁，艰苦奋斗，初创基业；中华人民共和国成立，更名为敦煌文物研究所，得到党和国家领导人的高度重视；20世纪60年代初国家困难时期，周恩来总理批示拨出巨款加固濒危的莫高窟；改革开放后，邓小平同志来到莫高窟视察，指示有关部门解决莫高窟面临的突出困难。近年来特别是党的十八大以来，在以习近平同志为核心的党中央亲切关怀下，在各级领导部门的大力支持下，莫高窟事业迈入了国际合作、科学保护、弘扬传播的崭新阶段，迎来了又一个生机勃勃的春天。

二、敦煌莫高窟的科学保护

敦煌研究院始终严格执行《中华人民共和国文物保护法》（下简称《文物保护法》）规定的"保护为主、抢救第一、合理利用、加强管理"的文物保护总方针，把莫高窟保护放在第一位。莫高窟与许多文化遗产一样：既有珍贵稀有的价值，又有脆弱易损的特点，一旦破坏，不可再生。文物方针明确了保护是利用的前提和基础，没有保护就谈不上利用，利用要受保护制约，所以保护必须是第一位的。同时，我们也同步推进保护、研究、弘扬（利用）和管理工作，它们各有侧重，又互有联系、共同促进。

敦煌研究院遵照《保护世界文化和自然遗产公约》及其《实施操作指南》确定的真实、完整、可延续的保护世界文化遗产的最高理念，不仅保护莫高窟本体各个时代的所有洞窟、壁画和彩塑，而且还保护历史留存的所有的人文和自然环境，因为历史的人文和自然环境是文化遗产不可或缺的组成部分。

敦煌研究院多年来采取各种技术的保护措施，始终遵循"不改变原状"的文物保护要义，实施多项莫高窟崖体和洞窟的加固，抢救了许多洞窟精美的壁画和彩塑；针对莫高窟壁画和彩塑逐渐退化，采用数字化技术，逐步完成莫高窟全部文物的数字化储存；为提高莫高窟保护的主动性和预见性，采取了抢救性保护和预防性保护技术，建立了莫高窟安全技术防范系统等。这些措施都体现了文物本体及其环境"不改变原状"的保护精髓，真正让莫高窟得到真实、完整的有效保护，真正让莫高窟"延年益寿"。

三、敦煌莫高窟的合理利用

敦煌研究院在把文物保护好的前提下，最大限度地为旅游开放创造条件。为充分发挥莫高窟的教育弘扬传承功能，精心挑选了不同时代、不同窟型、不同彩塑、不同壁画等代表性敦煌艺术向游客开放，使游客在短时间的观赏中能领略洞窟的精华。我们还配备了训练有素的专职讲解员为所有游客讲解，通过准确优美、深入浅出的讲解，向游客揭示了莫高窟精湛的艺术价值和丰厚的文化内涵。为使游客能深度观赏，还在莫高窟建设了博物馆和藏经洞陈列馆，进一步解读莫高窟的文化价值。敦煌研究院还努力使莫高窟走出敦煌、走出甘肃、走出国门，多次在国内外举办敦煌艺术展览，近年来还创办了数字敦煌艺术展。这些敦煌艺术展览均获得极大成功，让辉煌灿烂的中华优秀传统文化的世界影响力越来越大。

莫高窟自1979年正式开放以来，敦煌研究院始终将保护贯穿于旅游开放的全过程。坚持在保护好的前提下合理利用、在利用中做好保护的原则，没有为旅游开放牺牲文物，也没有为保护文物闭门谢客，而是把保护与利用恰如其分地联系起来。为保证洞窟文物的安全"舒适"，又保证游客观赏环境的安全舒适，在所有开放洞窟安装了传感器，做到实时常年监测，以确定开放洞窟内的相对湿度和二氧化碳浓度的临界值，确定开放洞窟的最小面积和每批进洞参观游客最多人数，确定日游客最大承载量，做到科学有据的合理利用。

敦煌研究院为了既有效地保护洞窟，又让游客得到更好的观赏体验，改变了以往单一参观洞窟的模式，利用科技手段将洞窟壁画、彩塑搬到洞外展示，建成了莫高窟数字展示中心，让游客先观看4K超高清宽银幕电影《千年莫高》和8K超高清球幕电影《梦幻佛宫》，对敦煌艺术有了初步体验后，再到莫高窟实体适度观赏洞窟。游客普遍反映这种参观方式使千年文物走出洞窟，激活了其生命力，比单一参观洞窟效果更好。

四、敦煌莫高窟的严格管理

制定专项法规。敦煌研究院在甘肃省人民政府的支持下，根据国际和国内文物保护法律法规和行规，起草了《甘肃敦煌莫高窟保护条例》（下简称《条例》），2003年经甘肃省人大常委会批准颁布实施。《条例》规定了莫高窟的保护对象、范围，文物保护管理机构的职责，以及遵循的保护方针和原则，也规定了政府机关、社会团体和公民保护莫高窟的权利、义务和应遵循的行为准则和责任，并对旅游开放的环境容量、游客数量提出明确要求。《条例》颁布后，我们制定了莫高窟保护、旅游开放洞窟标准和游客预约管理等规章制度，规范了自身行为。在保护范围内无论旅游基础设施或办公设施，严禁破坏莫高窟的本体和环境风貌、严禁建设商业设施。《条例》颁布后，有人提出压缩莫高窟保护范围，在保护范围内搞开发建设，甚至建议莫高窟"捆绑上市"，把莫高窟交给企业经营等，我们都依照《文物保护法》和《条例》——做了解释与制止。《条例》为莫高窟的保护、利用与管理提供了强有力的法律支撑和法律保障。

制定保护规划。莫高窟的保护是一项艰巨而复杂的系统工程，必须有明确的保护方向、保护目标、保护原则、保护措施。敦煌研究院根据国际和国内的文物保护法律、法规和行规，及国际文物保护理念，与国内外科研机构合作制定了《敦煌莫高窟保护总体规划（2006～2025）》（下简称《规划》）。《规划》在对莫高窟文物本体和环境要素的价值做出全面评估，及对莫高窟的本体及其环境的保护、保存、利用、管理和研究分别做出系统科学评估的基础上，制定出总体规划的目标、原则和实施细则，又按照保护、研究、利用和管理四个方面制订分项规划的目标与对策，编制主要措施与分期实施计划，最后提出规划实施的支撑体系。《规划》的制定为保护、利用和管理莫高窟提供了规范性和权威性的指导和依据。《规划》制定完成后，经过上级政府审批、颁布，至今已有效实施了10年。

坚持"开门保护"。敦煌研究院与国内外的高等院校、科研院所持续多年开展合作，共同对莫高窟的保护、传承和管理进行了探索研究，吸收了国内外的先进保护理念和成功管理经验，学习了先进的保护方法和修复工艺，使保护工作逐渐与国际接轨，在我国古代壁画保护研究领域居于领先地位。敦煌研究院还采用各种办法，培养不同层次人才，充分借助国内外合作的有利条件，选送中青年专业人员到国内外高等院校进修学习。现已建成一支多学科的专业人才队伍，为莫高窟的保护传承事业提供了坚实的人力资源支撑。

文明因交流而多彩，文明因互鉴而丰富。敦煌研究院对莫高窟的有效保护、合理利用和严格管理，获得了国内外广泛认同和赞许。2010年在巴西召开的世界遗产委员会第34届会议上，将敦煌莫高窟的保护管理、旅游开放经验作为典型案例，向各国世界遗产地传播供大家分享。会议形成的大会文件附件文本指出："莫高窟以非凡的远见，展示了有效的遗产地旅游管理方法，以保护遗产地的价值，树立了一个极具意义的典范形象。"

（原载于《求是》2016年第16期）

◆ 简述敦煌莫高窟保护管理工作的探索和实践

因多年向往敦煌艺术，1962年我争取到敦煌莫高窟实习的机会，此行既满足了心中的夙愿，又导致我第二年北京大学毕业后来敦煌文物研究所（敦煌研究院前身）工作，如今已在此工作了53年。

一、第一阶段（1975～1984年）

我初到管理岗位，不懂什么是管理，也没有什么想法，以为是继续做常书鸿先生以前做过的保护管理工作。那时我只能做到以前辈为榜样，尽自己之力将工作开展起来。

二、第二阶段（1984～1997年）

20世纪80年代，中国进入了改革开放时期。1984年，甘肃省委、省政府作出扩大敦煌文物研究所的建制、扩建为敦煌研究院的重要决定，为敦煌研究院的未来发展创造了良好的条件。敦煌研究院在著名的敦煌学者段文杰先生的领导下，迈入了国际合作、科学保护、研究创新、弘扬传播的新阶段。

1986年，文化部文物事业管理局决定将莫高窟申报世界文化遗产，由我负责撰写莫高窟的申遗材料。这给了我一次极好的学习机会，使我初步懂得了世界文化遗产具有突出的普遍价值及意义、其保护管理的重要性及如何保护管理。更重要的是，这督促我开始经常关注、学习国内和国际保护文化遗产法律、法规、规章及这方面的研究成果，也促使我开始对莫高窟的保护管理的钻研、思考和探索。

　　作为莫高窟的管理者，我在申遗过程中和申遗成功后，就把有效保护和管理莫高窟的国家责任及《实施保护世界文化和自然遗产公约的操作指南》指出的"世界遗产的保护与管理须确保其在列入名录时所具有的突出的普遍价值以及完整性和真实性在之后得到保持或提升"的理念，作为我心中和敦煌研究院不懈追求的最高目标和科学理念，并为此持续地探索和实践。

　　申遗又使我知道了世界文化遗产保护，不仅是缔约国之事，也是全人类共同关注的大事。通过联合国教科文组织驻华代表的大力帮助，开始与美国盖蒂基金会及其盖蒂保护研究所等国际文物保护机构开展保护管理合作〔图1〕，此后还逐步扩大到与其他国家保护研究机构的合作。

　　在国际合作中，对文化遗产地的共同保护研究、参观考察和讨论都是极好的学习。这使我和我的同事可以学习和引进国际文化遗产保护的先进理念、先进技术、先进经验。

〔图2〕
安装玻璃屏风
1985年

（一）我的思考

敦煌研究院如何使世界遗产莫高窟的保护管理实现国际标准确定的目标和
理念：

前辈们多年奠定的保护研究基础和铸成的可贵精神要继承和发扬；

"文化大革命"造成敦煌研究院闭塞的氛围，缺乏人才，缺乏仪器，较差
的工作和生活条件要改变；

保护不能只停留在加固和修复上，而要开展包括莫高窟本体及其周围环境
的保护；

要对威胁莫高窟保护、保存的自然和人为因素进行研究；

已对公众旅游开放的莫高窟，应按《保护世界文化和自然遗产公约》（下
简称《公约》）的要求，发挥好它的教育和传播作用；

要对使用和旅游开放洞窟实施管理。

（二）这一阶段的主要工作

1. 保护方面

与美国盖蒂保护研究所合作开始在莫高窟建立全自动气象站；

对莫高窟开放洞窟微环境及赋存的自然人文环境的监测；

对莫高窟崖体裂隙的监测；

对莫高窟薄顶洞窟的加固修复和研究；

对壁画材质和病害的调查研究；

对威胁莫高窟保护的自然和人为因素的调查研究；

对威胁莫高窟保存的风沙进行监测、研究和治理；

为保护研究配备仪器设备；

为永久保存莫高窟壁画，试验制作敦煌数字档案；

设置窟区安全防范技术设备；

安装洞窟窟门和玻璃屏风设施〔图2〕；

拆除了莫高窟窟区近现代添加的构筑物，迁移了窟区前所有的工作和生活用房，完整地保护了窟区的人文和自然环境景观。

2. 管理方面

开始引进培养专业人才和培训一支专职的讲解员队伍；

制定使用和旅游开放洞窟的管理制度；

扩大编制、增加部门、汇聚人才、改善了工作和生活条件。

三、第三阶段（1998～2014年）

这个阶段是我国经济社会快速发展的时期。

国家加大了对莫高窟的保护力度，大幅度增加了经费投入和科技手段，国际上也对莫高窟给予了更大的关注，加大了国际交流。因此敦煌研究院的保护管理工作有了极大的发展。

莫高窟保护的任务越来越繁重；面临经济和旅游的快速发展，游客逐年攀升〔图3〕，特别是随着经济的发展，社会对莫高窟提出了各种想法和要求，给保护管理带来了很大的挑战和压力。

改进提高莫高窟的保护管理工作已时不我待。

这个阶段，我作为敦煌研究院全面负责保护管理莫高窟的管理者，更关注学习国际和国内关于文化遗产保护管理的新法规、新技术和新经验，国际文化旅游宪章和国内旅游法律。另外，我经过与国内外专家学者的保护研讨、参与起草《中国文物古迹保护准则》等，进一步加深了对保

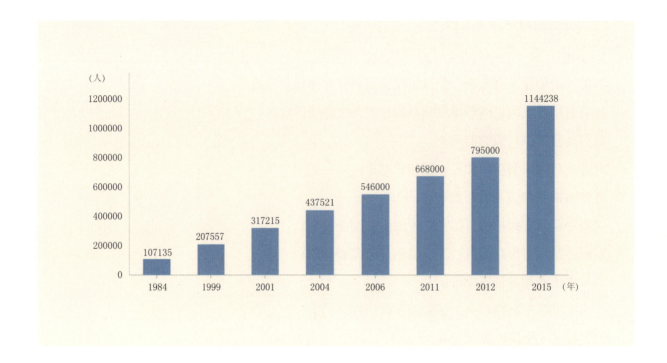

〔图3〕
敦煌莫高窟参观游客
数据示意图

护管理世界文化遗产理念的理解。这时面对不断出现的新问题，经过反复思考，我意识到重要的是要改进和加大对莫高窟科学保护管理的力度，必须遵循《保护世界文化和自然遗产公约》（下简称《公约》）《中华人民共和国文物保护法》（下简称《文物保护法》），运用法律武器，才能确保莫高窟的突出普遍价值；莫高窟保护、研究、弘扬和管理是一个复杂的系统工程，要立足长远和全盘统筹考虑和部署，只有制定规划，才能保障莫高窟长远、全面、健康地发展。

还要进一步加大对莫高窟保护的科学性和旅游开放管理的力度。

1. 制定《甘肃敦煌莫高窟保护条例》

甘肃省人民代表大会常务委员会于2003年批准颁布实施《甘肃敦煌莫高窟保护条例》（下简称《条例》）。该《条例》采纳了世界遗产保护管理的理念，明确了莫高窟的保护对象、范围；明确规定了文物保护管理机构的职责和保护工作应遵循的方针和原则；明确规定了政府机关、社会团体和公民在保护莫高窟方面的权利、义务和应遵循的行为准则和责任。这个专项法规的颁布为莫高窟的保护管理提供了强有力的法律支撑和法律保障。

2. 制定《敦煌莫高窟保护总体规划（2006～2025）》

敦煌研究院与美国盖蒂保护研究所、澳大利亚遗产委员会、中国建筑研究院历史建筑研究所合作编制了《敦煌莫高窟保护总体规划（2006～2025）》（下

简称《规划》），经国家文物局审批，甘肃省人民政府颁布实施。《规划》根据
《公约》和《文物保护法》《中国文物古迹保护准则》，遵循真实、完整、可持
续地保护理念；对莫高窟文物本体以及环境要素的价值做了全面评估；又对莫
高窟本体及其环境的保护、保存、利用、管理和研究分别做了系统科学的评
估；制定总体规划的目标、原则和实施细则；按照保护、研究、利用和管理四
个方面制定分项规划的目标和对策，编制主要措施与分期实施计划，最后提出
规划实施支撑体系。《规划》为保护管理莫高窟提供了具有专业性、权威性和
指导性的依据，提高了莫高窟保护管理工作的水平。

　　3. 建立抢救性保护和预防性保护并重的科学保护技术体系

　　通过多年与国内外保护研究机构的一系列合作研究，我们对莫高窟壁画衰
变劣化的病害和机理有了比较清晰的认识，针对不同病害，研究出不同的保护
修复技术。特别是与盖蒂保护研究所对莫高窟第85窟病害壁画保护研究修复
的共同攻关，建立了壁画保护修复的程序和步骤，研究筛选和运用保护修复材
料、修复技术和修复工艺的规范，以及日常保护管理的长效机制。现在已建立
了抢救性保护的科学技术体系。

　　在风险管理理论指导下的预防性保护的科学技术体系也已初步建立。自
20世纪80年代后期与盖蒂保护研究所合作之始，对莫高窟窟区自然环境监测
记录，逐渐向风沙活动、洞窟微环境、洞窟崖体、洞窟壁画和彩塑，游客参观

的监测记录延伸，长期积累的莫高窟本体与赋存环境的监测数据，为及时发现和辨别本体壁画、彩塑和赋存环境的变化，及早实施应对保护给出依据，为进一步开展莫高窟本体及其赋存环境的预防性保护研究提供科学依据。

敦煌研究院保护研究所保护理念和保护技术的提高，不仅提升了莫高窟保护的科学水平，而且还被甘肃省、国家文物局和科技主管部门命名为省级和国家级壁画保护基地，依托敦煌研究院成立了国家古代壁画和土遗址保护工程技术研究中心，为我国不少省区的壁画和土遗址保护提供了技术指导和支撑。

4. 创新旅游开放管理

将原来单纯的旅游开放管理与洞窟保护管理结合起来，采取了旅游开放管理的新举措。

在开放洞窟中安装传感器，常年监测开放洞窟微环境变化，开展旅游开放洞窟微环境变化与洞窟壁画病害相互关系的研究，为开放洞窟保护和管理提供科学依据。

与盖蒂保护研究所共同完成莫高窟日游客承载量研究，得出莫高窟开放洞窟内相对湿度不能超过62％、二氧化碳浓度不能超过1500体积浓度、开放洞窟不能小于13平方米、每批进洞参观游客不能超过25人、莫高窟日游客最大承载量为3000人次的准确科学数据。

准确的莫高窟日游客承载量，促使我提出了将以往游客单一进洞参观，改为观看敦煌影视节目和参观洞窟相结合的敦煌艺术展示的提案。国家拨款建设了莫高窟数字展示中心〔图4〕。游客先观看展示中心4K超高清宽银幕电影《千年莫高》和8K超高清球幕电影《梦幻佛宫》，从影视中体验敦煌艺术之美，然后到莫高窟实地适度观赏洞窟。这种新的展示方法，既能减轻洞窟压力，又使游客得到更好的参观体验，也得到了社会的广泛认可。

实施有效的游客管理，制定有利于保护洞窟文物和游客观赏的洞窟开放标准和洞窟开放使用管理制度、预约制度、洞窟监控办法。针对旅游旺季，制定有效疏导和控制游客数量的游客参观线路。还定期向游客发放问卷调查表，以利及时发现和纠正旅游开放工作中存在的问题，提升游客管理服务质量。

5. 人才培养

培养不同层次人才，是莫高窟持久发展的根本保障。

充分借助国际国内交往多的有利条件，选送中青年专业人员到国内外高等院校进修学习。

利用与国外同行一起工作的机会培养人才，使他们尽快提高水平。

鼓励青年人攻读硕士、博士学位，从而继续深造。

逐步建成了一支理工、人文、艺术多学科的专业人才队伍，为敦煌文化遗产的保护传承事业提供人力资源支撑。

四、小结

对我而言，保护管理莫高窟是一个管理者的应尽职责，为了尽好责守，唯有在大家的帮助下，坚持不断地学习、探索、实践。我能为莫高窟保护管理做些工作是我的幸运，但非我一人之力而能为之，也非我个人有过人之处，是因为适逢国家改革开放的大好时机，莫高窟得到了国家的高度关注和支持；我自己得到了前辈的培养；又与国内外许多保护研究机构和专家学者的大力合作并得到帮助；又与本院广大职工共同努力，才使我能为莫高窟的保护管理做了一些工作。

今天在这里我要向所有帮助、关注和支持过敦煌研究院保护管理工作的国内外科研机构和专家学者表示衷心的感谢！特别要感谢近 30 年来长期支持莫高窟保护管理工作的盖蒂基金会、盖蒂保护研究所以及盖蒂中心的各位专家、学者！

最后，我期盼着敦煌研究院和盖蒂保护研究所继续合作，为全人类的敦煌莫高窟的科学保护管理工作做出新贡献。

［本文为 2016 年 5 月在美国盖蒂中心与加州大学洛杉矶分校联合举办的敦煌莫高窟专题研讨会（Cave Temples of Dun-huang: History, Art, and Materiality）上的主题发言稿；后载于《敦煌研究》2016 年第 5 期］

◈ 莫高窟坚守者：保护传承世界遗产的文化自觉与担当

2月24日晚，我在敦煌的家中看到《新闻联播》播出的李克强总理主持召开国务院常务会议，部署文物保护工作，对加强文物保护与合理利用等提出明确要求的新闻。

3月5日，我在人民大会堂又聆听了李克强总理所作的《政府工作报告》，其中提到"加强文化遗产保护利用"。作为一名毕生从事文物事业的基层工作者，学习后倍感亲切、倍感激动。回顾敦煌研究院走过的历程，深深体会到党和政府关于文物工作一系列方针政策的无比正确。正是在这些方针政策的指引下，一代又一代莫高窟坚守者不断增强保护传承祖国文化遗产的自觉，在困难与挑战面前敢于担当，不懈创新，使千年遗产重新焕发青春。

敦煌有历史记载已2000多年。它位于甘肃省河西走廊西端。汉唐时期的敦煌，东可到达长安、洛阳，西可通向古代西域，经西域南北两道，越过帕米尔高原，可通向中亚、南亚印度、西亚波斯，乃至地中海的古希腊、古埃及；向北越过戈壁沙漠，沿天山北麓西行进入草原丝绸之路，是古丝绸之路上的一个"咽喉之地"。这个时期，西部边陲的敦煌既是东西方贸易的中转站，也是宗教、文化和知识的交汇处。莫高窟就是古代中西文化在敦煌交汇交融的载体和结晶。

闻名遐迩的世界文化遗产莫高窟建造于4～14世纪，以其彩塑和壁画及藏经洞出土文献闻名于世。世界上没有一处佛教遗址能绵延千年建造，又能成为如此丰厚博大的艺术宝库和文献宝藏。1961年，莫高窟被国务院列为第一批全国重点文物保护单位。1987年，联合国教科文组织世界遗产委员会主席团第十一届会议审议批准，将莫高窟列入世界文化遗产名录。批准文件指出："莫高窟符合世界文化遗产的第Ⅰ、Ⅱ、Ⅲ、Ⅳ、Ⅴ、Ⅵ全部六条标准。"按照遴选条件规定，文化遗产只要达到六条标准中的一条，就可列为世界文化遗产，而莫高窟符合全部六条标准，充分说明莫高窟是一处具有世界突出意义和普遍价值的文化遗产。

16世纪中叶因嘉峪关封关，敦煌人民东迁关内，莫高窟遂被遗弃。之后400年间莫高窟处于无人管理、任人破坏偷盗的境况，神圣的佛教艺术殿堂几乎变成了破败不堪、满目疮痍、病害频生的废墟。直到1944年收归国有，成立国立敦煌艺术研究所，莫高窟才开始得到保护和管理。

敦煌研究院诞生于抗日战争的艰难时期，成长于万象更新的新中国发展之时，壮大于日新月异的改革开放之后。1944年国立敦煌艺术研究所成立，以常书鸿为首的一批志士仁人、青年学子远离城市，来到大漠戈壁，艰苦奋斗，初创基业；1950年，改组为敦煌文物研究所，得到党和国家领导人的高度重视，文化部确定了"保护、研究、弘扬"的办所方针，20世纪60年代初国家困难时期，周恩来总理批示拨出巨款加固濒危的莫高窟；改革开放后，邓小平同志来莫高窟视察，非常关注莫高窟的保护，指示有关部门解决了莫高窟面临的突出困难。1984年，甘肃省委、省政府决定，扩建敦煌文物研究所为敦煌研究院，扩大编制、增加部门、汇聚人才、改善条件，莫高窟事业迎来了发展春天，迈入科学保护、弘扬传播、成果竞秀、国际合作的崭新阶段。

建所伊始，常书鸿、段文杰等为代表的艺术家初到莫高窟，放下行李就进入洞窟，精美的壁画、彩塑令他们如痴如醉。他们在此坚守一生，始终心存一梦，就是想把精美的壁画全部临摹下来，想完好地保存莫高窟。常先生、段先生的这个梦也成为70多年来一代代莫高窟坚守者追求的目标和文化自觉。他们始终重视保护，并随着时代发展和认识深化，从理念到实践都在不断地探索、完善。这种重保护的理念成为敦煌研究院的传统，一路求索前进，特别是到了20世纪80年代中期莫高窟列入世界文化遗产名录后，国家向国际社会庄严承诺的有效保护和管理莫高窟成为敦煌研究院不懈追求的目标，勇于担当，集腋成裘，梦想成真。

一、保护是第一位的

保护是第一要义。作为保管机构的敦煌研究院，始终严格执行国家的"保护为主、抢救第一、合理利用、加强管理"的文物保护总方针，任何时候都把保护放在首位。莫高窟的保护、研究、弘扬和管理各项主要工作各有侧重，又互有联系。莫高窟与许许多多文化遗产一样，是属于国家所有的物质形态的文化资源，它既有珍贵稀有的价值，又有脆弱易损的特点。一旦破坏，不可再生，将永远消失。资深文物专家谢辰生先生说："必须明确，保护是第一位的，保护是利用的前提和基础。"没有保护根本谈不上利用，保护必须放在首位。

保护必须真实、完整、延续。莫高窟和其他文化遗产一样，不仅要保护好本体，还要保护好本体赋存的环境。也就是说要真实、完整地保存莫高窟全部价值，并延续其历史信息。为达到这一目标，敦煌研究院既要保护好莫高窟本体不同时代所有的洞窟建筑、壁画、彩塑，又要保护好窟前的寺庙、舍利塔、地下遗址，以及周边的沙漠、戈壁、河流、树木等人文和自然环境景观；

既着眼于当代的保护，又努力做到完完整整、原汁原味将莫高窟全部价值和历史信息传给子孙后代，让子孙后代也能持续保护和有序利用。如果我们保护不好，轻则丢失了信息，降低了价值，重则造成不可挽回的损失。

"不改变原状"的保护实践。敦煌研究院实施了多次莫高窟崖体加固，所有加固工程方案均经过反复论证和修改，做到了既确保崖体和洞窟文物的安全，又将加固工程对原有石窟外貌特征和周围景观环境的影响降到最低。

为了保存莫高窟及其周围人文和自然环境历史格局的延续性，拆除了窟区近现代添加物；迁移了窟区前所有的工作和生活用房；完整地保护了窟区人文和自然景观，使莫高窟保持了庄重、古朴、幽静的历史面貌和文化氛围。

数量巨大、艺术精湛、内容广博的莫高窟壁画已经十分脆弱，病害多发。为了让珍贵的壁画得以长久保存，我们对它的制作材料与工艺技术、赋存的洞窟微环境、病害原因和机理，深入调查、评估、分析、研究。在上述工作的基础上，又通过对修复材料的筛选与保护效果评估，确定了不同病害防治的修复材料和工艺。70多年持续不断地探索与实践，抢救了许多洞窟的精美壁画和彩塑。

多年来采用的各种保护技术，虽使莫高窟壁画得以延年益寿，但依然阻挡不了它的逐渐退化。敦煌研究院早已建立起以洞窟为单位的保护档案。为了莫高窟的长久保存和永续利用，又探索采用数字技术保存敦煌壁画。通过数字影像拍摄、色彩校正、数字图片拼接和存贮技术，已经完成了莫高窟60多个洞窟高清数字影像拍摄和拼接，初步建立了莫高窟数字影像档案。

即使再高超的修复技艺，也只是对已有残损和病害壁画的弥补，为提高保护的主动性和预见性，我们还初步完成了莫高窟监测预警运行体系的构建。该体系可及早发现和辨别壁画、彩塑本体及其赋存环境的细微变化，不仅能为风险评估预警和尽早实施应对控制给出重要依据，也可为壁画病害机理的研究提供必要的条件，实现莫高窟预防性保护。

20世纪80年代后期开始，敦煌研究院建立起莫高窟安全防范设施。近年建成完备的莫高窟安防系统，包括入侵报警、视频监控、音频复核、在线电子巡查、周界报警、安全照明、安防通讯等多个子系统。监控系统覆盖了莫高窟所有洞窟和窟区要害部位及馆藏文物，可对布防区域全面有效监控。

保护贯穿于旅游开放的全过程。让中外游客来敦煌莫高窟欣赏它无与伦比的艺术、感受它博大精深的内涵，是敦煌研究院应有的职责。同时，顶级的价值和高度脆弱的保存状态决定了莫高窟必须有度、有节制地合理开放。莫高窟自1979年正式开放以来，我们始终在保护好的前提下合理利用，在利用中坚持保护，没有为了开放去牺牲文物，也没有为了保护就闭门谢客。我们不能把保护和利用隔离开来，不能只说保护，不顾利用，也不能只说利用，不管保护，必须把保护与利用恰如其分地联系起来。

做到有度、有节制地合理开放，不是凭拍脑袋和根据领导意志做决定。在旅游开放过程中，我们始终重视两个"安全"与"舒适"，既保证洞窟文物的安全舒适，也让游客的参观环境安全舒适。在所有开放洞窟安装了传感器，对进窟参观的游客数量和停留时间，以及引起窟内微环境变化的温度、相对湿度、二氧化碳浓度进行实时的常年监测。通过长期监测与研究，确定开放洞窟内的相对湿度不能超过62%、二氧化碳浓度不能超过1500体积浓度的临界值和开放洞窟不能小于13平方米、每批进洞窟游客不能超过25人、日游客最大承载量为3000人次。总之，科学的监测数据为我们提供了使用有"度"的依据，这样才能既保护洞窟文物，又保证游客舒适参观。如超过洞窟微环境和日游客最大承载量的各项指标，可能会诱发壁画病害和导致游客产生不适反应。

二、有度地利用遗产

监测数据表明，太小的洞窟显然不适宜大批游客进入；有严重病害和正在修复的洞窟也不宜对游客开放。为了对游客负责，发挥莫高窟的教育弘扬传承功能，我们在适宜开放的洞窟中精心挑选了不同时代，如北朝、隋唐、宋元等，不同形式，如殿堂窟、中心柱窟、大像窟、禅窟等，不同彩塑，如大佛、卧佛、成组塑像、慈善的菩萨、虔诚的弟子、威武的金刚力士像等，不同壁画，如飞天、故事画、经变画、供养人像、图案画等，以及举世闻名的藏经洞等代表性洞窟向游客开放，使游客在短时间内看到洞窟的精华，留下难忘的印象。看好是关键，听好也很重要。由于古代佛教艺术离现代生活比较遥远，为了让游客看懂洞窟内容，我们配备了训练有素的专职讲解员为所有游客讲解，每年对讲解员的专业、外语、服务等方面进行培训和考核，不断将敦煌学者最新研究成果融汇到讲解词中，使深奥难懂的中古时期的佛教艺术、人文历史，通过讲解员准确优美、深入浅出的讲解，融入游客脑海，揭示莫高窟精湛的艺术价值和丰厚的文化内涵。

为了进一步解读莫高窟的文化价值，我们在莫高窟建设了敦煌石窟文物保护研究陈列中心，展示了敦煌石窟的精品复制洞窟、图片、实物、模型、影片、文字说明、莫高窟考古出土文物和莫高窟的营建保护历程。藏经洞文物流失之后便空空如也，为此我们修建了藏经洞陈列馆，通过图片、复制品的展示，再现了藏经洞发现、被盗的经过及其出土文献的珍贵价值，还展示了我院艺术家们临摹的流失国外的绢画等艺术精品。

莫高窟是不可移动的文化遗产，为了让它发挥更大的弘扬功能，我们主动让几代艺术家临摹的莫高窟有代表性的原大原状复制洞窟和壁画、彩塑精品走出敦煌、走出甘肃、走出国门，在兰州、北京、上海、杭州、深圳、台湾、香港等地，以及波兰、捷克、日本、英国、法国、美国等国家举办敦煌艺术展览，近年还创新举办了不少数字敦煌艺术展。这些展览均获得极大成功，取得了良好的社会效益，敦煌艺术在国内外的影响越来越大。如2008年在中国美术馆举办的"盛世和光"展览，展期两个月，参观人数达66万人次；2014年在浙江美术馆举办的"煌煌大观"展览，展期三个月，参观人数40余万人次；现在正在上海举办的"敦煌：生灵的歌"展览也轰动了申城。

敦煌研究院按照科学核定的日游客承载量，严格控制每日游客参观数量。为了更有效地保护洞窟，让游客得到更好的观赏体验，我们经过反复探索验证，利用科技手段将洞窟壁画、彩塑搬到洞外展示，建成了莫高窟数字展示中心，让游客先观看4K超高清宽银幕电影《千年莫高》和8K超高清球幕电影《梦幻佛宫》，对敦煌艺术有了初步体验后，再到莫高窟实体适度观赏洞窟。游客普遍反映这种参观方式使千年文物走出洞窟，活了起来，比单一参观洞窟效果更好。在旅游淡季我们还主动组织当地（敦煌及其周边市县）民众免费观看上述两部影片，丰富了他们的文化生活，加深了他们对敦煌艺术的理解和热爱。

三、遗产地的严格管理

保护传承工作的落实，必须规范化、系统化、法制化，以纲带目，小中见大，协调推进，科学管理。

制定专项法规。敦煌研究院在莫高窟保护和管理工作中一贯严格遵循国际《保护世界文化与自然遗产公约》（下简称《公约》）、《国际古迹保护与修复宪章》和《中华人民共和国宪法》《中华人民共和国文物保护法》（下简称《文物保护法》）以及《中国文物古迹保护准则》（下简称《准则》）等法律法规和行规。在甘肃省政府的支持下，我院起草了《甘肃敦煌莫高窟保护条例》（下简称《条例》），经甘肃省人民代表大会常务委员会于2003年3月批准颁布实施。《条例》明确了莫高窟的保护对象、范围，规定了文物保护管理机构的职责、应遵循的保护方针和原则，赋予我们保护管理莫高窟方面的权利、义务，应遵循的行为准则和责任。

《条例》要求我们在保护方面应当按照国家法律法规和有关规定，对莫高窟加固、修缮、修复、日常保养、人文和自然环境保护以及文物安全等等，制定相应的规章制度。《条例》还规定莫高窟保护范围内的土地不得转让、抵押或者赠与、出租、出售，不得作为企业资产经营，不得用于不利于文物保护的活动。

我们依据《条例》制定了保护的规章制度，规范了保护的行为。在保护范围内保管机构和旅游基础设施的建设也严格遵守《条例》规定，在建筑布局、结构、体量、高度、色调等方面与莫高窟文化内涵和环境风貌相协调。我们自身也不在核心保护区建设商业设施，兜售商品。

《条例》制定以后，社会上有人让敦煌研究院压缩莫高窟保护范围，企图在保护范围内搞开发建设；有人在保护范围里修建了不该建的设施；还有人提出了让莫高窟"捆绑上市"、在莫高窟搞不当开发建设、把莫高窟交给企业经营等建议，我们都依法、依《条例》进行了解释与制止。

《条例》要求我们在利用方面必须遵守文物保护工作方针，科学确定莫高窟旅游环境容量、限制游客数量，还要求制定目标明确的短期和长期的游客管理规划。我们根据《文物保护法》《条例》，制定了有利于保护洞窟文物和游客观赏的洞窟开放标准、洞窟开放使用管理制度、洞窟轮流开放制度、洞窟监控办法。针对旅游旺季游客不断增加的情况，我们还制定了有效疏导和控制游客数量的游客参观线路和预约制度。还定期通过游客问卷调查，收集游客类型、游客满意度、游客预期值、游客行为观察等信息，从中发现和纠正旅游开放工作存在的问题，采纳游客的建议，提升游客管理服务质量和游客满意度。

《条例》为莫高窟的保护、利用与管理提供了强有力的法律支撑和法律保障。

制定保护规划莫高窟的保护是一项艰巨而复杂的系统工程，要有明确的保护方向、保护目标、保护原则、保护措施。敦煌研究院与美国盖蒂保护研究所、澳大利亚遗产委员会、中国建筑研究院历史建筑研究所三国四方合作编制完成了《敦煌莫高窟保护总体规划（2006～2025）》（下简称《规划》），经国家文物局审批后，由甘肃省人民政府颁布实施。

《规划》根据《公约》和《文物保护法》，遵循国际公认的完整、真实、可持续地保护文化遗产的理念，按照《准则》要求，对莫高窟文物本体以及环境要素的价值作了全面评估，又对莫高窟的本体及其环境的保护、保存、利用、管理和研究分别作了系统科学的评估，据此制定总体规划的目标、原则和实施细则，又按照保护、研究、利用和管理四个方面制定分项规划的目标与对策，编制主要措施与分期实施计划，最后提出规划实施的支撑体系。

《规划》具有强制性和约束力，为保护管理提供了具有规范性和权威性的依据。自《规划》制定和颁布以来，我们始终以《规划》为指导和依据，开展莫高窟保护和利用的各项工作。

"开门保护"和人才队伍建设管理的成败关键在人，人的进步，特别是理念的更新尤为重要。改革开放以来，敦煌研究院坚持"开门保护"，与美国、日本、英国、澳大利亚、法国等国家，以及国内的高等院校、科研院所持续开展合作，共同对莫高窟的保护、传承和管理进行了探索研究，吸收了国内外的先进保护理念和成功管理经验，学习了先进的保护方法和修复工艺，逐渐与国际接轨，在我国古代壁画保护研究领域居于领先地位。

结合我院专业工作需要，采用各种办法，培养不同层次人才，是莫高窟持久发展的根本保障。我们充分借助国际国内交往多的有利条件，选送中青年专业人员到国内外高等院校进修学习；利用与国外一流同行一起工作的机会培养人才，使他们很快提高水平；鼓励青年人攻读硕士、博士学位，使他们继续深造。逐步建成了一支理工、人文、艺术多学科的专业人才队伍，为敦煌文化遗产的保护传承事业提供了人力资源支撑。

　　长期以来，莫高窟的坚守者以智慧和汗水积淀了"坚守大漠、甘于奉献、勇于担当、开拓进取"的莫高精神，成为敦煌研究院70多年薪火相传、生生不息的不竭源泉和强大动力。敦煌研究院为莫高窟的保护管理、旅游开放所做的努力，获得了社会广泛认可；不断潜心探索研究、长期实践形成的莫高窟有效保护、合理利用的工作方式，亦得到国内外同行的承认和赞同。

　　2010年在巴西召开的世界遗产委员会第34届会议，将敦煌莫高窟的保护管理、旅游开放经验作为典型案例，向各国世界遗产地传播供大家分享。会议形成的大会文件附件文本指出："莫高窟以非凡的远见展示了有效的遗产地旅游管理方法以保护遗产地的价值，树立了一个极具意义的典范形象。"

（原载于《光明日报》2016年3月8日第15版）

《敦煌莫高窟保护与管理总体规划》的制定与收获

中国作为世界四大文明古国之一，全国范围内遗存了数以万计的不可移动的文物古迹，这些文物古迹不仅是中华民族五千年文明史的实物见证，也是全人类共有的珍贵宝藏。长期以来，中国政府十分重视文物古迹的保护，并于1982年颁布了《中华人民共和国文物保护法》，法规的颁布和实施，使中国的文物保护工作纳入了法制管理的轨道，并取得了良好的效果。但随着中国开始实行市场经济，以及城市基本建设的迅猛发展，国家对基本建设的大量投入，使得中国经济在世界上迅速崛起，人民的生活水平得到迅速提高。在这样一个社会大环境中，不少地方的文物保护与当地的经济建设和逐年增加的旅游热潮产生了不少的矛盾。这种状况使得一些文物从业人员在遗址保护和管理工作中，不尊重文物保护工作的基本规律和特点，特别是保护工作中，甚至发生了破坏性保护。文物古迹的保护及价值去向等方面，都面临新的课题与新的挑战。"拓展保护观念，坚持保护原则，为文物古迹保护事业的可持续发展，制定明确的保护工作准则已势在必行。"[1]

在这种历史的大背景下，从1997年冬开始，国家文物局与美国盖蒂保护研究所、澳大利亚遗产委员会合作编撰《中国文物古迹保护准则》（下简称《准则》），我有幸参加了编撰的全部过程。《准则》的编撰，通过了四年多的努力，经广泛征求意见，反复修改，日趋完善，现已定稿，不久将由国际古迹遗址理事会中国国家委员会向国内外公布。《准则》是结合中国实际情况，在中国文物保护法规体系的框架下，参照国外文物管理的先进理念而制定的。其内容由两部分组成：一是《准则》正文，包括"序言""总则""保护程序""保护原则""保护工程""附则"，共5

1　国际古迹遗址理事会中国国家委员会：《关于〈中国文物古迹保护准则〉若干重要问题的阐述》，《中国长城博物馆》2013年第2期，第71～81页。

章38条；二是《关于〈中国文物古迹保护准则〉若干重要问题的阐述》（下简称《〈准则〉简述》）。它是指导我国境内文物古迹保护工作的行业规则和评价工作成果的主要标准，对提高全国的文物古迹保护和管理工作的水平有重要的指导意义。

在准则的起草修改过程中，为了验证《准则》的权威性与可行性，1999年开始，敦煌研究院、美国盖蒂保护研究所、澳大利亚遗产委员会三方以敦煌莫高窟遗址为例，用《准则》规定的保护程序、原则作为指导，合作制定了《敦煌莫高窟保护与管理总体规划》（下简称《总体规划》），经过2001、2002两年，中外专家数次召开"莫高窟贯彻《准则》研讨会"，深入讨论，广泛征求意见，对1999年起草的《总体规划》初稿作了全面修改，形成了中国在《准则》指导下的第一份遗址保护与管理总体规划。

一、制定《总体规划》的必要性

《〈准则〉阐述》指出："凡是具有环境要素的和群体规模的保护单位，都应当编制保护总体规划。"一般来说，遗址都是历史的实物遗存，并经历了长时期的沧桑变化，群体规模的遗址包含不同时代、不同内涵的丰富信息；在遗址形成过程中，也逐渐形成了其周围特有的自然和景观环境。敦煌莫高窟是著名的世界文化遗产，巨大的历史、艺术、科技价值，使它在中国乃至世界文化史上占据重要的地位，在当代社会的文化建设中也有着重要的意义。长期以来，为保护祖国这一珍贵遗产，我们做了大量的工作，取得了一些成绩，但也走了不少弯路。在实际的保护工作中，我们经常面对这样一些问题：遗址应该如何进行保护，保护工作应当遵循怎样的原则和程序，才可以尽量避免失误？遗址保护和管理应建立什么标准？面对文物的病害和退化，怎么保护才是最为恰当的？如何将单个、独立的保护行动，彼此联系起来？如何将保护的各个专业，如档案记录、环境监测、病害分析，以及实施最终的保护措施结合起来做好我们的保护工作，等等。为解决这些问题，我们进行了长时间的思考和探索，虽然摸索出了一些成功的经验，但在实际应用中，仍然遇到不少令人困扰的问题。我们切实感受到，文物古迹所有的保护与管理工作需要在科学的理念和规范指导下进行。因此，制定莫高窟《总体规划》是十分必要的。

《准则》所说的保护，不是狭义的遗址本体的保护，而是遗址本体以及周围自然和景观环境的保护。由于遗址和其周围环境的不可再生性、珍贵性、独特性、脆弱性，遗址的保护和管理任务十分艰巨和复杂。因此，要有效地实施遗址的保护和管理，必须经过充分调查、论证、评估，确定恰当的目标和措施，这样的工作也就是制定保护与管理总体规划。即从对遗址价值和现状调查、评估开始，进而在评估基础上选择保护和管理的目标和对策，又与管理诸多条件综合平衡，最终确定遗址保护和管理的目标和对策。因此，拟定遗址保护和管理总体规划，不仅包含了丰

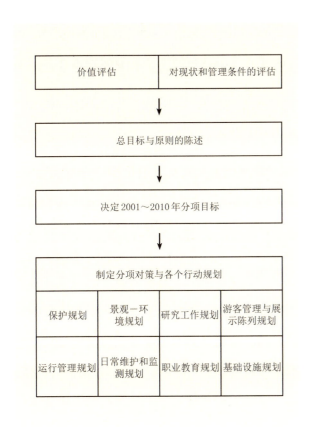

［图1］
莫高窟《总体规划》
编制的主要内容与
步骤

富、广泛的内容，而且也是一个有步骤、按顺序进行的复杂过程。既不论证和评估，又无计划和目标的任何保护和管理活动，都有可能给遗址带来损伤和破坏。只有有了规划，实施保护和管理工作才有了依据，并在遗址管理工作中具有规范性和权威性。

二、制定《总体规划》的过程

按照《准则》"一般规划应包括保护措施、利用功能、展陈方案、管理手段四方面内容""保护必须按程序进行"的规定，编制莫高窟《总体规划》的主要内容和步骤依次是：资料收集调查、价值评估、现状和管理条件的评估、制定总目标与实现总目标的原则、确定分项目标、制定分项目标的对策〔图1〕。

（一）资料的收集与价值、现状的评估

《准则》规定："制定保护规划必须根据评估的结论。"要做出恰如其分的评估，首先应尽可能充分占有全面、丰富的资料，然后通过对一切所得资料的认真分析，才能对遗址价值和意义做出准确的说明。要依据资料来证实遗址的价值和意义，因此资料质量的高低，就直接关系到能否正确评估遗址的价值、能否正确认识遗址的文化意义、能否正确评估保护与管理现状，甚至关系到能否正确选择保护与管理的对策。因此，全面、翔实、准确地收集资料成为制定遗址总体规划的坚实基础，评估前必须高度重视资料的收集工作。

莫高窟《总体规划》的资料收集工作，就内容而言，应包括评估价值与意义、保护的历史与现状、日常维护、环境与景观、游客管理、展示陈列、基础设施建设、运行管理等；就形式而言，包括文字资料、口头传说、图片资料、测绘资料、考古资料、技术资料等等；就时间而言，有过去的历史记载和现在的监测记录。敦煌莫高窟文物和藏经洞文献，经国内外学者近百年的整理、探索、研究，积累了极其丰富的资料，取得了极其丰硕的成果。莫高窟的保护工

作也已积累了近60年的经验和技术资料。我们将这些资料和研究成果作为我们制定《总体规划》时评估敦煌莫高窟文化价值及保护和管理现状的依据；至于莫高窟目前的保护与管理的现状，也已进行了大量的调查、监测和收集资料。

《准则》第11条规定："评估的主要内容是文物古迹的价值，保存的状态和管理的条件，包括对历史记载的分析和对现状的勘查。"

任何一个遗址的保护与管理，都存在许多方案和对策可供选择。确定最恰当的方案和对策，应以确能完整、真实地保护遗址及其价值作为标准。所以对遗址的价值、意义、保存现状和相关管理制约条件的充分分析评估，是选择保护和管理对策的前提。大型遗址及其环境，有较长的形成过程和丰富内涵，大多具有多方面的价值。不同遗址又有不同的价值，几乎所有大型遗址都具有一定的历史、艺术、科技价值。做好遗址价值的评估，除了提供它的普遍价值之外，关键要认识它不同于其他遗址的价值；除提供主要价值之外，还应将所有的价值都考虑进去，在评估中应充分认识每个遗址特有的价值。为了充分说明遗址的价值，应将其放在历史文化大背景及同类遗址对比中，去评估它特有的价值。遗址价值的认识都是经过资料分析、研究的结果，随着研究的深入，认识的深化，对遗址价值的评价也会逐渐深化。遗址价值评估应在不断的研究中逐渐地深化，遗址的研究越深入，对遗址价值的评估越科学、越准确。总之，对遗址价值客观而恰当的评估，是制定《总体规划》过程中十分重要的步骤，对做出管理的决策至关重要。

要对遗址保护和管理做出正确的决定，在评估文化价值的同时，还要评估遗址保护现状和相关管理条件的现状。一般来说，群体遗址规模宏大，文物类别多样，保存状况极其复杂。保护现状的评估，首先，必须全面了解遗址不同类别的文物本体稳定、退化、病害的状况；这些稳定、退化，甚至病害的现状，是早已有之，还是后来产生的，是否在继续发展；这些退化或病害发展的特征和速度的状况，以及构成遗址退化或产生病害的原因、性质，要进行全面调查、监测、分析，做出尽可能客观、科学的评估说明。其次，遗址的保存状况，无论稳定、退化，或是病害，都离不开遗址环境的影响，所以保护现状评估，必须与遗址环境联系起来。遗址自然环境的历史变迁，目前的各种自然状况及其与遗址退化或病害之间的关系，也必须通过调查、监测、分析，做出科学的评估。再次，对遗址的保护现状做出评估后，可能会产生许多不同的方案和对策供我们选择。方案和对策的选择不能离开相关的管理条件现状，也就是说，我们对任何保护方案和对策的选择，都受到相关管理条件的制约，所以，我们选择对策，无法也不能离开管理条件的因素。具体来说，遗址的日常维护状况、环境管理、遗址的开放、展示陈列、游客的管理和服务、学术研究、职工队伍、法律地位、基础设施、经费等等方面的状况，都会影响到保护决策的选择。只有在需要保护和可能提供的管理条件之间取得平衡，才能做出最后的选择。所以对遗址的管理条件做出全面、客观的评估，也是决策前必须做好的工作。

由于评估遗址的价值以及评估保护与管理现状，既是编制规划必不可少的重要的基础工作，也是规划编制中的决定性环节，我们应重视评估工作，做好评估工作。但评估又是一种带有主观因素的行为，所以评估要特别注意避免主观因素的影响，尽量做到全面、客观、科学、准确，以便为编制规划打下坚实的基础，这点尤为重要。

莫高窟《总体规划》文化价值的评估，是以过去积累的研究成果为基础，进行综合分析、归纳、提炼，做出的说明。每个遗址都有它不同于其他遗址的独特性和特有的价值，因此，我们在评估莫高窟遗址的文化价值时，努力挖掘各个方面价值的特有内涵，力争做到准确不漏；同时经过归纳总结，列出了莫高窟特有的不同于其他同类遗址的多种历史价值、艺术价值、研究价值和社会价值。通过此次为制定莫高窟《总体规划》而进行的文化价值的评估，使我们在以前认识的基础上，深化了对莫高窟独有的特征、丰富的内容、多方面的价值，及对当前社会的重要现实意义的认识。

对莫高窟保护现状的评估，是根据过去积累的大量技术资料，以及目前遗址及环境的各项监测资料，着重分析遗址保护的哪些方面不稳定、哪些方面发生退化，哪些方面发生了病害，哪些是构成退化和形成病害的原因，影响遗址保护的环境因素是什么，过去做过哪些保护工作，等等，并做出全面评估。遗址管理的诸多方面，如日常维护和监测、洞窟开放、游客管理、展示陈列、敦煌学研究、遗址运行管理、职工队伍建设、基础设施等的现状，也逐项做出有利与不利条件（不利条件指遗址管理中存在的制约因素）下的全面、客观的评估。

总之，通过对文化价值的评估，进一步全面、充分、深入地揭示了莫高窟独特的、珍贵的、多元的文化价值和重要意义；通过对保护和管理现状的评估，更加全面、清晰、深入地反映了莫高窟的保护现状，也更明确了目前保护中存在的问题；通过对各项管理条件的评估，也找到了影响莫高窟保护和管理的制约因素，找到了我们在保护和管理工作中的差距。上述评估，为莫高窟《总体规划》下一步确定目标和对策打下了基础，为敦煌研究院改进保护和管理工作指明了方向。

（二）制定总目标与实现总目标的原则

在对遗址价值和现状评估后，会提出一系列需要解决的问题，也会提出一系列不同的保护和管理工作的对策。作为遗址的总体规划，在对遗址文化价值及保护和管理现状做出全面评估后，应首先根据遗址的文化价值、保护与管理中存在的主要问题，说明遗址保护的目的和任务，也就是提出总目标，然后依据总目标再列出分项目标。如果总体规划没有总目标，而只列了许多分目标和具体对策就实施保护，这与头痛医头、脚痛医脚的做法，没有什么不同。这样不仅会顾此失彼，而且还会偏离保护和管理的目的，甚至会破坏遗址的文化价值。只有制定明确的总目标，才能保证遗址通过科学的保护与管理工作，使遗址的文化价值得到最好的保护。

《准则》指出："保护的目的是真实、全面地保存并延续其历史信息及全部价值"，"文物古迹应得到合理的利用"，"研究应当贯穿在保护工作全过程，所有的保护工作程序都要以研究的成果为依据"。莫高窟保护与管理的根本目的就是要保护莫高窟保存至今的全部历史信息及其多方面的文化价值，采取多种技术和管理的综合措施，延缓多种自然力的破坏，制止开放利用中的人为损伤和破坏；在保护好的前提下，进行合理地利用，满足人民精神文化的需求；对莫高窟丰富的内容，要深入探讨研究，推动敦煌学的发展，弘扬优秀的敦煌文化。我们按照《准则》的要求，根据莫高窟价值与现状评估的结论，特别是针对保护与管理中存在的主要问题，《总体规划》制定出了 2001～2010 年的总目标：①保护——防止遗址的进一步退化，采取诸如科技、修复、日常维护和游客管理以及安全预防措施等各种保护手段维护其文化价值；②研究——通过整理研究敦煌石窟和藏经洞文物，丰富敦煌学的研究成果和人类知识；③教育弘扬——提高世界人民对遗址价值的认识和知识水平；④文物回归——尽管近期无法实现此目标，但规划的长远目标之一是把莫高窟流散文物回归遗址，以便加强遗址文化价值并便利于研究工作。

《准则》制定了"保护原则"的专章，明确规定了能做什么、不能做什么，它是适用于指导全国所有遗址的普遍原则。由于大型遗址保护任务的艰巨性、保护过程的复杂性与困难性，不同遗址又有不同价值、不同特点、不同问题。为了有针对性地做好每个遗址的保护与管理工作，制定遗址规划时，在遵循《准则》的保护原则基础上，应根据遗址的价值、现状评估的结果以及遗址自身的特点、存在的问题，制定出能指导遗址自身所有保护与管理活动的具体原则。这些原则要说明为什么要保护遗址和怎样保护遗址，并规定在遗址内能开展与不能开展的活动。只有制定出遗址能做什么、不能做什么的明确的保护原则，才能保证实现总目标，才能使各项保护与管理工作的分目标和对策在正确的原则指导下进行，才能保证遗址的文化价值得到保护。

我们在制定莫高窟《总体规划》时，按照《准则》的保护原则，制定了符合莫高窟自身特点的具体原则 14 条，其内容归纳为以下 4 个方面：①必须遵循《中华人民共和国文物保护法》《中国文物古迹保护准则》《保护世界文化与自然遗产保护公约》以及相关法规，依法保护和管理；②所有的保护与管理工作，应尽量减少对文物的干预，所有的活动以及采取的对策和措施，都以不损坏遗址的文化价值为前提，各项保护技术的使用，必须经过前期试验、论证；③保持遗址及其环境景观的原貌，遗址的视觉景观应受到全面的保护，不能增加破坏原貌的任何建筑物、构筑物，莫高窟窟前不准进行任何商业活动；④遗址的利用功能应与其文化价值相协调，游客人数限制在遗址允许的承载量之内。

《总体规划》的这些原则，既遵循了《准则》的普遍原则，又有针对性和可操作性。

（三）制定分项目标及其实施对策

规划总目标的实现，要采取各种相应的措施才能付诸实施，显然不能无序地工作，而是根据规划总目标的要求以及遗址价值和现状的分析评估，按照保护和管理不同类别的工作，将总目标分解为若干分目标，在每个分目标中，进一步选择具体目标和对策。

莫高窟《总体规划》确定的总目标，除了第4项"藏经洞流散文物回归"为长远目标外，其余3项，均为10年规划中应实施的目标。根据总目标的要求：保护，应做好莫高窟遗址及其环境和景观的保护工作，并做好遗址的日常维护；研究，应做好敦煌学的深入研究；教育弘扬，应做好莫高窟科学的开放利用、游客管理和展示陈列。为实现保护、研究、教育弘扬的总目标，与之相适应的配套管理工作，应做好遗址的基础设施建设和日常运行管理，以及能承担起莫高窟科学保护和管理重任的职工队伍的培训教育。所以，根据莫高窟《总体规划》总目标的要求，应分解为以下8项分目标：①保护；②日常维护和监测；③景观—环境；④研究；⑤游客管理与展示陈列；⑥运行管理；⑦职业教育；⑧基础设施。

总目标和分项目标的要求，则要选择恰当的实施对策去付诸实施。所以每个分项目标中应分别选择若干相应的实施对策。所谓选择恰当的实施对策，即采取一定的措施，能使遗址保持稳定或抑制、延缓其退化。一切保护和管理的实施对策，是为了保护遗址及其文化价值。所以，选择任何实施对策，应以保护遗址及其文化价值为前提，并要严格遵循《准则》和遗址总体规划的保护原则，尽量选择最小干预的方法，以求能最大限度地保护遗址文化价值。选择实施对策应慎之又慎，因为这些对策措施，总会给遗址带来或多或少的干预，这些干预会或多或少使遗址受到损失，或者发生变化。所以，保护不是必须大修、大治，而是应慎重选择确能保护遗址文化价值的对策。

莫高窟《总体规划》的8项分项目标，都分别选择了若干项实施对策。现在以第5项"游客管理与展示陈列"为例，说明选择实施对策的意义。莫高窟《总体规划》通过对游客管理与展示陈列的现状评估，充分分析了有利和不利条件。

莫高窟《总体规划》指出，从洞窟保护方面，莫高窟大多洞窟空间狭小，可供适合游客参观的开放洞窟，数量较少；旺季一些洞窟游客承载量严重超标，造成洞窟内温度、湿度、二氧化碳浓度、尘埃等增加，给洞窟内的壁画会带来不同程度的影响；洞窟过度使用，洞窟小环境没有相应的恢复时间；游客喧哗对洞窟造成轻微的振动危害；洞窟频繁地开启，自然光、手电光等光线对洞窟壁画造成影响；窟内保护壁画的玻璃屏风的使用，不仅影响视觉，同时潜在一种危险，如游客过量在窟内拥挤，发生玻璃屏风破损，会直接对壁画造成损伤；缺乏与旅行社的联系和沟通，缺乏游客量的信息，缺乏对游客量的测控和有效管理等。从游客参观方面来看，由于洞窟内光线较暗、空气质量较差、噪音较大，展示效果不够理想；洞窟栈道过于狭窄，造成游客流动的受阻；缺乏科学的参观线路设计和严格执行的有效措施；缺乏展品的外语介绍和国际通用的标志；缺少观众参观前为游客服务的综合性介绍；缺乏有针对性的参观资料或参观导览资料；缺乏现代化的展示手段和设备；缺乏对游客进行有关遗址保护知识的宣传教育；为游客提供的餐饮、卫生等服务设施较少。

根据莫高窟《总体规划》总目标第1项"保护"、第3项"弘扬教育的要求"，以及《总体规划》实现总目标的原则第4项"遗址的所有活动，其中包括研究工作以及游客的参观，均不应损害其文化价值"、第10项"游客人数将限制到遗址允许的承载量"、第8项"游客参观石窟必须有讲解员带领"的要求，确定游客管理与展示陈列如下5项具体目标：①科学地确定开放洞窟合理的游客承载量，把游客人数限定在洞窟承载量之内；②合理调整安排淡、旺季游客参观时段，以缓解游客相对集中于旺季的情况；③向游客展示敦煌石窟各个方面的价值（包括历史、艺术、文化、保护等方面）；④改善游客参观遗址的条件；⑤制定弘扬教育的计划。

在每个具体目标内，都选择若干实施对策。如第3项具体目标的对策有：①制定整个遗址的展陈计划；②建立游客服务中心，采用不同手段和方式，在参观前向游客提供敦煌石窟的综合展陈与介绍，同时推荐专题景点的展陈，为游客提供专题展陈与介绍；③提供多条参观路线；④增加参观的新景点，包括莫高窟的上、中寺，加固并开放北区石窟，增加复制洞窟等。

我们按照《准则》的要求，通过以上过程，编制出了莫高窟《总体规划》，我们必须依据《总体规划》的要求，开展莫高窟的管理与保护工作。编制遗址总体规划的根本目的，是通过科学、恰当的保护与管理手段，使遗址的文化内容和文化价值得到有效保护。由于遗址的珍贵性、独特性、不可再生性，不仅其保护任务艰巨、复杂，而且实施保护又是一个复杂的过程。如果对遗址不做调查和评估便断然采取保护措施，这种保护措施可能带有很大的盲目性和随意性，可能会给遗址造成损失或发生变化，这样势必导致遗址实物及其所承载的历史信息或多或少的丢失，这种名曰保护的措施，实际却破坏了遗址及其文化价值。这说明保护遗址及其文化价值，不仅制定遗址总体规划十分必要，而且规划过程的内容、所涉及的步骤的逻辑顺序，也十分重要。《准则》规定的编制保护总体规划的内容，不但不可缺少，并且还要使这些内容严格按照《准则》规定的科学顺序，一个一个步骤地去做。如不按逻辑的步骤去做，不仅使编制的遗址总体规划成为一纸空文，而且将导致目标、决策的失误，最终因保护工作的失误给遗址造成不可挽回的损失。

所以，编制规划，必须严格按照《准则》规定的步骤、内容及其顺序进行，以保证规划的科学性。

三、制定《总体规划》的收获

敦煌研究院参与国内外研究机构合作讨论起草《准则》的文件，在起草过程中，以《准则》为标准，合作编制、起草、修改了莫高窟第85窟保护项目规划与莫高窟的《总体规划》，又合作共同实施莫高窟第85窟保护项目。参与编制规划及实施保护项目的实践中，我们在遗址保护的工作上和理念方面有如下收获：

（一）建立起石窟保护工作的科学模式

过去敦煌研究院长期从事敦煌石窟的保护，做了大量的工作，也积累了不少经验。譬如，在修复和加固前，也做现状记录，也有档案，也做分析监测、评估论证；修复和加固完成后，也有记录，也有验收。但离《准则》的要求，与国外先进的保护管理经验相比，我们的工作随意性较大，无一定规范，缺乏工作的要求和标准，各项工作之间缺乏联系，保护专业技术人员虽然做了大量保护工作，不太注意工作的科学性。

在编制莫高窟《总体规划》之前，我们首先以莫高窟第85窟保护项目进行试验。该窟是开凿于9世纪60年代的一个大型洞窟，内容丰富，价值珍贵，是莫高窟晚唐时期的代表洞窟。第85窟位于莫高窟石窟群的底层，有多种病害，特别是壁画酥碱、空鼓、起甲等病害最为严重。该窟在莫高窟的壁画病害中具有典型性。我们试图通过与美国盖蒂保护研究所合作研究该窟壁画病害，探讨解决壁画保护的难题。无疑，这个项目带有极大的挑战性。中美双方为了检验《准则》的可行性，并为编制莫高窟《总体规划》取得经验，即以该窟的保护项目做试验。我们组织保护研究所的全体专业技术人员参与制定第85窟保护项目的规划与保护实践，严格按照《准则》规定的编制规划的内容和顺序的要求，依次进行该窟背景资料的收集和调查、价值评估、保护现状评估、管理评估、制定该窟保护项目目标和对策的全部程序。与此同时，按该窟保护项目规划的要求，全面开展该窟保护项目的实践，在此过程中建立起洞窟保护工作的模式，并将其推广到其他各项保护工作中去。

首先，每个保护项目开始之前，全面系统地收集资料。

通过各种途径收集的资料包括：洞窟原修、历次重修的历史资料，洞窟建筑、壁画、彩塑的内容、布局、特征和风格的资料，20世纪各个时期拍摄的照片资料，壁画病害的类型、分布范围、面积、严重程度，以及壁画病害发展与修复史的资料，洞窟开放的资料等。改变了过去调查收集资料的随意性。

其次，保护专业技术人员和敦煌学研究人员结合，根据收集的资料，对洞窟的历史、艺术、科技、社会价值进行全面评估，并写出洞窟的文化价值评估报告，改变了过去保护专业人员只管保护，而不知对象是什么的状况。

再次，为了对洞窟保护现状做出科学评估，进行了洞窟环境气象监测和水文调查，以了解环境因素对洞窟的影响，为探明洞窟病害原因提供证据；进行了壁画颜料、颜色、地仗材料、胶结材料、支撑壁画的岩体成分、岩体含水量和含盐量的理化分析；进行了水和盐分运移活动的分析，以便进行病害原因的探讨；进行了整窟测量绘图、大比例拍照；进行了壁画病害的细致分类，设计出表示各种病害的图例，标示在测绘图上，以便在照片和测绘图上能清楚地识别壁画的现状和不同类型病害的分布范围、面积、程度，以及修复史的状况。以上采用各种科学手段所做的调查和现状评估，为准确了解保护现状和今后选择保护对策，打下了基础，改变了过去对保护对象调查记录的略举和随意性。

从次，对洞窟的管理工作状况也进行了评估。

经过调查和评估，我们将收集的资料和现状评估所做的各种监测分析的资料，进行了整理、汇集，以充实已有的洞窟档案资料。

最后，根据对洞窟调查和评估的分析，制定洞窟保护目标和选择保护措施。保护目标，就是保护、研究、教育弘扬。

具体到一个洞窟的保护，主要研究该窟壁画各种严重病害的机理，采取监测分析、修复、日常维护和管理等各种手段，遏制病害的继续发展，并防止其进一步退化，维护洞窟的珍贵价值。除对严重病害进行必要的修复外，洞内其他的壁画和彩塑不予干预，只采取日常保养手段对其进行保护；研究，通过整理研究该窟文物的内容和有关历史文献，丰富敦煌学的学术成果；教育弘扬，根据洞窟的保存状况和容量，决定是否开放。若要开放，则要通过带领讲解，提高游客对其成就和价值的认识及知识水平，以弘扬优秀的敦煌艺术。

选择保护措施，根据确定的目标和尽量少干预的原则，主要做好洞窟的日常维护保养，对洞窟本身及影响洞窟保护的环境因素进行监测和检查，采取各种手段改善洞窟的环境；对严重壁画病害，进行必要的修复，但要经过充分论证，修复材料和修复工艺也要进行试验，以维持壁画的稳定状态。

开放和管理也选择了相应对策。

通过上述第85窟保护项目实施建立起来的石窟保护工作（包括内容和程序）模式，现在不仅已经在敦煌研究院各项保护工作中施行，提高了我们的保护工作水平，而且使保护的各项专业技术工作有机地结合起来，构建形成了一套石窟保护工作的体系，推动我们的保护工作进一步规范化、科学化。

（二）培养了保护专业人员的科学保护理念

制定莫高窟《总体规划》的过程，既是敦煌研究院的保护与管理工作人员学习和实践《准则》的过程，也是培养科学理念的过程。莫高窟《总体规划》的最终制定完成，不仅凝聚了许多保护和管理人员的智慧和研究成果，也使参加编制规划的每个保护和管理人员学习了《准则》和国外先进的管理理念，找到了我们的保护和管理工作与《准则》要求之间的差距，找到了与国外先进的保护和管理工作之间的差距，知道了保护工作为什么要这么做与应该怎么去做，在自己的具体工作中，切身体会到《准则》的科学性和可操作性。编制规划和参加第85窟保护项目的实践，使我们的保护专业人员认识到：遗址保护是一项复杂的系统工程，我们必须避免保护工作中的片面性、随意性和盲目性，建立科学规范的工作模式和方法。每一项局部的保护工作，如环境监测、病害分析、建立档案、文物修复，都是整体工作中互有关联和不可缺少的一个有机组成部分，只有在统一的规划下，协调做好局部的工作，才能完成全局的保护。遗址保护不只是单纯的技术工作，也是科学的管理工作。由于文物保护对象的珍贵性、复杂性，必须严格遵循《准则》规定的步骤和程序，一个步骤一个步骤地按顺序做好文物保护工作，才能使文物真正得到有效保护。《准则》不仅是一个行规，更有意义的是它带给了我们关于遗址保护的科学的指导思想和理念。只有遵循这个思想理念，才能使我们的保护工作避免失误，更科学地完成文物保护任务。

（原载于《敦煌研究》2002年第4期）

◈ 认真学习贯彻《条例》，依法保护敦煌莫高窟

在全国文博系统掀起学习宣传新修订的《文物保护法》的热潮中，《甘肃敦煌莫高窟保护条例》（下简称《条例》）已于 2002 年 12 月 7 日经甘肃省第九届人大常委会第 31 次会议通过，并于 2003 年 3 月 1 日颁布实施。这是一件可喜可贺的大事，作为莫高窟保护管理机构的敦煌研究院的全体职工倍感欢欣鼓舞。

《条例》是我省第一部为保护一处文化遗址的专项立法，它不仅充分体现了省委、人大、政府对文物保护事业的高度重视，而且也标志着我省文物保护领域的立法和依法管理进入了新阶段。《条例》的颁布，具有十分重要的意义和影响。

一是在新的历史条件下，由于市场经济体制的确立，文物保护工作遇到了许多新情况、新问题，大规模的基础建设和旅游开发与文物保护不可避免地产生了矛盾，亟须用法律、法规的手段来规范。《条例》的颁布为正确处理文物保护与经济建设、旅游发展的关系，进一步有效保护文物提供了重要的法律依据。

二是《条例》不仅规定了文物保护管理机构的职责，也明确规定了各级政府、机关、社会团体和公民在保护莫高窟方面的权利、义务和应遵循的行为准则和责任，这就从根本上改变了以往认为保护文物只是文物部门的事情的错误观念，为树立保护文物是全民族的千秋事业，政府各部门和全社会都责无旁贷的新的文物保护理念，提供了法律支撑和法律保障。

三是在市场经济的大潮中，文物犯罪猖獗，人为损伤文物和破坏遗址历史环境风貌的现象时有发生。《条例》明确规定了政府的文物行政主管部门和公、检、法、环保、工商、建设规划等部门的执法要求，对文物保护管理机构也有一定的授权，为有力打击和制止各种文物违法行为和规范文物流通市场行为提供了强有力的法律武器。

《条例》是根据新修订的《文物保护法》的内容和精神，结合莫高窟保护工作的具体问题，广泛听取了各方面的意见，经过充分论证，不断修改完善，形成了《条例（草案）》，由省政府报请省人大常委会审议。省人大常委会相关工作部门又多次进行调研、论证，经两次常委会审议、修改完善后，最终获得通过。《条例》共5章41条，规定了莫高窟保护的对象、范围，保护应遵循的方针和原则；对保护经费的来源及使用、保护规划的制定、文物维修、考古发掘、安全防范、文物展览、旅游开放等都做了严格的规定；明确了各级政府、各级文物部门和其他相关管理机构及其公民的职责、权利和义务，涵盖了莫高窟保护管理工作的所有方面。内容丰富，范围广泛，法律条款规定科学、规范、详尽、准确，这是《条例》的一个突出特点。

其次是《条例》规定了对莫高窟的保护工作必须依法制定科学的保护规划，加强文物保护技术的科学研究，支持开展国内国际的合作与交流，表彰奖励对莫高窟文物保护技术的科学研究成绩突出的工作人员，这些充分体现出《条例》具有一定的前瞻性。

《条例》的第三个显著特点是具有很强的针对性与可操作性。纵观《条例》的每一条款都明确规定了文物保护管理机构以及法人、一般工作人员应尽的义务与责任，也明确规定了政府各级机关与职能部门、各行各业和全体公民应尽的义务和责任，其中规定各种法律责任的条款就达10多条。这些对破坏、损坏及违规行为等方面所规定的行政处罚和刑事处罚且具有可操作性的法律条文，明显增加了《条例》在执行中的威力和震慑力，从而更便于《条例》的贯彻执行。我们为这一部高质量、可操作的立法而深感振奋和鼓舞。《条例》的颁布施行给莫高窟保护工作带来了新的发展机遇，提供了强有力的法律保障。我们深信，莫高窟的保护与管理工作一定会沿着法治化的轨道不断向前发展，以实现有效保护中华民族优秀的文化遗产并永世相传的目标。

为此，当前我们要以《条例》颁布为契机，努力抓好以下几方面的工作：

第一，组织全院职工集中一段时间，认真地、系统地、深入地学习新修订的《文物保护法》和《条例》，特别是各级领导要带头学好。使每个职工都能真正明白：执法者首先要知法、懂法，并真正了解和掌握《条例》和新《文物保护法》的内容和精神实质。只有通过学习，提高了自己的工作能力，提升了自身的执法水平，才能很好地在文物工作中做到依法保护，依法管理，文明执法，严格执法。

第二，要动员和利用各种媒体及传播渠道，以多种形式和手段，大张旗鼓地宣传《条例》和新《文物保护法》，使《条例》和《文物保护法》家喻户晓，深入人心，引导每个公民学法、懂法、守法，不断提高全民的文物保护法制观念和文物保护意识，形成一个全社会都来保护文物的良好氛围。

第三，要认真抓好《条例》的贯彻落实，近期要根据《条例》和新《文物保护法》的精神，对照检查院内相关的规章制度，凡与《条例》和《文物保护法》精神不吻合的要尽快进行修订和补充。对文物保护单位的各项基础工作，进行一次大检查，按照《条例》和新《文物保护法》的精神，查缺补漏，并一一落实。要对以往工作中因无法可依而存在的一些相互扯皮和久拖未决的一系列问题，认真地进行梳理，根据《条例》和新《文物保护法》的精神，提出解决问题的对策，争取各级政府和上级领导部门的大力支持，协调有关部门，以求得这些问题的一一解决。

第四，《条例》从2003年3月1日开始正式施行。我们要在学习宣传《条例》的基础上，抓紧做好文物执法的各项准备工作。《条例》赋予省、市文物行政主管部门和保护管理机构一定的行政执法权，这些权力是保障《条例》得以贯彻实施的重要行政手段。因此，要尽快做好文物执法的思想准备和物质准备。选拔预备一些政治业务素质高、业务能力强的人员从事文物执法工作，并进行系统的业务培训，使他们具备从事执法工作所必需的业务素质，做到依法行政和文明执法。同时要规范执法程序和执法文书，并要积极协调与公安、工商、环保、城乡建设规划等相关执法部门的关系，共同做好文物行政执法工作，确保《条例》全面、公正、准确地贯彻实施。

（原载于《敦煌研究》2004年第1期）

附录

甘肃敦煌莫高窟保护条例

第一章 总则

第一条 为了加强对敦煌莫高窟的保护、管理和利用，弘扬中华民族优秀的历史文化，根据《中华人民共和国文物保护法》和有关法律、法规，制定本条例。

第二条 敦煌莫高窟是世界文化遗产和全国重点文物保护单位。对敦煌莫高窟的保护以及在敦煌莫高窟保护范围内游览、考察或者进行其他活动的机关、组织和个人，应当遵守本条例。

第三条 敦煌莫高窟的保护，应当坚持"保护为主、抢救第一、合理利用、加强管理"的方针，正确处理经济建设、社会发展与文物保护的关系，确保敦煌莫高窟及其历史风貌和自然环境的真实性、完整性。

敦煌莫高窟保护范围内的基本建设、旅游发展必须遵守文物保护工作的方针，其活动不得对文物及其环境造成损害。

第四条 省人民政府应当加强对敦煌莫高窟的保护工作，并实行统一领导。省文物行政部门是敦煌莫高窟保护工作的主管部门。

敦煌市人民政府在城乡建设、旅游发展、环境保护、灾害防治、治安保卫等方面，做好敦煌莫高窟及其环境风貌的保护工作。

其他有关的人民政府文化、文物、公安、城乡建设、工商、环境保护、旅游、海关等行政部门在各自的职责范围内，做好敦煌莫高窟的保护工作。

第五条 敦煌莫高窟保护管理机构具体负责敦煌莫高窟保护范围内的保护和管理工作，并接受省人民政府及其有关行政部门和当地人民政府的监督管理。

第六条 敦煌莫高窟的保护应当纳入全省国民经济和社会发展计划及敦煌市城乡建设总体规划。

敦煌莫高窟保护管理机构应当为经济建设和社会发展服务。

第七条 敦煌莫高窟保护和管理工作所需经费主要由国家和省财政拨款予以保障。各级人民政府鼓励、支持敦煌莫高窟保护管理机构发展文化产业和吸纳捐赠、赞助等。

用于敦煌莫高窟保护和管理的拨款、事业性收入资金以及有关基金会的基金和其他捐赠、赞助的财物，应当依法管理，专款专用，任何单位或者个人不得侵占、挪用。

第八条　各级人民政府应当鼓励社会力量参与敦煌莫高窟的保护，支持国内、国际的合作与交流。

第九条　各级人民政府及其文物行政部门、敦煌莫高窟保护管理机构，应当积极采取措施收集流失的敦煌莫高窟文物；鼓励、支持国内外单位和个人，归还或者协助收集流失的敦煌莫高窟文物。

第二章　保护对象与保护范围

第十条　本条例对敦煌莫高窟保护的对象包括：

（一）敦煌莫高窟保护范围内的石窟建筑、窟前木构建筑、窟前寺院遗址、古塔；

（二）敦煌莫高窟洞窟内壁画、塑像以及构成洞窟整体的其他部分；

（三）由敦煌莫高窟保护管理机构收藏、保管、登记注册的文物藏品和重要资料；

（四）敦煌莫高窟保护范围内的地下文物；

（五）构成敦煌莫高窟整体的历史风貌和自然环境；

（六）其他依法应当保护的文物。

第十一条　敦煌莫高窟保护范围分为重点保护区和一般保护区。

重点保护区：东以大泉河东岸为界；南至成城湾起向南延伸500米；西以石窟崖沿起向西延伸2000米；北至省道217线11000米里程碑处。

一般保护区：东至三危山西麓；南至整个大泉河流域，包括大泉、条湖子、大拉牌、小拉牌、苦沟泉等水域；西至鸣沙山分水岭向西2000米；北至省道217线1000米里程碑处，并以公路为中心向东西两侧各延伸3500米。

第十二条　省人民政府应当依照本条例第十一条的规定，设置保护标志和保护范围界桩，其他单位和个人不得擅自移动和损毁。

第十三条　在敦煌莫高窟保护范围之外可以划定建设控制地带，其范围由省人民政府确定并公布。

第三章 保护管理与利用

第十四条 省文物行政部门应当组织编制敦煌莫高窟保护规划，经依法批准后实施。

第十五条 敦煌莫高窟重点保护区内不得新建永久性建筑物、构筑物；一般保护区内不得进行与文物保护无关的建设工程。在敦煌莫高窟重点保护区和一般保护区内均不得进行爆破、钻探、挖掘等作业，不得建设污染文物及其环境的设施，不得进行可能影响文物安全及其环境的活动。因特殊需要进行的建设工程，必须事先征得国务院文物行政部门同意，由省人民政府批准。

第十六条 敦煌莫高窟重点保护区和一般保护区内禁止下列活动：

（一）在文物、建筑物、构筑物、保护设施上张贴、涂写、刻划、攀登、翻越；

（二）在设有禁止拍摄标志区域内进行拍摄活动；

（三）擅自测绘文物、建筑物、构筑物；

（四）采沙、采石、取水、开荒、放牧、焚烧、野炊；

（五）设置广告、修坟、乱倒垃圾；

（六）擅自占用或者破坏植被、河流水系和道路；

（七）射击、狩猎；

（八）运输或者存放易爆、易燃、剧毒、放射性物品；

（九）其他可能损毁或者破坏文物、建筑物、构筑物以及环境风貌的活动。

第十七条 在敦煌莫高窟保护范围和建设控制地带内已有的污染文物及其环境的设施，应当限期治理；危害文物安全及破坏其历史风貌的建筑物、构筑物，应当依法调查处理，必要时，对该建筑物、构筑物予以拆迁。

第十八条 在敦煌莫高窟保护范围和建设控制地带内进行的建设工程，事先应当依法进行考古调查、勘探。在考古调查、勘探中发现文物的，应当按照文物保护的要求制定文物保护方案；在工程建设中发现文物的，建设单位应当立即停工，保护现场和文物安全，及时通知敦煌莫高窟保护管理机构或者敦煌市人民政府文物行政部门。

因建设工程而进行的考古调查、勘探、发掘费用，由建设单位列入建设工程预算。

第十九条 在敦煌莫高窟保护范围和建设控制地带内，禁止任何单位或者个人私自发掘文物。确需进行的考古发掘，应当依法办理批准手续，由省文物行政部门组织已经取得考古发掘许可证书的单位实施。

第二十条　在敦煌莫高窟建设控制地带内不得进行影响文物安全及其环境的活动；进行建设工程，必须事先征得国务院文物行政部门同意，由省城乡建设规划部门批准，其形式、高度、体量、色调等应当与敦煌莫高窟的环境风貌相协调。

第二十一条　敦煌莫高窟保护管理机构应当科学确定莫高窟旅游环境容量，对开放洞窟采取分区轮休制度或者限制游客数量。

第二十二条　敦煌莫高窟保护管理机构应当按照国家有关规定，建立健全管理制度，配备防火、防盗、防虫、防自然损坏等设施，确保文物安全，保护其历史风貌和自然环境不受损害；采用先进的科学技术，加强对敦煌莫高窟文物和科学保护技术的研究、应用。

第二十三条　敦煌莫高窟保护管理机构应当按照不改变文物原状的原则，及时对敦煌莫高窟文物进行修缮、保养。对文物进行修缮时，应当依法办理批准手续，其设计、施工、监理等必须由取得文物保护工程资质证书的单位承担。

第二十四条　敦煌莫高窟保护管理机构应当建立文物记录档案并依法备案。文物的出入库、提取使用、调拨、交换和借用必须按照法律、法规或者有关规定办理手续。

第二十五条　敦煌莫高窟保护管理机构对敦煌莫高窟文物和科学保护技术的研究成果，以及由其提供资料制作的出版物、音像制品等，享有法律、法规规定的知识产权。

第二十六条　制作出版物、电影、电视剧（片）以及专业录像和专业摄影需拍摄敦煌莫高窟文物的单位和个人，应当经国家文物行政部门批准，按照规定缴纳费用后，在敦煌莫高窟保护管理机构工作人员的监督下进行拍摄。

第二十七条　因特殊情况需要复制敦煌莫高窟文物的，应当根据文物的级别，经国家文物行政部门或者省文物行政部门批准，并由敦煌莫高窟保护管理机构监制。

第二十八条　敦煌莫高窟文物及敦煌莫高窟保护范围内的土地不得转让、抵押或者赠与、出租、出售，不得作为企业资产经营，不得用于不利于文物保护的活动。改变敦煌莫高窟使用人或者用途的，应当由省人民政府报国务院审批。

第二十九条　申请在敦煌莫高窟保护范围内从事经营活动的单位和个人，应当事先征得敦煌莫高窟保护管理机构的同意后，由敦煌市人民政府有关部门办理相关手续。

第四章　奖励与处罚

第三十条　有下列事迹的单位和个人，由各级人民政府及其文物行政部门或者敦煌莫高窟保护管理机构给予表彰奖励：

（一）长期从事敦煌莫高窟保护管理工作成绩突出的；

（二）在敦煌莫高窟文物和科学保护技术的研究、应用中成绩突出的；

（三）与损毁、破坏、盗窃敦煌莫高窟文物等违法犯罪行为作坚决斗争的；

（四）在自然灾害和突发事件中抢救、保护敦煌莫高窟文物有功的；

（五）将敦煌莫高窟文物捐献给国家，或者在敦煌莫高窟文物归还国家的过程中成绩突出的。

第三十一条　在敦煌莫高窟保护和管理工作中有下列行为之一的，由所在单位或者上级主管部门对负有责任的人员和其他直接责任人员依法给予行政处分，情节严重的依法开除公职；构成犯罪的，依法追究刑事责任：

（一）滥用审批权限，不履行职责或者发现违法行为不予查处，造成严重后果或者谋取私利的；

（二）造成敦煌莫高窟文物及重要资料损毁或者流失的；

（三）借用或者非法侵占国有的敦煌莫高窟文物的；

（四）贪污、挪用文物保护经费的。

违反前款被开除公职的人员，自开除公职之日起10年内不得从事文物管理工作。

第三十二条　违反本条例第十二条、第十六条第（一）（二）（三）项规定，情节轻微的，由敦煌莫高窟保护管理机构予以警告、责令改正或者限期恢复原状、赔偿损失，并可处以50元以上500元以下的罚款；情节严重的，可以并处500元以上5000元以下的罚款。

第三十三条　违反本条例第十六条第（四）（五）（六）项规定的，由敦煌市人民政府有关行政部门或者由其根据敦煌莫高窟保护管理机构的意见予以警告、责令改正或者限期恢复原状、赔偿损失，并可依法予以罚款。

第三十四条　在敦煌莫高窟保护范围和建设控制地带内，有下列行为之一的，由省文物行政部门或者由敦煌市人民政府文物行政部门根据省文物行政部门的意见，依照《中华人民共和国文物保护法》的有关规定予以处罚：

（一）未经批准，进行建设工程或者爆破、钻探、挖掘等作业；

（二）进行建设工程，其工程设计方案未经依法批准，对敦煌莫高窟的历史风貌造成破坏的；

（三）擅自修缮文物，明显改变文物原状的；

（四）施工单位未取得文物保护工程资质证书，擅自从事文物修缮工程的；

（五）擅自进行文物考古发掘、调查、勘探的；

（六）发现文物未及时上报，造成文物损毁的。

第三十五条　违反本条例第十六条第（七）（八）项规定及其他构成违反治安管理行为的，由敦煌市公安机关依法给予处罚。

第三十六条　违反本条例规定，造成敦煌莫高窟文物及其环境污染的，由敦煌市人民政府环境保护行政部门责令限期治理并依照有关法律、法规的规定给予处罚。

第三十七条　违反本条例第二十六条规定的，由敦煌莫高窟保护管理机构责令停止拍摄，没收拍摄所得全部文物资料，情节严重的，移送公安机关处理。

第三十八条　违反本条例第二十七条规定的，由省文物行政部门责令停止复制，没收复制品，并按照国务院有关规定予以处罚；情节严重的，按照国家知识产权保护的有关规定追究其法律责任。

第三十九条　其他对敦煌莫高窟文物、建筑物、构筑物及其环境风貌造成损毁、破坏或者污染的行为，有关法律、法规已有处罚规定的，从其规定。

第五章　附则

第四十条　本条例实施中的具体应用问题，由省文物行政部门负责解释。

第四十一条　本条例自 2003 年 3 月 1 日起施行。

《中国文物古迹保护准则》在莫高窟项目中的应用

——以《敦煌莫高窟保护总体规划》和"莫高窟第85窟保护研究"为例

一、开展"莫高窟第85窟保护研究"项目和编制 《敦煌莫高窟保护总体规划》的背景

从1997年冬开始，国际古迹遗址理事会中国国家委员会与美国盖蒂保护研究所、澳大利亚遗产委员会合作起草制定一部文物古迹保护领域的行业性规则——《中国文物古迹保护准则（草案）》（下简称《准则》）和与之配套的《关于〈中国文物古迹保护准则〉若干重要问题的阐述》（下简称《阐述》）。经过4年多的反复修改，《准则》于2002年由国际古迹遗址理事会中国国家委员会通过。

在起草过程中，为了验证《准则》的可行性和权威性，需要选择文化遗产地来依照《准则》的规则进行试验。由于敦煌研究院与美国盖蒂保护研究所、澳大利亚遗产委员会已有长期合作，从1999年开始，以《准则》规定的保护程序、原则作为指导，中美双方合作开展了"莫高窟第85窟保护研究"；中、美、澳三方合作开展制定《敦煌莫高窟保护总体规划》（下简称《规划》）的项目。2002年开始，为了保证《规划》符合我国文物保护规划的规范，我们又邀请有编制规划资质的单位和资深专家共同参与这一规划的编制工作。以中国建筑设计研究院建筑历史研究所陈同滨所长为首并主持了《敦煌莫高窟保护总体规划》的编制。两个项目都以《准则》为指导，因内涵的不同，其操作有各自特点，下面分别做出介绍。

二、《敦煌莫高窟保护总体规划》的制定

《准则》第9条指出：文物古迹的保护工作要"制定保护规划、实施保护规划、定期检查规划"，《阐述》第9章第1节："保护规划是实施保护工程和布置展陈、进行管理的依据。经过主管部门批准的规划，在文物古迹的管理事务中，具有规范性和权威性。"第2节："凡是具有环境要素的和群体规模的保护单位都应当编制总体规划。"内容包括基本情况、价值评估、现状分析和管理条件评估、保护总原则和总目标等六个部分。《准则》及其《阐述》指出像敦煌莫高窟这样群体规模的保护单位制定总体规划的必要性，以及制定规划的内容和程序。

敦煌莫高窟的保护是一项艰巨而复杂的系统工程，要有明确的保护方向、保护目标、保护原则、保护措施，才能使它得到妥善保护。敦煌研究院作为敦煌莫高窟的保管机构，必须根据《中华人民共和国文物保护法》（下简称《文物保护法》）和《保护世界文化和自然遗产公约》（下简称《公约》）的要求，以及《准则》的规则，针对莫高窟的价值及其保存保护现状，制定出具有规范性和权威性的规划，以保证珍贵而独特的世界文化遗产敦煌莫高窟真实、完整地传给子孙后代。敦煌研究院按照《准则》及其《阐述》的上述规则，开展调查、收集资料、编制《敦煌莫高窟保护总体规划（2006～2025）》的工作，其内容和程序如下：

（一）资料的收集、调查

《准则》第5条："保护必须按程序进行。"第10条："文物调查，包括普查、复查和重点调查。一切历史遗迹和有关的文献，以及周边环境都应当列为调查对象。"

◆ 关于莫高窟文物价值（包括历史、艺术、科技）和社会价值：莫高窟石窟群和全部单体洞窟的档案资料、历史文献、考古资料以及综合研究和专题研究的成果；历年游客参观人数统计数据，开放以来地方经济和社会发展的资料，以及游客和社会对莫高窟的反响。

◆ 莫高窟本体保存和保护现状：构成莫高窟文化遗产的总体石窟群，全部单体洞窟（壁画、塑像、窟檐建筑等），莫高窟保护范围内的文物建筑（塔、寺院、牌坊、窟前殿堂遗址等），流散在国内外的敦煌文献和艺术品以及可移动文物；及其上述文物的维护、加固、修复（壁画、窟檐、牌坊、塑像、寺院等）资料以及安全防范的资料，各项保护（加固或者维修）工程资料（如崖体加固、防洪工程等）。

◆ 环境保存和保护现状：包括自然环境保存现状资料（地质环境资料、地表水环境资料、大气环境质量资料、生态环境资料、空间景观环境等），保护工作现状资料（历年来对莫高窟环境治理的资料，如风沙防治、植被调换等）和社会环境的现状资料。

- 敦煌学研究现状：包括各类研究成果、学术会议、专业技术人员结构。

- 利用展示现状：包括洞窟开放利用强度、利用开放的措施、展陈及展陈设施、利用开放服务设施、游客特征调查等资料。

- 管理现状：管理机构的设置，历史沿革，职能和方针，人员结构（知识、年龄、职称、专业结构等），人才队伍的建设与培养，"四有"工作状况，相关法律、法规、规章制度，安全防范措施的管理与运行，办公和生活的基础设施，近年的经费来源、使用情况。

上述各项资料的收集和分析，为价值、保存现状和管理评估提供相关支持。

（二）评估

根据《准则》第11条"评估的主要内容是文物古迹的价值、保存的状态和管理的条件，包括对历史记载的分析和对现状的勘察"，第5条"对文物古迹价值的评估应当置于首要的位置"。

价值评估	保存保护现状评估	研究、利用、管理综合评估
◆ 确定莫高窟石窟群特有的历史、艺术、科技和社会的总体价值； ◆ 确定每个单体洞窟和单体文物建筑的相对价值，并划出其等级。	◆ 莫高窟本体及其环境的保存现状评估，关键是找出本体及其环境现状存在的主要问题和破坏因素，研究这些因素的原因、特性、变化速度等； ◆ 石窟群的保护工程与单体洞窟、单体文物（壁画、建筑、彩塑）保护修复的质量、成效与存在问题。	◆ 就研究领域、研究能力、研究队伍、科研管理、研究成果、国际交流、发展需求等方面，对敦煌石窟研究进行现状评估； ◆ 就利用强度、展陈体系、游客管理、宣传教育进行现状评估； ◆ 就机构设置、职能、遗产地"四有"工作，职工队伍的人员结构、能力、专业以及培训，安全防范设施与措施，科研基础设施，工作和生活基础设施，法律法规、规章制度，保护、研究、利用、管理经费的保障进行评估。

上述各项评估为制定保护总体规划和分项对策提供依据。

（三）总目标与原则的陈述

根据《准则》第13条"制定保护规划必须根据评估的结论，首先要确定主要的保护目标和恰当的保护措施"，"所有保护措施都必须遵守不改变文物原状的原则"；第19条"尽可能减少干预"；第20条"定期实施日常保养"；第21条"保护现存实物原状与历史信息"；第24条"必须保护文物环境"。

《规划》总目标	《规划》的原则
◆ 保护——防止遗址的进一步退化，通过采取诸如科技、修复、日常维护和游客管理以及安全预防措施等各种保护手段维护其文化价值； ◆ 研究——通过整理研究敦煌石窟和藏经洞文物，丰富敦煌学的研究成果和人类知识； ◆ 教育弘扬——提高世界人民对遗址价值的认识和知识水平； ◆ 文物回归——尽管无法近期实现此目标，但是莫高窟长远目标之一是把莫高窟流散文物回归遗址，以便加强遗址文化价值并为研究工作创造便利条件。	◆ 必须遵循《中华人民共和国文物保护法》《中国文物古迹保护准则》《保护世界文化与自然遗产公约》以及相关法规，依法保护和管理； ◆ 所有的保护与管理活动，应尽量减少对文物的干预，所有的活动以及采取的对策和措施，都以不损坏遗址的文化价值为前提，各项保护技术的使用，必须经过前期试验、论证； ◆ 保持遗址及其环境景观的原貌，遗址的视觉景观应受到全面的保护，不能增加破坏原貌的任何建筑物、构筑物，莫高窟窟前不准进行任何商业活动； ◆ 遗址的利用功能应与其文化价值相协调，游客人数限制在遗址允许的承载量之内。

（四）2006～2025年分项目标的确定

根据《准则》第2条："保护是指为保存文物古迹、实物遗存及其历史环境进行的全部活动"，"保护的目的是真实、全面地保存并延续其历史信息及全部价值。保护的任务是通过技术的和管理的措施，修缮自然力和人为造成的损伤，制止新的破坏"；第4条"文物古迹应当得到合理的利用。利用必须坚持以社会效益为准则，不应当为了当前利用的需要而损害文物古迹的价值"。

保护规划目标	研究规划目标	利用规划目标	管理规划目标
包括保护区划、功能分区、本体保护、保存环境、环境景观保护、日常维护和监测，建成具有国际水准的石窟壁画保护研究中心。	包括敦煌石窟研究、科技保护研究、学术交流，建成具有国际影响的敦煌石窟研究和资料信息中心。	包括利用强度、展陈体系、游客管理、宣传教育，建成世界级的遗址博物馆。	包括运行管理、价值管理、规划管理、日常管理、职工队伍建设和人才培养、生活和工作的基础设施。

（五）分项对策与各个行动规划的制定

保护工作规划及措施	研究工作规划及措施	利用规划及措施	运行管理规划及措施

中、美、澳三国四方共同努力制定的《规划》，在大量调查、收集占有资料的基础上，对莫高窟的价值、现状和管理条件做出客观的评估，深化了对莫高窟价值的认识，并找准了莫高窟本体及其背景环境存在的主要问题。根据评估制定的总体规划中确定的保护目标、保护原则、保护措施，针对性强，可操作性强。对规范莫高窟的保护管理工作，提高莫高窟的保护管理水平，对做好莫高窟的保护管理工作有很强的指导意义。《规划》已于2005年通过了专家论证。2006年国家文物局批准了该规划，提出了修改意见。现正按照国家文物局的要求对规划进行修改，然后由现甘肃省人民政府公布实施。

三、莫高窟第85窟保护研究

莫高窟第85窟是晚唐的代表洞窟，建于862～867年，前后室，主室平面方形，设中心佛坛，覆斗顶，有14铺经变，绘有书写题记的供养人画像。此窟有1100多年的历史，内容丰富、价值珍贵，同时，莫高窟普遍存在着酥碱、空鼓等典型壁画病害，过去进行过数次修复，效果不明显。为了保护好这个洞窟珍贵的历史信息和价值，敦煌研究院选择这个单体洞窟的壁画保护作为与美国盖蒂保护研究所合作攻关的研究项目。双方按照《准则》规定的程序，对此窟开展调查、搜集资料；全面评估价值、保存保护现状；在评估的基础上进一步做诊断性研究，通过研究找到了壁画病害的原因和产生机理；确定保护目标；研究、筛选修复材料和修复工艺，并制定了日常维护等措施。该项目保护研究的具体内容和程序如下：

（一）信息收集

- ◆ 调查收集第85窟及其壁画塑像的历史信息和文物价值有关的文献档案、历史图片等各种材料；
- ◆ 调查收集莫高窟的地质和水文资料；
- ◆ 调查收集壁画和彩塑的制作材料和制作工艺的资料；
- ◆ 已有壁画病害研究材料的收集与调查；
- ◆ 历次修缮干预的信息资料；
- ◆ 过去的开放状况；
- ◆ 建立该项目的信息库，存储上述各种背景信息材料，包括文字、图像、各种档案记录、工作报告等。

（二）评估

价值评估	保存现状评估	综合评估
确定第85窟的艺术、历史、科学和社会价值的独特性、典型性。	◆ 通过对壁画的全面细致观察、检查和运用文字、摄影、测绘和图例等手段全面记录壁画病害的种类和分布； ◆ 此窟存在起甲、酥碱、空鼓等多种病害，许多部位壁画的病害处于极不稳定状态。	◆ 已做过的壁画修缮工作部分地起到了保护壁画的作用，但未研究壁画病害原因与机理，故无法根治壁画病害； ◆ 对此窟历史、内容和艺术的研究还不够深入； ◆ 过去，忽视了开放中观众对洞窟保护带来的负面影响；洞窟的日常管理和监测做得还不够。

诊断性研究
◆ 分析研究壁画制作材料和制作工艺； ◆ 分析研究壁画依托的岩体中运移到壁画地仗层和颜料层中可溶盐的种类和含量； ◆ 监测研究室外环境和室内微环境的温度、湿度变化； ◆ 通过上述研究提出了壁画病害原因和机理的假设：即空气湿度的高低变化是引起可溶盐从岩体向壁画运移，造成壁画地仗层和颜料层含有大量可溶盐，使壁画产生酥碱、空鼓等病害。再通过实验室的模拟试验，证明假设的可信性。

（三）确定保护目标

根据《准则》第6条"研究应当贯穿在保护工作的全过程，所有保护程序都要以研究的成果为依据"，第22条"按照保护要求使用保护技术……所有的新材料和新工艺都必须经过前期试验和研究，证明是最有效的，对文物古迹是无害的才可以使用"。

◆ 通过研究论证，对严重的病害壁画进行修复；
◆ 加强日常维护监测，采取预防可溶盐运移的措施，防止壁画的进一步退化；
◆ 制定展示开放方案，向游人介绍此窟的历史、内容、艺术和价值；
◆ 加强日常检查和管理，进行洞窟游客承载力的监测研究。

（四）实施保护目标

保护修复	研究	利用	管理
建立壁画修复材料筛选的原则： ◆ 在实验室对多种修复材料和脱盐材料研究试验，从中筛选出适合治理此窟空鼓壁画的灌浆材料和脱盐材料； ◆ 研究空鼓、灌浆、回贴的工艺和脱盐技术； ◆ 上述试验和研究在窟内进一步做窟内现场试验； ◆ 经过论证，对酥碱、空鼓等壁画病害进行加固、回贴和脱盐修复。	◆ 继续对石窟的壁画内容艺术深化研究。	◆ 编写洞窟历史、内容、艺术和价值的介绍材料； ◆ 通过讲解，向观众展示内涵和价值； ◆ 研究安全和防紫外线的光源，待试验成功后改善观众参观的条件。	◆ 利用数码摄影等手段对修复后的壁画进行定点定期监测检查记录，观测修复效果； ◆ 长期坚持微环境温度湿度监测和分析研究，制定保护微环境的温湿度标准； ◆ 设置防护性保护设施，减少外界潮湿空气侵入洞窟； ◆ 采取在降雨、相对高湿度情况下停止开放参观的措施； ◆ 开展游客承载量监测和分析研究，游客对洞窟保护负面影响的监测，调查游客参观此窟的反响。

（五）总结和调整

　　该项目按照《准则》所规定的程序，通过现状调查、价值评估、微环境监测、岩体成分、壁画制作材料和制作工艺及病害成因分析等多项科学系统的研究工作，科学地解释了酥碱、空鼓等典型壁画病害；在壁画病害的修复方面，通过建立壁画修复材料筛选的原则以及多种材料的实验室筛选，确定了治理空鼓壁画的灌浆材料，并独创了科学的灌浆工艺和脱盐技术，为今后治理莫高窟同类壁画病害找到了科学有效的材料和方法；还建立了一系列的研究方法，规定了壁画保护的科学程序、现状调查的科学方法和各种壁画病害的记录符号；洞窟环境监测和壁画制作材料以及壁画病害检查的科学方法；壁画修复材料的筛选原则和空鼓壁画的修复材料等。第85窟的保护研究成果，为以后的壁画修复提供了依据。

四、运用《准则》的体会

通过中外合作，严格按照《准则》的规则，较好地完成了上述两个项目，提高了敦煌研究院保护管理人员对文化遗产地本体及其环境实施科学保护管理重要性的认识，也培养了他们科学保护管理的理念，我们有以下几点体会：

第一，国家和社会需要实行法制化、规范化的管理。文物作为珍贵的文化资源，也需要法制化、规范化的管理。《准则》是依据《文物保护法》制定的，是对文物古迹保护工作进行指导的行业规则和评价工作成果的主要标准。在《准则》指导下莫高窟两个项目的成功，证明了《准则》的可行性，无论是保护管理项目，或是保护技术项目，都应该按照《准则》的规则去操作。

第二，《准则》指出"保护必须按程序进行"。保护工作要严格按照《准则》所规定的程序一步一步地去操作，这些程序规定的步骤环环相扣，缺一不可，是规范保护工作的保证。不能省略或跨越程序规定的任何步骤，否则，必然会影响下一步工作的顺利开展，甚至造成下一步工作的失误，以致影响整个保护工作的质量。过去一些保护项目或保护工程之所以没有做好，原因就在于没有一个科学的程序指导整个保护工作，尤其是缺少充分翔实的评估和论证。

第三，《准则》指出"制定保护规划必须根据评估的结论"。评估是文物古迹保护工作的关键步骤，只有准确的评估才能制定出科学、合理的目标、对策和措施，没有准确的评估，很难想象规划的科学和合理。当然，正确评估的前提是要占有翔实、全面的资料。

第四，《准则》第20条指出"定期实施日常保养，是最基本和最重要的保护手段"。文物古迹的保护工作是贯穿于文物古迹始终的持久工作，是一种长期并经常性的工作，在做好必要的大型加固工程和抢救性修复之前和之后，都要认真做好日常的保养、维护和监测，及时排除不安全因素和轻微损伤，避免更多干预是非常重要的，它是做好保护工作的根本保障。

（原载于《敦煌研究》2007年第5期）

锚索新技术在榆林窟岩体加固工程上的应用

一、概况

　　榆林窟又称万佛峡，位于甘肃省安西县（今瓜州县）榆林河峡谷内，北距安西县城70千米。窟区地处祁连山北麓山前地带，地层主要为第四纪陆相沉积物，从老到新依次为玉门系砾岩和酒泉系砾石层。窟区玉门系砾岩出露在榆林河河床，呈南高北低之势，成岩性较好，为钙质胶结，岩性坚硬，所以有的论著上曾把玉门系砾岩划归第三系。榆林河河床以上为第四纪酒泉系砾石层，砾石层为钙泥质混合胶结，层理清晰，卵石成分复杂，粒径多为4~15毫米，夹有大孤石。

　　从窟区穿过的榆林河流向为N25°W，发源于肃北蒙古自治县野马山，流经戈壁处渗入地下，形成暗河，至石包城又涌出地面汇集成河，北流约45千米至榆林窟南面的岩洞和岩缝进入窟区，长期侵蚀切割岩性较松散的酒泉系砾石层，形成了窟区两岸近直下切约30.0的峡谷地貌景观。榆林窟的洞窟即开凿在东、西直立的酒泉系砾石层崖壁上。从初唐至元代，在东崖岩壁上共开凿了（现存）31个洞窟，主要集中在南北长约170米的范围内。洞窟分上、下两层，其中上层19个，下层12个。在西崖岩壁上共开凿了11个洞窟，分布范围较大，其中第31~36窟集中分布在长约80米的陡壁上。

　　安西地区处于河西走廊地震带的西端，地震烈度为Ⅷ度。该地震带受北西西向深大断裂构造控制和北北西向新构造影响，地震活动较强烈度。据历史记载，敦煌、安西、玉门、酒泉、清水一带，曾多次发生地震，其中1907年10月14日和1932年12月15日发生的两次较大地震在安西造成人员伤亡和民房倒塌，城墙开裂，估计为5.2~5.8级。

　　榆林窟地区气候干燥，平均年降雨量为59毫米，而年蒸发量却高达1500毫米。降雨多集中在每年的6~8月份，最高气温35℃，最低气温-30℃，多风，风蚀作用强烈，是典型的风蚀地貌。

二、岩体病害

榆林窟的岩体病害可分为两大类，一是岩体裂隙发育，将窟区岩体切割成许多条块，形成危岩体，直接威胁洞窟的安全；二是榆林河河水在汛期淘刷西崖坡脚，使窟区岩体崩塌，危及洞窟安全。

第一，岩体裂隙造成的病害窟区岩体裂隙主要有两组：第一组裂隙为与崖面平行的 N 25° W 张性裂隙，呈 "V" 字形，上部宽度达 0.5 米，贯通性好，它系在构造基础上形成的卸荷裂隙。该组裂隙与崖面垂直，走向为 N 65° E，与第一组裂隙近直交。

上述两组裂隙将洞窟所在岩体切割成许多条块，对洞窟造成了下列危害：

（1）裂缝将窟区岩体切割成许多条块，特别是第一组平行于崖面的长大贯通裂隙，使裂隙外侧的岩体与后部岩体分开，形成危岩体，在地震力和其他自然引力作用下，岩体产生大规模崩塌倾倒，对文物造成毁灭性破坏〔图1〕。

（2）大气降水沿岩体裂隙下渗，一是造成窟顶及四壁潮湿，壁画剥落；二是雨水沿裂隙下渗至坡脚，泡软坡脚岩体，使其承载力降低，在重力作用下岩体下错，也同样可对洞窟造成灾难性破坏。

（3）窟区崖面的冲沟、冲槽、漏斗斜坡都是在大气降水作用下在岩体第二组 N 65° E 裂隙基础上形成的，这些冲沟、冲槽进一步切割岩体，使岩体更加破碎，造成岩体的局部崩塌。

第二，榆林河河水淘刷西崖坡。榆林窟西崖第 31~36 窟岸坡脚在汛期直接受榆林河河水冲刷，第 31~34 窟的甬道和前室之所以残缺不全，就是因为河水长期淘刷坡脚，导致了洞窟建成后曾发生大规模岩体崩塌和倾塌，给洞窟造成了严重破坏〔图2〕。

三、岩体加固工程的设计原则

文物加固工程不同于一般地质灾害防治工程，如滑坡治理工程、泥石流治理工程和高边坡加固工程等，可以用抗滑桩、锚索抗滑桩、挡墙等大型钢盘混凝土圬工或刷坡、减载等工程措施，允许改变原来的自然地貌景观。而文物加固工程是绝对不允许的，必须做到修旧如旧，保持原来的自然和人文景观。

针对榆林窟岩体病害特点，在加固工程设计中贯彻了下列原则：

首先，采用最先进的技术加固榆林窟的危岩和破碎岩体。经过反复论证、比较及现场试验，最后决定采用先进的锚索技术加固榆林窟的危岩和破碎岩体。锚头和承压板封在岩体内，表面再用原岩物质加以修饰，贯彻了修旧如旧的原则，保持了榆林窟的原貌，把我国的文物加固技术提

图1

〔图1〕
榆林窟未加固前之西崖面貌

〔图2〕
榆林窟雨水沿裂隙下渗至坡
脚形成潮湿带

图2

到了一个新的高度，达到了世界先进水平，得到国内外专家和文物局领导的好评。

其次，榆林窟开凿在第四纪酒泉系砾石层上，裂隙发育，岩体已相当破碎，多处形成危岩，采取的加固措施应尽量减少对坡体的扰动。由于单根锚索的锚固力远大于锚杆的锚固力，这就排除了用均布锚杆加固岩体的方案。若用锚杆方案，仅加固东崖岩体就需用上千根锚杆，锚杆孔密密麻麻像蜂窝，对坡体扰动大。

最后，加固措施必须切实可行，在实施过程中能确保文物的安全。

四、岩体加固工程

根据上述岩体加固设计原则，敦煌研究院委托铁道部科学研究院西北分院进行了施工图设计和施工。施工前首先进行了施工可行性和锚索锚固力拉拔试验。

第一，东崖第12~17窟窟区岩体裂隙特别发育，大范围内形成危岩险情大，岩体有随时崩塌倾倒的危险，被列为第一期抢险工程〔图3〕。

此段共设计了123根锚索，其中控制大范围内岩体稳定的锚索54根，每根长13~18米，累计长度748米，锚固段长度5~6米，设计锚固力为37.5吨，加固局部危岩体的锚索44根，每根长7.5~8.5米，累计长度330米；坡脚加强锚索25根，每根长11~11.5米，累计长度275米。除25根加强锚索由6Φ^j15毫米，钢绞线组成。嵌进岩体内的承压钢板规格为200毫米×200毫米×20毫米，锚具为XM15-5及XM15-6；水泥砂浆配合比为：水泥∶砂∶水=1∶1∶0.38~0.4，水泥为425#普通硅酸水泥，砂子过筛孔径为6毫米。

在施工中根据岩体实际破碎情况，又增加了4根局部锚索（合计35米），抢险工程实为127根锚索，总长1419米。

抢险工程1992年10月12日开工，1993年8月12日竣工。

第二，东崖第17窟以北第6~29窟窟区岩体加固工程为东崖第二期岩体加固工程。

东崖第二期加固工程共设计了157根锚索，其中控制锚索83根，每根长13~21米，累计长度1290米；局部锚索54根，每根长7.5~8.5米，累计长度为405米，加强锚索20根，每根长11.5米，累计长为230米。每根锚索的钢绞线根数及水泥砂浆配合比等同上。施工中又增加了9根锚索（合计长度为81米），东崖第二期工程实为166根锚索，总长1996米。在进行岩体加固的同时，对崖顶7个大冲沟进行了处理，在洞窟洞门外陡壁上新建了195.42米长的钢筋混凝土栈道，在第28窟和第29窟洞门之间新建了长7米，宽4.2米的桥式钢筋混凝土平台。

东崖第二期加固工程1994年3月17日开工，1994年8月27日竣工。

东崖两期工程共施工锚索293根，总长3415米；栈道195.42米。

〔图 3〕
榆林窟第 12～17 窟
窟区危岩

第三，西崖岩体加固工程和栈道工程。

（1）西崖岩体加固工程共设计了 75 根锚索，其中控制锚索 40 根，每根长 7.5～14.5 米，累计长 500 米；局部锚索 35 根，每根长 7.5 米，累计长度为 262.5 米，有关参数同上。施工中增加了 7 根短锚索（合计长 28.2 米）。所以西崖锚索实为 82 根，总长 791 米。

（2）建栈道 77.6 米。

（3）坡脚防冲护墙长 30.2 米，墙高 1.9～2.5 米，厚 0.5 米，C 15 砼，加 Φ 16 锚杆 30 根。

五、施工技术

如上所述，第四纪酒泉系砾石层为钙泥质混合胶结，卵石粒径多在 4～15 毫米之间，成分不均，并夹有大孤石，裂隙发育，岩体干燥，这些都给锚索施工带来了困难；同时沿窟内壁画有空鼓、剥落现象，两组主要岩体裂隙几乎在所有洞窟都有出露，相邻洞窟之间的隔墙最薄处厚度不到2米，如何保证施工中的文物安全，也给锚索施工增加了难度。

在此情况下，锚索施工必须解决下面三个技术关键：

1. 如何减小锚索孔施工中的震动，确保壁画安全

如上所述，第四纪酒泉系砾石层为钙、泥质混合胶结，遇水浸泡，强度降低崩解，所以锚索孔施工不能使用循环水钻进，必须干钻。而且因岩体裂隙发育，若开水钻进，循环水沿裂隙进入窟内，对窟内壁画势必造成破坏，也是绝对不允许的，所以锚索孔施工采取了冲击钻进的方式。但冲击钻进不可避免地会遇到震动问题，若震动过大，会使窟内本来并不牢固的壁画脱落，甚至造成窟顶岩层坠落。当时国产的冲击器频率低，冲击力大，减震装置性能不好，经试验不适合在此情况下施钻锚索孔。为解决这一技术问题，从日本利根公司引进了轻型高频冲击器，并采用低风压钻进，危险地段风压控制在4千克/平方厘米以下。由于采取上述措施，所以在锚索孔施工中未对壁画造成任何损坏。而且采用高频低风压钻进，产生的岩渣为粉状和小碎块，便于出渣清孔；否则，岩渣容易通过钻杆与套管之间的环形空间。若冲击力过大，将首先把孔底岩层击松，使钙泥质胶结不牢的砾石层中的卵石与胶结物质分开，形成松散的"砂卵石层"，就不容易让松散活动的卵石破碎成粉状或小碎块，大块岩渣滞留孔底影响进度，而且大块岩渣进入钻具与套管之间的环形空间后卡死，钻具转动时带动套管同时转动，使套管脱扣，造成钻探事故。另外，大块岩渣滞留孔底，抬高钻具前端，还会导致钻孔上翘。

2. 如何保证锚索孔顺直

第四纪酒泉系砾石层胶结不好，成分不均，且夹有大孤石，钻进过程中容易引起钻孔偏斜，若不采取措施会造成打穿壁画的严重事故。

为使锚索孔顺直，确保锚索孔施工质量和文物安全，施工中采取了下列技术措施：

（1）在钻杆上安装导向棒，使钻具轴线保持平行。

（2）跟套管钻进，并使冲击器后端始终不超出套管，套管前端装特制八棱合金钢钻头，扩孔时低压推进。当锚索孔较深时，并用钻孔测斜仪检查个别孔是否顺直，发现问题及时纠正。由于采取了上述有效措施，东、西崖近400个锚索孔无一出现偏斜，施工中对文物未造成任何损坏。

3. 反向压浆确保灌浆质量

榆林窟开凿在岩体裂隙非常发育、岩体干燥的酒泉系砾石层中，这给锚索孔灌浆带来了极大困难。若采用一般灌浆方法，从孔口向里压浆，由于岩体干燥，水泥砂浆在沿孔壁流动过程中前部砂浆中的水分迅速被岩体吸收而变稠，流动性减小，阻力增大，水泥砂浆滞留在中途，无法灌到孔底，造成锚固段灌浆不饱满而严重影响锚固力，不能保证工程质量。为解决这一问题，采取

了反向压浆工艺，即将灌浆管送到孔底，由孔底向外压浆，这种方法可确保灌浆饱满。灌浆管可采取柔性塑料管，也可采用金属管。在灌浆过程中，当压力达到8千克/平方厘米时，即缓慢向外抽压浆管，每次抽2米左右，直至浆液从孔口溢出为止，确保了灌浆饱满。

为防止浆液沿裂隙流进窟内污染壁画，在灌浆前首先对窟内裂隙进行了封堵、填充，并且在灌至大裂隙部位加大浆液的稠度。窟内未出现跑浆现象。

总之，榆林窟岩体加固工程采用先进的锚索技术，真正做到了修旧如旧，很好地保持了原来的自然风貌和人文景观，把我国的石窟岩体加固技术提高到了一个崭新的高度，达到了世界先进水平。同时，在施工中解决了许多技术关键，为我国石窟岩体加固积累了许多宝贵经验，是石窟岩体加固工程的一个范例。

（本文为樊锦诗、李传珠合著，原载于《敦煌研究》2000年第1期）

关于加强文化遗产保护与传承科技工作的提案

（2016年3月全国政协十二届四次会议提案第1924号）

案由：关于加强文化遗产保护与传承科技工作的提案

主办：科技部

会办：国家文物局

提案形式：个人联名

联名人数：39

第一提案人：樊锦诗

联名提案人：干以胜、李修松、余辉、张廷皓、单霁翔等39人

内容：

中华民族五千多年灿烂文明曾创造并留存大量弥足珍贵的文物遗存。这些珍贵文物是中华文明形成、发展与辉煌的历史见证，其中蕴含丰富的历史、艺术、科学价值，是维系民族团结、国家统一、文化认同的牢固纽带和重要桥梁，是推动文化大发展大繁荣，增强国家综合实力的不可再生的重要物质资源。

党和国家高度重视文化遗产保护工作。特别是十八大以来，党和国家领导就文物保护工作多次作出指示。习近平总书记指出："保护历史文物是实施可持续发展战略的重要内容，与发展经济同等重要，也是我们的政治责任"，"要把凝结着中华民族传统文化的文物保护好、管理好，同时加强研究利用，让历史说话，让文物说话，在传承祖先的成就和光荣、增强民族自尊自信的同时，谨记历史的挫折教训，以少走弯路、更好前进"。

实践证明，科技创新是实现文化遗产的有效保护和合理利用的重要途径。近年来，在科技部、财政部大力支持下，文物、博物馆行业积极推动体制、机制创新，广泛吸引社会优质科技资

源开展联合攻关，文化遗产保护科技取得跨越式发展，体现在：

一是突破了一批关键技术，填补行业空白。通过联合攻关，在文物科学认知、保护管理、保护修复技术与材料、传统工艺科学化、专有保护装备等方面突破了一批关键核心和共性技术，解决了一批文物保护的重点、难点和瓶颈问题。如文物出土现场提取材料、石窟寺壁画脱盐、石窟寺水源综合探查、糟朽丝织品揭展与加固、建筑彩绘和糯米灰浆传统工艺科学化等一批技术难题取得了实质突破。

二是形成了若干成套技术和系统解决方案，部分领域进入国际第一梯队。通过对古代壁画保护、陶质彩绘文物保护、饱水漆木器保护、馆藏文物保存环境监测等研究基础较好、需求大的方向进行重点培育。通过查找缺环、集中攻关，并将安全、适用的技术成果及时转化为技术标准，提高了技术系统性和成熟度。目前，上述领域的技术水平已进入国际第一梯队，国际话语权得以加强。例如，通过对石窟寺壁画保护技术的持续支持，我国已从十余年前的技术受援国，发展成为技术输出国。

三是将新技术革命的最新成果引入行业，进行有益探索。通过对国内外科学技术发展的动态跟踪，及时将生物技术、无损分析检测技术、物联网、大数据等新技术革命成果引入文博行业。通过适用性研究与科技示范，起到了良好的效果。如"十二五"国家科技支撑计划项目《世界遗产地风险预控关键技术研究与示范》，在风险识别、评估、预警和处理方面取得关键突破。通过在敦煌莫高窟开展科技示范，支撑建立了我国首个世界文化遗产地监测预警体系，开创了国际文化遗产保护管理新范式。同时，项目的实施也带动了创新团队和机构建设。通过整合和充分利用国内外科技优质资源，推进资源共享、风险与成本共担、优势互补的战略合作，分领域、分区域建立了23个行业重点科研基地和3个技术创新联盟。国内211和985院校中有51个高校、中科院有21个研究所参与了行业科技创新。国家古代壁画保护工程技术研究中心被批准成立，并在建设验收中被评为"优秀"。

文化遗产保护科技属于重大社会公益性研究领域，是人文社会科学、自然科学、工程技术多学科交叉融合的系统工程，具有很强的专业性。面对数量巨大、种类繁多、环境不同的各个历史时期的文物，由于起步晚、底子薄，我国在文物认知与保护领域还有诸多共性与关键技术难题尚未解决，文物腐蚀、损失的现状尚未得到有效遏制，对文物的认知、保护技术的选择多基于传统的经验认知，行业科技人才结构不合理，战略科学家和科技领军人才匮乏，经费投入严重不足，渠道来源单一，整个行业仍处于从手工作坊模式向现代化和科学化转变的关键时期，与国际文化遗产保护强国相比仍有较大的差距。据《馆藏文物腐蚀损失调查项目》数据表明，我国有50.66%的馆藏文物存在不同情况的腐蚀损失。在新技术革命带动下，未来5～10年，国际文化遗产保护科技界正孕育着新的群体性突破。许多国家为抢占未来的制高点和话语权，纷纷将文化遗产保护纳入本国和本地区的科技规划或单独设立文化遗产保护科技行动计划。如欧盟的"地平线2020计划""地中海地区文物认知与保护计划"、法国的"国家级文化遗产研究计划"、意大利的"文化遗产安全计划"和美国的"拯救美国财富计划"等。在这个战略机遇期，我国只有进一步加强顶层设计、系统支持，以科技创新为抓手，才能实现从文化遗产大国向文化遗产保护强国的根本转变。

综上所述，建议科技部会同相关部门进一步从以下三个方面加大对文化遗产保护与传承科技工作的支持：

一、进一步加强顶层设计，明确重点领域和优先主题，编制并发布《科技支撑文化遗产保护与传承行动》专项科技规划，调动更多社会优质科技资源参与文化遗产保护科技工作。

二、在国家重点研发计划中设立"文化遗产保护与传承科技专项"，并予以优先启动。重点针对文化遗产的价值认知、保护修复、传承利用等，开展联合攻关和科技示范。重点是：

第一，在文物的价值认知方面，以大幅提高考古发掘技术水平和信息提取能力为目标，重点突破考古调查与发掘专用技术与装备，无损分析检测和多技术协同探测技术，提高技术协同和数据分析能力；解决多维度复杂环境条件下陆地（水下）文化遗产及赋存环境的认知难题；系统揭示中华文明起源和泥河湾早期人类起源与演化的重大学术问题。

第二，在文物保护修复方面，重点解决文物风险识别、处置、评价的预防性保护成套关键技术，提高文化遗产的风险预控能力；针对可移动文物和不可移动文物，重点突破基于传统修复工艺与现代科技相结合的抢救性保护的共性、关键技术与专有装备和系列标准。

第三，在传承利用板块，以典型博物馆和大遗址为对象，打造基于分享、互动、数据流动和人工智能的智慧博物馆技术支撑体系和基于视觉、听觉、触觉、味觉、嗅觉综合体验的下一代文化遗产展示传播技术支撑体系。同时，加强与教育、旅游、文创、设计、动漫游戏等领域的融合发展，将资源优势转化为文化优势。

三、在已有国家文物局重点科研基地和创新联盟的基础上，进一步整合资源、创新机制，构建实体研发机构与虚拟研发组织相结合的新型科技创新组织模式，组建文化遗产保护国家重点实验室。

◈ 敦煌石窟的国际合作

改革开放以来，敦煌研究院开始并逐步扩大的国际合作，已近20年。国际交流联系广泛，合作形式多样，取得了一定的成效，推动了敦煌事业的发展。

一、国际合作的背景

敦煌，位于甘肃省河西走廊的西端，是古丝绸之路上的咽喉重镇。史书称敦煌是"华戎所交，一大都会"，自汉代中西交通畅通以来，中原文化不断传播到敦煌，在这里深深地扎了根；同时印度、希腊、伊斯兰文化也传播到敦煌。中西文化的不断汇流融合，便产生了敦煌石窟。敦煌石窟规模宏大、历史悠久、内容丰富、艺术精美、保存较好，文化价值多元，由此而在国内外形成了专门研究学科——敦煌学，这在国内外众多的同类遗址中是唯一的，是我国乃至世界优秀传统文化艺术的典型代表。1961年，敦煌莫高窟被国务院公布为全国重点文物保护单位，1987年被联合国教科文组织遗产委员会批准列入世界文化遗产名录。

由于自然和人为的破坏，至20世纪40年代敦煌艺术研究所（敦煌研究院的前身）成立之时，敦煌石窟已多病缠身，失去了昔日的光辉。经过五六十年代对石窟及其壁画和彩塑的抢救性加固和修复，使敦煌石窟脱离了险境，得到了保护。经过多年的保护实践，使我们认识到规模宏大的敦煌石窟保护的复杂性和艰巨性，仅仅依靠抢救性的加固和修复保护，是远远不够的。像敦煌石窟这样的稀有而珍贵的文化遗产，必须应用先进的保护技术，运用先进的保护手段，开展综合的科学保护研究，才能使它得到有效保护。但我们却缺乏人才、资金、手段。改革开放给敦煌研究院的国际合作带来了大好机遇，推动了敦煌石窟的科学保护和其他工作。

敦煌研究院（前身是国立敦煌艺术研究所）筹建于1943年，迄今已有近60年的历史。至改革开放初期，已拥有一批在敦煌工作多年的业务骨干，已为保护和研究敦煌石窟做了大量工作。现有职工400多人，其中有研究馆员、副研究馆员20多人，馆员60多人，拥有保护、美术、考古、文献研究所等十几个业务部门，是集保护、研究、弘扬于一体的综合性文物保管研究机构。

敦煌研究院的国际合作联系广泛，有友好人士、社会团体、科研机构、政府部门、企业等；合作形式多样，有举办展览、出访考察、进修学习、保护研究、举办会议、研讨管理、出版书籍、合作办学等。其中，日本平山郁夫、日本文化财保护振兴财团、日本东京艺术大学、日本大阪大学、日本政府、日本经济新闻社、美国盖蒂基金会盖蒂保护研究所、美国梅伦基金会、美国西北大学、澳大利亚遗产委员会、英国伦敦大学等机构和个人，与我们合作开展的保护研究项目、文化遗产管理、人才培养、基础设施和科研设备的建设等，对敦煌石窟的科学保护、加强文化遗产管理、提高人员素质、改善基础设施有很大的推动，在科学保护的一些领域有重要的进展，同时也扩大了我们保护工作在国际上的影响。

二、国际合作的内容和收获

1. 展览

1982年以来，敦煌研究院的美术研究人员几十年来临摹的敦煌壁画和彩塑的精品赴日本、法国、印度、美国等地举办敦煌石窟艺术展达14次之多。通过展览，宣传、展示敦煌艺术的辉煌与成就。展览所到之处，无不受到当地人民的热烈欢迎，引起巨大反响，观众无不为中国古代灿烂的文明所倾倒，扩大了敦煌石窟艺术在世界上的影响，使更多的人了解了敦煌艺术，在当地引起了"敦煌热"，有力配合了外交工作。同时，也为展览派出的随展人员提供了学习、吸取营养的机会，使他们开阔了眼界，了解了外部世界，增强了中外文化的交流，还增加了我们的事业收入，支持了敦煌事业。

2. 科学保护

从20世纪80年代后期开始，通过国际合作，运用引进的先进技术和仪器，我们对敦煌石窟壁画和彩塑的病害进行了深入研究，对壁画和彩塑的制作材料麦草、泥土、颜料、胶结材料等的结构、性能逐一剖析；对石窟所在崖体的地质结构及其病害成因做了调查分析，对影响石窟稳定的崖体裂隙进行了定时定点观测；对壁画酥碱、起甲等严重病害做了分析，找出其病状、病因，对病害发展的复杂机理有了较深的认识，展开了长期以来无法彻底治愈的最严重的壁画顽症——酥碱病害的攻关研究。上述研究，为准确认识文物和病害，以及今后深入做好保护工作奠定了基础。

遗址的环境是影响遗址保护的重要因素。在国际合作中，还运用引进的技术和手段，对石窟环境进行了研究，对窟区气象环境、开放与不开放洞窟的小环境进行长期监测；对莫高窟风向、风速的变化特征和风沙灾害源头及风沙流的运动规律进行了监测；因大气降水与地表水通过崖体裂隙或园林浇灌入渗是使壁画和彩塑产生病害的关键因素，故对地表水的成分，裂隙渗水使崖体内可溶性盐溶解、运移、富积的复杂活动过程，以及其对壁画的危害进行长期监测分析。

在对石窟本身及其环境进行研究的同时，又对石窟及其环境病害进行了治理。莫高窟许多顶层洞窟长期受风沙危害，窟顶被风沙剥蚀，有逐年减薄的趋势，一些洞窟甚至产生裂隙，长期漏雨，直接危害到珍贵的壁画，合作双方经过研究和反复实验，找到了有效治理薄顶洞窟的保护材料和工艺；为了治理酥碱、起甲病害壁画，对其修复材料和工艺进行了长时间的试验和筛选；从1990年开始，采用工程、化学、植物固沙相结合的综合措施，对风沙进行治理，在莫高窟崖顶建立了一个长3300多米的尼龙防沙障，用以阻挡和疏导沙物质，在风沙的源头附近栽种了长2000米、宽10米的固沙林带，经过治理，石窟前的流沙已减少了70%，取得了明显的治理效果；为了减少地表水向洞窟的入渗，对窟前的园林浇灌进行了改造。

通过国际合作，我们运用先进的图像存贮与再现技术永久地记录和保存敦煌石窟精美的彩塑、壁画信息。同时，使用敦煌石窟数字图像，为研究工作提供资料，为旅游者做石窟的虚拟介绍。

由于与国外进行了长期的合作保护研究，我们及时获得了国外新的保护技术信息与保护理念，引进了国外最新的保护技术和手段，积累了大量科学数据和资料，推动了一些难题的突破，并能使所取得的最新成果，及时通过国际学术会议发表出去。还逐步建立起包括环境监测、岩土分析、材料分析、文物修复的实验室，培养了一支年轻的保护专业队伍，使我们的保护工作逐渐跟上和接近世界先进水平，在国内外产生了较大影响。

3. 人才培养

从1985年开始，通过各种途径，我院赴日本、加拿大、印度的大学和研究机构进行一年以上学习进修的人员有45人，赴美国、日本短期培训的有30多人次。学习的专业有保护科学、保护技术、历史、考古、艺术、艺术史、外语等。从1982年开始，利用展览、国际学术会议以及其他的交流活动进行出国考察交流60多次。到不同的国家和地区进行广泛的交流和学习，从而使我院的专业和管理人员拓宽了视野，提高了业务水平，回国后，都在各自的工作岗位上发挥了骨干作用。

4. 文化遗产管理

国际文化遗产的管理，是根据国际有关法规制定的原则对构成遗址的自然和社会环境的各个要素进行有顺序、有步骤地管理。

通过国际合作，由国家文物局主持，中外双方共同起草制定了《中国文物古迹保护准则》

（下简称《准则》），这个准则是根据《文物保护法》并参照国际古迹保护管理法规的原则制定的，成为文化遗产管理的行规和准则。我们在敦煌石窟和国际合作项目的管理工作中，按照《准则》的原则和程序制定了《敦煌莫高窟保护与管理总体规划》（下简称《总体规划》），建立起了文化遗产管理和重大项目管理的科学模式。无论是《总体规划》还是重大的保护项目，都严格遵循《准则》规定的程序和原则，对文物多方面的价值和现状逐项进行调查评估，依据评估的结果，确定管理目标和实现管理目标的原则，最后制定保护、研究、开放、展示陈列、日常运行管理等多项分目标，以及完成目标的对策。这种文化遗产和重大项目管理的科学模式，培养了广大职工科学保护的理念，现在已被敦煌研究院的工作人员所接受，并运用于工作之中，推动了敦煌石窟保护和管理工作向规范化、科学化迈进，改变了过去那种不科学的管理方式。

5. 引进资金和设备

作为著名的世界文化遗产，敦煌莫高窟不断得到社会各界的关心和支持。自 20 世纪 80 年代起，日本、美国的友好人士、社会团体、科研机构、大学、政府等各界，捐赠科研仪器、图书资料、交通工具等设备，日本政府出资 10 亿日元援建了敦煌石窟文物保护研究陈列中心。有的直接捐赠资金，自 80 年代起，我们共接受捐资 21000 多万日元、14 多万美元。这些捐赠和援助的仪器、设施和资金极大地支持了敦煌事业。

三、国际合作的几点体会

第一，在国际合作中，要选择技术水平高、资信好、实力强、在国际上有影响的机构作为合作对象。如与我们长期合作的东京国立文化财研究所，仪器设备先进，技术人员精良，做过许多国内外的保护项目；与我们合作有 14 年之久的美国盖蒂基金会下属的盖蒂保护研究所不仅资金雄厚，汇集了国际文物保护技术精英，而且成功地做过埃及金字塔狮身人面像和爱菲塔利壁画墓的保护项目，在国际上有较大的影响；又如正在与我们合作制作敦煌艺术图像电子档案的美国梅隆基金会，是一家颇有实力的专门从事文化、教育的非营利公益机构，他们严格按照法律规定签约和办事，尊重我院拥有的文物知识产权。这些机构的共同之处，都是在合作过程中不断探索和改进技术，设法采用世界上最新的技术和手段运用于合作课题，而且非常重视在合作中培养我院的技术人员。

第二，在国际合作中，我们自身必须要有一定的工作和人才的基础，要有能与外方专家谈判和合作的对手，要有学习吸收外方先进技术和管理经验的能力和水平。我院与国外合作时成立了一个由院长亲自挂帅的专家组，成员包括博士、硕士在内的高中级专业人员，参与谈判和技术工作。因为外方是否与我们合作，他们也同样要经过考察，才能做出最终选择。一般来说，他们要考察我们过去做过什么项目，做的成效如何；考察我们的技术力量如何，曾做过什么工作；了解我们合作的目标和选题是否得当。如我们自己心中无数，没有实力，就无法与外方交流和对话，也谈不上很好合作，即使合作，也是一切外方说了算，被人家所左右，我们只能当配角，不能真正掌握国外的新技术、新方法，这不是真正的合作，达不到国际合作的预期目的。

第三，一般来说，在国际合作中，双方共同选择感兴趣的课题。但我们自己要有主见，要有明确的目标，选择敦煌石窟保护中亟待解决的或无法解决的课题，如壁画和彩塑疑难病害的成因和机理，又如敦煌石窟的气象、风沙、渗水、崖体稳定等复杂的环境因素怎样影响文物的保存，都是我国石窟保护中的难题和没有解决的问题。我们希望通过国际合作深入研究这些课题，并能推动这些问题的逐步解决，以有效保护文化遗产，真正解决我们想要解决的问题。同时还要使外方理解我方选择课题的重要性与迫切性，是值得研究的重要课题，从而使我们选择的课题成为双方共同有兴趣的课题。由于我们保护目标明确，合作选题准确，不仅得到了外方的认同，而且使合作的课题不断向纵深发展，才使一些课题有了突破，也使合作由短期向长期合作发展，推动了整个敦煌石窟的科学保护不断深入。

第四，必须加强国际合作管理。合作中双方思路、方法并不相同，尤其是开始合作的几年，经常会有不协调甚至误会和矛盾，又加上一年中双方在敦煌仅有两次短暂的共事，如抓得不紧，不是课题进展迟缓，难以深入，就是影响到合作能否坚持下去。为此，双方一年两次在敦煌共同对各项工作提出明确要求，做出全面安排，并及时检查，及时沟通，及时协调。这样，不仅提高了合作的效率，保证课题的顺利健康发展，而且形成了互相尊重、互相信任、坦诚相见的氛围，增进了双方的理解和友谊。

第五，重视引进和学习新技术、新手段、新理念。国际合作的10余年，也是世界科技发展日新月异的时期，随着科学技术的迅速发展，世界文物保护技术和手段也随之不断发展。在国际合作中，我们不断注意引进和更新保护技术和手段，如颜料分析从常规的X衍射、电子显微镜、偏光显微镜逐渐发展到探索无损伤的监测分析；环境监测从常规的气象环境监测逐渐发展到现在的微观水气运移研究；壁画图像的存贮从传统的近景摄影技术发展到现在的高清晰度数字摄影与图像处理技术。由于保护技术和保护手段的不断更新，使敦煌石窟保护工作的整体水平也相应有了较大提高，较好地推动敦煌保护工作的进展。显然，要做好我国复杂而艰巨的文物保护工作，新技术、新手段、新理念的引进和应用，对我们十分重要。今后的国际合作应进一步重视引进和应用先进技术、先进手段、先进理念。

第六，在2001年召开的全国文物外事工作会议上，郑欣淼同志代表国家文物局作的工作报告中指出："我国作为一个文物大国，文物分布范围广、数量大、种类多、保管修复难度高。与此相比，我国现有的文物从业人员不仅数量少，而且水平尚待提高，特别是由于普遍对国际上先进的文物保护理论和方法、新技术和新材料的运用以及学术动态了解不多，拉大了我国与世界上文物保护先进国家之间在文物事业发展上的差距。"讲话切中了文物系统问题的要害。文物事业的发展，人才、资金、技术、设备，缺一不可，而人才是文物事业发展的第一要素。敦煌地处边陲，条件艰苦，生活单调，聚集人才有一定的困难，但另一方面工作任务却艰巨而复杂，这决定了要依靠我们自己来培养人才。我们利用各种机会，培养多种专业、不同层次的人才。国际合作为我们培养人才创造了有利条件，我们在所有的国际项目中，都把人才培养放在重要位置，不仅将中青年专业人员送到国外学习、进修，而且特别重视在国际合作的实践中培养和提高他们。通过国际合作与培训，极大地提高了我院人员素质，推动敦煌保护、研究、弘扬事业的发展。总之，引进先进的技术固然重要，资金也不可缺少，但其作用与人才相比是有限的，只有有了高素质、高水平的人才，才能发挥无限的作用。所以，文物工作应首先重视人才的培养，根据我国文物系统的现状，应特别重视培养既精通专业技术又具有科学思路和理念、能自主创新的保护科学家，以及有战略眼光、有高度组织协调和项目管理能力的高层次的管理人员。

第七，充分重视知识产权的保护。敦煌石窟的国际合作涉及文物、文物资料、文物信息，这是关系到知识产权保护和我国文物权益的大问题。我们既要做好对外合作，也要保护好自己的权益，所以在与外方的谈判、签约、合作过程中，我们对双方的责任、权利作了明确的界定。合作课题所形成的数据和有关资料共同分享、共同研究、共同发表，涉及文物和文物信息，我们严格按照国家文物局关于文物资料的管理办法执行，对外方提出的涉及文物资料的合理要求，严格执行报批手续，对不合理的则给予婉言谢绝。在长期的合作中，我们始终坚持保护自己的权益。

今后，我们将继续总结经验，进一步扩大国际合作，更好地做好敦煌石窟的保护、研究、弘扬工作。

（本文为2002年3月20日在中国社科院于北京举办的"文化遗产的保护与经营研讨会"上的发言稿）

◈ 共同呵护人类遗产
——敦煌莫高窟保护的国际合作模式

一、敦煌莫高窟保护现状及其国际合作保护概况

闻名遐迩的世界文化遗产敦煌莫高窟石窟群（包括藏经洞）历史绵长、规模宏大、艺术精湛、内容丰富，是世界上独一无二的文化艺术宝藏。

敦煌莫高窟已历经1600多年的历史沧桑，自然和人为双重因素的作用使本已脆弱的莫高窟洞窟、彩塑和壁画出现了多种病害：如洞窟坍塌，塑像倾倒，壁画脱落、空鼓、起甲、酥碱等；莫高窟本体所依托的崖体结构存在着纵横裂隙，面临着自然坍塌和地震的威胁；莫高窟背靠沙山的长期风沙侵蚀引起了崖顶积沙，顶层洞窟崖体减薄，沙尘对洞窟壁画、彩塑的磨蚀等危害；大气降水从岩体裂隙下渗引起岩体内可溶盐向壁画运移，造成了壁画的多种病害。1944年国立敦煌艺术研究所成立之前，由于长期无人管理，造成石窟烟熏、刻划、霉变等人为破坏。

敦煌艺术研究所自1944年成立以来，尽管做了大量的保护工作，使处于濒危的莫高窟文物得到了较好的保护，但由于莫高窟规模宏大、病害类型众多，依然存在着许多难以解决的保护技术难题。为此，20世纪80年代后期开始，敦煌研究院利用改革开放的大好时机，先后与美国盖蒂保护研究所，日本东京文化财研究所，美国梅隆基金会、西北大学，澳大利亚遗产委员会，英国伦敦大学考陶尔德艺术学院，日本大阪大学等科研机构和大学，相继开展了文物材料分析、石窟环境监测与控制、壁画病害机理研究和修复、文物图像数字化、石窟管理和规划、文物信息档案管理、科技考古，以及人才培养等多方面的合作，解决了一系列保护和管理的难题。逐步形成了一套独具特色的敦煌莫高窟保护国际合作模式。

下面，我对敦煌研究院文物保护国际合作工作以简单介绍。

二、国际合作保护的模式

首先，遵守国际合作规则，互相尊重，互相信任，发挥各自优势，共同搭建合作平台，将合作持续引向深入、不断扩大。

敦煌研究院20年的国际合作使我们认识到，在国际合作中要取得成效并能够持久进行下去，首先，双方要互相尊重、互相信任，充分发挥各自优势；其次，选择双方共同感兴趣和亟待解决的保护技术难题；第三，保证双方人员共同参与，建立合作团队，共同搭建合作平台；第四，建立良好的合作机制，明确各自任务。同时保证资料和成果共享，尊重彼此的知识产权等国际合作原则。我院为使国际合作确有成效和持续下去，十分重视稳定合作队伍、引进人才、配备必要设施，为国际合作创造人才基础和工作条件。

在合作中，我们不仅重视合作期间的合作项目，而且将项目不断引向深入。风沙对莫高窟崖体的风化和壁画的磨蚀，是长期无法解决的环境保护难题。20世纪80年代后期开始，我院与美国盖蒂保护研究所选择治理莫高窟崖顶风沙作为合作研究的课题。合作之初，盖蒂保护研究所在莫高窟崖顶设置了当时具有国际先进水平的全自动气象站，通过系统的气象监测，首次科学地掌握了莫高窟风沙活动的规律，建立了莫高窟崖顶的尼龙网防沙障阻沙工程。后来，我们在合作成果的基础上，发挥自身优势，完成了化学固沙、沙生植物林带挡沙、草方格固沙和砾石压沙。经过多年的努力最终形成了防沙障阻沙、化学固沙、沙生植物林带挡沙、草方格固沙和砾石压沙的综合防沙、治沙体系。据监测，该项目的实施使莫高窟的风沙流量减少了70%左右。

快速提升我院自身保护水平，充实保护力量，是我们希望通过国际合作解决的问题之一。因此，国际合作伊始，我们就注重引进和学习外方先进的各种监测、分析仪器及其手段，开展了石窟大环境和洞窟小环境的监测和分析、洞窟摄影测量、壁画制作材料和病害分析，颜色监测等项目。这些项目为我院步入石窟的科学保护开了个好头，给予了我们启示，为我们解决莫高窟保护中难题、进一步扩大合作范围、将合作工作不断引向深入奠定了良好基础。随着国际合作的深入，我们逐渐从局部保护发展到整体的综合保护，从技术保护发展到管理保护。如选择典型洞窟的典型壁画病害，开展多年难以治愈壁画病害的分析与研究，使其得到修复；同时在合作中引进了一大批先进的保护技术手段，如无损分析技术和数字化技术。我们在深化技术合作保护的过程中，逐渐开展了石窟管理的国际合作，面对游客逐年增多可能给洞窟文物带来潜在威胁的突出问题，与外方合作开展了游客承载量和石窟开放管理研究，经过数年努力合作制定了长远保护总体规划。我院还部分参与了国际古迹遗址理事会中国国家委员会和澳大利亚遗产委员会、美国盖蒂保护研究所共同起草《中国文物古迹保护准则》的行业规则，并将它用于遗址保护管理工作中。

其次，吸收国际先进技术，注重技术创新，解决保护难题。

壁画病害的治理是莫高窟文物保护中的核心问题和最棘手的问题。尽管国际上开展过很多有关壁画保护的研究工作，有一定的先例和技术，但由于文化遗产本体材质和所处环境不同，国外的技术和经验不能照抄照搬，要结合敦煌壁画自身的特点，加以改进和创新。

1997～2004年，我院和美国盖蒂保护研究所选择莫高窟第85窟壁画存在的酥碱、空鼓等典型病害开展联合攻关。面对这一挑战性的壁画保护难题，中美双方的科技人员经过7年努力，开展了壁画病害调查记录、小环境监测、壁画病害机理研究、修复材料筛选标准和修复工艺改进等一系列方法、材料和工艺的创新，最终找到了治理酥碱和空鼓两大壁画病害的材料和工艺。该项成果不仅治理了莫高窟第85窟本身壁画病害，而且还为今后治理莫高窟同类壁画病害找到了科学有效的方法和手段。更为重要的是建立了一套壁画保护的科学规范和程序。该项目的成功引起了国内外同行的普遍关注。目前，该项目成果已经在我国西部地区许多重要遗址的保护中得到应用。

再次，开展多方合作，充分利用国际资源，整体提升敦煌石窟保护水平。

随着我院与外方合作的不断深化和扩展，我们意识到各种工程技术保护只能延长文物的寿命，但由于自然规律的不可逆转，任何文物都不能永存，因此如何保存好洞窟文物的珍贵信息和价值是我们想解决的又一保护问题。20世纪90年代末开始，为了使石窟的珍贵信息得到永久保存，我院与美国梅隆基金会、美国西北大学合作开展了敦煌壁画数字化储存与再现关键技术的研究，启动了敦煌壁画档案的数字化存储与再现项目，开辟了保护敦煌壁画信息的新途径，为敦煌壁画保护和拓展壁画展示奠定了技术基础。

水是引发莫高窟多种壁画病害的关键原因，为了弄清莫高窟洞窟围岩内部水汽运移规律，我们又与日本大阪大学合作开展了莫高窟水环境特征的研究项目。

文物材质的无损分析检测是当今文物保护领域的一大趋势。日本东京文化财研究所在这方面做了大量研究。我们在最新一期与日方合作的项目中，及时将这种技术引入敦煌石窟的保护，并作为主要的合作内容。这种先进的无损检测手段，保证了分析检测中文物的完好无损。

敦煌莫高窟的保护是一项艰巨而复杂的系统工程，要有明确的保护方向、保护目标、保护原则、保护措施，才能使它真实地、完整地并可延续地传给子孙后代。为此，1999～2005年我院除了与美国盖蒂保护研究所合作外，还请来了澳大利亚遗产委员会具有丰富经验的遗产管理专家和国内的科研单位合作制定了《敦煌莫高窟保护总体规划（2006～2025）》。该规划是我国首次通过国际合作，多单位、多学科人员参与制定的文物保护总体规划，被规划评审专家认为是一个具有开创性与前瞻性的规划，是我国今后编制同类规划的一个范本。

最后，利用国际合作，培养自己的人才，使合作成果得到巩固、延续和发展。

我们认为，国际先进技术的引进不仅只是为了将某一技术运用于某一保护项目，而是更应注重培养我们的技术人员掌握这些先进的技术。为了使引进的技术得到巩固、延续和发展，培养和建设我们自己的人才队伍是根本。

因此，我们在对外合作中，千方百计采取多种方式培养人才。一是在合作保护研究项目开展过程的实践中，使我们的专业人员能够学到国外先进的保护技术和经验，提高自身技术人员的业务水平；二是选拔优秀人员赴日本东京文化财研究所、日本东京艺术大学、美国盖蒂保护研究所等科研机构和大学进行短期或长期的学习，或开展研究工作。近年来为了加速培养更多高级的保护专业人员，我院又与英国伦敦大学考陶尔德艺术学院、兰州大学联合开办壁画保护研究生班，今年，第一期研究生即将毕业。

通过20年不间断的国际合作和对保护专业人员的持续培养，不仅在莫高窟遗址保护方面取得了丰硕的成果，使我院的保护工作进入了科学保护阶段，同时，也缩短了我院的保护工作从抢救性保护向预防性保护过渡的周期和时间。而且，通过20年卓有成效的国际合作，为我院培养了一批了解国际保护发展方向、掌握国际保护先进技术、理解国际文物保护先进思想和理念的专业人才队伍。现在，保护石窟本体与保护石窟环境并重、科学保护与合理利用并重、文物的抢救修复与日常维护并重等理念已成为指导我院保护工作的重要思想。

我们相信，通过自身不断努力，并继续坚持走国际合作的路子，今后我们能够更好地解决保护管理中遇到的难题，将不愧对时代赋予我们保护世界珍贵文化遗产的神圣职责。

［本文为2007年11月在"北京论坛"（2007）"人类遗产对文明进步的启示"分论坛上的发言稿］

数字化时代的敦煌

——探索保存和利用敦煌文化遗产的新途径

1992年，联合国教科文组织开始启动"世界的记忆"项目。该项目旨在世界范围内在不同水准上用现代信息技术使文化遗产数字化，以便永久性地保存，并最大限度地使社会公众能够公平地享有文化遗产。这一项目标志着以信息技术为主要手段的世界文化遗产保护和利用的数字化时代的开始。以此为契机，世界各国先后着手这一伟大的工程并进行相关的国际合作。

位于中国西部甘肃省敦煌市东南25千米的莫高窟，开凿于366年，现存4.5万平方米壁画和2000多尊彩塑，是世界上现存规模最大、内容最丰富的佛教艺术宝库。但是由于千余年来自然营力的作用和人为因素的影响使其面临着被破坏的危险。作为莫高窟的保护、管理和研究机构——敦煌研究院在中国政府的支持下，半个多世纪以来投入了大量的人力和物力，采取了积极有效的措施，如石窟危崖加固，石窟窟顶风沙危害综合治理，石窟环境研究和治理，壁画和彩塑病害的研究、治理和修复等等，对敦煌石窟进行了卓有成效的保护。

众所周知，文物是不能再生的，也是不能永生的。敦煌石窟文物特别是壁画由于多种病害的影响，面临着逐渐退化的严重威胁，摄影照片、录像资料也难以持久。因此，如何永久地保存以便利用这份人类珍贵文化遗产，成为敦煌研究院长期以来的奋斗目标。20世纪80年代以来，我院与中国科学院计算技术研究所、浙江大学等单位合作，开始尝试利用先进的摄影技术、信息技术，研究敦煌石窟艺术的存储与再现。为了进一步拓展敦煌文化遗产保存与利用的数字化工作，近几年来，我院又积极寻求国际合作，在敦煌文物信息数字化工作中取得了一些成果。今后我院将继续进行信息化建设。

一、良好的国际合作 —— 中美合作研制敦煌艺术数字化档案

1998年，敦煌研究院、世界各地的博物馆和图书馆，与William G. Bowen会长领导下的美国安德鲁·W·梅隆基金会（下简称"梅隆基金会"）通力合作，进行了一项国际性的合作项目 —— 为中国敦煌石窟的壁画及相关艺术、文献，制作高质量的数字图像，并将其并入一个学术性的电子档案 —— 梅隆国际敦煌档案。几年来，敦煌研究院与美国西北大学的专家合作，卓有成效地利用先进的摄影、图像数字化和处理技术记录和保存敦煌石窟艺术。敦煌研究院和梅隆基金会以及其他参加者期望这个开拓性项目能够促进记录和保存敦煌石窟艺术的工作，并使该档案能成为具有新意、为中国和世界各地学者服务的研究工具，进一步推动全世界学术和艺术的发展。

1. 运用先进技术记录石窟艺术

敦煌研究院与美国西北大学的专家，使用先进的数码相机拍摄了宏大的敦煌石窟中22个洞窟的壁画和雕塑，并制作成数字图像。采用的第一种拍摄方法叫QuickTime虚拟现实，它使图像观看者有进入洞窟的感觉，并能在洞窟内旋转观看，看到洞窟内包括建筑、彩塑和四壁壁画的所有艺术品。采用的第二种拍摄方法叫覆盖式拍摄，它可以产生高分辨率的壁画图像。覆盖式拍摄方法是依平行于壁面移动的数码相机，依次对洞窟的每平方米壁画垂直拍摄多张照片，然后把单张数字图像拼接成整壁壁画图像，并通过电脑软件处理，保证图像色彩的准确性及几何比例的精确性。

在拍摄过程中，采用了先进技术和特别措施保护石窟艺术。专门设计的轨道和升降设备可以准确控制相机的移动，避免与壁画有任何接触。同时，这种摄影方法也把摄影所需要的灯光尽量减弱，确保洞窟文物不受任何破坏。

2. 促进记录和保存石窟艺术的工作

这种最先进的摄影技术抓住了石窟艺术的许多精妙细节，包括在自然光中看不清楚的细节。通过摄影和拼接过程中所运用的技术，使我们能够看到洞窟内被背屏或中心柱等阻碍视线的建筑所遮挡的壁画。另外，对相机移动的准确控制，提高了图像的质量和清晰度。运用先进的记录石窟平面和立体图像的技术，将极大地提高我们详尽准确记录文物之能力，能更好地、高质量地完成保护文物的任务。在合作过程中，敦煌研究院的工作人员得到了美国西北大学专家关于摄影、图像数字化和处理数字图像的技术培训，以便今后能担负起运用这些先进技术记录和保存敦煌石窟艺术全部信息的重任。

3. 联结敦煌相关资料的电子档案

敦煌研究院和国外一些收藏敦煌资料的单位授权梅隆基金会制作梅隆国际敦煌档案，这是一部学术性的电子档案，将为文物保护及其他专业的学者提供重要的信息资源。由于有大量敦煌莫

高窟藏经洞出土的宗教与世俗文献、绢画、纸画和其他资料流散于世界各地的图书馆和博物馆。梅隆基金会正在运用最先进的技术对这些流散的资料进行数字化处理，并通过学术电子档案将他们重新与敦煌石窟艺术连接起来。

档案可让学者将图像的具体细节拉近放大，进行仔细研究。由于图像的分辨率极高，学者既可以看到诸如绢画织物的经纬线或绘画实物上彩绘线描技法的细节，也可以浏览石窟内景的拼接全景，得到身临其境的感觉，然后通过拉近放大，看到本来看不到的画面。档案还可以让学者在电脑显示屏上同时对分散在世界各地的敦煌图像进行比较和研究。这种连接方法的优势是它能使学者们对同一个主题的不同表达方式进行详细比较，这是其他方法很难做到的。

学者还可以使用档案的检索器寻找和检索各类资料，并得到每一幅图像的具体信息，如年代、定名、修复程度、现状和制作材料等。另外，还有让学者在观看图像时可以在显示屏上做出注释的辅助功能。这个包括汉英两种文字的档案将来可供世界各地的教育、学术和文化工作使用。

档案仅向诸如图书馆、博物馆、提供图像单位等机构开放，而使用单位必须签署承诺把使用严格限于学术和教育用途的协议。向档案提供资料的每个单位的版权将在档案中清楚地标明，而档案将运用先进技术进行电子监控，以确保图像的正当使用。用户单位需要缴纳少量的使用费用于支付对档案的管理。

4. 一个开拓性的学术研究工具

敦煌研究院和其他项目参加者期望梅隆国际敦煌档案能成为一个具有新意、为中国和世界各地学者服务的研究工具。档案将使人们能够接触本来无法接触的敦煌壁画和其他流散在世界各地的敦煌资料。档案还将扩大人们对敦煌艺术学术价值的认识，使学者们更充分了解敦煌艺术在中国乃至世界美术史上的重要地位。

5. 促进国际学术合作

敦煌研究院、梅隆基金会和项目的其他参加者，均希望项目能够倡导互相信任、互相尊重、和睦交流、团结合作的精神，并成为促成造福人类的国际合作。期望通过项目的合作能激励人们做出更多类似的努力，促进富有真正国际意义的教育和学术活动。

二、未来的发展目标 —— 敦煌研究院信息化工作展望

作为目前世界上最大的敦煌石窟艺术保护和研究的专门机构，敦煌研究院的发展目标是建设国际一流的遗址博物馆。在信息化时代的今天，建立一个与之地位和影响相称的、具有国际水准的、适应未来发展目标的信息化系统，是实现这一目标的重要步骤之一，也是我们开展国际合作的重要目的。目前，我们正在制定《敦煌研究院信息化工作规划》。我们计划建立一个功能较为

完善的信息中心，并为此已在莫高窟修建了新的建筑设施。这个中心不仅将满足敦煌研究院石窟保护和研究工作的需要，还将面向全国、面向世界，为全世界的敦煌学术研究和交流服务，满足不同层次人们的需要，使之成为一个国际性的敦煌文化遗产信息平台。今后我们计划进行以下几方面的工作：

1. 建设敦煌石窟艺术图像信息数据库

如前所述，近年来我院已与美国梅隆基金会、美国西北大学合作完成了莫高窟22个洞窟的数字图像档案的制作。今后我院还将陆续完成莫高窟其他洞窟和榆林窟、西千佛洞洞窟的数字图像档案，建立全部敦煌石窟艺术的数字图像档案，以期能够永久记录和保存敦煌石窟艺术这一人类珍贵的文化遗产。

需要指出的是，建设敦煌石窟艺术图像信息数据库的目的不仅是为了永久保存这些珍贵信息，也是为了更有效地利用它们。为了有效减轻不断增加的游客进入狭小的洞窟空间所引起的石窟温度与湿度的升高，以及对石窟艺术带来的损坏，保护洞窟内的自然环境和壁画。我们计划未来在莫高窟建设现代化的游客服务中心，充分运用敦煌石窟艺术图像数据库的资源和数字漫游技术，创造出敦煌石窟虚拟空间。目前世界上这方面最有特色的例子是由希腊世界基金会（FHW）与CVL共同完成的希腊古城虚拟空间。可以预见，在不远的将来，敦煌石窟艺术也将以数字化虚拟空间的形式展现出来，参观者可以在敦煌石窟游客服务中心宽敞、舒适的大厅"畅游"于各个洞窟之间，既可以比在洞窟内更加方便地全面欣赏精美的敦煌艺术，又可以方便地选择自己感兴趣的专题类别进行欣赏，并自由选择各种语言的详细讲解。或更进一步，利用激光与全息成像技术，可以把敦煌石窟的开凿历史和壁画、雕塑的创作过程虚拟仿真，惟妙惟肖地再现出来，"真实"地再现历史。

2. 建设敦煌石窟档案数据库

数十年来，我院在进行敦煌石窟的保护、研究工作中积累了内容丰富、数量庞大的石窟档案资料，其中有数千张石窟艺术的摄影照片和部分录像资料、两千多幅敦煌壁画和三十余身雕塑的临摹品，以及测绘图、文字记录构成的石窟历史档案，有记录对洞窟进行科技保护研究工作情况的科技档案，有记录对洞窟进行保护工程的工程档案，有记录窟区环境气象观测、洞窟内小气候监测的环境档案。这些档案资料是进行敦煌石窟研究和保护的十分珍贵的基础资料。我们正在将这些档案资料全部输入计算机，进行数字化存储与管理，建立敦煌石窟档案数据库，并不断进行充实与完善，为保护与研究工作提供基础信息支持。

3. 建设敦煌石窟研究文献数据库

经过敦煌研究院三代专家学者60年的辛勤研究工作，我院已经成为国际敦煌学的一个重要基地，特别是在敦煌石窟艺术研究、石窟考古研究领域取得了丰富的成果，也积累了大量中外学者有关敦煌石窟研究的论著资料。我们正在建设敦煌石窟研究专业文献数据库，编制专业检索词表，按数字化图书馆的要求，利用扫描及数码摄影等手段逐步建立起敦煌石窟文献研究全文数据库，建设具有信息资源开发、整合、管理和网上信息发布功能的敦煌石窟研究文献信息库。与此同时，我们要建立依据洞窟编号、专题、著者等分类的专题研究文献数据库。在此基础上，以院内局域网和国际互联网为依托，在保护知识产权的前提下，区别授权，为院内外和国内外提供敦煌石窟研究专业文献数据库的查询、交换和咨询服务，实现数据库资源共享。

4．建设敦煌研究院网络系统

一个功能完善、高效、快捷的网络体系是信息传递交流的载体，是信息化建设的基础。敦煌研究院在1993年即同兰州大学计算机公司合作建设了第一批莫高窟局域网系统。近年来又进一步加大了网络和信息化建设投入，现已建成光纤骨干网和快速专线互联网接入，局域网已初具规模，各个部门之间已联成一片，部分实现了资源共享，在信息化的建设上已经迈出了可喜的一大步。面对未来敦煌学发展的深层要求，未来敦煌研究院的网络系统建设还将在以下几个方面进一步深入：

（1）继续进行莫高窟高速骨干网的建设，建成通达院属各部门的千兆光纤骨干数字网，充分发挥院内局域网的功能；

（2）进一步完善敦煌研究院网站（www.dha.ac.cn）。敦煌研究院网站是我院信息发布、宣传和对外交流的窗口。敦煌研究院网站虽然建立不久，但已在国内外产生了一定的影响。今后我们仍将把网站建设的重要性提升到我院信息化发展的战略高度来认识，进一步完善网站建设和充实网页的内容，使其成为在国际上具有重要影响的敦煌石窟文物保护研究、敦煌学研究信息交流和敦煌历史文化知识传播的平台。

21世纪是信息化的世纪，我们将充分利用这一高科技革命带给我们的良好机遇，为把敦煌石窟艺术这一世界文化遗产变为人类永远的记忆而竭诚努力。

（本文为2003年在日本数字情报研究所主办"丝绸之路数字化国际学术讨论会"上的发言稿）

◈ 敦煌石窟保护与展示工作中的数字技术应用

　　千余年来自然因素的作用和人为因素的影响，使敦煌石窟面临着逐渐退化的危险。作为莫高窟的保护、管理和研究机构——敦煌研究院，在中国政府与国内外友好机构和人士的帮助下，60 多年来投入了大量的人力、财力和物力，采取了积极有效的措施，对敦煌石窟进行了卓有成效的保护，如石窟危崖加固，石窟崖顶风沙危害综合治理，石窟环境监测和治理，壁画和彩塑病害的研究、治理和修复等等。众所周知，文物是不能再生的，也是不能永生的。尽管我们采取了许多保护措施，但是，敦煌石窟文物特别是脆弱的壁画逐渐退化趋势无法逆转，作为档案的摄影照片、录像资料也难以持久保存敦煌壁画的信息，敦煌石窟的保护面临严峻的挑战；此外，敦煌石窟脆弱的壁画和塑像及其狭小的洞窟空间，与迅速发展的旅游开放形成的矛盾日益突出。因此，如何能永久地保存、又能永续利用这份人类珍贵的文化遗产，成为久久困扰我们的难题，也是我们孜孜不倦追寻的目标和最高的职责。先进的计算机技术的发展启发了我们，在 20 世纪 80 年代我们开始尝试利用先进的摄影技术和数字技术，记录存储敦煌石窟艺术的探索。进入 20 世纪 90 年代以后，我们与国内外大专院校、科研院所合作，共同开展了敦煌数字储存技术的研究。

一、敦煌石窟艺术数字存储研究和应用

　　1. 敦煌石窟艺术数字存储研究的开始

　　在美国纽约梅隆基金会的支持下，我们与美国西北大学合作采用覆盖式拍摄和先进的 QuickTime 虚拟现实两种方式，分别用数字技术记录敦煌石窟艺术的全部信息。覆盖式拍摄则可以获得高分辨率的壁画图像，它的拍摄方法是用平行于壁面移动的数码相机，依次对洞窟壁画分幅拍摄，然后把单幅数字图像拼接成整壁壁画图像，并通过相关的专业软件处理，保证图像色彩

和几何比例的准确性；而 QuickTime 虚拟现实能使图像观看者有进入洞窟的感觉，并能在洞窟内旋转观看，看到洞窟内包括建筑、彩塑和四壁壁画的所有艺术品。

同时，敦煌研究院和国外一些收藏敦煌资料的单位授权梅隆基金会制作梅隆国际敦煌档案，这是一部学术性的电子档案，为文物保护及其他专业的学者提供重要的信息资源。档案可让学者将图像的具体细节拉近放大，看到本来看不到的画面，进行仔细研究。也可以浏览石窟内景的拼接全景，得到身临其境的感觉。档案还可以让学者在电脑显示屏上同时对分散在世界各地的敦煌图像进行比较研究。

2. 敦煌石窟艺术数字存储的继续探索

在上面研究的基础上，随着数字技术的不断发展，我们不断地探索和改进壁画数字存储技术，首先，引入色彩管理系统，使图像从拍摄、信息采集、图像拼接与处理、图像显示及打印输出等各个环节实现色彩一致和统一，并保证色彩还原的准确；其次，由于硬件性能的提高和软件的升级，图像信息采集精度由 75 DPI 提高到 150 DPI，提高了壁画数字化获取图像的精度；第三，后期图像拼接处理，由纯手动拼接提高为自动与手动相结合的方式；第四，随着信息采集所使用的轨道和拍摄机架等设施的不断改进，提高了信息采集的准确率；第五，所有的数据采用不同的介质进行数据备份，确保数据安全。

3. 敦煌石窟艺术数字存储信息的应用

目前，覆盖式拍摄所获得高分辨率的壁画图像已经应用于敦煌石窟的保护、研究和弘扬工作中。首先，在保护方面，高分辨率的敦煌石窟艺术图像用于对洞窟壁画保护必需的现状调查，精确地记录不同类型的壁画病害信息；为评估壁画修复效果和日常监测、调查洞窟壁画保存状况提供依据。其次，利用覆盖式拍摄图像拼接技术所获得的高清晰、高精度的图像资料，为美术临摹工作的线描稿起稿提供了技术支持，提高了美术临摹工作的速度、效率，减轻了临摹工作强度。

二、数字无线传感器网络技术应用于洞窟微环境实时监测和游客流量统计

洞窟的气象环境因素，如温度、相对湿度、二氧化碳浓度等是影响洞窟壁画保存的重要因素，也直接影响洞窟的开放参观。用传感器采集上述各种参数，并采用无线通信技术将所有传感器组成一个网络，实现数据大范围长期可靠的传送；采用主动式 RFID 技术与无线传感器网络技术，还可以实现对洞窟内游客流量的实时统计。

用数字无线传感网络实时监测洞窟的各种环境变化，可以使我们实时掌握洞窟的状况，并能够根据洞窟环境的现状，及时采取洞窟临时性关闭或调整等策略，以此加强对洞窟的保护。

三、三维激光扫描技术应用于洞窟考古测绘

以往我们采用传统手工测绘的方式绘制考古测绘图，精准度和工作效率都很低。现在我们利用三维激光扫描技术获取点云，并通过数据配准完成数据坐标系的统一，并将点云数据导入到Microstation系统，根据数据的几何特征和点云强度勾勒出洞窟结构和塑像线描图，又通过点云数据确定壁画的三维位置，依据拼接图像勾勒出壁画物象的线特征，而且在考古测绘图上按照分幅的图幅大小插入标有坐标数据的网格线，便于后期整理成图，并计算出图像的准确位置和实际大小。采用上述技术绘制的考古测绘图，不仅精度高，而且提高了工作效率，从而准确、科学地记录了敦煌石窟艺术的全部信息。

四、数字技术在敦煌学信息资料建设方面的应用

在信息资料建设方面，利用数字技术，第一，建成了高效的图书管理系统，实现了馆藏中、英文图书的异地管理和检索；第二，初步建成了"敦煌学研究文献数据库""敦煌遗书数据库""敦煌遗书总目数据库""石窟档案数据库"等系统；第三，与英国国家图书馆合作建设国际敦煌学项目（IDP），即利用高精度数字摄影技术，将我院和甘肃省内所藏的敦煌藏经洞出土文献约800多件全部制成数字档案，上传至国际敦煌学项目（IDP）数据库，达到信息资源共享；第四，设立了多媒体阅览室，提供国内的中国知识资源总库（CNKI）、万方数据库，美国的JSTOR、ARTSTOR等几个大型学术数据库的远程查询；第五，利用哈苏X5、易迈康848扫描仪，对我院保存的自20世纪50年代至今拍摄的40000余张传统底片数字化扫描，初步建立了影像资源数据库；第六，建立并不断完善敦煌研究院网站（http://www.dha.ac.cn）。

五、利用数字技术充分展示敦煌艺术，
建立敦煌莫高窟数字展示中心

随着敦煌石窟艺术数字技术不断深入和发展，我们计划建设敦煌莫高窟游客服务中心，该项目得到了国家的支持。游客中心建成后不仅可以将游客过多对文物造成的威胁降至最低，使洞窟得到有效保护，而且充分扩展敦煌石窟艺术展示的场所和空间，通过高分辨率、高清晰度的洞窟建筑、彩塑和壁画的展示，使观众欣赏到更加细致精美的敦煌石窟艺术，获取更为丰厚的敦煌石窟艺术信息。

敦煌莫高窟游客服务中心将设置洞窟实景漫游厅、主题电影演播厅、多媒体展示厅及相关配

套设施。洞窟实景漫游厅用球幕影院形式，放映球幕电影。球幕电影通过数据采集、建模、贴图、渲染、后期制作等5个步骤制作完成；其中关键要处理好"贴图"和"渲染"两个步骤，需要解决超大数据量管理、图像和模型的精确映射、图像色彩的融合，以及高精度、180度球幕鱼眼镜头场景渲染等问题。球幕电影能使观众感受到身临其境、细致入微地观看洞窟建筑、彩塑和壁画。观众观看主题电影，能获取敦煌莫高窟诞生的历史文化背景和敦煌艺术珍贵的价值，获得丰富的敦煌历史文化知识。观众还可以利用多媒体展示满足多种参观需求，获取大量敦煌文化信息。总之，利用数字技术充分展示和弘扬辉煌灿烂的敦煌艺术。

六、敦煌数字化工作面临的主要问题

敦煌数字化工作是一项浩大的工程，以上所说的只是一个开端，要进一步开展数字化工作，我们还面临很多的问题，比如：

第一，我们希望准确、快捷、完整地获取数字信息数据。难题是由于高精度的信息获取过程中存在大量的分幅和局部数据，制约了获取平面图像信息数据和三维结构数据的拼接的准确性、快捷性，文字信息、平面影像数据以及三维空间信息数据之间缺乏统一关联，影响了信息数据的完整性。

第二，我们希望能够科学地整合与管理巨量信息数据。难题是如何将大量不同时段，不同目的和不同用途所产生的信息数据整合，又能让使用者通过统一数据源查询到任意时间段、任意内容等各种数据信息，并能够源源不断地吸收新的信息数据和研究资料。

第三，我们希望将先进的数字技术，应用到文化遗产的保护、考古研究和展陈。难题是如何根据文化遗产的保护、考古研究和展陈的需求持续不断地开展数字技术创新。

（原载于《敦煌研究》2009年第6期）

◈ 用数字技术留住千年敦煌石窟

一、敦煌莫高窟的价值

我想在座各位可能听说过敦煌莫高窟，有的可能还去过吧。因讲的数字技术与敦煌石窟分不开，所以先给各位简单介绍一点敦煌莫高窟。敦煌及其所在的甘肃省河西走廊，在9世纪之前古代海运尚不发达的时候，是陆上中国通向西域的主要交通干道，也就是19世纪开始所称的"丝绸之路"。位于古丝绸之路"咽喉之地"的敦煌，在古丝绸之路兴盛和繁荣的1000年间，东西方文明在此长期的交融荟萃，催生了千年艺术圣殿的莫高窟和古代典籍宝藏的藏经洞。灿烂辉煌的莫高窟艺术，为世人展现了延续千年的建筑、彩塑、壁画、音乐、舞蹈、书法等多门类艺术；尤其独特的是，敦煌壁画保存了大量唐代和唐代以前的人物画、山水画、建筑画、花鸟画、故事画、装饰图案画艺术的真迹；呈现了中古社会广阔的文化、风情和民俗场景；展示了丝绸之路上多元文明荟萃交融的历史画卷。同样，藏经洞是一座中国古代社会历史、政治、经济、文化、艺术的图书馆，是对古代社会综合全面的原始记录，反映了古代社会多方面的真实面貌，是名副其实的文化宝藏。莫高窟艺术和藏经洞文献，为人类中古社会保存了中国乃至欧亚广大地区的历史、地理、政治、经济、宗教、民族、民俗、语言、文学、艺术、科技等等多门类学科的珍贵资料。敦煌石窟文化遗产，是通过丝绸之路2000多年来和印度文明、希腊文明、波斯文明等世界几大文明与中华文明交流汇聚的结晶，体现了丝绸之路沿线许多国家共有的历史文化传统。

100多年来，在国际上形成了以莫高窟和藏经洞文物为研究对象的显学——敦煌学。今天，莫高窟及藏经洞以超越时空的非凡魅力，成为中华优秀传统文化的杰出代表乃至世界文化的绝无仅有之瑰宝。季羡林先生曾指出："世界上历史悠久、地域广阔、自成体系、影响深远的文化体系只有四个：中国、印度、希腊、伊斯兰，再没有第五个；而这四个文化体系汇聚的地方只有一个，就是中国的敦煌和新疆地区，再没有第二个。"季先生的话充分说明了敦煌在世界文化史上的重要地位。

1987年12月，联合国教科文组织世界遗产委员会主席团举行的第十一届会议上，审议认定莫高窟符合世界文化遗产的全部六类标准，批准其列入世界文化遗产名录。联合国教科文组织在颁发"莫高窟"为世界文化遗产的证书上指出"其具有特殊的和全球性的价值"。显然，联合国教科文组织及其世界遗产委员会在批准莫高窟为世界文化遗产中的评价，足以说明莫高窟具有无与伦比的价值。但在批准莫高窟为世界文化遗产的文件中又特别强调指出："主席团提请中国政府注意，这一文化财产（壁画）面临危险，必须特殊保护。"这个文件提示我们，对莫高窟脆弱多病的壁画，必须实施特别有效的科技和管理措施加以保护。

二、与时俱进的敦煌石窟数字化探索之路

（一）敦煌石窟数字化的由起

1961年，国务院颁布的《文物保护管理暂行条例》规定，各级文物保护单位，必须做到"四有"：有保护范围、有标志说明、有专门机构管理、有科学的记录档案。1977年我时任敦煌文物研究所副所长，分管保护，发现研究所只做了"三有"，而没有科学的记录档案，这是保管机构必须完成的工作，所以我就负责安排组织编制敦煌石窟档案，要求一个洞窟做一本简明记录档案。每本档案除要有简明的文字和平剖面图的记录外，至少要有6张记录照片。

为了解石窟文物保存状况是否变化，编制文物的科学记录档案，除记载文物保存现状，还要与过去的老照片比对。当我看到1908年法国人伯希和拍摄出版的《敦煌图录》时，大吃一惊，对比照片可以发现现在的敦煌石窟壁画、彩塑等文物，或退化，或模糊，或丢失，已经大不如七八十年前那么清晰和完整了。又有人告诉我随着时间的推移，档案照片及其胶片会变色、变质。这次做档案和查旧档，使我目睹了敦煌石窟文物在衰变、退化，我无法不想如果石窟文物继续持续地衰变、退化，敦煌石窟是不是最终会消亡呢？敦煌石窟是世界稀有之瑰宝，怎么能让它消亡呢？本来希望档案的照片和胶片能长久保存石窟文物的信息，现在连档案照片和胶片也要变色、变质，等于在告诉我石窟文物信息也无法保存下来。

敦煌壁画在退化，档案照片也无法保存其信息，当时又没有什么技术可以永久保存石窟壁画信息，怎么办？！那一阵子，我经常在想这个问题，走路、吃饭、睡觉都放不下，怎么才能延缓壁画的退化，又可以把壁画的历史信息真实地保存下来，以免壁画退化到一定程度，就连历史信息都没有了。为向历史负责、向创造千年敦煌石窟的艺术家负责、向国家和人类负责，我觉得自己有责任既要加强敦煌石窟文物本体的科学保护，延缓其寿命；又要想方设法找到为敦煌石窟艺术留下永久保存真实历史信息的方法。

20世纪80年代末,我到北京出差,一个偶然的机会第一次看见有人使用电脑,在电脑上展示图像。当得知图像数字化后储存在计算机中可以永远不变的消息后,我眼界大开。真是踏破铁鞋无觅处,得来全不费功夫,如果为敦煌石窟的每一个洞窟及其壁画和彩塑建立数字档案,石窟文物的历史信息岂不就可以永久地保存下去了吗!我的构想是利用数字技术,把以莫高窟为代表的敦煌石窟,包括敦煌莫高窟、西千佛洞、瓜州榆林窟、东千佛洞、肃北县五个庙石窟的彩塑和壁画的历史信息,永久地保存下来。

我的这个想法得到了甘肃省科委的支持,省科委专门为敦煌研究院立项拨款,用于敦煌石窟数字化档案建设试验。于是,敦煌研究院在全国文物界率先开始了数字档案的探索。没想到敦煌研究院根据构想开始的莫高窟数字化试验,恰好符合1992年联合国教科文组织启动的"世界记忆工程"的理念。该项目指出:要在世界范围内在不同水准上用现代信息技术使文化遗产数字化,以便永久性地保存,并最大限度地使社会公众能够公平地享有文化遗产。这一理念的提出,标志着在世界文化遗产保护和利用领域,以信息技术为主要手段的数字化时代的到来。

敦煌研究院最初几年的尝试和探索虽不顺利,但却给了我们希望。20世纪90年代末,敦煌研究院利用改革开放的大好机遇,积极寻求国际合作。1998年,在威廉·G·鲍文会长领导的美国安德鲁·W·梅隆基金会的支持下,敦煌研究院与美国西北大学合作,引进了利用轨道、平行移动相机机位、散点透视的覆盖式壁画图像采集和图像拼接相结合的壁画数字化方法。2005年底,与梅隆基金会的合作项目结束,该项目完成了敦煌莫高窟和瓜州榆林窟的22个典型洞窟75 DPI采集精度的数字化,以及5个基于QuickTime VR技术的虚拟漫游洞窟。现在回头看,由于当时图像采集用的是柯达胶片,加上当时数字技术及胶片相机的局限,其成果还存在不足。

2006年4月,敦煌研究院成立了数字中心,一方面组建了自己的专业工作团队,另一方面与国内外科研机构合作攻关。经过8年的拼搏,到了2014年,原数字中心更名为文物数字化研究所。该所加强了数字化关键技术的研究,从观念到技术都得到了很大提高,吸纳了新的数字技术,极大丰富了"数字敦煌"资源库的内涵。在推动"数字敦煌"资源库建设的同时,还承担了不少国家级、省部级的数字化科研课题,通过经验积累和梳理研究,逐步形成了石窟寺文物数字化的工作规范和行业标准,获得了很多专利和著作权。根据建立敦煌石窟数字化资料档案的目标,凭着不断超越自我的精神,攻克了一个又一个技术难题,逐步建立了形状准确、色彩真实、高清晰度的"数字敦煌"资源库。

(二)敦煌石窟的数字技术的改进与发展

1. 改进设备,提升基于轨道的覆盖式拍摄采集方法

国外引进的基于轨道的覆盖式图像采集方法是有效的,其基本方法我们至今还在沿用,针对敦

煌石窟的特点，我们又作了改进。一方面，放弃了胶片相机，改用刚刚诞生的数码相机；另一方面，针对洞窟大小不一、形制多样、结构复杂与有的空间特别狭窄、大多数壁画壁面不平等问题，对轨道设备进行了改进，设计定制了四种规格尺寸的轨道和配套附件，可灵活组装拆卸，满足不同空间内的工作需求，在轨道上布设等距离的站点，相机平行于壁面定点移动，依次对壁画从左到右、从下到上正投影拍摄，通过设备改进和方法提升，有效地提高了数字化图像采集的效率和品质。

2. 研发壁画自动采集设备

尽管轨道有所改进，但因操作依然是人工手动完成，影响了采集的准确性。我们继续尝试改进采集技术，研制出由电脑软件控制、用电机驱动的壁画自动采集设备，可支撑大幅面壁画的图像采集。这套设备既准确控制相机的平行移动距离，也可以控制相机与墙面的距离，取得相邻重合一致的壁画图像数据，确保了采集壁画图像数据的准确性，提高了壁画图像采集的效率。

3. 摄影采集光源的改进与提升

摄影采集布光既要保证文物的安全，又要达到壁画图像采集光线的均匀性。因是覆盖式、大面积、多幅图像的采集，如果光线不均匀，忽明忽暗，会影响采集的整体效果以及图像的拼接处理，将造成最终拼接完成的整幅图像明暗不统一，色彩不准确。我们对原来排灯直射布光方式进行了改进，自主研发设计了柔光反射式灯光箱。这种灯光箱，采用标准色温（5500 K）频率闪光光源照明系统，改直射为反射，经过试验，这种布光方式下采集的图像在品质上有了大幅提升，目前已经应用到所有壁画图像采集中，保证了壁画采集图像的质感与细节表现。

4. 图像拼接方法的改进

图像拼接方法是通过计算机软件，利用上下、左右相邻的两张图像之间的重合度，将整个壁面分幅采集的所有图像拼接起来，形成一个完整壁面的图像数据。壁画数字化采集不易，拼接更难，因为图像拼接要求色彩准确融合，形变误差可以控制在一定范围内，如果壁面面积过大，单幅图像数量多，就会大大影响拼接的效果。我们在拼接过程中，首先会对单幅图像进行边缘裁切，保留图像品质最好的中间部分用于拼接，然后，采用十字骨架图像拼接处理方法，这种方法是先拼接出整幅图像的最中间的十字区域，将其作为公共位置后裁切分割成四份再拼接边缘位置，来保证拼接形状的准确性。

5. 定位纠正控制壁画图像形变

在上面所说的图像拼接的过程中避免不了形变，为解决此问题，我们采用三维激光测量技术，利用点云影像定位纠正拼接图像，使拼接图像达到毫米级的拼接精度，实现了图像拼接误差的控制，提高了图像拼接的质量。

6. 图像像素提高

随着数字化技术的提高，为了确保数字化成果能够满足数字档案建设的需求，满足出版、印刷和原大复制等各个领域的需求，我们逐渐提高了采集精度，图像的分辨率从刚开始的75 DPI提升至150 DPI，又进一步提升为300 DPI，为特殊需求有时还拍摄600 DPI。分辨率从75 DPI提升到300 DPI是什么概念呢？以1平方米壁画为例，要达到75 DPI只需拍摄2张图片拼接就可满足精度要求，但是要达到300 DPI则要拍摄多达60~70张图片拼接才能满足要求，意味着图像采集和图像拼接的工作量大幅度增加。虽然很难，但为了获取符合档案要求的数据，我们依然坚持这么做。

7. 大型彩塑的二维数字化技术

壁画数字化技术日趋成熟，而彩塑的数字化问题，同样也一直在困扰着我们。洞窟空间狭窄，拍摄距离不足，对于大型彩塑的二维拍摄采集非常困难。拍摄的方法和前面所说的壁画数字化方法几乎是一样的，采用焦点合成、散点透视、平行移动、分层分段拍摄、图片拼接等方法，但是因为它是立体的，要对拍摄的彩塑及空间结构全局观察和通体考虑，不断地调整合适的角度、高度、距离和光线，才能呈现彩塑的美感。

8. 浮雕壁面的数字化采集技术

敦煌的浮雕不是单体独立的造像，而是成片的群像，占的面积比较大，所以结构复杂，表面极不平整，采集难度很大。通常采用加大图像的重合度、控制景深、多焦点合成的方法，完成浮雕壁面的图像采集。如敦煌莫高窟第260窟中心柱东向面浮雕就是采用这种方式，由90张图像采集、拼接而成。

9. 佛龛壁画及彩塑的采集技术

由于佛龛通常是"绘塑结合"，由平面的壁画和立体的彩塑组成，摄影采集空间不足，形态结构复杂，因此佛龛内的数字化采集成为一项技术难点。我们与研究机构合作，经过反复试验，研发了10亿级像素相机。这部相机在保证图像分辨率为300 DPI的条件下，能够用一幅照片就拍摄一个完整的中型佛龛及龛内所有塑像和壁画，而且利用该相机特有的功能，使得佛龛内每尊塑像、每处壁画都呈现焦点清晰的影像，阴影区域也保留了丰富的细节。

10. 彩塑三维重建技术

随着三维数字技术的发展，我们积极查阅相关资料，搜集调研国内外信息，与合作单位共同探索彩塑三维数字化的方法，目前已探索出一种在洞窟中利用图像三维重建的方法。该方法从各个角度拍摄塑像360度的图像照片和光栅照片，利用定制开发的软件对图片进行彩塑三维计算，重建塑像的形体结构和表面纹理。利用此方法，现在已完成莫高窟40余尊彩塑的三维重建工作，也包括莫高窟第158窟大型卧佛彩塑。我们已将部分彩塑进行3D打印复制，并在多处展览。

11. 大遗址三维重建技术

我们试做了莫高窟一段各个洞窟的三维模型，将每个洞窟的三维模型相互关联起来，形成整个崖体的遗址模型，继续对数据进行加工，可以形成展示视频，让观众从不同的视角观看遗址地。这样的视频目前已完成莫高窟、榆林窟、西千佛洞等多处大遗址的三维展示。

12. 壁画数字化技术规范和标准

俗话说"没有规矩不成方圆"，如果没有规范和标准，要完成高质量的"数字敦煌"资源库建设是不可能的。我们在不断地探索研究过程中，形成了一整套集数字采集、数据处理、安全存储和数字资产管理等多项不可移动文物数字化技术规范和标准，才实现了形状准确、色彩真实、高清晰度的"数字敦煌"档案。现在已经完成了莫高窟、榆林窟、西千佛洞三处共250余个洞窟的图像采集，所有数据都按规范加工、存储，构建全方位、多角度、深层次、多元化的"数字敦煌"资源库。

（三）人才培养

上面这一切数字化的工作和成果，不是白白得来的，都是有一支团队来完成的。敦煌研究院文物数字化研究所经过近30年的探索研究、广泛合作，在敦煌石窟数字化建设持续前进的道路上，培养了一支能长期扎根大漠，掌握先进理念、先进数字技术、先进管理方法，并能担负起运用数字技术记录和保存敦煌石窟信息重任的近百人的队伍，他们正是凭着不怕困难、不断超越自我的精神，敦煌石窟数字化从无到有、从有到专、从专到精，开辟出了一个崭新的、在业界有一定引领和示范作用的局面。

三、永久保存，永续利用

敦煌莫高窟壁画数字化试验开始的初步效果，及1992年联合国教科文组织启动的"世界记忆工程"，促使我认识到敦煌石窟数字化不仅要永远保存敦煌石窟文物的历史信息，而且还要用于为公众享受文化遗产。于是，我又提出"永久保存、永续利用"人类珍贵文化遗产莫高窟的想法。这也成为敦煌研究院未来长期的使命和职责。这项使命就是在继续做好"数字敦煌"档案的同时，构建和应用"数字敦煌"资源库，让敦煌艺术走出石窟、走出敦煌、走向全国、走向世界。使"数字敦煌"资源库不仅服务于我们敦煌石窟保护、研究、弘扬各项业务，而且要服务于社会、服务于人民。应该说"数字敦煌"历史信息保存和利用理念的最终形成，是莫高窟保护发展的理念跟随科技发展步伐的结果。

1. "数字敦煌"资源库对敦煌石窟保护的支撑

数字档案记录了壁画的保存现状，包括各种病害信息，为壁画日常监测和保护提供更准确的依据和参照。通过洞窟之间三维模型可以测量相邻洞窟上下、左右之间的距离，为洞窟的承载量提供依据，也可以为莫高窟的保护规划工作提供多种丰富翔实的信息数据。

2. "数字敦煌"资源库对"敦煌学"研究的支撑

"数字敦煌"资源库为学者对"敦煌学"的研究提供重要的信息资源。档案可让学者将图像的具体细节拉近放大，进行仔细研究。由于图像的分辨率极高，学者既可以看到诸如纺织物的经纬线或绘画线描技法这样的细节，也可以浏览石窟内景的拼接全景，得到身临其境的感觉，还能看到本来肉眼看不到的画面。使学者得以扩大和深入对敦煌艺术内涵和价值的研究。

3. "数字敦煌"资源库对石窟考古测绘的支撑

敦煌研究院考古专业人员根据石窟考古的要求，与专业测量技术人员合作，使用三维激光扫描测量仪、全站仪、全球定位仪、水准仪等多种测量技术，和相匹配的软件结合，利用数字档案数据，结合点云影像图，绘制矢量线图，提高了工作效率与质量。

4. "数字敦煌"资源库对壁画临摹工作的支撑

传统的壁画临摹，起稿是个难点，既费工又费时。借助数字化档案资源，依据准确的数字图像打印稿为底图，可方便美术工作者直接在上面拷贝起稿、上色，较好地解决了过去临摹工作的难点，提高了工作效率，减轻了临摹工作的强度。

5. "数字敦煌"资源库对敦煌石窟艺术弘扬的支撑

莫高窟自1979年向社会开放以来，游客数量持续攀升，特别进入21世纪之后，伴随经济发展和人们对文化遗产的热情持续升温，每年迎来的游客越来越多。突破了日游客最大承载量，对石窟文物保护带来潜在的威胁。保护和旅游矛盾凸现，出现了对文物保护不利、对游客参观也不便的难题。

敦煌研究院为了解决文物保护和旅游开放的矛盾，提出了"总量控制、网上预约、数字展示、实地看洞"的旅游开放新模式，利用"数字敦煌"资源库的资源和先进的展示技术，制作4K高清宽银幕主题电影《千年莫高》和8K超高清球幕电影《梦幻佛宫》。

因为执行日游客最大承载量的规定和游客预约参观制度，游客先看数字电影，后看洞窟，做到有序错峰接待游客，所以达到了既减轻莫高窟开放洞窟的压力、又提升游客观赏敦煌文化艺术的体验的目的，有效实现了文物保护与开放利用的平衡和双赢。如果没有前面"数字敦煌"资源库的建设，就不可能有现在的数字电影。文物保护和旅游开放的矛盾也很难协调。

2010年，在巴西召开的世界遗产委员会第34届会议上，对莫高窟旅游开放新模式给予了"莫高窟以非凡的远见，展示了有效的遗产地旅游管理方法，以保护遗产地的价值，树立了一个极具意义的典范形象"的高度评价。

6.展览展示

近年来，"数字敦煌"使文物从敦煌石窟的洞窟中走出来、活起来，利用"数字敦煌"资源库的数据成果，形式了形式多样、内容丰富、可深度体验的数字展品，走进全国各地的博物馆、学校、社区、企业等，使到不了敦煌的人民大众也能切身感受远在西北的祖国优秀传统文化的辉煌灿烂。如数字敦煌壁画艺术精品进高校公益巡展，已在全国40多所高校举办，获得了社会各界的广泛欢迎，取得了良好的效果；我们不仅立足国内，还走出国门，到美国、英国、法国、俄罗斯、奥地利、意大利、日本等多个国家举办敦煌艺术展览，面向世界展示具有中华民族气派和风格的优秀传统文化艺术，"讲好敦煌故事，传播好中国声音"。

7."数字敦煌"平台上线

2016年，"数字敦煌"资源库（www.e-dunhuang.com）面向全球上线，全球网民只要轻叩鼠标，便能免费观览"数字敦煌"资源库中敦煌石窟30个经典洞窟的高清数字化内容及全景漫游。2017年，向全球发布"数字敦煌"资源库英文版。中英双语"数字敦煌"资源库平台，截至目前，点击量近1000万人次，帮助全世界的观众了解敦煌艺术，促进辉煌灿烂的中华文明的传承和弘扬。

8."云游敦煌"小程序

今年受新冠肺炎疫情影响，莫高窟自2020年1月24日起暂停开放。春节期间，敦煌研究院整合数字资源，于2月20日与合作单位联合推出"云游敦煌"小程序，不仅从艺术类型、时代、颜色等多维度呈现敦煌石窟壁画，还创造性地推出了"今日画语"吸引用户天天"登门"，通过数字技术，让人们宅在家中动动指尖就能"云游"敦煌。截至5月10日莫高窟恢复开放，"云游敦煌"小程序已拥有365万用户，在线接待游客1360万人次，相当于莫高窟2019年游客接待量的6.3倍，被业内誉为"现象级旅游产品"。

除此之外，敦煌研究院通过官方网站、微博、公众号等多个平台，推出"字在敦煌""敦煌岁时节令""敦煌宝藏"等一系列新媒体节目，受到广泛关注。

四、未来的"数字敦煌"

数字技术的发展是数字化、信息化、智能化、智慧化逐步完善的一个过程。未来，首先要继续完成"数字敦煌"资源库的建设，基于"数字敦煌"资源库，逐步实现智能化的数字资产管理和应用。敦煌研究院现在开展的数字化工作距智慧化还有较大距离，还需要进一步深入研究，丰富数据库内容，构建以知识图谱为线索的知识库；继续创新展示形式；推动敦煌艺术素材的提取和文化衍生品的开发；推进预防性保护等。敦煌研究院必须以智慧化作为未来的发展方向，站在时代的高度，紧跟科技发展的进程，与时俱进，开拓创新。

（本文为2021年1月24日中央电视台经济频道《经济大讲堂》的讲座文稿）

关于建设敦煌莫高窟游客服务中心的建议

（2003年3月全国政协十届一次会议提案第1412号）

一、概况

　　敦煌莫高窟是国务院1961年公布的第一批全国重点文物保护单位，1987年被列入世界文化遗产名录，始建于公元366年，后经北凉、北魏、西魏、北周、隋、唐、五代、宋、西夏、元等十个朝代连续凿窟造像不止，形成了南北长1680多米的石窟群。现存洞窟735个（其中有壁画彩塑洞窟492个）、壁画4.5万平方米、彩塑2400多身、唐宋木构窟檐5座。规模宏大、气势恢宏，艺术精美、内容丰富，举世无双。随着1900年藏经洞文物的发现，敦煌莫高窟震惊了世界。不幸的是，藏经洞文物一经面世即遭到了帝国主义盗宝者的强取豪夺，大量珍贵文物流失国外。中华人民共和国成立后，在党和各级政府的高度重视和大力支持下，莫高窟劫后余生的文物才得以真正有效地保护和合理科学地利用。特别是改革开放以来，莫高窟保护事业进入了蓬勃发展的新时期。按照国家"保护为主、抢救第一、合理利用、加强管理"的文物工作方针，逐步完善保护管理的法规和规章，建立健全保护研究、接待管理机构，在文物安全防范、壁画彩塑修复、环境监测、敦煌学研究、石窟科学管理和对外开放等方面都取得了显著成绩，成为我国文物有效保护、合理利用、精心管理的典范和公认的国际敦煌学研究中心，同时已成为甘肃省旅游业的龙头，对促进甘肃乃至整个大西北的经济建设和社会发展发挥着非常重要的作用。

二、莫高窟保护与开放的基本现状

　　随着人们物质生活的不断改善，文化生活需求的日益增长，旅游业已成为甘肃这样一个文物大省的支柱产业和新的经济增长点。随着西部大开发与敦煌宣传力度的不断加大、交通等基础设施不断改善，游客的数量逐年增加，2002年已达到31万多人次，但这31万游客主要集中在"五一""十一"黄金周和7~9月这段时间，造成莫高窟游客过度集中，本来就很小的洞窟空间难以容纳大量涌入的游客。

目前的导游方式，只是讲解员在洞窟内向游客进行讲解，每个参观团大约在一个洞窟内停留5~10分钟，而且前一个团刚离开，后一个团马上进入，造成洞窟内温度、湿度、二氧化碳、灰尘等的急剧增加，监测的数据表明，每40个人进入洞窟参观半小时，洞内空气中的二氧化碳浓度就会升高7.5倍，空气相对湿度上升10%，空气温度升高4℃。众所周知，二氧化碳长时间滞留窟内及窟内空气湿度增加，温度上升，都会直接侵蚀壁画。洞窟如此的过度使用，洞窟小环境没有相应的恢复时间，将对洞窟内十分脆弱的壁画、彩塑带来潜在的威胁。

根据有关部门的预测，在未来5~10年，莫高窟的游客数量将增至50万。这就给莫高窟的保护与利用带来极大的压力。我们不能因为蓬勃兴起的旅游业牺牲珍贵的人类文物遗产，那将上对不住祖先、下对不住子孙。但我们也不能为了保护而将游客拒之门外，而是要在保护好文物的前提下充分发挥敦煌文化艺术的重要作用。于是，三大矛盾摆在了我们面前，即：日益增长的游客数量与有限的莫高窟洞窟极限承载量之间的矛盾；游客日益增长的文化需求和渴望了解更多的敦煌莫高窟历史文化艺术知识的愿望与传统的仅限于进洞讲解接待模式之间的矛盾；蓬勃发展的旅游业与莫高窟文物保护之间的矛盾。

面对矛盾，我们不能退缩不前，而应本着积极发展、与时俱进的精神，努力寻找化解矛盾的方法和途径。

三、基本对策

第一，加强游客接待管理。一方面，要与当地政府和旅游部门加强联系和协调，做到有预报、有计划，让游客有序地来莫高窟参观，防止游客无序地涌入莫高窟；另一方面，敦煌研究院要不断地改进接待工作，采取多条参观路线，尽可能地疏导游客，避免游客过度集中在某些时段、地段和洞窟，造成拥挤。

第二，增加参观景点。现已开辟藏经洞陈列馆、陈列中心，并拟开放莫高窟北区僧侣居住、修行的洞窟和上、中寺院史陈列馆，以分散游客，减轻洞窟拥挤的压力。

第三，加大旅游开放基础设施建设。最主要的措施是建设功能齐全的莫高窟游客服务中心，内设序厅、影视演播厅、洞窟虚拟漫游厅、展示陈列厅、购物休息厅等设施。游客将在这个中心全面了解敦煌莫高窟乃至整个敦煌的历史文化背景，在虚拟漫游厅观看典型洞窟的展示，然后由专业导游带领游客做停留时间很短的洞窟实地参观。这样不仅使游客了解更多、更详细的文化信息，而且极大地缓解大量游客给莫高窟保护带来的压力。

四、建议

莫高窟游客服务中心的建立，不仅有利于莫高窟文物的妥善保护，也有利于更好地对外开放和利用，有效地解决保护与开放的矛盾。游客服务中心的建立耗资较大，尤其是典型洞窟的虚拟漫游这一项，初步估算需三四千万元。因此建议国家能予以立项支持，并以国家扶持为主，辅之其他融资渠道，尽快建立具有国际水准的莫高窟游客服务中心，进一步扩大敦煌学和敦煌的国际影响，为我国的经济和文化建设做出新的、更大的贡献。

建设数字化的莫高窟游客中心，有效应对旅游开放的挑战

——敦煌莫高窟保护利用设施建设项目介绍

世界文化遗产敦煌莫高窟在国内外享有极高的知名度，具有无穷无尽的文化资源、长久不衰的研究价值。因此，长期以来，莫高窟在学术研究、文化创新、传承中华民族优秀文化、加强中外文化交流、促进地方经济建设和社会发展等方面发挥着不可替代的重要作用。但在带来可观经济效益和社会效益的同时，也给莫高窟的旅游开放和文物保护带来了严峻的挑战。

敦煌研究院一直在努力探索着既积极开放展示、弘扬敦煌莫高窟文化遗产的珍贵价值，又为旅游开放可能给敦煌莫高窟保护构成的威胁采取有效的应对措施，近年来，敦煌研究院提出并已经获得国家发展改革委员会批准立项的"莫高窟保护利用设施建设项目"就是应对措施中的一项重要成果。

一、敦煌莫高窟旅游开放面临的挑战

莫高窟自1979年正式对外开放以来，游客人数不断攀升，1984年突破10万人次，1998年突破20万人次，特别是1999年实施西部大开发战略以来，随着西部经济的持续增长和人民生活水平的提高，来莫高窟的游客人数大幅度增加，2001年达31万人次，2005年达到47万人次，近两年游客人数均保持在年55万人次以上。

此外，游客人数有很强的季节性和时段性，以2007年为例，全年参观总人数为552256人次，而5~10六个月游客人数达500546人次，其中7~9三个月345114人次，占全年旅游人数的62.4%左右。在旅游旺季，"五一"和"十一"黄金周期间，游客人数甚至高达6000人次/日以上。据地方政府预测，随着我国全面建设小康社会目标的逐步实现，人民文化生活需求的不断提高，旅游

的不断发展，预计未来，到莫高窟的游客人数会迅速增加，达到或超过100万人次/年。

莫高窟在历史上是供奉佛陀的殿堂、佛教信徒参拜修行的场所，许多洞窟属于家庙性质，在一定历史时期由某一家族管理，不具备开放的功能，现在作为文化遗产进行展示开放，不可能按照博物馆展陈的要求对洞窟空间进行任何改造。莫高窟洞窟的状况是大多数洞窟空间狭小，据统计，在492个洞窟中，面积在100平方米以上的大型洞窟仅有18个，50～100平方米的洞窟有21个，25～50平方米的洞窟有41个，10～25平方米的洞窟有123个，10平方米以下的洞窟有289个，其中面积在25平方米以下的洞窟占了洞窟总数的83％以上，因此洞窟可承载的游客容量十分有限。这些洞窟不仅空间有限，而且壁画和彩塑制作使用的泥土、麦草、木材等材料十分脆弱，还不同程度地存在着各种病害。1979年对外开放以前，洞窟处于相对恒定的环境之中，有利于洞窟的保存，开放以后，参观游客的逐渐增多打破了洞窟内相对恒定的环境。据我院一项实验监测数据表明，40个人进入洞窟参观半小时，洞窟内空气中的二氧化碳浓度升高5倍，空气相对湿度上升10％，空气温度升高4℃。通过一项模拟试验表明，相对湿度反复上下起伏，是造成洞窟壁画病害的主要原因。二氧化碳长时间滞留窟内以及窟内相对湿度增加，空气温度上升，都有可能侵蚀壁画，加速已有病害的发展。实验表明，不合理的旅游开放有可能对莫高窟已经十分脆弱和存在病害的壁画、彩塑的保存构成潜在的威胁。

二、应对敦煌莫高窟旅游开放挑战的探索

敦煌研究院作为世界文化遗产敦煌莫高窟的保护和管理机构，承担着两项责任：一是完整地、真实地保护世界文化遗产敦煌莫高窟并使其传至后世，二是最大限度地满足人民群众欣赏敦煌艺术的需求。我们始终坚持在保护好的前提下做好开放，在开放中加强保护。一方面，为了将开放可能对文物保护造成的威胁降低到最小，我们建立了开放洞窟标准，实施了开放洞窟每年轮换制度以及旅游旺季参观预约和预报制度，旅游旺季合理编排多条参观路线等多种措施，对开放洞窟温度、相对湿度、二氧化碳浓度进行跟踪监测，开展洞窟承载量研究，以求得科学合理的游客承载量。另一方面，为了充分展示敦煌艺术的魅力与神韵，我们在以讲解员带领参观洞窟为主要开放方式的基础上，进行分区开放、在开放洞窟内固定讲解员讲解、窟内录音讲解等多种方式的尝试，但收效甚微，仍然无法解决洞窟参观拥挤的现象，达不到最佳的参观展示效果。后来，我们受到院内正在开展的利用覆盖式拍摄方法拼接制作高分辨率的完整大幅壁画图像和QuickTime虚拟实境两种先进数字技术记录敦煌石窟艺术图像档案的启发，使我们认识到利用先进数字技术记录敦煌石窟艺术。不进洞窟，也可以欣赏到高分辨率、高清晰度的洞窟建筑、彩塑和壁画，如果将高分辨率、高清晰度的数字技术用于展示敦煌石窟艺术，将可能充分扩展敦煌石

窟艺术展示的场所和空间。为了将这种认识变为现实，通过数字展示技术将窟内文物移至窟外，为观众充分展示敦煌石窟艺术，我们坚定地开展了数字展示技术的探索。

三、建设数字化的莫高窟保护利用设施

随着电脑及三维实景漫游技术的迅速发展和我们对数字展示技术的不断探索，以及学习国际上先进的展示技术和展示方式的经验，我们最终形成了解决文物保护与旅游开放之间矛盾的思路，即建设一座能实施多种数字展示技术，也具有综合服务功能的游客中心，以充分展示丰富多彩的敦煌艺术，减轻莫高窟开放的压力。为此，2003年3月，在中国人民政治协商会议全国委员会第十届第一次会议上，我与李鸿、单霁翔、李羚、叶文玲、杨慧琼等24位关心敦煌石窟的全国政协委员共同将这一思路写成了《建设敦煌莫高窟游客服务中心的建议》的提案，这份提案得到了全国政协和国务院领导的高度重视，被全国政协提案委员会列为重点提案。中央管理国家建设项目的国家发展和改革委员会要求我们对数字展示技术、项目选址、环境评估等多方面开展论证。为了使该项目尽早被国家正式立项，我们与国内外科研院所、大专院校合作，主要围绕上述各方面开展了长达数年的技术验证和可行性研究。

项目的数字展示技术验证和可行性研究主要包括洞窟三维实景漫游、数字主题电影和多媒体展示三个方面。为此，我们多次赴国内外考察数字展示技术及其高分辨率放映设备、多种数字放映方式和技术、数字电影技术、多媒体放映技术和设备等；选择不同形制的洞窟，通过数字摄影获取高精度壁画和彩塑图像、通过三维扫描以及其他多种三维建模技术重建洞窟模型、通过高精度图像贴图还原和再现出虚拟的数字洞窟等步骤制作了敦煌莫高窟第45、196、158窟三维实景漫游节目；根据敦煌石窟艺术展示的总体要求，尝试编写了剧本，依据剧本拍摄制作了时长5分钟的数字主题电影《梦幻敦煌》样片；不同形式的多媒体展示技术可以根据具体需求展示多种内容的敦煌石窟艺术，我们选择了敦煌艺术中常见的飞天形象，制作了时长3分钟的多媒体展示《飞天》样片；其中三维实景漫游节目多次在北京天文馆和上海科技馆等处的球幕电影院调试和试放，反复验证三维实景漫游技术及其节目在球幕影院放映的可行性。通过反复试验和调整，使数字展示的效果不断优化，图像的质量和清晰度不断提高，目前数字化展示的图像分辨率已经达到6K像素播放精度，观众可以身临其境、细致入微地欣赏在自然光中看不清楚的石窟壁画、彩塑和建筑的细节。通过验证，我们认定了适合展示敦煌石窟艺术的数字展示方式是利用具有宽广视野的球幕展示技术播放三维实景漫游节目。我院邀请国内外计算机、文物、数字电影界的专家就项目中有关数字展示技术这一核心问题开展了论证，专家一致肯定数字展示技术已经成熟，利用数字展示技术，特别是通过球幕展示技术放映的莫高窟洞窟三维实景漫游节目有利于充分展示

敦煌石窟艺术的神韵。

关于项目选址的论证和可行性研究，关键问题是在世界文化遗产敦煌莫高窟建设游客中心要有足够的场地和规模，并且不能影响遗产本体及其景观环境。我们选定了8处地点作为该项目的备选地点，这些地点大多在莫高窟保护范围之内。经院内外专家对项目选址进行了多次的比较和论证，同时聘请环境评价机构对项目选址开展环境影响评估，反复论证和评价，最终使我们认识到如果选定在莫高窟保护范围内建设游客中心，有一定规模和数量的建筑不仅会对莫高窟的景观和环境造成不良影响，而且随着游客增长而产生的固体废弃物、污水等也会随之增加，这将会对莫高窟脆弱的生态环境造成破坏。为了完整、真实地保护敦煌莫高窟文化遗产的本体、环境及其生态，我院最终将游客中心选址确定在莫高窟保护范围外适当的地点，这一选址最终得到了国家环境保护总局的批准。

在我们开展项目技术验证和可行性研究的过程中，2006年5月和11月，国家发展和改革委员会国家投资项目评审中心两次组织评审专家对我们的可行性研究工作开展评审，提出了一些意见和改进建议，我们根据专家意见和建议改进了我们的技术验证和可行性研究工作。完成了项目的技术验证和可行性研究之后，我们上报了《敦煌莫高窟保护利用工程可行性研究报告》。2007年12月，国家发展和改革委员会原则上同意该项目可行性研究报告，正式批准了该项目。

项目获批后，2008年进入了项目初步设计方案的编制阶段。根据项目建设要求，我院组建了敦煌莫高窟保护利用工程项目工作机构，与国内外科研院所、大专院校合作，开展数字主题电影剧本的编写、三维实景漫游洞窟的选定和制作的准备、数字放映设备的考察、游客中心建筑的初步设计、项目综合系统集成设计、游客总量游线控制的论证等多项工作。在年内最终要完成游客服务中心初步设计方案，并上报国家发展和改革委员会，方案获得批准后有望在2009年开展项目的正式设计和开工建设。

游客服务中心建成后，将设置主题电影演播厅、洞窟实景漫游厅、多媒体展示厅及相关配套设施。游客中心的建成，游客除了仍可适度参观洞窟外，在游客中心的各展厅内，可以观看到敦煌莫高窟诞生的历史文化背景和敦煌艺术珍贵的价值，获得丰富的敦煌历史文化知识；可以身临其境、细致入微地观看洞窟建筑、彩塑和壁画；可以利用多媒体展示满足多种参观需求，获取大量敦煌文化信息。游客中心的建成在充分满足游客参观文化遗产敦煌莫高窟的需求的同时，将极大地缓解开放对莫高窟洞窟的压力，有利于敦煌莫高窟的保护，有效地解决敦煌莫高窟文物保护与旅游开放的矛盾。

（原载于郝春文主编《2008年敦煌学国际联络委员会通讯》，上海古籍出版社，2008年）

◈ 莫高窟保护和旅游的矛盾以及对策

一、敦煌莫高窟概况

　　莫高窟现有洞窟735个，其中包括4.5万多平方米壁画和2000多身彩塑，以及藏经洞出土的5万多件文化遗产。敦煌莫高窟和藏经洞出土文化遗产具有丰富性、多元性和世界性，不仅记录了中古时期敦煌、河西走廊和西域地方的历史，展示了中古时期广阔的经济、文化、科技等社会生活场景，还涉及当时的佛教、道教、摩尼教、景教等宗教信仰，保存了丰富生动的中外艺术形象，反映了1000多年间艺术的流传及演变。它更是中国古代多民族文化及欧亚文化1000年间汇集和交融的结晶，既有中原汉族文化，也有鲜卑、吐蕃、回鹘、羌、蒙古、吐谷浑等北方各民族的文化；既有中亚粟特、南亚印度、西亚波斯、伊斯兰文化，也有欧洲希腊、罗马文化。总之，敦煌莫高窟以其绵长的历史、丰厚的遗产、巨大的信息、珍贵的价值，在中国和世界产生了重大的影响，成为中华民族优秀传统文化艺术的表征。莫高窟1961年3月被我国列为第一批全国重点文物保护单位。1987年11月，被联合国教科文组织世界遗产委员会主席团第十一届会议审议批准列入世界文化遗产名录。

二、莫高窟旅游的迅速发展和产生的问题

　　莫高窟博大精深的内涵、辉煌灿烂的艺术和极高的知名度吸引了国内外的目光。1979年正式对外开放后，也正是世界范围内旅游浪潮蓬勃兴起的时候，每年慕名而来的游客数量不断增多。地方政府也将旅游业作为振兴地方经济的支柱产业予以重点扶持，使敦煌旅游呈持续增长

的态势。年游客人数1984年突破10万人次，1998年突破20万人次，2001年突破30万人次，2004年游客人数高达43万人次。此外，莫高窟游客人数增长有很强的季节性和时段性。以2004年为例，全年参观总人数为437521人次，而5~10六个月游客人数达399419人次，其中7~9三个月280844人次，占全年旅游人数的65%左右。在旅游旺季，日游客人数3000~5000人次。在"五一"和"十一"黄金周期间，游客人数甚至高达5000人次以上。尽管如此，政府有关部门对莫高窟开放提出了更多的要求，甚至提出了要将这一重要文化资源和旅游集团一道捆绑上市的建议。

游客的迅速增多给莫高窟的保护和管理工作带来了许多问题。具体有：

1. 洞窟空间狭小，壁画材质脆弱、年久多病与旅游开放的矛盾

莫高窟虽然规模宏大，但洞窟在历史上是供奉佛陀的殿堂、佛教信徒参拜的场所，不具备博物馆开放的条件和功能，洞窟内布满了壁画，不能按照博物馆展陈的要求进行任何改造。莫高窟洞窟大多数洞窟空间狭小。据统计，有壁画和彩塑的492个洞窟中，面积在100平方米以上的大型洞窟仅有18个，50~100平方米的洞窟有21个，25~50平方米的洞窟41个，10~25平方米的洞窟123个，10平方米以下的洞窟289个，其中面积在25平方米以下的洞窟占了洞窟总数的83%以上，因此洞窟可承载的游客容量十分有限。洞窟内的壁画和彩塑是采用当地的麦草、泥土、木材制作而成，经历千余年后，由于自然因素和人为因素的破坏，壁画和彩塑程度不同地存在多种病害，如酥碱、起甲、空鼓等。过度的开放使用可能会对这些空间狭小、材质脆弱、年久多病的洞窟壁画和彩塑的保存构成威胁。

2. 过量的游客参观造成了一些洞窟过度"疲劳"

过量的游客进窟参观会给本有各种病害且空间狭小的洞窟造成新的危害。以莫高窟每批游客人数为25人计算，如果当天的游客人数为2000人，则游客批次为80批，按每批游客在一个洞窟中的滞留时间为6分钟计，则一个洞窟一天的开放时间为480分钟，超过8个小时，使得开放洞窟长期处于"疲劳"状态。

我们在开放洞窟的选择上，既要考虑洞窟内容、时代、艺术风格的代表性和可观赏性，又要考虑洞窟的可接受容量和壁画病害的状况。尽管莫高窟有壁画和彩塑的洞窟为492个，但满足上述条件的开放洞窟却不多，仅有七八十个。为保护壁画、避免洞窟的过度使用，我们不得不采取对开放洞窟"轮休"的办法，但由于一些洞窟内容独特，自开放以来，始终得不到"休息"。

3. 游客的增多打破了洞窟恒定的小环境

莫高窟的文化遗产之所以能够保存下来，得益于当地干燥的气候，历史上没有大的战乱和大的自然灾害。由于历史上进窟人数有限，所以使洞窟长期保持相对恒定的小环境，这种小环境为壁画和彩塑的保存提供了良好的条件，但游客的过量参观却打破了洞窟内稳定的气候环境。据我们一项实验所监测的数据表明，40个人进入洞窟参观半小时，洞窟内空气中的二氧化碳浓度升

高5倍，空气相对湿度上升10%，空气温度升高4℃。众所周知，二氧化碳长时间滞留窟内以及窟内空气湿度增加，温度上升，都会侵蚀壁画，加速病害的发展。这将对洞窟内十分脆弱的壁画、彩塑的保存带来严重的潜在威胁。

4. 为开放所增加的游客设施对洞窟的壁画保护可能带来的负面作用

20世纪60年代修建的石窟栈道，近年来，已多处出现问题。修补工作将对石窟崖体的稳定带来一定影响。为防止游客在参观过程中擦伤壁画，在开放参观的洞窟内安装了玻璃屏风，经过长年观察后，这种玻璃屏风若使用不当可能也不利于壁画的保护。

三、对游客问题的研究和对策

联合国教科文组织批准莫高窟为世界文化遗产的文件中指出："莫高窟符合世界文化遗产的第Ⅰ、Ⅱ、Ⅲ、Ⅳ、Ⅴ、Ⅵ全部六类标准，主席团提请中国政府注意，这一文化财产（壁画）面临危险，必须特殊保护。"[1]按照世界遗产遴选条件规定，文化遗产只要达到六条标准中的一条，就可被列为世界文化遗产，而莫高窟符合全部六条标准，说明联合国教科文组织世界文化遗产委员会对莫高窟具有无与伦比的多方面价值的充分肯定，同时，也着重强调了莫高窟保护的重要性。

莫高窟在经历了从16世纪中叶到20世纪中叶无人管理的历史时期，到1944年敦煌莫高窟的保护管理机构——国立敦煌艺术研究所成立之前，已是洞窟积沙、崖体坍塌、塑像倾倒、壁画存在有多种病害。经过敦煌研究院60年的不懈努力，在风沙治理、壁画病害研究修复、石窟加固等方面做了大量科技保护工作，使莫高窟珍贵的壁画和彩塑基本摆脱了濒临危险的境地，并得到了良好的保护。

但旅游给莫高窟的保护和管理工作带来了新的问题。游客人数的迅猛增加，迫使我们从科学的角度认识游客的问题。我们开展的工作有：

1. 游客调查

游客调查是遗址保护和游客管理工作的基础。近年来，我们设计了多项游客调查项目，包括游客人数统计、游客行为观察、游客参观满意度以及游客对开放设施的意见等，并将游客调查结果进行统计分析，对未来游客人数做出科学预测，为改善游客管理对策和提高游客参观质量提供依据。

2. 游客承载量的科学研究

为了应对逐步升温的旅游压力、切实处理好文化遗产保护与旅游发展的关系、预防不适当的

1 《世界遗产委员会主席团会议简报》（87教科常字280号）。

开放给文化遗产带来的破坏，为采取缓解游客对洞窟造成压力的措施提供科学依据，我们和美国盖蒂保护研究所合作，共同开展了"洞窟游客承载量"的研究项目，此项研究主要包括以下两个方面：

（1）以洞窟空间容量和游客参观时间为主要参数计算日洞窟游客参观人数的最大承载量。

（2）研究游客参观和壁画损害之间的关联性。选择大小相似的开放洞窟和非开放洞窟，一方面进行文化遗产病害的观察比较，另一方面监测对比开放与非开放洞窟的环境，依据监测结果在实验室中模拟洞窟小环境变化对壁画的影响，找出游客参观所造成的环境变化与壁画病害活动的关系。

3. 对策

中国文物保护的方针是"保护为主、抢救第一、合理利用、加强管理"，这项方针明确了保护和利用是遗址的两大任务，常年的实践告诉我们：科学合理的开放对策既能最大限度地满足游客的需求，又能有效地保护文化遗产。为此，我们采取了以下一些管理措施：

针对旅游旺季游客人数较多的状况，和当地旅行社保持紧密联系，建立参观预约和预报制度。分时段有计划地安排游客参观，缓解洞窟接待的压力。

在旅游旺季，我们调整开放洞窟，增加游客参观路线。这样既能缓解洞窟的压力，又能满足观众领略莫高窟文化艺术的需求。

近年来，增设了敦煌石窟文化遗产保护陈列中心、藏经洞陈列馆、院史陈列馆，通过上述陈列馆的陈展，增加了游客对莫高窟历史文化背景的全面了解，起到了分散游客、缓解洞窟压力的作用。

由于洞窟普遍光线较暗，我们在一些洞窟内安装了实验性照明设施，比如改善观众参观效果的照明设施。

为使游客参观取得良好的参观效果，我们精心组合了壁画、彩塑和建筑的典型内容，使游客在有限的参观时间内，能够欣赏和获得莫高窟历史文化艺术的最大信息量。

出色的解说对游客参观和保护文化遗产至关重要。好的讲解既能充分满足游客欣赏的需求，又能约束游客的不良行为，起到有效保护的作用。为此，我们十分重视培养既熟悉业务又懂得外语的高素质讲解队伍，并不断提高他们讲解的质量。为了满足国外游客参观的要求，直接提供多语种的讲解。

改善遗址环境，增加卫生设施和休息场所，满足游客在参观时的需求。

实施每年对一些洞窟实行轮换开放，限制病害严重洞窟的开放，雨天停止开放洞窟的开放办法。

4. 未来解决旅游和保护矛盾的思路

我们不能以牺牲珍贵文化遗产为代价换取旅游业发展，但也不能因为要保护文化遗产而拒游客于门外，而是要在切实保护和管理好文化遗产的前提下，充分发挥文化遗产的重要作用。敦煌研究院未来解决莫高窟保护与开放日益突出矛盾的思路是：将有效保护与合理利用结合起来。一方面加强以科学技术为基础的保护和管理，把开放给文化遗产带来的破坏降到最低程度；另一方面应做好传播知识、传播价值为基础的文化遗产保护。后者是将文化遗产的保护和弘扬行动结合起来，积极做好诠释和弘扬的工作，使人们在观赏中得到知识，得到美的熏陶，充分认识文化遗产的意义和价值，从而唤起全社会保护文化遗产的意识，使更多的人能自觉地去保护文化遗产。根据这一思路，我们吸收国际文化遗产保护利用方面的先进经验，利用已经取得的敦煌莫高窟壁画数字化存贮与再现技术的成果，拟建设具有综合功能的莫高窟数字展示中心。中心将充分利用当代信息技术和展示手段，设置演播厅、洞窟虚拟漫游厅等设施。游客将在这个中心全面了解敦煌和莫高窟的历史文化背景，在虚拟漫游厅身临其境地观赏典型洞窟和丰富的敦煌文化，又适度结合组织游客参观洞窟实景，这样既能使游客获得更多、更清晰的敦煌文化信息，又可提高接待能力，极大地缓解游客给莫高窟保护带来的压力。

（原载于《敦煌研究》2005 年第 4 期）

◈ 敦煌莫高窟旅游开放的效益、挑战与对策

位于丝绸之路上贸易、宗教及文化传播交汇点的敦煌莫高窟，保存了4～14世纪大量精美的壁画和彩塑，加上藏经洞出土的5万余件文献，记录了中古时期敦煌及周边地区千余年的历史，成为我国中古时代规模最宏大的文化遗存之一，不仅是中华民族的瑰宝，也是全人类珍贵的文化遗产和国内外民众向往的旅游胜地。

20世纪70年代末以来，随着中国与世界旅游市场的繁荣与旅游经济的发展，莫高窟与中国其他世界遗产地一样，迎来了大批中外游客。莫高窟的旅游开放为弘扬中华民族优秀传统文化艺术、促进中外文化交流、推动旅游事业、促进地方经济发展做出了应有贡献。与此同时，旅游的发展对莫高窟的文物保护带来了一系列问题，造成了前所未有的压力和挑战。旅游开放与文物保护之间的矛盾，是摆在世界文化遗产地管理者面前共同的困难与课题。莫高窟旅游开放与文物保护的矛盾同样也显得十分突出。

作为国家专设的承担莫高窟保护、管理与研究职责的机构，近20年来，敦煌研究院认真贯彻落实《中华人民共和国文物保护法》"保护为主、抢救第一、合理利用、加强管理"的文物工作方针，遵循《保护世界文化和自然遗产公约》的规定，在处理旅游开放与文物保护之间的关系方面做了一些研究、尝试与探索，采取了一些应对举措，取得了初步的成效。

我们总的体会是：为了完整地、真实地保护好文化遗产，持续地传给子孙后代，更好地发挥文化遗产地对旅游的重要促进作用，必须明确旅游对文化遗产地的正负面影响，有的放矢、坚持不懈地做好旅游的管理工作。

一、莫高窟旅游开放的效益

由于莫高窟在国内外享有极高的知名度，具有丰富的文化资源，吸引着一批又一批中外游客不远万里，前来观光、考察。自1979年旅游开放以来，莫高窟共接待了来自80多个国家和地区的470多万游客，取得了显著的社会效益和经济效益。主要表现在以下几个方面：

首先，通过旅游开放，向世界各国游客展示了莫高窟博大精深的文化内涵、精美绝伦的艺术和独特珍贵的价值，弘扬了中华民族优秀的传统文化遗产，促进了中外文化交流。灿烂的敦煌艺术和恢宏的大漠风光给国外游客留下了深刻的印象，使敦煌莫高窟成为"中国最值得外国人去的五十个地方"之一。

莫高窟留下了全国各省400多万游客的足迹，悠久灿烂的敦煌文化遗产使人们真切地感受到了祖国优秀文化艺术的源远流长，增强了人们的民族自信心和自尊心；敦煌文化遗产横遭劫掠的惨痛历史，激发了人们反思历史、振兴中华的思绪。莫高窟已经成为国家爱国主义教育的一个重要基地。莫高窟文化遗产对促进学术研究、文化创新，建设社会主义精神文明和物质文明正日益发挥出不可替代的重要作用。

其次，莫高窟的旅游开放促进了敦煌文物保护事业的发展。一方面旅游的发展增加了门票的收入，特别是20世纪90年代末以来，随着游客的迅猛增加，莫高窟的门票收入也逐年以较大幅度增长，改变了我们过去由于经费极其短缺，保护工作捉襟见肘的局面。我院将门票收入全部用于莫高窟的保护、研究、弘扬和管理，较大地改善了保护管理的工作条件和基础设施。另一方面，提高了敦煌研究院保护与管理的水平，近20年来，我院与美国、日本、澳大利亚、英国等国和国内的多家大专院校、科研院所开展了合作保护研究，通过合作与交流，引进了先进的理念、技术和设备，拓宽了保护和管理人员的视野，提高了保护和管理人员的素质与业务能力，培养了一批中青年业务骨干，建立了一支具备现代科学保护理念和技术的石窟文物保护研究专业人员队伍，显著地提高了敦煌莫高窟文物科技保护的水平，在石窟危崖加固、壁画病害的机理研究和修复、环境监测、风沙治理、壁画数字化等方面取得了一系列成果。除了敦煌莫高窟文物的保护工作外，近些年来，我院还承担了西北地区，如新疆交河古城，宁夏西夏王陵，青海瞿坛寺、塔尔寺，西藏布达拉宫、罗布林卡和萨迦寺等处的许多壁画与土遗址保护修复工程，并被国家文物局批准为"古代壁画保护国家文物局重点科研基地"。第三，莫高窟的旅游开放对促进甘肃乃至西北地区的旅游繁荣、经济建设和社会发展发挥了积极的作用。

莫高窟是甘肃旅游业的龙头，莫高窟的旅游开放带动了地方经济与社会事业的发展，为树立甘肃形象、促进经济发展做出了积极贡献。莫高窟所在的敦煌市1979年还是一个人口不足10万的农业小县，信息不灵，交通不便，经济落后，全县生产总值只有3934万元（人均413元），其

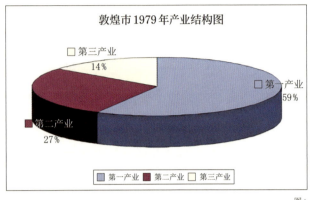

敦煌市1979年产业结构图

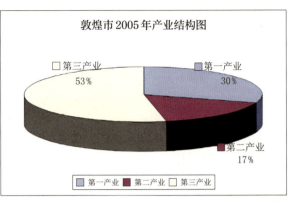

敦煌市2005年产业结构图

图1　　　　　　图2

中第一产业2285万元，占58.08%；第二产业1080万元，占27.45%；第三产业569万元，占14.47%。全县财政收入只有217万元，是吃国家财政补贴的穷县，城乡人民生活水平极低。

1979年，敦煌被国务院列为全国第一批对外开放城市。1989年财政收入突破1500万元，摘掉了吃财政补贴的帽子。1998年敦煌被评为"中国优秀旅游城市"。2005年全市生产总值达20.9亿元（人均15308元），比1979年增长53倍（人均增长37倍）；其中，第一产业6.2905亿元，占30%，比1979年增长28倍；第二产业3.4891亿元，占17%，比1979年增长32倍；第三产业11.1165亿元，占53%，比1979年增长195倍〔图1、2〕。2005年敦煌旅游收入3.9亿元，占GDP的比重达18%，旅游业真正成为敦煌市的支柱产业。全市财政收入1.1805亿元，是1979年的54倍。城市居民人均可支配收入8242元，农民人均纯收入4656元，人民生活水平发生了翻天覆地的变化。

旅游业在促进和带动地方经济的同时，也在不断地完善自己，同时也在不断地促进交通运输、邮电通信、教育卫生和社会文化等各项事业的发展。

二、莫高窟旅游开放面临的挑战

（一）莫高窟洞窟现状

莫高窟虽然规模宏大，但它有如下几个特征：

第一，大多洞窟空间狭小。据统计，在莫高窟有壁画和彩塑的492个洞窟中，面积在100平方米以上的大型洞窟仅18个，50~100平方米的洞窟有21个，25~50平方米的洞窟41个，10~25平方米的洞窟123个，10平方米以下的洞窟

〔图1〕
敦煌市1979年产业结构图

〔图2〕
敦煌市2005年产业结构图

1979～2005年参观莫高窟游客数量统计

[图3]
1979～2005年参观莫
高窟游客数量统计示
意图

289个，其中面积在25平方米以下的洞窟占了洞窟总数的83%以上，因此洞窟可承载的游客容量十分有限。

第二，莫高窟属于遗址博物馆，但所有洞窟都不能按照博物馆展陈的要求做任何改造，因为每个洞窟在历史上是供奉佛陀的殿堂，佛教信徒参拜的场所，洞窟内四壁与窟顶均布满了壁画，不具备博物馆开放的条件和功能。

第三，洞窟内的壁画和彩塑是采用当地的麦草、泥土、木材制作而成，材质十分脆弱。

第四，经历千余年后，由于自然因素和人为因素的破坏，壁画和彩塑程度不同地存在多种病害，如酥碱、起甲、空鼓等。

第五，长期以来，洞窟小气候环境相对恒定。

（二）莫高窟旅游开放现状

20世纪80年代以来，莫高窟的游客数量呈持续高速增长的态势。年游客人数1984年突破10万人次，1998年突破20万人次，2001年突破30万人次，2004年游客人数高达43万人次，2005年游客人数高达47万人次。近年年平均增速达到10%左右〔图3〕。

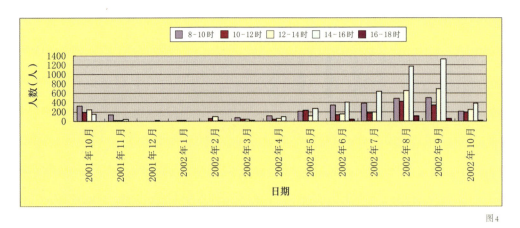

图4

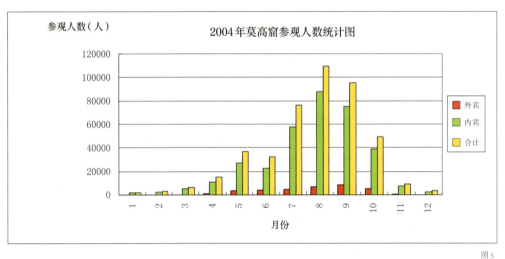

图5

此外，游客人数有很强的季节性和时段性。以2004年为例，全年参观总人数为437521人次，而5～10六个月游客人数达399419人次，其中7～9三个月达280844人次，占全年旅游人数的65%左右。在旅游旺季，日游客人数在3000～5000人次之间。在"五一"和"十一"黄金周期间，游客人数甚至高达5000人次以上〔图4、5〕。

〔图4〕
莫高窟2001年10月～
2002年10月每月15日
各时段的游客数

〔图5〕
莫高窟2004年度各月
游客统计

（三）根据洞窟现状和旅游开放现状的分析，莫高窟旅游开放面临着挑战

第一，洞窟狭小，空间局限，游客增加，洞窟压力越来越大，无法解决洞窟拥挤的现象。

第二，莫高窟洞窟呈线形分布，游客集中在窟前流动，无法分散。

第三，向观众展示敦煌艺术的方式是单一的讲解员带领参观。参观洞窟和讲解是游客获得信息的唯一途径。观众反映看不清、看不好，无法获取更多的历史文化信息。

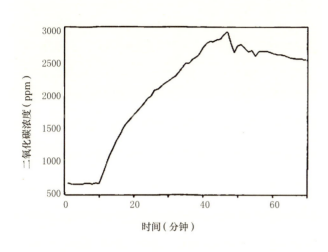 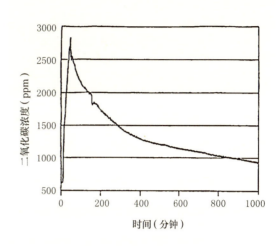

图6   图7

［图6］
40名游客在洞窟内停
留37分钟二氧化碳浓
度的增加曲线

［图7］
40名游客在洞窟内停
留37分钟离开后二氧
化碳浓度的衰减曲线

　　第四，旅游旺季过量的游客造成洞窟长期不能得到"休息"，如以一天游客人数为2000人，每批游客25人计算，每个洞窟要进入80批游客，每批游客滞留窟中8分钟，那么一个洞窟每天的开放时间为8个小时，使这些洞窟长期处于"疲劳"状态。

　　第五，游客的增多打破了洞窟原有恒定的小气候环境，据我院一项实验监测数据表明，40名游客进入洞窟参观半小时，洞窟内空气中的二氧化碳升高5倍，空气相对湿度上升10%，空气温度升高4℃。通过一项模拟试验表明，相对湿度反复上下起伏，是造成洞窟常见病酥碱的主要原因〔图6、7〕。众所周知，二氧化碳长时间滞留窟内以及窟内相对湿度增加，空气温度上升，都有可能侵蚀壁画，加速已有病害的发展。这将对洞窟内十分脆弱的壁画、彩塑的保存构成了严重的潜在威胁。

　　第六，根据初步测算，同一时间莫高窟现有的参观接待设施能够容纳的最多游客人数我们称为合理静态游客承载量，合理静态游客承载量为1381人；在一天的开放时间内莫高窟现有的参观接待设施能够接待的最多游客人数我们称之为合理的动态游客承载量，合理的动态游客承载量为2920人。根据预测，未来5~15年的年游客流量将可能达到67万~173万人次，日最大游客流量将可能达到9000~18000人次，旅游旺季三个月（7~9月）的平均日游客流量将可能达到6000~12000人次，旅游季节六个月（5~10月）的平均游客流量将可能达到4000~8000人次。显然，需求与可能存在很大矛盾。

三、旅游可持续发展的原则和对策

为了真实地、完整地保护珍贵而独特的世界文化遗产莫高窟，并将其传至后代，面对游客的迅猛增加和保护管理面临的挑战，我院进行了长期探索，制定了总体原则，并采取了相应的对策。

（一）总体原则

第一，保持文化遗产的完整性、真实性和延续性，是所有文化遗产工作包括旅游开放在内应遵循的最高原则；

第二，根据"保护为主、抢救第一、合理利用、加强管理"的方针，通过加强管理，科学地处理好保护与利用的关系，首先要保护好莫高窟文化遗产，在保护好文化遗产的前提下，充分展示莫高窟的丰富内涵和文化价值，坚持旅游的可持续发展，努力做到将旅游开放可能给洞窟文物带来的破坏降低到最小限度。

（二）采取的对策

多年来，面对巨大的挑战，根据上述原则，为了有效保护莫高窟，又充分发挥它的作用，在旅游开放工作中将有效保护与合理利用结合起来，我院经过不断探索采取了以下四个方面保护管理对策：

1. 法制建设

甘肃省人大制定了世界文化遗产敦煌莫高窟的地方性法律《甘肃敦煌莫高窟保护条例》，其中明确了保护对象，划定了保护范围，不仅明确了文物保护管理机构的保护、管理与利用的职责和法律责任，也明确规定了政府机关、社会团体和公民在保护、管理与利用的权利、义务和应遵循的行为准则和法律责任，使莫高窟的保护管理走上法制化轨道。

2. 制定规划

文化遗产的旅游问题不是孤立的问题，是文化遗产的保护、研究、利用与管理的一个组成部分，与文化遗产的保护、研究、管理相互联系。为了确实保护好文化遗产，又可持续地开展旅游利用，必须全面综合系统地加强管理，并做好长远规划。规划是具有一定的权威性、强制性和约束力，对未来可作出全面部署的指导性文件。2005 年，我们完成了《敦煌莫高窟保护总体规划（2006～2025）》（下简称《规划》）的制定，这部《规划》对莫高窟的保护、研究、利用和管理作出了全面的部署。其中对利用现状做出了评估，制定了坚持科学、适度、持续、合理的利用原则，并对利用强度、展陈体系、游客管理、宣传教育做了全面具体的规划，这部《规划》将对莫高窟未来 20 年的旅游开放管理发挥积极的指导作用。

3．旅游开放研究

文化遗产的旅游开放是一个复杂、有弹性、又涉及诸多方面的问题，为了加强对莫高窟旅游开放的科学管理，我们开展了这方面的调查研究。由于洞窟的开放强度是涉及保护洞窟文物和接待游客的关键问题，为得出科学合理的洞窟游客承载量提供科学依据，首先开展洞窟游客承载量的研究。

（1）以洞窟空间容量和游客参观时间为主要参数计算日洞窟游客参观人数的最大承载量。通过承载量的研究，为安排哪些洞窟开放、开放多长时间及容纳多少游客合理提供依据。

（2）研究游客参观和壁画病害之间的关联性。选择大小相似的开放洞窟和非开放洞窟，进行环境和病害的监测比较，依据监测结果在实验室模拟洞窟小环境变化对壁画的影响，找出游客参观所造成的环境变化与壁画病害活动的关系〔图8～11〕。

4．具体管理对策

具体管理对策采取了以下五个方面的措施：

第一，适度利用。从"保护为主、合理利用"出发，我院建立了洞窟旅游开放的标准。①开放20平方米以上以及基本无病害的洞窟，限制小于20平方米和有病害洞窟的开放；②实施展示洞窟每年轮流开放制度，使展示洞窟轮流得到休息；③控制进窟参观人数，每一批进窟参观人数限于25人。

第二，展示讲解。①根据文化遗产充分展示其珍贵价值和重要性的要求，精心选择不同时代艺术水平高、观赏性强、内容丰富的典型洞窟和内容向游客展示开放，使游客在短暂的参观时间内能够欣赏和获得莫高窟历史文化艺术以及保护方面较全面信息；②出色的讲解对游客认识世界文化遗产——敦煌莫高窟的重要性和壁画保护的必要性起到至关重要的作用，所以，我们长期不懈地狠抓讲解队伍建设和讲解服务质量，为中外游客提供优质的讲解服务；③陆续新增三个陈列馆，通过陈列馆展陈，补充游客洞窟参观的不足，并缓解展示洞窟的压力。

第三，游客管理。根据保护文物和满足观众的要求，我们十分重视旅游开放的管理。①设立了游客接待的专门管理机构，做好游客接待、组织、讲解，并做好游客与旅游部门协调工作；②旅游旺季，合理编排多条参观路线，以疏导分流过度集中的游客，减轻展示洞窟的压力；③旅游旺季实行参观预约和预报制度，做到分时段、有计划地接纳游客，降低洞窟的利用强度，为游客提供科学、快捷、人性化的服务，以2005年9月为例，莫高窟共接待游客105327人次，预约人数87278人次，占全部人数的82.86%，日最高预约率达到91.12%，我们将没有实行预约的2004年9月22日与实行预约的2005年9月11日游客各时段的流量相比较，预约的成效显而易见〔图12〕；④游客调查。为了了解游客的综合信息，增强游客对莫高窟遗址价值的关注，我院设计多项游客调查项目，包括游客人数统计、游客行为观察、游客受教育程度、游客参观满意度、游客参

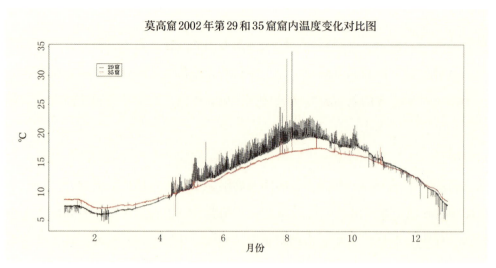

莫高窟2002年第29和35窟窟内温度变化对比图

图8

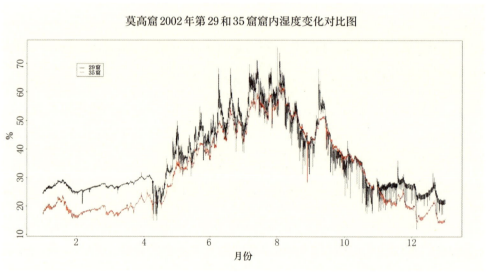

莫高窟2002年第29和35窟窟内湿度变化对比图

图9

观需求调查以及游客对开放设施的意见等，并对调查结果进行统计分析，为改进游客管理和提高游客参观质量提供依据；⑤为游客改善卫生、餐饮、休息等服务设施，坚持在不改变原有环境的条件下，优化旅游开放的环境；⑥加强与地方政府的沟通，争取地方政府对莫高窟保护和旅游管理措施的理解和支持。

第四，宣传教育。根据《保护世界文化和自然遗产公约》第27条第1款"本公约缔约国应通过一切适当手段，特别是教育和宣传计划，努力增强本国人民对（本公约第1和2条中确定的）文化和自然遗产的赞赏与尊重"的要求，我们采取了以下措施：①通过敦煌研究院网站，向全社会介绍莫高窟的历史文化艺术信息和旅游开放信息；通过报纸、杂志、电视等大众媒体宣传敦煌艺

〔图8〕
开放洞窟与关闭洞窟窟内环境温度数据比较图
（第29窟开放，第35窟未开放）

〔图9〕
开放洞窟与关闭洞窟窟内相对湿度数据比较图
（第29窟开放，第35窟未开放）

莫高窟2002年7月第29和35窟窟内温度变化对比图

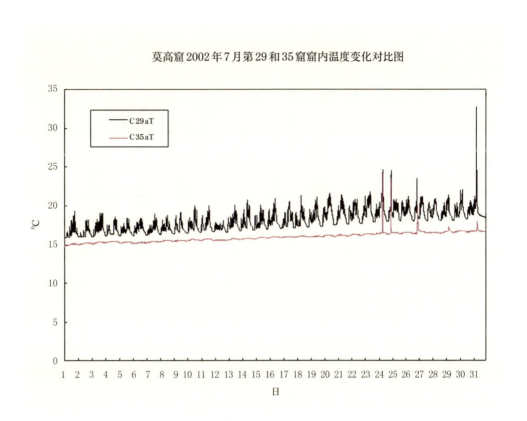

图10

莫高窟2002年7月第29和35窟窟内相对湿度变化对比图

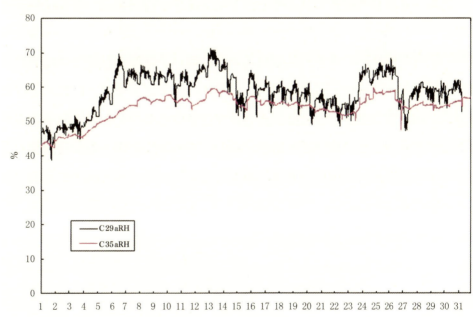

〔图10〕
开放洞窟与关闭洞窟
窟内温度数据比较图
（第29窟开放，第35窟未
开放）

〔图11〕
开放洞窟与关闭洞窟
窟内相对湿度数据比
较图
（第29窟开放，第35窟未
开放）

图11

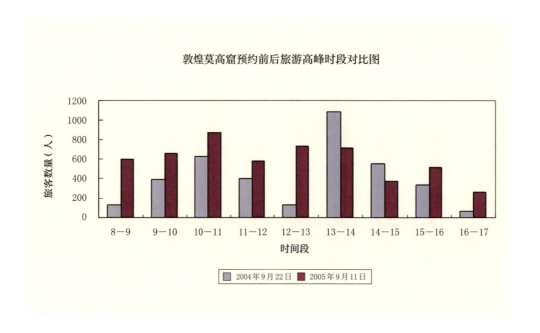

〔图 12〕
敦煌莫高窟预约前后
旅游高峰时段对比图

术、保护工作及其重要性，增强社会大众对文化遗产重要性的认识；②多次到
香港、台湾、北京、上海、广州等地，以及日本、印度、泰国、法国、英国、
美国等国家举办敦煌艺术展览，增加国内外民众对敦煌艺术的了解；③出版了
一系列介绍莫高窟的通俗读物、光盘等，向民众普及敦煌文化艺术知识；④对
当地中小学生优惠免票，进行爱国主义教育，培养民族自尊心和自信心；⑤与
国内外许多大专院校、科研院所合作联合办学，开办培训班。

第五，建设莫高窟数字展示中心。从长远来看，为了做到"有效保护、合
理利用"，满足游客参观的需要，计划改变展示方式，除适度组织游客参观洞
窟外，积极吸收国际文化遗产保护利用的先进经验，建设具有综合功能的莫高
窟数字展示中心。该中心将充分利用当代数字技术和展示手段，设置主题电影
演播厅、洞窟实景漫游厅等设施。游客将在这个中心全面了解敦煌和莫高窟的
历史文化背景，身临其境地观赏典型洞窟和丰富的敦煌文化。改变后的展示方
式，将会使游客获得更多、更清晰的敦煌文化信息，又可极大地缓解旅游给展
示洞窟保护带来的压力。

（本文为 2006 年在"第二届文化遗产保护与可持续
发展国际会议"上提交的文稿）

◈ 实现文化遗产保护和可持续旅游双赢

——以敦煌莫高窟为例

中国幅员辽阔，历史悠久，留存大量文化遗产，它们有珍贵的历史价值、艺术价值、科学价值、文化价值、社会价值。文化遗产是现当代社会发展的重要资源，也是旅游业的主要文化资源。面对日益高涨的旅游热，如何遵守国家的法律法规，尊重文物不可再生的特性，加大对文化遗产的保护力度，避免伤害文化遗产，又让人民共享优秀传统文化，履行文化遗产开放旅游的应尽职责，是亟须重视并加以探讨和解决的问题。下面以敦煌莫高窟为例，说明如何探讨实现文化遗产保护和利用双赢。

一、莫高窟具有特殊的和全球性的价值及其特性和特质

敦煌，位于甘肃省最西端。有史料记载以来已有两千多年历史。在9世纪前中国古代海运尚不发达之时，敦煌和甘肃的河西走廊成为中国通向西域的主要干道。敦煌，是这条交通干道，也就是陆上丝绸之路上的一个"咽喉之地"。古代丝绸之路兴盛和繁荣发展的一千年，促进了古代东西文明的交流，催生了4~14世纪的敦煌莫高窟735个洞窟和窟内4.5万平方米壁画、2000多身彩塑，以及莫高窟藏经洞出土的5~11世纪初的5万多件文献和艺术品。莫高窟的佛教艺术和藏经洞出土文献，展现了文字书写和艺术形象的千年佛教史，呈现了千年延续的彩塑、壁画、建筑、音乐、舞蹈和书法等多门类的艺术；壁画里保存了大量唐代以前稀有的人物画、建筑画、山水画、花鸟画、故事画、装饰图案画，保存了中古社会广阔的风情民俗文化场景。可以说，敦煌艺术还保存了世界多元文明和多民族文化荟萃的宝贵资料。一百多年来，在国际上形成了以敦煌莫高窟和藏经洞出土文物为研究对象的敦煌学，推动了多门人文学科的发展。敦煌莫高窟艺术和

藏经洞文物，以超越时空的非凡魅力，成为中华优秀传统文化的杰出代表，成为丝绸之路上一颗耀眼的明珠。今天，依然是中华民族精神文明传承创新的文化艺术瑰宝。

1987年12月，联合国教科文组织世界遗产委员会主席团第十一届会议审议认定莫高窟符合世界文化遗产的第Ⅰ、Ⅱ、Ⅲ、Ⅳ、Ⅴ、Ⅵ条全部六类标准，批准列入世界文化遗产名录，并给予这样的评价："莫高窟地处丝绸之路的一个战略要点，它不仅是东西方贸易的中转站，同时也是宗教、文化和知识的交汇处。莫高窟的492个小石窟和洞穴庙宇，以其雕像和壁画闻名于世，展示了延续千年的佛教艺术。"莫高窟是"具有特殊的和全球性的价值"的文化遗产。

从莫高窟洞窟的性质看，它是由古代施主出资建造，乃私家礼佛的家庙，并非公众活动的场所。所以莫高窟虽然规模较大，但就大多洞窟而言，空间普遍狭小。在有壁画和彩塑的492个洞窟中，面积大于25平方米的洞窟80个（其中100平方米以上的大型窟仅18个，50~100平方米的21个，25~50平方米的41个），占洞窟总数的16%，而面积小于25平方米的洞窟412个（其中10~25平方米的123个，10平方米以下的289个），占总数的84%以上。

从制作材料看，壁画和彩塑采用泥土、草料、木料和颜料等十分脆弱的材料制作而成。千百年来，受自然和人为因素影响，一些洞窟在历史上已坍塌和破坏。现存壁画和彩塑，也程度不同地患有多种病害，并呈逐渐退化的趋势。

总之，莫高窟的洞窟及其彩塑和壁画，既特别珍贵稀有，又特别脆弱易损。

世界遗产委员会在其批准莫高窟为世界文化遗产的文件中特别强调指出："主席团提请中国政府注意，这一文化财产（壁画）面临危险，必须特殊保护。"文件提示我们，对莫高窟脆弱多病的壁画，必须实施特别有效的技术和管理措施加以保护。

二、莫高窟旅游开放的发展态势与面临的挑战

莫高窟自1979年正式向社会开放以来，游客人数逐年增加。特别进入21世纪以后，随着西部大开发，旅游大发展，游客数量快速递增。2001年超过30万人次，此后每隔二三年，增长10万人次，到2014年达到年80万人次。可是，2015年激增到年115万人次，增速为43.75%；2016年增至年135万人次，增速为18.4%；2017年增至年170万人次，增速为25.9%；2018年增至年195万人次，同比增长14%。预计2019年会突破年200万人次。随着旅游业的迅猛发展，未来莫高窟的游客数量可能还会不断突破纪录。这给莫高窟本体及其赋存环境的保护和游客服务管理会带来极大的压力。

莫高窟旅游开放迅速发展态势的挑战之一：游客到博物馆参观是去展室看文物，而不是到文物库房看文物。但莫高窟洞窟及其彩塑和壁画，不能做任何改造，不能移动，它作为博物馆展示

开放，实际上相当于开放了文物库房供参观。越来越多的游客进入空间狭小、脆弱多病的洞窟参观，对文物存在着极大的潜在威胁。

挑战之二：以2018年为例，全年游客总量为195万多人次，5～10月的旅游旺季游客总量为177.6万多人次，占全年游客总量的91.1%。莫高窟合理的日游客最大承载量为6000人次。超过日游客最大承载量的天数为131天，其中超过1万人次的为62天，超过2万人次的为15天。"十一"黄金周有一天参观人数竟达到了2.6万多人次。这给莫高窟的本体及其赋存环境的保护和旅游服务管理带来极大的压力。

三、坚持贯彻执行法律法规，坚守保护为主、合理利用的原则

文化遗产保护和利用具有很强的政策性、社会性、持久性、专业性的特点。严格贯彻执行法律法规，是做好文化遗产保护和利用的根本保障。敦煌研究院在任何时候，不管来自哪里的压力，都坚持严格全面准确贯彻执行《中华人民共和国文物保护法》规定的"保护为主、抢救第一、合理利用、加强管理"的文物保护方针不动摇。严格贯彻执行国际《威尼斯宪章》《保护世界文化和自然遗产公约》《国际文化旅游宪章》，以及我国的《中华人民共和国文物保护法》《中华人民共和国旅游法》《中国文物古迹保护准则》等法律、法规、行规。

文物保护方针正确地体现了文化遗产保护与利用的辩证关系。莫高窟自开放以来，遵照文物保护方针，始终坚守保护为主、合理利用的原则，并处理好保护与利用两者的关系。因为保护是利用的基础和前提，没有保护就谈不上利用。只有把文物保护搞好，把文物保护贯穿于旅游开放的全过程，才能形成两者的良性循环，才能保证文物的可持续利用。我们始终坚持负责任的旅游，既对文物负责，也对游客负责。坚持在保护好的前提下合理利用，在开放利用中加强保护。绝不因旅游开放而牺牲文物本体及其赋存环境的真实性和完整性，也不因保护文物，对旅游不负责任，将游客拒之门外。

四、积极探索莫高窟文物保护和旅游开放双赢对策

莫高窟向社会开放40年来，敦煌研究院以传承弘扬中华优秀传统文化——莫高窟敦煌艺术为己任，也始终正视客观存在的文物保护与旅游开放之间的矛盾问题，以及游客参观需求的问题，并就如何化解莫高窟保护和利用的矛盾，如何找到两者矛盾的平衡点，做了不懈的研究和探索。研究院为了达到持久保护莫高窟的珍贵价值和可持续旅游双赢目的，整合全院之力，围绕莫高窟文物本体与赋存环境保护以及做好游客参观接待工作下足了功夫。针对莫高窟文物和旅游开

放的特点，制定有效保护与负责任旅游管理的多项对策。下面将研究院探索的主要对策介绍如下：

（一）制定保护和旅游管理的专项法规和规划

由敦煌研究院草拟，甘肃省党和政府支持，甘肃省人大常委会制定通过并于2003年颁布执行的专项法规《甘肃敦煌莫高窟保护条例》（下简称《条例》），共五章四十一条。《条例》采纳了世界遗产保护管理的理念：真实、完整地保护世界文化遗产莫高窟本体和其赋存环境以及全部历史信息，并传给子孙后代。明确了莫高窟的保护对象、范围；明确规定了文物保护管理机构的职责、保护工作应遵循的方针和原则；也明确规定了政府机关、社会团体和公民在保护莫高窟方面的权利、义务和应遵循的行为准则和责任。第三章《保护管理和利用》第二十一条规定："敦煌莫高窟保护管理机构应当科学确定莫高窟旅游环境容量，对开放洞窟采取分区轮休制度或者限制游客数量。"这个专项法规的制定和颁布为莫高窟的保护管理提供了强有力的法律支撑和法律保障。如社会上有些人将莫高窟看成摇钱树，建议敦煌研究院压缩莫高窟保护范围，在保护范围里修建与保护无关的设施、在保护范围内搞开发建设、建议莫高窟"捆绑上市"、要在莫高窟搞开发建设、把莫高窟交给企业经营等等，我们都依照《条例》进行了解释与制止。

制定《敦煌莫高窟保护总体规划（2006～2025）》（下简称《规划》），经国家文物局审定，甘肃省人民政府批准公布实施。《规划》根据《保护世界文化和自然遗产公约》《中华人民共和国文物保护法》和《中国文物古迹保护准则》，遵循真实、完整、可持续地保护的理念，对莫高窟文物本体以及环境要素的价值做了全面评估，又对莫高窟本体及其环境的保护、保存、利用、管理和研究分别做了系统科学的评估，据此制定总体规划的目标、原则和实施细则，又按照保护、研究、利用和管理四个方面制定分项规划的目标和对策、编制主要措施与分期实施计划，最后提出规划实施的支撑体系。《规划》针对旅游开放，制定了《遗产利用规划》，要求"坚持科学、适度、持续、合理的利用原则"，"所有的利用行为都必须维护遗产的真实性和完整性，不应损害其文化价值"，"执行游客量控制"，"本规划取当前遗产管理经验值日游客容量控制值小于或等于3000人次"。《规划》为保护管理莫高窟和合理利用提供了具有专业性、权威性和指导性的依据，并规范和提高了莫高窟保护管理工作的水平。

（二）保护文物遗产和保存遗产历史信息

1. 真实、完整地保护莫高窟本体及其赋存环境

研究院通过多年与国内外保护研究机构的一系列合作研究，对壁画的制作材料和颜料做了系统的分析、研究。对莫高窟壁画衰变劣化的退化机理有了比较清晰的认识，针对不同病害，研究出不同的保护修复技术。建立了壁画保护修复的程序和步骤；研究筛选和运用保护修复材料、修

复技术和修复工艺的规范；以及日常保护管理的长效机制。现在已建立了抢救性保护的科学技术体系，有效修复和抢救了大量洞窟病害壁画和彩塑。

莫高窟周围的寺庙、舍利塔、沙漠、山脉、河流、植被等人文和自然赋存环境以及地貌景观，与本体相生相伴，是莫高窟不可分割的组成部分。配合旅游开放，研究院虽在莫高窟修建了不少旅游基础设施，但始终遵循文物法律、法规和行规对文化遗产"整体保护"的规定，真实、完整地保护了莫高窟本体及其周围的山形水系和地貌景观，杜绝一切不利于整体保护的行为。

敦煌研究院保护研究所保护理念和保护技术的提高，不仅提升了莫高窟保护的科学水平，而且还被甘肃省、国家文物和科技主管部门命名为省级和国家级壁画保护基地，依托敦煌研究院成立了国家古代壁画和土遗址保护工程技术研究中心，为我国不少省区的壁画和土遗址保护提供了技术指导和支撑。

除建立了抢救性保护的科学技术体系外，研究院还对用风险管理理论指导下的预防性保护的科学技术体系也已初步建立。自20世纪80年代后期与美国盖蒂保护研究所合作之始，为保护本体及其周围赋存环境，使它们减缓劣化而延长寿命，我们就开始了对莫高窟窟区自然环境监测记录，逐渐向风沙活动、洞窟微环境、洞窟崖体、洞窟壁画、洞窟彩塑、游客参观的监测记录延伸，经过长期积累的莫高窟本体与赋存环境的大量监测数据，为及时发现和辨别本体壁画、彩塑和赋存环境的变化，及早实施应对保护给出依据，为进一步开展莫高窟本体及其赋存环境的预防性保护研究提供科学依据。

2. 建设敦煌莫高窟历史信息的数字敦煌档案，与世人共享敦煌艺术

20世纪80年代，我们通过莫高窟的历史档案照片与现存壁画和彩塑实物对比，发现敦煌壁画和彩塑在逐渐退化，如任其继续发展，莫高窟将快速消亡，而莫高窟的档案照片和录像资料也无法永远保存其历史信息。这像块石头一样沉重地压在我的心头，无法释怀。怎么办？后来偶然间看到了电脑，略知其功能，受到了启发，产生了做数字敦煌档案的念头。为使莫高窟文物的珍贵价值和历史信息得到永久保存、永续利用，自20世纪80年代末开始，在当时全国计算机和互联网还不普及的状况下，敦煌研究院经过不断探索，形成了一整套先进的敦煌壁画数字化保存技术，以期通过数字技术实现莫高窟每个洞窟文物历史信息的数字化保存，建设数字敦煌档案。这些数字技术成果不仅应用于本院的石窟保护、石窟考古、学术研究、美术临摹等业务领域，还以数字敦煌资源为基础，使莫高窟里的文化艺术活起来、走出去，在国内外举办敦煌艺术展，敦煌壁画艺术精品高校公益巡展，面向全球上线"数字敦煌"资源库30个洞窟高清数字图像和虚拟漫游节目。建立了敦煌研究院官方网站、微信公众号、微博，采用多种新型数字技术和敦煌文化艺术融合，通过AR移动导览、全景漫游等技术手段，将敦煌文化艺术，以科技为载体向用户传播，用更加网络化的语言，将莫高窟博大精深的文化内涵，春风化雨般播撒到更为广阔的世界；也让

地处西北的莫高窟，成为更多人的"掌上艺术宝库"，可以让更多人随时随地尽情领略千年敦煌艺术之美。特别是近年在自媒体平台运营的"敦煌岁时节令"和"敦煌说"等等网络品牌以其系列性、专题性、大众化特色，广受网友关注和欢迎，引发了广大观众的热烈反响，取得了良好的社会效益。

（三）创新保护管理和旅游开放模式

1. 通过对莫高窟开放洞窟微环境的常年实时监测和洞窟的全面调查，得出洞窟承载力的科学数

从2000年起，从两个方面开展对开放洞窟进行监测和调查，一方面，保护科研人员在全部开放洞窟安装了传感器，对进窟参观游客的数量和流量，游客进入后产生的洞窟温度、相对湿度、二氧化碳等项指标的变化实时监测；对洞窟微环境变化与洞窟壁画病害相互关系的研究，对洞窟空气中微生物数量和种类对壁画、彩塑安全是否存在影响的监测，确定了开放洞窟文物安全和游客参观舒适度的微环境控制标准：即相对湿度不能超过62%（因为如超出相对湿度标准，会诱发湿盐对壁画病害的发展）；二氧化碳浓度不能超过1500体积浓度；为保证游客参观的舒适度，每批进窟游客不能超过25人次（因为开放洞窟二氧化碳含量和进窟人数超标，会影响游客观赏的体验和洞窟文物的安全）。另一方面，对莫高窟所有洞窟进行调查，即测量了所有洞窟空间容量、为保证给游客提供一定的参观空间，开放洞窟面积不能小于13平方米（若开放小于13平方米的洞窟，会影响洞窟安全和游客观赏质量）；规定开放洞窟的壁画和彩塑必须有观赏性；有重大病害的洞窟不宜开放；由于旅行社要求每批一次性游客参观总时长约2小时，可是一次性游客数量特别多，我们为保证一次性游客的参观质量和开放洞窟的周转率，游客在单个洞窟的停留时间既不宜过长也不宜过短，应以保证游客能对单个开放洞窟主要内容基本游览完毕，单个洞窟的游客参观滞留时间定为不超过10分钟为宜；综合洞窟监测的数据和洞窟调查两个方面的要求，不仅得出了洞窟的承载力，而且得出开放洞窟为近80个。

2. 日游客最高承载量的测定

我们综合洞窟文物安全和游客参观质量的多种因素，即必须严格执行保证有观赏价值的典型洞窟向游客展示，保证壁画和彩塑有重大病害的洞窟不能开放，开放洞窟的文物不能有任何损失，做到避免游客过量进洞参观而引起洞窟微环境改变可能诱发壁画病害的发展或发生，保障游客的参观质量和安全的原则；并以洞窟监测的科学数据和调查得出的洞窟承载力和开放洞窟数量为依据，测定莫高窟日游客最高承载量不超过3000人次。

得出的莫高窟日游客最高承载量数据无疑是科学的，但它是按照游客参观洞窟由讲解员讲解的方式得出的，这是莫高窟自1979年正式向社会开放以来惯用的一种方式。因为社会在迅速

发展，1979年改革开放刚开始，进入21世纪初，改革开放有了极大发展，国家提出西部大开发，旅游大发展，人们解决了温饱，必然需求文化，游客蜂拥而来莫高窟参观，反映了人们对传统优秀的敦煌艺术的热爱。显然研究院继续采用单一参观洞窟的方式和相应测定的莫高窟日游客最高承载量不超过3000人次，对文物保护和旅游开放都已不相适宜。我们亦要改革创新。

3．创新旅游开放和保护管理模式

首先，既要保护文物又要面对海量参观的游客，最大限度满足游客参观需求，并提升游客参观质量和感受，不能不改变多年来游客只是单一进入洞窟参观敦煌艺术的旧思路、旧方式，另辟蹊径，采用调整洞窟文物保护和利用关系的新措施、新的展示方式。研究院经过不断反复思考探索，终于研究创新了"总量控制、网上预约、数字展示、实地看窟"的莫高窟旅游开放新模式。其次，增加新的展示方式，是利用已有敦煌莫高窟洞窟数字档案资源库的资源，制作敦煌数字电影，建造莫高窟数字展示中心设施，将洞窟内的文物搬到窟外展示，这样可增加观赏敦煌艺术的展示内容，拓展窟外敦煌艺术展示空间，便可适度增加游客参观的数量。再次，"数字电影+实体洞窟"结合的展示方式，为游客增加了放映敦煌数字电影新的展示内容，既可相应适度压缩实地参观莫高窟洞窟的数量，放映数字电影，有固定的时间，又可做到错峰组织游客参观。最后，严格实施游客预约参观制度，以保障有效控制莫高窟日游客最高承载数量，达到保护洞窟文物安全和增强游客观赏体验的目的。

4．为实现莫高窟旅游开放新模式而努力

我们一方面，向国家申请项目和经费，建设莫高窟数字展示中心，以实现数字电影的放映；另一方面，利用数字敦煌资源，试验制作介绍莫高窟历史文化背景的4K超高清宽银幕电影《千年莫高》和介绍莫高窟艺术的8K超高清球幕电影《梦幻佛宫》等两部数字电影，后者是世界上第一部以文化遗产为题材的敦煌莫高窟实景超高清球幕电影。经过10多年的努力，2014年莫高窟数字展示中心建筑终于落成，顺利实施了莫高窟参观新模式。

5．为游客参观做好讲解服务

研究院精选典型的洞窟、壁画和彩塑，精彩的故事和内容，惠及来莫高窟参观的中外游客；为让游客看好看懂深奥难懂的敦煌艺术，建立一支高素质知识型懂外语的讲解员队伍，通过讲解员深入浅出的讲解，向游客推介和普及敦煌艺术。

2014年莫高窟数字展示中心落成，施行莫高窟新模式以来，游客通过预约到莫高窟参观，先观看两部敦煌数字电影，然后到莫高窟实地参观洞窟彩塑和壁画。由于新模式通过45分钟的两部敦煌石窟的数字电影，已向游客展示了部分莫高窟洞窟的内容和价值，参观洞窟的数量和时间都可作适当压缩，只需75分钟即可完成开放洞窟的参观。每批游客参观洞窟总时长也相应减少，使按老模式测定的日游客最大承载量3000人次，有条件可调整设置为日游客最大承载量为

6000人次。

新模式实施五年来，已得到了社会和游客的广泛认可，根据发放的游客调查表统计，90％以上的游客对莫高窟旅游开放新的参观和管理模式表示赞同。不少游客认为看完数字电影，再去古老的石窟里感受更多了一份敬畏，相对于实体参观，数字电影不仅能看得更清楚，而且可以帮助人类永久保存这一世界古老的历史遗产。新模式既丰富了游客的观赏体验，充实了文化艺术知识，又减少游客进洞参观时间，减轻洞窟开放压力，保护了洞窟文物，实现了文物保护与开放旅游的双赢，显示了新的参观和管理模式的成效。

除广大游客认可外，还得到国家有关部门和社会各界的肯定。甘肃省人民政府授予敦煌研究院"2016年度甘肃省人民政府质量奖"，2018年国家市场监督管理总局授予敦煌研究院"第三届中国质量奖"，奖励敦煌研究院在开放旅游服务管理方面所做出的成绩。在国外，也得到国际同行的认可，如2010年在巴西召开的世界遗产委员会第34届会议上，其会议文件指出："莫高窟（指敦煌研究院）以非凡的远见，展示了有效的遗产地旅游管理方法，以保护遗产地的价值，树立了一个极具意义的典范形象。"将敦煌莫高窟保护管理、旅游开放经验作为典型案例，向各国世界遗产地传播。

此外，要作补充说明：虽然近几年旅游旺季日游客数量激增，极大地超出了日游客6000人次的最高承载量，给新管理模式的施行带来困难，但敦煌研究院为避免敦煌市旅游市场混乱，不得已而采取了应对超大客流量的应急方案，总体上仍能保障文物安全和游客参观有序，并且研究院正在积极采取应对措施。

（本文为2019年4月23日在台湾辅仁大学的演讲稿）

肆 · 前贤纪念文

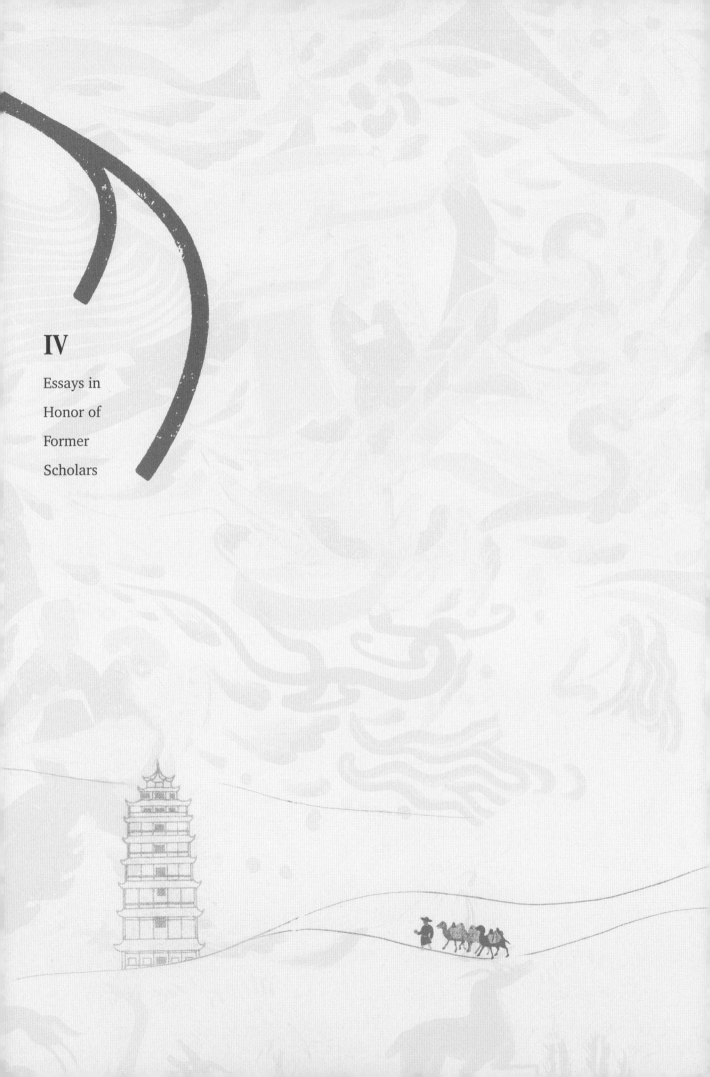

IV

Essays in
Honor of
Former
Scholars

◆ 春风化雨润心田

回顾敦煌研究院走过的历程，历届党和国家领导人都特别关心莫高窟文物保护工作，不少领导同志还亲临莫高窟视察指导工作，参观欣赏敦煌石窟艺术。正是在他们的直接关心和重视下，在党和政府正确的方针政策的指引下，一代又一代莫高窟的坚守者不断增强保护传承祖国文化遗产的自觉性，在困难与挑战面前敢于担当，不懈创新，使得千年遗产重新焕发青春，敦煌文物保护事业得到不断壮大发展。

拉开大规模抢救的帷幕

周恩来同志在担任政府总理的26年间，日理万机，虽然一直没能到敦煌视察参观，但他十分重视我国的文化遗产事业，十分关心敦煌艺术，为莫高窟的保护起到了关键作用。

1950年，政务院就曾向甘肃省政府发出过对敦煌文物加以保护的电文。1951年，为了配合抗美援朝运动中的爱国主义教育，周恩来总理批示在北京举办一次敦煌艺术画展。由文化部社会文化事业管理局局长郑振铎任敦煌艺术画展筹备委员会组长，敦煌文物研究所所长常书鸿任副组长。展览于当年4月初筹备就绪。

展览开幕前的一个星期天下午，周总理来到现场，兴致勃勃地观赏、参观了展览。当他看到一千多件摹本、实物、图表以及摄影资料，特别是那些精美绝伦、出神入化的敦煌壁画和彩塑摹本时，周总理高度赞扬了敦煌文物研究所全体艺术家和工作人员献身艺术、保护国宝的可贵精神和已经取得的可喜成绩。

这个展览取得了巨大成功，首都各界人士竞相前去参观，每天络绎不绝的参观人群在展览馆门口排起了长队。在周总理的安排下，外交部还专门抽出一天时间安排外国驻华使节和国际友人前往参观此次艺术展，将我国敦煌学的研究成果第一次推向世界。展览结束后，中央人民政府政务院文教委员会举行了表彰大会，经政务院批准，给敦煌文物研究所全体工作人员颁发了奖状和奖金，时任中华全国文学艺术会主席的郭沫若亲笔书写了奖状。

1961年3月4日，国务院公布敦煌莫高窟为第一批全国重点文物保护单位。1962年，敦煌文物研究所针对莫高窟保护中存在的严重问题，向中央文化部呈交了关于加强保护莫高窟的报告。报告经文化部呈送国务院后，派出由文化部副部长徐平羽同志率领的十余名专家学者，组成工作组前来莫高窟进行考察。

考察组回去后，立即起草了莫高窟的保存现状和抢救方案，由文化部向国务院做了汇报。当时，国家财政特别困难，全国各地已停止基建，全力以赴发展工农业生产，但周恩来总理仍果断作出决定，批准拨巨额专款100万元，一步到位，用于抢救敦煌莫高窟的危崖和洞窟，实施加固保护工程。

就这样，在周总理的关心重视下，新中国第一次敦煌莫高窟的大规模抢救保护工程拉开了帷幕。这项工程由铁道部承担施工重任，自1963年秋季开始，历时三年多，于1966年竣工。整个工程范围全长576米，加固洞窟354个，有效防止了岩体裂隙发展，可抗7级强度地震。工程还封堵了王圆箓当年开挖的串洞，并安全地解决了这些洞窟上下四层之间的往来通道。这项工程外观庄重朴实，代表了当时全国文物保护工程的最高水平，也成为周恩来总理关心和保护敦煌艺术的历史见证和不朽丰碑。

1964年，第三届全国人民代表大会召开期间，周恩来总理还特意邀请常书鸿到休息室，专门询问敦煌石窟的保护情况和存在的困难。1973年，周总理抱病陪同法国总统蓬皮杜参观云冈石窟时，还想起常书鸿，并过问他的近况。这说明周总理对敦煌文物事业始终念念不忘。

在改革开放初期，敦煌被列为第一批对外开放的旅游城市。由于有了20世纪60年代的大规模加固保护，莫高窟以崭新的面貌，吸引了五湖四海的学者与游客，迎来了周总理希望的兴盛时期。如今面对绿树掩映、巍峨壮观的莫高窟时，我们总会想起周总理四十多年前为保护敦煌文化遗产时所做的决策和贡献。

五六十年代，彭德怀、叶剑英元帅，以及胡耀邦、习仲勋等同志先后视察莫高窟，并题词勉励敦煌文物研究所的文物工作者。

"敦煌的保护是件事，还是件大事！"

1981年8月7日，改革开放的总设计师，时任中共中央副主席、中央军委主席的邓小平同志和夫人卓琳，在时任中共中央政治局委员王震同志和中共中央宣传部部长王任重同志的陪同下来到敦煌。

上午9时左右，邓小平同志一行从柳园火车站下了专列，乘面包车驶往敦煌，下榻在敦煌宾馆。中午就餐时，邓小平同志一边吃饭，一边讲述了对敦煌的向往之情。言谈是那样坦率，情意是那样真切，在场的人听了都感到非常温暖。

8月8日上午，邓小平同志兴致勃勃地到莫高窟视察。此前在北京休养的常书鸿先生也专程来到莫高窟陪同视察。在敦煌文物研究所简陋的会议室里，邓小平同志首先听取了当时主持工作的第一副所长段文杰关于敦煌文物保护和敦煌学研究的情况汇报。在听汇报的过程中，邓小平同志一再叮嘱，敦煌文物天下闻名，是我国文化的宝贵遗产，一定要想方设法保护好。他十分关心大家的工作情况，段文杰如实汇报说："现在最大的问题是文物保护、学术研究方面的经费存在困难，莫高窟南区和北区的一些洞窟还需要加固。要想完成这些工作，过去得100万，现在要加固最少得300万。"接着，他又汇报了专业人员太少、需要的人才调不进、大学生分配没人来，以及职工的工作和生活条件需要改善等问题。邓小平同志听完点了点头，指示一定要落实解决相关工作。

视察过程中，邓小平同志兴趣一直很浓，不仅看了底层洞窟，还沿着很陡的台阶，登上高层洞窟，参观了第158窟精美的卧佛和第156窟河西节度使张议潮统军出行图的历史画卷。在第220窟里，段文杰向邓小平同志详细介绍了这座洞窟的历史和艺术价值。临出来时，邓小平同志说："敦煌的保护是件事，还是件大事！"[1]

邓小平同志回到北京后，仍惦念着敦煌。在他的关怀下，中央财政部拨出专款300万元，国家文物局和甘肃省有关部门派工作组来敦煌调查研究，落实邓小平同志的指示。敦煌文物研究所利用这笔经费，在莫高窟对面的山谷里修建了办公楼、科研楼和宿舍楼，使敦煌文物研究所的职工从此告别了使用长达四十年的寺庙土坯房，告别了那段没有自来水、没有电灯、无处就医看病、子女无法正常上学的艰苦岁月。敦煌文物研究所通了电，有了自来水，并在敦煌市内盖起了家属院宿舍，使职工的工作环境和生活条件得到了极大改善，特别是解决了职工子女教育就学问题。

邓小平同志的到来，不仅帮助我们解决了很大的实际困难，而且使我们在精神上受到了极大的鼓舞，敦煌文物研究所上下精神振奋。

1986年8月18日，时任国务院副总理的万里同志自新疆来到敦煌视察。听取了我们的汇报后，万里同志指示说，要找到办法，既保护好文物，又搞好旅游开放。旅游上不能光想着赚钱，还要想到文物。文物保护要搞现代科学方法。他还鼓励我们要向壁画保护工作做得好的法国、意

---

1 李荣珍：《邓小平关怀甘肃发展大业》，《甘肃日报》2014年8月20日。

大利等西方国家积极学习，开展合作，并多与联合国教科文组织联系。在参观过程中，万里同志表示参观都要买门票，不能搞特殊，一共买了20张票。那时的门票非常便宜，甲票4元，乙票5角。临别时，他还对研究院反映的一些实际困难，指示甘肃省政府和文化部研讨落实解决方案，一定要保护好、利用好敦煌文物。万里同志视察结束后没多久，8月底，时任文化部常务副部长高占祥同志、甘肃省政府及国家文物局的领导同志便赶赴敦煌落实了万里同志的指示，解决了敦煌研究院建院遇到的一些实际困难。

对保护和传承文化遗产的关怀和重视

1992年8月，时任中共中央总书记的江泽民同志到莫高窟视察。在观看壁画时，由段文杰院长讲解。江泽民总书记对文化遗产十分熟悉，对石窟保护工作更为关心，不时询问保护与研究的情况，并提出一些问题。看到窟前参天的大树，江泽民总书记说，绿化工作很重要，多种些树，对保护石窟有好处。当得知我们长期坚持开展治沙工作，修复植被，阻挡流沙对洞窟的侵害时，江泽民同志表示赞同，指示我们一定要把古代文化遗产保护好。临别时，他高兴地接受了研究院赠送的《敦煌》画册，并题名留念。

在此之前，1992年5月11日，刚刚出席完全国文物工作会议的政治局常委李瑞环同志来到了敦煌，并于当天下午视察了西千佛洞。次日上午，李瑞环同志来到莫高窟，视察了敦煌研究院保护研究所、保卫处，细致查看了仪器设备与石窟档案资料。在参观洞窟时，李瑞环同志不仅对敦煌文化艺术十分感兴趣，而且对壁画病害看得很仔细，说我们的抢救任务还很重，多次指示对有些年久失修的栈道要尽快抢修加固。他表示，启动要早一点儿，进度要快一点儿，可开发的要开发一点儿，安全工作要做得更好一点儿，抢救与维修的要求要更为严格一点儿，有的还需要做相当长的科研。希望敦煌研究院老中青三代人，把莫高窟这份文化遗产保护好、研究好，同时也要把开放和弘扬的工作做好。研究院全体同仁备受鼓舞。

1999年，敦煌研究院开始筹备2000年藏经洞发现100周年纪念活动。这一年的9月，时任政治局常委、国家副主席的胡锦涛同志莅临敦煌视察，由我负责接待讲解。胡锦涛同志早年长期在甘肃工作，对敦煌的文物保护工作十分了解。在视察途中，胡锦涛同志问起不少敦煌研究院的情况，十分关心研究院的发展现状。胡锦涛同志在敦煌艺术、文物保护等方面的知识面非常广，不但饶有兴趣地听取了我的介绍，看得十分认真，还不时为其他陪同考察的同志答疑解惑，深入说明。参观完后，当我汇报为纪念藏经洞发现100周年，将于次年在北京举办"敦煌艺术大展"时，胡锦涛同志主动说他到时候一定要去参观。由于胡锦涛同志平易近人，我也大着胆子说："胡主席，我可就没礼貌了，到时候我一定要请到您。"胡锦涛同志乐呵呵地答应了。

第二年，北京"敦煌艺术大展"筹备工作即将完成时，我真的写了一封邀请信，邀请胡主席莅临观看展览。2000年7月6日晚，胡锦涛等几位领导同志亲临中国历史博物馆观看大展。后来，我还有几次有幸见到胡锦涛同志。在2008年，十一届全国政协一次会议拍摄全体委员合影照时，胡锦涛主席还特意停在我跟前说："樊老师好！"这不仅是我个人的光荣，也是敦煌研究院全体同仁的骄傲。

2003年，在十届全国政协一次会议上，我和其他24位委员提交了《建设敦煌莫高窟游客服务中心的建议》的提案，得到领导人的高度重视，全国政协将其列为当年的重点督办提案，并组成专题调研组，赴敦煌莫高窟进行了实地调研，提出了翔实的报告与意见。当年10月13日，国务院总理温家宝同志就此事作出"莫高窟保护应予高度重视，请中央有关部门和甘肃省政府研究解决"的批示。随后，中央和甘肃省政府及相关部门积极贯彻几位国家领导人的批示，我们也抓住机遇努力推动敦煌莫高窟文物保护工作的深入开展。经过前期艰苦的探索和多次的论证，提案建议的项目最终由中央批准立项，并已于2008年底开工实施。该项目建设内容包括莫高窟数字展示中心工程、崖体加固与栈道改造工程、风沙危害综合防护工程及安全防范系统建设，是莫高窟文物保护史上规模最大、涉及面最广的一项综合性保护工程。项目的成功实施，将使敦煌莫高窟向实现永久保存、永续利用的理想又迈出一大步，为莫高窟的未来奠定了一个持续繁荣发展的坚实基础。

温家宝总理一直牵挂着敦煌文物保护工作。他多次作出重要批示，一定要把敦煌保护好、管理好，把敦煌的生态环境搞好[2]。2007年3月6日，温总理在参加十届全国人大五次会议甘肃代表团审议时，指出要坚决保护好敦煌的生态环境和文化遗产。2008年全国"两会"期间，温总理在参加甘肃团讨论时，又一次深情地表示，一定要保护好敦煌的生态环境和文化遗产。

2018年1月31日，李克强总理主持召开座谈会，听取教育、科技、文化、卫生、体育界人士和基层群众代表对《政府工作报告（征求意见稿）》的意见和建议。李克强总理希望大家直截了当地谈看法、提建议，使政府工作更识民情、通民意、达民心，使各项政策与群众期盼更好地紧密对接。

会上有9位代表结合自身工作作了发言。我发言的主题是"要加强文化遗产保护与利用，提升中华优秀传统文化国际影响力"。李克强总理对我说："你在敦煌坚守了五十多年，守护着敦煌石窟这处全球罕见的文化遗产，谢谢你！"总理还问我，现在石窟的保护工作有没有什么特殊困难。我说："敦煌石窟当前接待游客数量已经超出了旅游承载量，希望加强文化遗产保护与利用的平衡发展，同时加大科技对文化遗产保护和利用的支持力度，提升中华优秀传统文化的国际

---

2 参见甘肃省发展改革委员会、水利厅、酒泉市编制的《敦煌水资源合理利用与生态保护综合规划（2011～2020年）》。

影响力。"李克强总理表示高度重视这些意见,当即指示参会的科技和文物部门负责人有针对性地研究这一问题。他在会上指出,一些发达国家不仅运用高科技手段对文物进行保护,还开发了一整套科技系统,对游客流量进行精准控制。令我印象深刻的是,李克强总理还说:"敦煌石窟不仅显示了中华文化雍容大度包容的文化内涵,更是东西方文化交汇的结晶。对这些非常珍贵的中华民族瑰宝,我们一定要用最现代的科技手段保护好,要不惜重金!"³

"做好新时代中华文化的继承者、传播者、创新者"

随着国家综合国力的跃升,我们的民族自信心、自尊心也得到了空前的提高。以习近平总书记为核心的党中央对敦煌莫高窟这一珍贵的民族文化和历史遗产高度重视,给予我们文物工作者深切的关怀。

2013年,我作为全国劳动模范代表赴北京参加了"用辛勤劳动托起中国梦 —— 2013年庆祝五一国际劳动节活动",受到了习近平总书记等党和国家领导人的接见,并与来自全国31个省区市的26位全国劳模、39位全国五一劳动奖章获得者参加了"共话中国梦 —— 全国劳动模范代表座谈会"。在这次座谈会上,习近平总书记亲切地问候了我,充分表达了党中央对敦煌文物工作的关心和重视。我说:"我是代表敦煌研究院全体职工到北京参会的。敦煌研究院取得的成绩,是几代莫高窟人艰苦奋斗、勇于创新,淡泊名利、甘于奉献,通过脚踏实地的辛勤劳动实现的。让莫高窟这个古老的中华民族文化明珠永放光彩,是几代敦煌人梦寐以求的,也是实现中国梦的重要内容。"习近平总书记要求我们:"立足本职、胸怀全局,自觉把人生理想、家庭幸福融入国家富强、民族复兴的伟业之中,把个人梦与中国梦紧密联系在一起。"⁴

2016年5月17日,习近平总书记主持召开全国哲学社会科学工作座谈会。我当时刚到美国,正要参加一个重要的会议,还要做主题发言。我突然接到一个电话,对方问:"你是樊锦诗吗?"我说:"你是谁?"电话那边就说让我赶回北京开会。我说我刚到美国,准备开会,还要发言,现在如果回北京的话还得赶回来,史学界有比我厉害的专家学者,可以找找他们。但是对方一再表示希望我作为史学界的代表参会。当我了解清楚情况之后,立即返回北京开会。

在会上,我聆听了习近平总书记在哲学社会科学工作座谈会上所做的重要讲话。会后,我又多次学习了习近平总书记的讲话。我感受和体会到,习近平总书记的讲话有深刻的理论性,有很

---

3 《这些人士被请进中南海,总理鼓励他们直截了当提建议》,中国政府网,2018年2月2日。

4 2013年4月28日在同全国劳动模范代表座谈时的讲话,《实干才能梦想成真》,后载入《习近平谈治国理政》(第一卷),北京:外文出版社,2018年,第45页。

强的说服力，令人深受教育和启发，对坚持和发展中国特色社会主义、加快我国哲学社会科学进一步繁荣发展具有重要的指导意义。

让我印象最深刻的是，习近平总书记在讲话中强调指出，我们要"努力构建一个全方位、全领域、全要素的哲学社会科学体系"。习近平总书记还指出："要加快发展具有重要现实意义的新兴学科和交叉学科，使这些学科研究成为我国哲学社会科学的重要突破点。""要重视发展具有重要文化价值和传承意义的'绝学'、冷门学科。""总之，要通过努力，使基础学科健全扎实、重点学科优势突出、新兴学科和交叉学科创新发展、冷门学科代有传承、基础研究和应用研究相辅相成、学术研究和成果应用相互促进。"⁵习近平总书记的这些论述，对我们哲学社会科学工作者具有重要的战略性指导意义。

我作为敦煌石窟保护研究的文物工作者，学习习近平总书记的讲话，倍感亲切、倍感鼓舞。敦煌学是一门"方面异常广泛，内容无限丰富"的学科，其研究对象主要包括敦煌石窟和藏经洞文献两大方面，涉及宗教、艺术、历史、考古、地理、经济、语言文学、民族、民俗等众多哲学社会科学领域，它属于交叉学科，其中也含有"绝学"、冷门学科的领域。习近平总书记的讲话，对包括敦煌学在内的交叉学科、"绝学"和冷门学科的发展既指明了方向，也寄予了期望。

从事敦煌学研究的学者应该按照习近平总书记提出的要求，不能满足于以往成就，要在以往研究的基础上，力求突破创新，取得新的拓展。一方面应该发挥优势，集中国内历史学、考古学、艺术史的高端学者和那些能够解读古代少数民族文字的专家，集中力量对丝绸之路与敦煌学难题进行研究；另一方面要对敦煌学与丝绸之路历史和文化进行系统研究，分别在历史学、语言学、艺术学等领域取得集成性成果，从而使我们对中国传统文化、对丝绸之路文化获得更加全面的认识，这也必将为国家"一带一路"的倡议提供重要的文化参考。

我一点儿也不知道要表彰100名改革开放杰出贡献者的事情。大概在2018年11月26日前后，有朋友给我发来《人民日报》刊登的一篇《关于改革开放杰出贡献拟表彰对象的公示》，里面有我的名字。这时我才知道。

12月5日左右，单位就通知我做好到北京开会的准备，但没有说明到底是什么活动。我那时不在敦煌，而在上海。因为事先不知道有如此隆重的表彰，没有特别准备衣服。12月13日到北京报到，还安排亲属、单位和省委组织部各有一人陪同。14日接到通知，晚上去人民大会堂参加庆祝改革开放40周年"我们的四十年"文艺晚会。到了人民大会堂落座之后，工作人员告诉我们说："等一下习近平总书记等党和国家领导人入场，要从你们这一排人前经过，你们要做好准

5　2016年5月17日在全国哲学社会科学工作座谈会上的讲话，《加快构建中国特色哲学社会科学》，后载入《习近平谈治国理政》（第二卷），北京：外文出版社，2017年，第344～345页。

备。"我看到旁边的一位同志，正襟危坐，胸前挂满了奖章。再看自己呢，穿一件灰蓝色的毛衣，灰色羽绒休闲坎肩。有人说："你就这样见总书记呀！"我自己也感到有点不太礼貌。那到了这会儿还能怎么办？干干净净就好了。过了一会儿，习近平总书记等党和国家领导人步入会场，首先与我们这一排一一热情握手。

12月18日，正式举行"庆祝改革开放40周年大会"。这下我有点发愁，我只有一条黑色裤子，像样一点的上衣只有一件枣红色的毛衣。那天，我就穿着这件毛衣，围了条红围巾，去大会堂参加大会并领取了"改革先锋"奖章、奖状。我的双胞胎姐姐在电视上看到后很高兴，因为这件毛衣是她亲手给我打的。

这次大会开得特别隆重，全体政治局常委都出席了会议，所有受表彰者都坐到了主席台上。李克强总理宣布大会开始后，先举行庄重的颁奖仪式，由政治局常委王沪宁同志宣读《中共中央 国务院关于表彰改革开放杰出贡献人员的决定》，还宣布受表彰者的名单，给每位受表彰者冠予一个称号，如樊锦诗被冠以"文物有效保护的探索者"称号。宣布表彰决定后，又有中央领导人亲自为每位受表彰者挂上"改革先锋"奖章并颁发奖状。待所有受表彰者回到座位后，又有少先队员向受表彰者献花。这时中央领导人转过身，为受表彰者们鼓掌。我也曾获过一些奖，但从来没有像这次表彰活动那样隆重、庄严。

颁奖仪式结束之后，习近平总书记作了重要讲话，他回顾了改革开放40年的光辉历程，总结了改革开放的伟大成就和宝贵经验，并向全党全国各族人民为实现"两个一百年"，为实现中华民族伟大复兴继续不懈奋斗发出了动员令。大会结束后，习近平总书记等党和国家领导人，与获奖者合影，并再次一一握手。在这种时刻和氛围下，我非常感动，但想到更多的还是，改革开放是新中国成立以来一次伟大的历史性变革，几代人的奋力开拓和无私奉献铸就了今日的辉煌，国家综合国力极大跃升，民族自信心、自尊心空前高涨。改革开放以来，国家对历史文化遗产也高度重视。可以说，没有党和国家40年的改革开放，就没有文化遗产事业的发展，也没有敦煌事业的今天。

如果问我获得"改革先锋"奖章后是什么感觉，那一定是内心十分激动，因为这是党中央、国务院授予的最高荣誉。但荣誉背后，我并没觉得自己有什么了不起。当前，莫高窟的保护、研究、弘扬和管理的现状与发展前景均处于历史最好水平，这种巨大变化是新中国成立70年来在社会主义文化建设方面取得的众多成就之一。但敦煌石窟保护事业长足发展的根本原因，和改革开放分不开，和敦煌研究院全体职工的奋发图强、开拓进取分不开。所以这个荣誉应该属于敦煌研究院全体职工，我只不过是一个代表。我也想到了敦煌研究院前辈们的筚路蓝缕，开基创业，想到了老彭的支持。我想，"改革先锋"这个荣誉可以告慰敦煌研究院的前辈们，告慰老彭，也一定会成为激励我和敦煌研究院的同仁们继续前进的动力。

2019年8月19日，是值得敦煌研究院和我永远铭记的一天。这一天，习近平总书记到敦煌莫高窟视察，他先后在莫高窟数字展示中心观看了主题电影《千年莫高》和球幕电影《梦幻佛宫》，参观了莫高窟代表性洞窟，在敦煌研究院察看了珍藏的敦煌文物、壁画临摹品和学术成果，并在院里召开了座谈会，听取了我和其他两位同志的发言，发表了鼓舞人心的重要讲话。他对敦煌文化保护研究工作给予了高度的肯定，他强调敦煌文化是中华文明同各种文明长期交流融汇的结果。我们要铸就中华文化新辉煌，就要以更加博大的胸怀，更加广泛地开展同各国的文化交流，更加积极主动地学习借鉴世界一切优秀文明成果。研究和弘扬敦煌文化，既要深入挖掘敦煌文化和历史遗存蕴含的哲学思想、人文精神、价值理念、道德规范等，更要揭示蕴含其中的中华民族的文化精神、文化胸怀，不断坚定文化自信。要加强对国粹传承和非物质文化遗产保护的支持和扶持，加强对少数民族历史文化的研究，铸牢中华民族共同体意识。要推动敦煌文化研究服务共建"一带一路"，加强同沿线国家的文化交流，增进民心相通。要加强敦煌学研究，广泛开展国际交流合作，充分展示我国敦煌文物保护和敦煌学研究的成果。要关心爱护科研工作者，完善人才激励机制，为科研工作者开展研究、学习深造、研修交流搭建更好的平台，提高科研队伍专业化水平。他还强调，要十分珍惜祖先留给我们的这份珍贵文化遗产，坚持保护优先的理念，加强石窟建筑、彩绘、壁画的保护，运用先进科学技术提高保护水平，将这一世界文化遗产代代相传[6]。

习近平总书记在座谈会上充分肯定了敦煌研究院75年里所做的工作，更为敦煌研究院今后的发展指明了方向，也提出了更高的要求。他讲道，敦煌研究院做了大量工作，取得了显著成就，今后要更进一步做好新时代中华文化的继承者、传播者、创新者；敦煌研究院要走出去、引进来，展示我国敦煌学的成果，掌握国际敦煌学的话语权；要做好敦煌流散文物的数字化回归，要做好敦煌文化艺术的数字共享，讲好敦煌故事，传播中国声音；要把敦煌研究院既建成我国文化遗产保护传承的典范，又要建成国际敦煌学的高地。他还殷切提出，文物保护只能加强，不能削弱；文物要保护好，就得靠科技；世界文化遗产保护好是第一位的，旅游是第二位的，不能只盯着几张门票追求经济利益。

莫高窟保护，任重而道远

古老的丝绸之路曾经为人类经济发展和文化交流发挥过巨大的作用，莫高窟是丝绸之路上留下的一座多元文明荟萃的精神、文化、艺术宝藏。敦煌是历史文明的积淀，它守护过往，孕育久

---

6 《习近平在甘肃考察时强调　坚定信心开拓创新真抓实干　团结一心开创富民兴陇新局面》，新华网2019年8月22日。

远。面向未来，现代文明的进步，须要保护、记录、传承辉煌的历史文明，催生创新的激情。

敦煌研究院建院75年来，尤其是新中国成立70年来，在历届党和国家领导人的亲切关怀下，一代又一代莫高窟人以常书鸿、段文杰为代表的前辈们做榜样，薪火相传，凭着"坚守大漠、甘于奉献、勇于担当、开拓进取"的莫高精神，在文物保护、学术研究和弘扬传承敦煌文化艺术方面取得了一些成绩。新时代向我们提出了更高的要求。为了贯彻落实习近平总书记关于推动中华优秀传统文化创造性转化、创新性发展和文物保护的重要指示精神，我们绝不能满足于现有成绩，要遵照习近平总书记在敦煌研究院座谈会上的重要讲话精神，继续勇往前进。继续加大对文物保护的科技攻关力度；更加深入地挖掘、研究敦煌文化艺术价值，使其达到更大化；探索更加多样的传播方法和形式，丰富敦煌文化艺术的传播内容；充分发挥敦煌研究院在国际文化遗产领域的重要影响力，继续加强中外文化交流互鉴，促进丝路沿线国家文化资源共享，联合建设具有丝绸之路特色的文物保护和文化弘扬基地，为"一带一路"建设做出新贡献。

我经历了伟大的新中国成立70年和改革开放40年的全过程。我的工作就是为敦煌莫高窟的保护、研究、弘扬和管理服务，我一定要和敦煌研究院的同仁们一道，坚定改革开放再出发的信心，把莫高窟做成一个名副其实的世界遗产，做成可以积极弘扬中华优秀文化艺术的世界性的遗址博物馆。

早在2003年，我就在一篇文章中谈过自己对莫高窟及其保管机构敦煌研究院未来发展的想法：敦煌研究院要成为世界一流的博物馆，要有世界一流的遗产收藏、世界一流的遗产保护、世界一流的遗产研究、世界一流的展示服务，同时要加强人才培养和国际合作。我提出的这个框架，到后来即成为敦煌研究院规划的四个目标，即建成世界一流的壁画保护中心、世界级研究中心、世界级展示中心和世界级资料中心。

"路漫漫其修远兮，吾将上下而求索。"莫高窟保护任重而道远！我想，做事没有最好，只有更好，如今要谈敦煌研究院的未来，只有不懈地探索奋进，不断地开拓创新，让敦煌这颗历史的明珠永远焕发出不朽的光辉。

（原载于《我心归处是敦煌——樊锦诗自述》，译林出版社，2019年）

缅怀前贤，激励来者

——向达先生对敦煌学研究的贡献

向达先生，是我国著名的历史学家、中西交通史和敦煌学专家。他治学严谨，成就卓著，堪称一代宗师。"高山仰止，景行行止。虽不能至，然心向往之。"在纪念先生诞辰110周年之际，我们缅怀先生崇高的学者风范和卓越的学术成就，追忆他对祖国优秀文化遗产——敦煌石窟保护和研究所做出的杰出贡献，深切地感受到了他对敦煌文物所抱有的挚爱之情，认识到了他为我们留下的高贵品格和学术遗产之宝贵价值，更增添了我们对这位我国敦煌学先驱者无比的景仰之情。

向达先生曾于20世纪40年代初两次赴西北、敦煌考察。这两次实地考察以及此前的赴欧洲考察敦煌文献，使得向达先生与敦煌、敦煌学结下了终其一生的不解缘分。向达先生在其1957年版《唐代长安与西域文明》的"作者致辞"中曾深情回忆起他与敦煌和敦煌学的缘分，他说："回想以前埋首伏案于伦敦、巴黎的图书馆中摸索敦煌残卷，以及匹马孤征，仆仆于惊沙大漠之间，深夜秉烛，独自欣赏六朝以及唐人的壁画，那种'摘埴索涂''空山寂历'的情形，真是如同隔世！但是今天我们的心情不是过去的所谓'感慨系之'，而是'凡在见闻，莫不欣跃'！"[1] 先生对敦煌和敦煌学感情之深，跃然纸上。我想，这也是我们今天在这里深切缅怀这位敦煌学的一代宗师时的共同感受。

向达先生对敦煌文物的保护和研究所做的贡献，多位学者在各种怀念文章和回顾中都有不同程度的提及。特别是荣新江先生的专文所言备详[2]。尽管如此，今天我还是要再一次回忆向达先生

---

1 向达：《唐代长安与西域文明》，北京：生活·读书·新知三联书店，1957年，第2页。

2 荣新江：《惊沙撼大漠——向达的敦煌考察及其学术意义》，载氏著《辨伪与存真——敦煌学论集》，上海：上海古籍出版社，2010年。

与敦煌结下的不解缘分和他的杰出贡献。我以为，先生对敦煌石窟的保护和研究所做出的重要贡献，主要体现在以下三个方面。

一、远赴欧洲，调查敦煌文书

向达先生与敦煌学的缘分，最早可追溯到20世纪30年代。藏经洞文物自1900年被发现后，遭受外国探险家劫掠，流散于世界各国，其中大部分分藏于英国和法国等欧洲国家。向达先生在国立北平图书馆工作出色，1935年，他被派往欧洲调查和研究流散的敦煌文书。向达先生先赴英伦，克服种种困难和刁难，调查了五百多卷敦煌文书，并做了大量的摘抄。后又转赴巴黎及慕尼黑的博物馆抄写法藏和德藏敦煌文书。1935～1938年，他把所能看到的敦煌文书都用工整秀丽的唐人小楷做了详细的抄录，撰成目录提要，累计抄写了数百万字的摘抄。他先后撰写了《伦敦的敦煌俗文学》（1937年）和《伦敦所藏敦煌卷子经眼目录》（1939年）等文。特别是前文，共收录了40余篇敦煌俗文学作品，可以说是利用敦煌文书研究俗文学的"拓荒之作"，为敦煌俗文学史研究打下了良好的基础。沈从文先生在1945年《湘人对于新文学运动的贡献》一文中特别提到了向达先生对俗文学研究的贡献："新文学运动工作之一种，即用新的方法认识遗产。从这个观点出发，对白话小说的前期'唐代'白话小说的发源于讲经中'俗讲'研究，做出极大努力，为学人称道，认为有特殊成就的，当为向达先生的工作。向先生在这方面努力治学，生活素朴，为人诚恳，尤足为吾湘年青朋友取法。"[3]

二、呼吁加强敦煌石窟的保护

1941年，国立中央研究院组织西北史地考察团，其中的历史考古组由中央研究院历史语言研究所、中央博物院与国立北京大学联合组成，向达代表北京大学参加，并任历史考古组主任。他于1942年10月9日到达敦煌，10日考察了千佛洞（莫高窟），11日即在给友人曾昭燏的信中描述了他第一次见到敦煌石窟艺术时的激动和因石窟遭受自然破坏时的忧心，以及萌生的保护念头——"六朝诸窟，素朴庄严，李唐诸窟，雍容华贵。唐窟诸供养女像最佳，面容丰满，仪态万方，几欲拜倒，真可称为国宝！唯风水剥蚀，流沙壅塞，洞窟淹没者，与年俱增，保护之举，正不宜缓耳。"此后，他又先后在致李济、傅斯年和曾昭燏的信中多次呼吁加强敦煌石窟的保护。不仅如此，出于一个知识分子的良知和对祖国优秀文化遗产的拳拳之心，他还撰文呼吁将敦煌石

---

3 《沈从文文集》第十二卷《文论》，花城出版社、生活·读书·新知三联书店香港分店，1984年，第202页。

窟的保护和管理收归国有，由学术机关进行管理和开展研究工作。在文中，他对当时个别文化名流在莫高窟原壁上描画、题写和随意剥离壁画的行为表达了强烈的愤慨和担忧："……我们自己却把中国艺术上独一无二的一个例子，千百年来先民精神心血所寄托所创造的一件极其精美的作品，任其自毁，士大夫不知爱护，国家不去管理，这是令人看来最难过的一件事！"[4] 还提出加强敦煌石窟保护与管理的具体建议：一是敦煌千佛洞亟应收归国有；二是千佛洞收归国有之后，应交由纯粹学术机关管理，设立一千佛洞管理所；三是在技术问题没有得到圆满解决之前，在千佛洞研究或临摹工作的人，不可轻易动手剥离画面。他甚至提出了一些非常细致的日常管理措施，如雇人每天清扫洞窟流沙，安排常驻警卫人员，不准在窟内焚烧香火，对一些最宝贵洞窟采取特别的管理措施等等。此文经傅斯年先生推荐，以"方回"的笔名，首先在重庆《大公报》上连载发表，引起了社会的强烈关注。现在谈到敦煌研究院的前身国立敦煌艺术研究所的成立，都知道国民政府监察院院长于右任先生的建议之功，而实际上，向达先生对社会的呼吁，也起到了不可忽视的重要的促成作用。他提出的这些保护和管理建议，被不久后成立的敦煌艺术研究所采纳，成为敦煌石窟保护和管理的日常措施。而他关于不可轻易剥离壁画的主张，也是敦煌研究院几十年来在壁画保护和管理工作中一直遵循的重要原则。

三、开拓了将文献研究与石窟调查、考古调查相结合的研究道路

向达先生在敦煌学研究方面留给我们最珍贵的遗产，除了他远赴欧洲调查研究的敦煌文书外，更重要的是，他两次远披流沙、赴西北考察所取得的敦煌学研究成果及所创立的将文献研究与实地调查、考古调查相结合的研究方法。我国敦煌学自20世纪初发凡至40年代初，已成为当时学术界的新潮流，研究人才辈出，研究领域扩展。但敦煌学研究多为敦煌文献的研究，而且各个领域的研究往往是各自独立进行，能亲至西北、敦煌实地考察石窟者寥寥无几。向达先生40年代初的两次西北考察，创造了将文献研究与实地考古调查相结合的研究方法，不仅使他的敦煌学研究建立在更为坚实的实物资料的基础之上，从而能够正前人所谬，发前人所未发，而且也为推动敦煌学研究提供了新的科学方法。

他第一次的西北考察，一路上先后考察了武威、张掖、酒泉等地的古迹。到达敦煌后，他调查了莫高窟、西千佛洞、榆林窟，还考察了敦煌寿昌城城址、南湖古董滩、汉长城沿线的大小方盘城遗址、敦煌城西南五里的岷州庙，并在岷州庙发现了六朝经幢以及安西破城子遗址。第二次

4　方回（向达）：《论敦煌千佛洞的管理研究及其他连带的几个问题》，《新西北月刊》1944年第7卷第2、3期合刊；后收录于冯志文、杨际平主编《中国敦煌学百年文库·综述卷》，兰州：甘肃文化出版社，1999年，第191～202页。

考察中，他先后考察了酒泉文殊山石窟、酒泉金塔县汉代烽燧遗址，挖掘了敦煌佛爷庙古墓群，并再次详细考察了敦煌莫高窟。在此期间，他还亲历了敦煌艺术研究所在莫高窟发现土地庙残经的过程[5]。据荣新江先生分析，向达先生第二次的敦煌考察，主要想发掘他第一次考察期间所勘查过的古墓群，希望在敦煌文书、石窟之外，开辟敦煌学的新领域，但由于这些古墓多数被盗掘，结果并不如希望的那样大，最大的收获仍在于石窟考察。

向达先生以《瓜沙谈往》为题发表的《西征小记》《两关杂考》《莫高、榆林两窟杂考》《罗叔言〈补唐书张议潮传〉补正》等四篇文章，是他两次考察研究成果和研究方法的集中体现。这些文章后来收录于《唐代长安与西域文明》一书中。如在对敦煌、河西地区古迹调查简记和敦煌地区散见敦煌文献调查记录的《西征小记》中讲，他在武威文庙见到木塔，得知木塔中原有小银塔，塔上镌"于阗国王大师从德"的铭文时，虽未见到银塔实物，但他根据掌握的史料，敏锐地推断道："五代时于阗与瓜沙曹氏互为婚姻，则此当是于阗国供养千佛洞（敦煌莫高窟）之物。银塔所镌铭文虽未窥其全，然其有裨于瓜沙曹氏与于阗关系之研究则无疑也。"[6] 又如他在《两关杂考》一文中，通过实地考察，结合汉简、敦煌文书以及史籍的记载，肯定了沙畹、王国维关于汉代玉门关在小方盘城的结论，同时又反驳二位关于太初二年之前玉门关在敦煌东面的看法，并进而研究了玉门关在汉唐之间迁徙时间和位置。关于汉代阳关遗址，向达先生在充分比证历史文献的基础上，认为是今名古董滩的地方，又以实地考察所见予以佐证云："口西山峰上一汉墩翼然高耸，自敦煌至南湖未至四十里，即见此墩。阳关设于口内，而以此墩为其眼目，盖可想而知已也。"[7] 向达先生的汉代敦煌"两关"考证，是出自他亲自实地踏勘与文献记载相结合的成果。在《罗叔言〈补唐书张议潮传〉补正》一文中，他根据考察所校录的敦煌石窟供养人题记和新发现的敦煌文书材料，对罗振玉的原文做了极其重要的补充和修正，这是研究方法上的创新，被认为是敦煌归义军史研究的重要阶段成果。特别是《莫高、榆林两窟杂考》一文，可以说是用考古与文献结合的方法研究敦煌石窟艺术的开拓性文章。此文由"武周李君修佛龛记中之东阳王事迹考""榆林窟小记""敦煌佛教艺术与西域之关系"三节组成。第一节，向达先生充分利用正史和敦煌写经题记，在赞同贺昌群先生关于元荣即东阳王的观点的同时，也指出"元太荣亦作元荣，而非脱字也"。第二节，他通过洞窟形制和壁画风格对比，推翻了斯坦因早前认为的榆林窟创于9～10世纪、题名皆为元代之说的观点，认为："疑亦始创于六朝，唯以迭经后人重修，遂致魏隋画迹悉归泯没耳。"特别是最后一节，向达先生从壁画制度、粉本比例及其他，天竺传来凹凸画

5 荣新江先生前文对向达两次西北考察过程所述甚详。

6 向达：《唐代长安与西域文明》，石家庄：河北教育出版社，2007年，第331页。

7 向达：《唐代长安与西域文明》，石家庄：河北教育出版社，2007年，第368页。

法、绘画中之空间观念等讨论出发，进而引申出敦煌艺术与印度、西域艺术的关系，瓜沙曹氏画院的设立，西域明暗技法在敦煌壁画中的应用等诸多重要问题的研究。如在详细引用宋《营造法式》关于壁画的制作工序的记载，分析莫高、榆林二窟壁画制作工艺后，又与印度阿旃陀壁画进行了比较，认为："印度画壁制度与新疆库车、吐鲁番以及敦煌所见者相同，惟所用材料因地域出产不同而略有出入，大体固不殊也。"[8] 又如在详细分析、比较中印绘画文献中关于粉本和比例的论述后，又证之以莫高窟第130窟太原王氏出行图及第156窟张议潮和宋氏出行图人物形象比例，认为："敦煌当日画家接受印度绘画之技术及理论，即此所举可见一斑也。"[9] 而对于印度经西域传入敦煌的凹凸画法的影响，尤证之甚详，指出："敦煌魏、隋、唐、宋诸窟壁画人物大都用铁线描，纤细之朱墨线条描绘轮廓，然后以浓朱沿轮廓线条内部晕染一遍，如手臂之类，至中渐淡渐浅；远视中间突起，即之俨然如真。"且以此作为中西文化交流的突出实例："凹凸法技术自印度传至新疆，由新疆以至于敦煌，东西文化之交流，此其一端也。"[10] 向达先生经过分析中国传统画论，特别是宋元以来中国传统绘画空间布局，与敦煌佛教壁画比较后，认为敦煌经变画布局之所以稠密，是受印度佛教壁画影响所致："其绘经变，佛坐中央，绕以菩萨罗汉天龙八部，上下左右隙地别绘与经变有关故事。如弥勒下生变，宝池下于七宝供养外，附以儴佉王子及王妃剃度之像，上方左右则为宝城及一种七收等故事。必使画面所有隙地几乎全部填塞充满而后已。此在宋以后以山水画为正宗之中国画中便甚罕见。然而印度阿旃陀诸石窟壁画则与我国六朝、隋、唐之作，若合符契。此种作风自印度传于西域，如高昌、龟兹诸国，复由西域东被以至敦煌，其间传布途径班班可考。则敦煌佛教艺术之导源西域，固可深思也。"[11] 他还对石窟和敦煌文献中的各种画史史料予以特别关注，并推断瓜沙曹氏归义军设有专门的画院，其中还有来自印度、西域的画工。"由以上诸题名结衔推测，疑瓜、沙曹氏之世盖设有画院，掌院事者曰都勾当画院使。……敦煌诸窟壁画中虽至今尚未发现西域画家题名，然而勾当画院者为印度人，都画匠作为龟兹人，而知金银行都料亦籍隶于阗。"他并由此兴奋而大胆地预测，未来的研究将进一步证明，敦煌艺术实是一个融汇中西艺术的不朽范例 ——"有此种种旁证，则假设以为制作莫高、榆林诸窟壁画之艺人中亦有西域画家从事其间，汇合中西以成此不朽之作，或者与当时事实不甚相远也！"[12] 近几十年来，随着中西文化交流研究和敦煌学研究的不断深入，敦煌艺术与印度、西域艺术之间关系的新材料也一再被发现。这些发现，也不断印证着向达先生运用文献与考古调查相结

8　向达：《唐代长安与西域文明》，石家庄：河北教育出版社，2007年，第397页。

9　向达：《唐代长安与西域文明》，石家庄：河北教育出版社，2007年，第402页。

10　向达：《唐代长安与西域文明》，石家庄：河北教育出版社，2007年，第403页。

11　向达：《唐代长安与西域文明》，石家庄：河北教育出版社，2007年，第405页。

12　向达：《唐代长安与西域文明》，石家庄：河北教育出版社，2007年，第407～408页。

合而得出的敦煌石窟与西域、印度艺术之关系的观点。诚然，向达先生考察、研究敦煌，已经过去了半个多世纪，他的一些学术观点今天或许被新的研究和材料超越，但他敦煌学研究方法的创新，至今仍是指导我们敦煌学研究的科学方法。

作为一代宗师，向达先生留给我们的不仅是堪可等身的著作和他开创的研究方法，还有他那百折不回的坚韧品格和世界性的学术眼光。正是这种可贵的品格和深厚的学术造诣，使他在当时敦煌极其艰苦的条件下，能克服种种困难，取得令同时代人叹服并流芳后世的开创性的学术成就。40年代，傅斯年先生就对向达先生的学术成就作过如是评价："今日史学界之权威，其研究中外交通，遍观各国所藏敦煌遗物，尤称独步。"[13]陈寅恪先生也曾于1964年赠诗"吾有丰干饶舌悔，羡君辛苦缀遗文"[14]，以赞赏向达先生的人品和学识。

21世纪，敦煌学步入了一个新的发展时期。更好地保护和研究敦煌石窟这份祖先留下的丰富文化遗产，是我们义不容辞的历史责任。回忆前贤，激励来者！我们要进一步学习和发扬向达先生的高贵品格和开拓创新的探索精神，在敦煌学研究中，更有效地运用文献研究和石窟、考古调查相结合的综合研究方法，为中国敦煌学研究事业谱写新的篇章！

（原载于樊锦诗、荣新江、林世田主编《敦煌文献·考古·艺术综合研究 —— 纪念向达先生诞辰110周年国际学术研讨会论文集》，中华书局，2011年）

13　荣新江：《辨伪与存真 ——敦煌学论集》，上海：上海古籍出版社，2010年，第212页。

14　陆建东：《陈寅恪的最后二十年》，北京：生活·读书·新知三联书店，1995年，第417页。

◆ 纪念常书鸿先生

常书鸿先生是敦煌研究院的创始人、敦煌石窟保护研究事业的开拓者和奠基者〔图1〕。1944年以来，以常书鸿先生为首的专家学者们扎根敦煌，在荒无人迹的沙漠中开辟出一片天地，为保护和弘扬祖国的瑰宝、人类文化遗产做出了卓越的贡献。

一、常书鸿与敦煌艺术研究所的创建和发展

常书鸿先生于1927年到法国留学，经过刻苦钻研，在油画艺术上取得了丰硕的成果，多次在法国里昂和巴黎的沙龙展中获奖，作品被法国一些美术机构和个人收藏。1936年，常书鸿在巴黎看到了敦煌石窟图录，看到了吉美博物馆所藏敦煌藏经洞出土的绘画作品 —— 这些绘画品正是1908年法国人伯希和在敦煌以非法手段获取的。这些优秀的祖国传统艺术使他感到十分震惊，他感到有责任回到祖国研究、继承和发扬这些伟大的艺术。凭着一种强烈的爱国热忱，他毅然回到了多灾多难的祖国。

1936年常书鸿先生回国后，任国立北平艺术专科学校教授。第二年，日本帝国主义发动了卢沟桥事变，开始大举侵略中国。常书鸿也随学校南迁，辗转于杭州、昆明、重庆。1942年国立敦煌艺术研究所筹备委员会成立，常书鸿先生积极参与筹备活动。经过常书鸿等专家学者们实地调查和积极倡导，敦煌石窟的保护与研究受到了政府的重视。1944年国立敦煌艺术研究所正式成立，隶属于教育部，常书鸿被任命为所长。当时常书鸿先生举家迁居敦煌，并从重庆招聘了一批画家和学者，在物质条件极其艰苦的情况下，常书鸿先生率领全所职工在敦煌莫高窟展开了一系列石窟保护、壁画临摹及研究工作，结束了敦煌石窟长期以来无人管理的状态，使石窟不再受到人为的破坏。

图1   图2

1945年，抗日战争胜利，国民政府下令撤销敦煌艺术研究所。于是，敦煌的学者们纷纷回到内地。常书鸿先生眼看着刚刚起步的敦煌事业就要停止，心急如焚。他回到四川，为敦煌艺术研究所的恢复而奔走呼吁。在常书鸿、傅斯年、向达等学者的呼吁下，敦煌艺术研究所于1946年得以恢复，改隶中央研究院，常书鸿被任命为所长，又从重庆等地招聘了一批美术工作者，重新组建了敦煌艺术研究所，使刚刚开创不久的敦煌保护研究事业得以继续下去。这一阶段，常书鸿先生率领敦煌艺术研究所的美术工作者开始了有计划的敦煌壁画临摹〔图2〕。1948年在南京举办了规模较大的敦煌艺术展览，展示了敦煌的工作人员辛勤临摹的壁画精品。

敦煌石窟的保护向来都是研究所的首要工作。当时的莫高窟下层洞窟大多被积沙所掩埋，上层洞窟大多无法登临，危崖处处。在物质条件极端艰苦的情况下，常书鸿先生率全所职工清除了下层洞窟的积沙，拆除了沙俄白匪在石窟中滥建的锅台和火炕，修建了部分连通洞窟的台阶，并通过两年多时间，建起了一道1000多米长的围墙，有效地防止了对石窟的人为破坏。同时，在敦煌壁画临摹工作中，常先生坚决制止了过去那种把纸张钉在墙壁上起稿而破坏壁画的做法，使壁画避免了在工作中不应有的损害。

在敦煌艺术研究所建立之初，常书鸿先生就十分重视研究工作。当时所里的向达、苏莹辉、李浴、史岩等分别从考古学和美术史的角度对敦煌石窟进

〔图1〕
常书鸿先生

〔图2〕
常书鸿先生在洞窟里临摹壁画

〔图3〕
1950年，常书鸿指挥
工人们进行石窟保护
工作

行了调查研究。由于1945年国民政府下令解散敦煌艺术研究所，这些工作没能继续下去。但史岩完成的《敦煌石窟画像题识》（1947年出版），李浴完成的《敦煌千佛洞石窟内容》（未公开出版，但内容都被记在各个洞窟的说明牌上），成为敦煌石窟调查的最初成果，为后来的研究提供了借鉴和参考。这些开创性的工作，为敦煌石窟的保护研究事业以及后来的敦煌研究院的发展打下了坚实的基础。

1950年，敦煌艺术研究所改组为敦煌文物研究所，常书鸿先生担任所长。在党和国家的大力支持和帮助下，敦煌石窟的保护与研究工作有了新的进展〔图3〕。

20世纪40～60年代，鉴于当时中国的实际状况，常书鸿先生认为若有更多的人了解、理解敦煌艺术的意义和价值，就能更好地展开敦煌石窟的保护与研究工作。常先生率领敦煌文物研究所的美术工作者花了比过去更大的精力有计划地进行壁画和彩塑的临摹，并不断地在国内外举办敦煌艺术展览，取得了很大的社会效果，使远在西北的敦煌石窟逐渐为世人所知，敦煌艺术的珍贵价值和历史地位开始被人们理解。40年代以前的中国美术著作几乎没有提到过敦煌艺术。而50年代以后，凡研究中国传统美术者，几乎都充分肯定了敦煌艺术在中国美术史上的地位和价值。这一重大转变，与以常书鸿先生为首的敦煌研究所的美术工作者们艰苦卓绝的努力是分不开的。

因此，1951年中央人民政府政务院文化教育委员会给敦煌文物研究所颁奖，充分肯定了以常先生为首的全所工作者临摹敦煌壁画的巨大贡献。奖状中写道："敦煌文物研究所全体工作人员在所长常书鸿领导下长期埋头工作，保护并摹绘了一千五百多年来前代劳动人民辉煌的艺术伟制，使广大人民得到欣赏研究的机会。这种爱国主义的精神是值得表扬的。特颁奖状，以资鼓励。"

敦煌壁画数量巨大，内容丰富。以前美术工作者都是按自己的喜好自由地进行临摹，常书鸿先生认为既要通过有限的临摹品反映敦煌艺术的精华，同时还要给研究者提供重要的参考资料，这样就必须进行有计划、有目的、有研究性的临摹。50年代开始，常先生组织全所人员开始按专题临摹，分为飞天、动物、山水、服饰、人物、图案、舟车（交通运输）等专题。1952年开始对第285窟进行整窟原状原大临摹。这些临摹品在后来的历次展览中，产生了强烈的影响。同时，通过专题临摹，又促使部分美术工作者对一些艺术专题的深入探讨和研究，而最终成为敦煌艺术研究方面的专家，如段文杰对服饰的研究、史苇湘对敦煌美学的研究、关友惠对图案的研究，等等。

经历了一千多年的洞窟，面临着许多自然的剥蚀和潜在的隐患。常先生为此忧心忡忡，1962年，常书鸿先生向中央政府提出报告，希望对莫高窟危崖进行抢修。这个报告得到政府的高度重视，当年文化部副部长徐平羽率考察组专程来考察敦煌石窟。考察组提出了更为具体的莫高窟加固工程计划，报告给国务院。在当时中国经济十分困难之时，周恩来总理专门批示，拨出巨款，于1963年开始了莫高窟加固工程。

常书鸿先生用他的艰苦创业精神感召了一代又一代青年学者，使敦煌石窟保护研究的队伍不断扩大，如后来随常先生到敦煌的董希文、潘絜兹、李浴、段文杰、史苇湘等都成了著名的画家和学者，成为敦煌石窟艺术研究的中坚力量。新中国成立后，常书鸿先生一直重视收罗研究人才，开拓石窟研究工作的道路。60年代初，在敦煌文物研究所内设立了研究部，下分设考古组和美术组。并从北京大学招来了考古学的毕业生，开始敦煌石窟历史和考古的研究，着手计划大型系列记录性考古报告《敦煌石窟全集》的编撰工作。60年代初在全所组织了多次学术讨论会，推动了研究工作的发展。然而，正当各方面研究工作逐步展开的时候，"文化大革命"开始了，工作便陷入了停顿。尽管如此，常书鸿先生为后来敦煌文物研究所的各项工作发展开辟了道路，打下了基础。"文革"中部分研究人员仍在悄悄地从事研究工作。80年代初期敦煌文物研究所的研究人员突然发表了一批极有分量的学术论文，其中大部分就是早在60年代就开始了的研究。

二、常书鸿先生的艺术创作与学术研究

早在1927年，常书鸿先生就留学法国，学习油画。1932年从国立里昂美术专科学校毕业后，不断参加里昂和巴黎的沙龙展，并连年荣获各种荣誉奖。常书鸿以他对西方绘画的独特领悟，在油画创作上达到了很高的造诣，如《怀乡曲》《G夫人肖像》等作品，在当时就赢得了很高的声誉。《怀乡曲》和《画家家庭》〔图4〕等作品中还体现出常书鸿艺术中特有的一种中国情调。

20世纪30年代的常书鸿先生和很多在国外留学的画家一样，怀抱着振兴中国艺术的大志，努力探索革新中国传统艺术的道路。常先生1933～1935年和几位艺术家共同组织了"中国留法艺术家学会"，常常在一起探讨中国美术发展的前途问题。他发表了一系列文章，对中国绘画的发

图4

图5

展及当时的画坛进行了坦率的评论。同时对当时法国、苏联的绘画状况也有所介绍。他通过留学欧洲的艺术实践，深刻地看到了当时中国传统艺术的弊端，认为其只是停留在形式上的追求，脱离了现实社会的艺术是没有出路的。这些看法至今仍然令人深思。

学习敦煌艺术，继承祖国优秀的传统艺术，创造新的时代艺术，可以说是常书鸿最初投身到敦煌艺术事业的初衷。在敦煌艺术研究所和文物研究所的长期艰苦工作中，常书鸿坚持研究临摹敦煌壁画。他临绘了不少高质量的壁画摹本，如北魏第257窟《九色鹿本生》、第217窟《化城喻品》等临摹品，体现了常书鸿先生对敦煌壁画色彩表现的深刻认识，以及对装饰造型的把握，代表了敦煌研究院早期临摹工作的成就。

作为敦煌文物研究所的所长，常书鸿领导着全所的同志进行敦煌石窟的保护和研究工作，这是十分艰巨的工作，使常先生不能花更多的精力来从事临摹和艺术创作。尽管如此，常书鸿始终也没有丢下画笔，总在工作之余孜孜不倦地进行着艺术创作活动，他画了很多敦煌及西北地区的风景和人物写生，如40年代画的《敦煌农民》、50年代画的《在蒙古包里》《莫高窟四月初八庙会》〔图5〕等作品表现了画家丰富的生活情趣和对敦煌、对西北地区的深厚感情，同时体现了极高的艺术造诣。直到晚年，他移居北京，仍然孜孜不倦地进行创作，并以惊人的毅力完成了很多大型绘画作品，有的还被国外收藏，在中外文化交流中做出了重大的贡献。

常书鸿先生的绘画艺术反映了一个爱国画家为探索中国新艺术的道路：先是留学西方，学习油画，继而重新认识和研究中国传统艺术，开创新的艺术之路。他一生热爱艺术、热爱敦煌、热爱祖国，并把一生献给了敦煌艺术的保护、研究和弘扬。

对敦煌艺术的研究和进行新的艺术创作是贯穿常书鸿先生一生的工作。他以一个艺术家敏锐的眼光看到了敦煌艺术在中国美术史上的重要地位和价值。他认为明清以来文人画家们的那些脱离了现实生活的山水花鸟小品，虽然能表现出画家的某种情趣或造型的才气，却不能反映历史时代精神，不能反映社会现实，不能代表一个民族的艺术精神。而敦煌壁画以它内容的无限丰富性、强烈的时代性以及广泛的人民性，代表着中国古代艺术的精神。这样一种伟大的艺术却由于它们出自一些无名画工之手，而不被那些文人画家们重视。为此，常书鸿先生发表了很多文章，介绍敦煌艺术的风格和特点，并强调了敦煌艺术在中国美术史上的地位和作用。他在1948年发表的《从敦煌近事说到千佛洞的危机》，强调了敦煌艺术在中国美术史上的地位，以及对于中国当代艺术发展的重要意义，还大声呼吁社会来保护敦煌石窟。50年代以来陆续发表《敦煌艺术的特点》《敦煌艺术的源流与内容》《礼失而求诸野》《敦煌艺术》等论文，较为全面地探讨了敦煌艺术的风格特点以及发展脉络。40~60年代，国内对敦煌艺术的研究还非常不足。在没有任何参考的文献资料的情况下，常先生以他丰富的学识和艺术洞察力，对敦煌艺术的总结和概述，在当时具有开创性意义，为后来的美术研究奠定了基础，一些观点和看法至今仍然具有启发性。

常书鸿先生的理论修养是多方面的，他长期受到西方艺术的熏陶，同时又对中国传统艺术有着深刻的认识。因此，他对敦煌艺术研究体现着多角度、广视野的特点，能够从世界艺术的互动与发展中，看到中国传统艺术的精神。他不仅对敦煌艺术作过深入研究，同时他也是我国较早对新疆地区石窟、甘肃的炳灵寺、麦积山等石窟进行考察的专家之一。他对新疆石窟也进行了深入的研究，今天仍然是富有参考意义的。

常先生还在工作之余写下许多动人的散文与小品，如《喜鹊的故事》《敦煌抒怀》等，反映出他对敦煌的无限热爱，表现了一个艺术家的丰富的生活情趣。晚年著自传《九十春秋 —— 敦煌五十年》，全面地回顾了他走过的人生历程，更表现出他对敦煌的无限眷恋之情。

常书鸿先生的一生追求艺术与学术事业，特别是在敦煌石窟的保护和研究事业上奉献了毕生的精力。在世界性的敦煌学研究蓬勃发展的今天，我们缅怀常书鸿先生，更要努力把常书鸿先生开创的敦煌石窟研究事业进一步发扬光大。

（原载于《敦煌研究》2004年第3期）

◆ 追忆季老

季羡林先生青年时代负笈海外求学，主攻印度学和语言学，中年投身中印文化交流史、佛教史的研究和翻译工作，晚年开始引领敦煌学研究。30多年来，为敦煌学的发展做出了重大贡献。先生卓著的学术成就素为学界敬仰，崇高的风范足以流芳百世。因为我是北大的学生，加之长期在敦煌工作的缘故，故与季老有过数面之缘，亲耳聆听过他的教诲。

1979年，先生亲临敦煌莫高窟考察，由时任敦煌文物研究所副所长的我负责接待。当时先生虽年近七旬，但精神矍铄，身体健康，还担任着北大副校长的职务。考察期间，他除了对敦煌艺术的研究十分关切之外，还对我有过一番语重心长的教诲，勉励我和敦煌研究院的同仁，要珍惜全社会来之不易的安定团结的大好局面，积极化解和妥善处理"文革"遗留的历史矛盾，努力把敦煌文物保护工作和敦煌学研究工作尽快搞上去。从此以后，我与季老长期保持联系，在敦煌文物保护、研究等方面经常得到他的教导。

1983年中国敦煌吐鲁番学会的成立及第一届"全国敦煌学学术讨论会"的举行，使得全国敦煌学者汇聚一堂，形成强大的力量，迅速改变了"敦煌在中国，敦煌学在国外"的落后局面。季老自1983年中国敦煌吐鲁番学会成立后便一直担任会长，我国敦煌学在先生的引领下，走过了30多年不平凡的历程，打下了坚实基础，收获了丰硕成果，有了极大发展。

1984~1998年，积十余年之功，季老率领敦煌学界编写了《敦煌学大辞典》，并亲自撰写词条。《敦煌学大辞典》的付梓出版，对总结国际敦煌学研究成果并向大众普及敦煌学知识发挥了重要作用。我院作为主要参编单位之一，许多学者也因之有缘在先生指导下工作，亲身感受了先生的研究方法和人格素养。

1988年8月，季老在《文史知识》敦煌学专号上发表《对当前敦煌吐鲁番学研究的一点想法》

一文，充分肯定了敦煌吐鲁番学会成立后取得的成绩。诚如他所言，许多有关的学会成立了，大量的专著和论文出版了，研究队伍扩大了，许多有外国学者参加的学术讨论会召开了，同外国同行们的联系加强了，全世界的信息比较畅通了。特别高兴的是，同我国台湾同行们的接触越来越多了。同时，他也提醒敦煌学界同仁，密切关注世界文化大势的纵横开阖，努力跟上伟大时代的前进步伐，加强同世界各国同行们已经取得的联系，进一步调查整理国内和国外的资料，提高认识水平和研究水平，放眼全球，从东西方文化互相帮助、互相补充的角度，用更新的、更广阔的眼光来从事工作，不断提高敦煌学在世界学术之林中的地位。这些论述，不仅展示了季老作为一位学者的胸襟和见识，更是生动地体现了他作为一位知识分子对社会使命的坚强承担。这些论述在20年后的今天，依然振聋发聩，对于指导敦煌学的发展仍有很强的针对性和现实意义。

季老对敦煌有着深厚的感情，对敦煌研究院更有特殊的关爱。1993年，在敦煌研究院成立50周年院庆即将来临之际，季老为我院题写了"敦煌在中国，敦煌学在世界"的题词，开阔了我们学术研究的胸怀和视野。

2000年是敦煌藏经洞发现100周年，文化部、甘肃省人民政府为此举办了一系列活动。6月28日，我带领助手前往北大朗润园季老家中，向季老报告此事并请示面谕。其时，年近90的季老刚做完白内障手术在家休养，医生要求尽量不会客，但当他通过秘书了解到我们是敦煌来的，马上见了我们。看到我们到来，季老高兴地说："今天有喜事，我亲自种的荷花今天开第一朵花。"季老以门前的荷花为题，和我亲切地交谈。我向季老报告了敦煌藏经洞发现100周年纪念活动的筹备情况，并向季老送上文化部、甘肃省政府邀请他参加"敦煌藏经洞发现暨敦煌学百年纪念座谈会"的请柬。季老表示因为身体原因，不能参加座谈会，但季老十分关心敦煌的文物保护，向我详细了解了敦煌石窟的现状及保护措施。

季老说："敦煌是中国的骄傲，你们一定要保护好敦煌石窟，最严重的是下层洞窟，要采取措施保护好。"当我向季老报告，已对莫高窟下层洞窟采取了一系列有效措施时，季老露出了欣慰的笑容，并说："前有常书鸿，后有樊锦诗。"对敦煌文物的保护工作给予高度赞扬。季老的赞扬，常先生是实至名归，至于我则愧不敢当。但我理解，这番话语，包含了对老一辈敦煌莫高窟人扎根大漠、无私奉献的充分肯定，也是对我们现在的敦煌文物工作者的无限期望和深情的勉励。

我还向季老询问了他的病情，并祝愿他健康长寿。季老说："一月前我已处于半失明状态，手术后情况好了点。我今年虚岁90，在中国也算高寿了。"言辞之间流露出季老淡定超脱的生命观。临别时，季老亲自送我们到门外，又和我们一起在荷塘边合影留念。初夏的荷塘，清风徐来，一片碧绿，顺着季老手指的方向，我们果然看到了万绿丛中一枝花蕾初绽的荷花。几年后，当我读到季老的《清塘荷韵》《荷之韵》时，我对季老喜爱荷花"香远益清"和"在冰下冬眠，做着春天的梦"的心境有了更深切的体会。

在这次纪念活动期间，国家文物局和甘肃省人民政府颁予先生"敦煌文物保护研究特殊贡献奖"，对先生数十年来敦煌学的卓著贡献进行高度褒扬。在答谢辞中，季老以一贯的低调和谦和，在表达谢意之余，表示将继续为敦煌学的发展尽自己所能尽的责任。

随着年事日高，党和政府为了妥善照顾先生的身体，便让先生长期住在301医院将息调养。其间，我在2003年曾去看望先生。进入先生的病房有诸多管理方面的限制，一般不允许探视，但他一听是我，便让秘书想办法让我进去。其时先生行动不便，言语低缓，但精神却不委顿，思维依然敏捷，仍然和我谈工作、谈课题、谈敦煌学研究。先生谈起我做的一些事情，十分熟悉，还一再叮嘱我自己注意身体。先生虽逝，但音容宛在；这份挚爱，言犹在耳。

2004年，国家文物局和甘肃省人民政府举办了"敦煌研究院成立60周年暨常书鸿先生诞辰100周年"纪念活动。季老因为身体原因未能与会，但他委托柴剑虹先生转达了对大会的祝贺及对敦煌研究院全体同仁的勉励。

2006年8月6日是季老生日。我曾派我院《敦煌研究》编辑部的杨秀清同志前往北京看望先生，一是代表敦煌研究院为季老祝寿，二是请季老为《敦煌研究》出版100期题词。季老在301医院听说敦煌来人，照例优先让他们进入病房。季老非常感谢敦煌研究院为他祝寿，并欣然同意为《敦煌研究》题词。这次拜见时间很短暂，但临别时，季老却一再叮咛杨秀清同志转告我注意休息，保重身体。这份真挚的关爱之情，再一次温暖了作为学生我的心。没过几天，就收到柴先生从北京寄来的季老题词："行百里，半九十。"季老的殷殷期待，跃然纸上。

我敬先生之学，更爱先生之德。先生开创的学术道路和他的治学精神必将垂范后昆，激励来者。我结识季老的几十年里，先生出于对敦煌文物保护事业以及敦煌学的关心，处处鼓励我，处处维护我，还多次表扬我。但我忙于事务，在学术研究上建树不多，在这方面辜负先生的栽培，深感惭愧。但是，我多年来遵循季老关于"敦煌在中国，敦煌学在世界"的教导，带领全院职工，努力加强敦煌文物保护，努力弘扬敦煌艺术文化，努力搭建敦煌学术科研国际化平台，在这方面受到了先生的肯定，或可稍许告慰先生在天之灵。

（原载于《敦煌研究》2009年第4期）

◆ 追忆饶宗颐先生的敦煌缘

　　敬爱的饶宗颐先生于2018年2月6日与世长辞，得知噩耗，我深感悲痛，哀思不已，饶公与敦煌结缘、我与饶公交往的往事一幕幕地映现在我的眼前。

　　先生对祖国的历史文化怀有崇高的使命感和责任感，对学术秉持着深厚的敬意与真切的热爱。饶先生幼承家学渊源，学养深厚，终身潜心治学，其治学广博深湛，横无际涯，博古通今，学贯中西，宏通人文学科的十余门学科，取得巨大学术成就，为国学发展做出卓著贡献，成为海内外景仰的国学泰斗。

　　先生治学具有极为广博的视野，对每一项研究都力求穷其源流，崇尚求真务实，不做蹈空之论，无不以扎实的文史资料的考证和调查为基础，并融会贯通各人文学科，故先生在诸多学科领域所取得的成就，达到了许多人很难企及的学术高峰。如以与先生结缘甚深的敦煌学为例，他对敦煌石窟所出的经卷文物，"喜欢运用贯通的文化史方法，利用它们作为辅助的史料，指出它历史某一问题上关键性的意义"，先生在敦煌学的许多领域都做出了首创性的研究和开拓性的贡献。如先生最早于20世纪50年代校录、笺证伦敦所藏敦煌本《老子想尔注》这部反映早期天师道思想的千载秘籍，阐明原始道教思想，引发后来欧洲道教研究的长期计划；首次将敦煌写本《文心雕龙》公之于世；首次据英伦敦煌写卷讲禅宗史上的摩诃衍入藏问题；最早提出"敦煌白画"的概念，把散布在敦煌写卷中的白描、粉本、画稿等有价值的材料编成《敦煌白画》一书，填补了敦煌艺术研究上的一项空白；先生所著《敦煌曲》《敦煌曲续论》是敦煌曲子词研究的先驱之作；先生也是研究敦煌写卷书法第一人，所编撰《敦煌书法丛刊》（共29册）是最早对敦煌书法予以系统整理、介绍的著作，对敦煌书法乃至中国书法史研究影响深远。先生被学界誉为当代"导夫先路"的敦煌学大师。

令我和敦煌研究院同仁永远怀念的是，由于对敦煌历史文化的价值具有广泛深刻的体认，先生对敦煌怀有深厚的感情，与敦煌结下不解之缘。1980年，先生第一次亲临敦煌考察，或流连于洞窟之中，或查阅经卷于研究所内，闲暇之余，先生漫步于大泉河畔，寄情于三危山峰。在离开莫高窟前，先生万分感慨，写下了著名的《莫高窟题壁》："河湟入梦若悬旌，铁马坚冰纸上鸣。石窟春风香柳绿，他生愿作写经生。"表达了先生对敦煌历史文化深挚的热爱追慕之情。后来，先生被敦煌研究院聘任为荣誉研究员，先生对敦煌研究院的学术研究工作更是关爱有加。先生于1983年、1987年、2000年三度应邀亲临莫高窟参加我院主办的敦煌学国际会议，发表精彩的学术演讲，令我院学人亲炙先生国际学术大师的风采。

2000年8月，当先生第四次来到敦煌莫高窟时，正逢纪念敦煌藏经洞发现百年国际学术盛会，先生兴奋地赋诗《重到鸣沙山》："东寺能容百丈佛，西关曾贡双头鸡。情牵栏外千丝柳，不怕鸣沙没马蹄。"并将此诗书赠我院，表达了对敦煌的一往情深。2010年8月，先生以95岁高龄莅临莫高窟，参加由我院与香港大学饶宗颐学术馆、中央文史研究馆联合在莫高窟隆重举办的"莫高

〔图 2〕
樊锦诗先生带领饶宗
颐先生参观"莫高余
馥：饶宗颐敦煌书画
艺术特展"

余馥：饶宗颐敦煌书画展""饶宗颐先生九十五华诞庆寿晚会""敦煌学国际学术研讨会——庆贺饶宗颐先生九十五华诞"三项活动〔图1、2〕。先生的历次寿诞纪念学术活动均在香港举办，唯有九五华诞纪念学术活动安排在敦煌举办，格外彰显出先生对敦煌情有独钟。特别难忘的是，在举办活动当日，甘肃省舟曲县发生严重的泥石流灾害，先生在祝寿晚会上当场宣布将香港各界为其贺寿的160万元捐赠甘肃省舟曲县救灾，先生的大爱之心令现场500余名与会代表深为感动，掌声如雷，在莫高窟的历史上写下了浓墨重彩的一笔。

令我和敦煌研究院同仁永远感恩的是，先生长期关注、鼎力支持敦煌文化遗产保护事业。2000年8月，先生与觉光大师等人为首发起"香港敦煌佛迹防护功德林"募款活动，先生带头拿出自己的书画作品参加义卖，将募集的100万元人民币捐赠予敦煌研究院，用于支持建设莫高窟崖顶风沙防护林带，为莫高窟风沙防治发挥了重要作用。2010年5月，在先生的号召下，由香港一群爱国人士发起成立了"香港敦煌之友"基金会。2010年11月，先生又带头捐出10幅书画作品拍卖，将所筹的善款602万港元捐赠予敦煌研究院，用于建设文物数字化研究所科研楼；2011年7月，建筑面积2455平方米的科研楼竣工投入使用；2016年6月由先生亲自题字冠名的"饶宗颐楼"举行了冠名揭牌仪式，"饶宗颐楼"不仅极大地改善和提升了敦煌石窟数字化工作的基础设施和工作环境，也在莫高窟人心中树立了一座丰碑。在先生的感召下，"香港敦煌之友"基金会成立之后，持续募集资金支持敦煌文物保护工作，先后为敦煌研究院捐赠善款1485万元，用于资助敦煌石窟数字化工程、敦煌学学术交流、人才培养等工作，特别是其中资助1138万元用于敦煌49个洞窟的数字化采集、加工、制作洞窟档案，为推进敦煌文化遗产数字化事业的发展提供了强有力的支持。"香港敦煌之友"基金会的诸位先生和女士们，不仅不遗余力为敦煌石窟文物保护募集善款，还为传承弘扬敦煌文化艺术做出了不懈努力。他们通过持续举办讲座、展览、音乐会，编写普及读物，编写中小学教材，使代表中华民族优秀传统文化的敦煌文化艺术在香港得以广泛传播，启发了许多香港市民、香港青年学子关心敦煌、了解敦煌、学习敦煌的热情，在香港形成了"敦煌热"。"香港敦煌之友"基金会的一系列善举，助力敦煌石窟文化艺术"永久保存、永续利用"，功在当代，利在千秋，意义重大，我和敦煌研究院的同仁感铭于心。

令我永志难忘的是，我对先生的道德文章一直怀着崇敬仰慕之情，尊敬先生为师长，引为治学为人的楷模。我有缘与先生多次过从交往，面承教诲，受益良多。1980年饶先生在中山大学曾宪通先生陪同下第一次来到莫高窟考察，我有幸第一次面见先生，并作为主人接待先生。1983年、1987年、2000年我院在莫高窟举办"敦煌学国际学术研讨会"，饶先生三次莅临莫高窟参会，我作为会议主办者接待先生，并聆听先生发表精彩演讲。2000年先生在莫高窟参加敦煌藏经洞发现100周年国际学术会时，在与文化部孙家正部长交谈中，以莫高窟对面的三危山为例说明中国西北的山水很有特色，提出中国山水画应有"西北宗"，并答应"为文张之"。2006年先生撰成《中国西北宗山水画说》大作，应我的邀请，先生将此文惠赐我院《敦煌研究》学术期刊发表，在学术界首创中国山水画的"西北宗"之说。2005年、2015年，香港大学为纪念先生九十华诞、百岁华诞先后隆重举办国际学术研讨会，我两次赴港参会，躬逢其盛，并在会议上发表论文，为先生贺寿献上了一份心意。先生对我这个后学晚辈也一直是关爱有加。我与先生多次交往中，先生对我总是谆谆教诲与殷切鼓励。2007年先生将《饶宗颐艺术创作汇集》（12册）惠赐与我，2009年又惠赐我《饶宗颐二十世纪学术文集》（14卷20册）。我多次拜读这两部文集，更加深了对先生学艺双绝的理解。2009年先生为我亲笔题词："极深研几。"我明白这是先生引用《周易·系辞上》"夫《易》，圣人之所以极深而研几也"之语，勉励我在学术研究中要追求钻研深刻、细致，我把这个题词郑重地挂在办公室墙壁上，用以时时提醒自己。2011年，我将由我主持敦煌研究院考古团队历经十余年工作编成出版的《敦煌石窟全集》第一卷《莫高窟第266～275窟考古报告》寄呈先生指教，先生亲笔回信："既真且确，精致绝伦，敦煌学又进一境，佩服之至。"我理解这是先生对我这样的晚辈敦煌学人取得一点成果的关爱与鼓励，因为先生平生对后学一向扶持奖掖、关爱有加，敦煌学者中如姜伯勤、项楚、荣新江、赵和平、黄征等先生都曾得到先生热情的奖掖和鼓励。2015年香港大学饶宗颐学术馆为先生编辑《选堂集林·敦煌学》文集，来函索序于我。我深知，先生学问精深广博，像我这样浅薄孤陋者实在没有资格写序，遂多次予以辞谢，竟未获免，只得勉力为之。有幸的是，这也促使我有机会再一次认真细致地拜读先生有关敦煌学的50余篇论文，进一步加深了对于先生在敦煌学领域的学术成果和治学精神的理解，遂以《从敦煌学研究来看饶宗颐先生的治学精神》为题阐述了我对先生治学精神及其对后学启发示范意义的理解，并在2015年12月4~5日参加在香港举办的"饶宗颐教授百岁华诞国际学术研讨会"上作大会发言，得到与会代表的肯定。

饶先生数十年来对敦煌学的杰出贡献，业已得到国内外学术界的高度尊崇，得到党和政府的高度褒扬。2000年8月，在莫高窟举办的"敦煌莫高窟藏经洞发现暨敦煌学100年纪念活动"期间，国家文物局与甘肃省政府隆重举行了"敦煌文物保护研究特殊贡献奖颁奖仪式"，颁予先生"敦煌文物保护研究特殊贡献奖"，那莫高窟九层楼广场灯火辉煌的颁奖场面令人难忘。

这一幕幕难忘的情景还在眼前，而先生却已溘然长逝，永远地离开了我们。但可以告慰于先生之灵的是，先生的业绩永在，功德长存。莫高窟、鸣沙山将长久地见证先生的功绩，敦煌研究院的同仁将铭记先生的恩德，继承先生的遗志，把世界文化遗产莫高窟的保护、研究和弘扬事业做好。先生将长久地活在敦煌人的心中。

（原载于《佛学研究》2018年第1期）

慕法情深，忘身为道

——段文杰先生从事敦煌艺术研究60周年

段文杰先生1945年毕业于国立艺术专科学校，1946年来到敦煌莫高窟，扎根大漠60年，与敦煌艺术研究所的同仁们一道，潜心敦煌壁画的临摹和敦煌艺术的研究，成为蜚声海内外的敦煌学专家。20世纪80年代，担任敦煌研究院领导职务以后，以过人的胆识和魄力，开创了敦煌事业的新局面，带领全院职工把敦煌石窟的保护、研究、弘扬工作推向一个新的高度。

一、对敦煌艺术的临摹与研究

作为一名画家，段文杰先生一到敦煌就开始了壁画的临摹工作〔图1〕。六十年来，他临摹了大量敦煌壁画，深入钻研传统壁画艺术，积累了丰富的经验，在线描技法上达到很高的水平。他的临摹能深刻把握唐代绘画的气韵，尤以大幅人物画见长。

他临摹的莫高窟第130窟都督夫人礼佛图〔图2〕、第158窟各国王子举哀图等，构图宏伟，气势磅礴，人物神态逼真，充分体现出唐代绘画的内在精神。他总结壁画临摹的技法，1956年在《文物参考资料》上发表了《谈临摹敦煌壁画的一点体会》，认为壁画临摹有三个方面：一是客观临摹，二是旧色整理临摹，三是复原临摹。并从线描、色彩以及画面的传神等方面探讨了壁画临摹的技法及艺术审美意义。这篇文章，对研究敦煌壁画的美术工作者具有较强的指导意义。

段文杰先生又致力于敦煌艺术研究，从美术史和美学的角度探讨敦煌艺术的风格、技法等特色，以及敦煌艺术形成的历史与社会因素，并从宏观的角度来把握敦煌艺术的时代发展脉络。他认为敦煌艺术是华夏各民族共同创造的，是在具有深厚汉晋文化传统，又大量吸收外来艺术营养的沃土中成长起来的中国式的佛教艺术。以往的"东来说""西来说"各持一端，未免都失之偏

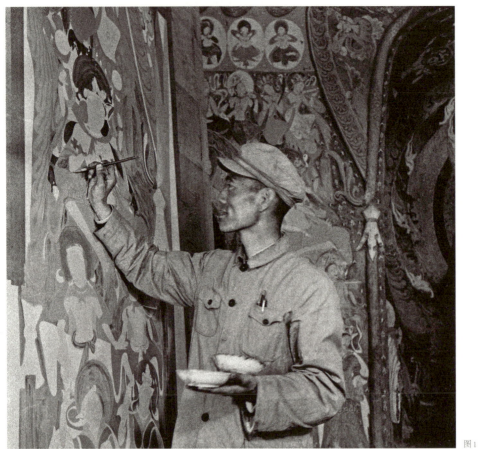

图1

图2

〔图1〕
段文杰先生在洞窟内
临摹壁画
（1952年）

〔图2〕
莫高窟第130窟都督
夫人礼佛图
段文杰复原临摹

颇。这个观点渗透在他的各篇论文中，为我们打开敦煌石窟艺术的奥秘提供了一把钥匙。

段文杰先生在前人考古研究的基础上，对敦煌石窟的历史价值和美学意义进行了探索。他以几十年临摹壁画的丰富经验和对艺术规律的把握，指出壁画艺术通过表现人物的面部表情及人物之间的相互关系来达到传神的目的，而线描的微妙变化，常常对于人物精神面貌的表现至关重要。因而，敦煌壁画既有整体的气势，又有细部刻画的出神入化，能够体现出中国传统绘画"六法"的精神。而画家们之所以达到这种传神的高度，正是由于他们有着深厚的生活基础，突破了佛教造像的清规戒律，大胆地以"伎女""宫娃""胡商""梵僧""将军"等现实人物为蓝本，并加以概括、提炼，塑造了富有社会生活气息的宗教人物形象。另外，每个时代的艺术家总是按当时审美习惯来塑造人物形象，如西魏时期有"秀骨清像"的造型、"仙灵飞腾，云气飘渺"的动意，唐代则有"丰肌腻体"、"素面如玉"、健康丰满的容仪体态。这些形象特征正反映了那个时代的社会审美心理。段文杰对敦煌艺术的美学探讨不仅为学术研究做出了贡献，而且对于当前的艺术创作也很有启发。

对于敦煌壁画中的服饰和道教思想这两个专题的研究是段文杰先生颇具功力的成果。20世纪60年代初，他在临摹壁画时，为复原一幅唐代壁画，查阅了百余种有关古代服饰的文献资料，通读了二十四史《舆服志》，摘录了两千多张卡片，不仅完成了一幅杰出的复原临摹品，而且也初步理出了中国衣冠服饰的发展概况，为写作《敦煌服饰》打下了基础。《敦煌壁画中的衣冠服饰》和《莫高窟唐代艺术中的服饰》两文就是这方面的力作。

敦煌早期洞窟中出现的东王公、西王母形象一说为帝释天和帝释天妃，来源其说不一，段文杰则认为这是道教思想与佛教融合的表现。那么道教题材是怎样进入佛教石窟的呢？作者以西魏第249窟为例，详细论述了这种早期佛教艺术中国化的特殊形式的来龙去脉，发前人所未发。

根据敦煌石窟的连续性，段文杰还从宏观的角度对各时代的石窟艺术做了系统的研究，他把敦煌艺术放在特定的社会历史环境中，深入透彻地研究了佛教思想、社会环境对石窟艺术发展的影响，并翔实地分析了各时代敦煌石窟艺术的发展、演变，揭示其艺术发展的内在规律，写出了《早期的莫高窟艺术》《唐代前期的莫高窟艺术》《唐代后期的莫高窟艺术》《晚期的莫高窟艺术》一组论文，概括出了敦煌石窟艺术的发展史。这一系统的研究，可以说是敦煌艺术研究的集大成者。

二、领导全院把研究工作搞上去

"文革"结束后，段文杰先生欣喜之余继而整天埋头伏案研究，还鼓励大家把停止了十多年的科研课题继续搞下去。这时段先生虽然尚未担任领导职务，但他已经在冷静地思考着敦煌文物研究所（敦煌研究院前身）的未来，思考着将来保护研究工作的发展，因为他清楚地知道，敦煌文物研究所在"文革"前虽然做了大量工作，如危崖加固保护、洞窟资料调查整理、壁画彩塑临摹、出版介绍性的图录，但科学研究工作做得不多，还远远落后于国外，"文化大革命"又使各项工作停顿了十多年，他期待着敦煌文物研究所急起直追！他在1980年始任副所长、1982年始任所长的几年中，除了主持正常工作以外，还狠抓了敦煌学的学术研究工作。这时他积极地创办学术性刊物《敦煌研究》，并致力于《敦煌研究论文集》论文的征集和编辑，《敦煌莫高窟内容总录》的编辑出版，《中国石窟·敦煌莫高窟》（五卷本）文章的组织和撰写，还发起并筹备召开了第一次全国敦煌学术讨论会。他自己除了为上述各个项目亲自撰写研究文章外，还为《文物》杂志撰写文章，为兰州大学学生讲授敦煌石窟艺术的课程。广大研究人员被段文杰先生为振兴敦煌学，带头研究拼搏的精神感动和激励。

段文杰先生在《敦煌研究文集》前言里写道："粉碎'四人帮'以后，敦煌文物研究所和全国一样，得到了第二次解放，坚持敦煌工作十几年和数十年的研究人员，怀着对文物事业的责任心和扭转敦煌文物研究在国际上处于落后地位的革命热情，重整旗鼓，埋头苦干，取得了初步成果。"这一席话，真实地表达了段文杰先生个人和研究所广大研究人员的心声。大家迸发出的开展研究工作的热情，结出了累累硕果。

1984年，甘肃省委、省政府决定将敦煌文物研究所扩建为敦煌研究院，段文杰先生受命担任院长。为落实省委、省政府的决定，他在敦煌研究院扩建中付出了辛勤的劳动。在他的主持下，组建了新的领导班子，增加了业务部门，扩大了编制，增加了人员，为研究院和敦煌事业的继续发展创造了良好的空间和条件。段文杰先生按照"保护、研究、弘扬"的六字方针对研究院的工作做了全面的部署。在他的领导下，敦煌研究院开创了敦煌文物保护、研究、弘扬事业的新局面。

他认为"保护是我院的首要任务"，"没有保护就没有一切"。在他主持下制定科学保护规划，培养科学技术保护人才，充实科学技术保护手段，引进先进技术，开展国内外合作保护。20世纪80年代，在莫高窟设置国内最先进的全自动气象站和其他环境监测仪器，对窟区大环境和洞窟内微环境做了监测记录，通过大量数据，掌握了文物的环境因素；通过风向风速的监测，针对莫高窟多风向的特点，采取了综合措施对长期困扰莫高窟的风沙危害开展有效治理；对敦煌各石窟崖体岩石的化学成分进行了分析；对石窟崖体地层的形成和构造特征及其形成的病害作了调查，对榆林窟危崖采用锚索技术和裂隙灌浆技术完成抢救性加固；对壁画和彩塑所使用的材料及其病害原因和机理作了分析研究，并对病害壁画和彩塑进行抢救性修复。这个时期敦煌研究院保护工作的科学技术水平极大地提高了，保护工作进入了科学保护阶段。

段文杰先生认为："保护的目的是为了应用，用就得研究，阐释文物价值、历史价值、艺术

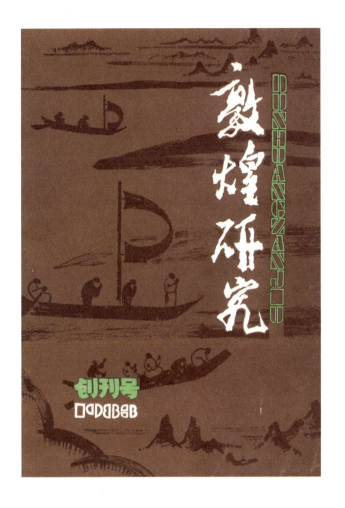

〔图3〕
《敦煌研究》创刊号
1983年

价值、科学价值等等。"因而对石窟考古和石窟艺术展开了广泛而深入的研讨。在石窟考古方面,对长期蒙着神秘色彩的莫高窟北区240多个洞窟开展全面考古清理发掘,揭示了北区洞窟的性质,有僧人修行和居住的禅窟、僧房窟,还有储藏用的仓廪窟、僧人墓葬的瘗窟。在这些洞窟中发现了一批珍贵的文物,如回鹘文木活字、波斯银币、丝织物,汉文、叙利亚文、西夏文、回鹘文、藏文等珍贵的文献,这是石窟寺考古的重大发现。对北朝、隋代、唐前期、西夏的洞窟进行了分期研究的探讨。石窟艺术研究方面,对敦煌艺术的发生、发展和演变的特点、规律和原因以及美学的特质等做了通史性的研究,同时也做了断代和分窟的艺术研究。在石窟内容研究方面,一是在多年洞窟内容调查的基础上,对洞窟壁画佛教题材内容的各种经变画、故事画、史迹画、尊像画、民族传统神话题材开展了全面深入的研究,有许多新的发现和新的研究成果;再就是拓宽了艺术、社会类的专题研究,如音乐、舞蹈、飞天、建筑、服饰、民俗、科技、交通等专题的研究,这些都是以前没有开展过的研究领域。在敦煌文献研究方面,对院藏、甘肃省藏和国内外某些博物馆藏敦煌文献进行了编目、整理,并对已刊敦煌文献目录进行了系统的校勘与增补;利用敦煌文献的丰富资料,在对古代敦煌历史、地理、民俗、文学、佛教、西北民族关系、敦煌书法的研究方面取得一批备受学术界瞩目的成果。先后召开了3次敦煌学国际学术讨论会,中外学者在敦煌学广阔的领域内展开了研究和争鸣,发表了许多新的见解,取得了很多新的成果,促进了敦煌学的研究和交流。还多次派专家赴日本、英国、法国、美国等国家参加国际学术会议,这个时期敦煌研究院的研究水平和业务能力有了较大的提高。这些学术研究成果,集结在大型的学术性、艺术性的图录,以及会议文集、专著和专题研究之中。

三、创办《敦煌研究》期刊，
推动了世界性敦煌学研究的发展

为了尽快地刊布敦煌学研究新成果，并积极推动全国敦煌学研究的发展，在段文杰先生的倡导下，敦煌文物研究所创办了《敦煌研究》期刊，于1981年和1982年出版了试刊第一期和第二期，1983年《敦煌研究》正式创刊〔图3〕。作为主编的段文杰先生在发刊词中回顾了七十年来敦煌学发展的历程，强调我国敦煌学在国际学术进程中的落后状况，提出《敦煌研究》作为敦煌学研究的学术园地，促进敦煌学发展的办刊宗旨。体现了在国际领域展开敦煌学术研究的远见卓识。80年代初，全国的敦煌学研究都逐步复苏，学术研究与出版条件极其艰苦的情况下，《敦煌研究》杂志奋力开拓，不仅极大地促进了本院的研究，而且对全国的敦煌学研究都产生了巨大的鼓舞。90年代以后，《敦煌研究》期刊由不定期走向定期，由季刊变为双月刊，并先后荣获"甘肃省一级期刊""全国优秀社科期刊奖""国家期刊奖"等多种荣誉。《敦煌研究》不仅在中国期刊界赢得了较高的荣誉，而且深受国外学术界的关注，是国内外学者研究敦煌学的必备参考，对世界性的敦煌学研究及相关学科产生着重要影响。这些都与作为主编的段文杰先生的正确领导密切相关。

四、为敦煌研究事业培养人才

段文杰先生特别重视培养人才，可以说是爱才如命，为培养人才想尽办法，不惜投入。他重视人才的培养是出于对敦煌深沉的热爱和深刻的了解。他深知敦煌急需保护、利用、弘扬、管理等多方面的人才。改革开放以后，敦煌的保护研究工作得到了政府和社会各界前所未有的重视，要扩所建院、扩大规模、扩大机构、扩大编制，敦煌也将面临更艰巨的任务，需要更多的热爱敦煌的人才，才能完成和迎接未来艰巨的任务。

为引进人才，发展敦煌事业，20世纪80年代初，段先生决定刊登招聘广告在全国招聘人才，并由研究所的书记带队，在全国应聘的人员中考核、选拔，招募了10多位研究人员。这些人为敦煌事业补充了新鲜血液，推动了敦煌事业的发展。但是这些人员中大部分有家室，许多实际问题得不到解决，大部分逐渐离去，最终留下来的很少。

由于敦煌地处边陲，远离城市，生活艰苦，交通不便，罗致人才不易。尽管工作有意义，但还是难以吸引和留住一批人。面对如此种种不利的客观现实，段文杰先生痛下决心自己来培养留得住、用得上、热爱敦煌事业的青年人。院里根据段先生的要求，制定了培养人才的具体办法：高中毕业的送出去进修大专、大学；大专、大学毕业的鼓励攻读研究生；缺外语的送出去学习外语；选送学有所成的专业人员出国深造等。段文杰先生在人才培养方面舍得花钱，不惜投入。20世纪80年代初，段先生将中日合作出版的《中国石窟·敦煌莫高窟》五卷本的出版所得5万元人民币全部用于年轻人的培养。长期以来，无论经费多么紧张，段先生对人才的培养从来没有中断过。段文杰先生还积极争取国际援助，为年轻人创造学习的机会和条件。在段先生任期内，先后有近60人赴日本、意大利、加拿大、美国等国家学习深造。全院有百余人经过了各种培训和大专院校学校培养，数十人在数国学习，数人取得硕士、博士学位，有一大批高级人才出国研修和学习交流。还培养每个讲解员掌握一门外语，用日、俄、法、德、韩等国外语言直接向外国游客讲解。多数专业人员通过再学习提高了专业水平，开阔了视野，提升了专业能力，很多人成为各个岗位的专业骨干。段先生为研究院培养了许多人才，但从来没有为自己的家人和亲戚创造任何出国学习深造的机会。

五、创办敦煌石窟保护研究基金会，推动石窟保护研究事业

敦煌研究院成立后，为了推进敦煌石窟保护研究事业的全面发展，争取更多的资金支持，段文杰先生通过与国内外友好人士的文化交往，大力宣传敦煌石窟艺术的保护、研究和弘扬问题。1988年9月，日中友协副会长、日本东京艺术大学教授、著名画家平山郁夫将自己举办画展收入的2亿日元捐赠给敦煌研究院，作为发展敦煌研究的学术基金。经甘肃省人民政府批准，将此项基金命名为"平山郁夫敦煌学术研究基金"。

后经时任中共中央政治局委员、国务委员兼国家体改委主任李铁映同志的大力支持，1994年，中国敦煌石窟保护研究基金会正式成立，段文杰先生任基金会理事长，平山郁夫敦煌学术研究基金转入中国敦煌石窟保护研究基金会。1995～1996年，在段文杰先生的推动下，基金会先后到上海、北京等地募集人民币近500万元。1994～1996年，基金会为敦煌石窟保护研究工作资助出版了《心系敦煌五十春秋——段文杰敦煌壁画临本选》《段文杰敦煌研究五十年纪念文集》《杨雄敦煌学论文集》《敦煌莫高窟史》等4本论著；资助段文杰等5人赴俄罗斯考察俄藏敦煌文献和敦煌艺术品；资助敦煌研究院购买专业设备、修建文物保护设施等项目；于1996年8月在北京成功地举办了"敦煌艺术展""敦煌石窟保护研究基金会成立大会"及"段文杰敦煌研究五十年学术研讨会"，当时在国内外产生了较大影响。

基金会成立不久，由于对市场风险认识不够，管理不善，发生了基金被骗案件，致使基金受到了严重损失。段先生对此痛心疾首，为了追回被骗基金，还多次亲自奔波。

2004年，在国家文物局、甘肃省文物局的大力支持下，追回了大部分款项，经过换届整顿

建立健全各项制度，使基金会的工作走上了正轨，又开始了募集资金，开展公益活动。为此，段文杰先生十分高兴，希望基金会越办越好。

从风华正茂的青年，到满头华发的老者，段文杰先生为自己钟爱的敦煌艺术研究事业倾注了60年的心血。作为一名学者、一名艺术家，他对敦煌壁画临摹的探索，他在敦煌艺术研究领域所取得的成就，当之无愧地成为敦煌学研究的领军人物；作为一名管理者，他以知识分子的睿智和管理者的才能，令世界对敦煌刮目相看。他虽然退居二线，但魂牵梦绕的仍然是他心中的敦煌事业，他经常告诫我们，要把敦煌"保护好，研究透"。而今，敦煌研究院的各项工作正在按照段先生倡导的"保护、研究、弘扬"的方针蓬勃发展。我想，这是我们献给段老九十华诞的最好贺礼。

（原载于《敦煌研究》2007年第4期）

莫高精神的杰出榜样

——纪念段文杰先生诞辰一百周年

今年是我们敬爱的段文杰先生诞辰一百周年（1917～2017年）。段文杰先生青年时代于重庆国立艺术专科学校求学五年，主攻国画，得到了吕凤子、陈之佛、傅抱石、李可染、黎雄才、潘天寿、林风眠等名师的真传和指导。他被张大千在重庆举办的"张大千临摹敦煌壁画展览"深深地吸引，决心毕业后亲赴敦煌一睹敦煌艺术风采，学习宏伟博大的敦煌艺术。不料，段先生这一去，迷醉于敦煌壁画艺术的海洋，没有任何想走的意思，敦煌艺术像磁铁那样将他永远牢牢吸在了敦煌。他经历了20世纪40年代初建的国立敦煌艺术研究所、50年代初改名的敦煌文物研究所、80年代扩建的敦煌研究院各个时期。他将一生奉献给了敦煌，为敦煌艺术临摹和研究，为推进敦煌学研究的前进，为推动敦煌石窟保护、研究和弘扬各项事业的发展，为铸就坚守大漠、勇于担当、甘于奉献、开拓进取的莫高精神，做出了重大的贡献，是莫高窟人的杰出典范。

心系敦煌　永不言悔

1946年，抗日战争胜利之后，国立敦煌艺术研究所的大多艺术家东去回家。唯有段先生和其他几位青年学子追随常书鸿所长西去敦煌〔图1〕。段先生长期生活在天府之国的四川，来到荒漠戈壁，其生活反差之大可想而知。当时的敦煌除了洞窟及其艺术是宝，生活和工作条件都极其艰苦。周围戈壁沙漠，风沙弥漫，住着破庙，无水无电，物质贫乏。冬天零下20多度，却没有取暖设备。段先生说早晨出了被窝，脸上长了"白眉毛""白胡子"，只有靠吃辣椒和蹦蹦跳跳，暂驱寒意；有次段先生赶毛驴进城购物办事，遇到了狼，毛驴吓得动弹不了，段先生与狼对峙着，可能狼不太饥饿，段先生侥幸逃过一劫，多危险啊！段先生认为："我真是不能没有你们

（敦煌石窟）呀！"敦煌艺术之魅力，敦煌事业的需要，激励着他，给了他留在敦煌的力量和支撑，一切艰难困苦，对他而言算不了什么！

20世纪50年代，在"反右运动中"，段先生是重点批斗的对象，虽然没有戴上帽子，却被降了六级工资，株连妻子也丢了工作；要他白天进洞临摹壁画，晚上罚他参加重体力劳动。这种极不公正对待，使段先生"遭到精神上和生活上的双重压力。但他凭着宽阔的胸怀和无私奉献的精神，始终没有倒下去，仍然默默地做着自己的工作，特别是在研究工作中尽管无名无利，却始终坚守科学态度和艺术家的良知，从不马虎"。段先生说只要进了洞，"在这里，我全然忘记了烦恼，心情一片平静。真是'一画入眼里，万事离心中'啊！"到了"文革"的年代，段先生

〔图1〕
1950年的段文杰

又一次受到冲击批斗，最后被除名，下放农村。他人在农村，心在敦煌石窟，坚持"没事挑灯夜读，思考和研究我的艺术与美学"。后来落实政策，段先生又回到敦煌文物研究所，他抓紧时间，潜心研究，撰写研究文章。"文革"结束后，段先生撰写的颇有见地的敦煌艺术文章一篇又一篇发表了出来。

使我不能忘记的还有很多。如20世纪90年代初，段先生得病住院期间在病榻上做了一个他与敦煌飞天相遇的梦，这个梦太动人、太美好了！20世纪末，他退居二线任名誉院长后，他儿子为了便于照顾老人，安排段先生住到兰州，他时常"闹着"要回敦煌，不愿在兰州，时常做梦还在敦煌，说的梦话是：时间到了，某某、某某、某某……你们怎么还不上班，还不来开会啊！2006年段先生回到敦煌，特别兴奋，进了洞窟，精神抖擞地给陪同的人员滔滔不绝地讲起了洞窟。见到我，叮嘱我要把敦煌石窟保护好、研究透、弘扬好！段先生的心中深深藏着抹不去的敦煌艺术和敦煌事业情结，他永远爱着敦煌，装着敦煌，想着敦煌！

勇于担当　爱国情怀

敦煌石窟保护、研究、弘扬的方针，是20世纪50年代中央文化部给敦煌

〔图2〕
1950年西北军政委员
会文化部文物处接收
代表与敦煌文物研究
所工作人员的合影

文物研究所确定的。从常书鸿所长开始，数十年来敦煌的几代人薪火相传，始终严守文化部确定的方针，把保护、研究、弘扬敦煌石窟的任务当成自己的崇高责任担当起来〔图2〕。20世纪50年代，段先生担任过一个时期的代所长，他主持的临摹工作做得有声有色。20世纪80年代初，段先生接替常老，继任敦煌文物研究所的第二任所长。段先生不仅具有坚实的国画基本功，在敦煌壁画临摹和敦煌艺术研究方面有很高的专业水平，而且又有较强的行政工作能力，更难能可贵的是，他在工作中能坚持原则，不计以往个人得失，以宽阔的胸怀积极化解研究所同仁在历史上形成的和"文革"时期造成的矛盾和隔阂，努力促进团结，调动全所同仁积极性，带领大家利用我国改革开放的大好时机，把敦煌保护、研究、弘扬各项事业提升到新的高度。

段先生的专业虽是绘画，但他在洞窟中从事临摹壁画的同时却格外小心翼翼地注意保护壁画，倡导大家在临摹时不能对壁画有任何损害的行为，绝对不能用有损壁画的印稿法临摹，只能用面壁写生法临摹。在他的重视下，杜绝了按在壁画上印稿的行为。段先生担任所长以后，就更加重视敦煌石窟的保护工作。1987年，莫高窟被联合国教科文组织世界遗产委员会批准列入《世界遗产名录》。段先生十分重视国际合作，在他的领导下，保护工作加强了与国内外的合作，学习和引进了国际文化遗产保护的先进理念、先进技术、先进经验，积极培养保护人才，逐步建立起自己的保护科研队伍和实验室，保护水平迅速提升，开始从过去对壁画的抢救性保护走向科学保护、从局部保护走向本体和环境的整体保护。

　　敦煌学研究始于藏经洞文献的发现，过去国内外的敦煌学研究侧重于敦煌文献的整理研究，对敦煌石窟内容和艺术研究并不重视。1944 年国立敦煌艺术研究所的成立，意味着敦煌石窟有序的调查、整理和研究的开始。20 世纪 50 年代，在段先生的组织领导下，研究所的画家通过刻苦学习、研究、探索，使壁画临摹从形似到神似，从局部临摹到大幅、巨幅壁画临摹，进一步对整窟壁画成功临摹〔图3〕。数十年来，这些高质量的敦煌壁画临摹精品多次在国内外敦煌艺术展览上展出，对弘扬敦煌艺术起了重要作用，产生了积极影响。以段先生为代表的前辈艺术家在临摹的同时也在努力地研究敦煌艺术，但因人文科学人才缺乏，研究成果并不多。段先生接任所长后，对我国和我所的敦煌学研究现状深感焦虑不安。他给研究人员分析了"文化大革命"时期，我国的敦煌学研究是一片空白，而港台地区和日、法、英、俄、美等国的敦煌学研究却有了较大发展的现状，并指出：我们只有抓紧时间，急起直追，多出成果，才能赶上国际学术界前进的步伐。要迅速提高研究水平，逐步扩大敦煌文物研究的领域，逐步拿出一批有分量的研究成果，出版一批有一定水平的论文和著作，改变"敦煌在中国，敦煌学在外国"的状况，要为国争光，为改变敦煌学研究的落后面貌而努力！研究所的研究人员在段先生的感召下，识大体，顾大局，表示我们的"主要目标不是个人的荣辱得失，而是把保护、研究、弘扬我国优秀文化艺术的工作搞上去，为祖国争光，为民争气"。段先生说到了，也做到了！他自己率先垂范，埋头苦干，除繁忙的行政工作外，还夜以继日地撰写研究文章。他还十分重视充分发挥研究人员的作用。重视补充新的研究人员的力量；对敦煌研究院培养人才、增设研究部门、拓宽研究领域、资料收集和整理、撰写文章、出版书籍等做出了全面部署。在段先生的领导和部署、老中青三代研究人员的共同努力下，研究院学者除发表了大量文章外，还创办了《敦煌研究》学术刊物，出版了《敦煌莫高窟内容总录》和《敦煌莫高窟供养人题记》，综合性的《敦煌》图录，精选的专题论文集《敦煌研究文集》、《中国美术全集·敦煌》"壁画""彩塑"卷、《中国敦煌壁画全集》10 卷、敦煌石窟的专题分类《敦煌石窟全集》26 卷、以研究单个精华洞窟为特点的《敦煌石窟艺术》22 卷，以及中日合作撰写的《敦煌莫高窟》(5 卷本) 和《榆林窟》等一系列出版物。段先生除积极推动研究和出版外，还十分重视学术交流。在他领导下，敦煌研究院召开了四次国际敦煌学术研讨会，不少国家的学者都欣然应邀参加会议，讨论涉及敦煌石窟和藏经洞文物的艺术、考古、历史、地理、宗教、民族、民俗、书法等广阔领域。晚年的段先生着力推进敦煌研究院的敦煌学研究。敦煌石窟方方面面研究的举措和实实在在的研究成果，不仅提高了敦煌研究院的学术研究水平，拓宽了敦煌石窟的人文学科研究领域，为我院未来继续发展敦煌学研究打下了坚实的基础，使敦煌石窟研究进入新的阶段，而且扩大了影响，使传统的敦煌学研究主要是藏经洞文献研究的认识被改变

了。国内外的学术界公认敦煌学研究的核心除藏经洞文献外，还应包括敦煌石窟的研究。敦煌学研究中的敦煌石窟研究，也成为国际显学的热门，吸引越来越多的国内外学者参与其中。中国改革开放后，段先生带领敦煌研究院的学者以及全国敦煌学界学者的共同努力，对敦煌学所做的新贡献，改变了"敦煌在中国，敦煌学在外国"的状况。

段先生出任所长时，正值敦煌石窟正式对国内外游客开放。段先生也十分重视游客的参观，专门设立接待部，主要任务是负责接待国内外专家、学者和游客，负责导游并讲解石窟艺术，配备中、日、英、法等语种讲解人员。段先生根据敦煌石窟的特点和游客需求，认为敦煌石窟开放必须做好讲解，没有讲解，游客既看不懂，也看不好，不用外语直接为外宾讲解，外宾也看不懂，看不好。所以段先生特别重视讲解员的培训，提高讲解人员的水平。记得20世纪80年代初招聘了一批青年人当讲解员，段先生亲自为他们讲课，也安排我和其他专业人员给讲解员讲课。后来则逐渐形成请学者为讲解员授课的常规，学者们将自己的研究成果介绍给讲解员，可不断丰富讲解的内容。与此同时，要求每个讲解员要掌握一门外语，安排讲解员到外语学院学习外语，甚至创造条件，送讲解员出国学习外语和文化，提高外语水平，完善知识结构。由于研究院坚持做好讲解和培训讲解员，所以敦煌石窟自1979年开放以后，开放接

〔图4〕
段文杰向观众介绍敦
煌石窟艺术

待效果较好，一直受到游客的好评〔图4〕。

到20世纪80年代中期，游客已增至年10万人次以上，特别是旅游旺季游客激增，一些洞窟出现游客拥挤。段先生考虑到敦煌石窟的保护和游客的感受，想建设一座博物馆，展示复制洞窟和敦煌石窟出土文物。他希望通过博物馆的建设陈列引导游客在参观洞窟后，到博物馆更深入地了解敦煌石窟，解决游客增多的问题。后来在段先生的努力推动下，日本政府无偿捐赠，建设了敦煌石窟文物保护研究陈列中心（博物馆），实现了段先生的愿望。段先生还多次积极推动到日本、法国、印度等国及中国香港和台湾地区举办敦煌艺术展，每次他还要配合展出做不同内容的敦煌讲座，使敦煌艺术的对外影响不断扩大。

总之，在段先生领导敦煌研究院期间，敦煌石窟的保护、研究和弘扬各项事业上了一个很大的台阶。

甘于奉献　潜心治学

段先生身居大漠，志存高远，数十年如一日，在探寻学术的道路上，孜孜不倦，殚精竭虑，潜心于敦煌艺术的临摹和研究。

据段先生回忆，他刚到莫高窟时，洞窟所依附的石崖破败，已无法攀登，

图5

图6

只有用"蜈蚣梯"，才能进入洞窟；那时的莫高窟没有电，只有靠"借光法"，就是用镜子在洞外把阳光反射到洞内的白纸板上，这样整个洞就亮了起来。但是要随太阳的脚步，频繁地移动镜子。那些无法采用"借光法"的洞窟，只能"秉烛作画"。

段先生说的"秉烛作画"，是指他刚到敦煌时在洞窟中借蜡烛照明临摹壁画。一些人把临摹看得很简单，误认为临摹不就是"依样画葫芦"吗？那有什么难的啊？其实不然，要真正把一千年敦煌壁画原作的精、气、神画好，极其艰难，极其不易！临摹敦煌壁画还没有标准和要求，画家们面对洞窟中画幅巨大、内容复杂、时代不同的壁画究竟该怎么临摹，心中无数。是段先生潜心研究和探索，逐渐形成了临摹敦煌壁画的标准和要求〔图5、6〕。

段先生是怎么研究和探索的呢？他刚到敦煌，一头钻进洞窟，在洞窟中"面壁写生"，凭他扎实的基本功，很快就能使临摹达到与敦煌壁画相似的水平，可他不满足于临摹作品只停留在与壁画相似，经过苦学、苦钻、苦思，他明白了之所以"缺少神清气逸的效果，究其原因，是对敦煌壁画的思想内容和艺术特征认识不足"，也就是缺乏研究，所以临摹作品不理想。于是他开始注意进行一系列临摹前的研究工作。段先生主要从三方面进行研究：一是通过大量阅读与敦煌壁画佛教艺术及其内容有关的史书、古籍、佛经，弄懂临摹对象的思想内容；二是认真辨别分析从十六国北凉到元代共十个朝代之间既不相同，又有联系的复杂的壁画风格特征；三是弄清各时代壁画制作的程序与方法。段先生临摹的高人之处在于不是就临摹说临摹，就绘画说绘画，而是在深入研究的基础上进行临摹。他常说临摹也是研究。

除了以上三个方面，段先生还对敦煌壁画的三个技术性极强的环节进行了分析和练习，这就是线描、晕染和传神技巧。具体来说，段先生在经过对洞窟深入细致的观察、探索和研究后，分析了不同时代、不同物象的线描、晕染和传神技巧的演变规律、时代特征，总结了古代画师绘画的程式和方法。然后他又亲自经过对线描、晕染和传神等运笔技术的反复练习、反复实验。苦学和苦练使他熟练地掌握了敦煌壁画不同时代、不同物象的起稿线、定形线、提神线、装饰线等各种线描的技巧；掌握了不同时代的衬色、涂色和填色，以及凹凸晕染法、红晕法和一笔晕染法等各种赋彩晕染的技巧；掌握了人物不同的眼神和五官肢体的动态变化表达的传神技巧，"终于达到得心应手，形神兼备的地步"。因此段先生临摹的一个高人之处，在于他能潜心苦学、苦练、苦钻，下足功夫分析、总结，并正确掌握了敦煌石窟一千年古代画师们的绘画技巧。所以，段先生完成的敦煌壁画临本数量最多，质量最高，达到了形神兼备、最接近原作神韵的高度，至今无人能超越他〔图7〕。

〔图 7〕
菩萨
1948 年临摹

段先生为提高敦煌艺术研究所的整体临摹水平，他毫无保留地把自己全部经验，介绍给刚到敦煌石窟的青年画家们，然后让他们到洞窟里去实际操作，大家也完全接受并按照段先生的敦煌石窟壁画临摹经验，很快就掌握了敦煌壁画临摹的要点。不仅如此，段先生还提倡大家互相评议临摹品，"经过讨论和评议，大家的水平提高了，临摹工作也越来越到位"。段先生苦心孤诣地探索和实验，总结出的临摹壁画的经验，不仅使他自己临摹得好，而且还形成了规范。敦煌的画家们依照他的经验，将敦煌石窟壁画临摹到位，取得了重大成绩和丰硕成果。这足以说明段先生所说的这个临摹壁画经验，实际上已成为敦煌艺术研究所临摹壁画的标准和要求，一直沿用到现在的临摹工作中。

段先生之所以要艰苦探索并建立临摹敦煌石窟壁画的标准和要求，目的是要使敦煌壁画的临摹，即作为文物的临摹，必须做到忠实于原作，只有这样才能重现真实的古代艺术品的原貌和神韵，才有意义和价值。段先生指出："张大千他们（泛指国立敦煌艺术研究所成立之前曾来敦煌石窟临摹敦煌壁画的大多画家们）似乎在敦煌还是太短暂了，太匆忙了，以至于他的有些临品还是只画了一个大概，不够深入，有些临本则是临摹者以自己的意愿对壁画的某些造型做了修改。"也就是说，段先生认为用现代人的造型观点和审美观点随意改动古代壁画上的原貌，这样所谓的敦煌壁画临摹品，背离了敦煌壁画的本来面貌，背离了它的神韵，就不是真正意义上的敦煌壁画临摹品。

那么，什么是原作，用什么方法临摹才能忠于敦煌壁画原作原貌呢？段先生认为，敦煌壁画的原作应该是敦煌古代壁画的本来面貌。可是现在的敦煌壁画，已经历了1600多年的历史沧桑，由于自然和人为因素的作用，留存至今的敦煌壁画与古代壁画原作面貌相比，已经发生了程度不同的复杂变化，如变色、残破、病害等。段先生通过探索实践和分析研究，总结出不带随意、不带想象成分，而完全忠于原作的三种临摹方法："一种是客观临摹。就是按照壁间现存残破变色情况，完全如实地写生下来。这种临本可以给人以壁画现况的真实感。这种方法是现在临摹工作的基本方法。另一种是旧色完整临摹。壁画的组织结构、人物形象、色彩变化等种种方面，都一一依照壁间现存状况，但残破模糊的地方，在有科学依据的情况下，有意识地令其完整清楚。这样的临本，可以免去观众在残破模糊的画面上寻找人物形象的困难。还有一种方法是复原。就是要恢复原作未变色时清晰完整、色彩绚烂的本来面貌。我们要认识和研究古代艺术，要学习古典艺术遗产，首先要找出它的本来面貌。"所以，"复原工作是很重要的，也是比较困难的，必须以研究工作为基础，必须有充分的科学依据……必须做到'物必有证'，决不能随意添加，凭空创造。只有这样才能比较真实地再现原作，恢复失去的光彩"。莫高窟第254窟"尸毗王本生"临本、第194窟"帝王图"临本〔图8〕、第158窟"各国王子举哀图"临本，是段先生的客观临摹和旧色完整临摹的代表作。又如段先生完成的第130窟"都督夫人礼佛图"的研究性复原临本，不仅被公认为是复原临摹作品的典范之作，而且由于这幅壁画的原画已变得漫漶不清，所以段先生的这幅复原临本，确实是抢救了、保存了一幅唐代大幅仕女图。据段先生回忆，他认识到这幅壁画水平很高，1955年这幅壁画虽然很多地方还能看清楚，但脱落漫漶之处也很多，随着时间的推移，可能会进一步模糊湮灭，临摹这幅画也是一次抢救性的保护措施。复原临摹的要求非常严格，为了把这幅画临摹好，他做了很多研究对比工作。形象不清楚，要从其他相似且保存完整的地方去找根据，并反复考证，再将其补全。这样才能准确无误，忠于原作〔图9〕。

今天，段先生总结的上述三种临摹方法，仍被继续遵循运用。虽然现在能运用数字化技术复制敦煌壁画，但是经过画家细致观察、分析研究后临摹的壁画临本，所表现的壁画原作的精、气、神，特别是旧色完整临摹方法、复原临摹方法，是科技所不能替代的。

段先生认为："临摹过程就是进行研究的过程，通过临摹实践又为进一步的研究工作打下基础。"这是段先生长期在敦煌石窟临摹实践中总结出来的真知灼见。正如段先生所说："不管在劳动中或是在洞里工作，我没有放弃对敦煌石窟艺术的思考。敦煌艺术的来龙去脉以及它的许多使我感兴趣的问题，我总想把它弄明白。我就这样不断地思考着，联想着，分析着，比较着，归纳

图 8

图 9

着。"段先生在敦煌壁画临摹方面做出了重大贡献，正是因为他在临摹时伴随
着对艺术的研究。而长期的临摹实践，又使他在敦煌艺术研究上取得了非凡的
成就。

　　敦煌石窟是延续千年创造的佛教艺术丰碑。它有清晰的艺术发展脉络，形
成了敦煌石窟特有的艺术体。段文杰先生在艺术研究上的贡献，首先就在于他
能从美术史的角度把握敦煌艺术的时代发展脉络，对各个时代的敦煌石窟艺术

〔图 8〕
帝王图
1974 年临摹

〔图 9〕
乐庭瓖供养像
1959 年复原临摹

有着宏观的梳理和研究，并能从美学的角度探讨敦煌艺术的风格特征。

20世纪80年代初期，为配合中日合作出版《中国石窟·敦煌莫高窟》，段文杰先生著有《早期的莫高窟艺术》《唐代前期的莫高窟艺术》《唐代后期的莫高窟艺术》《晚期的莫高窟艺术》一组论文，其后又对隋代、初唐时期的敦煌艺术做了探讨，发表了《融合中西成一家——莫高窟隋代壁画研究》《创新以代雄——敦煌石窟初唐壁画概况》；为《中国石窟·安西榆林窟》一书写了《榆林窟的壁画艺术》一文。这一系列论文概括了一部相对完整的敦煌石窟艺术发展史。段文杰先生把敦煌艺术放在特定的社会历史环境中，深入透彻地探讨了佛教思想、社会环境对石窟艺术发展的影响，并切实分析了各时代敦煌石窟艺术的发展、演变，揭示其艺术发展的内在规律。他对各时期艺术风格特色的总结，今天已成为我们认识敦煌艺术的基础理论。

其次，段文杰先生以一个画家的独特视角，对敦煌壁画的美学特征做了深入而贴切的分析。在《敦煌早期壁画的风格特点和艺术成就》和《敦煌早期壁画的时代风格探讨》等论文中，集中地探讨了敦煌早期壁画的不同风格及其出现的历史、宗教、文化背景，以及不同风格在敦煌壁画中的发展和演变。他认为以往对敦煌艺术研究中有"东来说""西来说"等各持一端，未免都失之偏颇。敦煌艺术就是在敦煌这个丝绸之路上的特定地区，在其有浓厚的汉晋文化基础之上吸收了外来佛教艺术的影响而产生的既有自身独特性、又折射着西域风格和中原风格特点的体系完整的佛教艺术。在《敦煌壁画的传神艺术》一文中，他从中国传统绘画思想出发，通过对敦煌壁画线描、造型、色彩等因素的分析，探讨了敦煌壁画人物体现出来的"传神"特征，敦煌壁画中体现着中国传统绘画的"六法"精神。而画家们之所以达到这种传神的高度，正是由于他们有着深厚的生活基础，他们突破了佛教造像的清规戒律，大胆地以"伎女""宫娃""胡商""梵僧""将军"等现实人物为蓝本，并加以概括、提炼，塑造了富有社会生活气息的宗教和世俗人物形象。另外，各个时代的艺术家总是按当时的审美习惯来塑造人物形象。如西魏时期有"秀骨清像"的造型，"仙灵飞腾，云气缥缈"的动意；唐代则有"丰肌腻体""素面如玉"健康丰满的容仪体态。这些形象特征反映了那个时代的社会审美心理。"气韵生动"是中国传统绘画要表达的最高境界，要达到气韵生动，是要通过"以形写神"，以具体的形象表现来体现人物的精神风貌的。通过对大量画面的具体分析，他得出了"敦煌艺术是华夏各民族共同创造的，是在具有深厚汉晋文化传统，又大量吸收外来艺术营养的沃土中成长起来的中国式的佛教艺术"这一精辟论断。段文杰先生对敦煌艺术的分析研究，不仅为敦煌学研究做出了贡献，而且对当前的艺术创作也富有启发意义〔图10〕。

段先生还对一些重要的历史艺术问题做过个案研究，体现出他在学术研究上的扎实功底和独特视野。如敦煌服饰研究是古代文化研究中的重要课题，而长期以来，这一方面的研究进展缓慢；熟悉历史的专家们，往往对敦煌壁画的图像不熟悉；而长年临摹敦煌壁画的人虽然对于图像

〔图 10〕
伎乐飞天
1947 年临摹

十分熟悉，却往往对相关的历史文献缺乏了解，不能把壁画中的图像与相应的历史记载对应起来。段文杰先生在没有更多的参考资料、研究方法也没有先例可循的情况下，靠自己百折不挠的精神和孜孜不倦的努力，查阅了大量的史籍，终于搞清楚了敦煌壁画各个时代世俗人物的主要衣冠服饰，对其历史称谓、用途及演变情况，以及相关人物身份等问题做了较全面的分析。段文杰先生对敦煌壁画的衣冠服饰的深入研究是开创性的。在段文杰先生发表相关论文之前，虽然也有人对敦煌壁画中的衣冠服饰做过一定的介绍，但并未做过专门的深入研究。此外，如日本学者原田淑人、中国学者沈从文等对中国服装史做全面研究的著作中，虽然也用了不少敦煌壁画的资料，但并没有对敦煌壁画中的服饰做出更深入的研究。段先生的服饰研究为后来这一课题更加广泛深入的研究开辟了道路。21 世纪以来，敦煌服饰的研究成为中国服饰史研究的热点，而段先生的研究成果已成为今天研究敦煌服饰的入门参考〔图 11〕。又如对玄奘取经图的研究，段文杰先生从中国古代流传的《大唐三藏法师取经记》《大唐三藏取经诗话》以及宋代以来的诗文中考察唐僧取经故事的演变和流传，并且针对有的学者提出孙悟空这一形象出自印度神话的观点，调查对比了印度史诗《罗摩衍那》中关于神猴哈奴曼的传说，指出孙悟空的原型并非出自印度神话传说，而是由《大唐三藏取经诗话》进行创作，而经后来又逐步发挥演变而成的。

[图11]
曹议金夫人供养像
1953年临摹

　　总之，段文杰先生对敦煌石窟各个阶段艺术特点的总结，对敦煌艺术作为中国传统艺术的一个重要代表的论断，对敦煌艺术美学特征的分析，以及对敦煌艺术的一些专题研究，在一定程度上构建了敦煌石窟艺术史的宏观体系，揭示了敦煌艺术美学特征和技法因素，对敦煌学的研究来说是极富开拓性的，对于我们今天全面认识敦煌艺术铺平了道路。

开拓进取　创新发展

段文杰先生作为敦煌研究院的开创者之一，在20世纪40年代极为艰苦的条件下，与常书鸿先生等前辈一道开创了敦煌石窟的保护研究事业。在长期的临摹工作中，他总结出了临摹壁画的标准、要求和方法，成为今天美术工作者遵循的方针。在改革开放之后，随着国家文化事业的发展，他敏锐地看到敦煌石窟科学保护和研究的契机，率领全院同仁，努力进行科学保护和学术研究工作，特别是通过国际交流与合作，培养了一大批科研人员，使敦煌研究院在文物保护和敦煌学研究方面渐渐走在了前列。他倡导创办的《敦煌研究》期刊，现在已成为敦煌学研究的重要平台，在国际学术界产生了广泛的影响。

段先生的一生，是为敦煌事业无私奉献的一生。不论是他个人的壁画临摹、艺术研究还是领导全院同仁进行保护、研究、弘扬的工作，他都在不断地开拓创新，推动敦煌事业不断向前发展。段先生以他的一生诠释了"坚守大漠，勇于担当，甘于奉献，开拓进取"的莫高精神。

我们今天回顾段先生为敦煌事业所做的巨大贡献，就是要以段文杰先生为榜样，继承发扬前辈们创造的莫高精神，在新时代为人类的文化遗产——敦煌石窟的保护、研究与弘扬做出新的贡献。

（原载于段文杰著《段文杰画集》，朝华出版社，2017年）

◆ 宿白先生的为人与为学

　　宿白先生是我的授业老师，同时也是对我的人生影响极大的一位先生。

　　我们 58 级考古专业的学生，一至三年级有三次野外考古实习。课堂上侃侃而谈考古学知识的师长们，大多都是经过了长期野外考古实践磨砺、有着丰富野外考古经验的考古学家。在考古工地上，他们从测量、开方、挖土、敛平地面、分辨土色、划分地层，到用小铲清理发掘、刷陶片、拼合、简单地修补、整理、绘图、拍照、文字记录等等，对我们这一个班的同学都进行了耐心而严格的指导，手把手地教给我们野外考古的方法和技能，为我们这些人日后参加考古工作打下了扎实的基础。

　　宿白先生，1944 年毕业于北京大学史学系，是中国历史时期考古学学科体系的开创者和成就者，也是中国著名的考古学家。20 世纪 50 年代，由他主持的河南禹县白沙镇北三座宋墓的发掘，以及根据此次发掘的考古资料撰写出版的考古报告 ——《白沙宋墓》（1957 年），是我国考古报告的经典，在考古界曾引起过巨大的反响。宿白先生在城市考古、墓葬考古、宗教考古、手工业遗存考古、古代建筑、版本目录和中外交流等多个领域均有开创或拓展，已为学术界所公认。中国佛教石窟寺考古学，也是由宿白先生开启的一个研究分支。自 50 年代以来，他身体力行，长期坚持对全国各地的石窟寺做全面系统的实地勘测和记录，特别着力于云冈石窟和敦煌莫高窟的考古。

　　宿白先生最初学的是历史，因为参与了向达先生的考古组，后来改做考古研究。这个事情还要从当年北大恢复文科研究所考古组说起。当时的考古组主任向达一时招不到人，向北大史学系冯承钧先生偶尔说起此事，冯承钧先生马上向他推荐了宿白。冯先生非常赏识宿白先生，之前已经把他推荐到了北大图书馆。这样一来，宿白先生就一边在图书馆整理文献，一边参加文科研究所考古组的工作。1952年北大院系调整时，宿白先生就正式被调到了历史学系。

宿白先生的智慧、才华和博学，我一直佩服得五体投地。宿白先生是学历史出身的，他转向考古之后特别重视文献。当时有不少搞考古研究的人对文献并不是很重视，直至现在有不少考古专业的人好像还有这个问题。宿白先生希望自己的学生不仅要研究实物，还要精通文献，因为文献不好会影响一个人未来学术的发展。

宿白先生的历史文献功夫有口皆碑，这与他转益多师的学术背景有很大关系。他大学毕业之后，在北大文科研究所考古组做研究生，这段时间他到文史哲各个系听课，历史系冯承钧先生的中西交通、南海交通和中亚民族课，中文系孙作云先生的中国古代神话课，容庚先生的卜辞研究、金石学、钟鼎文课，哲学系汤用彤先生的佛教史、魏晋玄学课，他都一一听过。此外，他自己还兼学版本目录课，在古籍版本目录学方面也有着极深的造诣。1947年，宿白先生在整理北大图书馆善本书籍时，从缪荃孙的国子监抄《永乐大典》"天字韵"所收《析津志》八卷中，发现了《大金西京武州山重修大石窟寺碑》（以下简称《金碑》）的碑文，这是云冈石窟研究史上尚不为人知的重要文献。没有深厚的文献功力，是不可能发现并确定这篇文献的重要价值的。他所撰写的《〈大金西京武州山重修大石窟寺碑〉校注》一文（1951年撰写，1956年发表），是研究云冈石窟历史的力作，也是他本人佛教考古的发轫之作，开启了他个人的石窟寺研究。

后来根据《金碑》记述与实地考察，宿白先生写成《云冈石窟分期试论》一文，发表在《考古学报》上。在此以前，有日本学者一直关注云冈的问题，宿先生对日本学者的分期方法提出了质疑。日本学者长广敏雄发表《驳宿白氏的云冈分期论》，对宿先生的研究进行了激烈的反驳，甚至质疑宿先生所用文献的真实性。后来，宿先生又发表文章，答复了日本学者的质疑，对《金碑》的真实性做出了论证，长广敏雄也不得不承认宿白先生的分期论。

宿白先生转向考古之后，特别重视考古资料和历史文献相结合的研究。他认为考古学不能离开田野考古，田野考古是考古生命力之所在，历史时期考古不同于史前考古，每一个历史时期的研究都伴随着丰富的历史文献资料。研究考古出土资料，包括石窟寺遗迹的各种社会历史问题，离不开历史文献的引用和佐证。在他看来，从事历史考古研究的人，不仅要研究考古材料，也应精通历史文献，考古的学生应具备史学和文献学的基本功。为此，他专门为从事佛教石窟寺考古的研究生开设了"汉文佛籍目录"课程，就是要求学生要掌握汉文佛籍的查阅方法，从中学习佛教考古的知识。

此外，由于考古课程需要给学生提供考古实物的图像资料，宿白先生备课时就在讲义上亲自画图，讲课时也当场在黑板上画图。无论是古建筑结构，还是天王、力士塑像，他都能画得惟妙惟肖，令同学们赞叹不已。1988年，西藏文管会邀请宿白先生去参加一个活动，其间他发现西藏的很多寺庙在"文革"期间被毁掉了。回来后，他就开始整理当年的材料，亲手绘制了好多幅插图，给未来的复原工作提供了参考图像。宿白先生的绘画功力来自他的素描功底。绘图是考古调查、发掘和研究必不可少的一项技能，所以宿白先生也十分重视培养学生在现场绘图记录遗迹遗物的技能。

宿白先生看的书多，看的速度也快，常常是学生半天也看不明白的材料，他看一眼就明白了。有一回期末提交论文，我本来打算随便写一写交差了事，以为老师只是翻翻而已。没想到宿白先生逐页批阅，一条一条意见都清清楚楚地写在台历纸上，然后拿给我说："你回去好好修改吧。"遇到这样的老师，学生根本没有空子可钻，只能老老实实地学、踏踏实实地做。

宿白先生的学问深厚，视野宽广，在学术研究上非常有见地。1962年，他受邀在敦煌文物研究所做《敦煌七讲》的学术报告。这次学术报告，他不仅讲考古，讲敦煌的历史，还从佛教史的角度，指出佛教文献资料的研究如何跟考古结合起来，顺便还介绍了如何阅读和把握佛教的史集和经籍。与此同时，他还介绍了西方和日本是怎么做敦煌研究的，深入浅出地介绍了敦煌的学术史。

宿白先生的《敦煌七讲》，从理论和方法上为建立中国石窟寺考古学奠定了基础。他的创见在于，一般的石窟寺考古都会从图像入手，而宿白先生不仅对实物和图像的研究非常深入，而且还格外重视石窟学术史料和考古的结合。对于佛教石窟考古，他提倡把佛籍所提供的信息和考古资料结合起来进行综合研究。佛教考古涉及的研究面很广，包括断代研究、社会历史研究、佛教史研究、艺术史研究以及综合研究和各种专题研究等等。宿白先生认为从事石窟寺考古研究的人可以从事各类研究，但首先必须做好两项基础研究，即"分期断代"和"考古报告"，否则无法开展石窟寺考古的深入研究。

只要看看宿白先生的《白沙宋墓》考古报告，就知道宿先生的学问有多大了。白沙宋墓是北宋末年赵大翁及其家属的三座墓葬，位于河南省禹州市白沙镇北。自1951年起，宿白先生开始带队在此进行田野调查与发掘工作，报告也由宿白先生编写，题目就叫《白沙宋墓》。在北宋末期流行于中原和北方地区的仿木建筑砖雕壁画墓中，白沙宋墓是保存较好、结构最为复杂、内容最为丰富的一处。宿白先生当时才30出头，就写出了这部中国田野考古纪实的奠基之作。翻开《白沙宋墓》，印象最深刻的是后面的注释，涉及宋代的政治、经济、文化、艺术还有社会习俗等诸多史料。宿白先生凭借自己深厚的文献功底，查阅大量历史文献，与第一手考古资料相结合，对墓葬的年代、墓主人的社会地位、宋代河南家族墓地中流行贯鱼葬的习俗等进行了深入分析，生动细致地刻画了宋人的生活图景。

当时，国内历史考古学尚处草创时期，考古学家在撰写发掘报告时大都限于对墓葬形制、出土遗物的记录，很少深入讨论相关的重要历史现象、历史问题。《白沙宋墓》颠覆了学术界对考古报告的认识，除了体现出考古报告应有的实证功夫之外，还展现了浓郁的学术气息和人文精神。尽管出版已有60余年,《白沙宋墓》作为发掘报告的典范,至今仍在学界有重要影响。这本书里的学问太大了,在现在都可以评一个高级教授了,可是当时宿白先生在北大只评了一个副教授,直到带我们这批学生的时候也还只是个副教授。但是宿白先生总是说:"大浪淘沙,你不要看现在。一二十年之后,谁能沉得下心,那就看这些人。一个社会一定要有人潜心做学问。"

对于从事考古研究的人来说,一生有没有可以录入考古史的重大发现是一回事,更重要的是有没有留下一部经得起时间检验的考古报告。考古学研究的基本方法就是田野调查和发掘,考古报告就是对田野考古发掘出来的遗迹和遗物进行全面、系统、准确的记录。科学的田野考古和田野考古报告的出现,使考古学正式成为一门学科,成为历史科学的重要组成部分。考古报告在推动考古学这一学科的发展方面有重要作用,考古报告绝对不能"造假"。无论发掘的对象是古代遗址或墓地,均具有不可再生性,因此一本理想的考古报告,应讲究科学性和客观性,无论是发掘、整理、编写都要力求全面、系统、准确,这样才能为日后人们了解古代社会信息提供准确的参照。这就是宿白先生的为人和为学教给我的对待考古工作的态度。

然而,我愧对先生的是,莫高窟的石窟考古报告迟迟没有做出来。当年分到敦煌文物研究所,宿白先生给予我的厚望就是做好莫高窟的考古报告。"文革"一来,什么都放下了,任何建树都没有。"文革"之后,我又被任命为研究所副所长,被日常事务占据了大量时间,根本没有时间精力搞业务。考古工作不是一个人能完成的,需要一个得力的团队,而研究所当时人员匮乏,根本不具备做石窟考古报告的条件。当然,这些只是客观原因,最核心的问题是,很长一段时间以来,我自己还没有真正想明白这个报告该怎么做。虽然毕业多年,但是自己觉得仍然没有把宿白先生的学问学透。我知道这项工作迟早都要做,而且必须完成,还要完成得好,经得起时间的检验。

(原载于《我心归处是敦煌 —— 樊锦诗自述》,译林出版社,2019年)

◈ 平山郁夫先生的敦煌情结

平山郁夫先生是我们十分敬仰的杰出画家。孩提时代经历过的广岛原子弹爆炸灾害给他心灵留下刻骨铭心的创痛，使他专事绘画佛教传播、东西文化交流与丝绸之路的题材，通过绘画去祈愿和倡导人类的和平。我们十分喜爱先生的绘画作品。

先生在走访作为东西文化交流之路的丝绸之路的各个地方，考察丝路许多历史遗迹的过程中，关注到了佛教和佛教艺术作为东西文化交流的纽带起过的重要作用，敦煌在东西丝绸之路文化交流中有着不可忽视的重要作用和地位，从中他更注意到了丝绸之路东站的日本文化与敦煌之间的渊源联系。敦煌成为先生魂牵梦绕的一个地方。

1979年，先生终于实现了他梦寐以求的敦煌之行，他住在莫高窟前简陋的小土屋，用一切可用的时间饱览了敦煌艺术瑰宝，使他留下了难以忘怀的印象。从此，先生与敦煌石窟结下了不解之缘。

先生多次考察访问过敦煌石窟，每到敦煌总要步入洞窟去观赏、揣摩。他以敦煌石窟为题材创作的许多精美而富有诗意的绘画作品，充分体现了先生对敦煌艺术的深入认识和理解。先生还多次介绍日本各界人士来敦煌参观考察，以期更多的日本人民来了解和关心敦煌石窟。先生要求东京艺术大学日本画科的学生在校学习期间必须到敦煌石窟考察实习一次，使学生了解敦煌与日本之间的文化渊源关系，吸取敦煌艺术的营养。

先生对敦煌石窟的诚挚关爱，引起了他对敦煌石窟保护的重要性和迫切性的重视和思考。他萌生了参与保护敦煌石窟的构想，并将它作为崇高的使命，开始了他为保护这个佛教艺术圣地的不懈努力。

从保护敦煌石窟的构想到付诸实施，先生不辞辛劳，竭尽全力，做了大量艰苦的工作。先生多次向日本各级政府官员介绍了保护世界文化遗产敦煌石窟的重大意义，以引起他们对敦煌的重视。先生曾陪同敦煌研究院前院长段文杰先生谒见日本前首相中曾根先生，中曾根先生表示日本政府应对敦煌保护做出贡献。先生还亲自陪同日本前首相竹下登先生访问敦煌，最终使日本政府确定了无偿援助10亿日元建设敦煌石窟文物保护研究陈列中心的项目。他邀请日本文化厅的人士三次到敦煌石窟调查，使中日政府文化合作协定中列入了中日合作保护敦煌石窟的项目。先生除了请日本政府重视敦煌的保护外，还努力唤起日本人民对敦煌石窟保护的关注。为此，1988年先生倡导成立了日本文化财保护振兴财团，旨在动员日本民间的力量，用红十字精神理念，去抢救濒危的人类珍贵文化遗产，促进丝绸之路及周边地域为中心的文化遗产的保护及文化交流。财团成立之初的首要工作便是开展了对敦煌石窟的保护。特别使我们感动的是，先生将自己心爱的绘画作品，在日本全国举办个人画展，用这个展览向日本人民宣传保护敦煌石窟，并将举办展览的全部收入，捐赠给敦煌研究院，用于建立敦煌石窟保护基金。

经过先生十多年的努力，凝聚着先生智慧和心血的敦煌石窟保护项目取得了明显的成效。由先生多方努力推动促成并亲自参与设计调查和选址，由日本政府援助建设的敦煌石窟文物保护研究陈列中心，以其独特的建筑风格，良好的陈列及多种功能，为古老的敦煌石窟增加了新的景点，增添了新的光彩，吸引了国内外众多的旅游者，也减轻了敦煌莫高窟开放以来给洞窟带来的压力，为保护敦煌莫高窟起了积极作用。矗立于佛教艺术圣地的这座建筑，还是象征中日两国人民友好的纪念碑。

在先生的帮助下，敦煌研究院与日本东京国立文化财研究所的合作科学保护工作迄今已有12年之久。通过双方专业人员在敦煌石窟第194、53窟中的长期监测与研究，在石窟小环境与壁画保护、壁画病害的关系、壁画病害形成的原因和治理等方面做了有益的探讨，取得了较好的成果，并且还在1996年日本奈良召开的"敦煌莫高窟保护国际研讨会"上，展示了中日双方十年来合作保护敦煌石窟的研究成果。通过双方合作保护，促进了相互交流。通过对我院青年专业人员的培训，提高了我院科学保护的技术水平。

以先生捐助的2亿日元而成立的中国敦煌石窟保护研究基金会，也已在推动敦煌石窟的保护、研究、出版工作方面发挥了应有作用。由先生倡导，日本文化财保护振兴财团、国际交流基金、鹿岛美术基金提供资金，自1985年开始，至1998年已为敦煌研究院培养保护、美术、敦煌学的各类专业人员27人（如按一人一年计，共52人次）。人才培养，解决了敦煌地处边缘、生活艰苦、不易聚集人才又急需高素质人才的矛盾。大多赴日本研修的专业人员，通过研修提高了专业水平，开阔了视野，回到敦煌研究院后在各自岗位上发挥了骨干作用，推动了敦煌研究院的保护和研究工作。

此外，文化财保护振兴财团给敦煌研究院赠送了书籍、电脑、传真机、复印机及提供莫高窟地区供水设施建设资金，为改善我院业务工作和生活条件起了重要作用。

诚然，以先生为首的日本文化财保护振兴财团，自成立以来的十年，为中国的其他地方、日本及其他很多国家的古遗址保护也提供了许多援助。对敦煌石窟保护的援助只是众多保护文化遗产援助计划的一部分。但先生和财团对全人类珍贵文化遗产敦煌石窟保护的援助，是其中最浓墨重彩的一笔，其时间之长、项目之多、影响之大、效益之卓然，是先生倡导的文物红十字精神保护文化遗产的最好体现。众所周知，文物是人类不能再生的宝贵财富。在现今世界上一些珍贵文化遗产濒临于被破坏的情况下，先生倡导的文物红十字精神保护人类珍奇文化遗产，是对人类和平和文化的重大贡献。这种崇高的精神，将会造福于人类，造福于子孙后代。相信先生倡导的文物红十字精神将会进一步发扬光大。

（原载于《丝绸之路》1999年第29期）

◈ 我的老彭，走了

相识未名湖

我和老彭是大学同班同学，老彭是我们班上的生活委员，同学们给他取了个外号叫"大臣"。我一直叫他"老彭"，因为他年轻的时候白头发就很多。他和我们班同学的关系都很好。他办事认真，有责任心，给人的印象就是个热心诚恳，非常愿意帮助别人的人。这是我对他的第一印象。

老彭对我格外照顾，可我对恋爱的反应非常迟钝。大概是三年级的时候，有一回我去图书馆，发现已经没有位子了，我就看见老彭在冲我招手，原来他给我留了个位子。这以后经常是他先到，占了座位就给我留下。

大学四年级的暑假，我姐悄悄告诉我，说是家里给我相中了一个人，这个人我根本没有见过。因为我不愿意，所以，我就给父母说自己已经有意中人了，他是我北大的同学。我之所以要告诉父母，是不想让二老再管我的婚姻。我和老彭之间没有说过"我爱你，你爱我"，我们也就是约着去未名湖畔散步，快毕业前，我们在未名湖边一起合影留念。毕业分配后，老彭去了武汉大学，我去了敦煌。

老彭去武汉大学历史系时，那时的武大还没有考古专业，只有历史专业。1976年武汉大学考古专业创办后，招收了考古专业第一届工农兵学员。老彭当系领导和考古教研室的负责人，主要负责教学，讲夏商周考古，另外还要带学生外出考古实习。他在武汉大学从零开始，建立了考古专业及第一批师资队伍。1965年秋天，老彭主动来敦煌看我。那是毕业之后我们的第一次见面。那些日子，我带着他看了敦煌的许多洞窟。从考古到艺术，我们无话不说。但是，关于我们的未来，谁也不敢轻易触碰。两人相距万里，难道将来的每一天都要承受这种两地分离的痛苦吗？如果病了呢？如果需要人陪伴呢？如果有了孩子呢？许许多多的问题压得我们喘不过气来。就在这种极度的幸福和极度的茫然中，我们两人在一起度过了美好的八天。老彭要回武汉的时候，我去送他。他拉起我的手，轻轻地对我说了一句："我等着你！"我流泪了，我知道这句话的分量。我就一直怔怔地看着汽车开走，前方是他的路，背后是我的路。虽然他说"我等着你"，已经明明白白告诉了我他的心意，但我心里并没有因此而变得舒坦一些，好像有什么东西梗在我的喉咙口。这是我所期盼的，又是我所无法承受、无法回报的。

我们就这么结婚了

1967 年元月，我到了北京，去拜访了老彭的大哥大嫂。大哥大嫂对我说："小樊，你俩该结婚了。"就这样，在兄嫂的安排下，我去了武汉。当时，武大的青年教师是两个人一间宿舍，和老彭合住的那位同事当晚把房间让了出来，给我们俩当新房。结婚要买的新床单、新被子，都是老彭张罗的。我们买了糖果、茶叶、香烟，招待同事们。

老彭这个人非常朴素，读书的时候就没什么像样的衣服。我给他准备了一双皮鞋、一条裤子，结婚那天他穿上了。后来到了上海，我又特地找裁缝给他做了一件中式小棉袄。一直到生病离世，他都珍藏着这件小棉袄。结婚当天，我也没怎么打扮，就穿着北京那种条绒系带的棉鞋，蓝布裤子，上衣是一件丝绵棉袄，罩衫也是旧的，我洗了洗就当新娘子的衣服了。

那是 1967 年 1 月 15 日，我们就这么结婚了。结婚以后，我和老彭经常通信，我感觉他对我非常关心和体贴，是个可靠、有情的丈夫。我们在一起的时候无话不说，我们不在一起的时候也会经常交流，但我们说的都不是家庭琐事，主要谈的都是各自的工作。

我们真正在一起

等到我们真正聚在一起的时候，已经是 1986 年了。一般的家庭都会因为长期两地分居问题解决不了，最终散了。而我最感激老彭的就是，他在我还没提出来的时候，就自己提出调来敦煌。因为他知道我离不开敦煌，就让步了，放弃了自己热爱的事业，也放弃了自己亲手创立的武汉大学考古专业。如果没有他的成全，就不会有后来的樊锦诗。

老彭调来敦煌研究院，最初一段时间在兰州，因为两个孩子都要在兰州上学。老彭为了帮助孩子适应新的环境，他也在兰州待了一段时间。我和孩子虽然不能天天见面，但至少可以利用到兰州出差的机会多和他们在一起，这个家就像个家了。到敦煌后，老彭放弃了商周考古的教研事业，改行搞了佛教考古。他主持了莫高窟北区石窟两百多个洞窟的清理发掘工作。莫高窟北区石窟考古是研究所成立40多年来一直想搞清而没有搞清的问题。老彭很热爱这个工作，一跟人说起北区，就兴奋得停不下来。如果他的价值因为来到敦煌而得不到实现的话，我一辈子都会感到内疚，好在他重新找到了自己的事业。

北区石窟的考古发掘，被认为是开辟了敦煌学研究新领域。老彭年过五旬之后放下自己做得好好的事业，一切从零开始。他在敦煌北区考古发掘的收获，对于老彭和我来说，都是一种安慰。

这一生都是他在照顾我

老彭这一生不容易。小时候家境贫困，是兄嫂带大的；娶妻生子，两地分居，家也不像个家；自己开创的考古专业为了我而中途放弃；还没等享受天伦之乐，晚年又得了重病。

老彭第一次得病是2008年秋天，在兰州检查确诊为直肠癌。记得当时他给我打电话，我一听声音就知道情况不好。他说："我查出来了，直肠里面有个疙瘩，怎么办？"我陪他去上海住院、做手术和治疗。手术很成功，治疗的结果亦很好，没有复发。他出院后在上海孩子家里疗养了一段时间，我天天为他做饭，加强他的营养。我俩2009年春末夏初又回到敦煌，老彭的身体已基本康复。我跟他说："你现在要休养，以休息为主，以玩为主。想看书就看书，不想看就不看。愿意怎样就怎样。"他很理解我的安排。

从2008年到离世的近10年时间，老彭过得还是很愉快的，有时出去开会，有时出去游玩。老彭很早就喜欢玩微信，那时候我都还不会。他也愿意散步，喂猫，到接待部和年轻人聊聊天。

我一直觉得对不起他。这一生都是老彭在照顾我，家务事是他帮我在做。其实他不太会做饭，但只要他做，我就说好吃好吃。他爱包饺子。爱吃饺子，馅儿调得很不错。他喜欢吃鸡蛋羹，却总是蒸不好，我告诉他要怎么蒸，怎么掌握火候才好吃。我蒸的鸡蛋羹他就说好吃，他满足的样子像个孩子。

2017年，他第二次生病，来得突然，来势凶险，发展迅速。年初他突然胃口不好，后来出现晚上睡觉时胃部、腹部不适。我还以为是他消化出了问题，后来吃了点胃药也不起作用。我就让他赶紧去敦煌的医院检查。谁知老彭检查完就住院了。我到了医院，院长给我看老彭的CT，我一看就傻眼了，院长说老彭患的是胰腺癌。

[图 1]
1965 年，樊锦诗与彭
金章在莫高窟合影

我的老彭走了

　　老彭刚住院情况比较好的时候，我还偶尔到外地出个差，都是快去快回。将近最后一个月，我和两个儿子，还有一个照顾老彭的小伙子，四个人轮流值班。白天我在病房守着他，晚上看他吃好安眠药睡下，我再回去休息。他从来不想麻烦别人，因为夜里难受来回折腾，第二天我还听到他给老大道歉。他说："昨天晚上对不起。"我说："你说这个是多余的话，他是你儿子呀，护理你是应该的。"但是，老彭他就是这样一个人。

　　有一天，我轻轻摸摸他的额头，他不知道哪里来的力气，抬起身子，把我搂过去吻了一下。他走的那一天早上，医院五六点钟就来了电话，说老彭心率、血压下降，我想他可能不行了，就急忙往医院赶。我到医院的时候，他已经昏迷了，我就大声叫他："老彭！老彭！老彭！"我一叫，他就流眼泪了。听人说，人在弥留之际听觉是最后消失的，我想他应该是听到了。那是中午12 点。

　　一个月后，我又回到了敦煌。一切都是老样子，只是我的老彭不在了。我早上就弄点饼干、鸡蛋、燕麦吃，中午自己去食堂打饭，一个人打一次饭就够中午、晚上两顿吃的了。晚上有时候也熬点小米粥、煮点挂面，就像他在的时候一样。其实，我一直觉得他还在，他没走。有一次别人给我打电话，问你现在跟谁过啊，我说就我跟老彭，对方一下不说话了。

每次出门，我都想着要轻点关门，老彭身体不好，别影响他休息。我把一张他特别喜欢的照片放大，就放在我旁边。2019 年除夕那天，我跟他说："老彭，晚上咱俩一起看春晚。"

（原载于《我心归处是敦煌 —— 樊锦诗自述》，译林出版社，2019 年）

勠力同心守护敦煌艺术遗产

香港的同胞们，你们好！我是樊锦诗。感谢团结香港基金的邀请，让我来谈谈敦煌莫高窟人。今年7月的香港书展，因我身体欠佳，没有能参加书展的见面活动。这段时间，收到很多香港朋友的来信来电，对我表示关心，在此我向大家致以诚挚的感谢。今天我讲的题目是"勠力同心守护敦煌艺术遗产"，下面将分五个小题来讲。

我的祖籍是杭州，生于北京，长于上海，求学北大。大学毕业后，到甘肃西端负责保管敦煌莫高窟的敦煌文物研究所（现敦煌研究院前身）工作至今。早在中学的历史课本中，读到了敦煌莫高窟的课文，从此，就梦想要看看莫高窟。在就读北京大学历史系考古专业的最后一学年，终于有机会乘着到莫高窟毕业实习之机，实现了自己多年希望亲眼看见莫高窟风采的梦想。

一、守护莫高窟的前辈们

1962年秋天，我第一次来到莫高窟。在大学虽然学了一些佛教石窟寺的基础知识，但当我走进洞窟，仍然被面前的种种不同形式的洞窟，精雕细刻、栩栩如生的彩塑，丰富多彩、璀璨瑰丽的壁画所震撼。无法想象，我们的祖先用跨越一千年的时间创建的敦煌莫高窟艺术，竟然如此富丽堂皇、博大精深、气势磅礴，还保存得如此完整。特别是十六国到唐代（4~10世纪）的壁画艺术是在世界上任何文化遗产地和博物馆根本看不到的，实在令人惊叹，沉浸其中如梦如幻，百感交集。

走出洞窟，目光所及的周围环境，不是沙漠便是戈壁，几乎是一片苍凉。那时研究所办公和住宿的地方是一座清代留下来的破庙，前后两个院子，前院用来办公，后院用作宿舍，破庙的北侧是用马厩改建的一排宿舍。所有宿舍内的家具，几乎都是土砌的，土炕、土桌、土凳、土沙发、书架也是土的，以土坯做支架，用几块小木板作隔板。在到处是土的土屋里，我的衣服时常要沾土，也时常要去掸土。喝的水是宕泉河的咸水，常常肚子胀，甚至会腹泻；因水碱性大，洗过的头发总是黏的，当时没有条件洗澡，只能擦澡。当时没有电，办公和生活照明用的是煤油灯或蜡烛；黑暗的洞窟不能点有油烟的灯，莫高窟的前辈画家发明了借光法，用镜子在窟外把阳光反射到洞窟里的白纸上，才使洞窟内明亮起来。洞窟前没有栈道，没有楼梯，进上层洞窟，要蹬着用树干插上树枝的"蜈蚣梯"爬进去。我开始进洞实习不敢爬蜈蚣梯，太危险了。为了减少去厕所上下蜈蚣梯，索性早上就不吃不喝。莫高窟距敦煌城25千米，研究所只有马车和牛车，没有汽车，弄不好要步行进城。因为离城太远，职工的孩子无学可上，所里就自己办了个学校，兼幼儿园和小学的功能，老师是所里的职工，大家在工作的同时兼职去给孩子们上课。研究所只有所长有电话，通信极不方便，异常闭塞寂寞，看到的报纸经常是一周前的。

来莫高窟之前，曾看过《人民文学》刊登的报告文学《祁连山下》，主人公"尚达"是以大名鼎鼎的常书鸿先生为原型。常先生曾经留学法国10年，是著名画家。他在法国留学时，在塞纳河畔的旧书摊上看到一本《敦煌图录》，为之震惊，想不到自己的祖国早有如此辉煌灿烂的艺术，而自己还在法国学习艺术。受敦煌艺术的感召，常先生从法国回到祖国来到了敦煌工作。

我想象中的常书鸿先生应该是文质彬彬的儒雅学者形象，但在敦煌第一次见到他，着装朴实的他就像敦煌本地的农民，一点不像留洋归来的大学者。

国立敦煌艺术研究所成立于1944年抗战时期，常先生任第一任所长，他面对的莫高窟是五百年无人管理，几乎是满目疮痍、破败不堪的废墟。但他毫不退缩，把远在重庆的妻子、儿女全部接来莫高窟安家落户。与此同时，他还不断地给远方的学生们写信，动员他们来敦煌工作，很快董希文、潘絜兹等一批年轻的画家和学者陆续来到了敦煌，开始了莫高窟的一些保护工作。可是，常先生妻子因忍受不了敦煌的艰苦生活，不辞而别。常先生虽遭遇家庭离散之痛，但为了敦煌事业，忍痛带着两个孩子，坚持留在莫高窟。1945年抗战胜利后，第一批到艺术研究所的工作人员几乎都先后离开了敦煌。常先生遭受雪上加霜的打击，可他不忍心让初创的敦煌事业就此夭折，又去"招兵买马"。段文杰、霍熙亮、孙儒僩、欧阳琳、李承仙、史苇湘等画家又陆续来到敦煌，已停顿的工作又得以继续。当时的艺术研究所已经有20多名职工，在常书鸿先生的带领下，开展了洞窟调查、编号、临摹、清除积沙、整修破败石窟、修筑围墙等工作，迈出了敦煌石窟保护、研究、弘扬的第一步，结束了长期无人管理，任人偷盗和破坏的历史，初创了敦煌基业。

为什么常书鸿先生会留下来，一生坚守在莫高窟呢？他曾在自传中写下这样一段感人肺腑的话。他说："在不寐的长夜里，忽而，我脑中又呈现出一幅幅风姿多彩的壁画，那栩栩如生的塑像，继而，我又想到第254窟中著名的北魏壁画《萨埵那太子舍身饲虎图》，它那粗犷的画风与深刻的寓意，又一次强烈地冲击着我。我想，萨埵那太子可以舍身饲虎，我为什么不能舍弃一切侍奉艺术、侍奉这座伟大的民族艺术宝库呢？在这兵荒马乱的动荡年代里，它是多么脆弱多么需要保护，需要终生为它效力的人啊！我如果为了个人的一些挫折与磨难就放弃责任而退却的话，这个劫后余生的艺术宝库，很可能随时再遭劫难。"常先生舍身慕道的精神感动了无数的人。

实习时期，有幸见到了段文杰先生。他是国立重庆艺术专科学校的高才生，主攻国画。他被张大千在重庆举办的"张大千临摹敦煌壁画展览"深深吸引，决心毕业后要去敦煌"看一看"，一睹敦煌艺术风采。1946年，他一到莫高窟顾不上休息，就直接向洞窟走去。段先生说："我真好像一头饿牛闯进了菜园子，精神上饱餐了一顿。接连几天，我都是在洞窟中度过的。有时甚至忘记了吃饭。"他完全沉醉在敦煌壁画艺术的海洋中。他还说："当我身临其境，面临观赏敦煌壁画和彩塑之后，感到原来打算搞个一年半载的想法是太短了，对于这样一座巨大的艺术宝库，面对如此众多的艺术精品，不花个几年、十几年的时间来临摹和研究，是理解不透的。"就此，段先生下定决心留下来，扎根在敦煌，为敦煌艺术的临摹和研究奉献了一生。他的临摹作品达到了得心应手、形神兼备的地步，并总结出客观临摹、整理临摹、复原临摹的方法，无私传授给大家，提高了研究所临摹的整体水平。他长期临摹实践，阅读古籍和佛经，在深入研究敦煌艺术的基础上，撰写了许多敦煌美术史的论文，是敦煌美术史的拓荒者。

1962年我和其他三位同学到莫高窟实习，史苇湘先生带领我们观看洞窟，听史先生的讲解，使我们学习敦煌石窟艺术收获良多。1943年，他还在四川省立艺专就读的时候，曾有机会协助张大千举办敦煌壁画临摹展，那是他第一次领略敦煌石窟艺术。张大千告诉他："要做一个中国画家，一定要到敦煌去。"让他激动不已，恨不得立马奔赴敦煌。史先生是1948年到莫高窟工作的。他说："第一次进入石窟时，我被这些古老瑰丽的壁画和彩塑惊吓得发呆了。假若说人间确曾有过什么'威慑力量'，在我充满三灾八难的一生中，还没有一次可以与初见莫高窟时，心灵上受到的震撼与冲击可以比拟。……我是处在一种持续的兴奋之中，既忘却了远别家乡离愁，也没有被天天上洞窟的奔波所苦，仿佛每天都在享用无尽丰美的绮筵盛宴。……每一个洞多像我小时候玩过的万花筒，决不重复地变换着场景……如饥似渴地参观，仿佛着了魔。"自此史先生一生与敦煌相依相伴，潜心临摹和研究敦煌壁画艺术。他除了对各个时期的代表作进行临摹外，还临摹了一批小型的生活画、服饰、飞天、图案。后来，史先生主持创建了以敦煌文献资料为主的资料库，为研究人员开展敦煌学研究提供了充足的资料和信息，他也被誉为敦煌石窟的"活字典、活资料"。

孙儒僩先生，是那时研究所招聘来专门负责保护石窟的专业人员。他是1947年到的莫高窟，他在四川省立艺术专科学校学习建筑，毕业之后被分配到重庆一家建筑公司。工作期间，收到同校校友发来的电报，说敦煌艺术研究所正在招聘建筑专业的工作人员，当时的他对敦煌还几乎一无所知，经咨询老师，老师向他介绍了莫高窟的壁画、雕塑和古建筑如何精美绝伦，孙儒僩先生决定去敦煌待两年试试。当他风尘仆仆地出现在莫高窟满山神佛面前时，最初的想象变成震惊，他已经忘了过两年就离开的打算，就喝着宕泉河苦涩的水，开始测绘木结构窟檐，临摹壁画中的古建筑形象，探索用各种方法治理风沙……就这样，原本计划待两年的孙先生不仅自己年复一年地留了下来，成为敦煌石窟保护专家，而且把他的心上人李其琼先生也请到了敦煌，从事壁画临摹和研究。孙儒僩、李其琼（享年88岁）两位先生共同以一生的智慧和汗水为敦煌石窟的保护和研究作了很大贡献。现在，96岁高龄的孙儒僩先生，是唯一健在的老前辈，他的老伴虽已驾鹤西行，但他仍时常关心敦煌石窟的保护，老人鬓发如霜，唯有乡音不改："我这辈子都不后悔去了敦煌！"

提到敦煌石窟保护，不能忘了窦占彪师傅。他既能干木工，又能干泥瓦工。当年国立敦煌艺术研究所成立之初，他就来到了莫高窟。他性格开朗，虽然未上过学，但天资聪明，心灵手巧。几乎每个洞窟都有窦师傅的身影，他爬上爬下修修补补。莫高窟的泥、木工程和修复文物，都离不开窦师傅。如修造临时栈道，做防沙挡墙，为修复文物或临摹高处壁画，搭设大型和小型的脚手架。一些塑像离开了墙壁，肢体前倾，是窦师傅想出办法，既不影响原作的保护，又使倾斜的塑像恢复了原位，重新得以固定。他配合李云鹤先生成功对洞窟甬道壁画做了整体搬迁。总之，窦占彪师傅为敦煌石窟的保护做出了很大的贡献。

我到敦煌实习的1962年，常书鸿、段文杰先生他们已经在莫高窟工作和生活了将近20年的时间。当时我不能理解他们为什么能长期坚持在这样艰苦的地方，可他们在艰苦环境中毫不畏惧、乐观开朗、埋头苦干、坚韧不拔的精神让我由衷敬佩。

后来，我慢慢想明白了，以常书鸿、段文杰等先生为代表的第一代莫高窟人立志坚守敦煌，不仅出于对伟大艺术的热爱，更重要的是一种发自内心的对中华文化的使命感和责任感。正是这种使命感和责任感让他们生出大无畏的精神来。前辈们筚路蓝缕，以坚守大漠、甘于奉献、勇于担当、开拓进取的莫高精神，初创了敦煌石窟的保护、研究、弘扬事业，并为敦煌事业的长久发展打下了坚实基础。

二、打不走的莫高窟人

上面介绍的是20世纪30年代之前诞生的前辈。下面继续介绍的是20世纪30年代以后出生来莫高窟的中青年人。

1962年，我在敦煌实习期间，出现了严重的水土不服，身体不适，上洞窟走不动路。我的导师宿白先生怕我出事，让我提前结束实习回家。离开了敦煌莫高窟之后，那些精美的敦煌艺术依然长久地萦绕在我的心头，但敦煌艰苦的生活却使我望而却步，没有一点儿再到敦煌的想法。

我没有想到，一年后，1963年的毕业分配，把我分配到了敦煌。分配的原因是：铁道部哈密工程队于1963年要进驻莫高窟，开展莫高窟南区危崖加固工程。为配合工程的开展，必须提前进行窟前遗址的考古挖掘清理。可是当时的敦煌文物研究所没有专业的考古工作人员。常书鸿先生向北大提出要求，希望北大将曾到敦煌实习的四名学生分配到敦煌工作。其实早在1962年我在莫高窟实习的时候就已听说，文化部徐平羽副部长带专家来敦煌莫高窟考察保护状况。考察结果，决定要对莫高窟南区面临坍塌的危崖崖体实施加固。徐副部长回京后，文化部很快就给国务院打了报告。在当时国家比较困难的情况下，为保护莫高窟，周恩来总理亲自批示拨出巨款100万元人民币。在当时那个年代，"国家的需要，就是我们的志愿"是我们这一代大学生的共同志向，我就服从分配到了敦煌文物研究所，开展窟前遗址发掘清理工作和其他石窟考古工作。至今我在敦煌已有58年。我的同学，也是我的丈夫彭金章，理解我，支持我，也了解敦煌，毅然放弃了武汉大学的教学工作，来到了敦煌，与我相依相伴，共同相守敦煌。彭金章到了敦煌，投入到敦煌事业的行列，改行搞起了石窟考古。他通过考古挖掘清理，揭示了莫高窟北区石窟的真相，直到生命的最后，他都在做敦煌石窟考古工作。虽然他已经离我而去，但我觉得他一直在我身边陪伴着我，所以我晚上关门的时候，都是轻轻地，怕把他吵醒了。诚然，来敦煌的人不是只有我们两个人，还有许多的年轻人。

1950年，敦煌艺术研究所更名为敦煌文物研究所。五六十年代，由于国家的重视，通过工作调动一些不同领域的专业人员和通过国家分配的大学毕业生来到了敦煌，使研究所的工作人员骤增至48人。一支新生力量在莫高窟打开了敦煌事业的新局面，使敦煌文物研究所多年想搞而没法搞，想做而没人做的事情都有了承担者。

李贞伯（享年90岁）与万庚育先生（享年99岁）是一对伉俪，他们都出身名门望族，在常书鸿先生的感召下从北京来到敦煌。李贞伯先生本学国画，因为当时研究所里缺乏摄影专业人员，他就"半路出家"学摄影，早期研究所保存到现在的照片都是他拍摄的。就这样他在大漠的风沙中度过了一年又一年，几乎没有人知道他曾经的显赫身世，没有人知道他是绘画出身，大家只记得他是莫高窟那个热心而勤奋的摄影师。万庚育先生是徐悲鸿的入室弟子，在中央大学艺术系跟随徐悲鸿学习国画。到敦煌后，学画出身的她，一头钻进洞子，这一画就是半个多世纪。

贺世哲（享年80岁）和施萍婷先生也是一对伉俪。他们青年时期曾远赴朝鲜参加抗美援朝作战，回国之后就积极响应国家"向科学进军"的号召，考入兰州大学历史系学习，后来在兰州艺术学院从教，60年代时被调入敦煌文物研究所工作。贺世哲先生从事敦煌石窟经变图像的考证研究。他的研究如他的为人一般，踏实认真，严谨细致。施萍婷先生也是令我们十分尊敬的学者。她既研究敦煌石窟，又对甘肃省各单位所藏敦煌文献进行全面调查、整理和编目工作，出版了《甘肃藏敦煌文献》（6卷），又补正修订完成了《敦煌遗书总目索引新编》，她的工作为更多学者从事敦煌学研究铺平了广阔的道路，而自己耗尽了毕生精力，按佛经说法，这就是"广种福田"，功莫大焉！施萍婷先生有一句话："人就是怪，有人，身在福中不知福，也有人，生在苦中不知苦。"她后面一句话显然指的是莫高窟人。

关友惠先生比我年长，他是1953年来的莫高窟，在研究所美术组从事壁画临摹工作。他说："一进洞窟就像进入极乐世界，神游物外。……精神就来了，什么都忘记了，里边有看不完的东西，什么都想看，都想要……画入眼里，万事离心中。每一次都有新发现，心情特别愉快，不觉苦。"关友惠先生勤于思考、刻苦钻研，对敦煌石窟各个时期壁画风格和技法了然于心。因为工作需要，1962年他被调到考古组，毫无怨言重新开始从事石窟考古，与我和马世长合作开展石窟考古和分期排年工作。关友惠先生有绘画临摹的基础，在考古调查的基础上，又特别对敦煌壁画图案进行了深入的分析研究，借鉴考古类型学的研究方法，在壁画艺术风格、样式的研究方面都取得了重要研究成果。他还是我和马世长学习敦煌艺术的入门老师。

李云鹤先生，1956年响应国家号召前往支援新疆。因要送亲戚去敦煌文物研究所工作的舅舅霍熙亮家，他到敦煌逗留了数日。未承想，这一留，便是一辈子。后来他成了莫高窟第一位壁画修复师。60余年来，他共修复了敦煌石窟和各地壁画4000多平方米、彩塑500多身，且做到零失误。如今89岁的李云鹤先生依然工作在文物修复一线，他被授予"大国工匠"的荣誉称号。

五六十年代来的"莫高窟人"做了拓土开疆、承上启下的工作，正是他们的开拓进取，既为敦煌研究院的保护和研究能够在前辈开辟的道路上驰骋前行，又为研究院的继续前进发展打下了基础。

80年代至90年代，随着改革开放春风的到来，敦煌文物研究所扩建为敦煌研究院。随着敦煌事业的蓬勃发展，又一批风华正茂的中年学者，如李正宇、梁尉英、谭婵雪、汪泛舟、李最雄、冯志文、郑汝中等，以及朝气蓬勃的青年学子，如罗华庆、王惠民、杨森、赵声良、侯黎明、娄婕、张元林、王旭东、苏伯民、杨富学、张先堂等"自投罗网"，纷纷从全国各地汇聚到敦煌。他们在科学保护和学术研究中担起重任，成为敦煌研究院的中坚力量，有的成为当今敦煌事业的中流砥柱。

现任敦煌研究院党委书记的赵声良，是"自投罗网"来到敦煌的。1983年，他在北京师范大学中文系读大三，那年《中国青年报》上刊登了段文杰所长接受记者采访，说敦煌缺乏年轻人才。赵声良就试着给段文杰所长写了一封信，没过多久就收到段文杰所长热情洋溢的亲笔回信，信中说："我们这儿缺人才，大学生来当然欢迎！"声良的父亲听说声良要去偏远落后的敦煌工作，极不愿意，一封接一封写信，劝声良回老家云南。但是这个执拗的年轻人，一旦定下目标就定要做到，第二年大学毕业后，家也不回，背着行李就直接到了敦煌。赵声良曾赴日本进修学习，攻读硕士、博士学位。学成回国时，赵声良收到国内多所重点大学的"橄榄枝"，他怀着对敦煌文化艺术的热爱，又一次放弃了去大城市的机会，毅然决然地回到了敦煌莫高窟，继续为研究敦煌石窟文化艺术贡献自己的才智。赵声良长期从事敦煌石窟美术史、佛教艺术研究，在敦煌石窟美术史研究方面成果卓著，影响广泛。出版专著 20 余部，发表学术论文 80 余篇，译著 3 部。

今年刚被任命为敦煌研究院院长是苏伯民。1993 年，他听说敦煌研究院需要化学专业人才，觉得自己所学可以找到更合适的用武之地，于是就放弃了省城兰州的工作和生活，离开了原工作单位，自愿从大城市到小城市敦煌戈壁沙漠中的莫高窟。那时的苏伯民博士对敦煌还是所知甚少，在与美国盖蒂保护研究所的专家一起探索保护敦煌莫高窟的过程中，逐步意识到自己的使命就是挽救古老的文化遗产，用所学专业让文物延长生命，他下定决心将青春年华和全部精力投入到敦煌石窟保护事业中，就这样不知不觉间他已在敦煌石窟奋斗了 29 个年头。苏伯民作为世界文化遗产保护研究的领军人才，在长达 20 多年的国际合作工作中，与外方专家一道，为提升敦煌壁画保护技术付出了极大的努力，在文物分析技术、保护材料研究与应用、预防性保护技术等领域做出了显著成绩。他曾四次拒绝大学和科研院所以数十万甚至近百万年薪的邀请，不为票子、位子、房子、车子、儿子"五子登科"所诱惑。他把自己的全部智慧和才能都奉献给敦煌莫高窟的科学保护事业。

21 世纪以来，随着敦煌事业的迅速发展，每年不断有全国不同高校毕业的青年学子，自愿来到敦煌，成为敦煌事业的新生力量，新世纪的"莫高窟人"。新世纪年青的莫高窟人热爱敦煌石窟并参与其保护的实际行动，给了我们一个信息：现在已有越来越多的青年人参与守护敦煌事业的行列，未来将会持续不断地出现更多一代又一代的青年人接过前辈所创建的崇高的敦煌保护、研究、弘扬事业。

三、莫高窟人的探索和奉献

上述介绍的一代又一代莫高窟人几乎都是对敦煌艺术从不认识到认识，又从认识到热爱，再从热爱到不离不弃，决心留在敦煌莫高窟，为国之瑰宝的保护研究做出奉献，成为打不走的一群莫高窟人。可以说，从 1944 年 1 月 1 日敦煌艺术研究所成立开始，到今天 2021 年 10 月 5 日，乃至永久，一代又一代莫高窟人薪火相传，几乎天天在思考如何保存和传承莫高窟的过去和未来。

77 年来，一代又一代莫高窟人，自始至终以深厚的感情，为保存伟大的国宝和传承发扬国宝的光辉，刻苦钻研，孜孜矻矻，认真负责做好敦煌石窟事业的各项工作。下面简单介绍莫高窟人为保护、研究、弘扬、管理敦煌石窟所做的探索和奉献。

改革开放和申报世界文化遗产的大好时机，促使我们在前辈奠定的敦煌事业基础上，进一步加强了国际合作和交流，开阔了视野，拓宽了思路，吸取了世界文化遗产的先进理念、先进技术和先进管理，把敦煌石窟的保护利用工作推向一个新高度。

为使逐渐衰老的千年敦煌石窟永久长存，能永远保存其多元的珍贵价值和历史信息，从抢救性保护，到多学科结合保护；建立石窟壁画科学技术保护体系和壁画修复规范和程序；再到建立敦煌石窟本体及其赋存环境的全面预防性保护体系；创建敦煌石窟数字档案，以保障敦煌石窟永久保存、永续利用。

以敦煌石窟文物和藏经洞文献为研究对象的敦煌学，是多学科交叉的学科。敦煌研究院的敦煌学研究成果，涉及敦煌学的许多领域，诸如历史、地理、考古、美术、宗教、民族、民俗、社会生活、语言文学、音乐、舞蹈以及科技、中外文化交流等等，创办学术期刊《敦煌研究》，已出版188期，推出敦煌学研究论著500多部，现在的敦煌研究院已成为国内外最大的敦煌学研究实体。

弘扬传承方面。我们始终坚守负责任旅游的原则，既对文物安全负责，又对游客观赏负责。建立了洞窟轮流开放、预约、游线等制度；为让游客看懂看好洞窟内的文化艺术及其珍贵价值，培养了一支知识型、懂外语、高素质的讲解队伍；面对蜂拥而来的游客，经过对文化遗产地游客承载量的科学研究，确定了莫高窟日游客最大承载量；设计了"总量控制、网上预约、数字展示、实地看窟"的旅游开放新模式，有效缓解了莫高窟文物保护与旅游开放的矛盾。还充分运用敦煌石窟数字图像资源，使敦煌文化艺术走出洞窟、"活"起来了。为让游客看好莫高窟洞窟，建设了莫高窟数字展示中心，用数字图像资源为游客制作了8K超高清敦煌艺术球幕电影。通过数字敦煌网站中英文版上线，使全球可以在线共享敦煌石窟30个洞窟高清图像。在国内各地和亚、欧、美的20多个国家举办各类敦煌艺术展览，让敦煌壁画艺术精品走进学校，走近大众，运用新媒体平台讲好"敦煌故事"。

遵循文化遗产工作规律，立足文物事业现状和未来发展，引入国内外先进的文化遗产保护管理经验和现代管理理念，初步建成敦煌石窟管理服务体系。并从根本上改善了莫高窟人的生活和工作条件。

制定并实施专项《甘肃敦煌莫高窟保护条例》和《敦煌莫高窟保护总体规划（2006~2025）》，将莫高窟的保护、研究、弘扬工作纳入法制化、规范化的管理轨道。

通过国际合作与国内外高校、科研院所合作，以及事业留人、待遇留人、感情留人，培养出人文、艺术、理工和科学管理等方面的人才。

经过几代莫高窟人不懈奋斗，全力呵护，77年前破败不堪的敦煌石窟，奇迹般地重新焕发了耀眼的光彩，得到了国内外广泛的认可和赞誉。

四、共同守护人类的敦煌莫高窟

世界文化遗产属于所在国，也属于全人类。已有1655年历史的世界文化遗产敦煌莫高窟能有效保护到现在，虽是中国政府和人民勠力同心的结果，但我们永远不能忘记，也不会忘记的是香港同胞和国外友人对莫高窟的热诚关心和慷慨相助。

香港各界人士对敦煌石窟的文化艺术及其保管机构——敦煌研究院和它的员工有着深厚的感情。首先，介绍著名的国学大师饶宗颐先生。饶先生及其亲属对敦煌石窟的保护、研究、弘扬做出了重大的贡献。20世纪80年代初，饶先生第一次来敦煌莫高窟，先生或流连于洞窟之中，或查阅经卷于研究所内，闲暇之余，先生漫步于宕泉河畔，寄情于三危山峰。在离开莫高窟前，饶先生万分感慨，写下了《莫高窟题壁》："河湟入梦若悬旌，铁马坚冰纸上鸣。石窟春风香柳绿，他生愿作写经生。"为支持敦煌研究院的数字化工程，饶先生为研究院文物数字化研究所捐资建造了一座小楼，取名"饶宗颐楼"。"饶宗颐楼"四个字是他亲自题写的。巍峨的莫高窟九层楼和古老的鸣沙山将永远见证着饶宗颐先生对敦煌石窟所倾注的厚爱。众所周知，邵逸夫先生及其亲属对大陆的教育和文化事业给予了高度的关注，捐赠了无数的善款。敦煌石窟的安全是第一个受到邵先生特别关注的文化遗产，他在20世纪80年代慷慨解囊，先后为敦煌研究院保管的敦煌莫高窟、西千佛洞、瓜州榆林窟的洞窟安装了保护设施，保障了洞窟安全。

饶宗颐、余志明、李焯芬、李美贤、纪文凤、黄炳培等一群热爱中华文化和敦煌艺术的文化学者，深深地爱上了敦煌石窟，2010年策划发起成立"香港敦煌之友"公益性组织，以支持敦煌石窟保护事业，得到香港各界人士的热情响应和支持。"香港敦煌之友"的同仁接连不断地捐赠帮助我们，并想尽办法四处奔波向社会募集善款，用于支持敦煌石窟数字化、推广敦煌文化艺术、莫高窟保护和人才培养。

香港商务印书馆克服了经费十分拮据的困难，出版了《敦煌石窟全集》（专题分类26卷本），为敦煌学增添了敦煌石窟专题研究的最新成果，向海外弘扬了敦煌文化艺术。

由于香港康乐及文化事务署、文化博物馆的大力支持，多次举办了敦煌石窟展览，在香港积极弘扬了敦煌文化艺术。

此外，很多国际友人也和敦煌结下了不解之缘。1979年，日本著名画家平山郁夫第一次来到敦煌莫高窟，赞叹敦煌艺术"超越时代、超越国境、超越所有价值观""山川异域，风月同天"。他出于对敦煌艺术的酷爱，当看到敦煌石窟保护的困难，认定自己要做敦煌石窟的新供养人，开始为保护敦煌石窟和为研究院培养专业人才积极奔走，不懈努力。他促成日本政府无偿援助十亿日元建设"敦煌石窟文物保护研究陈列中心"。他于1988年成立了"日本文化财保护振兴财团"，先后给敦煌研究院捐赠大量价值不菲的保护实验设备、图书资料、援建基础设施等。自20世纪

80年代中期开始，"日本文化财保护振兴财团"每年资助2名敦煌研究院学者到东京国立文化财研究所、东京艺术大学等机构访学、研修，这项资助一直延续至今。1989年，平山郁夫先生还将个人举办画展的全部收入2亿日元捐赠给敦煌研究院，研究院用这笔善款成立了"中国敦煌石窟保护研究基金会"。平山郁夫先生是广岛原子弹爆炸后的幸存者，由于终身受核辐射的影响，身体羸弱，面色苍白。出于对战争灾难的亲身体会，他一生坚定地奉行和平主义，立志用美感化人类，唤醒人类良知，借助绘画祈愿人类和平，倡导文化交流促进和平，通过保护文化遗产缔造和平。

国际知名艺术史专家、曾任美国耶鲁大学美术馆和西雅图美术馆馆长的倪密·盖茨女士，非常热爱中国文化艺术。2010年是她第一次踏入敦煌，当她进入莫高窟时，她这样描述当时的感受："我感到全身震颤，这股力量使我的肢体都失去了知觉，敦煌绝对是世界上独一无二的顶级艺术圣地。"后来她多次造访敦煌，敦煌便成了她魂牵梦绕的地方。倪密·盖茨女士萌生了要帮助敦煌的想法，成立了旨在专门保护敦煌石窟的非营利公益组织"美国敦煌基金会"。数年来她领导的基金会积极宣传敦煌，组织慈善募捐活动，带领美国友好人士来敦煌考察，到现在，募集到的善款，用于资助莫高窟数展中心制作球幕电影、邀请访问学者到敦煌研究院教授职工学习英语、开展学术考察交流、组织举办壁画保护研究生培训班等各项活动，表达了他们对敦煌的赤诚之心。

香港同胞和国际友人关心帮助我们的事例还有很多可说，限于时间的关系，今天只能举例讲一讲。

五、结语

伟大的世界文化遗产敦煌莫高窟，是保存和凝聚中国优秀传统文化艺术的宝库和中西文化交流融汇的枢纽，是中国及世界历史都不可替代的文化遗产，也是全人类共同的文化财富。在面对这些古老而又脆弱的瑰宝时，总会激发起大家的使命意识和奉献意识。

一代又一代莫高窟人，怀着对敦煌石窟文化艺术深深的热爱之情，竭尽全力去保护莫高窟。他们视莫高窟为自己生命的一部分，无怨无悔，献了青春献子孙。心甘情愿与莫高窟同呼吸共命运，他们将守护莫高窟作为自己的毕生事业。

保护、研究、弘扬莫高窟任重道远，不仅是莫高窟人的使命和责任，也感召着香港同胞和国际各界有识之士与莫高窟人一道共同守护敦煌。守护莫高窟是值得奉献一生的高尚事业，是必然要奉献一生的艰苦事业，也是一代又一代人必须为之奉献的永恒的事业！

谢谢大家！

（本文为2021年10月5日在团结香港基金主办的"中华大讲堂"上的讲演稿）

◈ 敦煌石窟与香港敦煌之友的情缘

敦煌及其所在的甘肃省，在11世纪之前，古代海运尚不发达的时代，是中国通向西方的主要陆路交通干道。位于古丝绸之路"咽喉之地"的敦煌，伴随着古丝绸之路兴盛和繁荣的1000年，东西方文明长期持续的交融荟萃，催生了4~14世纪的以莫高窟为代表的敦煌石窟群和藏经洞文物的硕果。

敦煌石窟是一座博大精深、兼收并蓄、瑰丽多彩、独具特色，取之不尽、用之不竭的世界文化艺术宝库。作为佛教艺术圣殿以及古代典籍的宝藏，为世人展现了形象的佛教史；呈现了延续千年的建筑、彩塑、壁画、音乐、舞蹈、书法等多种门类的艺术；敦煌壁画中保存了大量唐代和唐代以前稀有的人物画、山水画、建筑画、花鸟画、故事画、装饰图案画，保存了中古社会广阔的风情民俗文化场景，展示了世界多元文明荟萃的历史画卷。100多年来，在国际上形成了以敦煌石窟和藏经洞文物为研究对象的显学——敦煌学，推动了多门人文学科的发展。敦煌石窟及藏经洞以超越时空的非凡魅力，成为古丝绸之路上一颗最耀眼的明珠，成为中华民族优秀传统文化的杰出代表。今天依然是当代中国精神文明传承创新的重要资源。

敦煌石窟已历经1600余年的风雨沧桑，自然和人为因素的综合作用构成了对其彩塑和壁画保护与保存的威胁。根据敦煌石窟的保管机构——敦煌研究院保护专业人员多年对敦煌石窟的调查和研究，指出敦煌石窟壁画不仅已患有多种病害，而且正在缓慢地退化。

敦煌研究院自成立70多年来，在党和国家的高度重视下，几代莫高窟人，怀着对敦煌石窟的深厚感情，通过长期的抢救性保护，有效地保存了敦煌石窟珍贵的彩塑和壁画，可是无法阻挡它们的自然衰老和退化，也无法永远地保存灿烂的敦煌石窟艺术，这是摆在我们面前难以解决的严峻问题。

数字化档案助永保敦煌石窟艺术

20世纪80年代末，当我看到了"图像数字化后储存在电脑中可以不变"的演示，喜出望外，朦胧地感到永久地保存敦煌艺术瑰宝有了希望，找到了门径。之后便产生了一个设想：可否使以莫高窟为代表的敦煌石窟群的每个洞窟及其壁画和彩塑全部数字化，以达到"永久保存，永续利用"敦煌石窟艺术的目标。

但当设想经过试验，逐渐攻克了技术难题，正式付诸敦煌石窟数字化档案工作以后，遇到了人力、物力、财力等一系列问题。我们在实践中逐渐明白，原来敦煌石窟的每个洞窟及其壁画和彩塑的数字化，要达到高保真水平，并能永久保存，不是一件简单的工作，而是一项浩大艰巨的工程。

具有超越时空魅力的敦煌石窟举世闻名，长期受到广泛关注。当敦煌研究院开始实施敦煌石窟数字化档案工程以后，便引起了社会的广泛关注。距敦煌万里之遥的香港更是分外关心和重视。

香港对敦煌的重视绝非偶然。自藏经洞发现之后，尤其是香港学界的国学泰斗饶宗颐教授，对敦煌学研究的重要贡献引起了港人对敦煌的关注，如敦煌研究院多次举办敦煌学术研讨会，饶先生每每莅临，发表宏论，支持我们的学术活动；由饶先生、觉光长老和香港商务印书馆发起的"香港敦煌佛迹防护功德林"计划，帮助敦煌莫高窟治理风沙；香港商务印书馆出资编辑出版的《敦煌石窟全集》，很好地弘扬了敦煌文化艺术；邵逸夫先生出资捐助装修敦煌石窟窟门，有效保护了石窟文物；李嘉诚先生资助敦煌壁画保护等，都为敦煌胜迹的保护与弘扬发挥了积极作用。

到21世纪初参观访问敦煌石窟的香港同胞逐渐增多，一些香港有识之士更是多次造访敦煌，对敦煌研究院正在实施的敦煌数字化档案保护工作关注有加。他们认为敦煌石窟数字档案工作对保护敦煌石窟十分重要，希望集合社会各方人士之力，为保护和保存敦煌石窟艺术尽一份力，让中华民族优秀传统文化能得到持续传承。2010年8月，中央文史研究馆、敦煌研究院、香港大学饶宗颐学术馆，在敦煌莫高窟隆重举办"庆贺饶宗颐先生九十五华诞——敦煌学国际学术研讨会""莫高余馥——饶宗颐敦煌书画艺术展""饶宗颐九十五华诞庆寿晚会"。饶先生以95岁高龄亲自莅临敦煌，参加活动。300余位香港各界人士参加了盛会。在此期间，余志明、李焯芬、李美贤、纪文凤、黄炳培等一群热爱中华文化和敦煌艺术的文化学者，策划发起成立"香港敦煌之友"公益性组织，以支援敦煌石窟保护事业，得到与会香港各界人士的热情回应和支持。

香港敦煌之友的大爱精神与贡献

2010年11月18日，在香港大学美术博物馆召开新闻发布会，宣布非营利性公益团体香港敦煌之友有限公司（下简称香港敦煌之友）正式注册成立。香港敦煌之友旨在向社会募集善款，主要用于敦煌石窟数字化档案工作，推广敦煌文化艺术，以及义工培训等。饶宗颐先生亲自出席发布会，为保护敦煌石窟鼓舞加油，他提出：敦煌石窟是中国文化的代表，希望香港敦煌之友的成立，社会上会有更多人关心敦煌艺术，关心敦煌石窟的保护。

香港敦煌之友成立后，除了设置专门网站，经常推介敦煌艺术，向社会公布为敦煌石窟数字档案募集捐款和使用善款的信息外，亦数十次组织香港各界人士赴敦煌莫高窟参观考察，为了让大家得到良好体验，专门请李美贤老师到敦煌为大家讲解莫高窟。因李老师特别热爱中华文化艺术和敦煌文化艺术，并进行过长期的深入研究，她的讲解与众不同，根据不同听众采用不同语种，或普通话，或广东话；她除准确地讲解洞窟内容外，对敦煌艺术既做好深入分析又让观者知道怎么欣赏，甚至对一些文化内涵的细节，也将其来龙去脉娓娓道明。听者被李老师深入浅出的讲解牢牢吸引，顿时对敦煌艺术兴趣盎然，受到震撼。李老师还带领大家到正在做敦煌数字化档案保护工作的现场，或者到博物馆、保护研究所去参观讲解。李老师在讲解中，经常穿插介绍敦煌研究院70多年来几代人如何继承发扬以常书鸿、段文杰先生为代表的前辈们创立的莫高精神的生动事迹和奉献精神。香港各界人士亲临敦煌实地参观，又加上李老师的精彩讲解，他们真切地感受到敦煌艺术的博大精深、绚丽多彩和敦煌石窟保护的现状和艰巨形势。

每年，香港敦煌之友都会在香港举办各类形式的敦煌讲座，这样虽然并未长途跋涉去敦煌，可香港各界人士坐在讲堂里，安静地听取李美贤老师利用高清数字敦煌图像，一幅一幅画面深入细致地讲解分析敦煌石窟艺术，效果同样很好，每场预约都爆满。此外，李美贤老师还培训能推广敦煌石窟艺术的接班人，以扩大弘扬敦煌石窟的宣传力量。

为配合2014年在香港举办的"敦煌——说不完的故事"展览，香港敦煌之友与香港文化博物馆合作，共同推出"敦煌与现代生活之奇思妙想"海报设计大赛，以提高在校学生对敦煌艺术的认同感。2018年，香港文化博物馆和敦煌研究院共同举办"数码敦煌——天上人间的故事"展览，香港敦煌之友协助展出机构挑选的展品，均是香港敦煌之友利用大德们募集善款制作完成的高清敦煌石窟数字化作品——精华洞窟原大模型和十多幅壁画，李美贤老师还协助审定展览文稿，以及组织、培训义工担任展览主题导赏等筹展工作。

不久前，敦煌研究院和香港敦煌之友合作，在多年的敦煌数字化成果中选择部分图像，有关图像将编印成《微观敦煌》画册，供广大读者共享。

多年来，香港敦煌之友积极募集善款和推广敦煌石窟艺术的工作，有效地支持了敦煌研究院的敦煌石窟数字化档案工作。所募集的善款，不仅用于制作敦煌石窟数字档案，使完成数字化的洞窟数量按计划逐年递增，而且还用善款建设了敦煌研究院文物数字化研究所办公楼，命名为"饶宗颐楼"，支援了敦煌石窟数字化研究工作，配置了硬件设施等，改善了工作条件，使敦煌数字化档案工作的技术水准得以不断提高，保障了洞窟数字化工作顺利实施。多年积累的高保真敦煌数字图像资源，除能永久保存敦煌石窟艺术信息外，还为敦煌研究院永续利用发挥了重要作用，正因为有了这些高清数字化资源，妥善地平衡了敦煌石窟保护和利用的关系，支持了敦煌石窟科学保护、动漫制作、美术临摹、文创工作等。特别在弘扬敦煌艺术方面，敦煌数字图像资源可使深藏在敦煌石窟中的敦煌艺术活起来，走出石窟、走出敦煌、走出甘肃、走出国门，在国内外举办各类不同的数字展览，作为中华民族优秀传统文化金名片的敦煌石窟艺术的影响越来越大。

香港敦煌之友的不懈努力，在香港本地也取得了可喜的成效。据我所知，已吸引了越来越多热爱敦煌石窟的大德慷慨捐赠，给敦煌石窟数字化档案工作提供了有力的支撑。与此同时，香港地区已掀起了敦煌热，越来越多的香港同胞不仅知道敦煌石窟艺术，而且还学习敦煌石窟艺术。令人更为振奋的是，由于香港敦煌之友的努力推介，敦煌石窟艺术还被编入了香港大学和香港地区中学的教材，这对在香港地区弘扬普及中华民族优秀传统文化意义非凡。

千言万语，归于一句：我由衷地感佩香港敦煌之友的各位尊敬的会员，所订立的崇高目标，所做的无私奉献，真可谓功德无量。我谨向各位大德致以诚挚而崇高的敬意！

（原载于《明报月刊》2018年第8期）

伍·序文

V

Prefaces

◈ 《敦煌图案摹本》序

　　敦煌石窟是中华传统优秀文化的代表。绚丽的壁画、生动的彩塑、敦煌艺术的杰出成就已为世人所熟知。仔细推究敦煌艺术的内涵，十分丰富的图案画、人物画、动物画、山水画、建筑画等等，各以其独特的艺术语言与艺术成就展示各自特有的艺术风采。

　　精美的敦煌图案是丰富多彩的敦煌艺术宝库中的一颗耀眼的明珠。它以富于变化又有规律的组织和色彩装饰着每个洞窟尤其是壁画和泥塑，增强了石窟建筑壁画和泥塑的艺术效果，使洞窟内的各个部分既有区分又统一和谐。石窟内若没有了图案，敦煌艺术将是不完整的。毫不夸张地说：敦煌图案是敦煌石窟艺术不可或缺的重要组成部分。

　　规模宏大、数量众多的敦煌石窟上起十六国下迄宋元，敦煌图案比比皆是、随处可见、无法计数。概括起来包括三大部分：①石窟建筑图案。有窟顶的平棋、人字披、藻井；佛龛的龛楣、龛柱；龛顶的平棋；四壁天宫楼阁的平台；佛床的壶门；窟檐屋架和铺地花砖等装饰图案。②壁画图案。有各单元壁画分界的条形边饰、人物服饰、故事画和经变画中建筑和器物的装饰。③泥塑图案。有泥塑服饰图案和头光、背光装饰图案。

　　敦煌图案各有其特定的位置、特定的内容、鲜明的时代特色，又随时代的发展而变化；既有历史的继承，又有时代的创新。

　　北朝时期，表现建筑形式的图案有其鲜明的时代特征：洞窟顶部的斗四方井叠套平棋图案，人字披图案为其代表图案。圆轮状大莲花、忍冬纹、云气纹、莲荷纹和各种几何纹是其主要纹样，形象简朴自然，色彩单纯。

　　隋代是北朝建筑装饰图案向唐代织物图案的过渡时期，以藻井图案为代表。纹样形式多样，八瓣大莲花、忍冬纹、联荷纹、圆环和条状联珠纹等为其主要纹样，形象秀丽、活泼，色彩清丽。

　　唐代是敦煌图案发展的高峰，以单一方井式的藻井图案为代表。装饰多仿绫锦绢绣织物上的纹样，繁缛多样。藻井内主花纹样主要有莲花、三兔莲花、交杵莲、灵鸟莲花、莲花飞天、团花、云头团花、葡萄石榴、宝相花、茶花等。井外边饰图案主要纹样有卷草纹、半团花纹、团花纹，各种几何纹、回纹、菱格纹、灵鸟石榴卷草纹、百花蔓草纹等，造型丰满，结构严整，色彩华丽。

　　五代图案继承唐代余风，多绘团龙藻井，井心莲花中多绘团龙，井外边饰多饰卷草纹、回纹。宋与西夏多浮塑施金的团龙藻井，有单龙、双龙、四龙、五龙。还有团花藻井，花中画交杵和法轮，井外边饰纹样以回纹、卷草纹、白珠纹为主。元代除沿袭西夏遗风，而绘团龙藻井外还有井心绘六字真言、大日如来等，此时画案工细繁复。

　　敦煌石窟的图案艺术时间跨度之长，作品数量之多，题材内涵之广，艺术技巧之精，在古文化遗址中是独一无二的，堪称图案史博物馆、图案艺术宝库，可被视为中国图案史的缩影。

　　敦煌石窟在展现千年图案形象的同时，也展示了图案艺术发展轨迹和时代特点。图案艺术发展时期的十六国、北朝，既有传统的图案纹样，如云气纹、瑞兽纹，又有中亚、西亚东传的忍冬纹。隋唐时期图案纹样繁多，新样迭出，空前兴盛。藻井莲花纹、团花纹、茶花纹、卷草纹、灵鸟石榴卷草纹等图案纹样，与中原地区图案纹样相同，部分圆环联珠纹、葡萄石榴纹又融合了西方纹样。北朝盛行的忍冬纹已被此时的图案纹样吸收消化，圆环莲花联珠纹、宝相花纹等，则是中西图案纹样互相融合的产物。至五代、宋、元时期，图案艺术已趋于式微，纹样过于规整和程式化。团龙藻井图案的盛行，乃是象征皇权的龙纹被中国佛教在洞窟藻井大量使用的反映。这是佛教艺术民族化、世俗化的表现。以交杵、六字真言、大日如来等为题材的藻井图案的出现，应视为密宗盛行在图案艺术上的反映。凡此种种，说明了敦煌图案虽是地域性佛教艺术中的作品，但由于敦煌地处古丝绸之路交通要冲，是中西文化交流之地，敦煌图案艺术必然受到本土中原华夏文化和外来西方文化的影响。作为艺术门类之一的敦煌图案，一方面植根于华夏文化的土壤，它的形成和发展与我国美术史乃至我国佛教艺术史的发展相同步；另一方面，中西文化的长期交流，西方图案艺术频繁东传，这就使敦煌图案在不断地吸收、融合外来图案艺术的过程中孕化出多元文化的特征。因此，敦煌图案艺术，在中国美术史、中国文化史、中西文化交流史上都是弥足珍贵的图像资料。敦煌图案是中华民族优秀文化遗产的一部分，现在仍然值得我们借鉴、继承和发扬，尤其是装潢工艺空前繁荣发展的今天，可以从传统的敦煌图案中汲取营养，特别是夸张、变形、适合等的创作方法以及色彩的运用等，大可从中得到启迪，创造新时代的新文化。

　　本图册收录的均为敦煌研究院包括前国立敦煌艺术研究所、敦煌文物研究所时期几代美术家半个世纪艰辛临摹敦煌图案的精华。现在，这些临摹品已成为宝贵的准文物了。临摹这些图案的美术家，大多数已年逾花甲，甚至有些已谢世。我们今天出版《敦煌图案摹本》，既是对潜心临摹和研究敦煌艺术的老一辈美术家表示的崇高敬意，又是为弘扬祖国优秀文化做一点微薄工作。

此图册的出版适逢敦煌莫高窟藏经洞发现 100 周年之际，我们亦以此书作为纪念，是以为序。

（原载于敦煌研究院、江苏古籍出版社编《敦煌图案摹本》，江苏古籍出版社，2000 年）

◆ 《敦煌研究文集 —— 敦煌研究院藏敦煌文献研究篇》代序

自1900年敦煌藏经洞文献重新问世以来，大部分因遭外国文化强盗的骗取和劫掠而流失海外，劫余部分运至北京，收藏于国家图书馆；有一少部分通过各种途径流散于世界各地，收藏者有公有私。而敦煌研究院虽然就设在敦煌文献出土地莫高窟，但是所藏文书却寥寥无几。尽管如此，广大学者专家还是对这部分文献给予充分重视和认真研究。因此，在敦煌藏经洞开启百年之际，我们编写了这本《敦煌研究院藏敦煌文献研究篇》，以示纪念。

一

敦煌研究院藏敦煌文献，分汉文和少数民族文字两类。本文集所收研究论文，主要是关于汉文文献的研究，也有少量古民族文献的研究。

敦煌研究院藏敦煌汉文献，已编号者383件，是1944年国立敦煌艺术研究所（1950年改为敦煌文物研究所，1984年起为敦煌研究院）建立以来，陆续搜集到的。先是1944年，艺研所工作人员窦占彪等先生在莫高窟土地庙发现北朝写经60多件。后又在莫高窟的其他洞窟中零星发现少量原写于藏经洞封闭之后的西夏、元朝时期的写本和印本，这是敦煌研究院藏敦煌文献的特色之一。新中国成立前后，从敦煌民间征集、乡绅捐赠和从地主家中没收各有一部分，从北京书肆购得一部分。再就是零星搜集和接受捐赠，其中张大千先生通过各种渠道使之回到莫高窟的《张君义勋告》、吴曼公先生捐赠的《腊八燃灯分配窟龛名数》等文书均有极高的史料价值。而最有影响的一次，是1997年日本友人青山庆示先生遵其父青山杉雨先生遗嘱所捐赠的8件，被认为是开流失海外的敦煌文物回归故里之先河，颇受世人赞誉。现在看来，这8件文书，原是通过1944

年前后敦煌艺术研究所的个别工作人员之手而流失域外的，不光出自藏经洞或土地庙，而原本就应属敦煌研究院藏品。

敦煌研究院所藏敦煌文献，包括我国西晋、北朝、隋、唐、五代、宋、西夏、元等朝代700多年间的写本。内容包括佛教经籍文书、四部书及社会文书几类。

二

半个多世纪以来，敦煌研究院藏敦煌文书得到了几代学者专家的努力。从本书所收集的论文及目录看，除敦煌研究院和先后曾在敦煌研究院工作过的学者以外，还有国内外各地的著名教授和专家。最早研究这批文书的就是学术界十分熟悉和受敬仰的著名敦煌学者向达教授，他于1943年和1944年两次考察敦煌期间，就曾在莫高窟张大千先生处，及敦煌当地收藏敦煌写本的乡绅、名士家中接触过这批文书的一部分，如《彩华违王上佛授诀号妙华经》《龙种上尊王佛印法经》《文选》《三界寺经录》等，并在他的《敦煌余录》中写有考察序跋识语等。土地庙文书发现以后，他还指导和协助敦煌艺术研究所进行整理和编目，并就土地庙文书来源做出过准确判断，这个目录连同跋文，在向先生去世20年后才得以发表。之后，饶宗颐、王利器、苏晋仁、金维诺、朱雷、陈炳应、杨际平、王三庆、邓文宽以及大庭修、池田温等诸先生，都研究过院藏敦煌文献；研究内容主要涵盖土地庙文书的来源及性质、四部书《国语》、北魏历书和《说苑》等、佛典《视毒经》、西夏文雕版印《观音经》等和社会文书《张君义勋告》和《腊八燃灯分配窟龛名数》等各方面。

敦煌研究院有组织、有计划地研究院藏文书，始于1944年土地庙文书发现后，在常书鸿先生的主持下，由苏莹辉先生与正在敦煌考察的向达先生一起进行了整理和编目。1949年以后，随着藏品的增加，由史苇湘先生做了进一步的补充编目和整理。1961年开始，由施萍婷先生、刘忠贵先生等承担的院藏敦煌文献的整理和研究工作，尽管在"十年浩劫"中受到很大影响，但还是完成并发表了目录和部分论文。1980年敦煌文物研究所遗书研究室（后改为敦煌遗书研究所，现为敦煌文献研究所）成立开始，由施萍婷所长组织和安排了对院藏敦煌文献的系统性研究。除施萍婷、李永宁、刘玉权、孙修身等老专家承担部分课题项目外，还有一批中青年研究者如马德、杨森、杨富学等，也在前辈学者的带领下从事其中一些文书的研究。1997年，青山庆示的捐赠为敦煌研究院藏敦煌文献增加了数量和新内容。1998年，甘肃藏敦煌文献整理工程启动，在施萍婷先生的主持下，邰惠莉先生协助施先生，在当年施、刘目录的基础上，重新编纂了院藏敦煌文献目录叙录，即本文集所收者。同时邰惠莉也开始对其中一些写本进行个案研究。50多年来，敦煌研究院的几代学者们对院藏敦煌文献的研究，除了前述目录的编纂、土地庙文书的来源及性质、《说苑》、西夏文雕版印《观音经》《腊八燃灯分配窟龛名数》《龙种上尊王佛印法经》《文选》《三界寺经录》等文献的进一步深入研究外，又对佛教典籍《增一阿含经》《大慈如来告身》《佛图棠所化经》《佛说大药善巧方便经》等，四部书《三国志·步骘传》《李翰蒙求》等，社会文书《酒帐》《北魏军官籍》《元延祐三年奴婢买卖文书》等文献进行了程度不同的探讨。目前，敦煌文献研究所老中青研究人员的这一工作还在继续。

三

本文集所收录的，是上述专门研究的近百篇论文中所选较有代表性的一部分。需要说明的是，青山庆示捐赠的8件文书，1997年以前，学者们都是通过其他各种渠道所见原件、照片或复印件来做研究的，一般并不知原件之下落。本书在转载这些研究论文时一律保持其原状，以展示这批文献的真实命运及遭际过程。

敦煌研究院藏敦煌文献的研究，已有的专门的研究论文近百篇，有上千家的论文、论著中都程度不同地引用了这批文献资料。本书刊登杨森先生编纂的《院藏敦煌文献研究论著目录》附于书后，以供参考。

敦煌研究院藏敦煌文献中，除了汉文文书之外，还有一批古代民族文字写本，如吐蕃文、回鹘文、西夏文、蒙古文以及叙利亚文等。这些文献除了极少数之外，大多还是尚待开发的处女地。

对敦煌研究院藏敦煌文献的研究，除了本文集所收有关佛典、四部书、各种社会文书的研究以外，还有许多对写本书法研究的成果。从一定意义上讲，敦煌研究院藏自晋至元各个时代的敦煌写本，就是一部较系统的书法史资料。考虑到学科类别及性质等问题，拟在日后专门编辑出版院藏敦煌写本书法及其研究之专著系列。

在本文集即将付梓之时，编委会谨向所有为本书提供论文的作者，向所有研究过敦煌院藏文献的国内外专家学者们，致以诚挚的敬意和感谢！希望大家进一步研究敦煌院藏文献，也希望有更多的专家学者参与敦煌院藏文献的研究，共同开创新世纪敦煌学的新局面！

（原载于敦煌研究院编《敦煌研究文集·敦煌研究院藏敦煌文献研究篇》，
甘肃民族出版社，2000年）

◈ 《常书鸿文集》序

　　常书鸿先生是我国在20世纪初留学欧洲学习西方绘画艺术的代表画家之一，在油画艺术创作上取得了很高的成就，在国内外美术界享有盛誉。同时，常先生又是一位著名的学者，一生笔耕不辍，撰写了许多有关艺术评论、文物研究的论文和其他文章。特别是在20世纪40年代中期，他就任敦煌艺术研究所所长后，将主要心血倾注于敦煌石窟艺术的保护与研究，撰写了一系列论著，为推动敦煌石窟艺术的保护与研究做出了突出的贡献，成为享誉国内外学术界的敦煌学家。

　　在20世纪二三十年代留学法国期间，常书鸿先生始终关注祖国艺术事业的发展。1933~1935年，他发表了一系列文章，对中国绘画的发展及当时的画坛进行了坦率的评论，同时也向国内介绍了当时法国、苏联的绘画状况。通过留学欧洲的艺术实践，他深刻地认识到了当时中国传统艺术的弊端，认为光是停留在形式上的追求而脱离了现实社会的艺术是没有出路的。这些看法至今仍然是令人深思的。

　　在法国留学期间，常书鸿先生在巴黎看到了法国人伯希和在莫高窟所拍摄的精美的佛教壁画照片，看到了吉美博物馆中所藏的由伯希和在敦煌以非法手段获取的出自敦煌藏经洞的绘画作品。这些祖国优秀的传统艺术作品使他十分震惊，使他感到有责任回到祖国研究、继承和发扬我国伟大的艺术传统。凭着一种强烈的爱国热忱，他毅然回到了多灾多难的祖国。

　　20世纪40年代初，张大千、于右任、向达、常书鸿等一批艺术家、学者和有识之士实地调查，奔走呼吁，促使国民政府对敦煌石窟的保护与研究予以了重视。1944年，国立敦煌艺术研究所在莫高窟正式成立，常书鸿担任所长。从此开始，在大漠戈壁的艰苦环境中，在物质条件极其匮乏的情况下，常先生率领全所工作人员在敦煌莫高窟展开了一系列保护和研究工作。

在敦煌艺术研究所建立之初，常书鸿先生就十分重视研究工作。为此他想方设法网罗了一批高水平的美术、考古和历史等学科的专业人才。当时所里有苏莹辉、李浴、史岩等学者分别从考古学和美术史的角度对莫高窟进行了调查研究。1945年抗战胜利后，国民政府下令解散敦煌艺术研究所，许多专业人员返回内地，这些工作被迫停顿。但由史岩所撰《敦煌石室画像题识》（1947年出版）、李浴所撰《敦煌千佛洞石窟内容》（未公开出版，但内容都被记在各个洞窟的说明牌上），都是敦煌石窟调查的最初成果，为后来的研究提供了借鉴和参考。

1946年5月，在常书鸿先生多方奔走努力下，敦煌艺术研究所得以恢复。鉴于当时中国的状况，他感到首先要让更多的人了解敦煌艺术的价值。20世纪40~60年代，他率领敦煌文物研究所的美术工作者呕心沥血、有计划地进行了壁画和彩塑的临摹，多次在国内外举办敦煌艺术展览，使远在西北边地的敦煌石窟逐渐为世人所知，越来越多的人开始理解了敦煌艺术的重要价值。20世纪40年代以前的中国美术史著作几乎没有提及敦煌艺术的，而50年代以后，谈中国传统美术的论著，几乎没有不提敦煌艺术的。这一重大转变，是与以常书鸿为首的敦煌研究所的美术工作者们艰苦卓绝的努力分不开的。因此，1951年中央人民政府政务院文化教育委员会给敦煌文物研究所颁奖，在奖状中充分肯定了全所工作者临摹敦煌壁画的巨大贡献："敦煌文物研究所全体工作人员在所长常书鸿领导下，长期埋头工作，保护并摹绘了1500多年来前代劳动人民辉煌的艺术伟制，使广大人民得到欣赏研究的机会。这种爱国主义的精神是值得表扬的，特颁奖状以资鼓励。"

敦煌壁画，数量浩繁，内容丰富，美术工作者们开始都是按自己的喜好自行临摹的。常书鸿先生认识到要通过有限的临摹品来反映敦煌艺术的精华，同时还要给研究者提供重要的参考资料，这样就必须是有计划的、具有研究性的临摹。因此从20世纪50年代开始，常先生组织全所人员按专题进行了临摹，分为飞天、动物、山水、服饰、人物、图案、舟车（交通运输）等专题。与此同时，1952年开始对莫高窟第285窟进行了整窟复原的临摹。这些临摹品在后来的展览中，产生了极为强烈的社会影响。同时，专题临摹也促使部分美术工作者对一些艺术专题进行了深入的研究和探讨，最终成为某一方面的专家，如段文杰对服饰的研究、关友惠对图案的研究等。

敦煌艺术研究所成立以后，敦煌石窟不再受到人为的破坏，但由于经历了1000多年的雨雪风霜，洞窟仍然面临着崖体崩塌、壁画病害等许多自然的损害和潜在的隐患。常先生为此心急如焚，1962年他向中央政府报告，希望对莫高窟危崖进行加固抢修。这个报告受到政府的高度重视，当年文化部副部长徐平羽率考察组专程来敦煌石窟考察。考察组提出了莫高窟具体的加固工程计划，并上报国务院。当时中国经济十分困难，周恩来总理专门批示拨出巨款，于1963年开始了莫高窟加固工程。在敦煌艺术逐渐为世人所了解、中央政府高度重视敦煌石窟保护工作之时，常书鸿先生于20世纪60年代初便开始为开拓石窟研究工作而采取了一系列举措：他在所内成立了研究部，下设考古组、美术组和资料室；从兰州招来了历史专业人员，从北京大学招来了考古学的毕业生，开始了敦煌石窟的考古学研究；着手计划大型系列考古报告《敦煌石窟全集》的编撰工作；在全所组织多次学术讨论会，推动了研究工作。然而，正当各方面研究工作逐步展开的时候，"文化大革命"开始了，工作便陷入了停顿。尽管如此，常先生已经为敦煌艺术的研究工作开辟出道路，奠定了基础。"文革"中敦煌文物研究所的部分研究人员仍然在悄悄地从事研究工作。20世纪80年代初期，敦煌文物研究所的研究人员厚积薄发，发表了一批在学术界引起广泛关注的有分量的学术论文，其中大部分是在60年代就开始积累的研究成果。这些成果对20世纪80年代中期以后敦煌研究院的研究工作发展也产生了积极的推动作用。

如果说，我们不能忘记常书鸿先生作为所长为敦煌艺术研究所、敦煌文物研究所时期的敦煌石窟保护与研究工作的开创、发展所建立的不朽功勋，同样地，我们也不能忘记常书鸿先生作为学者为敦煌艺术研究事业所做出的不凡业绩。

早在20世纪40年代，常先生以一个艺术家敏锐的眼光看到了敦煌艺术在中国美术史上的重要地位和价值。他在1948年发表的《从敦煌近事说到千佛洞的危机》，强调了敦煌艺术在中国美术史上的地位、对于中国当代艺术发展的重要意义，并大声呼吁全社会来保护敦煌石窟。此后，他为使广大群众了解敦煌艺术的珍贵价值，多年坚持不懈地撰写了《敦煌莫高窟中国人民的艺术宝库》《敦煌壁画中的历代人民画》《敦煌莫高窟壁画》《敦煌彩塑》《敦煌图案》《敦煌飞天》等一系列介绍敦煌艺术内容及其价值的论著。其中许多文章还被译为日文、英文等在国外发表，对于帮助外国人民了解敦煌艺术、促进中外文化交流发挥了积极作用。更值得我们注意的是，常先生殚精竭虑，深入探索敦煌艺术的风格特点、发展演变。50年代以来陆续发表了《敦煌艺术的特点》《敦煌艺术的源流与内容》《礼失而求诸野》《敦煌艺术》等论文，较为全面地探讨了敦煌艺术的风格特点、发展脉络以及源流。20世纪40~60年代，国内对敦煌艺术的研究还处于起步阶段，在缺乏参考资料的情况下，他以丰富的学识和艺术家的洞察力，对敦煌艺术予以总结和概述，不仅在当时具有开创性的意义，代表了当时中国敦煌艺术研究的水平，而且为后来的敦煌艺术研究奠定了基础，一些观点和看法至今仍然具有启发性。

常先生的理论修养是多方面的。他长期受到西方艺术的熏陶，同时又对中国传统艺术有着深刻的认识。因此，他对敦煌艺术研究体现着多角度、广视野的特点，能够从世界艺术的互动与发展中，看到中国传统艺术的精神。他不仅是对敦煌艺术做过深入研究的专家，而且他也是我国较早对新疆地区石窟、甘肃炳灵寺和麦积山等石窟进行考察的专家之一。他对新疆石窟深入研究的成果，今天仍然是富有参考意义的。

常先生还在工作之余写下许多动人的散文与小品，如《喜鹊的故事》《敦煌抒感》等，反映出作者对敦煌的无限热爱，表现了一个艺术家的丰富的生活情趣。晚年著自传《九十春秋 ——敦煌五十年》，全面地回顾了他所走过的人生历程，更表现出他对敦煌的无限眷恋之情。

为了纪念常书鸿先生百年诞辰，我们编辑出版了《常书鸿文集》。相信这本文集，有助于我们全面地了解常书鸿先生在绘画艺术理论、敦煌学研究等领域的成就，并更深刻地认识常书鸿先生走过的道路，激励我们继承常书鸿先生的遗志，以更大的热情来从事敦煌石窟的保护与敦煌艺术的研究、弘扬工作，做出无愧于时代的新贡献。

（原载于敦煌研究院编《常书鸿文集》，甘肃民族出版社，2004年）

◈ 《敦煌石窟论稿》序

贺世哲先生1930年出生于陕西省延川县，1960年毕业于甘肃师范大学历史系，曾在兰州艺术学院任教，1961年12月到敦煌文物研究所工作，历任敦煌文物研究所考古室主任、敦煌研究院考古研究所所长。

贺世哲先生一生从事敦煌石窟考古工作，他曾主持敦煌莫高窟供养人题记的调查工作，在前人研究的基础上，编纂了《敦煌莫高窟供养人题记》。这是一项耗时较长、十分艰苦的调查研究工作，敦煌研究院曾经几代人进行调查记录。贺世哲先生和同仁们一起靠着烛光和手电，在黑暗的洞窟中艰苦地反复调查、辨认和记录，并参考了包括法国人伯希和记录在内的前人成果，终于编成了这部珍贵的《敦煌莫高窟供养人题记》，这是研究敦煌石窟必不可少的参考资料。贺世哲先生《从供养人题记看莫高窟部分洞窟的营建年代》一文，在对各时代供养人题记的深入研究的基础上，结合历史文献和敦煌遗书资料，对敦煌石窟从北朝到元代各个阶段的部分洞窟开凿年代做出推论。这些年代学上有力的论断，是我们认识敦煌石窟时代最可靠的依据。

贺世哲先生还对敦煌壁画的经变画进行了系统的研究。早年，贺先生曾与施萍婷先生合作对《法华经》和敦煌壁画中的法华经变进行了深入研究。他的研究，包括对某一个佛经的翻译及流传，该经典在敦煌一带的传承关系，依据该经典绘制壁画的产生与发展，并与敦煌以外地区的同一经变进行比较研究等。这样不仅全面探讨了法华经变在敦煌壁画中的发展流变，而且他们的研究方法为经变画研究开了先河。此后，贺先生又对维摩诘经变、涅槃经变、密严经变、楞伽经变等进行了深入研究。香港商务印书馆出版的《敦煌石窟全集·法华经画卷》《敦煌石窟全集·楞伽经画卷》就是贺世哲先生对敦煌壁画中法华经变、涅槃经变、维摩诘经变、楞伽经变等研究成果的总汇。

贺世哲先生的成果，还表现在把敦煌艺术放在佛教史发展的长河中来研究，从佛教思想的发展来揭示敦煌壁画的经典依据。以往学者们对于壁画中单独某一题材的考证往往只解决了壁画"是什么"的问题，而"为什么"这样画，却并没有回答。贺世哲先生花了很大的精力来从事佛教思想发展与敦煌壁画内容关系的研究。20世纪80年代初，他发表了《敦煌莫高窟北朝石窟与禅观》《敦煌莫高窟隋代石窟与双弘定慧》，就开始在佛教思想发展的历史背景中来探讨莫高窟造像的诸问题。其后，他更深入地研究了北朝石窟中的千佛图像、三佛图像及十方佛等，全面探讨北朝时期流行的佛教信仰以及对石窟造像的影响。这些成果不仅对于敦煌石窟研究，而且对于中国北方大部分地区的石窟研究来说，都具有普遍的意义。从这个意义来说，贺世哲先生的研究是敦煌石窟考古研究的新路子。

虽然在20世纪30年代日本学者松本荣一《敦煌画的研究》就对敦煌经变画等内容做过全面的探讨，但由于松本荣一没有到过敦煌，对很多内容的考证是十分粗略的。贺世哲先生对敦煌很多壁画题材，从内容依据到形式表现以及数量、方位等，都做了十分彻底而翔实的调查研究，这是前所未有的，其成果也远远超出前人。

贺世哲先生治学严谨，注重实证。每篇论文都是在大量的艰苦而细致的调查研究之后撰就的。他常常说论文必须言之成理、持之有故。他就是这样来要求自己的。他的文章质朴无华，以理服人，并能解决重大的学术问题。因此，贺世哲先生的论文是研究敦煌石窟中参考价值比较高、引用率也相当高的。贺世哲先生为人刚正不阿，在"文革"中备受冲击，而他却百折不挠，仍然坚持敦煌石窟的研究，为敦煌研究院的学术事业发展做出了贡献。

在敦煌研究院成立60周年之际，我们编辑出版贺世哲先生学术成果的《敦煌石窟论稿》，希望以此推动敦煌石窟考古研究事业的进一步向前发展。

（原载于贺世哲著《敦煌石窟论稿》，甘肃民族出版社，2004年）

◈ 《敦煌习学集》序

施萍婷先生，浙江永康人，1961年毕业于甘肃师范大学历史系，同年到敦煌文物研究所工作，开始了敦煌文献与敦煌石窟的研究工作。1980年敦煌文物研究所成立敦煌遗书研究室，施萍婷任主任。1984年敦煌文物研究所扩建为敦煌研究院，下设敦煌遗书研究所（后改名为敦煌文献研究所），施萍婷先生任所长。她率领全所工作人员有计划地展开了敦煌文献的调查研究。同时，她本人也在文献研究方面取得了令人瞩目的成果。

施萍婷先生学术成果的大部分，体现在敦煌文献的调查研究方面。20世纪60年代，她就开始对敦煌研究院藏敦煌文献进行了全面的调查、整理和编目，对很多未定名的佛经进行了定名，后来与刘忠贵共同发表了《敦煌文物研究所藏敦煌遗书目录》。"文革"以后，她又先后调查了天津艺术博物馆、上海图书馆等国内一些图书馆、博物馆所藏的敦煌文献，并主持了甘肃省各地所藏敦煌文献的全面调查工作，对这些敦煌文献进行了鉴定、定名和编目，最后编成了《甘肃省藏敦煌汉文文献》。她作为东京艺术大学客座研究员在日本工作期间，通过各种渠道调查日本所藏的敦煌文献，完成了《日本公私收藏敦煌遗书叙录》。她还参加了对俄国所藏敦煌文献的调查，发表了《俄藏敦煌文献经眼录》等。这些调查工作为国内外敦煌学同行提供了十分珍贵的资料和线索。

1962年出版的由著名敦煌学家王重民、刘铭恕所编的《敦煌遗书总目索引》，是敦煌文献检索的唯一的工具书，限于当时的条件，存在着很多错误和遗漏。施萍婷先生在广泛调查研究的基础上，对《敦煌遗书总目索引》做了很大的增补和修订，编成《敦煌遗书总目索引新编》，成为敦煌文献研究必备的最新工具书。

施萍婷先生在长期的研究工作中深感有必要对这本索引重新修订，以利于学人。早在20世纪60年代就已开始默默地进行资料的调查记录工作，把斯坦因、伯希和及北图所藏敦煌文献的缩微胶卷全部检索过几次，耗时20载，甘于坐冷板凳，凭着她在佛教和历史方面的丰富学识以及刻苦勤奋地努力，终于完成了《敦煌遗书总目索引新编》。这部著作是施萍婷先生40年敦煌文献研究的结晶。它比起旧的《索引》来，在体例上更加完备，增加了很多新内容，前人未定名的大量敦煌残卷得以定名。这一基础研究工作，为敦煌学研究做出了重大的贡献。

为了使敦煌文献的研究者能够更快、更方便地利用敦煌文献，施萍婷先生还主持并完成了计算机检索敦煌文献的课题。这一成果的实现改变了过去在敦煌文献研究方面手工检索、耗时费力的局面，使研究者能够迅速地找到所需的资料，大大地促进了敦煌文献研究的进程。

施萍婷先生还对一些敦煌文献进行了专门的研究。她的论文往往能揭示出深刻的历史问题、丰富的文化信息，发人深省。如对敦煌研究院藏《酒帐》的研究。通过对归义军时代的一份酒账的分析研究，不仅据古代历日的规律推算出其时代，而且对其中牵涉到的古代计量单位、唐五代敦煌地区的社会经济以及敦煌与周边地区的交流等问题做了精辟的考订。此外，她对敦煌《历日》残卷做了深入的考证和研究，详细比较了敦煌历与中原历的异同，还指出了敦煌历存在的错误。她的研究纠正了前人研究中的失误，而且补充了前人的不足。

施萍婷先生还有一些论文，通过敦煌文献探讨了敦煌佛教发展史中的重要问题，对于敦煌石窟研究具有重要的参考意义。如《三界寺·道真·藏经洞》一文，调查了数百件敦煌文献，详细考证了敦煌的三界寺的历史和道真和尚的事迹，并对藏经洞文献的入藏时间这一学术界十分瞩目的问题进行了推论。这篇论文对于目前学术界热门的藏经洞研究来说，具有十分重要的参考意义。

施萍婷先生是少有的既精通文献又熟知敦煌石窟的专家之一。她对敦煌石窟的研究也取得了很大的成就。早在1980年，她就写出了《建平公与莫高窟》，对北周时代与敦煌早期洞窟开凿关系极大的建平公做了考察，并推测建平公所开的一大窟，可能就是莫高窟第428窟。10多年后，她经过对第428窟的深入调查，发表了《关于莫高窟第428窟的思考》，确定了该窟西壁五分法身塔的定名，并对第428窟的主题、作用以及风格传承等问题做了分析，认为其中心主题就是表现佛传的。这样从整体上对一个洞窟的主题思想到艺术风格做全面的研究，施先生的论文是富有启发性的。

施萍婷先生的成就还体现在对敦煌经变画的研究上。早年，她曾与贺世哲先生合作完成了《敦煌壁画中的法华经变初探》，该文从佛经的流传到绘制成经变画及在敦煌石窟中流传等方面做了十分广泛而深入的探讨，堪称是经变画研究的典范。此后，施先生又对敦煌壁画中的金光明经变做了深入研究。近年来她关注于净土经变的研究，并从前人定名为西方净土变或阿弥陀经变的壁画中，甄别出了无量寿经变。至此，依据净土三经所绘的三种经变都明朗起来了。香港商务印书馆出版的《敦煌石窟全集·阿弥陀经画卷》一书中体现了她这一研究的新成果。

　　施萍婷先生治学严谨，绝不轻率做结论，不为应付场面而随意发表论文。她的论文思路清晰而逻辑分明，文笔豪放而雄辩滔滔。先生为人正直而襟怀坦荡，对敦煌事业充满热忱，如对《敦煌遗书总目索引》这一大型工具书做全面的修订和增补，是一项耗时多、见效慢、吃力不讨好的事，一般人都是望而却步。这样规模浩大的工作本应由一个研究小组来完成的，而施先生仅仅到后来课题立项时，才有一个年轻人为她做助手，而她从不计较，总是精神百倍地投入到工作中去。她的一篇《打不走的莫高窟人》讲出了在莫高窟艰苦创业几代学者的心里话，感染着广大读者。而她自己也正是这样忘怀得失、把一生奉献给了敦煌研究事业的莫高窟人。作为前辈，施萍婷先生十分关心青年学者的成长，常常热情指导本院的青年学者从事文献和石窟研究。近些年兼任兰州大学的博士生导师，更兢兢业业、诲人不倦，培养了一批批敦煌学的新人。

　　在敦煌研究院成立60周年之际，我们编辑出版这本论文集，汇集了施萍婷先生关于敦煌文献与敦煌石窟研究的主要成果，以供广大敦煌学研究者参考。

（原载于施萍婷著《敦煌习学集》，甘肃民族出版社，2004年）

■ 《曾有西风半点香 —— 敦煌艺术名物丛考》序

　　当扬之水先生嘱我为她的新著《曾有西风半点香 —— 敦煌艺术名物丛考》一书写序时，说实话，我颇感忐忑。虽然我多年从事敦煌石窟研究，但对她所从事的名物研究领域却少有涉猎。而她在此书中所涉及的名物领域又是相当深广，我怎么能为她写序呢？但转念一想，我与此书确有缘分。当初，是我邀请扬之水先生来敦煌研究院领衔担当"敦煌艺术中的名物研究"课题的，而我又是这个课题的创意者和组织者，为了让这个课题能够顺利开展，并取得预期效果，我有责任为她的新著作序。

　　2005年初秋，我在敦煌见到了新加坡友人袁腱女士和久闻大名的扬之水先生，袁女士向我介绍了扬之水所从事的名物研究工作。在与扬之水的融洽交谈中，我们萌生了将名物考证的方法用于敦煌艺术名物研究的想法。当2007年扬之水再次来敦煌考察时，我便邀请她与我院合作研究敦煌艺术名物，并就具体的合作事宜交换了看法。第二年，我和我的两位同事便与扬之水一起申请了"敦煌艺术中的名物研究"课题。该课题一经立项，她便全身心地投入了研究工作。

　　为了搜集佛教名物的图像资料，扬之水曾多次来敦煌考察，她还带领课题组成员远赴佛教与佛教艺术的诞生地 —— 印度、佛教传播的中转地 —— 新疆石窟进行实地考察。考察途中，她潜心治学，执着忘我的工作精神给大家留下了很深的印象。经过数次考察，尤其从印度和新疆考察归来后，扬之水自称"茅塞顿开"。很快，她就陆续撰写出了一篇又一篇敦煌艺术名物研究的论文。这些论文不仅内容涉猎广泛，而且见解独到新颖。现在，她又将已发表的这11篇研究论文结集出版，令我欣喜和钦佩。

　　佛教艺术以表现佛教思想和佛教内容为宗旨，但佛教内容又无不与社会生活和物质文明密切相关，敦煌佛教艺术亦是如此。毫不夸张地说，敦煌石窟艺术中所描绘的物品器具触目皆是，在有雕塑和壁画的 492 个洞窟中几乎每个洞窟、每铺壁画、每类题材中都有，其数量之多难以计数，类别之繁亦难以穷尽，诸如建筑、交通工具、生产工具、生活用具、服饰、乐器、佛教法器等等，都呈现了古代社会生活乃至精神生活的丰富多彩。以往，敦煌艺术名物研究已取得了不少成就，但要将其逐类考订准确、分析透彻、解读明白仍十分艰难，任重而道远！"功夫不负有心人"，扬之水刚刚开始的敦煌艺术名物研究已取得了可喜的成绩。

扬之水在开始研究敦煌艺术名物之前，已经有了 10 多年从事名物研究的经历，先后出版过《诗经名物新证》《古诗文名物新证（一、二）》《终朝采蓝——古名物寻微》《奢华之色——宋元明金银器研究》等著作。她凭借着多年在名物研究中的深厚积淀、渊博学识和宽广视野，很快就打通了名物与敦煌佛教艺术之间的通道。在短短的两三年中，扬之水娴熟地利用佛教典籍、传世典籍、敦煌文献以及诗词歌赋、笔记小说等资料，并结合佛教艺术图像、传世古器物和出土文物，展开了敦煌名物研究工作，发表了 11 篇力作。对敦煌艺术名物研究来说，11 篇论文不算多，但从中可以看出，扬之水已经开拓了敦煌艺术名物研究的新思路和新方法。

纵览扬之水的这 11 篇力作，我想主要有这么两类：一类是"以物找名"，另一类是"因名寻物"。"以物找名"就是给佛教艺术图像中一些具体的物品器具准确定名。如扬之水对抭鼓、象舆、净瓶、立拒举瓶、荃提、丹枕、繂绥以及忍冬边饰等的考证和定名，就是很好的范例。在"以物找名"的研究中，扬之水除了进行一器一物的考订外，还尝试从整体和全局的角度出发做综合研究，如敦煌莫高窟窟顶图案研究。敦煌窟顶图案是石窟图案中分量最重的部分，扬之水首先从细节入手，通过对取材于世俗生活的藻井、幄帐到其各个部件的所有细部进行考订和定名，然后对设计思想、结构、装饰、形制予以综合分析，进而将其上升到意象的高度和层面，揭示出敦煌石窟窟顶图案的设计者所营造的石窟空间氛围、表达的精神内涵。她还梳理了早期至隋唐，乃至西夏、元的窟顶图案，可以说几乎概括了敦煌石窟所有洞窟窟顶图案发展演变的脉络和规律，及其演变中呈现的不同意象，开创了敦煌图案研究的新视角。

"因名寻物"则是从已知的物件名称入手寻找其对应的图像。敦煌藏经洞出土的"点检历"记录了 8~11 世纪的敦煌一些寺院所保存的各类器物，尤其是详细记载了帐、幢、伞、幡等供养具及其种类繁多的装饰配件的名称。扬之水从分析藏经洞出土的供养具的实物和其装饰配件的形制与结构入手，结合佛教经典和传世典籍的相关记载，在敦煌石窟中找到了与名称相对应的图像。其中以对"者舌"的考辨最为精彩。虽然"者舌"一词反复出现在"点检历"中，但它究竟为何物，一直都是学界之谜。扬之水在对"点检历"的有关记述重新断句和标点后，分析"帐、幢、伞"的形制与结构，又参考《一切经音义》相关记述，成功考证出"者舌"即文献记载的"赭舌"，为"伞盖（也包括帐、幢、伞）边缘的垂覆之饰"，进而在敦煌石窟中找到了形形色色的"者舌"图像资料。

扬之水研究涉及的对象都是古代器物，似乎显得琐碎繁杂。但她对器物的研究并不仅仅限于考订名称，而是对其名称、形制、用途、功能都予以追源溯流的考订和梳理，因而她的敦煌艺术名物研究成果总能以小见大、察微见著，为敦煌学研究提供新的启示和佐证。

扬之水的敦煌名物研究成果为敦煌石窟的断代提供了佐证。莫高窟第465窟是备受学界关注的一个洞窟，关于它的营建年代众说纷纭，或为唐代，或为西夏，或为元代。扬之水在辨识和考证丹枕（坐具后的软靠垫）图像时指出，在西夏的绘画作品中，原来的丹枕图像两端若似花朵的束结状部分已不复存在，被改变为背屏两侧的嵌宝装饰。第465窟的坐具多采用这种背屏嵌宝装饰的形式，而元代绘塑作品中极少有这种背屏嵌宝装饰。因此，她支持第465窟建于西夏的观点。这是极有见地的。

扬之水的敦煌名物研究成果为敦煌艺术的中西文化交流研究做了新的探索。众所周知，佛教和佛教艺术最早起源于印度，后经中亚、新疆，再传至敦煌、中原。缘此，早期敦煌石窟无论是形制还是绘塑的内容、形式，都或多或少地受到了印度、中亚和新疆等地石窟艺术因素的影响。扬之水在研究中紧扣佛教艺术的这一传承关系，在对佛教艺术名物的具体器物定名时，十分注重追本溯源，找到这些器物及其图式源于印度，经中亚、新疆，传播至敦煌、中原的发展演变，以及中土化的轨迹。如她指出丹枕"原系印度上流社会日常生活中的习用之具"，很早就被刻入早期的印度佛教石雕，至五六世纪，又出现于阿旃陀石窟的雕像和壁画中。然而，"丹枕"图像传入中土后，虽没有在汉传佛教艺术中形成广泛流行的图式，但其实物却受到了广大民众的青睐，成为中土民众日常生活中不可或缺的物品。只是随着岁月的流逝，世人已淡忘了"丹枕"之原名，而将其改称为"隐囊"。正是扬之水独具慧眼，关注到了佛教雕像和壁画中所绘制的这种"软靠垫"，并根据佛典考证，将其定名为"丹枕"，由此澄清了"丹枕"与"隐囊"异名同源之关系。通过扬之水缜密而细致地分析和考订"丹枕"这一细小物件，我们明白了日常生活中几乎天天使用的软靠垫原来是中西物质文化交流的产物。

扬之水接通了敦煌名物研究与敦煌以外的佛教艺术名物的研究。虽然扬之水将她的论文集取名为《敦煌艺术名物丛考》，其实，这些论文并不是就敦煌艺术名物而论敦煌艺术名物，而相当多的篇幅是着眼于敦煌以外的佛教艺术名物之研究。如"象舆"一文，扬之水对印度、中亚、新疆的出土遗物和佛教图像中流行的"象舆"做了准确定名，又说明"象舆"图式首次于公元前3至前2世纪在希腊—巴克特里亚的银鋈金马具饰中出现，又途经印度桑奇大塔—犍陀罗地区—龟兹石窟，再传敦煌的历史轨迹。另外，在谈到礼物案时，扬之水将莫高窟晚唐洞窟中的礼物案图式作为标尺，高瞻远瞩地从家具发展史的角度阐发了礼物案向栏杆桌子和栏杆高几的发展演变历程。这个实例说明，扬之水的敦煌艺术名物研究的视野很宽广，她从敦煌艺术名物研究入手，解决了佛教艺术名物之外的问题，使敦煌艺术名物研究的范畴得以进一步拓宽。

　　扬之水先生从事敦煌艺术名物研究的时间虽短，但她的研究成绩斐然，有目共睹。这些具有相当深度和广度的研究成果，既是敦煌艺术名物研究的开拓之作，又将进一步促进敦煌艺术名物向纵深发展。她取得的这些显著成绩足以说明，敦煌艺术名物研究并非无足轻重，而是敦煌学研究的一个重要组成部分。我相信，随着敦煌艺术名物研究的不断发展，还会促进敦煌学其他领域的研究。

　　敦煌石窟不仅是一座辉煌灿烂的艺术殿堂，同时也是蕴含丰富物质文化的宝库。这些物质文化从衣、食、住、行到佛教法器，几乎涵盖了中国社会生活的各个方面。它们在反映神圣和美好佛国世界的同时，也展现了丰富多彩的古代社会生活和精神生活。与扬之水先生合作开展敦煌艺术名物研究，旨在为这些形形色色的器物定名，并进而诠释它们的思想和人文内涵，多角度、全方位地展示中国传统文化。我相信，随着敦煌名物研究的不断深入，最终会把一个内容丰富、多彩多姿的文化宝库呈现在世人面前。

（原载于扬之水著《曾有西风半点香 —— 敦煌艺术名物丛考》，
生活·读书·新知三联书店，2012年）

由敦煌认识中国传统文化

——简评冯骥才《人类的敦煌》

拍一部敦煌艺术的电视片，全面展示敦煌艺术的风采，让更多的人了解敦煌、欣赏敦煌。曾经是多少敦煌艺术爱好者的愿望，也是我们从事敦煌石窟研究的人盼望的事。

然而，面对如此博大精深的敦煌艺术，通过怎样的构想、怎样的艺术形式，才能表现出敦煌艺术之美，使观众喜闻乐见，却不是一件容易的事。

1997年，著名作家冯骥才为拍摄敦煌电视片而写了电视文学剧本《人类的敦煌》。当时我们敦煌研究院的不少专家都看过，特别是一些老专家，都认为写得很好，把敦煌艺术全面地介绍出来，又写得富有文采，引人入胜。当时，由于各种原因，电视片最终没有拍摄。但这本书却深受欢迎，多次重印和再版。

《人类的敦煌》共十二集，第一集讲述的是20世纪初外国探险者在敦煌获取大量珍贵文物的历史。这一集可以说是一个序篇，通过展现清朝末期这一段令人扼腕叹息的历史，使读者对敦煌这个西北偏远城市产生了无限遐想，从而引起了对敦煌石窟文化的浓厚兴趣。以下第二至第九集，从敦煌石窟的最初营建开始，分别讲述敦煌石窟艺术的方方面面，涉及佛像绘画、飞天、菩萨及供养人像、佛国世界图景以及世俗人物形象、彩塑艺术等等。全书以流畅的笔法，充沛的激情，富有感染力的描述，把敦煌艺术的内容全方位地介绍出来，并对各时期代表性的作品做了精彩的点评。从宏伟的大佛到单尊彩塑菩萨或天王的精品，从结构复杂的经变画到具体的菩萨和飞天的形象，都能够恰到好处地把其中的艺术特点阐述到位，表明了作者深厚的艺术修养和鉴赏能力。

在写作上，我们认为《人类的敦煌》有如下一些特点：

第一，从广阔的视野来看敦煌石窟，从中国与西方各国的交流，也就是中华文明与中亚文明、印度文明乃至古希腊罗马文明交流的高度来看敦煌。

作者认为敦煌"它不仅是一切人文，无所不包；更由于它面对欧亚大陆所有人类文明所表现出的宽容、亲和、慷慨，以及主动——主动的吸取和主动的融合。中国历史和人类历史最积极、最有益于未来的主题也在其中"。因此，作者能从东西文化交流以及中华文明积极开拓进取与发展的高度，来展示敦煌的意义和价值。通过与印度、丝绸之路沿线以及中原内地的相关艺术进行比较，来突显出敦煌的特色。如中国传统神话中的羽人与佛教的天人相比较，使读者了解人类社会发展进程中，东方与西方并不是孤立发展而是相互影响和促进的。通过飞天、菩萨等形象的中国化，指出"把一种外来文化消化到自己文化肌体中，成为自己的一部分，这是中华文化博大恢宏和强劲深厚之所在"。

作者开阔的视野还体现在，不局限于就敦煌讲敦煌，而是在相关内容中，介绍丝绸之路上的文物珍品以及古代长安名家之作，或今天西安一带的出土文物，从而使人们了解丝绸之路兴旺发达的时代，从长安到西域各地文化发展的情况，而现存的敦煌文化其实就是中华文明的一个代表。如第五集《阳关大道》由玄奘取经讲到唐代的外来文明，通过敦煌唐代壁画、彩塑与新疆出土绢画、龙门石窟奉先寺石雕和章怀太子墓壁画等的展示与讲述，说明大唐文明注重吸收外来文明，在文化交流中促进了自身的发展，"大唐之所以在那个时代的世界上唱主角，一方面它有主角的实力，一方面它有主角所必需的自信心"。

第二，从历史的眼光来看敦煌，从佛教文化的背景来分析敦煌。

佛教在中国曾经有过极其兴盛的时光，在信仰的推动下，寺院和石窟大量兴建，艺术家们在其中倾注了毕生的才能。因此，如果不能从佛教发展历史的角度来看敦煌，就不能全面理解这些辉煌的艺术。在第六集《天国与人间》中，作者强调古代人们的"天国梦想"，由于要表现理想国，就把人间最美好的东西赋予佛国世界。这里，现实被理想化了，理想也被现实化了。于是，佛国世界中自然就出现了人间的宫殿楼阁、人间的音乐舞蹈；菩萨也表现为现实社会中的美人形象，天王也就表现为将军或武士的形象。也因为如此，信仰佛教的各族人民都有共同的理想国，他们也分别把他们理想的世界表现出来，我们从中便可以看到古代各民族生活的方方面面。第九集《时光倒流一千年》集中展示了敦煌石窟中反映的文化、科技诸方面的内容。这些内容尽管比较庞杂，但在作者娓娓描述中，使读者了解到一千多年前人们的普通生活中的丰富内容。本书正体现了作者所预期的："将复原性历史情节的画面刻画，实拍内容的确凿描述，闪光的思想提示，与文学性的解说词，构筑成为一个整体。"这也是《人类的敦煌》一书的成就和特色之所在。

第三，对敦煌石窟艺术的分析透彻到位。

敦煌石窟是佛教艺术的集中体现，如果不能把精湛的艺术解析到位，就不能使读者很好地欣赏敦煌艺术并深入认识敦煌艺术的价值和意义。作为一位画家，作者对中国传统艺术有深入的领悟和精辟的见解。因此不论是对敦煌飞天、敦煌菩萨以及相关的人物画、山水画的分析都颇有见地。如第六集《天国与人间》从藏经洞出土的绢画《引路菩萨图》和莫高窟第130窟都督夫人礼佛图等作品中，解说了唐代大画家周昉的周家样风格；从莫高窟第9窟白描人物，讲到吴道子"吴带当风"的风格。同时，通过对画稿的分析，说明由于粉本画稿的流通，使中原绘画风格可以很快传到敦煌，形成敦煌绘画新风。又如第八集《无名的大师们》带领读者去探访创作敦煌壁画的那些无名画家，不是为了寻找那些画家是谁，而是通过壁画来认识画家们是如何在极其艰苦的环境中创作出这样美好的作品，了解敦煌壁画中那些精美的画面，那些动人的彩塑是如何通过艺术家灵巧的双手制作出来的，无疑这是更为重要的。菩萨面部传神之笔，微妙的表情以及彩塑中那些优美的动态等等。由于作者深邃的艺术修养和长期绘画创作的实践经历，而对敦煌壁画艺术能够体会得这样深刻，解说得这样精到。

第四，讴歌了在艰苦环境中保护和研究敦煌石窟的学者们。

第十一集《大漠上的孤坟》讲述了20世纪中国敦煌学的发展状况，以及20世纪40年代以来，以常书鸿先生为首的学者们保护和研究敦煌的历程。最后一集《永远的敦煌》则展示了在新的时代，通过国际合作与交流发展敦煌学，采用各种科技手段进行保护和研究敦煌石窟的新气象。自1944年敦煌艺术研究所成立以来，驻守在敦煌的学者们坚持不懈，守护敦煌，研究和弘扬敦煌艺术，"像对待生命一样保护敦煌石窟"，使这一座闪耀着中华文明光芒的石窟不断地对当今社会产生着影响。改革开放以后，敦煌的保护和研究工作得到了极大的发展，研究队伍不断壮大，保护科技不断创新，在一些研究领域达到了世界领先的水平。作者以极大的热情赞美了敦煌研究者对敦煌壁画的临摹与研究，认为"临摹，也为了欣赏一种美，放大一种美，传播一种美"。同时，赞颂了敦煌石窟保护研究所取得的新成果。这样，不仅把敦煌石窟保护研究的历程展示出来，而且宣传了为保护祖国文化遗产而奉献的精神。

第五，全书富有文学性，又有作者独特的风格。

本书以散文诗的语言来描述历史和艺术，读起来朗朗上口。行文中常常穿插对历史和文化总结性的警句，读起来余味无穷。如第三集讲到文化之间的相互影响时，写道："人类文化的进程，从来就是各个文化之间相互冲突、借用、营养而不断再造自己的过程。"第四集讲到中国文化对外来文化的同化时，说："中国人不是改变自己而去适应外部环境，而是改造外部环境来适应自己。这是五千年中华民族生生不息、持续不断的深在根由；也是对外来文化的同化力之所在。"第六集讲到中国绘画中把观音画为女性形象从而使佛教具有人情味时，写道："人情味，是中国式的人文特征，也是中国佛教的特征。"第八集中讲到无名的画师们创作的非凡的作品，写道：

"壁画中佛国的魅力，其实就是画工非凡想象的魅力。"

这些警句体现了作者对历史、文化的深刻洞察，而把这些警句穿插在叙述的文字之中，使读者一边读书，一边感受到作者对历史的那种深刻剖析，从而加深了对中国传统文化、对敦煌艺术的理解力。

敦煌石窟是人类文化遗产。宏伟而精美的敦煌石窟需要更多的人读懂她、理解她。因此，我们不仅需要研究人员深入地研究剖析敦煌艺术，而且也需要文学家和艺术家以不同的方式向普通读者解说敦煌艺术。而《人类的敦煌》无疑是一本富有艺术性的解读敦煌石窟的优秀读物。同时，《人类的敦煌》在透过讲述敦煌艺术的字里行间，不断地向读者提示中华文明的优秀传统以及中华文化的伟大之处。敦煌文化是中国传统文化的一个代表，敦煌文化在吸收外来文化时不是被外来文化所同化，而是在中国传统文化的基础上创造了更富有深度和厚度、充满包容性的宏大的文化体系。因此，读者通过《人类的敦煌》一书而认识敦煌艺术，通过敦煌艺术而认识中国传统文化的精神实质所在。这是《人类的敦煌》一书有别于其他敦煌艺术读物之处。

（原载于《中国艺术报》2014年5月5日第3版）

《谢辰生先生往来书札续编》序
——学习《谢辰生先生往来书札》感悟

　　不久前获悉《谢辰生先生往来书札》要出版续编，编者李经国先生嘱我为之作序。谢老是我国文物保护领域的老领导、著名专家，也是我国文物事业领域的一面旗帜，他一生奉献于我国文物事业，为新中国文物事业的发展做出了卓著的功绩。"高山仰止，景行行止。虽不能至，然心向往之。"提起谢老使人无法遏制对他的景仰之情。虽然我也已近朝枚之年，但在谢老面前还是晚辈，为他的《书札》作序，感到诚惶诚恐，只能本着学习的态度，谈一些自己的感悟和认识。

　　谢老自20世纪40年代追随郑振铎先生开始从事文物工作，一直坚持至今，近七十春秋矢志不移，坚定笃行致力于国家文物保护事业。退休前他曾长期担任国家文物主管部门的领导，站在国家管理第一线，以广阔的视野、敏锐的眼光，正确地把握文物保护与利用、管理的关系；他长期参与制定国家文物保护的方针政策，参与起草文物保护管理文件和《中华人民共和国文物保护法》等法律法规，为文物保护筑起法律之墙做出奠基性贡献；他退下来后，依然初心不改，今天以95岁高龄，仍时刻关注国家文物保护管理事业的发展态势，坚持守土有责，捍卫和保护祖国文物；他虽身在北京工作，但长期心向各地的文物保护，奔波劳碌于调查研究，掌握和洞察全国文物保护的真实情况，深得文物界和社会相关业界的信赖和尊重；他孜孜以求，笔耕不辍，经常发表有见地的文章和谈话，向社会阐明文物保护的理念；他以笔为戈，直言上书，一次次力挽文化瑰宝于危急之中。因为谢老这样独特的经历和智慧，他对国家文物事业做出了常人无法做到的杰出贡献。

　　谢老长期关心敦煌石窟的保护管理工作，他与我的前辈常书鸿、段文杰先生都有深交。由于工作关系我早就耳闻谢老的大名，在20世纪80年代才得以结识了谢老，并亲身感受谢老对敦煌石窟保护的关心和支持。如《国务院关于进一步加强文物工作的通知》（国发〔1987年〕101号），在加强文物保护管理工作，正确处理文物保护与发展旅游事业的关系这部分内容当中，是谢老建议特别指出了"像敦煌壁画这类易于损坏的稀世珍宝，不能作为一般性的旅游开放点，必须严格控制参观人数，并采取有效的保护措施"。这份文件使我深受教育。每当遇到文物保护管理困难的时候，我就会想起这份文件，想起谢老的良苦用心。2014年，当谢老从网上得知敦煌莫高窟可能遭遇旅游投资公司开发的消息时，当即亲自打电话给我，了解询问详细情况，还叮嘱我必须坚持保护第一的原则；要选用德才兼备、有志献身文物事业的优秀人才接班。谢老对我的教诲和对敦煌石窟的关心，给了我精神上莫大的支持。

现在手捧谢老《书札》第一编，阅读着一封封饱含深情、有理有据的书信，感慨良多。这本《书札》收录了谢老从20世纪60年代一直到5年前他写给党和国家领导人的书信以及与文物、文化领域友人往来的书信。通过《书札》使我们重温新中国成立以来的许多文物大事件和文物方针、政策的发展脉络，新中国文物事业的发展轨迹历历在目，令人获益匪浅！

谢老在《书札》中多次强调："文物工作具有区别于其他文化工作的鲜明特点和特殊规律。是一项专业性、社会性、政策性很强的工作"，"由于这些复杂性和特殊性，遇到矛盾和问题时，文物局解决不了，文化部同样解决不了，必须及时向党中央、国务院请示，而且文物工作许多问题往往时间紧迫、刻不容缓，多一层级对工作是不利的"。正是出于这样的考虑，在文物面临被破坏的每一个危急关头，他都是毫不犹豫，秉笔直书，获得历届领导同志的有力支持。谢老的《书札》述及了关于文物保护诸多方面的内容：如何正确对待文物工作；如何处理城镇建设与保持古城风貌的关系；如何摆正文物保护与旅游发展的关系；如何做好出国展览，推动文化遗产、传统文化走出去等等。所有这些，他都有入木三分的深刻见地。比如面对文物保护与旅游发展的矛盾问题，他指出："旅游是经济产业，旅游公司是以谋求利润为目的的经济实体，文博单位则是以促进建设社会主义精神文明建设为宗旨的社会公益事业。把两个性质根本不同的事物绑在一起，就混淆了事物的质的区别，就会把事情搞乱。"还指出："文物部门要有旅游意识，应当在文物保护的前提下，最大限度地为发展旅游创造条件。而旅游部门应当认真贯彻中央的文物工作方针，尊重文物的客观规律。不是一切文物都是旅游资源，能够成为旅游对象的文物只是其中一部分。"面对城镇建设中文化遗产被破坏的局面，谢老一再疾呼："作为'遗产'，就必须是原来的遗物，原汁原味，这就是它的真实性。"还强调："如果在高楼林立的大环境中，还能保存一段古街巷原状的痕迹，正好说明我们重视文化遗产的保护，重视保护遗产的真实性，肯定会得到人们的赞赏。"面对近年诸多地方为追逐经济利益，出现古城镇拆真造假之风，以文化为名的大规模招商引资、旅游开发等等现象，谢老认为："这些现象的本质是以牺牲文物为代价而谋求经济效益，只注重眼前利益而忽视长远利益的短视行为。"他还深刻指出："不能孤立地谈文化遗产保护，也应看到这样'文化搭台、经济唱戏'的行为不仅导致文化遗产的大片破坏，而且可能引发文化遗产赋存环境的异变，周围耕地的毁坏等等情形，同时各项劳民伤财的工程，最终侵犯的是广大人民群众的利益。如果这样的风气不加遏制，引起的将会是一系列的社会问题。"谢老一封封书信和有理有据的分析、阐述，不仅在紧要关头帮助国家、协助领导做出正确决策，而且也成为我们做好文物工作和文物保护所应该秉持和奉行的原则。

谢老曾在给国家领导人的信函中直言不讳地表示："我对任何一个领导都是尊重的，但又绝不会违心地迎合任何领导同志意图而改变自己认为对的看法，否则就会违背了作为一个文物工作者的职业道德。"这种刚直不阿、坚持真理的态度，是对老一辈文物事业领导人郑振铎、王冶秋文物保护事业与精神的继承，也是他对文物保护独创性的贡献，让人由衷折服，也值得所有文物工作者永远学习。他不顾一切保卫国家文物瑰宝、文化财富的赤子之情，也获得历届国家领导人的尊重和信任，许多建议、意见都受到领导人的认可和采纳，为此作出批示或指示，及时纠正不利文物保护的偏颇做法，甚至是挽狂澜于既倒，抢救了许多重要文物，全国文物界和社会各界受到教益和鼓舞。因此，我们既佩服谢老的直言进谏，也感动于党和国家领导人审时度势，及时果断，高度关心和重视国家文物事业，广纳群言的风范。

最让人由衷敬佩的是谢老对文物关怀有奋不顾身的精神和品格。谢老带病工作几十年，以坚强的意志战胜病魔，不管风吹浪打，不顾冷嘲热讽，始终是一位不屈不挠的文物卫士，始终坚守在文物保护第一线，勇敢地捍卫着祖国文物的安全。在每一次文物面临被破坏、遭流失，而有关部门和个人无能为力的紧要关头，他总是不计个人得失，直言上书，向党和国家领导人反映真实情况，力陈利弊得失，帮助国家做出正确的决策。正是他的据理力争，捍卫了北京大批四合院、北京电影制片厂旧址、长安大街道路改造、南京老城南、天津五大道小洋楼、常州近园、虎门靖远炮台等一大批重要文物古迹的安全，也使许多青铜器、瓷器等珍贵文物免遭走私、外流的命运。他七十年如一日，老而弥坚，为国家文物事业忘我奉献的事迹与精神，实在令人感佩。

现在这本饱含谢老思想和智慧的《书札续编》的出版，是文物界和文物事业的一大幸事，衷心希望更多同仁、朋友能够阅读此书，必有裨益。也希望更多的社会大众从中获得热爱祖国文化遗产、保护祖国文化瑰宝的启示和热情。

（原载于李经国编《谢辰生先生往来书札续编》，国家图书馆出版社，2017年）

◈ 《选堂集林·敦煌学卷》序

　　去年夏季，香港大学饶宗颐学术馆拟编集出版《选堂集林·敦煌学卷》，来信嘱我写篇序言。我踌躇再三，一直未能动笔。

　　饶先生是海内外景仰的汉学泰斗，其治学广博深湛，横无际涯，广泛涉及古文字学、敦煌学、考古学、金石学、历史学、古典文学、词学、音乐史、艺术史、中印关系史、宗教史、楚辞学、目录学、方志学诸方面。即使在敦煌学领域内，先生也同样是精深广博，像我这样浅薄孤陋者实在没有资格、没有能力评论饶先生。10多年前，荣新江先生曾发表《饶宗颐教授与敦煌学研究》，对饶先生在敦煌学研究领域的多方面成就予以评述。近些年来，学术界也有一些学者从不同角度总结、论述先生治学的成就、风格、方法。

　　我多年来认真拜读饶先生的论著，对有关敦煌学研究的一些篇章更是多遍拜读，不敢说都能读懂，但每次阅读都能获得启发和教益。先生生于书香门第，幼承庭训，家学渊源深厚。中年之后长期生活于香港这样一个中西文化荟萃、学术氛围宽松自由的环境中，再加在亚洲、欧洲和美洲多地游历、研究和讲学，培植出会通古今、融会中西的学术大师风范。先生治学之广博，研究之深邃，远非一般学者能够望其项背。但如果深入研读、揣摩先生治学的门径、方法，特别是认真总结先生的治学精神，或可从中得到一些供后学师法、借鉴的有益启示。

　　先生对学术始终秉持着一份深厚的敬意与真切的喜爱。先生出生于潮州望族，靠饶家资产本可以过富足优裕的生活，但先生却选择了清苦的学术之路，数十年致力于国学研究，念兹在兹，乐此不疲。究其根源就在于先生对祖国的历史文化始终怀有一种崇高的使命感和责任感。先生近年谈及自己选择敦煌学研究的志愿时曾说："在敦煌出土的经卷之中，不单包含了宗教上的资料，其他像中国中古时代的政治、社会、经济、文学、艺术等方面，都蕴藏着大量的资料。其中有待研究的还有很多很多。故此，我在这方面曾经做过不少研究，我更希望有更多现代的学者能够继续在敦煌资料之中发掘出新的研究方向。"表明先生充分体认敦煌藏经洞出土文献对于中国中古时代多学科研究珍贵而重要的价值，因而数十年来对敦煌学研究倾注心血、不遗余力。先生不仅躬亲耕耘于敦煌学园地，而且通过在香港举办敦煌学国际学术研讨会，在香港中文大学成立"敦煌吐鲁番研究中心"，在香港开展敦煌学研究计划，邀请大陆学者到港从事敦煌学专题研究，将10余种敦煌学研究成果编辑出版丛刊，并编辑敦煌学专门杂志等途径，大力推进敦煌学的发展，也使先生成为国际敦煌学的有力推手和卓越领袖。"万古不磨意，中流自在心"是先生很喜欢的一副自撰的对联，从中可见先生立足学术以追求不朽，独立自由以追求大智慧的高远情怀。

先生治学具有极为广博宏通的视野。在《我和敦煌学》一文中先生自述治敦煌学之取向说："我一向认为敦煌石窟所出的经卷文物，不过是历史上的补充资料。我的研究无暇对某一件资料做详细的描写比勘……我喜欢运用贯通的文化史方法，利用它们作为辅助的史料，指出它在历史某一问题上关键性的意义，这是我的着眼点与人不同的地方。"正如姜伯勤先生指出的，饶先生对敦煌学的研究涉及佛教史、道教史、祆教史、天文史、书法史、画史、经学史、文学史、中外关系史、音乐史等多个领域，治学领域之广泛，在当代学者中堪称独步。即使在对单一课题的研究中，先生也是贯通了多方面的内容。譬如先生对敦煌画稿研究中，爬梳钩稽散在写卷中的白描、粉本、画稿等重要材料，同时还结合保存在美国普林斯顿大学美术系的罗寄梅所拍摄的敦煌壁画的照片，结合画史进行系统研究，对白画源流与敦煌画风，白画的作用、种类与题材，敦煌卷轴中的白画进行了详细研究，还探索了敦煌壁画中的10余种技法。先生指出了敦煌画在中国美术史中具有不可替代的地位，总结了敦煌画对中国美术史的重要贡献："敦煌石窟壁画之特色榷而论之，计有数端：（一）图画与图案之不分；（二）白画与彩绘之间插；（三）画样与雕刻塑像之合一；（四）没骨与色晕凹凸之混用。以上四事为宋以前绘画之特殊传统。"这样不仅对敦煌绘画进行了深入的研究，而且拓展了人们对中国绘画史的认识。

先生治敦煌学不仅涉及众多学科，而且对每一个领域都不是泛泛涉猎，而是力求开拓创新。在许多领域都做出了首创性的研究和开拓性的贡献。如先生最早校录、笺证伦敦所藏敦煌本《老子想尔注》，这部反映早期天师道思想的千载秘籍，阐明原始道教思想，引发后来欧洲道教研究的长期计划；首次将敦煌写本《文心雕龙》公之于世；首次据英伦敦煌写卷讲禅宗史上的摩诃衍入藏问题；最早提出"敦煌白画"的概念，把散布在敦煌写卷中的白描、粉本、画稿等有价值的材料编成《敦煌白画》一书，填补了敦煌艺术研究上的一项空白；其《敦煌曲》《敦煌曲续论》是敦煌曲子词研究的先驱之作；先生也是研究敦煌写卷书法第一人，其所编撰《敦煌书法丛刊》（共29册）是最早对敦煌书法予以系统整理介绍的著作，对敦煌书法乃至中国书法史研究影响深远。先生是当代最具开拓创新精神的"导夫先路"的敦煌学大家。

　　先生对每一个研究对象都不是浅尝辄止，而是力求穷其源流。如他的《敦煌曲》一书不仅充分利用敦煌文献中的相关资料，同时还密切结合中国古代文学文献资料，特别是词与释门赞咏梵呗及其发展史上的相关资料，清理了汉宋之间，从梵呗、法乐的源头，以及由声曲折、民谣的源头，如何演变为杂曲、曲子，又如何影响到后来之文人词。这不仅对敦煌文献研究有重要意义，而且对中国音乐史和音乐文学史的研究也具有重要价值。即使在一些论及具体问题篇幅较小的论文中，先生也仍然力求追源溯流。如《记敦煌开宝七年（974年）康遵批命课——论七曜与十一曜》指出李约瑟《中国科技史》论中国天文学时只论"七曜"而不及"十一曜"，遂由 P. 4071 宋初开宝七年"灵州都督府白衣术士康遵课"写卷中引出"十一曜"，并旁征博引史籍论述古代中国天文历法中的"七曜""十一曜"概念及其渊源流变。《敦煌本谩语话跋》论话本之名、韵白夹杂体例之来源；《〈敦煌俗字研究导论〉序》兼论文字正与俗之演变；《记唐写本唵字赞》论敦煌与世传几种《唵字赞》写本异同，并论及"唵"字在梵语中的10余种用法等等。无不显示出先生对学术研究穷根究底的探索精神。

　　先生治学崇尚求真务实，不尚空谈，不做蹈空之论，其研究总是基于具体扎实的文史资料的考证、调查，因而有的研究者把先生的治学方法归为乾嘉学派。譬如在对敦煌曲的研究中，先生肯定了朱孝臧、王重民、任二北等先生的研究成果，探赜索隐，对于敦煌曲研究都有贡献；同时指出其中仍存在着不足，主要原因是"未接触原卷，每沿前人之误，用力至深，去真相尚远"。而饶先生则亲自赴法国、英国实地调查，"有机缘检读英法敦煌写卷，考索结果，复有不少新知"，不仅对敦煌曲重新予以辑录，使学者们得以看到敦煌写卷中敦煌曲写本文字的原貌，而且纠正了许多学者根据自己判断、理解而误录、擅改的文字，体现了先生在学术研究中求真、求实的精神。

　　先生在大量掌握历史文献资料的基础上，在学术研究中从来不盲从，敢于提出不同意见，坚持自己的学术观点。譬如在对敦煌曲子词的研究中，学者们对"唐词"名称存有争议。任二北先生否认"唐词"的存在，饶先生则陆续发表《为"唐词"进一解》《唐词再辩》予以批驳，用确凿的史籍材料证明唐人已有"词"的概念。再如《敦煌曲》一书对"敦煌曲子词"材料的收录范围较广，有的学者对此予以质疑，认为不大符合严格的"曲子词"文体。其实，以后世严格的曲子词的标准，或纯文学的角度来审视，敦煌曲子词的确不完全符合，但对此问题必须以历史的眼光来看。首先，任何一种文体都有产生、形成并逐渐成熟的发展过程。从现存敦煌曲来看，不仅用韵不大严格，甚至有的同一调名的曲词体式也不相同，它们代表了曲子词早期的不完全成熟的形态。其次，不应该忽视的是，敦煌写卷中许多文学作品都与佛教关系密切，其中敦煌歌辞特别是佛曲具有很大的创新性，它们既受到佛经的启发和影响，具有佛教的思想内涵，同时又吸收了我国民间文学韵散结合、音韵和谐的文学体式，具有鲜活的艺术生命力，代表了唐、五代和宋代时期中国音乐文学的新形态。如果舍弃敦煌写卷中数量众多、特色鲜明的佛曲，将无法全面地、深入地认识敦煌曲子词的源流演变。正是基于这样的认识，饶先生在《敦煌曲》一书中不同流俗，坚持扩大敦煌曲的收录范围，将一些佛曲也收入敦煌曲作品中，显示出了先生为求证而独立思考的精神。

饶先生是近百年来中国最具典范性的学者。一方面，先生在包括敦煌学在内的汉学研究众多领域取得的成果，代表了中国当代学者在汉学研究领域的最高成就和水准；另一方面，先生身上体现出了一代学术宗师的崇高品格和精神风范。也许今后很难再有学者达到，更难超越饶先生的学术成就和水准，但先生的精神风范值得后学师法和效仿。高山仰止，景行行止，虽不能至，心向往之。

以上的话，与其说是一篇序言，毋宁说是我在研读学习饶先生敦煌学论著中的几点读书心得，写出来与读者共勉。

（原载于饶宗颐著《选堂集林·敦煌学卷》，山东画报出版社，2019年）